山西省地方志办公室 编

民国山西实业志

中册

山西出版传媒集团
山西人民出版社

中國實業誌目錄

山西省

第二編　山西經濟之鳥瞰　一——一一九(乙)

第三章　飲食品工業　一〇三——三二〇（己）

第九編　交通　一——七六（壬）

三 面積及產銷

面積

據此次調查，晉省甜瓜之栽植面積總計六九、五六〇畝，以陽曲栽植最廣，計三〇、〇〇〇畝，靈邱及太原次之，各四五千畝，文水、中陽、永濟、臨晉、芮城、河津、大同、渾源、朔縣定襄等縣又次之，各一二千畝，其餘各縣、除徐溝、遼縣、沁縣、沁源、昔陽、臨汾、吉縣、新絳、絳縣、蒲縣、陽高、左雲等縣面積在一百畝以下外，餘自一百畝以至八九百畝不等。

產量

晉省甜瓜產量，總計六四、七三六、八〇〇斤，以陽曲產量爲最多，計二一、〇〇〇、〇〇〇斤，大原次之，計四、一五〇、〇〇〇斤，河津及靈邱又次之，各三、〇〇〇、〇〇〇斤，翼城、永濟、芮城、聞喜、大同等縣各二百餘萬斤，文水、離石、臨晉、猗氏、靈石、渾源、朔縣、崞縣各一百餘萬斤，太谷、祁縣、汾陽、平遙、中陽、長治、屯留、襄垣、楡社、武鄉、襄陵、洪洞、浮山、汾城、曲沃、鄉寧、榮河、萬泉、解縣、安邑、平陸、新絳、稷山、汾西、應縣、廣靈、天鎮、忻縣、定襄、五台、繁峙等縣，各產數十萬斤，其他各縣產量，自數千斤以至數萬斤不等，

銷量

晉省所產甜瓜，大多數供當地消費，總計縣內銷量爲六二、七一〇、八〇〇斤，文水、翼城、吉縣、臨晉、安邑、平陸、絳縣、汾西等縣所產，除供本地消費外，尙有餘額銷於縣外，總計縣外銷量僅二、〇二六、〇〇〇斤，銷路爲省內之汾陽、交城、祁縣、平遙、曲沃、鄉寧、猗氏、榮河、萬泉、霍縣、

趙城、及河南陝縣。茲將山西各縣甜瓜產銷統計，列表於后：

山西省各縣甜瓜產銷統計

縣別	栽種面積	產量（斤）每畝數	產量（斤）總數	銷量（斤）縣內	銷量（斤）縣外	外銷地點
陽曲	三〇、〇〇〇	七〇〇	二一、〇〇〇、〇〇〇	二一、〇〇〇、〇〇〇	—	
太原	四、一五〇	一、〇〇〇	四、一五〇、〇〇〇	四、一五〇、〇〇〇	—	
太谷	二〇〇	二、〇〇〇	四〇〇、〇〇〇	四〇〇、〇〇〇	—	
祁縣	二五〇	二、五〇〇	六二五、〇〇〇	六二五、〇〇〇	—	
徐溝	五〇	一、五〇〇	七五、〇〇〇	七五、〇〇〇	—	
文水	一、六七〇	六七〇	一、一一八、九〇〇	九一三、二〇〇	二〇五、七〇〇	汾陽、交城、祁縣、平遙
汾陽	三〇〇	一、〇〇〇	三〇〇、〇〇〇	三〇〇、〇〇〇	—	
平遙	三〇〇	四〇〇	一二〇、〇〇〇	一二〇、〇〇〇	—	
臨縣	二〇〇	四〇〇	八〇、〇〇〇	八〇、〇〇〇	—	
離石	五〇〇	二、〇〇〇	一、〇〇〇、〇〇〇	一、〇〇〇、〇〇〇	—	
中陽	一、二〇〇	五〇〇	四八〇、〇〇〇	四八〇、〇〇〇	—	
長治	三〇〇	一、四〇〇	四二〇、〇〇〇	四二〇、〇〇〇	—	
屯留	一〇〇	一、〇〇〇	一〇〇、〇〇〇	一〇〇、〇〇〇	—	

襄垣	一六〇	一、〇〇〇	一六〇、〇〇〇	一六〇、〇〇〇	—	
遼縣	一〇	五〇〇	五、〇〇〇	五、〇〇〇	—	
榆社	二〇〇	七〇〇	一四〇、〇〇〇	一四〇、〇〇〇	—	
沁縣	一〇	二、〇〇〇	二〇、〇〇〇	二〇、〇〇〇	—	
沁源	二〇	四〇〇	八、〇〇〇	八、〇〇〇	—	
武鄉	一〇〇	一、〇〇〇	一〇〇、〇〇〇	一〇〇、〇〇〇	—	
昔陽	六〇	四〇〇	二四、〇〇〇	二四、〇〇〇	—	
壽陽	一〇〇	七〇〇	七〇、〇〇〇	七〇、〇〇〇	—	
臨汾	八〇	一、〇〇〇	八〇、〇〇〇	八〇、〇〇〇	—	
襄陵	一〇〇	一、〇〇〇	一〇〇、〇〇〇	一〇〇、〇〇〇	—	
洪洞	四〇〇	一、二五〇	五〇〇、〇〇〇	五〇〇、〇〇〇	—	
浮山	二四〇	一、四〇〇	三三六、〇〇〇	三三六、〇〇〇	—	
汾城	二〇〇	七五〇	一五〇、〇〇〇	一五〇、〇〇〇	—	
曲沃	六一〇	一、二〇〇	七三二、〇〇〇	七三二、〇〇〇	—	
翼城	九七〇	三、〇〇〇	二、九一〇、〇〇〇	一、九一〇、〇〇〇	一、〇〇〇、〇〇〇	曲沃
吉縣	二〇	一、八〇〇	三六、〇〇〇	三〇、七〇〇	五、三〇〇	鄉甯
鄉寧	二〇〇	一、二〇〇	二四〇、〇〇〇	二四〇、〇〇〇	—	

永濟	一、七四〇	一、二〇〇	二、〇八八、〇〇〇	二、〇八八、〇〇〇	—	
臨晉	一、〇〇〇	一、五〇〇	一、五〇〇、〇〇〇	一、〇〇〇、〇〇〇	五〇〇、〇〇〇	猗氏、榮河
榮河	二〇〇	五〇〇	一〇〇、〇〇〇	一〇〇、〇〇〇	—	
萬泉	六〇〇	七〇〇	四二〇、〇〇〇	四二〇、〇〇〇	—	
猗氏	八五〇	一、五〇〇	一、二七五、〇〇〇	一、二七五、〇〇〇	—	
解縣	三二〇	一、〇〇〇	三二〇、〇〇〇	三二〇、〇〇〇	—	
安邑	二〇〇	一、二〇〇	二四〇、〇〇〇	一八〇、〇〇〇	六〇、〇〇〇	萬泉、猗氏
平陸	六〇〇	一、〇〇〇	六〇〇、〇〇〇	四〇〇、〇〇〇	二〇〇、〇〇〇	河南陝縣
芮城	二、四〇〇	一、二〇〇	二、八八〇、〇〇〇	二、八八〇、〇〇〇	—	
新絳	七〇	一、八〇〇	一二六、〇〇〇	一二六、〇〇〇	—	
河津	一、〇〇〇	三、〇〇〇	三、〇〇〇、〇〇〇	三、〇〇〇、〇〇〇	—	
聞喜	五三〇	四、八〇〇	二、五四四、〇〇〇	二、五四四、〇〇〇	—	
稷山	一五〇	二、〇〇〇	三〇〇、〇〇〇	三〇〇、〇〇〇	—	
絳縣	四五	一、〇〇〇	四五、〇〇〇	三〇、〇〇〇	一五、〇〇〇	曲沃
靈石	六八〇	二、〇〇〇	一、三六〇、〇〇〇	一、三六〇、〇〇〇	—	
汾西	二〇〇	八〇〇	一六〇、〇〇〇	一二〇、〇〇〇	四〇、〇〇〇	霍縣、趙城
蒲縣	二〇〇	二、五〇〇	五〇〇、〇〇〇	五〇〇、〇〇〇	—	

大同	二、五〇〇	一、〇〇〇	二、五〇〇、〇〇〇	二、五〇〇、〇〇〇	—
渾源	二、二〇〇	五〇〇	一、一〇〇、〇〇〇	一、一〇〇、〇〇〇	—
應縣	六一〇	五〇〇	三〇五、〇〇〇	三〇五、〇〇〇	—
靈邱	五、〇〇〇	六〇〇	三、〇〇〇、〇〇〇	三、〇〇〇、〇〇〇	—
廣靈	七〇〇	一、〇〇〇	七〇〇、〇〇〇	七〇〇、〇〇〇	—
陽高	五〇	一、〇〇〇	五〇、〇〇〇	五〇、〇〇〇	—
天鎮	三五〇	八〇〇	二八〇、〇〇〇	二八〇、〇〇〇	—
右玉	四五	五二〇	二三、四〇〇	二三、四〇〇	—
朔縣	一、二〇〇	一、〇〇〇	一、二〇〇、〇〇〇	一、二〇〇、〇〇〇	—
左雲	一〇	三五〇	三、五〇〇	三、五〇〇	—
忻縣	九〇〇	九〇〇	八一〇、〇〇〇	八一〇、〇〇〇	—
定襄	一、〇〇〇	四〇〇	四〇〇、〇〇〇	四〇〇、〇〇〇	—
代縣	一五〇	三五〇	五二、五〇〇	五二、五〇〇	—
五台	二七〇	一、五〇〇	四〇五、〇〇〇	四〇五、〇〇〇	—
繁峙	四九〇	三五〇	一七一、五〇〇	一七一、五〇〇	—
崞縣	七八〇	一、六〇〇	一・二四八、〇〇〇	一、二四八、〇〇〇	—
總計	六九、五六〇	九三一	六四、七三六、八〇〇	六二、七一〇、八〇〇	二、〇二六、〇〇〇

第十四章 蔬菜

一 辣椒

一 概說

辣椒學名番椒，亦名秦椒，俗名廝角，葉綠花白，所結之果實，嫩時青色，成熟時變爲紅色，籽形扁圓，其味甚辣，可供調味之用，以富於發暖性，寒帶人冬季多食之，以助內熱。晉省氣候嚴寒，視辣椒爲必需品，用作尋常菜蔬，故種植普遍，惟省北地氣不相宜，種植稀少，總計全省種植辣椒者，凡四五縣，種植面積，共計一九、二一七畝，常年總產量，計五六、六七三、七四担，二十四年產量較豐，計六一、九一二、六五担。

品種　晉省辣椒之品種，有小辣椒，大辣椒，圓辣椒三種：小辣椒，葉小角細，皮質細薄，其色淡紅，辣味甚大，大辣椒，角短皮厚，其色鮮紅，其味不辣，圓辣角，亦名柿椒，葉大角短，皮質粗厚，其色紫紅，辣味小成熟較早。

用途　辣椒用途：青辣椒和肉炒食，或以油炸熟，作調味之用，其味極香，成熟辣椒，磨碎用鹽醃之，耐久貯藏，供春冬食用。

二　栽培狀況

風土　辣椒宜溫煖地氣，若嚴寒之地，則栽植不相宜，土質宜砂粘混合土，或腐植質土，地勢宜向陽平坦之園地，苗幼時宜潮濕，成熟時宜乾燥。

種秧苗法　辣椒宜連種，亦可輪種，晉省種法，有秧苗法，直種法二種。種秧苗法；在驚蟄前後，造成暖畦，將種籽用溫水泡後，拌和細土，點在畦內，至立夏節前後，將移植之地，下肥耕翻，造成畦堰，每畦勻壕三行，然後移苗植壕內，每日澆水一次，苗長活後，鋤地一次，至開花時，追肥一次。

直種法　直種法，在清明節至穀雨節之間，下肥整地，造成畦堰，每畦勻壕三行，撒布種籽壕內，耙耬平坦，每日澆水一次，苗長二三寸時，間苗鋤草，至開花時，追肥一次。

收穫　晉省辣椒收穫時節，青辣椒食用，在夏至節至立秋節之間，隨時可摘用。紅辣椒收穫，在秋分節後，擇紅者摘下，以後再紅再摘，若留種籽，需擇下部初結之辣椒。

三　產銷

面積　全省種植辣椒面積，總計一九、二一七畝，以陽曲最多，計一〇、〇〇〇畝，次之離石，計一、二〇〇畝，再次為猗氏，計八五八畝，最少者，徐溝，沁縣各計八畝，次之昔陽、臨汾、絳縣、偏關等縣，各計一五畝，其他各縣，均數十畝至數百畝不等。

產量　全年辣椒常年總產量，共計五六、六七三・七四担，以離石產量特豐，計一六、八〇〇担，次之陽曲，計一五、〇〇〇担，再次之翼城，計四、〇〇〇担，最少者為臨汾計九担，全省平均每畝計產二・九五担，二十四年產量較豐，計六一、九一二、六五担。

銷路　山西各縣辣角之銷路，大都限於本縣市場，其銷於縣外者，僅有一〇縣，外銷總量，計一三、五三七、七八担。其行銷方法，以辣椒醃製後，再由販商向外運輸，其在省內市場，有太原市各鄰近各縣市鎮，外省市場，有河南陝西二省。茲將各縣辣椒產銷統計列表於后：

山西省辣椒產銷統計表

縣別	栽植畝數	常年產量（担）		廿四年產量（担）		銷量（担）		銷路
		每畝數	總數	每畝數	總數	縣內	縣外	
陽曲	一〇、〇〇〇	一・五〇	一五、〇〇〇、〇〇	二・〇〇	二〇、〇〇〇、〇〇	七〇、〇〇〇、〇〇		
祁縣	一八	三・〇〇	五四、〇〇	三・五〇	六三、〇〇	六三、〇〇		
徐溝	八	七・五〇	六〇、〇〇	六・〇〇	四八、〇〇	四八、〇〇		
清源	三二〇	一・五〇	四八〇、〇〇	一・三〇	四一六、〇〇	五六、七二	三五九、二八	太原市
交城	八〇	四・〇〇	三二〇、〇〇	五・〇〇	四〇〇、〇〇	四〇〇、〇〇		

文水	二八〇	一・三〇	三六四・〇〇	一・五〇	四二〇・〇〇	四二〇・〇〇		
興縣	五〇〇	〇・七〇	三五〇・〇〇	〇・七〇	三五〇・〇〇	三五〇・〇〇		
汾陽	八〇	一・〇〇	八〇・〇〇	二・〇〇	一六〇・〇〇	一六〇・〇〇		
平遙	一五〇	一・五〇	二二五・〇〇	二・〇〇	三〇〇・〇〇	三〇〇・〇〇		
臨縣	三〇〇	五・〇〇	一、五〇〇・〇〇	五・〇〇	一、五〇〇・〇〇	一、五〇〇・〇〇		
離石	一、二〇〇	一四・〇〇	一六、八〇〇・〇〇	一五・〇〇	一八、〇〇〇・〇〇	一二、〇〇〇・〇〇	六、〇〇〇・〇〇	中陽石樓
長治	三五〇	二・六〇	九一〇・〇〇	二・五〇	八七五・〇〇	八七五・〇〇		
黎城	三〇	一・一〇	三三・〇〇	一・二〇	三六・〇〇	三六・〇〇		
和順	六〇	五・〇〇	三〇〇・〇〇	五・〇〇	三〇〇・〇〇	三〇〇・〇〇		
沁縣	八	三・〇〇	二四・〇〇	三・〇〇	二四・〇〇	二四・〇〇		
昔陽	一五	四・〇〇	六〇・〇〇	四・〇〇	六〇・〇〇	六〇・〇〇		
臨汾	一五	〇・六〇	九・〇〇	〇・六〇	九・〇〇	九・〇〇		
洪洞	四四五	四・二〇	一、八六九・〇〇	四・五〇	一、〇〇二・五〇	一四二・〇〇	八六〇・五〇	臨汾蒲縣安澤
浮山	二三	一・六〇	三六・八〇	一・五〇	三四・五〇	三四・五〇		
汾城	五〇〇	〇・六〇	三〇〇・〇〇	〇・五〇	二五〇・〇〇	二五〇・〇〇		
翼城	八〇	五〇	四、〇〇〇・〇〇	五〇	四、〇〇〇・〇〇	二、四〇〇・〇〇	一、六〇〇・〇〇	沁縣陽城浮山
吉縣	一八	三・二〇	五七・六〇	三・〇〇	五四・〇〇	五〇・〇〇	四・〇〇	大甯蒲縣鄉甯

鄉甯	八〇	三・〇〇	二四〇・〇〇	三・〇〇	二四〇・〇〇	二四〇・〇〇		
永濟	三五八	二・六八	九五九・四四	二・七五	九八四・五〇	九八四・五〇		
臨晉	二〇〇	五・〇〇	一、〇〇〇・〇〇	五・〇〇	一、〇〇〇・〇〇	一、〇〇〇・〇〇		
虞鄉	三〇	四・〇〇	一二〇・〇〇	四・五〇	一三五・〇〇	一三五・〇〇		
榮河	一〇〇	〇・五〇	五〇・〇〇	〇・五〇	五〇・〇〇	五〇・〇〇		
猗氏	八五八	三・〇〇	二、五七四・〇〇	三・〇〇	二、五七四・〇〇	二二〇・〇〇	二、三五四・〇〇	陝西河南
解縣	五〇	五・〇〇	二五〇・〇〇	五・〇〇	二五〇・〇〇	二五〇・〇〇		
平陸	五二〇	二・五〇	一、三〇〇・〇〇	二・五〇	一、三〇〇・〇〇	六〇〇・〇〇	七〇〇・〇〇	河南陝縣靈寶
芮城	三一〇	六・〇〇	一、八六〇・〇〇	五・〇〇	一、五五〇・〇〇	一、五五〇・〇〇		
新絳	七五	六・〇〇	四五〇・〇〇	六・〇〇	四五〇・〇〇	三〇〇・〇〇	一五〇・〇〇	洪城趙城
稷山	四〇〇	二・〇〇	八〇〇・〇〇	二・〇〇	八〇〇・〇〇	四〇〇・〇〇	四〇〇・〇〇	河津萬泉新絳
絳縣	一五	〇・九八	一四・七〇	一・二〇	一八・〇〇	一八・〇〇		
垣曲	八九	五・〇〇	四四五・〇〇	五・〇〇	四四五・〇〇	四四五・〇〇		
靈石	五三〇	二・二〇	一、一六六・〇〇	二・五〇	一、三二五・〇〇	一、三二五・〇〇		
大甯	二五	一三・〇〇	三二五・〇〇	一〇・〇〇	二五〇・〇〇	二五〇・〇〇		
永和	五一	〇・六〇	三〇・六〇	〇・六五	三三・一五	三三・一五		
蒲縣	五六	五・〇〇	二八〇・〇〇	四・〇〇	二二四・〇〇	二二四・〇〇		

陽高	七五	一·〇〇	七五·〇〇	一·〇〇	七五·〇〇	七五·〇〇		
偏關	一五	一·四四	二一·六〇	一·八〇	二七·〇〇	二七·〇〇		
忻縣	二〇	一·〇〇	二〇·〇〇	一·〇〇	二〇·〇〇	二〇·〇〇		
定襄	六〇〇	一·〇〇	六〇〇·〇〇	一·〇〇	六〇〇·〇〇	六〇〇·〇〇		
代縣	二八〇	四·五〇	一、二六〇·〇〇	四·五〇	一、二六〇·〇〇	一五〇·〇〇	一、一一〇·〇〇	朔縣山陰
總計	一九、二一七	二·九五	五六、六七三·七四	三·二二	六一、九一二·六五	四八、三七四·八七	一三、五三七·七八	

二 蘿蔔

一 概說

蘿蔔是越年生植物，屬根菜類，四季均可栽植，其性耐寒，若於秋冬栽培，匪但收穫量增多，且味亦較美也。晉人除視爲日常主要蔬菜品外，並作水果之用。晉省風土相宜，栽植頗廣，全省除太原、榆次、苛嵐、介休、孝義、平順、遼縣、榆社、沁源、壽陽、安澤、翼城、鄉寧、趙城、隰縣、山陰、寧武、靜樂、保德、河曲等二十縣是零散栽植，無法估計面積與產量。其餘八五縣，總計栽植面積，凡一七八、四五四畝。常年總產量計一、六八五、七二三·五七担。二十四年總產量較增加，計一、八四二、〇四八·六五担。

山西所栽植之蘿蔔，有葫蘿蔔，白蘿蔔，水蘿蔔三種。茲將其品種優劣分述於后：

品種

一、葫蘿蔔亦名葫芹。俗名黃蘿蔔，品種分紅皮黃皮二種，紅皮種形稍小，其味不佳，收量不多。黃皮種亦名葱頭葫蘿蔔，其形肥大如錐，生食甚脆，熟食甚綿，生長茂盛，收量較多。山坡瘠薄之地，皆可栽植。

二、白蘿蔔藥名萊菔，根球肥大，頗能耐寒。品種分圓長二種，圓者形長圓，首尾皆細，中腰甚肥。長者形稍長，外皮細緻，在生長期內，上半截露出土外，所以亦名露八分，其味較差。

三、水蘿蔔形細長，內質鬆脆，味帶辛甜，生熟均可食用，生長日期最短。品種分長圓二種，皮色有紅白二色，紅色者分鮮紅，粉紅，露頭紅等稱呼。鮮紅色者，質脆味辣，水分甚多，形狀稍小，品質最佳。露頭紅色與白色粉紅色品質相等，個頭較大，水分較少，質鬆味淡。

用途　蘿蔔可供煑炒食用，亦可醃作鹹菜，並可生食，有清痰順氣之効，且可切成薄片或絲條，生晒或熟晒，乾後可耐久收藏，隨時食用，其莖葉可喂牲畜，以作飼料，籽可作藥材。

二　栽培狀況

風土　蘿蔔宜於稍寒冷濕潤之地氣，但溫暖之地氣，亦可生長。土質以砂粘混合土，或帶暗色之疏鬆土爲最宜。地勢宜於平坦，或卑濕向陽之地。惟葫蘿蔔在山坡瘠薄之地，亦能生長。

下種　蘿蔔四季均可種植，因其品質之不同，故種植時期亦異。葫蘿蔔下種之期，早生種，在穀雨節前後，晚生種，在入伏前後。白蘿蔔下種之期，早生種，在立夏節前後，晚生種，在小暑節至大暑節前後。

水蘿蔔下種之期，省北在穀雨節前後，省南在清明節前後。

耕地 整塊蘿蔔之栽植，務行深耕，若淺耕則易遭病害；深耕之後，即宜造畦，畦有平畦高畦之分，而在濕潤之地，或多雨之區，概宜於高畦，否則以平畦為宜。畦幅依品種之大小生育之良否而不一，普通大形畦幅三尺至二尺五寸，株間二尺至一尺五寸。中形畦幅二尺，株間一尺二寸至一尺五寸。

施肥 在耕地之前，先撒布牲畜糞地面，苗高寸餘，間苗一次，澆灌水糞一次，以後耡草一次、澆灌水一次。

病害 蘿蔔之葉易生害蟲，預防之法，用菸筋搗碎，撒布葉上，可免蟲害，若起核桃蟲時，宜用砒信撒布土內，以驅除之。

收穫 蘿蔔收穫之期與種植之時節，固有關係，然與品種之關係尤大，所以收穫時期因之而異。葫蘿蔔收穫期，早生種，在立秋節前後，晚生種，在寒露節以後。白蘿蔔收穫期，早生種，在立秋節以前，晚生種，在霜降節以後。水蘿蔔收穫期，早生種，在穀雨節前後，晚生種，在小滿節前後。

三 產銷

面積 山西栽植蘿蔔者，凡八十五縣，栽植面積，共一七八，四五四畝，但此係指整塊種栽者而言。若將其餘二十縣零星散種之數合併計入，當不止此數。此八十五縣中，以陽曲潞城二縣最多，各計三〇、〇〇〇畝，朔縣次之，計二二、三四〇畝。偏關再次之，計一七、三〇〇畝，最少者，大寧計二〇畝，虞鄉計三二畝。次之為和順、萬泉、絳縣、忻縣，各計五〇畝。再次為祁縣計六六畝，吉縣計七〇畝，其餘各縣，少則數百畝，多則數千畝。

產量　全省常年產量，總計一、六八五、七二三•五七担，以陽曲為最多，計四五〇、〇〇〇担，離石次之，計一二六，〇〇〇担，朔縣再次之，計一〇四、九九八担。平均每畝計產九•四五担，二十四年產數較增，計一、八四二、〇四八•六五担。

銷路　八十五縣中，有蘿蔔銷出省外者，僅平陸一縣，計一、〇〇〇担，其銷路為河南之陝縣靈寶二縣，此外有縣外銷量者，僅清源、襄陵、洪洞、吉縣、安邑、夏縣、新絳、稷山等八縣，此八縣概銷鄰近各縣，外銷總量，共計三四、七四三•一五担。

山西省各縣蘿蔔產銷統計表

縣別	種植畝數	常年產量（担）		廿四年產量（担）		銷量（担）		銷路
		每畝數	總數	每畝數	總數	縣內	縣外	
陽曲	三〇、〇〇〇	一五•〇〇	四五〇、〇〇〇•〇〇	二〇•〇〇	六〇〇、〇〇〇•〇〇	六〇〇、〇〇〇•〇〇		太原市
太谷	四一〇	二〇•〇〇	八、二〇〇•〇〇	二〇•〇〇	八、二〇〇•〇〇	八、二〇〇•〇〇	—	

祁縣	六六	一〇・一七	六七一・二二	一〇・八八	七一八・〇八	七一八・〇八	—	
徐溝	一〇〇	四・八〇	四八〇・〇〇	五・〇〇	五〇〇・〇〇	五〇〇・〇〇	—	
清源	八八〇	六・〇〇	五、二八〇・〇〇	六・〇〇	五、二八〇・〇〇	四、七六七・六〇	五一二・四〇	鄰近各縣
交城	九〇〇	二〇・〇〇	一八、〇〇〇・〇〇	二二・〇〇	一九、八〇〇・〇〇	一九、八〇〇・〇〇	—	
文水	四六〇	七・〇〇	三、二二〇・〇〇	八・〇〇	三、六八〇・〇〇	三、六八〇・〇〇	—	
嵐縣	三〇〇	一三・〇〇	三、九〇〇・〇〇	一二・〇〇	三、六〇〇・〇〇	三、六〇〇・〇〇	—	
興縣	五〇〇	八・〇〇	四、〇〇〇・〇〇	八・〇〇	四、〇〇〇・〇〇	四、〇〇〇・〇〇	—	
汾陽	一、〇〇〇	四・〇〇	四、〇〇〇・〇〇	五・〇〇	五、〇〇〇・〇〇	五、〇〇〇・〇〇	—	
平遙	九〇〇	四・〇〇	三、六〇〇・〇〇	三・五〇	三、一五〇・〇〇	三、一五〇・〇〇	—	
臨縣	一〇〇	一〇・〇〇	一、〇〇〇・〇〇	一〇・〇〇	一、〇〇〇・〇〇	一、〇〇〇・〇〇	—	
石樓	一、〇七〇	五・三〇	五、六七一・〇〇	五・〇〇	五、三五〇・〇〇	五、三五〇・〇〇	—	
離石	六、三〇〇	二〇・〇〇	一二六、〇〇〇・〇〇	一八・〇〇	一一三、四〇〇・〇〇	一一三、四〇〇・〇〇	—	
方山	一〇〇	三・二〇	三二〇・〇〇	三・〇〇	三〇〇・〇〇	三〇〇・〇〇	—	
中陽	一二〇	四・〇〇	四八〇・〇〇	五・〇〇	六〇〇・〇〇	六〇〇・〇〇	—	
長治	四六〇	二二・〇〇	一〇、一二〇・〇〇	二〇・〇〇	九、二〇〇・〇〇	九、二〇〇・〇〇	—	
長子	八、二〇〇	一一・八四	七三、四〇八・〇〇	一三・六五	八四、六三〇・〇〇	八四、六三〇・〇〇	—	
屯留	一、〇〇〇	四・〇〇	四、〇〇〇・〇〇	四・〇〇	四、〇〇〇・〇〇	四、〇〇〇・〇〇	—	

襄垣	一、五〇〇	六·〇〇	九、〇〇〇·〇〇	六·〇〇	九、〇〇〇·〇〇	九、〇〇〇·〇〇	—	
潞城	三〇、〇〇〇	二·四〇	七二、〇〇〇·〇〇	二·四〇	七二、〇〇〇·〇〇	七二、〇〇〇·〇〇	—	
黎城	二〇〇	一六·〇〇	三、二〇〇·〇〇	二〇·〇〇	四、〇〇〇·〇〇	四、〇〇〇·〇〇	—	
壺關	二、二九九	一〇·〇〇	二二、九九〇·〇〇	八·〇〇	一八、三九二·〇〇	一八、三九二·〇〇	—	
晉城	九七〇	九·二九	九、〇一一·三〇	八·一六	七、九一五·二〇	七、九一五·二〇	—	
高平	一七〇	二〇·〇〇	三、四〇〇·〇〇	一八·〇〇	三、〇六〇·〇〇	三、〇六〇·〇〇	—	
陽城	一五〇	二九·六七	四、四五〇·五〇	三六·六七	五、五〇〇·五〇	五、五〇〇·五〇	—	
陵川	二、一〇〇	九·〇〇	一八、九〇〇·〇〇	八·〇〇	一六、八〇〇·〇〇	一六、八〇〇·〇〇	—	
沁水	七〇〇	七·六〇	五、三二〇·〇〇	七·二〇	五、〇四〇·〇〇	五、〇四〇·〇〇	—	
和順	五〇	四·〇〇	二〇〇·〇〇	五·〇〇	二五〇·〇〇	二五〇·〇〇	—	
沁縣	三二〇	三五·〇〇	一一、二〇〇·〇〇	三二·〇〇	一〇、二四〇·〇〇	一〇、二四〇·〇〇	—	
武鄉	一八〇	三二·〇〇	五、七六〇·〇〇	三〇·〇〇	五、四〇〇·〇〇	五、四〇〇·〇〇	—	
平定	二、二四九	二·三〇	五、一七二·七〇	二·八〇	六、二九七·二〇	六、二九七·二〇	—	
昔陽	三六〇	一五·〇〇	五、四〇〇·〇〇	一〇·〇〇	三、六〇〇·〇〇	三、六〇〇·〇〇	—	
盂縣	一、七六〇	三·八〇	六、六八八·〇〇	四·〇〇	七、〇四〇·〇〇	七、〇四〇·〇〇	—	
臨汾	二八〇	四·五〇	一、二六〇·〇〇	四·五〇	一、二六〇·〇〇	一、二六〇·〇〇	—	
襄陵	七〇〇	一八·二九	一二、八〇三·〇〇	二一·七一	一五、一九七·〇〇	一三、七九七·〇〇	一、四〇〇·〇〇	鄰近各縣

洪洞	五二五	二一・五〇	一一、二八七・五〇	二三・三七	一二、二六九・二五	九七二・〇〇	一一、二九七・二五	趙城安澤
浮山	一四四	一八・〇〇	二、五九二・〇〇	一六・〇〇	二、三〇四・〇〇	二、三〇四・〇〇	—	
汾城	一五〇	二七・〇〇	四、〇五〇・〇〇	二〇・〇〇	三、〇〇〇・〇〇	三、〇〇〇・〇〇	—	
曲沃	二二〇	一一・九一	二、六二〇・二〇	一四・八二	三、二六〇・四〇	三、二六〇・四〇	—	
吉縣	七〇	二三・〇〇	一、六一〇・〇〇	二〇・〇〇	一、四〇〇・〇〇	一、二七〇・〇〇	一三〇・〇〇	鄰近各縣
永濟	八三三	二九・二〇	二四、三二三・六〇	二八・三〇	二三、五七三・九〇	二三、五七三・九〇	—	
臨晉	六八〇	一七・九四	一二、一九九・二〇	二二・五〇	一五、三〇〇・〇〇	一五、三〇〇・〇〇	—	
虞鄉	三二	一九・〇〇	六〇八・〇〇	二三・〇〇	七三六・〇〇	七三六・〇〇	—	
榮河	四〇〇	八・〇〇	三、二〇〇・〇〇	八・〇〇	三、二〇〇・〇〇	三、二〇〇・〇〇	—	
萬泉	五〇	八・〇〇	四〇〇・〇〇	九・〇〇	四五〇・〇〇	四五〇・〇〇	—	
猗氏	四三九	五・六五	二、四八〇・三五	五・六五	二、四八〇・三五	二、四八〇・三五	—	
解縣	二五〇	二〇・〇〇	五、〇〇〇・〇〇	二〇	五、〇〇〇・〇〇	五、〇〇〇・〇〇	—	
安邑	二〇〇	二四・〇〇	四、八〇〇・〇〇	二二・〇〇	四、四〇〇・〇〇	四、〇〇〇・〇〇	四〇〇・〇〇	解縣萬泉
夏縣	三〇〇	二五・〇〇	七、五〇〇・〇〇	三〇・〇〇	九、〇〇〇・〇〇	七、〇〇〇・〇〇	二、〇〇〇・〇〇	運城安邑平陸
平陸	一、七〇〇	九・〇〇	一五、三〇〇・〇〇	一〇・〇〇	一七、〇〇〇・〇〇	一六、〇〇〇・〇〇	一、〇〇〇・〇〇	河南陝縣靈寶
芮城	三三〇	四〇・〇〇	一三、二〇〇・〇〇	五〇・〇〇	一六、五〇〇・〇〇	一六、五〇〇・〇〇	—	
新絳	二、〇五〇	二〇・四九	四二、〇〇四・五〇	一九・二七	三九、五〇三・五〇	二四、五〇〇・〇〇	一五、〇〇三・五〇	河南及鄰縣

河津	三〇〇	六・〇〇	一、八〇〇・〇〇	五・〇〇	一、五〇〇・〇〇	一、五〇〇・〇〇	—	
聞喜	一、七〇〇	五七・〇六	九七、〇〇二・〇〇	五七・〇六	九七、〇〇二・〇〇	九七、〇〇二・〇〇	—	
稷山	三二〇	二五・〇〇	八、〇〇〇・〇〇	三〇・〇〇	九、六〇〇・〇〇	五、六〇〇・〇〇	四、〇〇〇・〇〇	河津萬泉新絳
絳縣	五〇	六・五〇	三二五・〇〇	七・四〇	三七〇・〇〇	三七〇・〇〇	—	
垣曲	三二八	二七・〇〇	八、八五六・〇〇	三〇・〇〇	九、八四〇・〇〇	九、八四〇・〇〇	—	
霍縣	七〇〇	一八・〇〇	一二、六〇〇・〇〇	一五・〇〇	一〇、五〇〇・〇〇	一〇、五〇〇・〇〇	—	
靈石	九四四	二〇・〇〇	一八、八八〇・〇〇	二五・〇〇	二三、六〇〇・〇〇	二三、六〇〇・〇〇	—	
汾西	二三〇	五・〇〇	一、一五〇・〇〇	五・〇〇	一、一五〇・〇〇	一、一五〇・〇〇	—	
大寧	二〇	七・〇〇	一四〇・〇〇	五・〇〇	一〇〇・〇〇	一〇〇・〇〇	—	
永和	一八五	二・五〇	四六二・五〇	二・〇〇	三七〇・〇〇	三七〇・〇〇	—	
蒲縣	一五〇	三一・〇〇	四、六五〇・〇〇	三〇・〇〇	四、五〇〇・〇〇	四、五〇〇・〇〇	—	
大同	七、〇〇〇	一一・〇〇	七七、〇〇〇・〇〇	一二・〇〇	八四、〇〇〇・〇〇	八四、〇〇〇・〇〇	—	
渾源	七、二二〇	六・二〇	四四、七六四・〇〇	七・四〇	五三、四二八・〇〇	五三、四二八・〇〇	—	
應縣	六一四	六・〇〇	三、六八四・〇〇	五・五〇	三、三七七・〇〇	三、三七七・〇〇	—	
懷仁	一、一〇〇	一〇・〇〇	一一、〇〇〇・〇〇	一二・〇〇	一三、二〇〇・〇〇	一三、二〇〇・〇〇	—	
靈邱	八二〇	一五・〇〇	一二、三〇〇・〇〇	一二・〇〇	九、八四〇・〇〇	九、八四〇・〇〇	—	
廣靈	三五〇	一八・〇〇	六、三〇〇・〇〇	一五・〇〇	五、二五〇・〇〇	五、二五〇・〇〇	—	

陽高	二一〇	七・〇〇	一、四七〇・〇〇	八・〇〇	一、六八〇・〇〇	一、六八〇・〇〇	—
天鎮	三〇〇	二五・〇〇	七、五〇〇・〇〇	二〇・〇〇	六、〇〇〇・〇〇	六、〇〇〇・〇〇	—
右玉	一八九	二〇・〇〇	三、七八〇・〇〇	一九・四一	三、六六八・四九	三、六六八・四九	—
朔縣	二二、三四〇	四・七〇	一〇四、九九八・〇〇	五・〇〇	一一一、七〇〇・〇〇	一一一、七〇〇・〇〇	—
左雲	八〇〇	八・〇〇	六、四〇〇・〇〇	八・〇〇	六、四〇〇・〇〇	六、四〇〇・〇〇	—
平魯	四、三一〇	三・〇三	一三、〇五九・三〇	四・〇二	一七、三二六・二〇	一七、三二六・二〇	—
神池	一、八五〇	二五・〇〇	四六、二五〇・〇〇	一五・〇〇	二七、七五〇・〇〇	二七、七五〇・〇〇	—
偏關	一七、三〇〇	三・〇八	五三、二八四・〇〇	三・一一	五三、八〇三・〇〇	五三、八〇三・〇〇	—
五寨	八六七	一〇・〇〇	八、六七〇・〇〇	九・二四	八、〇一一・〇八	八、〇一一・〇八	—
忻縣	五〇	二・〇〇	一〇〇・〇〇	二・〇〇	一〇〇・〇〇	一〇〇・〇〇	—
定襄	一、二〇〇	六・〇〇	七、二〇〇・〇〇	六・〇〇	七、二〇〇・〇〇	七、二〇〇・〇〇	—
代縣	一九〇	三・八〇	七二二・〇〇	三・八〇	七二二・〇〇	七二二・〇〇	—
五台	二〇〇	二一・五〇	四、三〇〇・〇〇	二一・五〇	四、三〇〇・〇〇	四、三〇〇・〇〇	—
繁峙	二、〇九〇	三・七三	七、七九五・七〇	三・一五	六、五八三・五〇	六、五八三・五〇	—
崞縣	一、三〇〇	三〇・〇〇	三九、〇〇〇・〇〇	二八・〇〇	三六、四〇〇・〇〇	三六、四〇〇・〇〇	—
總計	一七八、四五四	九・四五二	一、六八五、七二三・五七	一〇・三二	一、八四二、〇四八・六五	一、八〇六、三〇五・五〇	三五、七四三・一五

三　韭菜

一　概說

韭菜爲多年生之宿根草，莖部短小，根毛甚多，葉扁平且細長，每年可收割三四次，其苔亦可食用，苔之頂端，叢生白色小花，俗名韭花，其味甚佳，可作調味之用。晉省西南各縣，栽植頗廣，總計全省栽植韭菜者，凡六十四縣，栽植面積，共一七、三八九畝，常年總產量，計九二、八四二・五四担，二十四年總產量較增加，計一〇三、六七四・〇二担。

品種　晉省韭菜之品種有二，一爲馬蘭韭種，一爲線韭種；馬蘭韭，形似馬蘭草，其苔由旁面抽出，故亦名偏心韭，氣味平常，收量甚多，生食醃食尙相宜。線韭，葉細且長，其苔由中心抽出，故亦名穿心韭，其味甚佳，惟收量較少也。

用途　韭菜之用途，除炒菜醃菜食用外，並可包裹食之，韭苔氣味甚大；若與其他蔬菜調和，其味特香，韭花搗碎，可以調味，其味鮮美，用鹽醃之，陰乾收藏，以備常用。

二　栽培狀況

風土

韮菜宜溫暖濕潤氣候，不宜乾燥，土質宜砂黏混合土，或肥厚之黑色腐植質土。地勢宜擇向陽避風之地，若栽在牆高埈下之向陽溫暖之地，則生長較茂盛。

下種

韮菜須先種秧苗，後再移植，下種時期，宜在春季。下種之法，先撒布糞於地面，後深耕造成畦，再鉤成壕，點種籽壕內，耙耬平坦，午後陽光西下，澆水一次，每隔四五日澆一次，約二十餘日後，發芽出土，至六七月間，追肥一二次，本年所生之葉太小，不宜食用，以免傷害苗根之發育，冬季用草桿或糞埋蓋於上，至來年春間翻去，用耙耬鬆土，以便生長。

移植

韮菜移植時期，分春秋二季，春季在穀雨節前後，秋季在立秋節至暑處節之間，但以春季為宜。移植方法，先撒布糞地面，耕翻一次，後造成畦，耙耬平坦，每隔四五寸掘一小穴，然後掘起秧苗，手握成把，約合二十苗為一簇，將苗根之細毛及葉之尖梢剪去，栽至穴內，擁土埋平，每晚澆水一次，苗長活後，追肥一次，嗣後每年春夏冬三季，各追肥一次，其肥料冬春宜騾驢馬糞，夏宜人尿糞，因騾驢糞是屬暖性，人尿糞是屬涼性。但本年移植之韮葉不能食用，須至第二年方能收割一二次，第三四年乃可收割三四次，俗語云：「栽韮三年窮是一二年，」其意為第一二年不可食用也。若七八年後，其根過老，則品種變不良，而生長不能茂盛，需連掘起，剪去根梢，僅留一球，另栽畦內，俗名倒栽，栽過之地，輪種其他蔬菜，然後再種再栽為宜。

收割方法

韮菜一年內可收割三四次，至清明節前後，韮菜長至二三寸時，即可收割。收割方法，用兩刃鐮就地割下，割後奶糞一次，澆水一次，韮長長再收割，割過四次，不可再割，恐有傷韮根。至六七月間，則生韮苔，在未開花時，可抽出食用，抽苔之後，再可割韮一茬，俗名苔下韮，若採韮花，需留苔生長，至八月間可食用，韮菜收割需在清晨或晚間，不可在午時，以免傷害韮根。

三　產銷

面積

山西全省種韮菜面積，共計一七、三八九畝，以陽曲最多，計三、〇〇〇畝，其次爲平陸，計二、五〇〇畝、再次之爲文水，計一、四六〇畝、定襄計一、〇〇〇畝，其他各縣，則多至五六百畝，少僅數畝而已。

產量

全年常年產量，共計九二、八四二•五四担，陽曲最豐，計二四、〇〇〇担，曲沃次之，計六、〇〇〇担，文水再次之，計四、三八担，其他各縣，則多至二三千担，少僅數十担而已。平均每畝計產五•三四担，二十四年產量較增加，計一〇三、六七四•〇二担。

銷路

韮菜之銷路，大都零星銷於縣內城鎮市集，而在產韮六十四縣之中，有外銷者僅十縣，其銷路爲鄰近各縣，輸出省外者，僅屯留，平陸，河曲三縣而已，此三縣之銷路，屯留銷於河南之武安縣，平陸銷於河南之隴縣靈寶二縣，河曲銷於陝西與綏遠，外銷總量，計六、四八三担。

山西省各縣韭菜產銷統計表

縣別	種植畝數	常年產量(担) 每畝數	常年產量(担) 總數	廿四年產量(担) 每畝數	廿四年產量(担) 總數	銷量(担) 縣內	銷量(担) 縣外	銷路
陽曲	三、〇〇〇	八・〇〇	二四、〇〇〇・〇〇	一〇・〇〇	三〇、〇〇〇・〇〇	三〇、〇〇〇・〇〇		太原市
太谷	一二〇	八・〇〇	九六〇・〇〇	七・五〇	九〇〇・〇〇	九〇〇・〇〇		本縣
祁縣	三二	三・〇〇	九六・〇〇	四・六〇	一四七・二〇	一四七・二〇		本縣
徐溝	九	二・〇〇	一八・〇〇	二・〇〇	一八・〇〇	一八・〇〇		本縣
淸源	一〇二	四・〇〇	四〇八・〇〇	四・六五	四七四・三〇	一五四・三〇	三二〇・〇〇	太原市
交城	五〇	四・〇〇	二〇〇・〇〇	五・〇〇	二五〇・〇〇	二五〇・〇〇		本縣
文水	一四・六〇	三・〇〇	四、三八〇・〇〇	二・八〇	四、〇八八・〇〇	一、二五〇・〇〇	二、八三八・〇〇	太原市汾城交城
汾陽	一〇〇	二・〇〇	二〇〇・〇〇	三・〇〇	三〇〇・〇〇	三〇〇・〇〇		本縣
平遙	一〇〇	二・〇〇	二〇〇・〇〇	三・〇〇	三〇〇・〇〇	三〇〇・〇〇		本縣
臨縣	一〇〇	五・〇〇	五〇〇・〇〇	五・〇〇	五〇〇・〇〇	五〇〇・〇〇		本縣
離石	四〇〇	七・〇〇	二、八〇〇・〇〇	八・〇〇	三、二〇〇・〇〇	三、二〇〇・〇〇		本縣
方山	五	〇・七〇	三・五〇	〇・六〇	三・〇〇	三・〇〇		本縣
長子	五〇〇	一・八〇	九〇〇・〇〇	二・〇〇	一、〇〇〇・〇〇	一、〇〇〇・〇〇		本縣
屯留	五〇〇	二・五〇	一、二五〇・〇〇	二・五〇	一、二五〇・〇〇	八〇〇・〇〇	四五〇・〇〇	河南省武安縣

黎城	七〇	五・〇〇	三五〇・〇〇	六・〇〇	四二〇・〇〇	四二〇・〇〇		本縣
晉城	一五〇	六・〇〇	九〇〇・〇〇	六・〇〇	九〇〇・〇〇	九〇〇・〇〇		本縣
陽城	一二〇	三・四〇	四〇八・〇〇	三・六〇	四三二・〇〇	四三二・〇〇		本縣
沁水	九〇	九・三五	八四一・五〇	九・一〇	八一九・〇〇	八一九・〇〇		本縣
沁縣	二	一〇・〇〇	二〇・〇〇	一〇・〇〇	二〇・〇〇	二〇・〇〇		本縣
沁源	八〇	〇・七〇	五六・〇〇	〇・八〇	六四・〇〇	六四・〇〇		本縣
武鄉	一一	四三・〇〇	四七三・〇〇	四五・〇〇	四九五・〇〇	四九五・〇〇		本縣
昔陽	五	二・〇〇	一〇・〇〇	二・〇〇	一〇・〇〇	一〇・〇〇		本縣
臨汾	六〇〇	〇・五三	三一八・〇〇	〇・五三	三一八・〇〇	三一八・〇〇		本縣
襄陵	六〇〇	五・〇〇	三、〇〇〇・〇〇	八・〇〇	四、八〇〇・〇〇	四、〇〇〇・〇〇	八〇〇・〇〇	汾城古城鎮
洪洞	一二〇	四・〇〇	四八〇・〇〇	五・〇〇	六〇〇・〇〇	六〇〇・〇〇		本縣
浮山	七〇	二六・〇〇	一、八二〇・〇〇	二四・〇〇	一、六八〇・〇〇	一、六八〇・〇〇		本縣
汾城	一〇〇	五・〇〇	五〇〇・〇〇	五・〇〇	五〇〇・〇〇	五〇〇・〇〇		本縣
曲沃	三〇〇	二〇・〇〇	六、〇〇〇・〇〇	二〇・〇〇	六、〇〇〇・〇〇	六、〇〇〇・〇〇		本縣
吉縣	三五	一二・〇〇	四二〇・〇〇	一五・〇〇	五二五・〇〇	三五〇・〇〇	一七五・〇〇	大寧蒲縣鄉寧
鄉寧	五〇	三・〇〇	一五〇・〇〇	三・〇〇	一五〇・〇〇	一五〇・〇〇		本縣
永濟	一八三	一・六八	三〇七・四四	一・五四	二八一・八二	二八一・八二		本縣

虞鄉	五〇	一三.〇〇	六五〇.〇〇	一五.〇〇	七五〇.〇〇	七五〇.〇〇		本縣
榮河	一〇〇	三.〇〇	三〇〇.〇〇	三.〇〇	三〇〇.〇〇	三〇〇.〇〇		本縣
萬泉	三二	〇.九〇	二八.八〇	〇.八〇	二五.六〇	二五.六〇		本縣
猗氏	八七	三六.〇〇	三、一三二.〇〇	三六.〇〇	三、一三二.〇〇	三、一三二.〇〇		本縣
解縣	四〇	六.〇〇	二四〇.〇〇	六.〇〇	二四〇.〇〇	二四〇.〇〇		本縣
安邑	一二〇	一二.〇〇	一、四四〇.〇〇	一〇.〇〇	一、二〇〇.〇〇	一、〇〇〇.〇〇	二〇〇.〇〇	解縣萬泉
夏縣	一〇〇	四.〇〇	四〇〇.〇〇	五.〇〇	五〇〇.〇〇	三〇〇.〇〇	二〇〇.〇〇	運城安邑平陸張店鎮
平陸	二、五〇〇	一.〇〇	二、五〇〇.〇〇	一.二〇	三、〇〇〇.〇〇	二、六〇〇.〇〇	四〇〇.〇〇	河南陝縣靈寶
芮城	一八〇	二二.〇〇	三、九六〇.〇〇	二五.〇〇	四、五〇〇.〇〇	四、五〇〇.〇〇		本縣
新絳	九〇	二一.〇〇	一、八九〇.〇〇	二〇.〇〇	一、八〇〇.〇〇	一、八〇〇.〇〇		本縣
河津	二〇〇	一二.〇〇	二、四〇〇.〇〇	一〇.〇〇	二、〇〇〇.〇〇	一、五〇〇.〇〇	五〇〇.〇〇	榮河萬泉
聞喜	二二〇	一五.〇〇	三、三〇〇.〇〇	一五.〇〇	三、三〇〇.〇〇	三、三〇〇.〇〇		本縣
稷山	五〇	二〇.〇〇	一、〇〇〇.〇〇	二〇.〇〇	一、〇〇〇.〇〇	一、〇〇〇.〇〇		本縣
絳縣	二〇	四.二〇	八四.〇〇	五.四〇	一〇八.〇〇	一〇八.〇〇		本縣
靈石	二五〇	七.〇〇	一、七五〇.〇〇	七.八〇	一、九五〇.〇〇	一、九五〇.〇〇		本縣
永和	一二	一.〇〇	一二.〇〇	一.一五	一三.八〇	一三.八〇		本縣
蒲縣	一〇	六.〇〇	六〇.〇〇	六.〇〇	六〇.〇〇	六〇.〇〇		本縣

大同	三○○	三•○○	九○○•○○	三•○○	九○○•○○	九○○•○○		本縣
渾源	二七三	三•七○	一、○一○•一○	三•六○	九八二•八○	九八二•八○		本縣
應縣	四四○	二•九○	一、二七六•○○	二•七○	一、一八八•○○	一、一八八•○○		本縣
靈邱	三○○	三•五○	一、○五○•○○	四•○○	一、二○○•○○	一、二○○•○○		本縣
廣靈	一五○	一○•○○	一、五○○•○○	一○•○○	一、五○○•○○	一、五○○•○○		本縣
陽高	四○	一•五○	六○•○○	一•四○	五六•○○	五六•○○		本縣
右玉	二○	三八•五○	七七○•○○	三八•五○	七七○•○○	七七○•○○		本縣
朔縣	五○○	二•一○	一、○五○•○○	二•○○	一、○○○•○○	一、○○○•○○		本縣
左雲	一○	五•○○	五○•○○	五•○○	五○•○○	五○○○		本縣
平魯	一三○	一•○○	一三○•○○	一•二○	一五六•○○	一五六•○○		本縣
偏關	一二	八•四○	一○○•八○	一二•○○	一四四•○○	一四四•○○		本縣
忻縣	五○○	三•五○	一、七五○•○○	四•○○	二、○○○•○○	二、○○○•○○		本縣
定襄	一、○○○	二•○○	二、○○○•○○	三•○○	三、○○○•○○	三、○○○•○○		本縣
五台	二二七	一六•二○	三、六七七•四○	一七•五○	三、九七二•五○	三、九七二•五○		本縣
崞縣	六二	一六•○○	九九二•○○	一五•○○	九三○•○○	九三○•○○		本縣
河曲	三○○	四•七○	一、四一○•○○	五•○○	一、五○○•○○	九○○•○○	六○○•○○	陝西綏遠
總計	一七、三八九	五•三四	九二、八四二•五四	五•九六	一○三、六七四•○二	九七、一九一•○二	六、四八三•○○	

四 白菜

一 概說

白菜為葉菜類最主要之物，食用極廣，又耐貯藏，在晉省一年內，可食兩季，故晉人最肯種之，據此次調查，全省種植白菜者，凡六十一縣，種植面積共計五九、八〇三畝，常年總產量，計一、二三七、三六九・九〇担，二十四年總產量較增加，計一、三四四、一〇六担。

品種　白菜品種繁多，山西所種者，有小白菜，長白菜，筒兒白，包頭白四種。小白菜，亦名白苦，春種夏收，生長期短，其葉稍有苦味，絲質甚多，不耐存放。長白菜，亦名菊花白，又名懶芽，更有名高莊白，其葉肥大，絲質甚多，生長期間，可隨時食用。筒兒白，亦名大白菜，又名捲心白，夏種秋收，其葉肥嫩，液汁豐富，且能耐久貯藏，故晉省種者較多。包頭白，亦名包心白，其心甚大，葉向心捲包，水汁甚多，筋絲甚少，炒之食用，稍帶苦味，在省城附近種之最多，其葉甚短，不耐貯藏。

用途　白菜，富有滋養料，汁含有綠葉素及維太命B，有補血之用，除炒食用外，並有醃作食用者。

二 栽培狀況

風土　白菜宜溫暖濕潤氣候，但比其他蔬菜能耐寒，故省北寒帶，亦可種植，土質宜腐植質土，及砂粘混合土，地勢宜向陽下濕，若乾燥背陰之地，則生長不過茂盛。

播種期　白菜大概與水蘿蔔，菠菜，葱，麥等輪種，下種節期，在晉省分春種秋種二期，春種者，自入春以後，隨時可栽種。秋種者，在大暑節下種，亦有入伏下種，出伏移植。

播種法　臨種之時，先撒肥地面，耕翻土中，耙耬平坦，刮起畦堰，每畦刨成淺壕兩行，溜籽壕中，擁土埋壕，用足併成八字形；中離一寸，順籽溝輕踏過，則籽上擁起土稜，過兩日發芽，再用足踏，將土稜抹倒，次日清晨，則芽出土。

肥料　白菜普通施用之主要肥料，爲堆肥，廄肥，人糞尿，油粕，糠等。廄肥不但直接能供給養分，且能增進他類肥料之效果，而使土壤膨軟，故常用爲基肥，油粕人糞尿，則用爲追肥，人糞尿能使葉質軟薄，油粕能使葉軟而色濃。

病害　白菜之病蟲，有綠蟲及黑蟲二種，吸葉之汁液，使菜食有苦味，預防之法，見初起時，用苦樹及粉末，或柴灰等，於清晨有露水時，撒布葉上，則蟲可致死。

收穫　白菜收穫時節，春種之小白菜，至發開葉時，則隨意食用。秋種者，至霜降至立冬節，方可收穫。留種籽之法，先選無病之苗，連根拔起，藏於窖內，至來年春清明節前後，再栽地內，使其成活，生苔前後，耡地二三次，追肥一次，小暑節前後，種籽成熟，則可收穫。

三　產銷

面積　全省種植面積，總計五九、八〇三畝，陽曲最多，獨佔二〇、〇〇〇畝，其次文水計九、八五〇畝，平遙計六、四七五畝，再次太谷，離石，長子，聞喜，潞縣，河曲等六縣，各計一千畝以上，其餘各縣，均各數百畝，最少僅數十畝者，則不過九縣而已。

產量　全省常年總產量，共計一・二二七、三六九・九〇担。以陽曲產量最豐，計三六〇、〇〇〇担，平遙次之，計一九四、二五〇担，文水再次之，計一四七、七五〇担。其餘各縣，均產千担至數萬担不等，計產數萬担者，計十七縣，產數千担者，計二十七縣，產數百担者，計十三縣，至產數十担者，則僅興縣方山二縣而已。平均每縣計產二〇・五二担，廿四年產量較增總計一、三四四、一〇六担。

銷路　白菜在晉省本屬普通蔬菜，遍地皆產，並不成為流通商品，行銷地點多限於本縣市場，產白菜六十一縣中，有縣外銷量者，僅十三縣，其中輸出省外者，僅河曲一縣銷於陝西省，其外銷總數，計三〇、〇〇〇担。茲將白菜產銷統計列表於后。

山西省各縣白菜產銷統計表

縣別	種植畝數	常年產量(担)		廿四年產量(担)		銷量(担)		銷路
		每畝數	總數	每畝數	總數	縣內	縣外	

陽曲	二〇、〇〇〇	一八・〇〇	三六〇、〇〇〇・〇〇	二〇・〇〇	四〇〇、〇〇〇・〇〇	四〇〇、〇〇〇・〇〇		太原市
榆次	二〇〇	二二・〇〇	四、四〇〇・〇〇	二〇・〇〇	四、〇〇〇・〇〇	四、〇〇〇・〇〇		
太谷	一、二〇〇	二〇・〇〇	二四、〇〇〇・〇〇	二二・〇〇	二六、四〇〇・〇〇	二六、四〇〇・〇〇		
祁縣	三七	一三・五〇	四九九・五〇	一五・〇〇	五五五・〇〇	五五五・〇〇		
徐溝	八〇	三・五〇	二八〇・〇〇	四・〇〇	三二〇・〇〇	三二〇・〇〇		
清源	九五八	二二・〇〇	二一、〇七六・〇〇	二〇・〇〇	一九、一六〇・〇〇	九、一六〇・〇〇	一〇、〇〇〇・〇〇	祁縣太谷太原
交城	八五〇	一五・〇〇	一二、七五〇・〇〇	二四・九〇	二一、一六五・〇〇	二一、一六五・〇〇		
文水	九、八五〇	一五・〇〇	一四七、七五〇・〇〇	二〇・〇〇	一九七、〇〇〇・〇〇	一九七、〇〇〇・〇〇		
興縣	一〇〇	〇・六〇	六〇・〇〇	〇・六〇	六〇・〇〇	六〇・〇〇		
汾陽	三〇〇	六・〇〇	一、八〇〇・〇〇	八・〇〇	二、四〇〇・〇〇	二、四〇〇・〇〇		
平遙	六、四七五	三〇・〇〇	一九四、二五〇・〇〇	三〇・〇〇	一九四、二五〇・〇〇	一九四、二五〇・〇〇		
臨縣	三〇〇	八・〇〇	二、四〇〇・〇〇	八・〇〇	二、四〇〇・〇〇	二、四〇〇・〇〇		
石樓	三二	三・二〇	一〇二・四〇	三・〇〇	九六・〇〇	九六・〇〇		
離石	一、二〇〇	一〇・〇〇	一二、〇〇〇・〇〇	九・〇〇	一〇、八〇〇・〇〇	一〇、八〇〇・〇〇		
万山	二四	二・一〇	五〇・四〇	二・〇〇	四八・〇〇	四八・〇〇		本縣
長治	八〇〇	一八・〇〇	一四、四〇〇・〇〇	二〇・〇〇	一六、〇〇〇・〇〇	一二、〇〇〇・〇〇	四、〇〇〇・〇〇	壺關平順
長子	一、〇〇〇	一〇・〇〇	一〇、〇〇〇・〇〇	一二・〇〇	一二、〇〇〇・〇〇	一二、〇〇〇・〇〇		

襄垣	四〇〇	一八・〇〇	七、二〇〇・〇〇	一五・〇〇	六、〇〇〇・〇〇	四、〇〇〇・〇〇	二、〇〇〇・〇〇	鄰縣
晋城	三四〇	一〇・〇〇	三、四〇〇・〇〇	九・〇〇	三、〇六〇・〇〇	三、〇六〇・〇〇		
高平	一二〇	二二・〇〇	二、六四〇・〇〇	一八・〇〇	二、一六〇・〇〇	二、一六〇・〇〇		
陽城	八五〇	三五・〇〇	二九、七五〇・〇〇	四〇・〇〇	三四、〇〇〇・〇〇	三四、〇〇〇・〇〇		
沁水	六〇〇	二九・二〇	一七、五二〇・〇〇	三一・〇〇	一八、六〇〇・〇〇	一八、六〇〇・〇〇		
和順	六八	七・五〇	五一〇・〇〇	八・二〇	五五七・六〇	五五七・六〇		
沁源	二〇〇	〇・九〇	一八〇・〇〇	一・〇〇	二〇〇・〇〇	二〇〇・〇〇		
武鄉	一六〇	三一・〇〇	四、九六〇・〇〇	三五・〇〇	五、六〇〇・〇〇	五六、〇〇〇・〇〇		
平定	二〇〇	一・二〇	二四〇・〇〇	一・三〇	二六〇・〇〇	二六〇・〇〇		
臨汾	三〇〇	三・六〇	一、〇八〇・〇〇	三・六〇	一、〇八〇・〇〇	一、〇八〇・〇〇		
襄陵	四〇〇	一五・〇〇	六、〇〇〇・〇〇	二〇・〇〇	八、〇〇〇・〇〇	六、〇〇〇・〇〇	二、〇〇〇・〇〇	汾城縣古城鎮
洪洞	三五〇	八・〇〇	二、八〇〇・〇〇	七・〇〇	二、四五〇・〇〇	一、〇〇〇・〇〇	一、四五〇・〇〇	安澤趙城
汾城	二〇〇	二五・〇〇	五、〇〇〇・〇〇	二〇・〇〇	四、〇〇〇・〇〇	四、〇〇〇・〇〇		
翼城	一五〇	一二〇・〇〇	一八、〇〇〇・〇〇	一二〇・〇〇	一八、〇〇〇・〇〇	一六、〇〇〇・〇〇	二、〇〇〇・〇〇	曲沃
吉縣	四七	一二・〇〇	五六四・〇〇	一三・〇〇	六一一・〇〇	五九〇・〇〇	二一・〇〇	大寧蒲縣寧鄉
鄉寧	一五〇	四・〇〇	六〇〇・〇〇	四・〇〇	六〇〇・〇〇	六〇〇・〇〇		
猗氏	三七二	三六・〇〇	一三、三九二・〇〇	三六・〇〇	一三、三九二・〇〇	一三、三九二・〇〇		

夏縣	五〇〇	一八·〇〇	九、〇〇〇·〇〇	二〇·〇〇	一〇、〇〇〇·〇〇	七、〇〇〇·〇〇	三、〇〇〇·〇〇	運城安澤平陸
芮城	二五〇	三〇·〇〇	七、五〇〇·〇〇	三五·〇〇	八、七九〇·〇〇	八、七五〇·〇〇		
新絳	五五〇	一六·〇〇	八、八〇〇·〇〇	一五·〇〇	八、二五〇·〇〇	七、五〇〇·〇〇	七五〇·〇〇	河津稷山鄉寧汾城萬泉
河津	一〇〇	一〇·〇〇	一、〇〇〇·〇〇	八·〇〇	八〇〇·〇〇	八〇〇·〇〇		
聞喜	一、五〇〇	五〇·〇〇	七五、〇〇〇·〇〇	五〇·〇〇	七五、〇〇〇·〇〇	七五、〇〇〇·〇〇		
稷山	二五〇	二〇·〇〇	五、〇〇〇·〇〇	二〇·〇〇	五、〇〇〇·〇〇	二、五〇〇·〇〇	二、五〇〇·〇〇	河津萬泉新絳
垣曲	一〇〇	四八·〇〇	四、八〇〇·〇〇	五〇·〇〇	五、〇〇〇·〇〇	五、〇〇〇·〇〇		
離石	三五〇	八·〇〇	二、八〇〇·〇〇	一〇·〇〇	三、五〇〇·〇〇	三、五〇〇·〇〇		
永和	二八	五·〇〇	一四〇·〇〇	五·七〇	一五九·六〇	一五九·六〇		
蒲縣	五二	二九·〇〇	一、五〇八·〇〇	三〇·〇〇	一、五六〇·〇〇	一、五六〇·〇〇		
渾源	三七二	五·八〇	二、一五七·六〇	七·四〇	二、七五二·八〇	二、七五二·八〇		
應縣	七五〇	五·五〇	四、一二五·〇〇	五·一〇	三、八二五·〇〇	三、八二五·〇〇		
靈邱	五三〇	四·〇〇	二、一二〇·〇〇	五·五〇	二、九一五·〇〇	二、九一五·〇〇		
廣靈	一二〇	一五·〇〇	一、八〇〇·〇〇	一二·〇〇	一、四四〇·〇〇	一、四四〇·〇〇		
陽高	二三八	二〇·〇〇	四、七六〇·〇〇	一八·〇〇	四、二八四·〇〇	四、二八四·〇〇		
天鎮	二〇〇	一〇·〇〇	二、〇〇〇·〇〇	九·〇〇	一、八〇〇·〇〇	一、八〇〇·〇〇		
右玉	一五〇	一六·〇〇	二、四〇〇·〇〇	一六·〇〇	二、四〇〇·〇〇	二、四〇〇·〇〇		

朔縣	一、〇〇〇	六．〇〇	六、〇〇〇．〇〇	五．〇〇	五、〇〇〇．〇〇	五、〇〇〇．〇〇	
左雲	一五〇	四．〇〇	六〇〇．〇〇	四．〇〇	六〇〇．〇〇	六〇〇．〇〇	
偏關	二五	四．八〇	一二〇．〇〇	二．〇〇	五〇．〇〇	五〇．〇〇	
忻縣	五〇〇	九〇．〇〇	四五、〇〇〇．〇〇	一〇〇．〇〇	五〇、〇〇〇．〇〇	三三、〇〇〇．〇〇	一七、〇〇〇．〇〇	崞縣定襄
定襄	八〇〇	一五．〇〇	一二、〇〇〇．〇〇	一五．〇〇	一二、〇〇〇．〇〇	一二、〇〇〇．〇〇	
代縣	二二〇	四．〇〇	八八〇．〇〇	四．〇〇	八八〇．〇〇	五三〇．〇〇	三五〇．〇〇	大同
五寨	三二〇	三五．〇〇	一一、二〇〇．〇〇	三五．〇〇	一一、二〇〇．〇〇	一一、二〇〇．〇〇	
繁峙	四七五	三五．〇〇	一六、六二五．〇〇	三三．〇〇	一五、六七五．〇〇	一五、六七五．〇〇	
崞縣	四六〇	二八．〇〇	一二、八八〇．〇〇	二四．〇〇	一一、〇四〇．〇〇	一一、〇四〇．〇〇	
河曲	一、五〇〇	四五．〇〇	六七、五〇〇．〇〇	五〇．〇〇	七五、〇〇〇．〇〇	四五、〇〇〇．〇〇	三〇、〇〇〇．〇〇	陝西
總計	五九、八〇三	二〇．五二	一、三七、三六九．九〇	二二．四八	一、三四、一〇六．〇〇	一、三六九、〇三五．〇〇	七五、〇七一．〇〇	

五　茄

一　概說

茄爲瓜果類植物，晉省風土相宜，所以種植普遍。據此次調查，省境南部種植最多，中部次之，北部因地氣嚴寒關係，種植較少。總計全省種植者，凡五十九縣，種植面積，共計二二、七〇三畝，常年總產量，計三一六、二七三・二〇担，二十四年總產量較增，計三四三、〇二三・三〇担。

品種　晉省茄之品種，有長圓二種，圓茄之苗稍低，肉薄籽少，氣味平常。長茄名爲鷄心茄，其苗稍高，肉嫩籽少，氣味均佳。論其葉數及皮色，有五葉，六葉，七葉，九葉，白皮色，紫皮色，紅皮色，大紅袍，短柄紅等之別。茲就其品質之優劣分述之：五葉茄，成熟最早，個頭不大，夏至後卽可供食用。六葉茄與七葉茄，成熟稍遲，個頭較大，小暑節前後可取而食之。九葉茄，成熟最遲，個頭最小，大暑節前後方可食用。紫皮色茄，分長圓兩種，長者亦名罐兒頭，花形稍長，品質柔軟，氣味甚佳；圓者亦名洋茄，花色紫紅，形圓，外皮稍厚，肉薄籽多，成熟稍遲，氣味平常。白皮色茄，花白色，結茄不多，個頭不大，皮薄肉嫩，氣味甚佳。大紅袍茄，皮色黑紫，個頭甚大，氣味甚佳，成熟較遲。短柄紅茄，茄柄甚短，個頭不大，成熟較早。

用途　茄可以蒸熟涼冷，用鹽蒜調和或與肉類蒸而食用，其味極香。若蒸熟後，用刀切開，抹以蒜或芥沫，再用鹽醃之，至來年春可供食用，其味鮮美。

二　栽培狀況

風土　茄宜溫暖地氣，但在稍寒地氣，亦可生長。開花前性喜乾燥，結茄後性喜潤濕。土質宜砂質壤土，不宜粘土。地勢宜向陽平坦，及水道流通之地，若過分潮濕，則易生蟲害。

種植

晋省種茄之法，分浸籽，種秧，移栽，摘芽四次，茲將其方法分述於后：

(一)浸籽分水生土生二種。水生浸法，將種籽放入袋內，浸水中三四日，取出放入盆中，置於溫暖之處，約五六日發芽，即可下種。土生浸法，將種籽浸入溫中水，約三日取出，和以砂土放於盆中，俟五六日發芽，便可下種。

(二)種秧之法，在驚蟄節至春分前後，擇避風向陽之地，用磚石造成畦堰，內撒布牲畜糞，掘翻一次，澆水一次，然後撒籽畦內，上鋪砂土，早晚以草簾蓋之，約十日後芽出土外，苗高寸餘，澆水一次，間苗一次，俟苗高五六寸時，便可移植。

(三)移植之法，在穀雨節至芒種節前後，先撒布牲畜糞於地面，深耕數次，造成長約三丈之畦，每畦兩行勾成小穴，移苗栽穴中，擁土埋平，澆水一次，鋤後耡地一次，澆水一次，追肥一次，至開花時爲止。

(四)摘芽之法，見其初結茄時，用手將各葉杈旁之支芽摘去，僅留結茄之杈上兩枝，則茄可長大，鋤後兩枝各結茄一個，又分四杈，再長再分，各杈可結茄一個，如此，每株可結茄五六個之多矣。

病害

茄最怕油汗病，預防之法，宜栽於通風之地，或將苗間稀，或將下部葉摘去，使其通風則病可免。若汗油病發生時，可用菸葉水和以雪水，洒被害處，則菌虫可滅。

收穫 茄收穫時期，早則在小暑節，遲則秋分節，經霜後，其味變苦。收穫方法，於長成時，挨次摘取，若留種籽，須揀選頭茬茄，待其成熟皮色變黃時，摘下用清水將種籽洗出，晒乾藏之。

三 產銷

面積 晉省茄之栽植面積，共二二、七〇三畝，以文水最多計六、二三〇畝，其次爲平遙，計四、〇二一畝，再次爲定襄計一、三〇〇畝，崞縣計一、二〇〇畝，其餘各縣，多半在百畝以上。

產量 全省常年總產量，共計三一六、二七三・二〇担，以文水產量最豐，計九九、六八〇担，平遙次之，計五六、二九四担，再次爲離石、長治，定襄，崞縣各計一萬餘担，平均每畝計產一三・九三担，二十四年總產量增加，共計三四三、〇二三・三〇担。

銷路 各縣茄銷售，多以本縣市場爲限，其銷於外縣者，僅清源，長治及夏縣而已。其銷於省外者，僅平陸及河曲兩縣。外銷數亦微，總計不過九、三九〇担。茲將茄之產銷統計列表於后。

山西省各縣茄產銷統計表

縣別	種植面積（畝）	常年產量（担）		廿四年產量（担）		銷量（担）		銷路
		每畝數	總數	每畝數	總數	縣內	縣外	
陽曲	三〇	三〇・〇〇	九〇〇・〇〇	三〇・〇〇	九〇〇・〇〇	九〇〇・〇〇		太原市

太谷	一五〇	一二·五〇	一、八七五·〇〇	一二·五〇	一、八七五·〇〇	一、八七五·〇〇		
祁縣	二二	四·〇〇	八八·〇〇	四·五〇	九九·〇〇	九九·〇〇		
徐溝	六〇	五·五〇	三三〇·〇〇	六·〇〇	三六〇·〇〇	三六〇·〇〇		
清源	五一五	一八·〇〇	九、二七〇·〇〇	二〇·〇〇	一〇、三〇〇·〇〇	二、〇六〇·〇〇	八、二四〇·〇〇	祁縣太原太谷
交城	五〇〇	一二·〇〇	六、〇〇〇·〇〇	一五·〇〇	七、五〇〇·〇〇	七、五〇〇·〇〇		
文水	六、二三〇	一六·〇〇	九九、六八〇·〇〇	一八·〇〇	一一二、一四〇·〇〇	一一二、一四〇·〇〇		
興縣	三〇〇	〇·六〇	一八〇·〇〇	〇·六〇	一八〇·〇〇	一八〇·〇〇		
汾陽	八〇	八·〇〇	六四〇·〇〇	一〇·〇〇	八〇〇·〇〇	八〇〇·〇〇		
平遙	四、〇二一	一四·〇〇	五六、二九四·〇〇	一五·〇〇	六〇、三一五·〇〇	六〇、三一五·〇〇		
臨縣	二〇〇	一〇·〇〇	二、〇〇〇·〇〇	一〇·〇〇	二、〇〇〇·〇〇	二、〇〇〇·〇〇		
離石	八〇〇	一四·〇〇	一一、二〇〇·〇〇	一四·〇〇	一一、二〇〇·〇〇	一一、二〇〇·〇〇		
中陽	八〇	四·〇〇	三二〇·〇〇	四·〇〇	三二〇·〇〇	三二〇·〇〇		
長治	九〇五	二〇·〇〇	一八、一〇〇·〇〇	二五·〇〇	二二、六二五·〇〇	二二、一二五·〇〇	五〇〇·〇〇	壺關平順
長子	二〇〇	一·〇〇	二〇〇·〇〇	一·〇〇	二〇〇·〇〇	二〇〇·〇〇		
黎城	一一〇	二〇·〇〇	二、二〇〇·〇〇	二四·〇〇	二、六四〇·〇〇	二、六四〇·〇〇		
晉城	四四〇	七·二〇	三、一六八·〇〇	六·〇〇	二、六四〇·〇〇	二、六四〇·〇〇		
沁水	七〇	三八·〇〇	二、六六〇·〇〇	三九·〇〇	二、七三〇·〇〇	二、七三〇·〇〇		

和順	五〇	八·〇〇	四〇〇·〇〇	八·五〇	四二五·〇〇	四二五·〇〇	
沁縣	三	一〇·〇〇	三〇·〇〇	一〇·〇〇	三〇·〇〇	三〇·〇〇	
武鄉	二五	一五·〇〇	三七五·〇〇	一三·〇〇	三二五·〇〇	三二五·〇〇	
昔陽	四〇	四·〇〇	一六〇·〇〇	四·〇〇	一六〇·〇〇	一六〇·〇〇	
臨汾	一二〇	五〇·〇〇	六、〇〇〇·〇〇	五〇·〇〇	六〇〇〇·〇〇	六、〇〇〇·〇〇	
洪洞	一五〇	一〇·〇〇	一、五〇〇·〇〇	一〇·〇〇	一、五〇〇·〇〇	一、五〇〇·〇〇	
浮山	九	四二·〇〇	三七八·〇〇	四〇·〇〇	三六〇·〇〇	三六〇·〇〇	
汾城	一四五	三〇·〇〇	四、三五〇·〇〇	三〇·〇〇	四、三五〇·〇〇	四、三五〇·〇〇	
襄城	三五	五〇·〇〇	一、七五〇·〇〇	五〇·〇〇	一、七五〇·〇〇	一、七五〇·〇〇	
鄉寧	三〇	二·〇〇	六〇·〇〇	二·〇〇	六〇·〇〇	六〇·〇〇	
永濟	六五	二五·〇〇	一、六二五·〇〇	二五·〇〇	一、六二五·〇〇	一、六二五·〇〇	
臨晉	一〇〇	四〇·〇〇	四、〇〇〇·〇〇	四〇·〇〇	四、〇〇〇·〇〇	四、〇〇〇·〇〇	
榮河	一〇〇	一〇·〇〇	一、〇〇〇·〇〇	一〇·〇〇	一、〇〇〇·〇〇	一、〇〇〇·〇〇	
猗氏	一五七	三六·〇〇	五、六五二·〇〇	三六·〇〇	五、六五二·〇〇	五、六五二·〇〇	
夏縣	八〇	五·〇〇	四〇〇·〇〇	五·〇〇	四〇〇·〇〇	三〇〇·〇〇	一〇〇·〇〇	運城安邑平陸
平陸	六〇〇	四·七〇	二、八二〇·〇〇	五·〇〇	三、〇〇〇·〇〇	二、五〇〇·〇〇	五〇〇·〇〇	河南陝縣靈寶
芮城	一五〇	二五·〇〇	三、七五〇·〇〇	三〇·〇〇	四、五〇〇·〇〇	四、五〇〇·〇〇		

新絳	六五	一四·〇〇	九一〇·〇〇	一四·〇〇	九一〇·〇〇	九一〇·〇〇	—	
稷山	三〇	二〇·〇〇	六〇〇·〇〇	二〇·〇〇	六〇〇·〇〇	六〇〇·〇〇		
絳縣	二五	二·二〇	五五·〇〇	二·四〇	六〇·〇〇	六〇·〇〇		
垣曲	五	八·五〇	四二·五〇	一〇·〇〇	五〇·〇〇	五〇·〇〇		
靈石	三八〇	二〇·〇〇	七、六〇〇·〇〇	二二·〇〇	八、三六〇·〇〇	八、三六〇·〇〇		
大寧	一五	一九·〇〇	二八五·〇〇	二〇·〇〇	三〇〇·〇〇	三〇〇·〇〇		
永和	二六	一·八〇	四六·八〇	一·六五	四二·九〇	四二·九〇		
蒲縣	一五	九·〇〇	一三五·〇〇	八·〇〇	一二〇·〇〇	一二〇·〇〇		
大同	八四〇	五·〇〇	四、二〇〇·〇〇	六·〇〇	五、〇四〇·〇〇	五、〇四〇·〇〇		
渾源	二四二	五·八〇	一、四〇三·六〇	六·七〇	一、六二一·四〇	一、六二一·四〇		
應縣	一一六	四·八〇	五五六·八〇	四·五〇	五二二·〇〇	五二二·〇〇		
懷仁	二八〇	八·〇〇	二、二四〇·〇〇	七·〇〇	一、九六〇·〇〇	一、九六〇·〇〇		
靈邱	三二〇	一八·〇〇	五、七六〇·〇〇	二〇·〇〇	六、四〇〇·〇〇	六、四〇〇·〇〇		
廣靈	八〇	一八·〇〇	一、四四〇·〇〇	一八·〇〇	一、四四〇·〇〇	一、四四〇·〇〇	—	
陽高	八五	一六·〇〇	一、三六〇·〇〇	一五·〇〇	一、二七五·〇〇	一、二七五·〇〇	—	
右玉	三〇	一二·〇〇	三六〇·〇〇	一二·五〇	三七五·〇〇	三七五·〇〇		
左雲	二	一〇·〇〇	二〇·〇〇	一〇·〇〇	二〇·〇〇	二〇·〇〇		

忻縣	一〇〇	一五・〇〇	一、五〇〇・〇〇	一五・〇〇	一、五〇〇・〇〇	一、五〇〇・〇〇	
定襄	一、三〇〇	一三・〇〇	一六、九〇〇・〇〇	一四・〇〇	一八、二〇〇・〇〇	一八、二〇〇・〇〇	
代縣	一六〇	二・七〇	四三二・〇〇	二・七〇	四三二・〇〇	四三二・〇〇	
五台	三一〇	二一・〇〇	六、五一〇・〇〇	二五・〇〇	七、七五〇・〇〇	七、七五〇・〇〇	
繁峙	三九五	五・九〇	二、三三〇・五〇	五・八〇	二、二九一・〇〇	二、二九一・〇〇	
崞縣	一、二〇〇	一〇・〇〇	一二、〇〇〇・〇〇	八・〇〇	九、六〇〇・〇〇	九、六〇〇・〇〇	
河曲	一一〇	二・一〇	二三一・〇〇	二・〇〇	二二〇・〇〇	一七〇・〇〇	五〇・〇〇陝西綏遠
總計	二二、七〇三	一三・九三	三一六、二七三・二〇	一五・一一	三四三、〇二三・三〇	三三三、六三三・三〇	九、三九〇・〇〇

六　茴子白

一　概說

茴子白，亦名洋白菜，更名球甘藍，葉質柔軟，包成圪塔，形狀扁圓，相似擘藍，其性頗耐寒，而不宜溫暖，此種蔬菜，宜生長北方寒地，山西種植，以北路爲最廣，中路次之，南路稀少，總計全省整塊種植茴子白者，凡二六縣，種植面積，共計一九、七六六畝，常年總產量，計二三七、八七九担，二四年總產量較豐，計二五六、〇四〇・七〇担。

品種 山西茴子白之品種，有和尚頭，平頂珠，大瓦灰，二瓦灰四種。和尚頭，頂端尖圓，圪塔甚小，而產量亦少，平頂珠，頂端扁平，下端圓形，產量中等，大瓦灰，圪塔甚大，而產量亦豐，二瓦灰，圪塔較小，而產量亦較少。

用途 茴子白之食用方法，用刀切斷根葉，去其外皮，除煮炒食用外，並可醃作鹹菜，其味鮮美。

二 栽培狀況

風土 茴子白宜寒冷濕潤之地氣，若過溫暖乾燥，則不相宜，故晉省南路種植甚少，土質宜砂粘混合土，或腐植質土，地勢宜背陰之園圃。

下種 茴子白宜種在水渠畦畔之旁，或蒜地中間種，下種之法，在立冬節前後，整地耕翻，至來年春季驚蟄前，下肥耕翻土中，耙耬平坦，造成長畦，澆水數次，撒入種籽，上蓋細土，苗長至二三寸高，間苗耡草，苗高三四寸時移植。

移種 移植節期，在芒種節前後，下肥耕翻土中，耙平造畦，掘穴移植，每苗相離約二尺許，每畝約植九十餘株，栽後澆水穴內，壅土埋根，根旁追肥一次，以後須常澆水耡地，葉長大時，需常摘去其葉，使其透風。

病害 茴子白之病害，至入伏後，最易生綠蟲，若蚊嚙其葉，則有傷害圪塔，見蟲初起時，務須捕殺，或用柴灰水洒葉上，亦可殺滅。若遇雨水過多，天氣炎熱，最易生腐爛病，須多摘去葉，使其透風則可以免除。

收穫　茴子白，收穫節期，在秋分節至立冬節之間，用刀切斷其根葉，然後貯藏窖內，上蓋草桿，至大雪前後，上再加蓋砂土，可耐久貯藏，而不壞。

三　產銷

面積　山西全省，茴子白整塊栽植面積，共計一九、七六六畝，平魯爲最多，計四、八〇〇畝，朔縣次之，計四、三一二畝，渾源又次之，計三、二〇〇畝，盂縣，大同，五寨，各計一千餘畝，石樓最少計三畝，其他各縣，均計數十畝至數百畝不等。

產量　全省茴子白，常年總產量，共計二三七、八七九担，以朔縣爲最豐，計八一、九二八担，平魯次之，計五七、六〇〇担，渾源又次之，計一八、五六〇担，大同計一四、四〇〇担，全省平均每畝計產一二•〇三担，二四年產量較豐，共計二五六、〇四〇•七〇担。

銷路　茴子白本不屬普通蔬菜，因產量之少，並不成爲流通商品，觀於各縣茴子白調查統計，其銷行地點，只限於本縣內市場而已。玆將各縣茴子白產銷統計列表於后：

山西省各縣茴子白產銷統計表

縣別	種植畝數	常年產量（担）		廿四年產量（担）		銷量（担）	
		每畝數	總數	每畝數	總數	縣內	縣外
太谷	一二〇	六·〇〇	七二〇·〇〇	六·〇〇	七二〇·〇〇	七二〇·〇〇	
祁縣	二五	三·〇〇	七五·〇〇	三·五〇	八七·五〇	八七·五〇	
徐溝	八〇	三·五〇	二八〇·〇〇	四·〇〇	三二〇·〇〇	三二〇·〇〇	
嵐縣	一二〇	一〇·〇〇	一、二〇〇·〇〇	一二·〇〇	一、四四〇·〇〇	一、四四〇·〇〇	
汾陽	一〇〇	六·〇〇	六〇〇·〇〇	八·〇〇	八〇〇·〇〇	八〇〇·〇〇	
石樓	三	三·五〇	一〇·五〇	三·四〇	一〇·二〇	一〇·二〇	
中陽	九〇	七·〇〇	六三〇·〇〇	七·〇〇	六三〇·〇〇	六三〇·〇〇	
和順	二〇〇	二一·〇〇	四、二〇〇·〇〇	二二·五〇	四、五〇〇·〇〇	四、五〇〇·〇〇	
盂縣	一、六五〇	三·七〇	六、一〇五·〇〇	三·五〇	五、七七五·〇〇	五、七七五·〇〇	
壽陽	四八〇	一五·〇〇	七、二〇〇·〇〇	一〇·〇〇	四、八〇〇·〇〇	四、八〇〇·〇〇	
汾西	三五〇	六·〇〇	二、一〇〇·〇〇	六·二〇	二、一七〇·〇〇	二、一七〇·〇〇	
蒲縣	八〇	二八·〇〇	二、二四〇·〇〇	三〇·〇〇	二、四〇〇·〇〇	二、四〇〇·〇〇	
大同	一、二〇〇	一二·〇〇	一四、四〇〇·〇〇	八·〇〇	九、六〇〇·〇〇	九、六〇〇·〇〇	
渾源	三、二〇〇	五·八〇	一八、五六〇·〇〇	七·四〇	二三、六八〇·〇〇	二三、六八〇·〇〇	
應縣	六一〇	五·〇〇	三、〇五〇·〇〇	四·八〇	二、九二八·〇〇	二、九二八·〇〇	

懷仁	三五〇	一五·〇〇	五、二五〇·〇〇	一六·〇〇	五、六〇〇·〇〇	五、六〇〇·〇〇
陽高	二〇	二〇·〇〇	四〇〇·〇〇	二〇·〇〇	四〇〇·〇〇	四〇〇·〇〇
天鎮	二五〇	一四·〇〇	三、五〇〇·〇〇	一三·〇〇	三、二五〇·〇〇	三、二五〇·〇〇
右玉	一五五	三七·五〇	五、八一二·五〇	四〇·〇〇	六、二〇〇·〇〇	六、二〇〇·〇〇
朔縣	四、三一二	一九·〇〇	八一、九二八·〇〇	二〇·〇〇	八六、二四〇·〇〇	八六、二四〇·〇〇
平魯	四、八〇〇	一二·〇〇	五七、六〇〇·〇〇	一五·〇〇	七二、〇〇〇·〇〇	七二、〇〇〇·〇〇
寧武	一六〇	二八·〇〇	四、四八〇·〇〇	三二·〇〇	五、一二〇·〇〇	五、一二〇·〇〇
五寨	一、〇〇二	七·〇〇	七、〇一四·〇〇	七·〇〇	七、〇一四·〇〇	七、〇一四·〇〇
五台	二七五	三〇·〇〇	八、二五〇·〇〇	三〇·〇〇	八、二五〇·〇〇	八、二五〇·〇〇
崞縣	八四	二六·〇〇	二、一八四·〇〇	二四·〇〇	二、〇一六·〇〇	二、〇一六·〇〇
保德	五〇	一·八〇	九〇〇·〇〇	一·八〇	九〇〇·〇〇	九〇〇·〇〇
總計	一九、七六六	一二·〇三	二三七、八七九·〇〇	一二·九五	二五六、〇四〇·七〇	二五六、〇四〇·七〇

七　冬瓜

一　概說

冬瓜爲不可生食之一種瓜菜，其蔓甚長，形如圓柱，成熟之時，兩頭粗大，中有細腰，外皮青色，上有白霉，瓜之個頭，小有八九斤，大有十餘斤，其性不耐寒，山岳之地，不宜栽植，晉省因山地多，氣候寒冷，故栽植不宜，僅太谷，交城，汾陽，平遙，臨縣，新絳，等六縣栽植，總計栽植面積，共六六二畝，常年產量，計四、九一〇担，二十四年產量較多，計五、一七〇担。

品種 冬瓜有就地生，架上生兩種，就地生，蔓粗葉大，上有白色硬毛，每苗僅生一瓜，成熟稍早，架上瓜，蔓長葉小，每苗生嫩瓜二三個，可留老瓜一個，但成熟則稍遲。

用途 冬瓜用滚水撒過，可以炒羊肉食用，或燉之吃用，並可包做餡子蒸之吃用，若煮熟用鹽調和，可供蔬菜食用，瓜蔓可以漚糞，或供燃料之用。

二 栽植狀況

風土 冬瓜宜溫暖濕潤氣候，高燥旱地，及山岳寒冷之地，種植不相宜，惟秋季，瓜長大時，則以乾燥為適宜，土質不拘砂粘，地勢不拘傾斜，皆可生長，但種植在平坦或牆下背陰地，及濕潤地，為最適宜。

下種及鋤地 冬瓜宜輪種，不宜連種，耕地下肥揀籽之法，與南瓜相同，下種之法，有直種法，移栽法兩種，直種法，在穀雨前後，將耕過之地，刮成五尺寬之畦，按每畦二壟，用钁勾成小壕，或按二尺遠，掘成小穴，澆水壕中，水落後，將浸過之種籽，按二寸餘遠，點在壕內，或四五粒，點在穴內，擁土埋平，發芽日期…約七八天，苗長成兩葉時，淺鋤一次，間苗一次，每二尺遠，留苗三株，葉長成碗口大時，深鋤一次，間苗一次，在根旁刨開小穴，灌入肥料，擁土埋平，鋤地一次，澆水一次，再淺鋤一次，以後有草再鋤。移栽法，在清明節，先將秧畦做成，其法與黃瓜畦相同，臨種之時，用水澆濕，水落後，將浸過之種籽，按方圓二寸，點入畦內埋蓋薄土，隔一天後，再蓋細砂，苗長成兩葉時，淺鋤一次，澆水一次，葉長成碗口大時，再做成畦移植，到一月後，根旁下肥，鋤地一次。

病害 冬瓜之病害甚多，摘嫩瓜時，須在早晚，以防陽光熱毒，損傷苗子，摘支芽時，需在正午，以防津液流出，妨害結瓜，若在秋後，地氣過濕，瓜則腐爛，故瓜結成後，不可澆水。蟲害有紅色虫，吃害葉子，預防之法見其初生時，連苗拔去，以防傳染之患。

收穫 冬瓜收獲之時，早自大暑節，遲至寒露節，可以隨意摘取，但長至秋分節後，至寒露節前，外皮生起白霜，始十分成熟，收獲之法，用手摘下，放在乾燥之地，存至春天，尚可吃用，留作種籽，亦需擇留老瓜，取出種籽，晾乾藏之。

三 產銷

面積 全省栽植冬瓜共六縣，栽植面積，總計六六二畝，平遙最多，計五〇〇畝，交城次之，計五〇畝，太谷再次之，計四〇畝，汾陽計三〇畝，新絳計二二畝。

產量及銷路 全年冬瓜常年產量，總計四、九一〇担，以平遙爲最多，計二、八〇〇担，次之太谷，計八〇〇担，再次之交城，計七五〇担，以臨縣爲最少，計一〇〇担，平均每畝收獲量，計七・四二担，二十四年產量較增多，共計五、一七〇担。茲據統計所得，各縣冬瓜，產量極少，皆爲農家自作蔬菜吃用，故無縣內縣外之銷路。

山西省各縣冬瓜統計

縣別	種植畝數	常年產量(担)		廿四年產量(担)		銷路(担)		銷路
		每畝數	總數	每畝數	總數	縣內	縣外	
太谷	四〇	二〇	八〇〇	二〇	八〇〇			
交城	五〇	一五	七五〇	一五	七五〇			
汾陽	三〇	八	二四〇	一〇	三〇〇			
平遙	五〇〇	五・六	二、八〇〇	六	三、〇〇〇			
臨縣	二〇	五	一〇〇	五	一〇〇			
新絳	二二	一〇	二二〇	一〇	二二〇			
總計	六六二	七・四二	四、九一〇	七・八一	五、一七〇			

八　黃瓜

一　概說

晉省之黃瓜，亦名王瓜，爲主要蔬菜品之一。此種瓜菜，性宜溫暖之地，不宜過冷過熱，晉省因地氣之關係，晉北寒冷，晉南乾燥，故栽植黃瓜不甚普遍，總計全省宜栽植者，凡四十六縣，栽植面積，共八、八一四畝，常年總產量，計九五、九八九・二五担，廿四年總產量，計九六、八三一・八六担。

品種

晉省之黃瓜，分上架瓜，臥地瓜兩種，茲將其品種優劣，分述於后：

一、上架瓜，亦名夏黃瓜，其蔓甚長，必需搭架，所結之瓜，其中有黑烏蛇，麻鴨鬧，靑黃瓜，白黃瓜等稱呼。黑烏蛇，形狀細長，皮色黑綠，外皮光滑，氣味平常，結瓜稀少，成熟稍遲，醃作鹹菜，爲最適宜，麻鴨鬧，形狀極小，外皮綠色，週身小刺，肉質肥厚，籽少，味香，結瓜稠密，成熟較早，靑黃瓜，皮色靑綠，稍帶苦味，白黃瓜，皮色帶黃白，味甜肉嫩，惟醃菜之用，不及靑黃瓜。

二、臥地瓜，亦名枕黃瓜，其蔓甚短，無需搭架，旁枝生出，皆能結瓜，所結之瓜，其形粗短，其色黃綠，週身光滑，肉薄籽少，生食味較佳，醃菜食用，不及上架瓜。

用途

黃瓜可供生食，調做涼菜，或醃作鹹菜，其味極佳，若醃後晒成乾子，可耐久存放，供作冬春之食用。

二　栽培狀況

風土

黃瓜宜於溫暖之地，不宜過冷過熱，若遇西南風過大，則葉起斑點。土質宜砂土，或砂粘混合土，地勢宜平坦，空氣宜流通，若是秋黃瓜，恐在暑天太陽光太熱，則苗易於枯死，需在陰涼之地栽植，其苗小時，最宜乾燥，結瓜之時，則宜地氣濕潤。

耕地及下肥

黃瓜大概與其他蔬菜類輪種，不宜連種，種後隔四年再種爲宜。耕種之法在驚蟄前後，先深掘土一次，使陽光照晒，臨種之時，將肥料撒佈地面，再翻一次，做成寬約三尺長約丈餘之畦，畦內耙耬平坦，預備栽種，每畝肥料約二三千斤。

浸籽法

浸籽之法，分滾水浸法，溫水浸法，冷水浸法三種。滾水浸法，將種籽放在盆內，用滾水冲過，攪拌到水冷時，浮上之粃掬去，沉下者撈去，放在瓦盆內，用溫布蓋上，約三四日，芽嘴裂開，則可下種，溫水浸籽之法，將種籽用溫水泡過一夜，撈出攪拌砂土，放在暖處，用布濛蓋，二三日後，則可下種，冷水浸籽之法，將種籽放在盆內，用冷水泡過後，澄去冷水，上蓋濕布，每日早晚掬留二次，兩天後發芽，則可下種。

下種

下種之法，分秧苗法，直種法二種，秧苗法，即是做成暖畦(學名爲溫床)、培養小苗，長成四五葉，高約六寸時，用水澆濕，則可移種，直種法，即是直接種在地內，不再移栽。

培植

、栽後約三四日，淺鋤一次，需離根遠，不可傷害毛根，兩行之間，用耙耬平，再以手擁高畦堰，預備澆水，苗幼時性喜乾燥，不可多澆水，至移栽後，澆水一次，鋤地一次，遲八九天，再澆水一次，以後每隔三四天，澆水一次，灌糞一次，至收完爲止。

病蟲害　黃瓜之病害，有黑油病，黃油病，葉斑病三種，黑油病預防法，逢有霧時，在上風燻燒柴草，或以人糞尿和水灌之，則可預防，黃油病預防法，在雨後速用水灌之，則可減少，葉斑病預防法，見病初起時，將其葉摘去，或連苗拔去，埋於土中，則傳染可減少。

三　面積及產量

面積　全省黃瓜栽植面積，共計八、八一四畝，平陸最多，計一、五〇〇畝，朔縣次之，計七〇〇畝，文水又次之，計五八〇畝，靈石渾源定襄，各計五〇〇畝，屯留大寧最少，各計一〇畝。

全省黃瓜常年產量，共計九五、九八九・二五担，離石最多，計一四、〇〇〇担，靈石次之，計一〇、〇〇〇担，猗氏再次之，計九八四〇担，廿四年產量相仿，計九六、八三一・八六担，夫產量之多寡，與面積之大小，固有關係，但與每畝收穫量之關係尤大，風土相宜，則產量大，地瘠寒冷，則產量小，大寧每畝產量最多，計四二・五担，離石次之，計四〇担，長子每畝產量最少，計一担，平均每畝產量，計一一担。

四　銷路

交易手續　黃瓜之交易手續，例在夏秋二季，除由農家自行零星販賣外，又有菜販，至瓜主家講明價目，定購若干担，言明送至城鎮市場，先付定價十分之五，俟瓜交齊，即依數付淸。

黃瓜銷路不大，產黃瓜四十六縣中，有外銷者，僅二縣，襄陵銷汾城，計一、五〇〇担，吉縣銷於鄰近各縣，計二〇担，並不輸出省外，其餘四十四縣，都零星銷售縣內城鎮各市場。

山西省各縣黃瓜產銷統計表

縣別	種植面積（畝）	常年產量（担）		廿四年產量（担）		銷量（担）		銷路
		每畝數	總數	每畝數	總數	縣內	縣外	
太谷	九〇	一〇	九〇〇	一〇	九〇〇	九〇〇		
祁縣	二〇〇	五・五	一、一〇〇	五	一、〇〇〇	一、〇〇〇		
徐溝	六〇	一四・五	八七〇	一五	九〇〇	九〇〇		
清源	八〇	一九	一、五二〇	二〇	一、六〇〇	一、六〇〇		
交城	五〇	二・二	一一〇	二	一〇〇	一〇〇		
文水	五八〇	五・五	三、一九〇	六・七	三、八八六	三、八八六		
興縣	五〇	〇・八	四〇	〇・八	四〇	四〇		
汾陽	二〇〇	二・五	五〇〇	三	六〇〇	六〇〇		
平遙	四〇〇	二	八〇〇	二	八〇〇	八〇〇		
臨縣	五〇	三	一五〇	三	一五〇	一五〇		

離石	三五〇	四〇	一四、〇〇〇	四〇	一四、〇〇〇	一四、〇〇〇		
中陽	五〇	三・五	一七五	三・五	一七五	一七五		
長治	一二〇	一一	一、三二〇	二五	三、〇〇〇	三、〇〇〇		
長子	二〇〇	一	二〇〇	一・二	二四〇	二四〇		
屯留	一〇	六・五	六五	六・五	六五	六五		
沁縣	一二	一五	一八〇	一五	一八〇	一八〇		
沁源	四〇	四	一六〇	三	一二〇	一二〇		
平定	一七四	二	三四八	二・一四	三七・二三六	三七・二三六		
襄陵	一五〇	二〇	三、〇〇〇	三〇	四、五〇〇	三、〇〇〇	一、五〇〇	汾城
浮山	四七	二〇	九四〇	一六	七五二	七五二		
汾城	一五〇	一五	二、二五〇	一五	二、二五〇	二、二五〇		
翼城	二四	一二	二八八	一二	二八八	二八八		
吉縣	三五	三〇	一、〇五〇	三二	一、一二〇	一、一〇〇	二〇	大寧蒲縣鄉寧
鄉寧	三〇	四	一二〇	四	一二〇	一二〇		
臨晉	三〇〇	一五	四、五〇〇	二〇	六、〇〇〇	六、〇〇〇		
猗氏	八二	一二〇	九、八四〇	一二〇	九、八四〇	九、八四〇		
夏縣	八〇	二・五	二〇〇	二・五	二〇〇	二〇〇		

平陸	一、五〇〇	〇・九五	一、四二五	一	一、五〇〇	一、五〇〇	
芮城	五二	一四	七二八	一四	七二八	七二八	
稷山	一〇〇	二五	二、五〇〇	三〇	三、〇〇〇	三、〇〇〇	
垣曲	五〇	三七・五	一、八七五	四〇	二、〇〇〇	二、〇〇〇	
靈石	五〇〇	二〇	一〇、〇〇〇	二〇	一〇、〇〇〇	一〇、〇〇〇	
大寧	一〇	四二・五	四二五	四〇	四〇〇	四〇〇	
渾源	五〇〇	六	三、〇〇〇	二	一、〇〇〇	一、〇〇〇	
廣靈	五〇	一五	七五〇	一五	七五〇	七五〇	
陽高	三〇	一二・五	三七五	一五	四五〇	四五〇	
右玉	三三	六・七五	二二二・七五	六・五	二一四・五	二一四・五	
朔縣	七〇〇	一〇	七、〇〇〇	一〇	七、〇〇〇	七、〇〇〇	
偏關	一五〇	二八	四、二〇〇	一〇	一、五〇〇	一、五〇〇	
五寨	三二四	一六	五、一八四	一五	四、八六〇	四、八六〇	
忻縣	五〇	一三	六五〇	一五	七五〇	七五〇	
定襄	五〇〇	四	二、〇〇〇	四	二、〇〇〇	二、〇〇〇	
代縣	一三〇	二・五	三二五	二・五	三二五	三二五	
繁峙	二三一	一七・五	四、〇四二・五	一六	三、六九六	三・六九六	

崞縣	一八〇	一八	三、二四〇	一八	三、二四〇	三、二四〇		
河曲	一一〇	二・一	二三一	二	二二〇	二二〇		
總計	八、八一四	一〇・九	九五、九八九・二五	一一・〇	九六、八三一・八六	九五、三一一・八六	一、五二〇	

九　南瓜

一　概說

南瓜在晉省又稱北瓜，亦名窩瓜，爲瓜類中最有用之一種，除蔬菜品用外，並爲雜糧食用，所結之瓜，個頭甚大，肉質肥厚，煮熟食用，可以充飢，故晉人最喜栽植，且風土相宜，栽植亦甚普遍。總計全省栽植南瓜者，凡五十九縣，栽植面積，共計八三、〇六三畝，常年總產量，計八九六、五一六・六五担，二十四年總產量，計九一九、四五七・九五担。

品種

南瓜之品種，在晉省分窩瓜翻瓜二種，窩瓜亦名北瓜，葉形缺陷甚深，滿被細毛，所結之瓜，分爲鼓兒瓜，枕頭瓜，七葉瓜，葉葉生四種。鼓兒瓜，形如圓鼓，其味甚甜，嫩時皮分黑花兩色，成熟後，變爲黃色。枕頭瓜，形如長枕，其味稍劣，皮分黑花二色，個頭甚大。七葉瓜，蔓長有七葉時，即可結瓜，成熟最早，個頭不大。葉葉瓜，至見瓜後，長一葉結一瓜，結瓜雖多，然瓜不能結老。翻瓜，又名金瓜，葉大毛少，瓜之形分長圓二種，皮分紅綠花三色，因其花蕊脫落後，瓜嘴向外翻生長，故名爲翻瓜。

用途　南瓜可以煮熟食用，並可蒸炒食用，瓜籽炒熟，可當乾果，葉蔓則可漚糞。

二　栽培狀況

風土　南瓜宜溫暖濕潤地氣，但比其他瓜類較耐寒耐旱。土質，以腐植質壤土及粘質壤土爲宜，若種在砂壤土之地，則所結之瓜，個頭不大，且味不甜。宜向陽平坦或空氣流通之陰地，若過乾燥，或過陰背，則瓜不易長大。

耕地下肥　南瓜宜輪種，不宜連種，耕地之法，種在旱地，犂耕一次，耙耬平坦，按五尺遠一行，二尺遠一窩，下糞一撮，用鋤挖翻，勻和土中，然後掘一小穴，或記一土堆，以備下種。種在水地，將糞撒布地面，用鋤掘翻，耙耬平坦，造三尺寬之畦，澆水一次，用鋤耡虛，用耙耙平，按一尺遠：掘成一穴，以備下種，待至壓條時，再下糞一次，俗名奶瓜，以鷄糞爲最宜，奶鷄糞之法，將糞堆在一處，用水泡濕，泥糊外面，過五六日，有特別臭氣時，則可使用也。

下種鋤地　南瓜下種之時節，早在清明節，遲在小滿前後，臨種之時，將種籽用溫水浸過，或用冷水泡過，揀擇飽滿種籽。下種之法，若在旱地，將已下肥之地，用鋤掘成小穴，深約四五分，點籽五六顆，上蓋砂土，亦有先下種畦內，後再移種，苗高二三寸時，間苗一次，耡地一次，每簇留二株，長成七八寸時，擇留一苗，耡地一次，嗣後下雨一次，耡地一次，至結瓜爲止。

壓條摘芽　南瓜有二種壓條之法，一壓正條法，苗長至七八寸時，將支芽摘去，用鍬壓苗土中，深約二三寸，露出頂心，屢長屢壓，再摘支芽，至結瓜時爲止，若長蔓不結瓜，可將頂心切斷，則支芽旁之小瓜可長成，或在清晨時，將雄花套在雌花上，俗名接瓜。二壓支條法，苗長至六七葉時，摘去支芽，壓於土中，見有瓜時，將正條之頂心摘去，旁邊留一支芽，約七八日後，瓜已長成可摘下食用，支芽至七葉時，再將旁支摘去，壓入土中，結瓜後摘去頂心，再留支芽，至結瓜三次，則不再壓條，如此之法，可早食嫩瓜二十日，若在暖畦內種秧苗再移植，可毋庸壓條，但欲收成熟之瓜，仍需壓條。

病害　南瓜之病害甚少，僅種在重茬，則苗易於枯死，或蔓多不結瓜，若霧氣過大，亦易損傷嫩葉，預防之法，在上風用柴草燻燒可免受傷。蟲害有地蠶，螻蛄，核桃蟲等吃害苗葉，預防之法，在耕地之時下入黑礬，或地面撒布砒信，則蟲害均可除去。

收穫留種　晉省南瓜收穫時節，在秋分節前後，至白露節止，若嫩時食用，至夏至節後，則可摘取。收穫之時，見外皮堅硬，現出白霜時，卽是十分成熟，摘下置於乾燥處，則冬日可不壞，若留種籽之用，需擇首次所結之瓜，至十分成熟後，摘回收藏，至下種時，將種籽取出。

三　產銷

面積 山西產南瓜之縣，共計五十九縣，總計面積凡八三、〇六三畝，潞城一縣，獨占二〇、〇〇〇畝，朔縣次之，計七、五二〇畝，長治再次之，計七〇〇〇畝，其他各縣，則多至一二千畝，少僅數十畝而已。

產量 全省南瓜常年產量，共計八九六、五一六・六五担，長治產量最豐，計一三二、〇二〇担，次之朔縣；計九七、七六〇担，忻縣計九〇、〇〇〇担，太原計七四、六二八担，潞城計六〇、〇〇〇担，平魯產量最少，計二四〇担，次之沁縣；計三〇〇担，鄉寧計三二〇担，其他各縣均在千担以上，平均每畝計產一〇・七九担，二十四年產量略較增加，共計九一九、四五七・九五担。

銷路 南瓜之銷路，多限本縣，間亦銷於隣近各縣，但產南瓜五十九縣中；省外銷者僅襄陵，吉縣，夏縣，忻縣，等四縣而已，此四縣外銷總數，不過二三、八七〇担耳。

山西省各縣南瓜產銷統計表

縣別	種植畝數	常年產量(担)		廿四年產量(担)		銷量(担)		銷路
		每畝數	總數	每畝數	總數	縣內	縣外	
太原	四、一四六	一八・〇〇	七四、六二八・〇〇	二〇・〇〇	八二、九〇〇・〇〇	八二、九二〇・〇〇	—	太原
榆次	二〇〇	二八・〇〇	五、六〇〇・〇〇	三〇・〇〇	六、〇〇〇・〇〇	六、〇〇〇・〇〇	—	本縣
太谷	一、六〇〇	二〇・〇〇	三二、〇〇〇・〇〇	二〇・〇〇	三二、〇〇〇・〇〇	三二、〇〇〇・〇〇	—	本縣

祁縣	一二〇	五二・〇〇	六、二四〇・〇〇	五四・〇〇	六、四八〇・〇〇	六、四八〇・〇〇		一一本縣
徐溝	五〇〇	九・五〇	四、七五〇・〇〇	八・〇〇	四、〇〇〇・〇〇	四、〇〇〇・〇〇		一一本縣
清源	一、二九七	一六・〇〇	二〇、七五二・〇〇	一七・五〇	二二、六九七・五〇	二二、六九七・五〇		一一本縣
交城	一、二〇〇	二〇・〇〇	二四、〇〇〇・〇〇	二〇・〇〇	二四、〇〇〇・〇〇	二四、〇〇〇・〇〇		一一本縣
文水	二、七八〇	一〇・〇〇	二七、八〇〇・〇〇	一二・〇〇	三三、三六〇・〇〇	三三、三六〇・〇〇		一一本縣
汾陽	三四〇	九・六五	三、二八一・〇〇	八・八八	三、〇一九・二〇	三、〇一九・二〇		一一本縣
平遙	八〇〇	四・〇〇	三、二〇〇・〇〇	四・〇〇	三、二〇〇・〇〇	三、二〇〇・〇〇		一一本縣
臨縣	三〇〇	五・〇〇	一、五〇〇・〇〇	六・〇〇	一、八〇〇・〇〇	一、八〇〇・〇〇		一一本縣
石樓	一、六二〇	二・五〇	四、〇五〇・〇〇	二・〇〇	三、二四〇・〇〇	三、二四〇・〇〇		一一本縣
離石	九〇〇	二〇・〇〇	一八、〇〇〇・〇〇	二二・〇〇	一九、八〇〇・〇〇	一九、八〇〇・〇〇		一一本縣
中陽	五、〇〇〇	五・〇〇	二五、〇〇〇・〇〇	五・〇〇	二五、〇〇〇・〇〇	二五、〇〇〇・〇〇		一一本縣
長治	七、〇〇〇	一八・八六	一三二、〇二〇・〇〇	一七・一四	一一九、九八〇・〇〇	一一九、九八〇・〇〇		一一本縣
長子	一、一〇〇	二・二三	二、四五三・〇〇	二・四五	二、六九五・〇〇	二、六九五・〇〇		一一本縣
屯留	一、〇〇〇	九・〇〇	九、〇〇〇・〇〇	九・〇〇	九、〇〇〇・〇〇	九、〇〇〇・〇〇		一一本縣
潞城	二〇、〇〇〇	三・〇〇	六〇、〇〇〇・〇〇	三・〇〇	六〇、〇〇〇・〇〇	六〇、〇〇〇・〇〇		一一本縣
壺關	二、八四五	一〇・〇〇	二八、四五〇・〇〇	一〇・〇〇	二八、四五〇・〇〇	二八、四五〇・〇〇		一一本縣
晉城	六九〇	四・八〇	三、三一二・〇〇	四・二五	二、九三二・五〇	二、九三二・五〇		一一本縣

陵川	二、〇〇〇	七・〇〇	一四、〇〇〇・〇〇	六・〇〇	一二、〇〇〇・〇〇	一二、〇〇〇・〇〇	——	本縣
沁水	一二〇	六八・〇〇	八、一六〇・〇〇	六五・〇〇	七、八〇〇・〇〇	七、八〇〇・〇〇	——	本縣
和順	二三〇	一二・〇〇	二、七六〇・〇〇	一二・〇〇	二、七六〇・〇〇	二、七六〇・〇〇	——	本縣
榆社	五〇〇	一〇・〇〇	五、〇〇〇・〇〇	一〇・〇〇	五、〇〇〇・〇〇	五、〇〇〇・〇〇	——	本縣
沁縣	三〇	一〇・〇〇	三〇〇・〇〇	一〇・〇〇	三〇〇・〇〇	三〇〇・〇〇	——	本縣
沁源	五〇〇	五・〇〇	二、五〇〇・〇〇	四・五〇	二、二五〇・〇〇	二、二五〇・〇〇	——	本縣
武鄉	二、八五〇	三・五〇	九、九七五・〇〇	三・〇〇	八、五五〇・〇〇	八、五五〇・〇〇	——	本縣
臨汾	一五〇	一五・〇〇	二、二五〇・〇〇	一五・〇〇	二、二五〇・〇〇	二、二五〇・〇〇	——	本縣
襄陵	四〇〇	二八・七五	一一、五〇〇・〇〇	三七・五〇	一五、〇〇〇・〇〇	三、二五〇・〇〇	一一、七五〇・〇〇	汾城縣古城鎮
浮山	九四	一六・〇〇	一、五〇四・〇〇	一二・〇〇	一、一二八・〇〇	一、一二八・〇〇	——	本縣
汾城	一五〇	一〇・〇〇	一、五〇〇・〇〇	七・〇〇	一、〇五〇・〇〇	一、〇五〇・〇〇	——	本縣
曲沃	一〇〇	一二・〇〇	一、二〇〇・〇〇	一六・〇〇	一、六〇〇・〇〇	一、六〇〇・〇〇	——	本縣
翼城	二〇〇	六〇・〇〇	一二、〇〇〇・〇〇	六〇・〇〇	一二、〇〇〇・〇〇	一二、〇〇〇・〇〇	——	本縣
吉縣	四六	三二・〇〇	一、四七二・〇〇	三〇・〇〇	一、三八〇・〇〇	一、二六〇・〇〇	一二〇・〇〇	大寧蒲縣鄉寧
鄉寧	四〇	〇・八〇	三二・〇〇	〇・九〇	三六・〇〇	三六・〇〇	——	本縣
臨晉	二五〇	一〇・〇〇	二、五〇〇・〇〇	一二・〇〇	三、〇〇〇・〇〇	三、〇〇〇・〇〇	——	本縣
萬泉	三〇〇	九・〇〇	二、七〇〇・〇〇	一二・〇〇	三、六〇〇・〇〇	三、六〇〇・〇〇	——	本縣

猗氏	一三六	一七.〇〇	二、三一二.〇〇	一七.〇〇	二、三一二.〇〇	二、三一二.〇〇		——	本縣
解縣	一〇〇	一〇.〇〇	一、〇〇〇.〇〇	一〇.〇〇	一、〇〇〇.〇〇	一、〇〇〇.〇〇		——	本縣
夏縣	一〇〇	二〇.〇〇	二、〇〇〇.〇〇	二〇.〇〇	二、〇〇〇.〇〇	一、〇〇〇	一、〇〇〇	本縣及鄰縣
新絳	九八	一六.〇〇	一、五六八.〇〇	一六.〇〇	一、五六八.〇〇	一、五六八.〇〇		——	本縣
河津	一、〇〇〇	五〇.〇〇	五〇、〇〇〇.〇〇	七〇.〇〇	七〇、〇〇〇.〇〇	七〇、〇〇〇.〇〇		——	本縣
稷山	八〇	二〇.〇〇	一、六〇〇.〇〇	二〇.〇〇	一、六〇〇.〇〇	一、六〇〇.〇〇		——	本縣
垣曲	二〇〇	一五.〇〇	三、〇〇〇.〇〇	二〇.〇〇	四、〇〇〇.〇〇	四、〇〇〇.〇〇		——	本縣
靈石	八〇〇	三二.〇〇	二五、六〇〇.〇〇	三四.〇〇	二七、二〇〇.〇〇	二七、二〇〇.〇〇		——	本縣
大寧	一〇〇	七〇.〇〇	七、〇〇〇.〇〇	五〇.〇〇	五、〇〇〇.〇〇	五、〇〇〇.〇〇		——	本縣
大同	一、二〇〇	九.〇〇	一〇、八〇〇.〇〇	九.〇〇	一〇、八〇〇.〇〇	一〇、八〇〇.〇〇		——	本縣
渾源	八〇〇	九.〇〇	七、二〇〇.〇〇	七.〇〇	五、六〇〇.〇〇	五、六〇〇.〇〇		——	本縣
懷仁	三五〇	四.〇〇	一、四〇〇.〇〇	三.五〇	一、二二五.〇〇	一、二二五.〇〇		——	本縣
靈邱	一、〇〇〇	八.五〇	八、五〇〇.〇〇	八.〇〇	八、〇〇〇.〇〇	八、〇〇〇.〇〇		——	本縣
陽高	四〇	二五.〇〇	一、〇〇〇.〇〇	二五.〇〇	一、〇〇〇.〇〇	一、〇〇〇.〇〇		——	本縣
朔縣	七、五二〇	一三.〇〇	九七、七六〇.〇〇	一五.〇〇	一一二、八〇〇.〇〇	一一二、八〇〇.〇〇		——	本縣
平魯	六〇	四.〇〇	二四〇.〇〇	六.〇〇	三六〇.〇〇	三六〇.〇〇		——	本縣
五寨	二八三	六.五五	一、八五三.六五	六.二五	一、七六八.七五	一、七六八.七五		——	本縣

忻縣	五、〇〇〇	一八·〇〇	九〇、〇〇〇·〇〇	一五·〇〇	七五、〇〇〇·〇〇	六四、〇〇〇·〇〇	一一、〇〇〇·〇〇	定襄
定襄	一、〇〇〇	四·〇〇	四、〇〇〇·〇〇	四·〇〇	四、〇〇〇·〇〇	四、〇〇〇·〇〇	——	本縣
代縣	一九〇	五·〇〇	九五〇·〇〇	五·〇〇	九五〇·〇〇	九五〇·〇〇	——	本縣
繁峙	七六八	四·五〇	三、四五六·〇〇	四·〇〇	三、〇七二·〇〇	三、〇七二·〇〇	——	本縣
崞縣	四八〇	二〇·〇〇	九、六〇〇·〇〇	二〇·〇〇	九、六〇〇·〇〇	九、六〇〇·〇〇	——	本縣
總計	八三、〇六三	一〇·七九	八九六、五一六·六五	一一·〇七	九一九、四五七·九五	八九五、五八七·九五	二三、八七〇·〇〇	

十 葱

一 概說

葱爲菜蔬中附用品，屬辛香類，其用途與蒜相似，此種蔬菜，無論莖葉，單食之味甚辣，若與其他菜蔬調味，則味極香，其性宜乾燥，且能耐寒，與晉省風土相宜，種植尙屬普遍，總計全省種植葱者，凡七五縣，種植面積，總計七五、二三四畝，常年總產量，計五五八、七一二·七〇担，二十四年產量較豐，總計五七四、一九五、二〇担。

品種

葱之品種繁多，山西所種者，有獨幹葱及子母葱二種。獨幹葱，有鷄腿棉，扁担葱，鞭杆葱等名稱，其葉互生，其莖甚長，分蘖力弱，品質輕軟，其味甚佳。子母葱，其葉對生，故亦名對甲葱，莖短有白霉，栽後分櫱，其味較差。

用途　葱之用途，為調味中主要品之一，可解腥臭氣味，不但腥葷菜類需用之，即普通蔬菜用之，味亦鮮美，並可作藥料之用。

二　栽培狀況

風土　葱之性質，最宜乾燥溫暖，且能耐寒，雖冬日嚴寒，亦不致凍死，土質宜砂粘混合土，而不宜腐植質土，地勢宜高燥平坦，若過乾燥，則宜澆水。

下種　葱類多與其他類蔬菜輪種，下種節期，春種者，在清明節前後，秋種者，在立秋節後，臨下種時，先下肥耕翻，後造成畦，匀灑種籽畦內，耙耬平坦，用足踏過，使地皮結實，無露風之處，然後澆水，約七八日，則發芽出土。

移植　葱移植節期，春種者，在小暑節前後，秋種者，在白露節後，臨栽之時，耕地造畦，掘壕下肥，耙耬平坦，每畦勾壕三行，移苗植內，壅土埋根，澆水一次，以後耡草一次，壅土一次，埋土愈高，則葱長愈高。

病害　葱之病害甚少，惟露水落至葉岔內，則起黑色斑點，葉易乾枯，根易腐爛，預防之法，在耡草拔葱壅土時，宜擇晴天，勿致露水落至蔬岔內，則可減少。

收穫　葱收穫節期，春種之靑葱，至夏至節後，即可食用，秋種之大葱，至冬至節，即可收穫，收穫之法用水將地澆濕，用鋤掘起，去淨泥土，結束成綑，置於背陰之處，可耐久不壞。

三　產銷

面積　山西全省葱栽植面積，共計七五、二三四畝，朔縣最多，獨占二五、〇〇〇畝，陽曲次之，計一〇、〇〇〇畝，太原又次之，計四、一四六畝，離石計四、五〇〇畝，大同平陸各計三、〇〇〇畝，文水長治各計二千餘畝，盂縣渾源定襄各計一千餘畝，最少者，爲沁縣計三畝，其他各縣，均有數十畝至數百畝不等。

產量　全省葱常年總產量，共計五五八、七一二・七〇担，以朔縣最豐，計一一二、五〇〇担，次之太原，計九五、七七二・六〇担，又次之陽曲，計七〇、〇〇〇担，離石計四九、五〇〇担，全省平均每畝計產七・四三担，二四年產量較豐，總計五七四、一九五・二〇担，

銷路　葱之銷路，多限于本縣，間亦銷於鄰近各縣，但產葱七五縣中，有外銷者，僅一三縣而已，此一三縣外銷總數，不過九三、九六四担耳。茲將葱之產銷統計列表於后：

山西省各縣葱產銷統計表

縣別	種植畝數	常年產量(担)		廿四年產量(担)		銷量(担)		銷路
		每畝數	總數	每畝數	總數	縣內	縣外	

陽曲	一〇、〇〇〇	七・〇〇	七〇、〇〇〇・〇〇	八・〇〇	八〇、〇〇〇・〇〇	八〇、〇〇〇・〇〇		太原市
太原	四、一四六	二三・一〇	九五、七七二・六〇	二四・〇〇	九九、五〇四・〇〇	二〇、九二二・〇〇	七八、五八二・〇〇	太原市
太谷	四八〇	四・〇〇	一、九二〇・〇〇	四・〇〇	一、九二〇・〇〇	一、九二〇・〇〇		本縣
徐溝	六〇	三・五〇	二一〇・〇〇	三・八〇	二二八・〇〇	二二八・〇〇		本縣
清源	七八	四・五〇	三五一・〇〇	四・〇〇	三一二・〇〇	三一二・〇〇		本縣
交城	二〇〇	一五・〇〇	三、〇〇〇・〇〇	二〇・〇〇	四、〇〇〇・〇〇	四、〇〇〇・〇〇		本縣
文水	二、四八〇	五・〇〇	一二、四〇〇・〇〇	七・〇〇	一七、三六〇・〇〇	一七、三六〇・〇〇		本縣
岢嵐	三〇	七・五〇	二二五・〇〇	八・〇〇	二四〇・〇〇	二四〇・〇〇		本縣
興縣	三〇〇	〇・五〇	一五〇・〇〇	〇・五〇	一五〇・〇〇	一五〇・〇〇		本縣
汾陽	一〇〇	六・〇〇	六〇〇・〇〇	八・〇〇	八〇〇・〇〇	八〇〇・〇〇		本縣
平遙	九〇	〇・九〇	八一・〇〇	〇・八〇	七二・〇〇	七二・〇〇		本縣
臨縣	四〇〇	一〇・〇〇	四、〇〇〇・〇〇	一〇・〇〇	四、〇〇〇・〇〇	四、〇〇〇・〇〇		本縣
離石	四、五〇〇	一一・〇〇	四九、五〇〇・〇〇	一二・〇〇	五四、〇〇〇・〇〇	五四、〇〇〇・〇〇		本縣
方山	四〇	〇・三五	一四・〇〇	〇・三〇	一二・〇〇	一二・〇〇		本縣
長治	二、九一〇	二・〇〇	五、八二〇・〇〇	一・六〇	四、六五六・〇〇	四、六五六・〇〇		本縣
長子	五〇〇	二・五〇	一、二五〇・〇〇	三・〇〇	一、五〇〇・〇〇	一、五〇〇・〇〇		本縣
屯留	五〇〇	一二・〇〇	六、〇〇〇・〇〇	一二・〇〇	六、〇〇〇・〇〇	六、〇〇〇・〇〇		本縣

襄垣	九〇〇	二·〇〇	一、八〇〇·〇〇	二·〇〇	一、八〇〇·〇〇	一、八〇〇·〇〇		本縣
黎城	九〇	一六·〇〇	一、四四〇·〇〇	二〇·〇〇	一、八〇〇·〇〇	一、八〇〇·〇〇		本縣
陽城	六〇	一二·〇〇	七二〇·〇〇	一四·〇〇	八四〇·〇〇	八四〇·〇〇		本縣
臨川	二〇〇	六·〇〇	一、二〇〇·〇〇	五·〇〇	一、〇〇〇·〇〇	一、〇〇〇·〇〇		本縣
沁水	四〇〇	三·四〇	一、三六〇·〇〇	三·六〇	一、四四〇·〇〇	一、四四〇·〇〇		本縣
和順	五五	四·〇〇	二二〇·〇〇	四·〇〇	二二〇·〇〇	二二〇·〇〇		本縣
沁縣	三	六·〇〇	一八·〇〇	六·〇〇	一八·〇〇	一八·〇〇		本縣
沁源	六〇	〇·九〇	五四·〇〇	一·一〇	六六·〇〇	六六·〇〇		本縣
武鄉	五〇	三〇·〇〇	一、五〇〇·〇〇	三二·〇〇	一、六〇〇·〇〇	一、六〇〇·〇〇		本縣
平定	八〇八	二·〇〇	一、六一六·〇〇	二·三〇	一、八五八·四〇	一、八五八·四〇		本縣
昔陽	三二〇	一〇·〇〇	三、二〇〇·〇〇	一〇·〇〇	三、二〇〇·〇〇	三、〇〇〇·〇〇	二〇〇·〇〇	平定
盂縣	一、五二〇	二·六〇	三、九五二·〇〇	二·五〇	三、八〇〇·〇〇	三、八〇〇·〇〇		本縣
臨汾	二三〇	八·〇〇	一、八四〇·〇〇	八·〇〇	一、八四〇·〇〇	一、八四〇·〇〇		本縣
襄陵	七〇〇	六·〇〇	四、二〇〇·〇〇	一〇·〇〇	七、〇〇〇·〇〇	五、〇〇〇·〇〇	二、〇〇〇·〇〇	汾城縣古城鎮
洪洞	八三五	三〇·〇〇	二五、〇五〇、〇〇〇	三二·〇〇	二六、七二〇·〇〇	二三、五一〇·〇〇	三、二一〇·〇〇	安澤浮山
浮山	九四	一二·〇〇	一、一二八·〇〇	一〇·〇〇	九四〇·〇〇	九四〇·〇〇		本縣
汾城	三〇〇	一〇·〇〇	三、〇〇〇·〇〇	一〇·〇〇	三、〇〇〇·〇〇	三、〇〇〇·〇〇		本縣

翼城	三五〇	二二·〇〇	七、七〇〇·〇〇	二〇·〇〇	七、〇〇〇·〇〇	七、〇〇〇·〇〇		本縣
吉縣	六〇	五·五〇	三三〇·〇〇	七·〇〇	四二〇·〇〇	三〇〇·〇〇	一二〇·〇〇	大寧蒲縣鄉寧
鄉寧	五〇	四·〇〇	二〇〇·〇〇	四·〇〇	二〇〇·〇〇	二〇〇·〇〇		本縣
永濟	二八五	五·四〇	一、五三九·〇〇	五·〇〇	一、四二五·〇〇	一、四二五·〇〇		本縣
臨晉	一五〇	一〇·〇〇	一、五〇〇·〇〇	一四·〇〇	二、一〇〇·〇〇	二、一〇〇·〇〇		本縣
虞鄉	四五	一一·〇〇	四九五·〇〇	一二·〇〇	五四〇·〇〇	五四〇·〇〇		本縣
榮河	三〇〇	五·〇〇	一、五〇〇·〇〇	五·〇〇	一、五〇〇·〇〇	一、五〇〇·〇〇		本縣
萬泉	一四八	七·〇〇	一、〇三六·〇〇	八·〇〇	一、一八四·〇〇	八〇二·〇〇	三八二·〇〇	稷山河津猗氏
猗氏	八七六	六·〇〇	五、二五六·〇〇	六·〇〇	五、二五六·〇〇	五、二五六·〇〇		本縣
安邑	二〇〇	二〇·〇〇	四、〇〇〇·〇〇	一八·〇〇	三、六〇〇·〇〇	三、〇〇〇·〇〇	六〇〇·〇〇	解縣萬泉
夏縣	二〇〇	一〇·〇〇	二、〇〇〇·〇〇	一二·〇〇	二、四〇〇·〇〇	一、五〇〇·〇〇	九〇〇·〇〇	運城安邑平陸
平陸	三、〇〇〇	〇·九〇	二、七〇〇·〇〇	一·〇〇	三、〇〇〇·〇〇	三、〇〇〇·〇〇		本縣
芮城	三二〇	二〇·〇〇	六、四〇〇·〇〇	二三·〇〇	七、三六〇·〇〇	七、三六〇·〇〇		本縣
新絳	一一〇	一六·〇〇	一、七六〇·〇〇	一五·〇〇	一、六五〇·〇〇	一、六五〇·〇〇		本縣
河津	二〇〇	一二·〇〇	二、四〇〇·〇〇	一〇·〇〇	二、〇〇〇·〇〇	一、九五〇·〇〇	五〇·〇〇	榮河萬泉
聞喜	二〇〇	三〇·〇〇	六、〇〇〇·〇〇	三〇·〇〇	六、〇〇〇·〇〇	六、〇〇〇·〇〇		本縣
稷山	二二〇	三〇·〇〇	六、六〇〇·〇〇	三〇·〇〇	六、六〇〇·〇〇	三、六〇〇·〇〇	三、〇〇〇·〇〇	萬泉新絳

絳縣	一二〇	六・八〇	八一六・〇〇	八・〇〇	九六〇・〇〇	九六〇・〇〇		本縣
垣曲	九五	一四・〇〇	一、三三〇・〇〇	二〇・〇〇	一、九〇〇・〇〇	一、九〇〇・〇〇		本縣
靈石	七五〇	五・〇〇	三、七五〇・〇〇	八・〇〇	六、〇〇〇・〇〇	六、〇〇〇・〇〇		本縣
大寧	一四二	一五・〇〇	二、一三〇・〇〇	一〇・〇〇	一、四二〇・〇〇	一、四二〇・〇〇		本縣
永和	一二七	一・三〇	一六五・一〇	一・四〇	一七七・八〇	一七七・八〇		本縣
蒲縣	四〇	二〇・〇〇	八〇〇・〇〇	二〇・〇〇	八〇〇・〇〇	八〇〇・〇〇		本縣
大同	三、〇〇〇	九・〇〇	二七、〇〇〇・〇〇	八・〇〇	二四、〇〇〇・〇〇	二四、〇〇〇・〇〇		本縣
渾源	一、四〇〇	三・七〇	五、一八〇・〇〇	三・五〇	四、九〇〇・〇〇	四、九〇〇・〇〇		本縣
應縣	四二〇	二・七〇	一、一三四・〇〇	二・五〇	一、〇九〇・〇〇	一、〇五〇・〇〇		本縣
靈邱	二〇〇	五・〇〇	一、〇〇〇・〇〇	五・〇〇	一、〇〇〇・〇〇	一、〇〇〇・〇〇		本縣
廣靈	三〇〇	一四・〇〇	四、二〇〇・〇〇	一五・〇〇	四、五〇〇・〇〇	四、三〇〇・〇〇	二〇〇・〇〇	靈邱
陽高	一七二	一五・〇〇	二、五八〇・〇〇	一六・〇〇	二、七五二・〇〇	二、七五二・〇〇		本縣
朔縣	二五、〇〇〇	四・五〇	一一二、五〇〇・〇〇	四・〇〇	一〇〇、〇〇〇・〇〇	一〇〇、〇〇〇・〇〇		本縣
左雲	六〇	六・〇〇	三六〇・〇〇	五・〇〇	三〇〇・〇〇	三〇〇・〇〇		本縣
平魯	二四〇	一・四〇	三三六・〇〇	一・六〇	三八四・〇〇	三八四・〇〇		本縣
寧武	二〇〇	一〇・〇〇	二、〇〇〇・〇〇	一三・〇〇	二、六〇〇・〇〇	二、六〇〇・〇〇		本縣
偏關	八〇	二・八〇	二二四・〇〇	三・〇〇	二四〇・〇〇	二四〇・〇〇		本縣

忻縣	七〇〇	一八·〇〇	一二、六〇〇·〇〇	一五·〇〇	一〇、五〇〇·〇〇	六、四〇〇·〇〇	四、一〇〇·〇〇	崞縣
定襄	一、一〇〇	五·〇〇	五、五〇〇·〇〇	五·〇〇	五、五〇〇·〇〇	五、五〇〇·〇〇		本縣
靜樂	二二〇	一六·〇〇	三、五二〇·〇〇	二二·〇〇	四、八四〇·〇〇	四、二二〇·〇〇	六二〇·〇〇	陽曲店鎮
代縣	一五〇	一〇·〇〇	一、五〇〇·〇〇	一〇·〇〇	一、五〇〇·〇〇	一、五〇〇·〇〇		本縣
五台	三一〇	三〇·〇〇	九、三〇〇·〇〇	三〇·〇〇	九、三〇〇·〇〇	九、三〇〇·〇〇		本縣
崞縣	一七〇	三〇·〇〇	五、一〇〇·〇〇	三〇·〇〇	五、一〇〇·〇〇	五、一〇〇·〇〇		本縣
保德	八五	八·〇〇	六八〇·〇〇	四·〇〇	三四〇·〇〇	三四〇·〇〇		本縣
總計	七五、二三四	七·四三	五五八、七一二·七〇	七·六三	五七四、一九五·二〇	四八〇、二三一·二〇	九三、九六四	

十一　蒜

一　概說

蒜爲辛香類之植物，屬蔬菜類，根部生長圪塔，名曰根球，形似水仙，葉似蘭草，其味甚辣，且有臭氣，無論生熟，均可食用。晉省北路因地氣嚴寒，種植不多，但中路南路各處，風土相宜，種植較廣，總計全省種植蒜者，凡四十五縣，種植面積，共計一一、九八〇畝，常年總產量，計一〇二、二五三·三〇担，二十四年總產量較豐，計一〇五、九六七·九〇担。

品種　晉省蒜之品種，按其皮色而分，有紫白二種，紫皮種，根球小但苔長，其味甚辣，瓣少皮薄，不耐貯藏，白皮種，根球大而不生苔，其味甚辣，瓣多皮厚，耐久貯藏。

用途　蒜莖嫩時，可當蔬菜食用，蒜苔可炒熟食用，並可醃作鹹菜，其味極香，蒜球去其皮，用刀切碎或搗爛，作調味之用，若用鹽或糖製之，可耐久食用，其味鮮美。

二　栽培狀況

風土　蒜宜微寒地氣，但過嚴寒，則不相宜，土質宜砂質壤土及黑壚土，地勢宜向陽平坦，若傾斜乾燥之地，則生長不茂盛。

播種　蒜種植節期，省南在秋季霜降前後，或春季驚蟄前、省北及省城附近，在驚蟄前至春分節。臨種之時，先下基肥，造成長畦，每畦勻壕兩行，每壕點種兩粒，耙耬平坦，澆水一次，苗長二三寸時，耡地一次，補肥一次。

收穫　抽蒜苔時，在立夏節前後，用竹籤刺破葉莖，將苔抽出，若抽其半，則根球生長不大，需全部抽出，至夏至節後，蒜已成熟，用鍬掘起，每十數個，綑成把束，或編成蒜瓣，懸掛梁上，隨時取用，可耐久不壞。

三　產銷

面積　山西全省，蒜種植面積，總計一一、九八〇畝，陽曲離石二縣最多，各計二、〇〇〇畝，定襄次之，計一、一〇〇畝，渾源又次之，計七六〇畝，其他各縣，多則幾百畝，少則數十畝，更有不滿十畝者，例如徐溝縣即僅八畝。

產量　全省蒜常年總產量，共計一〇二、二五三・三〇担，以離石爲特豐，計三六、〇〇〇担，陽曲霍縣次之，各計九、〇〇〇担，定襄又次之，計五、五〇〇担，其餘各縣，多則數千担，少則數百担，尙有少數縣份，如徐溝，岢嵐，興縣，汾陽，平遙等產量不滿百担。全省平均每畝計產八・五四担，二十四年產量較豐，計一〇五、九六七・九〇担。

銷路　蒜均供縣內消費，外銷極少，而產蒜四十五縣中有外銷者，僅有五縣，其銷行地點爲隣近各縣，其中有輸出省外者，僅平陸一縣，其輸出地點爲河南之陝縣，靈寶二縣，外銷總量，不過六、一二八担。

茲將蒜之產銷統計列表於后。

山西省各縣蒜產銷統計表

縣別	種植畝數	常年產量(担) 每畝數	常年產量(担) 總數	廿四年產量(担) 每畝數	廿四年產量(担) 總數	銷量(担) 縣內	銷量(担) 縣外	銷路
陽曲	二、〇〇〇	四・五〇	九、〇〇〇・〇〇	五・〇〇	一〇、〇〇〇・〇〇	一〇、〇〇〇・〇〇		太原
太谷	二四〇	二・〇〇	四八〇・〇〇	二・〇〇	四八〇・〇〇	四八〇・〇〇		

徐溝	八	三•三〇	二六•四〇	三•四〇	二七•二〇	二七•二〇	
清源	一二〇	二•二〇	二六四•〇〇	二•〇〇	二四〇•〇〇	二四〇•〇〇	
交城	一六〇	〇•七〇	一一二•〇〇	〇•九〇	一四四•〇〇	一四四•〇〇	
文水	六二〇	二•五〇	一、五五〇•〇〇	三•〇〇	一、八六〇•〇〇	一、八六〇•〇〇	
岢嵐	二五	一•〇〇	二五•〇〇	一•二〇	三〇•〇〇	三〇•〇〇	
興縣	五〇	〇•八〇	四〇•〇〇	〇•八〇	四〇•〇〇	四〇•〇〇	
汾陽	八〇	〇•六〇	四八•〇〇	一•〇〇	八〇•〇〇	八〇•〇〇	
平遙	六〇	〇•七〇	四二•〇〇	一•〇〇	六〇•〇〇	六〇•〇〇	
臨縣	一〇〇	六•〇〇	六〇〇•〇〇	六•〇〇	六〇〇•〇〇	六〇〇•〇〇	
離石	二、〇〇〇	一八•〇〇	三六、〇〇〇•〇〇	二〇•〇〇	四〇、〇〇〇•〇〇	四〇、〇〇〇•〇〇	
長治	二〇〇	二•五〇	五〇〇•〇〇	三•〇〇	六〇〇•〇〇	六〇〇•〇〇	
長子	二〇〇	二•五〇	五〇〇•〇〇	三•〇〇	六〇〇•〇〇	六〇〇•〇〇	
黎城	五〇	一四•〇〇	七〇〇•〇〇	一四•〇〇	七〇〇•〇〇	七〇〇•〇〇	
陽城	六五〇	六•四〇	四、一六〇•〇〇	六•五〇	四、二二五•〇〇	四、二二五•〇〇	
陵川	一〇〇	八•〇〇	八〇〇•〇〇	七•二〇	七二〇•〇〇	七二〇•〇〇	
沁水	六〇	三〇•〇〇	一、八〇〇•〇〇	二八•〇〇	一、六八〇•〇〇	一、六八〇•〇〇	
和順	四〇	三•〇〇	一二〇•〇〇	四•〇〇	一六〇•〇〇	一六〇•〇〇	

武鄉	五八	二・四〇	一三九・二〇	二・〇〇	一一六・〇〇	一一六・〇〇		
昔陽	二〇	五・〇〇	一〇〇・〇〇	五・〇〇	一〇〇・〇〇	一〇〇・〇〇		
臨汾	一二〇	一〇・〇〇	一、二〇〇・〇〇	一〇・〇〇	一、二〇〇・〇〇	一、二〇〇・〇〇		
襄陵	一〇	三〇・〇〇	三〇〇・〇〇	三〇・〇〇	三〇〇・〇〇	三〇〇・〇〇		
洪洞	二三四	一五・三〇	三、五八〇・二〇	一六・二〇	三、七九〇・八〇	二、八三二・八〇	九五八・〇〇	臨汾安澤
浮山	四七	一二・〇〇	五六四・〇〇	一〇・〇〇	四七〇・〇〇	四七〇・〇〇		
翼城	一五〇	一〇・〇〇	一、五〇〇・〇〇	一二・〇〇	一、八〇〇・〇〇	一、八〇〇・〇〇		
吉縣	五五	五・五〇	三〇二・五〇	六・〇〇	三三〇・〇〇	三〇〇・〇〇	三〇・〇〇	大寧蒲縣鄉寧
鄉寧	五〇	二・〇〇	一〇〇・〇〇	二・〇〇	一〇〇・〇〇	一〇〇・〇〇		
永濟	二一〇	二・三〇	四八三・〇〇	三・二〇	六七二・〇〇	六七二・〇〇		
夏縣	三〇〇	九・〇〇	二、七〇〇・〇〇	九・六〇	二、八八〇・〇〇	一、四四〇・〇〇	一、四四〇・〇〇	運城安邑平陸張店鎮
平陸	三〇〇	一三・〇〇	三、九〇〇・〇〇	一五・〇〇	四、五〇〇・〇〇	三、八〇〇・〇〇	七〇〇・〇〇	河南陝縣靈寶
芮城	一〇〇	三〇・〇〇	三、〇〇〇・〇〇	三〇・〇〇	三、〇〇〇・〇〇	三、〇〇〇・〇〇		
新絳	八三	三・〇〇	二四九・〇〇	二・八〇	二三二・四〇	二三二・四〇		
聞喜	三〇〇	一〇・〇〇	三、〇〇〇・〇〇	一〇・〇〇	三、〇〇〇・〇〇	三、〇〇〇・〇〇		
絳縣	四〇	三・九〇	一五六・〇〇	四・三〇	一七二・〇〇	一七二・〇〇		
霍縣	五〇〇	一八・〇〇	九、〇〇〇・〇〇	一五・〇〇	七、五〇〇・〇〇	四、五〇〇・〇〇	三、〇〇〇・〇〇	平遙介休

靈石	一二〇	一•五〇	一八〇•〇〇	一•五〇	一八〇•〇〇	一八〇•〇〇	
大寧	一五五	一二•〇〇	一、八六〇•〇〇	一〇•〇〇	一、五五〇•〇〇	一、五五〇•〇〇	
渾源	七六〇	三•七〇	二、八一二•〇〇	二•四〇	一、八二四•〇〇	一、八二四•〇〇	
應縣	一一〇	二•〇〇	二二〇•〇〇	一•八〇	一九八•〇〇	一九八•〇〇	
廣靈	一〇〇	九•五〇	九五〇•〇〇	一〇•〇〇	一、〇〇〇•〇〇	一、〇〇〇•〇〇	
陽高	四五	七•〇〇	三一五•〇〇	五•七〇	二五六•五〇	二五六•五〇	
忻縣	一〇〇	九•〇〇	九〇〇•〇〇	八•〇〇	八〇〇•〇〇	八〇〇•〇〇	
定襄	一、一〇〇	五•〇〇	五、五〇〇•〇〇	五•〇〇	五、五〇〇•〇〇	五、五〇〇•〇〇	
五台	一五〇	一六•五〇	二、四七五•〇〇	一五•〇〇	二、二五〇•〇〇	二、二五〇•〇〇	
總計	一一、九八〇	八•五四	一〇二、二五三•三〇	八•八五	一〇五、九六七•九〇	九九、八三九•九〇	六、一二八•〇〇

十二 其他蔬菜

山西各種主要蔬菜，已如上述，他如芥菜，莞荽，芹菜，菠菜，玉蔓青，萵筍，西葫蘆，菜荳，長山藥，金針，藕諸種，栽植面積與產量，均不甚多。芥菜栽植面積，共計三〇、八八六畝，總產量計二一一、七八三•八〇担，莞荽栽植面積，共計三、二八四畝，總產量計二〇、九九一，六〇担•芹菜栽種面積，共計五八〇畝，總產量計二、四二二担，菠菜栽種面積，共計三、一四〇畝，總產量計二四、二一一・九〇担，玉蔓青栽種面積，共計一二、九五七畝，總產量計一六四、〇七一・六〇担，萵筍栽種面積，共計一、四五九畝，總產量計二〇、八〇四担，西葫蘆栽植面積，共計四、九八〇畝，總產量計五五、八四〇担，茱荳栽種面積，共計三、四六三畝，總產量二八、四〇九・五〇担，長山藥栽植面積，共計二〇七畝，總產量計二、一一四担，金針栽種面積，共計三、七一五畝，總產量計三、六八五・四〇担，藕栽種面積，共計三、二五二畝，總產量計一九、三一三担，茲列表於后：

，每畝約需一千斤至二千四五百斤。

播種

芝蔴之下種期，早自谷雨節前後，遲至芒種節，播種時，先用簸或扇車，將粃粒搧簸乾爭，用耬播種於地，再用碌碡順壟溝碾壓一次，亦有隨犂溜入犂溝，耮耱平坦者，如間種於棉花地內，則將種子隨犂溜入犂溝，耮耱蓋土。每畝約需種籽三四合至七八合不等。下種後，在氣候稍寒或播種較早之處，經十五六日至二十日出芽，在氣候溫暖或播種較遲之處，經十日左右，即可生芽。

間苗及鋤地

苗高二三寸時，用小鋤間苗一次後，再用大鋤除草一二次，鋤草宜擇淸亮之日，露水落後時舉行，俗有「溫鋤高粱，乾鋤花，不濕不乾鋤芝蔴」之說，留苗宜稀，苗間距離自八九寸至二尺左右，俗有「棉花地內放下糞，芝蔴田內臥下牛。」及「立牛芝蔴，臥牛黍，」之說，芝蔴如種於水地，則遇天氣過旱時，可澆灌一二次。

管理及除蟲

苗高尺許，下雨後，必須壅土培根，以防大風颳倒苗子。芝蔴在生長期內，若遇雨水過多，則葉黃落而莢實腐爛，故播種時，宜揀乾燥之處。播種過遲，則不能多結莢實，故俗有「稚黍遲芝蔴，收了你休誇。」之說，生有芝蔴蟲損害枝葉時，宜用石灰灑在苗上，或初發生時，用手提除，以防繁殖，或與他種產作物輪種，亦可減少，又伏中天旱之時，而生黑圪蟲或白圪蟲，此外尚有螻蛄等蟲，均以砒信或黑礬研成細末，撒佈地面以除之。

收獲

播種較早者，則於白露節前後至秋分節收割，下種較遲者，則於秋分節至寒露節收割。收穫之法，係用手或鐮刀割拔，結束成捆，運至晒場，捆頭向上，兩三捆爲一組，捆頭互倚，根頭稍離，排立場內，候晒乾，以手持把束，向下摔打，顆粒落下，亦有以木棒經打者，一次不淨，則再打再晒，以打淨爲止，打下顆粒，卽爲芝蔴，以扇車或簸箕搧簸乾淨而貯藏之。

三　產銷

栽植面積

據此次調查，山西全省芝蔴之栽植面積，計爲四〇、〇四九畝，中南部風土相宜，栽植較遍。洪洞有八、三二〇畝爲最多，稷山次之，計七、四六〇畝，平陸，解縣又次之，各三千餘畝，離石，夏縣永和等縣各二千餘畝，吉縣，安邑，忻縣各一千餘畝，其他各縣則均在千畝以下，自數百畝以至數十畝。

產量

芝蔴之每畝收量，因地而異，旱地每畝可收芝蔴三四斗，山地約二三斗，水地收量最多，約六七斗。晉省芝蔴之常年產量，計爲二七、五八九•九八担，本年以收量較好，增至三一、六四七担，以洪洞產量爲最多，計八、六五二•八〇担，稷山次之，計七、一六一•六〇担，平陸又次之，計三、八三〇•四〇担，離石產二、一一二担，解縣，夏縣，聞喜各產一千餘担，其他各縣產量，均在千担以下，自數十担以至數百担。

銷售

晉省所產芝蔴，多數爲當地所消費，計縣內銷量爲二七、八八一•四〇担，有餘銷縣外者，祇安邑，聞喜，永和等三縣，銷量爲三、七六五•六〇担，銷路爲省內之猗氏，解縣，夏縣，萬泉，河津，榮河，孝義，汾城，隰縣等處。茲將山西各縣芝蔴產銷統計，列表如下：

山西省各縣芝蔴產銷統計表

縣別	栽植面積	常年產量(担) 每畝數	常年產量(担) 總數	本年產量(担) 每畝數	本年產量(担) 總數	銷量(担) 縣內	銷量(担) 縣外	外銷地點
徐溝	一八	一·〇六	一九·〇八	一·〇八	一九·四四	一九·四四	—	—
汾陽	八〇〇	·七二	五七六·〇〇	·六〇	四八〇·〇〇	四八〇·〇〇	—	—
平遙	六〇〇	·五四	三二四·〇〇	·六〇	三六〇·〇〇	三六〇·〇〇	—	—
介休	五〇〇	·六〇	三〇〇·〇〇	·六〇	三〇〇·〇〇	三〇〇·〇〇	—	—
臨縣	一〇〇	·三六	三六·〇〇	·三六	三六·〇〇	三六·〇〇	—	—
離石	二、二〇〇	·九六	二、一一二·〇〇	·九六	二、一一二·〇〇	二、一一二·〇〇	—	—
陽城	五〇〇	·四八	二四〇·〇〇	·六〇	三〇〇·〇〇	三〇〇·〇〇	—	—
臨汾	六三〇	·四八	三〇二·四〇	·四八	三〇二·四〇	三〇二·四〇	—	—
洪洞	八、三二〇	·七八	六、四八九·六〇	一·〇四	八、六五二·八〇	八、六五二·八〇	—	—
汾城	五〇〇	·六九	三四五·〇〇	·二三	一一五·〇〇	一一五·〇〇	—	—
翼城	五〇〇	·七二	三六〇·〇〇	·九六	四八〇·〇〇	四八〇·〇〇	—	—
吉縣	一、五〇〇	·三六	五四〇·〇〇	·四二	六三〇·〇〇	六三〇·〇〇	—	—

臨晉	三四〇	•六〇	二〇四•〇〇	•七二	二四四•八〇	二四四•八〇	—	—
虞鄉	八二	•八四	六八•八八	•九六	七八•七二	七八•七二	—	—
萬泉	一八〇	二四	四三•二〇	•一二	二一•六〇	二一•六〇	—	—
猗氏	五〇〇	•七二	三六〇•〇〇	•九六	四八〇•〇〇	四八〇•〇〇	—	—
解縣	三、二〇〇	•四八	一、五三六•〇〇	•三六	一、一五二•〇〇	一、一五二•〇〇	—	—
安邑	一、二〇〇	•六〇	七二〇•〇〇	•七二	八六四•〇〇	七四四•〇〇	一二〇•〇〇	猗氏，解縣，夏縣。
夏縣	二、〇〇〇	•七二	一、四四〇•〇〇	•六〇	一、二〇〇•〇〇	一、二〇〇•〇〇	—	—
平陸	三、九九〇	•八四	三、三五一•六〇	•九六	三、八三〇•四〇	三、八三〇•四〇	—	—
芮城	三〇〇	•四八	一四四•〇〇	•六〇	一八〇•〇〇	一八〇•〇〇	—	—
新絳	八四	•四八	四〇•三二	•三六	三〇•二四	三〇•二四		
聞喜	九二〇	一•二〇	一、一〇四•〇〇	一•二〇	一、一〇四•〇〇	一、一〇四•〇〇	—	—
稷山	七、四六〇	•七二	五、三七一•二〇	•九六	七、一六一•六〇	三、八四〇•〇〇	三、三二一•六〇	萬泉，河津，榮河。
絳縣	二〇〇	一•三二	二六四•〇〇	•八四	一六八•〇〇	一六八•〇〇	—	—
永和	二、二六五	•二二	四九八•三〇	•二四	五四三•六〇	二一九•六〇	三二四•〇〇	孝義，汾城，隰縣。
忻縣	一、一六〇	•六九	八〇〇•四〇	•六九	八〇〇•四〇	八〇〇•四〇	—	—
總計	四〇、〇四九	•六九	二七、五八九•九八	•七九	三一、六四七•〇〇	二七、八八一•四〇	三、七六五•六〇	

二 黍

一 槪說

名稱 黍與穈爲同類之作物，有稱黍爲穈者，有稱穈爲黍者，亦有黍穈分別相稱者。詳言之，硬性者爲穈，軟性者爲黍，猶稻之有粳糯。其耐寒力量，與小米相類，但不能久藏，故山西種黍穈者，遠較小米爲少。總計全省種植者六十五縣，栽培面積二、五五六、七六一畝，常年產量一、八七一、九九五担，二十四年產量一、九三〇、八三三担。

品種 黍穈因顆粒之性質顏色及成熟之早晚，可分數種，

(一)白黍子 顆粒白色，稃子有黃綠兩種。黃稃黍子，又有散生穗及圪塔穗兩種。散生穗穗子稀疏，散披下面，大約一百三十天成熟，收量頗多，皮白米黃，性質粘軟，故名白軟黍子。圪塔穗穗子稍硬，有如圪塔，成熟期約七八十天，外皮與米，皆爲白色，性質頗硬，可攙於白麵內蒸食，故土名爲「胡待客」。綠稃黍子又有硬穗軟穗兩種。硬穗黍子散披下面，穗子稍硬，有如圪叉。外皮與米，皆爲白色，性分軟硬，收量頗少，大約八九十天成熟。軟穗黍子形狀與白軟黍子相同，皮白米黃，性頗粘軟，收量不多，大約六七十天成熟。此外又有一種蒼色稃子，名爲大穈子，外皮與米，皆爲白色，穗子稍硬，

狀如圪塔，性質頗硬，可攙於白麵內食用，成熟期約一百三十天。
（二）紅黍子　顆粒紅色，米黃色，稈子有綠，紫，黃數種，綠稈黍子即紅黍子，穗粗短，性黏軟，收量不多，約八九十天成熟，紫稈黍子卽小紅黍子，穗散開，披於下面，性軟質佳，收量稍多，約一百二十天成熟。黃稈黍子又分大小兩種，大者穗粗短，顆粒白色，上有一紅點，故名一點紅，性軟質佳，收量不多，大約七八十天成熟。小者穗子疏散，性質稍硬，收量亦多，大約六十天成熟。
（三）黑黍子　稈子黃色，粒黑米黃，性質粘軟，穗子疏散，七八十天成熟者收量稍少，一百一二十天成熟者收量頗多。
（四）黃黍子　亦名小糜黍，稈、顆、米皆爲黃色，性質頗硬，苗子不高，穗子亦小，收量不多，大約八九十天成熟。

用途　黍子無論軟硬，皆可磨麵食用。軟黍子去皮後，名爲黃米，或黍米，可製糕粽及黃酒，硬黍子去皮後，與小米同一功用。穗子可作笤箒，稈子可喂牲畜。

二　栽培狀況

氣候　黍子宜溫暖乾燥之氣候，較小米耐旱。苗小之時，畏雨畏霧。開花之時，最忌晚間下雨，霖着花粉，妨害結實。至秀穗以後，又忌暴風，將顆粒括落。土質無論何種皆可栽培，若與穀子比較，以稍肥厚之砂粘土爲佳。

黍子耕種之法，與穀子相同，惟下種節氣，大概在小滿至芒種前，較穀子稍遲。及至夏至時節，省北一帶，只能種小黍子。施肥宜較穀子稍多。肥料以猪糞爲最好，大糞騾馬糞亦可。若多施羊糞，軟黍子卽易發硬，變壞品質。輪種以豆爲最宜，不能與穀子輪種。耕地次數，約二次或一次。下種或用耬種，或用點種。種籽用量，每畝三四合至一升。發芽日期三四天至八九天。苗長至二三寸時，除小黍子外，亦有間苗一次者。苗間距離約二三寸。若三四苗留成一撮，撮間相離五六寸。以後再擇晴天，鋤草一二次。黍子不宜濕鋤，而宜淺鋤。種在水地者，應澆灌二三次。

收割

黍子收穫節氣，大概在白露至秋分前後。黍子之成熟頗不整齊，若待一齊成熟後收割，則不但顆粒容易落下，並受鳥雀啄食。故最好於穗子顔大半成熟時，卽用鎌割下，或連稈子一齊割倒，結束成綑，運至場內，用磙軸碾下，或用連枷打下，簸揚乾淨，晒乾藏好。

三　面積及産量

面積

山西六十五縣黍子栽培面積，共計二一、五五六、七六一畝，平均每縣三三九、三三五畝。面積最大者，當推大同，計四五〇、〇〇〇畝，次爲朔縣，計二〇一、八六二畝，再次爲河曲，計二〇六、〇〇〇畝。他如平遙，懷仁，陽曲，亦皆在一〇、〇〇〇畝以上。

常年產量，共計一、八七一、九九五担，平均每畝〇・七三二担。產量亦以大同爲最多，計二四七、五〇〇担，平遙次之，計一五七、〇〇〇担，陽曲又次之，計一四三、七五〇担，河曲則爲一二七、〇一九担。其他各縣，皆至一〇〇、〇〇〇担以下。二十四年總產量爲一，九三〇、八三三担，平均每畝〇・七五五担，較常年稍多。

四　銷路

黍子銷路，甚爲有限，總數不過三三、三九九担，佔二十四年總產量一・七三%。蓋六十五產黍之縣，有外銷者僅十二縣，除平順有三六〇担銷至河南林縣，廣靈有四、〇八〇担銷至察哈爾蔚縣外，餘者行銷省內不足之縣。

黍子價格，亦與其他農產品同一跌落。就六十五縣平均每百斤價計之，則民國十九年至二十三年五年間，最高價自四・六三七元跌至二・六三一元，計跌四三・二六%；最低價自三・五〇六元跌至二・〇九一元，計跌四〇・三六%；普通價自四・〇四〇元跌至二・三七八元，計跌四一・一四%。

山西省六十五縣黍子每百斤平均市價統計表

年別＼價別	最高(元)	最低(元)	普通(元)
民國十九年	四·六三七	三·五〇六	四·〇四〇
民國二十年	四·二六四	二·九七四	三·五三一
二十一年	三·三五六	二·六〇二	二·九四六
二十二年	二·八三〇	二·一一七	二·四三二
二十三年	二·六三一	二·〇九一	二·三七八

山西省黍穈產銷統計表

縣別	栽培面積(畝)	常年產量(担)		二十四年產量(担)		銷量(担)		銷路
		每畝數	總數	每畝數	總數	縣內	縣外	
陽曲	一〇〇、〇〇〇	一·四三七五	一四三、七五〇	一·七二五	一七二、五〇〇	一七二、五〇〇	―	
太谷	六〇、〇〇〇	一·二〇	七二、〇〇〇	一·〇八	六四、八〇〇	六四、八〇〇	―	
祁陽	七、〇〇〇	一·八〇	一二、六〇〇	一·八〇	一二、六〇〇	一二、六〇〇	―	
徐溝	九〇	一·四四	一三〇	一·五六	一四〇	一四〇	―	
清源	五、二一一	一·〇二	五、三一五	〇·九六	五、〇〇三	五、〇〇三	―	
交城	一七、一一九	一·〇八	一八、四八九	一·〇八	一八、四八九	一七、〇七四	一、四一五	
文水	六、二三〇	一·三二	八、二二四	一·五六	九、七一九	九、七一九	―	
嵐縣	四八、六〇〇	〇·九六	四六、六五六	〇·七二	三四、九九二	三四、九九二	―	
汾陽	三〇、〇〇〇	〇·六〇	一八、〇〇〇	〇·六〇	一八、〇〇〇	一八、〇〇〇	―	
平遙	一五七、〇〇〇	一·〇四	一六三、二八〇	一·三〇	二〇四、一〇〇	二〇四、一〇〇	―	

孝義	一、六二〇	〇・七二	一、一六六	〇・七二	一、一六六	一、一六六	—	
臨縣	三五〇	〇・七二	二五二	〇・七二	二五二	二五二	—	
石樓	一、五〇〇	〇・三六	五四〇	〇・三六	五四〇	五四〇	—	
離石	八、〇〇〇	一・〇八	八、六四〇	一・二〇	九、六〇〇	九、六〇〇	—	
襄垣	四、〇〇〇	〇・九六	三、八四〇	一・二〇	四、八〇〇	四、八〇〇	—	
壺關	一六、四二八	〇・九六	一五、七七一	〇・七二	一一、八二八	一一、八二八	—	
平順	二、九〇〇	一・三八	四、〇〇二	〇・九六	二、七八四	二、四二四	三六〇	河南林縣
晉城	六〇、〇〇〇	〇・八四	五〇、四〇〇	〇・六〇	三六、〇〇〇	三六、〇〇〇	—	
高平	三二〇	一・三〇	四一六	一・〇四	三三三	三三三	—	
陽城	一五〇	〇・九六	一四四	〇・九六	一四四	一四四	—	
和順	一八、二〇〇	〇・六〇	一〇、九二〇	〇・六〇	一〇、九二〇	一〇、九二〇	—	
榆社	五五〇	〇・六〇	三三〇	〇・六〇	三三〇	三三〇	—	
武鄉	一八、一一五	一・三二	二三、九一二	一・四四	二六、〇八六	二六、〇八六	—	
平定	一、四〇〇	〇・八四	一、一七六	〇・七二	一、〇〇八	一、〇〇八	—	
昔陽	一五、六八〇	一・二〇	一八、八一六	一・二〇	一八、八一六	一八、八一六	—	
襄陵	一、五〇〇	〇・八四	一、二六〇	〇・九六	一、四四〇	一、四四〇	—	
浮山	八、三四二	〇・九六	八、〇〇八	〇・九六	八、〇〇八	四、三三二	三、六七六	

汾城	二〇、〇〇〇	〇·五四	一〇、八〇〇	〇·六六	一三、二〇〇	一三、二〇〇	—
吉縣	三二、〇〇〇	〇·四八	一五、三六〇	〇·六〇	一九、二〇〇	一九、〇八〇	一二〇	河津汾城
鄉寧	二九、一〇〇	〇·四〇	一一、六四〇	〇·四〇	一一、六四〇	一一、六四〇	—
永濟	五一、九三〇	一·九二	九九、七〇六	〇·八四	四三、六二一	四三、六二一	—
臨晉	一、〇八〇	〇·六〇	六四八	〇·四八	五一八	五一八	—
榮河	三五〇	一·〇四	三六四	〇·七八	二七三	二七三	—
萬泉	六、七五〇	〇·三三	二、二二八	〇·六六	四、四五五	四、四五五	—
解縣	三、〇〇〇	〇·七二	二、一六〇	〇·九六	二、八八〇	二、八八〇	—
芮城	三、〇〇〇	〇·八四	二、五二〇	一·〇八	三、二四〇	三、二四〇	—
新絳	六〇〇	〇·四八	二八八	〇·六〇	三六〇	三六〇	—
河津	三〇、〇〇〇	一·〇四	三一、二〇〇	〇·六五	一九、五〇〇	一九、五〇〇	—
稷山	三五、二〇〇	〇·七二	二五、三四四	〇·九六	三三、七九二	二七、四八〇	六、三一二	河津榮河聞喜
靈石	五、四三三	〇·六〇	三、二六〇	〇·七二	三、九一二	三、九一二	—
濕縣	一〇〇	一·〇八	一〇八	一·二〇	一二〇	一二〇	—
大寧	三一、五二三	〇·七五	二三、六四二	〇·七二	二二、六九七	二二、六九七	—
蒲縣	八四、五二〇	〇·三六	三〇、四二七	〇·三六	三〇、四二七	二八、七四七	一、六八〇	汾城
大同	四五〇、〇〇〇	〇·五五	二四七、五〇〇	〇·六六	二九七、〇〇〇	二九七、〇〇〇	—

渾源	五二、六〇〇	一·二六	六六、二七六	一·六二	八五、二一二	八五、二一二	—	
應縣	八五、五二八	〇、六三二	五四、〇五四	〇·四六	三九、三四三	三九、三四三	—	
懷仁	一二二、八六三	〇·六三	七七、四〇四	〇·七二	八八、四六一	八八、四六一	—	
山陰	三五、二〇〇	〇·三〇	一〇、五六〇	〇·三六	一二、六七二	一二、六七二	—	
靈邱	一、三〇〇	一·二〇	一、五六〇	一·二〇	一、五六〇	一、五六〇	—	
廣靈	四八、〇〇〇	〇·九六	四六、〇八〇	〇·九六	四六、〇八〇	四二、〇〇〇	四、〇八〇	察哈爾、蔚縣
陽高	八八、三三〇	〇·六一六四	五四、四四七	〇·五二六	四六、四六二	四六、四六二	—	
天鎮	二四、〇〇〇	〇·八八	二一、一二〇	〇·六六	一五、八四〇	一五、八四〇	—	
朔縣	二〇一、八六二	〇·三〇	六〇、五五九	〇·四〇	八〇、七四五	八〇、七四五	—	
左雲	四〇、〇〇〇	〇·四二	一六、八〇〇	〇·三三	一三、二〇〇	一二、四八〇	七二〇	大同
平魯	八、三〇〇	〇·三六	二、九八八	〇·五四	四、四八二	四、四八二	—	
神池	一五、七七五	〇·四〇	六、三一〇	〇·五〇	七、八八七	七、八八七	—	
偏關	六、七五〇	〇·六〇	四、〇五〇	〇·七二	四、八六〇	四、八六〇	—	
忻縣	五二、〇〇〇	一·二〇	六二、四〇〇	一·二〇	六二、四〇〇	六二、四〇〇	—	
靜樂	二、四二〇	〇·六〇	一、四五二	〇·四八	一、一六二	七五四	四〇八	岢嵐
代縣	四四〇	〇·九〇	三九六	〇·九〇	三九六	三九六	—	
五台	八三〇	一·二〇	九九六	一·二〇	九九六	九九六	—	

繁峙	四七、二五二	○・七七	三六、三八四	○・六六	三一、一八六	二七、七○三	三、四八三	代縣
崞縣	四六、四七○	○・八○五	三七、四○八	○・六九	三二、○六四	二九、四一九	二、六四五	代縣
保德	三五、○○○	一・一○	三八、五○○	一・一○	三八、五○○	三○、○○○	八、五○○	鄰縣
河曲	二○六、二○○	○・六一六	一二七、○一九	○・六六	一三六、○九二	一三六、○九二	—	
總計	二、五五六、七六一	○、七三二	一、八七一、九九五	○、七五五	一、九三○、八三三	一、八九七、四三四	三三、三九九	

三 稻

一 概說

稻為水性植物，性喜濕潤，屬五谷類，為我國主要食糧之一。晉省山嶺起伏，地多乾燥，且多砂土，適合種稻之地甚少，即有種植，盡恃常流之渠水及泉水以澆灌，太原之晉祠，有泉水七流，水清而多，故山西產稻，以晉祠出產者，品質最佳，產量亦多。

品種

稻之品種，大別之，有硬稻及軟稻兩種，硬稻即秈稻，其性硬，去殼則為秈米，又名大米或白米。軟稻即糯稻，其性軟，米名糯米，又名軟米或江米。硬稻及軟稻內，又分有芒，無芒，早，晚，大，小之分：有芒稻易於栽種，而米質不佳；無芒稻，米質佳而栽種較難；早稻收量雖好而成熟頗速，宜種植於寒冷地帶；晚稻收量稍少，成熟較遲，宜種栽於溫暖地帶；大稻顆粒大，宜溫暖氣候；小稻顆粒小，稍宜寒冷，此外又有白米稻及紅米稻兩種：白米稻殼內薄皮爲白色，碾去其殼，卽爲白米，故碾米頗多；紅米稻殼內薄皮爲紅色，碾去殼後，須再碾數次，始去淨紅皮，故碾米甚少。

用途　秈米供煮製飯粥食用，糯米可製糕，粽，元宵，撈糟及煮粥食用，並可製造黃酒，紹酒，各式茶食及醬糊。稻糠可供燃料，並可供養蠶除沙之用。稻稈可製草紙，草繩，草團，草囤等物及和泥漏糞以充肥料。

二　栽培狀況

氣候土壤　稻宜溫熱多濕之氣候，最畏冷雨，開花時期，如遇暴風急雨，則花芽吹落，成熟時期，須略乾燥，以促其飽滿。山西之氣候，夏季不過乾燥，故能用水澆灌之地，亦可種植。土質宜膠粘土，晉省南部及省會附近，多栽種於砂土，砂粘混合土及腐植質土地，省之北部，則多種植於膠粘土，砂粘混合土或暗色土地。種植於砂地，收量雖不多，但能施以多量之肥，米質亦佳。

栽植　晉省種稻之法有二：一爲先設秧田，培養小苗，長達五六寸時，然後移栽，此種方法，謂之秧田法，晉省之溫暖部份，多採用之；一爲播種於地內，不移栽，任其生長，此種方法，謂之直種法，晉北寒冷部份，多採用之。茲將以上二法，詳述於后：

(一)秧田法　清明節前後，將水地一塊，耕成小畦，以牲畜糞或廐粉，骨粉，草木灰施基肥，用鍬掘翻，灌水耙平後再淺耙一次，或用木板抹平地面，將泡浸三四日之種籽播種田內，待水沈靜後，泥土即自然將種籽淺蓋，出苗後，放出畦內之蓄水，經二三日，再行灌水，使時常濕潤，以後視苗之高低，而定水之深淺，以苗尖露出水面爲度。每畝約需種子三四升。待秧苗長高五六寸時，移栽於水田，每簇八九苗，簇間距離七八寸，如與麥輪種，則於芒種節收麥後移植。插秧後，再以爛皮片或尿糞施追肥，夜間加水，日間放水拔草，將成熟時，則停止灌水，使地面乾燥，籽實易於飽滿。

(二)直種法　清明節前後，用鍬翻地一次，打碎泥塊，灌水耙平，以牲畜糞，或麻秕，骨粉，草木灰施基肥，灌水耙勻，攪水使渾，然後將浸泡三四日之種籽，播種田內，待水沈靜後，泥土即自然將種籽淺蓋，每畝約需種子二三升至五六升，經七八日至十三四日上下發芽。下種後，用水淺灌，苗長至寸許時，放水使涸，以固苗根，以後時時灌永，至將成熟時止。苗長至三四寸時，間苗一次，留三五苗至十餘苗爲一簇，簇間距離三四寸至四五寸，亦有祇除草而不間苗者，再以人糞尿或鴿糞洒入水中，或撩爛皮片於土中，作爲追肥，再除草三四次，即可成熟。

防害

稻之病害，例多由於施肥過多，下籽過密，及水過寒或過熱所致，故農人對於以上三者，多加以深切之注意以防備之。生長期內，有螟蟲水蛆爲害，防除方法，各地不同：有常使水淹沒小苗以防食害者；有以煤油或菜油，散摘少許於水面，以笤箒等物，掃落水中，以減少之；有將石灰粉洒於水內，一方面可以蝕死雜草，並能充苗之肥料，又可使土地溫熱，稻苗生長加速。

收穫　稻於白露節至寒露節左右收穫，用鐮刀刈割，紐成把束，晒乾後，用碌軸或連枷碾打，亦有就濕碾下者，亦有手持把束，在碌軸上摔落者，穀粒自苗幹上落下後，簸揚乾淨，晒乾貯藏。每畝收量，自一石至四石左右。

三　產銷

面積　據此次調查，晉省稻之栽植面積，計爲九二、二八〇畝，以太原最多，計三一、一〇〇畝，平遙次之，計二五、七〇〇畝，洪洞又次之，計二〇、〇〇〇畝，其他各縣則自數十畝以至數千畝不等。

產量　晉稻之常年產量計爲二八八、四八三石，本年以收成略好，增爲二八九、八三六石，以太原產量爲最多，計一四九、二八〇石，洪洞次之，計六〇、〇〇〇石，平遙又次之，計五一、四〇〇石，靈石亦一八、三〇〇石，其他各縣則自數十石以至數千担不等。

銷售　晉省所產稻穀，多爲鄰縣互相銷售，縣內銷售僅九三、二四六石，當產量三分之一，縣外銷量計一九六、五九〇石，占產量三分之二以上，縣外銷售以太原爲最多，計一〇九、七〇〇石，銷陽曲榆次，洪洞外銷四〇、〇〇〇石，銷河東道各縣，平遙外銷三〇、〇〇〇石，銷汾陽介休，靈石外銷一五、三〇〇石，銷洪洞、霍縣、汾西、安澤，茲將山西各縣稻產銷統計，列表於后：

山西省各縣稻產銷統計表

縣別	栽植面積(畝)	常年產量(石) 每畝數	常年產量(石) 總數	本年產量(石) 每畝數	本年產量(石) 總數	銷量 縣內	銷量 縣外	外銷地點
陽曲	二、〇〇〇	〇・八〇	一、六〇〇	〇・八〇	一、六〇〇	一、六〇〇	—	—
太原	三一、一〇〇	四・四〇	一三六、八四〇	四・八〇	一四九、二八〇	三九、五八〇	一〇九、七〇〇	陽曲、榆次
清源	一九〇	二・七〇	五一三	二・四〇	四五六	四五六	—	—
平遙	二五、七〇〇	二・二〇	五六、五四〇	二・〇〇	五一、四〇〇	二一、四〇〇	三〇、〇〇〇	汾陽、介休
臨汾	一、六〇〇	二・〇〇	三、二〇〇	二・〇〇	三、二〇〇	三、二〇〇	—	—
襄陵	四〇〇	四・〇〇	一、六〇〇	四・〇〇	一、六〇〇	六〇〇	一、〇〇〇	汾城、新絳
洪洞	二〇、〇〇〇	三・〇〇	六〇、〇〇〇	三・〇〇	六〇、〇〇〇	二〇、〇〇〇	四〇、〇〇〇	舊河東道屬各縣
新絳	九〇〇	一・〇〇	九〇〇	一・〇〇	九〇〇	九〇〇	—	—
垣曲	一三〇	一・六〇	二〇八	一・六〇	二〇八	二〇八	—	—
靈石	六、一〇〇	四・〇〇	二四、四〇〇	三・〇〇	一八、三〇〇	三、〇〇〇	一五、三〇〇	洪洞、霍縣、汾西、安澤
大同	九〇〇	〇・八〇	七二〇	一・〇〇	九〇〇	九〇〇	—	—
靈邱	三〇〇	〇・五〇	一五〇	〇・六〇	一八〇	一〇〇	八〇	渾源
忻縣	六〇	一・二〇	七二	一・二〇	七二	七二	—	—
代縣	二、九〇〇	〇・六〇	一、七四〇	〇・六〇	一、七四〇	一、二三〇	五一〇	大同、綏遠
總計	九二、二八〇	三・一三	二八八、四八三	三・一五	二八九、八三六	九三、二四六	一九六、五九〇	

四　油菜

一　概說

油菜亦名蕓苔，又名芥子或菜子，顆粒頗小，顏色甚黃，形似小米，味不如芝蔴及胡麻，而油質則較多。

品種　油菜有隔年收及本年收兩種：

(一)隔年收者名油菜，又名菜籽或大芥，爲秋種夏收之作物，性喜溫暖，生長期甚長，苗高三尺上下，莢內含顆籽七八顆至十餘顆，形似谷米，省南各地多種之。

(二)本年收者名小芥，亦名芥子，爲春種夏收之作物，以其顆籽有黃黑兩色，故有黃芥及黑芥之分，黃芥苗高四五尺，根稈稍粗，花黃莢白，籽黃如米，搾出之油，亦爲黃色；黑芥苗不甚高，花黃籽黑，搾出之油爲黑綠色，省北各地多種之。

用途　油菜之唯一用途，厥爲搾油，隔年收者油質較多，每籽一斗，可搾油七斤至九斤，其根至冬季可以煑食。本年收者油質較少，每籽一斗，可榨油七斤左右，油色黃而味香，可供食用，其籽碾成細麵，以開水冲熟，則爲芥沫。黑芥所搾之油，祗能供點燈及及油刷物件之用。

二 栽培狀況

氣候土壤　油菜宜溫暖之氣候，但耐寒力亦頗大，晉省南部，多種隔年收者，以其性稍宜溫暖，耐寒力不大，本年收者頗能耐寒，黑芥尤甚，故北部一帶多種植之，土質宜砂粘土或砂土，地勢宜高燥或平坦向陽之處，故種植於山岳地帶，生長適宜，

輪種及間種　隔年收油菜多與他種作物輪種，在前種植者爲麥及碗豆等，在後種植者爲黍谷及黑豆等，亦有與蕎麥一同下種，蕎麥收穫，任其生長。本年收油菜則多與他種作物間種，黃芥與莜谷黑豆及胡麻等間種，黑芥與胡麻混種，或與扁豆間種。

耕地及施肥　隔年收油菜之種土，於夏至節前後深耕一次，下種時則撒佈牲畜糞，堆糞，人尿糞於地面，再耕一二次，每畝約需肥料六七百斤至二千餘斤。本年收油菜係與他種作物間種，故耕地及施肥方法，隨間種之作物而異。

下　　種　下種時期，隔年收者在大暑至處暑前後，俗語有「頭伏蘿蔔中伏菜，」最好在中伏下種。本年收者，在谷雨至小滿節下種，種籽須先揚簸乾淨，然後以耬條播，或撒播於地面，犂翻土中，亦有以钁刨地成小壕，將種籽溜於壕內耱耩蓋土者。若與他種作物混合間種時，則將種籽與他種作物混合，隨他種物之播種方法而播種，下種後三四日至五六日卽可出芽，以其出芽甚速，故俗有「麻三谷四菜籽一宿」之

句，但在省北寒冷地帶，則十日左右，始能出芽，每畝約需種籽三合至六合。

管理　隔年收油菜，於小苗出土後，無須間拔，至霜降前後，鋤草一次，立冬後鋤一次，使土蓋苗根以防凍害，至第二年清明前，再鋤一二次，務使土地疏鬆，苗間距離約五六寸，亦有不間苗者，春季開花過旱，經受風霜，則花脫落，若二月後開花，則可免此弊，故俗有「三月農忙，油菜花黃，」之語，若冬缺雪而春少雨，則生食心之穿幹蟲，天氣過旱，則生旱蟲，凡此類蟲害發生，則以篩篩草木灰於苗上以減少之。

收穫　隔年收油菜之收穫期，早自小滿前後，遲至夏至節，本年收油菜之收穫，早在處暑前後，遲至寒露節，收穫時，先以鐮刀割下，束綑運至場內，陽光晒乾，用碌軸碾下，亦有用手拔起，鐮刀切去下半截，再用連耞打下者，顆子打下後，再用扇車或大鍬，搧揚乾淨而貯藏之，以備應用或出售。每畝可收二三斗至一石上下。

三　產銷

面積　據此次調查，山西全省油菜之栽植面積計爲一二七、一四〇畝，以五台種植最多，計三一、七〇〇畝，永濟及朔縣次之，各二萬餘畝，山陰及陽曲又次之，亦一萬餘畝，猗氏稷山各五六千畝，興縣，萬泉，安邑，聞喜，忻縣，河曲等縣各一千餘畝，其餘各縣則自數十畝以至數百畝不等。

銷售

晉省油菜之常年產量計爲一〇四、〇六六担，本年以收成不佳，產量減爲八五、六四〇担，中以永濟之產量爲最多，計二三、六三七担，陽曲次之，計一四、〇〇〇担，五台又次之，計一三、三一四担，朔縣，猗氏，稷山，興縣，洪洞，萬泉，安邑，聞喜，山陰等縣產量，自千餘担以至七千餘担，其餘各縣則自數百担以至數千担。

山西各縣所產油菜，多爲當地所消費，計縣內銷量爲八〇、八九四担，占總產量百分之九十四以上，有餘而能銷售縣外者，祇萬泉，安邑，稷山等三縣，銷量爲四、七四六担，銷路爲省內之新絳，猗氏，解縣，夏縣，河津，榮河等縣。茲將山西各縣油菜產銷統計列表於后：

山西省各縣油菜產銷統計表

縣別	栽植面積(畝)	常年產量(担)		本年產量(担)		銷量		外銷地點
		每畝數	總數	每畝數	總數	縣內	縣外	
陽曲	一〇、〇〇〇	一•四〇	一四、〇〇〇•〇〇	一•四〇	一四、〇〇〇•〇〇	一四、〇〇〇•〇〇	—	—
交城	四〇〇	一•四〇	五六〇•〇〇	一•一二	四四八•〇〇	四四八•〇〇	—	—
嵐縣	七〇〇	•四〇	二八〇•〇〇	•五〇	三八〇•〇〇	三八〇•〇〇	—	—
興縣	一、五〇〇	一•二〇	一、八〇〇•〇〇	一•二〇	一、八〇〇•〇〇	一、八〇〇•〇〇	—	—
長治	三五〇	一•二六	四四一•〇〇	一•四〇	四九〇•〇〇	四九〇•〇〇	—	—

和順	八五	・二八	二三・八〇	・四二	三五・七〇	三五・七〇	—	—
襄陵	五〇	一・五四	七七・〇〇	一・四〇	七〇・〇〇	七〇・〇〇	—	—
洪洞	五五〇	二・八〇	一、五四〇・〇〇	三・二二	一、七七一・〇〇	一、七七一・〇〇	—	—
永濟	二八、一四〇	一・二六	三五、四五六・四〇	・八四	二三、六三七・六〇	二三、六三七・六〇	—	—
寧鄉	二二〇	・八四	一八四・八〇	・八四	一八四・八〇	一八四・八〇	—	—
萬泉	一、四〇〇	一・一二	一、五六八・〇〇	・八四	一、一七六・〇〇	八九六・〇〇	二八〇・〇〇	新絳、
猗氏	六、〇〇〇	・八四	五、〇四〇・〇〇	・七〇	四、二〇〇・〇〇	四、二〇〇・〇〇	—	—
安邑	一、〇〇〇	・八四	八四〇・〇〇	一・一二	一、一二〇・〇〇	八四〇・〇〇	二八〇・〇〇	猗氏、解縣、夏縣
夏縣	八〇〇	・七〇	五六〇・〇〇	・七〇	五六〇・〇〇	五六〇・〇〇	—	—
芮城	一、三〇〇	一・四〇	一、八二〇・〇〇	一・六八	二、一八四・〇〇	二、一八四・〇〇	—	—
聞喜	一、一九八	一・四〇	一、六七七・二〇	一・四〇	一、六七七・二〇	一、六七七・二〇	—	—
稷山	五、八〇〇	一・一二	六、四九六・〇〇	一・一二	六、四九六・〇〇	四、五五〇・〇〇	一、九四六・〇〇	河津、榮河、
絳縣	二〇〇	一・四〇	二八〇・〇〇	一・一二	二二四・〇〇	二二四・〇〇	—	—
山陰	一二、〇〇〇	・三五	四、二〇〇・〇〇	・二八	三、三六〇・〇〇	一、一二〇・〇〇	二、二四〇・〇〇	—
朔縣	二二、三五〇	・二八	六、二五八・〇〇	・三五	七、八二二・五〇	七、八二二・五〇	—	—
忻縣	一、五六七	・五二	八一四・八四	・五二	八一四・八四	八一四・八四	—	—
五台	三一、七〇〇	・六三	一九、九七一・〇〇	・四二	一三、三一四・〇〇	一三、三一四・〇〇	—	—

河曲	一、〇〇〇	・三五	三五〇・〇〇	・四二	四二〇・〇〇	四二〇・〇〇	一	一
總計	一二七、一四〇	・八二	一〇四、〇六六・〇四	・六七	八五、六四〇・〇四	八〇、八九四・〇四	四、七四六・〇〇	

五 菸葉

一 概說

菸葉爲嗜好類農作物，亦名煙草，又簡稱曰菸，幹柔軟，葉寬大，最不耐旱，尤畏蟲害，故早年晉省植菸之處不多，所產菸葉，多運銷蒙古察綏等處，後省當局鑒於風土相宜，利益優厚，努力提倡，民國二十二年設菸草育種場於曲沃，輸入美國黃金菸等種籽，提倡烤烟，於是晉省近年產菸，質量均有增進。

品種

晉省菸草之品種，有美國種及本地種之分。美國種菸有九：一、勿尼種；二、卜雷特；三、黃金種；四、黃種菸；五、改良白莖；六、改良金葉；七、司維特；八、愛得印克；九、白色巴來。其中以卜雷特及司羅特兩種爲最佳，黃金種次之，愛得印克又次之，以風土之關係，黃金種栽植最廣。美種菸種籽，最先係由山西建設廳無價發給，近年來，舊河東道屬各植菸縣份之美種黃金菸種籽，則多由山西菸草育種場供給，該項種籽，經該場用單株混選法育種後，始散給菸農種植，概不取值。本地種有大葉及小葉兩種，大葉菸又有大柳葉及箭瓦草兩種：大柳菸葉稍長，箭瓦草葉寬大而似箭瓦，兩者均幹高葉大，收量頗多，味氣亦好，宜種於溫暖潤濕肥厚之土。小葉菸雖不如大葉菸生長之高大，在生長於寒冷之地，收量亦多，味氣不佳，其稈亦能製煙，生長時日甚短，收麥以後，尙可移栽，故省北菸農多栽植之。

用途 菸葉可製紅菸，靑菸及捲烟，菸桿可充燃料。

二 栽培狀況

氣候土壤 菸草以品種之不同，溫暖或寒冷之氣候均能生長，惟生長於溫暖地帶，則菸味較佳，晉省雁門關北各縣產菸較劣，南部曲沃所產則頗負盛名，土質宜砂粘土及黑色腐植質土。地勢宜下濕向陽之地，晉農多於河邊或水地栽植之。

育苗 育苗方法，先行洗種，再行浸種，然後播種，其法有二：（一）爲浸種於瓦盆內，每日以清水洗淘一次，置諸爐旁，上覆以布，迨五六日後，即破殼生白尖，漸生小芽，當時每日須噴以涼水，使之濕潤，再經一二日，即可和土撒於苗畦內，覆以一分厚之細土，每隔三五日灌溉一次，經三日後，即出土成苗，嗣後當施以追肥，助其生長，經六十餘日，即可移植於本田，在幼苗時，尙須間拔二次，有因天氣驟寒，畦上覆以草簾或谷根者。（一）爲先將種籽裝於布小袋內，浸於水盆，一二日後，用手揉搓數十次，以脫浮皮，迨種籽帶白紅色時，卽易生芽、然後解開布袋，將種籽傾入盆內，置於濕暖之處，或將磁缸內用水濕潤，撒傾種籽於缸內，粘着缸壁，反蓋於置暖水之小盆外，或安置於火坑上，三四日後，卽可出芽，但不可過熱，以防傷害種籽，候至谷雨後立夏前，將種籽和以細土或草木灰，撒播畦內，蓋以細土，土上再蓋以草簾或高粱根，以防地皮乾硬，不易出土，灌漑亦不可過多，苗長至三四寸高，卽可移植本田。此外尙有直播者，其法卽將養成之芽，混土種於本田畦內，約四五日灌漑一次，施以肥料，促其生長，芽出土二三寸後，間拔一次，苗間距離七八寸至一尺四五寸，直播較之移植者可多收早收，惟費本較大。

移植　秧苗生成後，則用鉄鏟將苗秧帶土剜起，勿傷毛根，如秧苗尙未長成，則以人糞尿及草木灰攙水澆灌，以促其生長。植菸之土地，秋季深耕一次，清明節前施以人糞尿及堆肥，再深耕一次。移植時，有將地用犂犂成深溝，或用鋤刨成小窩，澆水之後，按七八寸至一尺五寸遠近，移植一二苗，壅土壓實者；亦有用菸耙，將地耙成二尺四寬直行，按一尺七八寸遠近，用钁掘孔，移植菸苗，壅土壓實者。栽苗以後，每隔四五日，澆水一次，苗長至一尺以上時，再施補肥，鋤草二三次，初次鋤草宜深，所施肥料

鋤草及施肥　，本田補肥爲芝蔴餅，棉籽餅及油菜餅等，本田及秧田基肥爲廐肥，秧田補肥爲人糞尿或鴿糞。施基肥係以犂耕入地內，施補肥係以水灌入畦內。計秧畦內施肥三次，本田施基肥及補肥各一次。苗長至一尺

摘除　二三寸時，將近土之底葉及葉旁之支葉摘除，毋使妨害正葉之生長，若越十日不行摘除，則將正葉耗壞

，留葉至多不過八九片。苗長至二三尺時，摘去頂心，毋使生長過高，徒費地力，若須保留種籽，則留下頂心，不行摘除，以供結籽。

收穫及初步製造　菸葉收採期在白露前後，如於黃色臨成熟時再澆水一次，則可使顏色佳好。採收宜擇晴明之清早或午後行之、陰雨天氣及正午不可收採，以葉易霉爛及破碎也。菸葉最畏霜害，如見天氣不良，次日有下霜之現象，則葉雖微嫩，亦必於本晚割倒，堆積蓋蓆，或將菸根翻過向上，以保菸味。菸葉收採後，運囘院內，加以初步之製造，因用途之不同，方法有三：一將菸葉串繫於繩，利用日光晒乾，此菸專製造紅菸；二將菸葉串繫於繩，利用房頂之遮避，於屋內陰乾之，此菸專供製造靑菸；三利用火力，按照烤烟法烤乾變爲黃色，此菸專供製造捲烟。

三　產銷

面積　據此次調查，山西菸草栽植面積，計爲一〇二、四六四畝，曲沃以風土之相宜，產菸最負盛名，栽植面積，爲各縣冠，計五二、〇〇〇畝，永濟次之，計二五、三二〇畝，孝義又次之，計八、五五〇畝，離石，長治，靈石等縣各在三千畝左右，臨縣一千畝，其他各縣則自數十畝以至數百畝不等。

產量　晉省菸葉之常年產量計爲一〇九、一七八担，本年收成較好，產量乃見增加，計一一一、八九一担，其中以曲沃爲最多，計五二、〇〇〇担，永濟次之，計二一、七七五担，孝義又次之，計一二、八二五担，離石，臨縣，長治等縣各數千担，其他各縣則自數十担以至數百担不等。

晉省所產菸葉，在昔俱係晒乾，或陰乾售於烟坊，製成靑烟或紅烟出售，其銷處除少數供本省人氏吸食外，大部份運銷察綏及蒙古等處，絕無加以燻烤，供製捲烟者，近年以來，外銷大減，所產菸葉，除少數製成菸絲，供本省消費外，多數改種美種菸，燻烤之後，售與太原晉華烟廠製造捲烟。總計各縣縣內銷量爲二九、五〇〇担，縣外銷量爲八六、三九一担。茲將山西各縣菸葉產銷統計，列表於后：

山西省各縣菸葉產銷統計表

縣別	栽植面積（畝）	常年產量（担）		本年產量（担）		銷量（担）		外銷地點
		每畝數	總數	每畝數	總數	縣內	縣外	
太谷	四〇〇	.九〇	三六〇.〇〇	一.〇〇	四〇〇.〇〇	—	四〇〇.〇〇	
清源	三〇〇	一.九〇	五七〇.〇〇	二.〇二	六〇六.〇〇	—	六〇六.〇〇	太原
文水	三二〇	一.三〇	四一六.〇〇	一.四〇	四四八.〇〇	四四八.〇〇	—	
興縣	五〇	.八〇	四〇.〇〇	.八〇	四〇.〇〇	四〇.〇〇	—	
孝義	八、五五〇	一.五〇	一二、八二五.〇〇	一.五〇	一二、八二五.〇〇	八、九七〇.〇〇	三、八五五.〇〇	
臨縣	一、〇〇〇	二.五〇	二、五〇〇.〇〇	二.五〇	二、五〇〇.〇〇	一、五〇〇.〇〇	一、〇〇〇.〇〇	汾陽、交城
離石	三、二〇〇	二.〇〇	六、四〇〇.〇〇	二.〇〇	六、四〇〇.〇〇	二、六〇〇.〇〇	三、八〇〇.〇〇	陝北各縣
臨汾	一五〇	二.〇〇	三〇〇.〇〇	二.〇〇	三〇〇.〇〇	—	—	

襄陵	六〇〇	一·〇〇	六〇〇·〇〇	一·〇〇	六〇〇·〇〇	—	六〇〇·〇〇	太原、汾城
浮山	三〇	一·八〇	五四·〇〇	二·〇〇	六〇·〇〇	—	六〇·〇〇	臨汾、襄陵、
汾城	五〇〇	二·六〇	一、三〇〇·〇〇	一·八〇	九〇〇·〇〇	九〇〇·〇〇	—	—
曲沃	五二、〇〇〇	·八〇	四一、六〇〇·〇〇	一·〇〇	五二、〇〇〇·〇〇	四、〇〇〇·〇〇	四八、〇〇〇·〇〇	太原、長治、汾城、沁縣
吉縣	四〇	·四五	一八·〇〇	·五〇	二〇·〇〇	二〇·〇〇	—	—
永濟	二五、三二〇	一·二〇	二〇、三八四·〇〇	·八六	二一、七七五·二〇	四七五·二〇	二一、三〇〇·〇〇	解縣、曲沃
安邑	三七〇	一·五〇	五五五·〇〇	一·二〇	四四四·〇〇	三〇〇·〇〇	一四四·〇〇	解縣、猗氏、
夏縣	六〇	一·三〇	七八·〇〇	一·五〇	九〇·〇〇	九〇·〇〇	—	—
方山	二〇〇	一·八〇	三六〇·〇〇	一·二〇	二四〇·〇〇	二四〇·〇〇	—	—
中陽	一二二	·五〇	六一·〇〇	·五〇	六一·〇〇	五一·〇〇	一〇·〇〇	離石
長治	三、〇〇〇	·六〇	一、八〇〇·〇〇	·七〇	二、一〇〇·〇〇	二、一〇〇·〇〇	—	—
潞城	三二〇	·七五	二四〇·〇〇	·六〇	一九二·〇〇	一〇〇·〇〇	九二·〇〇	長治、長子、壺關、襄垣
黎城	七五〇	·七〇	五二五·〇〇	·八〇	六〇〇·〇〇	三〇〇·〇〇	三〇〇·〇〇	襄垣
和順	三二	一·二〇	三八·四〇	一·五〇	四八·〇〇	四八·〇〇	—	—
沁縣	二五〇	·七〇	一七五·〇〇	·五〇	一二五·〇〇	一二五·〇〇	—	—
芮城	二三〇	一·二〇	二七六·〇〇	一·三〇	二九九·〇〇	二九九·〇〇	—	—
稷山	三二〇	二·四〇	七六八·〇〇	二·四〇	七六八·〇〇	五四四·〇〇	二二四·〇〇	河津、萬泉

離石	三、七五〇	一・七〇	六、三七五・〇〇	二・〇〇	七、五〇〇・〇〇	一、五〇〇・〇〇	六・〇〇〇・〇〇	孝義
隰縣	一〇〇	・七〇	七〇・〇〇	・八〇	八〇・〇〇	八〇・〇〇	—	
永和	二〇〇	・六五	一三〇・〇〇	・六〇	一二〇・〇〇	一二〇・〇〇	—	
靈邱	五〇	一・二〇	六〇・〇〇	一・〇〇	五〇・〇〇	五〇・〇〇	—	
靜樂	二五〇	一・二〇	三〇〇・〇〇	一・二〇	三〇〇・〇〇	三〇〇・〇〇	—	
總計	一〇、四六四	一・〇六五	一〇九、一七八・四〇	一・〇九二	一一、八九一・二〇	二五、五〇〇・二〇	八六、三九一・〇〇	

六 藍靛

藍靛簡稱藍或靛，為染料農作物，性喜溫暖濕潤之氣候，生長時日甚短，在稍寒冷之處，亦能生長，山西全省，均甚相宜，惟生長期內，須大量施肥，始有良好之收穫。

品種 藍靛之品種，有蓼藍，槐藍，木藍，山藍四種。蓼藍為一年生之農作物，亦稱草藍，晉省以此品種栽植最多，草藍又分硬幹，軟幹，大葉，小葉，核桃皮，百日紅，小灰藍，二截高，黑三關，柳葉鑵數種。核桃皮藍，生長期長，收穫量多，復能多收種籽，稍寒之氣候，亦甚相宜。槐藍葉小幹硬，葉似槐樹，故亦名槐葉藍，省南各縣栽植不少。

用途及製造 藍靛之唯一用途，厥為製造染料。製造藍靛，俗稱打藍，有池打法及缸打法兩種：

（一）池打法　先製藍池三個，第一個爲泡藍池，第二個爲澄清池，第三個爲打藍池，第一池宜大，第二三兩池較小，等於第一池之半，池均爲方形，亦有第一池爲圓池者。池之內面，用石灰抹敷光滑，留有水口，以利塞放，然後將割倒之藍苗，頭部向下，緊置於第一池，以母畦藍苗，含藍較多，宜置下層，移栽藍苗，含藍較少，宜豎置上層，置滿半池後，以經日曬之井水或河水鑵入，隨灌隨置，務使水常淹侵藍苗，裝完後，用石塊或板木壓蓋其上，俟水面發現紫色及小泡，而小泡上復帶有金片時，則抽出藍苗驗看，如味似蘋果，外皮易剝，葉質柔軟，附着於枝幹，在日光中照射，呈黃綠色，葉面現出蟲食之痕跡，是爲泡好。泡藍時期，以天氣之寒暖陰晴而不同，天氣晴暖，祇須一晝夜，天氣陰寒，即須三四日，故藍入泡藍池後，必須觀察天氣，乘早時常驗看，如浸泡太過，則葉子霉爛，藍質變壞，俗有「吸了一袋煙，誤了一池藍」之說。泡成後，拔開水口，引泡好之藍汁於第二池，候泥土下沈，用笊籬撈去浮上之枝葉，再將澄清之藍汁，引入貯有澄清石灰水之第三池，貯置石灰水之數量，因藍靛生長之優劣而無定，藍苗茂盛，每畝可十八九斤，藍苗不良，每畝祇用十二三斤。藍汁入第三池後，用木槌或木拐，上下槌打，隨時注意其顏色之變化，最初現翠玉色之泡沫，漸變成藍色，槌打至二三百下時，即變成黑藍色，如打起泡沫過大，即石灰過多之現象，如泡沫碎小，堆積很高，即石灰分量適宜，亦即槌打之工作完成。用手指抹紙驗看其色之藍度，並以碗盛出靜置驗看其澄清與否，如是水不澄清，顏色不正，則再加石灰水，着實槌打，務使水清色正。打藍完成後，盛去餘水，將藍靛裝入布袋，涸盡水份，貯藏甕內，預備使用或出售。

（二）缸打法　缸打法與池打法之異點，在於以瓷陶缸甕代替打藍池之一點，其餘之打製手續，均與池打法相同。

一　栽培狀況

氣候土壤　藍靛宜溫暖濕潤之氣候，栽植於水能澆灌之處，最為相宜。土質宜黑色粘質壤土，或砂粘混合土，種於鹼性土質地，則苗枯槁，種於砂質土地，則水糞易流失，故晉省栽植藍靛，多在下濕向陽粘質土地。

輪種　草藍大概與他種農作物輪種，在前種植者為菠菜，水蘿蔔，小白菜等，在後種栽者為大白菜，麥，油菜等。

種植　槐藍於小滿前後下種，撒糞於地面，犁翻入土，耕耱平坦，用耬播種，種籽用量，每畝約一升上下，五六天發芽，以後鋤地二次至三次，立秋前後，即可收割。但藍靛之一般種植方法，則先培苗而後移植，茲分述如下：

培苗　培苗之法，係於清明節左右，犁地一二次，做成寬約三尺，長約一丈二尺之小畦，施牲畜糞人尿糞及麻籸之混合肥料於畦內，用耙耙平，灌水一二次，舊河東道屬，谷雨前後，即須下種，省北及省會附近，須至立夏前後，始能下種，蓋氣候寒暖不同也。種籽須於下種前三四日浸泡於瓦盆內，換水二次至三次，候小芽萌發，撒佈畦內，覆蓋薄土，洒水一二次，經七八日，即可出土，種籽用量，每畝約需一升二三合，苗長至六七寸時，即可移植。

移植　移植之先，將地深耕一次，耙平做成小畦，至夏至節前後，按一尺遠近，掘成小穴，施肥澆水，然後將藍苗移植穴內，每穴約植一二十苗，以其分支力量頗大，故不可過於稠密，第一次鋤草後，以人尿糞及黑豆粉漚成水狀，施灌於苗之根際，以後每鋤一次，施肥一次，俟藍葉成黑綠色狀收割。

除蟲　藍長成後，則生吃葉蟲，名曰藍牛，又稱藍蟲，如藍葉生長過稠，得藍牛咬開許多小孔，能通空氣透日光，使葉色轉好，但藍牛過多，則足以減少藍之收成，晉農多有用苦樹皮或楊桃芽根，研成細末，撒佈苗上，以除之者，倘連年遭受蟲害，則須換茬，

收割　至立秋後，藍苗生穗一寸，葉子發脆，以手捻葉，現深藍色，則藍已成熟，於上午用鐮割倒，泡藍苗於打藍池內，即可行打藍手續。如需留種籽，則留藍苗數畦，俟結果成熟，割倒晒乾，用手揉下種籽，簸揚乾淨，貯藏以備次年下種。

二　產銷

面積　據此次調查，晉省產藍靛，計有襄垣、高平、陽城、沁水、武鄉、新絳、代縣等八縣，植藍面積，

產量及銷售

計爲八九〇畝，新絳及襄垣，栽植最多，各二二〇畝，陽城及武鄉次之，各一百餘畝，其他各縣則各僅數十畝。

常年產量計三九四担，本年以收成稍好，計產三九六担，各縣產量以新絳爲最多，計一一〇担，陽城次之，計九〇担，其他各縣則自數担以至數十担。各縣所產藍靛，均爲本地所消費。唯一之銷路，爲縣內城鎮之染坊。茲將山西各縣藍靛產銷統計表列后：

山西省各縣藍靛產銷統計表

縣別	栽植面積(畝)	常年產量(担) 每畝數	常年產量(担) 總數	本年產量(担) 每畝數	本年產量(担) 總數	銷量(担) 縣內	銷量(担) 縣外	外銷地點
襄垣	二二〇	·三〇	六六·〇〇	·三四	七四·八〇	七四·八〇	—	—
高平	一五	·六〇	九·〇〇	·五〇	七·五〇	七·五〇	—	—
陽城	一五〇	·五五	八二·五〇	·六〇	九〇·〇〇	九〇·〇〇	—	—
沁水	七五	·六五	四八·七五	·六〇	四五·〇〇	四五·〇〇	—	—
武鄉	一八〇	·三五	六三·〇〇	·三〇	五四·〇〇	五四·〇〇	—	—
新絳	二二〇	·五〇	一一〇·〇〇	·五〇	一一〇·〇〇	一一〇·〇〇	—	—
代縣	三〇	·五〇	一五·〇〇	·五〇	一五·〇〇	一五·〇〇	—	—
總計	八九〇	·四四三	三九四·二五	·四四五	三九六·三〇	三九六·三〇	—	—

第五編 礦業

第一章 煤

一 概説

山西煤藏之富，甲於全國，據翁文灝胡博淵兩氏最近之估計，該省煤鑛蘊藏量計爲一二七、一一五、〇〇〇、〇〇〇噸，與全國煤鑛總儲量二六五、四五五、〇〇〇、〇〇〇噸相較，山西煤藏，幾佔全國煤藏二分之一。

煤田分佈

據王著山西煤鑛誌，將該省煤鑛，分爲七區，即(一)平盂潞澤區，位於太行山與霍山之間，占有陽曲、東山、及榆次、壽陽、盂縣、平定、昔陽、和順、遼縣、襄垣、潞城、長治、長子、壺關、高平、陵川、晉城、陽城、沁水、翼城、浮山、安澤、沁源、平遙等二十三縣，該煤區包含有五個煤田，即(甲)陽曲東城煤田，(乙)平盂襄遼煤田，(丙)長高晉陽煤田，(丁)浮山煤田，(戊)安平煤田。陽曲東城煤田及安平煤田之煤質爲無烟煤，而平盂襄陵及長高晉陽煤田之煤質含有烟煤、無烟煤及半無烟煤三種，浮山煤田煤質則係半無烟煤。據估計其全區煤之總儲量爲五〇、八二四、九四五、七三〇噸。

（二）汾臨煤區，位於汾河右岸，分佈於汾陽、孝義、介休、靈石、汾西、隰縣、蒲縣、霍縣、趙城、洪洞、臨汾、鄉寧、吉縣等縣，該煤區包含有十個煤田，即（甲）吉鄉煤田，（乙）臨汾西山煤田，（丙）蒲縣東山煤田，（丁）洪洞西山煤田，（戊）汾西煤田，（巳）霍縣東南煤田，（庚）靈石仁義鎮煤田，（辛）趙城宛川煤田，（壬）孝義西山煤田，（癸）介休義棠鎮煤田。各煤田所含煤質均屬烟煤。據估計其儲量為三一、〇六二、四八七、九五〇噸。

（三）河興離隰煤區，分佈於偏關、河曲、保德、興縣、臨縣、離石、中陽、石樓、隰縣等九縣，其位置在黃河東岸，南北紆曲，成一帶形。該區包含有三個煤田，即（甲）中隰煤田，（乙）離石煤田，（丙）河興煤田。該區煤質，亦盡屬烟煤。據估計其儲量為一八、二四六、三八七、九〇〇噸。

（四）太原西山煤區，分佈於陽曲、太原、清源、交城、文水五縣及靜樂縣之一小部分，汾河來自西北，圍繞於煤區之東北南三面，該區包含有三個煤田，即（甲）太清煤田，（乙）陽靜煤田，（丙）交城煤田。煤質為烟煤及半無烟煤參半，估計其藏量為八、一三六、六一九、六〇〇噸。

（五）甯武煤區，分佈於甯武、崞縣、靜樂及神池縣之一小部分，位於汾河上游；該煤區包含有三個煤田，即（甲）寧武內斜層東翼石炭紀二疊紀煤田，（乙）寧武內斜層西翼石炭二疊紀煤田、（丙）寧武侏羅紀煤田。煤質盡屬烟煤，儲量估計為七、八六六、三五八、五〇〇噸。

（六）大同煤區，分佈於大同、左雲、懷仁、右玉、朔縣等五縣，產煤地帶，位於大同朔縣間平原之西北；該煤區包含有三個煤田，即(甲)石炭二疊紀煤田之東北部，(乙)石炭二疊紀煤田之西南部，(丙)侏羅紀煤田。儲量估計為九、六〇一、七四二、〇〇〇噸。

(七)渾五煤區，分佈於渾源、廣靈、靈邱、繁峙、五台等縣之零星煤田，該區包含有渾源恆山煤田，渾源西窩煤田，渾源銀牛溝煤田，渾源白道子煤田，渾源松樹灣煤田，渾源全嘴西北之煤田，靈邱銀廠煤田，五台西天和煤田，五台寨裏煤田，廣靈侏羅紀煤田，繁峙北山煤田等十一個煤田，所產烟煤與半無烟煤均有，儲量估計為一、五七六、九九五、三三二噸。

煤田地質

山西煤田地質時代，屬石炭二疊紀及侏羅紀，石炭二疊紀煤系，占全部煤藏百分之九十以上，長於奧陶紀石灰岩侵蝕層之上，大同煤田覆於寒武紀石灰岩之上。寧武、廣靈等煤田，均屬於侏羅紀。石炭二疊紀煤系之煤質，分為無烟煤、烟煤、半無烟煤及褐炭四種。全省無烟煤儲量約為烟煤三分之一，至於褐炭則僅產於繁峙北部。

煤質分析

山西各煤區煤田煤質分析有如次表：

煤區	煤田	所在區域	煤質	水分	揮發分	固定炭質	灰分	硫	發熱量(英熱單位)
平孟	陽曲城東煤田	自陽曲之李家山至壽陽之後溝村	烟煤	一·四四	一五·三九	七三·五五	九·五五	一·三七	一一四〇七
		自壽陽北之張芹至盂縣	烟煤	二·三六	一四·七一	六八·八一	一二·一一	〇·六二	一一九五二
		自盂縣至昔陽南之柴嶺	無烟煤	一·六五	七·三七	八一·七〇	九·二六	〇·九七	一〇四四〇

潞澤區	平盂遼襄煤田	自和順桑家莊至遼縣	半無烟煤	一・六〇	一一・八一	八三・二九	三・三〇	〇・五一	一五一七〇
		自遼縣至襄垣之西營鎮	烟煤	〇・九八	一六・五二	七一・二六	一一・二一	〇・六〇	一三三九〇
		自潞城微子鎮至滿流溝	烟煤	〇・九一	一四・〇九	七六・九〇	八・〇七	〇・〇五	一三七五九
	長高晉陽煤田	長治翼城之間	無烟煤	二・五九	五・九八	八一・一四	九・八四	〇・五一	
	浮山煤田	後交裏村附近	半無烟煤	〇・五九	一二・〇三	七六・三五	一一・〇二	二・六八	一四七〇一
	安平煤田		烟煤	一・五〇	二一・八五	六五・二七	一一・三九	〇・五一	一二二二二
汾臨煤田	吉鄉煤田	自寧鄉西南黃河沿岸師家灘	烟煤	〇・九〇	二二・〇九	六七・九九	八・八一	〇・四〇	一二一七七
	臨汾西山煤田	羅雲山斷層之仰側	烟煤	〇・六七	二五・四一	六六・一九	七・七一	〇・九一	一三二三二
	蒲縣東山煤田	在羅雲山石門山之間	烟煤						
	洪洞西山煤田	羅雲山斷層之俯側	烟煤	一・八二	三一・一九	六〇・七六	六・二一	二・一四	一四〇二一
	汾西煤田		烟煤						
	霍縣東南煤田		烟煤						
	靈石仁義鎮煤田	仁義鎮附近	烟煤	一・四三	二三・一二	六八・八五	六・五八	一・四二	一二七六六
	趙城宛川煤田	趙城東北松家山一帶	烟煤	〇・六八	二六・四七	五六・二五	一七・二八		一二九六〇
	孝義西山煤田	兌九岳兩渡鎮等處	烟煤	一・四三	二三・一二	六八・八五	六・五八	一・四二	一二七六四
	介休義棠鎮煤田	汾河沿岸	烟煤						
河東	中隰煤田	石樓隰縣一帶	烟煤						

離隰煤田	離石煤田		烟煤						
	河興煤田	河曲偏關等處	烟煤	二・五二	二七・九〇	五七・四三	一二・二四	〇・五二	一一二三〇
太原西山煤田	太清煤田		烟煤	〇・九五	一四・三九	七五・七九	八・八九	〇・七一	一二九二四
	陽靜煤田		烟煤	〇・八二	一三・八一	七五・九四	九・二四	〇・九五	一二八五七
	交文煤田	交城西冶魚羣一帶	烟煤	〇・五六	二一・七三	六五・一五	一二・三四		九二九二
甯武煤區	甯武內斜層東翼煤田	赤土墜峯嶺底一帶	烟煤	二・三九	三四・五七	五七・四一	五・六三	一・一一	一〇七〇一
	甯武內斜層西翼煤田		烟煤	二・四五	三四・八一	五四・五三	八・一九		九九八八
	寧武侏羅紀煤田		烟煤						
大同煤區	石炭二疊紀煤田東北部	自左雲吳家窰至大同口泉鎮	烟煤						
	石炭二疊紀煤田西南部		烟煤						
	侏羅紀煤田		烟煤	四・四一	二八・八〇	五九・九七	七・七九		一四〇・八七
渾五煤區	渾源恆山煤田		烟煤						
	渾源西窩鋪煤田		烟煤						
	渾源銀牛溝煤田		烟煤						
	渾源白道子煤田		烟煤						
	渾源松樹灣煤田		烟煤						
	渾源仝嘴西北煤田		烟煤						

靈邱銀廠煤田	半無烟煤							
五台西天煤田	烟煤							
廣靈侏羅紀煤田	烟煤							
繁峙北山煤田	褐炭							

至於各縣之鑛區面積、開採面積、資本總額、工人總數、每月工資總額、每年產量、產品總值各項，列表如次：

縣別	鑛區面積（公畝）		開採面積（公畝）		資本總額（元）	工人總數	每月工資總額（元）	年產量（噸）	產品總值（元）	備考
陽曲	七、四六八	七六	一、九四二	五〇	六七、五二〇	五四二	九、三六七	六九、一七二	一〇六、二三〇	
太原	五、三二二	五八	四七、九九五	五八	一九八、〇〇〇	一、二四〇	九、七六六	九五、九六四	二二五、三三四	
榆次	三、六八五	七二	二、六八四	七	四、〇〇〇	二〇	一八〇	一、八七九	二、三五九	
清源	二、三三二	八二	一七五	二四	七、〇〇〇	一五四	一、一一三	二六、四二五	三五、五七四	
交城	八四	六七	五〇八	八六	一、九五〇	一二五	一、二二五	六、九二四	一六、一三三	
文水	一、六七〇	〇〇	六七	三〇		九八	一五二	一四、四〇〇	一六、九七〇	
興縣			九七	〇〇	五、二〇〇	五二	二〇四	九、八四〇	八二、六五六	
平遙	九二〇	六八	一四	一七	九四〇	一一八	九五〇	一五、七〇〇	一八、八四〇	
介休	九、四七八	九二			六、九五〇	七三一	七、三三〇	八七、三〇〇	一二三、二四〇	

孝義	二〇、九九二	〇三	二〇、九九二	〇三	二〇、七五〇	四〇二	二八、五四八	三三、二七四	二八、五六五
臨縣	一二、〇七三	〇〇	一二、〇七三	〇〇	一四、四〇〇	四二六	一、九六二	三三、一二四	五七、一二六
石樓	一二、〇〇〇	〇〇	一二、〇〇〇	〇〇	二、四〇〇	一六	六四	五、〇〇〇	二〇、〇〇〇
離石	一六、七一六	五五	一六、七一六	五五	八、二六〇	二九七	一、七八三	三八、五七〇	四三、四二七
中陽	一、六七六	〇〇	四六五	〇〇	二〇〇	九	五四	二、〇九〇	一、一五四
長治	一六、九九九	〇八	一、一五〇	〇〇	一六、三七〇	五〇二	三、五一五	六一、五八一	三三、五七二
長子	四、一一六	〇〇	一、五八七	〇〇	一八、一五〇	三六八	一、〇四三	一一、〇六二	三三、一一三
襄垣	八、八八九	九六	二、八一六	四三	七、七一四	一七三	一、〇六八	二〇、四九六	三四、四三三
潞城	三、五四九	〇〇	四二七	〇〇	六、〇〇〇	二二四	八〇四	一五、五〇〇	八、九七五
壺關	五、〇五四	〇〇			八、三九八	一二三	七三八	一一、三三六	一三、四七〇
晉城	一、三六七、三六三	四六	二三、〇七三	〇九	八九、九〇〇	四四六	二六、七五六	七七、九三三	一三三、〇八九
高平	五、七五三	二六	四、六二三	二三	九、一八〇	八三七	二九七	八五、六二〇	六四、二一五
陽城	一、三〇三	六三			八六〇	六七八	二、六八六	二〇〇、四七〇	三二〇、七五三
陵川	四〇九、八八九	一四	三五一、四六七	一四	五二〇	一五八	九四八	二一、三三三	一七、九一〇
沁水	一、六〇五	〇〇	八九三	〇〇	一、九二〇	一〇一	二八九	五、一五四	四、九八九
遼縣	二、〇三三	〇〇	一、一五七	〇〇	二、三六〇	五四	二四八	六、一四五	六、〇三三
和順	三六六	〇〇	三六六	〇〇	二二〇	三	八一	二、五九六	二、五九六

沁源	一、〇八三	六八	二三	〇〇	一、五〇〇	一八	一〇八	一、九八五	三、九七〇	
武鄉					四、九〇〇	一八一	四七〇	三八、九八二	一五五、九二四	
平定	三〇四、八〇二	五〇	三三、二七八	〇〇	三、七五〇、二七〇	三、八七九	四三、三五三	六五三、三二八	一、三八七、八六〇	
昔陽	一三六	〇〇	六四	四〇	三六〇	五五	二〇〇	三、三〇〇	四、九一〇	
盂縣	二、五八三	四七	三三七	一〇	一、四一〇	五九	三五四	三、八六四	三、八六四	
壽陽	四、七〇三	九四	一、七〇三	五〇	三、一五〇	二五六	一、四六六	四三、三〇一	八一、九四一	
臨汾	一、五二〇	八五	五五八	八五		四七	四二三	一九、七一九	四九、三〇〇	
洪洞	三、九四四	七三	六、三三〇	四四	四五、〇〇〇	二八〇	三、七六〇	二五、七三九	三六、一七〇	
浮山	一二六	三三	一二六	三三	一五六	一六四	一、四七六	一〇、七二〇	二九、六七五	
安澤	一、一五五	〇〇			七四二	四三	二九四	一、一四六	一、七三二	
翼城	二八、四六六	七三	二七、八八三	七三	五、六二〇	一七九	一、三六四	二〇、五六九	六八、四五四	
鄉甯	五五、〇七五	四八	三、七七九	三〇	五四、五五八	八三七	九、五二六	八一、〇七〇	一七三、四九八	
鄉甯								六、〇〇〇		其他小煤窰約八十家
垣曲	九、九五五	〇〇	九五	〇〇	一、三〇〇	五〇	四五〇	六、三五〇	六、三七五	
霍縣	一、一〇〇	〇〇	四三〇	〇〇	三九〇	一三〇	一、一三三	一一、五〇三	五五、二〇九	
靈石	一〇八	〇〇	六三	〇〇	二、九一四	一三五	八六五	一〇、六三八	一七、〇三三	
趙城	三、五六六	九〇	一、九五三	九四	三、二〇〇	六九	八〇八	五、五五〇	二七、七五〇	

汾西	四、六二四	一五	二、七九〇	九四	四一九	三〇	三三六	五、一六九	一〇、三三八	
隰縣	四八八	〇〇	三八六	七〇	三、〇〇〇	四三	一六八	一、二七五	六、一〇〇	
蒲縣	九八九	〇〇	四三〇	〇〇	五三〇	一四	一三六	一、五三六	三、一六八	
大同	三七九、三九九	八五	一〇一、九三〇	四四	四、七六二、七〇〇	四、四八三	四六、五六〇	五九七、八二〇	一、六九六、四七九	
渾源	一、六三四	〇〇	九八三	〇〇	一三、〇五〇	三八九	三、三八二	六、六七〇	二三、六八八	
懷仁	三九、五二五	三六	七四九	〇〇	二四、九四〇	三八〇	八三	三一、七四〇	六一、二三〇	
靈邱	三、六三四	〇〇	五九四	〇〇	三、七八〇	一六九	八三五	三三、七〇〇	三九、七五〇	
廣靈	八三、二九八	八八				九〇〇	一、三五〇	四〇、〇〇〇	一二〇、〇〇〇	
右玉	四五三、三四七	〇〇	三八四、三三三	〇〇	一一七	三三	一九八	四、三七六	四、三八〇	
右玉	一〇〇	〇〇				一四		一、四〇〇	一、四〇〇	其他小煤窰約五家
朔縣					二、三六〇	一九一	一、一四六	三六、七七〇	五三、五四〇	
左雲	六八、六三三	〇〇	九、四〇〇	七〇	二、四〇〇	一八七	一、六三三	五三、一七〇	七一、六三三	
寧武	一四六	〇〇	一四五	〇〇	六、三五五	三六九	三、四三三	一三、八〇九	二七、六一八	
神池	四一三	一一	三六	八四	六、七三〇	一四四	一、〇三二	一〇、九〇六	三六、六四三	
偏關	一八	〇〇	一〇	〇〇	一三〇	一五	四六	一、八〇〇	二、九六〇	
靜樂	一三〇	〇〇	九〇	〇〇	八七〇	九六	四八〇	一四、一二〇	一七、四三三	
五台	六三七	〇三	四七七	〇三	一、三九〇	一四九	九一八	七六、七六六	五四、〇一九	

繁峙	三六	〇〇	三六	〇〇	八〇〇	三六	三二四	一、四〇九	五、六三六
崞縣	九七	一九	三八二	八八	八、一八二	三四四	三、〇九六	三一、六二〇	五三、七五四
保德	一三八	三〇	三六	三〇	六五〇	一一四		一九五、九〇〇	一六四、五五六
河曲	一七九	〇〇	一五三	〇〇	八二六	七四	四四四	六、二九七	一〇、五八〇
總計	三、二四八、一六三	一八	九三八、八五三	〇三	九、五三九、一四九	二二、三二四	一七九、五〇〇	三、〇二〇、九九二	五、九五三、二六四

二　現狀

山西全省煤鑛公司及大小煤窰，據此次調查所得，計有一千四百二十五家，尚有散處各地之小煤窰，時開時歇，無法調査者，爲數當屬不少。太原經濟建設委員會統計處發表全省採煤家數，民國二十二年份計爲一千九百五十四家。

全省煤鑛鑛區面積計在三百二十四萬八千公畝以上，開採面積計在九十三萬八千公畝以上，採鑛業資本總額計爲九百五十三萬九千餘元，鑛工總數達二萬二千三百餘名，每月工資總數十七萬九千五百元，二十三年度全年總產量爲三百零二萬餘噸，產值爲五百九十五萬三千餘元。

家數分佈

山西煤鑛開採規模最大者，首推保晉公司，次爲晉北鑛務局，其他各鑛則更屬其次。如就採煤家數而言，當推陽城之一百二十七家爲最多，惟均屬零星小窰，鄉寧之五十一家（未列名煤窰八十家，）寧武之四十八家，壺關之三十七家，介休、長治之各爲三十六家，武鄉之三十三家，朔縣之三十一家，崞縣之二十九家，靈石廣靈之各爲二十八家，襄垣之二十六家，離石之二十三家，陵川、大同、保德各爲二十一家，渾源二十家，臨縣之十九家，太原（未列名小窰四十六家，）孝義、隰縣、河曲各爲十六家，懷仁左雲之各爲十四家，晉城之十三家（未列名小窰二百餘家，）安澤之十二家，孟縣之十一家，交城、文水、興縣、長子，沁水、遼縣、平定、昔陽、臨汾、右玉、神池等十一縣每縣十家，翼城、靈邱之各爲九家，陽曲榆次之各爲八家，清源，壽陽、霍縣各爲七家，和順、沁源、汾西各爲五家，中陽、高平（未列名小窰六十五家、）浮山、偏關、靜樂等五縣各爲四家，潞城、蒲縣、五台各爲三家，洪洞、繁峙各爲兩家，平遙、石樓、垣曲、各爲一家。

山西各縣煤產，自以平定佔第一位，年產量達六十五萬二千三百二十八噸，次爲大同之五十九萬七千八百十噸，復次爲陽城之二十萬噸，保德之十九萬五千九百噸，其他各縣煤產，每年均不足十萬噸。

平定縣以陽泉鎭之保晉公司，大同縣以晉北礦務局，爲兩地最大之煤礦公司，玆分述如次：

（甲）保晉鑛務公司

保晉公司創辦於前清光緒二十四年，總公司地點在平定縣屬之陽泉車站，東距石家莊約一百三十八公里，西距太原約一百四十四公里，位於正太鉄路之中點，該公司交通以與晉省其他各煤鑛比較，尙屬便利。該公司係採取股份有限公司組織，原於大同、壽陽、晉城三地設分公司，從事開採，現在晉城分公司業已停歇。保晉公司資本，當初以畝捐銀五萬兩爲開辦費，嗣復增收畝捐十五萬兩以爲購置器械及設備費用，光緒三十四年，公司呈准撫藩，分紳商學社四種，募集鑛股，當定大縣爲三萬兩，中縣爲一萬五千兩，小縣爲一萬二千兩，結果募得股銀一百六十九萬餘兩，除此而外，尙有官股五萬兩，各省附股十八萬兩，實收股銀共爲一百九十二萬餘兩、此外原擬再集資本庫平銀三百萬兩，嗣以畝捐收數不旺，而積欠福公司之債務又急待償還，故就庫平銀一百十七萬九千三百餘兩以償還之。年復一年，公司債務，直至民國九年，始行還清。近年以來，該公司一以內部組織之欠妥善，二以正太路運費之不能盡量低減，以致營業不振，至今大有積重難返之勢，目前該公司資本爲二百八十六萬三千六百四十元。

（二）鑛區情形

保晉公司鑛區，十分複雜，究其總面積若干，各方面調查各有出入，茲據此次調查所得數字列次：

平定保晉總公司	一〇一、七一九・七一公畝
壽陽保晉分公司	四、二四〇・九四公畝
大同保晉分公司	三〇、四七四・〇〇公畝

（因晉城保晉分公司業已停辦，故不列入、）

綜計上列三地該公司鑛區面積爲一三六，四三四・六五公畝，其已開採者，在平定方面因其鑛區異常分割，難得確實調查，在壽陽該公司已採面積爲一、四三一・〇〇公畝，在大同爲六八、二六一、五四公畝。

陽泉附近，該公司計有簡子溝、燕子溝、小南溝、賈地溝、先生溝、平潭墕、漢河溝等七處鑛區，各區煤系，屬古生代，煤層介乎砂岩及頁岩之間，煤共十餘層，離地面約在九十公尺左右。平定煤田，其煤層走向，係東南——西北，傾斜約七度至八度。煤質屬無烟煤，質堅紋密，呈黑色光澤，茲就其主要煤區煤質，列表如次：

水分	揮發分	固定炭素	灰分	硫黄
一・七二	八・一〇	八二・三〇	七・八八	〇・六五

壽陽保晉煤田地質，屬古生代之石炭系主要岩石爲石灰岩及紅砂岩，該公司所領陳家河煤田，所產爲半烟煤，其煤質有如次表：

水分	揮發分	固定炭素	灰分	硫黄
一・五〇	一二・六五	八〇・九〇	四・九五	〇・六五

大同保晉公司，在大同縣西南鄉口泉鎮西北十餘里之忻州窰村附近一帶，所領鑛區，煤質爲清烟煤，其所含成分如次表：

水分	揮發分	固定炭素	灰分	硫黄
三・四二	二九・〇四	六四・二九	三・二五	〇・七三

平定鑛場情形

平定保晉總公司在陽泉鎭附近，原有七個鑛區，計分六廠：

第一鑛廠，名簡子溝煤鑛，開採最早，淸季試掘，至民國五年，每日可出煤二百噸，六年遭水，另開斜坑二口，至民國八年，復購得聚源窰，作爲第四斜坑。

第二鑛廠，名燕子溝小南溝煤鑛，民國七年正式鑿井，深一二公尺，即見煤，名謂東井，民國十年，西井工事完竣，深一百零三公尺。

第三鑛廠，名賈地溝鑛廠，該廠共有豎坑四口，民國六年，設置鍋爐捲揚機等，從鑛場至賽魚車站，舖設輕便鐵道；第一豎坑，深約七十公尺，供進風及提煤之用，第二豎坑深約八十六公尺，供出風及提煤之用，第三豎坑深一百十八公尺，第四豎坑深約五十八公尺，前者供通風之用，後者供提煤之用。

第四鑛廠，名先生溝鑛廠。該鑛廠係向同濟鑛務公司接收而來。共有豎坑七口，在老先生溝者二口，名曰中井；深約五十四公尺；在莊莊溝者亦有二口，名曰東井，深約五十四公尺；在段家碑者有三口，名曰西井。

第五鑛廠，名平潭塔鑛廠，民國六年開鑿，現在共有豎坑一口，斜坑三口。

第六鑛廠，名漢河溝鑛廠，該鑛亦係自同濟購得，計有豎坑二口，北坑深約五十八公尺，南坑未出煤，祇供進風。

保晉公司在陽泉鎭各鑛，煤層傾斜度不大，該公司所採之丈八煤層，係用房柱法，先採下層九尺，後採上層三尺，其餘六尺，留作頂蓋，如此，可省一部分支柱。各鑛排水，大半先用人力挑聚於蓄水池，然後用抽水機抽出。該鑛計第一廠有抽水機三架，第二廠四架，第四廠一架，第五廠三架，第六廠一架，第三鑛廠則用水罐，以捲揚機提水。

坑內運輸方法，分新舊兩種：舊法係將煤塊掘下，由鑛工抬至坑底，以轆轤絞出坑外，亦有藉捲揚機提取，如第三第四各鑛所用之提煤方法是也；第五鑛用牲口負裝出坑，運抵車站；第一第二鑛廠，坑下舖有輕便鐵道直接與正太路軌啣接，煤裝入車，推至坑底，以捲揚機絞出坑外，各坑共有捲揚機八架，煤車四百輛。

第三鑛廠亦舖有輕便鐵道，通至正太路之賽魚站，第五鑛廠在桃河上設有高架索道，計長七百五十公尺，第六鑛廠，因地處偏僻，仍用驢騾䭾運，第二鑛廠有鍋爐兩座，二百四十匹馬力，小發電機一部，電容量爲二個啓羅瓦特，第三鑛廠有鍋爐七八座，發電機一部，電容量爲十五啓羅瓦特。

大同鑛場情形

以上爲平定保晉各鑛場情形。至於大同西南鄉口泉鎮西北十餘里之忻州窰村附近一帶鑛場情形，計有豎井三口，一係出煤，一用以通風排水，一用以抽風。鑛場距平綏支路口泉車站約五公里許，該公司即於口泉車站迤北設有總銷煤廠。

保晉公司大同分公司創立於宣統元年，當時收買小窰數座，沿用土法開採，經營數年，未見若何發展，迨至民國七年，始改用新式採法，將舊買小窰放棄，另擇現在開採之地點，於民國七年九月間開工。開採方法，兼用房柱式及長壁式，通風分兩種，一用風扇抽吸，一由自然通流；排水以坑內積水無多，係用水搖水泵，將各處散水，排至行道，然後用蒸汽抽水機分三節排出地面。坑內支柱。採用紅扦、楊柳等木，其間隔在行道中，每隔三尺至五尺支柱根，採煤區支柱距離則較遠，每隔五尺至十數尺不等。

鑛場設備，計有蒸汽發動機三架，馬力一為一百疋，一為四十疋，一為五疋。捲揚機二架，其起重量一為〇、五噸，一為五噸。抽水機十架，一百五十八加侖及六十一加侖各五架，探鑽機二架，金鋼石探鑽機，能程六百尺，岩心直徑$1\frac{5}{16}''$，鑽扦直徑$1\frac{1}{4}''$，鑽頭直徑$2\frac{5}{16}''$，此外尚有一百十匹馬力機車二輛，每分鐘出風三、五〇〇立方米達，風扇一座三一 K.V.A.，交流電機一座，鏇床三架，洗床一架，鑽床二架，鍋爐四具。

採鑛用硝藥，每炮需用量半磅，成本約為一角，布光係用電石燈及油燈兩種。該鑛採包工制，採煤以出煤車數計，分大煤、二煤、三煤三種計算工資，掘洞則按所掘煤洞之寬度，分別給與尺價，惟所需工具硝藥燈油等均包含在內。工作時間每晝夜分三班，每班八小時。對於工人教育衛生，設有職工子弟學校，職工浴室，職工診療所等，鑛工因公死亡者，每名恤商大洋三十元。

（二）生產情形

平定大同壽陽三地每年產煤，以平定為最多，大同次之，壽陽最少，平定所產為無烟煤，壽陽所產

爲碎煤及末煤，大同則產清煙煤。茲就近五年來三地煤產，列表如次：（單位噸）

年份	平定	大同	壽陽	共計
民國十九年	二二二、五二〇・〇九	一一、五八八・六七	九一、一〇二・〇〇	三一五、二一〇・七六
民國二十年	二七六、三四八・二六	一四、九八二・九七	一〇八、八九八・〇〇	四〇〇、三二九・二三
民國二十一年	二九一、四三一・五〇	三〇、四四六・四四	一二〇、八一一・〇〇	四四二、六八八・九四
民國二十二年	二九八、六〇三・三五	一三、二九九・七五	七四、〇九六・〇〇	三八五、九九九・一〇
民國二十三年	二九八、五九一・一一	三一、五二六・六三	一二一、〇一三・〇〇	四五一、一三〇・七四

依上表，該公司自十九年至二十三年產量，逐年增加；其間僅民國二十二年較二十一年稍減，但至二十三年則復見加增。年來保晉公司總產量，實際上當在四十五萬噸以上，本表中以其晉城分公司業已停採，逐年產額，未經列入。

該公司在平定壽陽大同三地生產，民國二十三年度按月產量比較如次：

月份	平定	大同	壽陽	共計
一月	三四、〇三二・六六	七、九四七・〇〇	三、〇一六・四一	四四、九九六・〇七
二月	一二、七八八・七二	四、八二八・〇〇	二、四六八・三八	二〇、〇八五・一〇
三月	二四、八四九・〇一	六、三六一・〇〇	三、三一四・〇三	三四、五二四・〇四
四月	三三、三八六・三三	七、六一七・〇〇	二、七七九・一一	四三、七八二・四四

五月	二八、〇七七·一二	七、六九六·〇〇	二、四四五·四〇	三八、二一八·五二
六月	二五、七六五·五一	七、四九四·〇〇	二、五七一·二五	三五、八三〇·七六
七月	二〇、一一六·九八	四、九〇三·〇〇	一、五二六·五〇	二六、五四六·四八
八月	一三、九三三·〇一	一二、二五六·〇〇	九六六·七五	二七、一五五·七六
九月	一七、七六〇·五四	一四、〇六五·〇〇	八五七·八二	三二、六八三·三六
十月	二五、四一七·三八	一六、二〇一·〇〇	一、七七一·四三	四三、三八九·八一
十一月	二三、七五三·一五	一五、八四八·〇〇	六、五三四·一〇	四六、一三五·二五
十二月	三八、七一〇·七〇	一五、七九七·〇〇	三、三三五·四五	五七、八四三·一五
總計	二九八、五九一·一一	一二一、〇一三·〇〇	三一、五二六·六三	四五一、一三〇·七四

（附註）壽陽保晉分公司二十三度全年計產碎煤一〇、四七九·七九噸，末煤二一、〇四六·八四噸，

由上表可知該公司生產量，以冬季爲最大，春秋兩季次之，夏季因雨水關係，產量較少。平均全年開工日數，在約三百天左右。

生產成本

就生產成本而論，年來漸見減低，其中尤以壽陽分公司之低降速率爲最大，玆列表比較如次：

年份	每噸平均生產費用（元）	平定每噸生產費（元）	大同每噸生產費（元）	壽陽每噸生產費（元）
民國十九年	三·六四四	二·七〇二	四·五二三	三·七〇八
民國二十年	三·七八七	二·六八五	三·八二四	四·八五三

民國二十一年	二·七三〇	二·九二八	三·七〇五	一·五五八
民國二十二年	二·九五四	三·〇四三	三·六二四	二·一九四
民國二十三年	二·二九六	二·四二三	二·六七八	一·五八七

自民國二十年，該公司煤產每噸成本，平均為三元七角八分七，至二十三年已減低至二元二角九分六，此為公司生產進步之點也。

保晉年來營業，虧蝕甚鉅，考其所以致此之原因，第一由於運輸不便，運費太高，第二由於組織散漫，管理失當。平定保晉公司所出之煤全恃正太路裝運，而該路運費雖自民國二十三年七月間改訂章程，由每噸每公里二分五厘，核減而為二分，但較之津浦平漢、北寧等路運價，尚屬高昂；茲就各鐵路，沿綫煤鑛，每噸煤觔裝運在五十公里以內每公里所需運費，列表比較如次：

鐵路各稱	煤鑛公司	每噸每公里運費(元)	附註
津浦鐵路	華東烈山等公司	〇、〇一七二〇	
	中興煤鑛專價	〇、〇〇七〇〇	
	蚌埠大通鑛煤專價	〇、〇〇七七〇	
	開灤煤鑛專價（自天津總站至各站）	〇、〇〇八七〇	
平漢鐵路	（內銷整車運費）	〇、〇二六〇〇	
	（出口整車運費）	〇、〇二三四〇	自二十二年二月一日起運至漢口出口煤觔鐵部特准八折收費

北甯鐵路	（內銷整車運費）	〇、〇一五二〇	
	開灤煤鑛專價	〇、〇一五一三	
	八道壕及西安煤	〇、〇〇九四〇	此係指昔之運費、現在日人管之下上須專價業已取消
	北票煤鑛專價	〇、〇〇六八〇	同上
平綏鐵路	（內銷整車運費）	〇、〇二三四〇	
	（晉煤由大同至豐台）	〇、〇一二二四	
膠濟鐵路	（內銷整車運費）	〇、〇二四四〇	
正太鐵路	（內銷整車運費）	〇、〇二五〇〇	
	（聯運整車運費）	〇、〇二〇四〇	

以上就我國中部北部各鐵路，對於沿綫各煤鑛規定煤觔運費之大概情形，至於保晉公司，在陽泉鎮方面，運輸全由正太鐵路，在大同方面則賴平綏鐵路。平綏路運費較正太路略輕，正太路一般煤觔內銷運費，凡在五十公里以內，每公里每噸運價爲二分五厘，聯運則減輕四厘六。平定保晉公司，由陽泉車站裝運之煤觔，鐵部與之另有專價規定，卽每噸每公里運費二分是也。是項運費較之其他鐵路運費已屬高昂，無怪乎山西各地煤商一再要求減低運價，保晉公司因運輸關係而影於營業之衰頽。

該公司歷年煤銷總值，有如次表（單位元）

年份	平定	大同	壽陽	共計
民國十九年	六六八、一〇八・三八	三四三、九五九・九九	三六、一九〇・七七	一、〇四八、二五九・一四
民國二十年	六二七、七七八・六七	四五三、七二七・四六	四二、三四九・七七	一、一二三、八五五・九〇
民國二十一年	五九〇、一三二・八九	四八六、七〇九・〇三	三六、四一五・六二	一、一一三、二五七・五四
民國二十二年	六三五、三八九・二八	二六四、六〇一・八〇	二〇、三五二・四五	九二〇、三四三・五三
民國二十三年	六六〇、〇四一・六一	三九四、九九七・二五	六三、三四二・七四	一、一一八、三八一・六〇

煤銷總值，歷年無甚變化，恆在百萬元左右，民國二十三年銷售總值較上年雖略見增加，但與前兩年比較，增加數值極微，保晉總公司所在地之增加率爲最遲緩，次之爲大同分公司，以壽陽分公司增加率爲最速。

產地煤價甚低，此由於工資十分低廉之故。玆就平定及壽陽兩地煤價分別列表如次：

(甲)平定保晉總公司四年來按月價格變動表(單位元)

年度	一月	二月	三月	四月	五月	六月	七月	八月	九月	十月	十一月	十二月
民國二十年	三、三二〇	二、九二〇	二、九二〇	二、九二〇	二、九二〇	二、六四〇	二、六四〇	二、六四〇	二、六四〇	二、六四〇	二、六五〇	二、九九〇
民國二十一年	二、九九〇	二、九九〇	二、八三〇	二、六五〇	二、六五〇	二、五五〇	二、四五〇	二、六五〇	二、七五〇	二、九九〇	三、〇七〇	二、七三〇
民國二十二年	二、七三三	二、四二五	二、四二五	二、四二五	二、四二五	二、三三〇	二、二二五	二、四一五	二、四四五	二、四四五	一、九三〇	一、八五五
民國二十三年	一、八九〇	一、八三〇	一、七七〇	一、七七〇	一、七七〇	一、七二九	一、七二九	一、七一七	一、七一七	一、七一七	一、五七九	一、六七二

（乙）壽陽保晉分公司四年來按月價格變動表（單位元）

年度	一月	二月	三月	四月	五月	六月	七月	八月	九月	十月	十一月	十二月
民國二十年	四、三六二	三、九七三	四、〇七三	四、五〇五	四、〇七三	四、〇七三	四、〇二九	四、五六九	八、八六九	九、二三六	一、九三五	一、七五三
民國二十一年	一、七六二	一、八四六	一、七六四	一、八六三	一、九一六	一、八五三	一、八七三	一、七九四	一、七六九	一、九六七	二、〇〇二	二、〇五七
民國二十二年	二、〇六〇	一、九五五	一、九八六	二、〇一二	一、九五九	一、九二〇	一、八八四	一、八六三	一、七〇八	一、七〇六	一、三九〇	一、六八一
民國二十三年	一、九二六	一、二三八	三、二五二	三、〇〇八	三、〇三七	一、四八六	二、一〇九	三、二四八	二、七六三	二、〇二九	一、七五九	一、二二五

由上兩表所示，煤價逐年有下跌傾向，民國二十三年度平定煤價，每噸跌至一元六七角上下，壽陽跌至兩元左右，較之民國二十年相差甚鉅。該公司煤價之季節的變動性甚微，秋冬季兩季煤產較豐，價略低，春夏之交因縮產、價較高。至於大同保晉分公司煤價，民國二十年時代，塊煤統扯每噸五元，甲種煤四元七角，乙種煤四元三角，渾煤三元五角，二十一年塊煤三元八角，甲種煤三元六角，乙種煤三元一角，渾煤二元四角，四號煤二元二角。

保晉公司煤觔運銷，平定產品，銷於山西本省者佔百分之二十七，銷於省外各地者佔百分之七十二，銷於國外者為數甚微，僅佔總數百分之一。大同保晉分公司產品，其主要銷售地域，在本省為大同，省外則為綏遠、張家口、北平、天津、塘沽、上海、漢口、青島等埠，國外僅日本略有去路。壽陽煤產，以當地銷售為主。

交易手續

煤觔買賣，買方須先繕立定單，煤價由銀行或錢莊過付。起煤手續爲裝車，過磅，交貨，其他費用均由買方自理，在大同保晉分公司，凡顧主批定或包銷煤觔時，或給予批定煤車，或訂立合同煤價，或完全現付，或先付定款二三成，俟起運時煤價超過定款後，超過之數，隨時付現，間因顧主週轉不靈，亦有至月終付款者。起貨由顧主自備車輛，由口泉鎮存煤廠起運。

運輸費用

平定保晉總公司煤觔運費，大致可分爲六類，茲分列如次（以噸爲標準）

A 鐵路運費	
(1)正太路（陽泉燕子溝至石莊）	二、五二〇元
(2)平漢路（石莊至豐台）	三、〇三五元
(3)北甯路（豐台至塘沽）	一、六七三元
	七、二二八元
B 裝卸費	
(1)陽泉裝車	〇、〇六〇元
(2)石莊裝卸	〇、二〇〇元
(3)塘沽裝卸	〇、四三〇元
	〇、六九〇元
C 棧租	
(1)石莊	〇、二〇〇元

(2)塘沽　○、一五○—○、三五○元

D運輸雜費

(1)押車　○、二一八元

(2)雜費　○、四一五—○、六三三元

E補噸及損失

(1)石莊　○、二八○

(2)塘沽　○、五○○—○、七八○

F由塘沽至上海水脚每噸兩元至四元不等

平定方面煤捐每車一元二角，縣學款捐一元三角，兵差款捐一元，煤到石莊每車獲鹿捐一元，塘沽出口稅每車五元四角。大同方面，地方教育捐每月平均二百十元，煤捐每月平均八百二十元、道岔租每月平均二百八十六元九角。

晉北鑛務局股份有限公司

晉北鑛務局股份有限公司設於大同城內帥府街，民國十八年一月於永定莊開掘直井，當時名為軍人煤廠，是年五月改組為晉北鑛務局，資本一百萬元，十九年九月復增募股本，至二十二年連原股共為一百五十萬元，改組為晉北鑛務局股份有限公司，其組織：

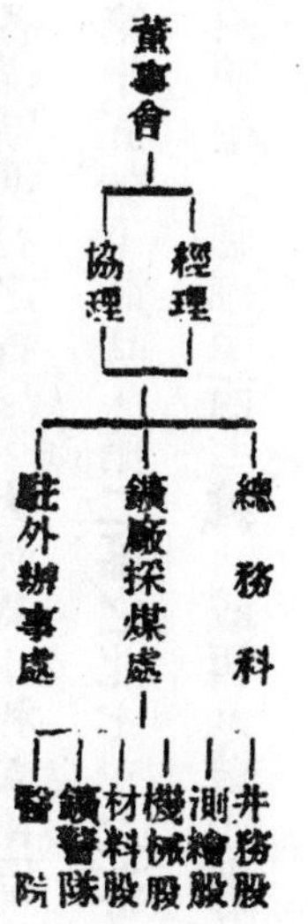

鑛廠位於大同西南界，由平綏鐵路所築之口泉支路接修至永定莊及煤峪口等廠，鑛區面積計爲十八萬餘畝，開採面積在永定莊煤峪口，永定莊後溝，瓦渣後溝等處共計爲六萬八千餘畝，鑛井四口，均係直井。

職員八十名，月薪總額約爲三千六百元，工人一千三百八十七名，每月工資總數一萬六千六百五十餘元，內分採鑛、運輸、選鑛、機器、雜務等工作，計採鑛工人一千零十四名，運輸工人一百零二名，選鑛工人三十七名，機器工人一百七十四名，雜務工人六十名。僱工方式，均採長工制度。工作時間，採鑛及運輸工每日三班，每班八小時，其他工人每日工作時間爲十小時。

該公司設有職工小學校四所，醫院二處，運動場二處；坑內遇必要時，設安全人行太平道，防水閘及警鈴等。傷病工人，均由醫院免費治療，受傷工人於醫療期間，照數發給工資，凡因公遭險死亡者，由公司給撫卹金：a.服務未滿二年者給與三個月，b.二年以上不及六年者給五個月，c.六年以上不及十年者給九個月，十年以上給與一年工資。童工在工人總數中約占百分之二，工資每月二角。該鑛在機工、木工、鉚工、鍛工、翻砂工、電機工醫院各有學徒若干名。

採煤方法　永定莊鑛區第一、二兩煤層，因厚度不同，煤質與頂石、亦各有異，採煤方法，因煤層構造不同，隨之而有變化，茲就一二兩煤層之採煤方法，分述於次：

第一煤層——民國二十二年一二兩月份，將該煤層之洞工及回採工作，同時進行，三月份停止回採，六月份繼停洞工，直至二十三年十月中旬，始行復工，然亦僅爲回採工作，至年終未曾開掘煤洞，計二年之間洞工與回採，同時並舉，或純屬回採工作而停止掘洞工作，其方式則一仍其舊。

第二煤層——用於第二煤層之採煤方式，爲變通之殘柱法；採煤區域，後分爲四部；（a）西北部，凡西大巷以北，及零號下洞以西之地帶均屬之；（b）東北部，凡東大巷以北，及零號下洞以東之地均屬之，（c）西南部，凡西大巷以南，及零號上地以西之地均屬之；（d）東南部，凡東大巷以南，及零號上洞以東之地均屬之。

零號下洞爲通風道，西一號下洞及西三號下洞間之各煤柱，爲一號吊車道之保護柱。西三號下洞及西四號下洞間，與北一號順槽及北二號順槽間之各煤柱，均爲救急煤柱，遇需煤緊急時，始予回採，因該處離運輸道甚近，出煤較速。

採煤工作於各煤區進行之程序，大致爲：相鄰兩區，前後相差一段。例如當第一區之北四，及北五兩號之順槽進至第十五號下洞時，第二區之北七，及北八兩號順槽，應掘至西十二號下洞。又如第三區之北十及北十一兩順槽，應掘至西七號，或西八號下洞是也。

回採，即爲後退採煤法。如第一區內，當其北四、北五兩順槽達到鑛界時，即可開始回採其最末一段，依斯次序退回，以至將第一段煤採完爲止。至於相鄰兩區之回採工作，相差亦約爲一段，如回採達到第一區之第三段時，其第二區之回採，應達到該區之第四段。若採前進法，則可提早回採時期，於施工方面，亦無妨礙。如第一區內當西八號下洞與北五號順槽相遇時，則此第一段內各煤柱，儘可回採。對於通風運輸並無障礙。

茲就第一及第二兩煤層之同異點，比較如次：

第一煤層	第二煤層
平均厚五尺半，最後處達七尺許。	平均厚七尺半，最薄達五尺，最厚可達九尺
東北部煤層厚，西北部較薄。	東北部東南部煤層薄，西北兩部厚。
頂，底與煤層不甚固結，煤層頂部有數寸厚之黑矸，上即硬砂岩。	底與煤層固結甚堅，煤層上爲數寸以至三尺餘之脆性頁岩，故回採時需木柱頗多。
煤洞之高，僅可與煤層相等，故洞內推車甚爲困難。	煤層內做洞，可儘量加高，故洞內推車，尚屬便利。
煤質堅而帶順紋	煤質較軟，順紋較少。
水量較小	水量較大

煤峪口鑛　該鑛因受大段層影響，於民國二十年度停工約五個月，故各煤區之拓展，甚爲遲緩，二十二年一月至二月間因修理捲楊機，鍋爐等，停工，並修理一號井之南大巷。該巷由南四號洞起，至南八號洞止，相距約四百呎，南六號洞至七號洞，位於其間，突起三呎許，以致運送煤車，甚感困難。停

工後卽由南四號洞口，自南依次開鑿底石，計寬十呎，高一呎至三呎不等，長三百五十呎，坡度由百分之一•五，至百分之二。並敷設雙軌輕便路。自一號井南大巷於八百五十呎處改與原方向成四十五度角後，採煤進行，頗爲順利，至二十二年底，已進至一、九〇三呎之處，並由十三號上下洞起，與大巷平行，自南開東一、西一、西二、等號順槽，至二十三年二月，大巷開進至一、九八三之處，復遇一下沉四呎之斷層，遂卽停止開採，改由西一號斜順槽進行，以探採西南部之煤層。南二號下洞之西，與大斷層平行，開一探煤斜下洞。前進至一百七十呎許，又與斷層垂直，開一風道，使風流通，以便向前開拓。此斜下洞至二十三年四月間與西十一號順槽北端接通，北大巷則分兩處開採，一由東西風道向北開掘，一由東風道北五、六兩號上洞，向東開掘，掘進一百呎後，卽改成與大斷層平行之方向，以探採東北部之煤層。迨民國二十三年四月底，將北大巷之西風道併入北大巷，東風道改稱東零號順槽，仍照原定方向，平行開掘。

統觀該鑛兩年來，採煤工程，雖積極進行，而始終爲斷層所阻，工作上殊多障礙。惟西部煤區，拓展尙稱順利。

年來大炭銷路較前爲暢，該鑛設法使產量增加，遂卽底根空槽加深至十餘呎，炮數減少，並添增破炭工，用徑三吋之鋼製圓楔，順煤層之裂痕，依次撬下。過去煤洞寬度定爲七呎，每班用煤工兩名。自民國二十三年起，該鑛爲發展煤產計，洞寬加爲八呎，每班每洞加用煤工至三名，二名開掘左右邊槽，一名開掘底根空槽，掘至一呎二三吋時，於煤層上部，打深約二呎之炮眼二個或三個，每個需黑藥約五六兩，每班八小時，平均約可掘進一呎二三吋。

運輸設備　永鑛（永定莊鑛場簡稱）井下運輸，民國二十三年七月份，因第一煤層暫無工作，遂將該煤層之電動吊車，移裝於第二煤層西大巷十一號上洞，以資應用。命名爲二號井二號電吊車，以別於第二煤層西二號上洞內之舊電動吊車。其工作特殊之點，在利用一固定引車索與一裝卸自由引車索，隨時擇用，以拖用不同地點之煤。固定索係將其一端裝於電車轆轤之上，自由索則於其近轆轤之一端，綴一插筲，同時可插於轆轤之幅面，以聯爲一體。固定索較自由索爲長。拖曳遠處之煤升，卽卸棄自由索，只有固定索。反之，則用自由索而棄固定索。煤鑛井下運輸，向賴人力，並無機械輔助。民國二十二年二月，開鑿底石，修理完工後，運輸上較前便利多矣。煤車可連綴成列，由十輛以至二十輛，只用工人一名，卽可放至井底。至於永鑛之鑛上運輸，舉其重要者而言，二十年一月永鑛二號井及煤鑛一號井之高車，亦均於二十年一月，至六月間先後裝置齊全，兩高車同爲一百二十四馬力之蒸汽直動式。同年十二月永鑛電汽廠工程完竣，該鑛第一煤層除原有之汽動吊車一具仍舊應用外，復於二十一年八月於西大巷二號上洞，添設二十四啓羅瓦特之電動吊車一具，捲揚轆轤長十六吋，徑二十吋鋼絲繩。用於百分之十五坡度上，其起重量爲五噸。實際工作時，每次掛車由四輛至五輛，每輛裝煤約半噸。速度每秒由五呎至六呎。發動機關爲三相交流感應馬達，其內容如次：

傳動法——齒輪傳連索　速比——一七：三一五
馬力——三二　電力——二四K.W
每分迴轉數——九八五　電壓——五〇〇V.
電流——四一A　工率係數——〇、七六
每秒鐘週波率——五〇　連接法——Y式
電動子｛電流——八四A；電壓——一七八V

該煤廠中復添築石壩高道二段，敷軌其上，以行煤車。過去以平綏路運輸遲延，屯煤過多，廠中幾無隙地。故煤車輕便路，即敷軌於煤積之上，煤車一經到廠，即隨地傾卸。廠中混煤以及大二三炭，皆混雜一處，無法區分，兼以軌下屯煤，不能搬取，於是設法建築高道，作為煤車輕便道之路基，以運送渾煤。由西寢室前起與原有煤車路相接，向西直伸，長三百餘尺為正道。復由大鉄路二號岔道北端，向南歧出，橫於二三號岔道之間，長約五百餘尺為支道。正道成於二十二年十二月間，支道成立於二十三年六七月間，四週皆以片石砌壘，中填土渣，高由數呎以至十餘呎，寬由八呎至十八呎，支道路基下面，設有涵洞數個，以備裝車夫往來工作之用，

煤峪口鑛場地面主要運輸道，為煤車輕便路，原來該路鋼軌均用十二磅，嗣以二號廠橋西段，彎度較大，放送煤車時有截軸及倒翻之虞，遂於二十三年夏季，將該段鋼軌，一律改用十六磅，長約二百尺

，從此煤車上下，大感便利。至溜放煤車，每次可放二十四五輛，其由煤廠送至井口之空車，仍聯五輛爲一列，由附近村落各農戶家僱用騾車拖送。每車給資一分二厘。煤廠內亦築有石壩高道一段，計長八百九十九呎，寬十二呎，高由數呎以至十餘呎不等，坡度爲百分之二，下設涵洞，中塡土渣，與永鑛構造方法相同。至於大炭及二炭屯放之所，自民國二十二年起，擇定於二、三兩號岔道之間，該處因坡度較大，全列煤車，通常約二十輛先在收籌房前停止，然後以之分成三小列，依次溜放。惟如此溜放，坡度太陡，且由該處裝大，二炭至平綏貨車，亦不便利。故於二十三年度，另在煤廠北部，裝置一吊輪。同年六月間，在收籌房東一百七十餘呎處，開始建築地基。並將二號井吊輪移裝於此。吊輪計長七十二呎，寬十四呎，敷上下道各一條，坡度百分之二十五，每次可送煤車三輛，需時約二十秒，此道築成以後，大炭二炭全部屯放於一號岔道東西兩旁。介乎二三兩號岔道之間的溜放煤車坡道，已歸無用。

排水設備　永鑛對於井下排水，設有雙缸臥式蒸汽水泵五具，第二煤層二號井底已築成小泵房一，內設有三吋出水管之水泵一具，（進水管直徑四吋，排水量每分鐘八立方呎，揚高二百五十呎。）井底積水，初步以之排於第一煤層總水窩。此外尙有三吋出水管一具，四吋出水管兩具，二吋半出水管一具，分設於一號井底水窩及其他各處，直接將水排出井口。自一號井底迤北築有泵房一間，能容五吋出水管之水泵四具，其旁築有能容二萬立方呎之總水窩。各採煤上洞之水皆順自然之趨勢，經大巷內之水港流入井底水窩。下洞離大巷較近處，由排水夫挑至大巷，傾入水溝。其較遠者則挑至臨時水窩內，然後用水泵抽至總水窩。近以第二煤層，水量激增，故於西一號下洞以西，北一號及北二號兩順槽間，在石層中，另開一容量八千立方呎之新水窩，與北一號半順槽內之舊水窩相連，於其啣接處，設一水閘，開時則新舊水窩可以溝通，閉之則分爲兩處。新水窩之旁，安有十五吋出水管水泵。

煤峪口鑛排水工程，在一號井底設有三吋及四吋出水管之水泵各一具，井底積水，悉由此排出井口，其迤東各處，因位於該井底之上方，故水流皆依自然趨勢，沿水溝流注於此。西面各洞皆在該井底水平之下，排水方法有二：或用水車推運，或用柳斗挑裝，均先傾於大巷之水溝內，流入井底水窩。井底迤北三十五呎處於石層內開有泵房一間，高十呎，寬十二呎，長三十呎，內鑿有徑八呎深二十呎之水窩一個。

通風方法　永定莊及煤峪口兩鑛，現在仍用自然通風法，永廠雖安有電氣扇風機，但據謂非到必要時，則不開用。坑道因斷層起伏無定，於風路上稍有阻礙。前於二號井風道處，安設閘板，以爲調節風流緩急之用。民國二十三年四月底，二號井採煤工作停止後，即於北大巷之斷層上，築一風牆，使風流分二路流通。一經中風道入探煤斜井，經東風道，繞一號井北大巷一週而出。一由一號井西三號順槽經南二號斜下洞，繞南大巷一週而出。

該公司產品，大別爲三類，曰大炭，曰二炭，曰渾煤，（至於口泉鎮附近所產煨炭，其區域分配見附圖），民國十九年大炭二炭不出，僅出渾煤，二十年出二炭與渾煤二種，而無大炭，二十一年及二十二年三種產品出齊，二十三年大炭又停採，僅出二炭及渾煤。茲就各年度產量列表如次：

年份／產品別	大炭	二炭	渾煤	共計
民國十九年	—	—	一〇九、〇八一·八〇	一〇九、〇八一·八〇
民國二十年	—	三六、四六九·〇〇	七一、七二八·二〇	一〇八、一九七·二〇
民國二十一年	三七、四五六·四〇	四六、七七五·九〇	一五八、五四七·五〇	二四二、七七九·八〇
民國二十二年	四、三二一·〇〇	一九、八三三·六〇	九九、三八三·四〇	一二三、五三八·〇〇
民國二十三年	—	六二、五五〇·〇〇	一九二、〇九一·〇〇	二五四、六四一·〇〇

每噸生產成本，列年總在三元以上，近年雖漸減低，但為數甚微，十九年份每噸煤生產費用為三元五角零一分，二十年份為三元四角九分八，二十一年份為三元三角九分九，二十二年份為三元三角九分八，二十三年份為三元三角九分六。

茲就該公司最近一年按月產量，(自民國二十三年八月起至二十四年七月止)列表如次

年月	二炭(噸)	渾煤(噸)	共計(噸)
二十三年八月	四、一七六	一六、九六七	二一、一四三
九月	三、三〇三	一六、二六六	一九、五六九
十月	九、六五八	一二、五二五	二二、一八三
十一月	四、八五七	二〇、七六〇	二五、六一七
十二月	五、〇六七	二五、九七〇	三一、〇三七
二十四年一月	五、〇五二	一六、七二三	二一、七七五
二月	二、七八〇	一九、五四一	二二、三二一
三月	五、五七九	二二、八三八	二八、四一七
四月	四、三八六	三四、二一〇	三八、五九六

五月	三、六二九	三六、八九八	四〇、五二七
六月	二、二五二	二四、六一八	二六、八七〇
七月	二、三四八	一八、八〇三	二一、一五一

該公司地位因距離銷售市場太遠，運費頗高，故產品時有滯銷之虞。煤觔出廠售與該地大同鑛業公司，自二十三年十一月份起，有一部分產品由永定莊零銷廠現售；茲就民國二十二年一月份起至二十三年十二月底止兩年中按月煤觔銷售值列表如次：

第二章　鐵

一　概說

山西省鐵鑛分佈雖廣，然其鑛脉均屬零星，鮮有集中於一地者。鑛脉走向既不一致，分佈形態復不規則，故欲實施大規模之開採，似不相宜。

追溯我國鐵鑛歷史，山西可代表黃河流域採鐵發達最早之區域。一般鑛業專家恆指此謂爲「山西式鐵鑛顯露」是也。山西式鐵鑛、有一特性，卽其顯露浮淺，易於採掘。鑛層生長於石炭二疊紀煤系，故煤系所走之地，殆均含有鐵之蹤跡。就其大體分類，山西鐵鑛分佈，據中國鐵鑛誌所載，約分爲五個部分；(一)高長鐵鑛，(二)平盂鐵鑛，(三)隰縣鐵鑛，(四)陽曲西山鐵鑛，(五)臨縣鐵鑛。

山西鐵鑛露頭極淺，採掘容易著手，山西鐵業發達之較他省爲早者，職是故耳。該省煤產極豐，舊式鍊鐵業隨之興起；目前新式鍊廠雖有數家開辦，而舊式鍊鐵業在各地尙有其存在之地位。

二　現狀

山西省鐵業，過去採鍊合一，鍊者自行採鑛，雖間或有收買附近鑛砂者，但以自採爲主體；近年以還，新式冶鐵業萌芽，採鍊漸見分離，如平定之保晉鐵廠，爲山西新式鍊鐵業中之翹楚，用以爲鍊鐵原料之鑛砂，則向該縣北鄉之農民購買，本身固未嘗開採也。

山西鐵鑛分佈雖廣，但從事實際開採，稍具規模之鐵廠則爲數寥寥。山西內地鐵業，大多均係零星鐵作散處四鄉，無法調查；茲就其重要者，列次：

保晉鉄廠

保晉鐵廠廠址在平定縣陽泉車站，該廠創辦於民國六年，直至民國八年熔爐始建築完竣，十五年出鐵，其間經過修理三次，去年五月方照常開鍊。資本七十萬元，職員十三人，月薪總數三百六十元，工人一百五十五名，每月工資總數二千元。工作分晝夜兩班，互相輪流。

在設備方面，有鐵製機爐全套，價値三十萬元。二十四馬力之蒸汽引擎一部，三十四馬力之馬達兩架。

原料分鑛石，青石，焦炭三種，鑛石產於平定縣北鄉，青石則產於五渡村，均向農民搜買，該廠年用鑛石二萬噸，値價九萬四千元；年用靑石三千五百噸，値價五千九百五十元。至於用爲鍊鐵燃料之焦炭，則係該廠自鍊，年用量一萬噸，値價十萬元。

該廠鍊鐵手續，先將鑛石、青石、焦炭三種，按照配定數量，夾雜裝於爐內，然後用送風機吸入冷風，經熱風爐，再轉入鼓風爐內，以使鑛石溶解，計每三小時出鐵一次，每隔一小時放渣一次，流出之鐵液，入沙模，成條形，漸次凝固，即得鐵條；是項產品，其成分爲：

鐵	九三・一三七二%	矽	三・〇〇三五%	錳	〇・〇五一九%	燐	〇・二〇〇四%
硫	〇・〇〇九六%	石墨炭	三・二七二四%	化合炭	〇・四二〇〇%		

最近五年來，除二十一年該廠因修理鍋爐停止生產而外，其他各年度產量及每噸成本費用，列表於次：

年份	總產量（噸）		總支出（元）		平均每噸成本（元）	
十九年	三、六一七	五五三	二三九、七五九	三五一	六六	二七六
二十年	五、二一二	七五一	三〇八、七七八	〇五〇	五九	二三五
二十一年	—	—	—	—	—	—
二十二年	五、一九七	九二九	二一七、七八二	八九〇	四一	八九八
二十三年	三、六七六	四八一	一四七、二二六	一六〇	四一	〇四五

據上表，該廠年產量至少在三千噸以上，二十年及二十一年各有五千餘噸。因年來冶鐵技術漸形熟練，內部設備亦見週全，故而開支可以較前減輕，觀其每年單位產品成本費用，逐漸降低，足證該廠年來進步。然在產品價格方面，且每年低賤，致營業未見起色。二十年度該廠鍊鐵價格每噸七十二元，二十一年六十九元，二十二年六十八元，二十三年則落至六十七元。產品之最大銷路，在華北國有各鐵路及各大工廠。出售時即在陽泉車站交貨，雖經廠方規定，祇行現款交易，但以市面疲憊，難免有分期付

款者。如雙方訂有合同，則於每次起貨後三星期或一個月後付款。運輸時，由廠地至火車站係利用高架索道、火車運費，按照鐵路運費四等繳納。

西北鍊鋼廠採鑛部

陽曲縣河口鎮之西北鍊鋼廠採鑛部，成立於民國二十三年三月，四月間卽開始試採。採鑛部原爲西北鍊鐵之一部分，資金係由總廠臨時撥用。該部組織，設主任一人，分採鑛、測繪、庶務、會計、文牘五組，採鑛組暫設技士一人，工務員四人，練習生五人；測繪組亦暫設技士一人，測繪員二人；庶務組暫設庶務員一人，辦事員二人，會計組暫設會計員一人，練習生一人，文牘組則僅設文牘一人。主任係由採鑛組技士兼代，不另支薪，全體職員月薪總數六百四十五元。

鑛區在陽曲縣正西八十里處，地名河口後溝、小南峪、喬家山等村，山路崎嶇，交通不便。工人總數七百六十四名，計分採鑛、運輸、雜務三種：採鑛及運輸工作，係採包工制，雜務則爲長工。採鑛運輸工人各爲三百六十七名，雜務工人三十名●包工視鑛道高寬而定，每高寬四尺，掘進一尺，每產鑛砂一噸，給資六角八分，並按礦石硬度分別給資，最高每尺一元二角，最低二角六分。工作時間，日分兩班，每班工作八小時。該鑛目前尚在試採期間，設備簡陋，用具除鑛車、钁、楔、錘、篩、鋼鑽而外，尚無機器之設備。開鑛所用硝藥，每砲需量二兩，每兩值價一分二厘。

坑道通風，任其自然，並無人工設備。坑內偶有積水，則用木桶提汲之，支柱所用木料爲松木，每隔三四尺支柱一根。

該部開採不久，未足一年；自前年四月起至十二月底止九個月合計鑛砂產量爲三千五百六十二噸，按月產量，有如次表：

月別	產量（噸）	月別	產量（噸）
四月	二七	九月	五〇二
五月	一〇〇	十月	五八〇
六月	一六一	十一月	六九四
七月	二七二	十二月	八六九
八月	三五七	共計	三、五六二

長治

長治雖有少數鐵鑛，向乏大規模開採。僅於西火鎮有三台窰一家，係獨資組織，工人僅四名，年產鐵鑛砂約二十噸左右。鑛區在長治縣第三四兩區，蔭城西火鎮師庄鎮左近，該地多山嶺，鑛石售價每百斤，約值三角；經冶鍊以後，所得熟鐵，每百斤約值兩元左右。

壺關

壺關鐵鑛，僅於農閒時節，當地農民用土法採掘。鑛區在縣治之南，距城約六十里，該處有三五村落每村有十餘家至二十家不等，農民以採鐵爲副業，惟不立名稱，時作時輟，無從知其詳情，僅悉其產值約十餘萬元。

晉城

晉城採鐵業，於前淸道光年間最爲發達，光緒初年民遭大祲，一落千丈，生鐵爐紛紛停歇，採鑛窰戶隨之衰落。迄於輓近，市上所謂洋鐵充斥，舊有鐵業，愈益難以支持。該地採鑛方法，於窰口上搭托棚，轆轤一具，上下於窰中，提運鑛砂，堆積於窰口，然後窰戶將鑛砂售與車戶，該縣鐵鑛砂每年由是項窰戶生產者，約在三萬八千噸左右。該縣鐵鑛，集中於大陽、宋王山、南社、靳家莊、朱家窰、南莊等地，窰戶與工人視產量多寡，銷場好壞而均分其利潤。產品由各車戶推往大陽、朱村、南莊、辛壁，川底等處出售。

高平

高平鐵鑛較大者、有祥瑞公等八家，均係採鍊合一，年產生鐵二千三百六十二噸、生產總值二萬二千四百三十九元，每噸統扯售價九元五角。

陵川

陵川縣屬第三區秦褰、北爐沙等村附近荒山，均有鐵鑛，當地農民於冬季農隙，赴各山採砂，是項鑛砂每採得百斤，可售三四分不等。

沁水

沁水縣上峪村之瑞昌祥，開辦於民國十六年九月，採合資組織，資本一千四百元，當創辦時，陝西銷路，極爲暢旺，故除開辦等費而外，尚有盈餘，翌年出產驟增，業務非常發達，民國十九年受時局影響，銷路呆滯，價格低落，營業一蹶不振。該鍊場祇於農閒時開工，工人計有九名，工資按日計算，每人每月平均可得三元。設備方面，有木風匣兩口，鐵條三根，鐵鉗、鐵錘、鐵鈎各一，杴三張，全部生產工具僅值三十五元，其簡單可以想見。該鍊場每年需用鐵鑛砂一百五十噸，值價七百五十元，是項原料，係向附近農民隨時購買。

該場提鍊手續，先用阡泥捏鍋，然後將鑛砂搗碎，成爲粒狀，裝入鍋內，再將炭置爐坑底（即通風匣），鑛鍋則排列其上，坑下燃炭著火，經一二日以後，用大鐵鉗將鍋取出，擊碎之，鐵質凝結於鍋底，成塊狀，是爲生鐵。再就生鐵置火中經數次鍛鍊，便成熟鐵。該場近五年來所產生鐵熟鐵，有如下表（單位噸）

年份／產品別	生鐵	熟鐵	共計
十九年	一三	一七	三〇
二十年	一二	一六	二八
二十一年	一三	一七	三〇
二十二年	二〇	一九	三九
二十三年	一四	一八	三二

由上表，該場生產，熟鐵多於生鐵，兩種產品合計，每年出產約在三十噸左右，其間雖略有上落，但歷年無多大變化。每年開工時間爲六個月，即自一月起至四月底止，再自十一月起至十二月底止，產品成分，雖未經精細分析，然據大概情形，則爲：鐵占百分之九十，碳占百分之八，其他雜質則爲百分之二。該塲熟鐵生產，每噸成本爲四十七元，其出售價格：民國十九年爲六十七元二角，二十年爲六十五元二角，二十二年降落至六十三元二角，二十三年每噸售價爲六十四元。產品出售，由場地覓得商脚，運送翼城，然後改裝大車運輸出境，每百斤運費兩元。

遼縣

遼縣鐵鑛位於石港其豐堠等地，全年約可出鐵鑛砂二百十五噸，每噸售價以三元二角五分計，總產值爲六百九十八元七角五分。

沁縣

沁源之協同心，係一採鍊併營之冶鐵塲，該場有鑛區貳百公畝，開採面積則僅二公畝，年可產生鐵四千餘噸，每噸價格以四元計，總值一萬六千元。

盂縣

盂縣零星鐵鑛甚多，現在開採者，則有李五則等四家，鑛區總面積一百二十三公畝，已開採者七百三十七公畝，年產鐵鑛砂七百五十噸，二十三年度每噸售價一元六角，產值總計一千二百元。鑛工二十四名，每人按月工資六元，是項小窰，全用土法開採，每年開工約五個月至六個月。

山西省鐵業重要廠（作）一覽表

廠（作）名稱	地址	資本額（元）	年產量（噸）	年產值（元）
保晉鐵廠	平定縣陽泉車站	七〇〇、〇〇〇	三、六七七	二四六、三五九
西北煉鋼廠採鑛部	陽曲縣河口鎮		三、五六二	
祥瑞公	高平縣谷口	一、〇〇〇	二八五	二、七〇八
錦華興	高平縣上野川	八〇〇	二八〇	二、六六〇
萬成合	高平縣陳庄	一、〇〇〇	二八三	二、六八九
茂森山	高平縣捌山	一、五〇〇	三七八	三、五九一
三合公	高平縣龍泉	一、二〇〇	二八〇	二、六六〇
四泰成	高平縣西山	一、五〇〇	三八四	三、六四八
祥興和	高平縣石頭嘴	一、〇〇〇	二八八	二、七三六
仁義全	高平縣白山	八〇〇	一八四	一、七四八

瑞昌祥	沁水縣上峪村		一、四〇〇	三二	一、二二二
協同心	沁源縣上興居		五〇〇	四、〇〇〇	一六、〇〇〇
德慶成	盂縣東村		二〇〇		
李五則	盂縣山底村		三五	一五〇	二四〇
侯致富	盂縣東村		五〇	二一〇	三三六
路進義	盂縣東村		二〇	二四〇	三八四
田玉書	盂縣楊家溝		三〇	一五〇	二四〇

(附註)上表產量係以民國二十三年度爲標準，保晉所產爲熟鐵，瑞昌祥產量中十四噸爲生鐵，(每噸五元)十八噸爲熟鐵，(每噸六十四元)德慶成係盂縣之鍊鐵場，產量與產值未明。西北鍊鋼廠採鑛部，(自民國二十三年四月起至十二月止，)所產爲鐵鑛砂，除此而外，所有各家產量，均爲生鐵。

第三章 鹽

一 概況

沿革

潞鹽產於安邑解縣兩縣境內，集中於河東解池，故又名河東鹽。該地產鹽，由來已久，始於虞舜，歷周秦而粗具規模。當時大抵均由商人自由經營，自行採食，國家不加限制，此時可謂鹽務放任時期，遞及漢武，因用兵邊陲，軍費取給於鹽，從此對於鹽務，加以重視。對於產銷之講求，專官之設置，賦稅之釐訂，均擬有一定章則，以使人民遵守，鹽務之有制度，實肇基於斯，由漢及唐可謂國家管理時期，亦爲鹽務興盛時期，不論直接間接與鹽務有關之各種設備，均經詳盡規劃，日趨縝密，例如按丁給引，計口授鹽等法規，漸見端倪，能使銷數有定，產不逾額。由此而宋而元而明而清雖因滄桑擅變，代有損益，官辦商辦，疊經變遷；然要皆因襲成法者多，而別創新規者少，河東鹽課，漸爲國用淵藪，年代久遠，積弊叢生，此一時期可謂鹽務衰敗時期。民國以來，鹽稅較前爲重，最近政府力意整頓，以輕民商担負。

機關組織

河東鹽行銷「引地」及於晉豫陝三省，其中屬於晉省者計四十七縣，屬於陝省者計三十四縣屬於豫省者計三十二縣，河東鹽引地共計爲一百十三縣，國家對於鹽務所設機關有二：一爲辦理鹽務行政之河東鹽運使署，直隸於財政部鹽運署。一爲職司稽核稅收之河東鹽務稽核分所，爲民二大借款後設立，以保外人債權之機關。河東鹽運使署組織，以鹽運使爲長官，課長次之，內部組織，按財政部運署組織條例，分產場、運銷、總務三課，惟爲辦事便利起見，增設會計課，課設一主任課員，內部機要事務，秘書司之，巡視員巡視所銷各地。其所屬機關，關於場產者，有解池湯公署及場務員　屬於運銷者，有安邑運發局，隘隘批驗局，陝豫兩岸各渡監銷局，驗收局，介休、洛陽各查驗局，河南會興鎮大車運照局。至緝私事務，則設有緝私統領部，共轄有緝私步兵兩營一連，騎兵一連，統領由運使兼領，幇統由第一營營長兼任，其駐地爲禁牆內外及陝豫南岸各渡口。至於河東鹽務稽核所，係隸屬於財政部鹽務稽核總所，以經理爲長官，以次爲協理，再次爲課長。內部分文牘會計兩課，其所屬機關，有稱放局，司稽核鑒勆出場事宜，於東西南中各禁門，設稱放分局，其在陝豫兩岸，則設有各渡口之查驗卡。

二　現況

山西除「潞鹽」而外，淸源、文水、安邑、大同、渾源、應縣、懷仁、山陰、陽高、天鎭、朔縣、忻縣，代縣等皆有土鹽出產，惟產量有限，就地銷簭。

潞鹽生產，集中於河東解池。鹽商內部組織甚爲簡單，大致分爲經理，司賬，學徒等位置，目前營業商號係官督商辦計有四十三家，每家資本數千元以至數百元不等，工人並無一定，視工作忙閒而定。

工人分總工頭、工頭、長工、短工四種，總工頭月薪約二三十元，工頭約七八元，長工約四五元，短工工資臨時商定。

生產情形

解池產鹽，分東西中三場，在運城南門外，跨有安邑解縣兩縣，南北長約十里，東西廣六十里，週圍一百二十里，以牆圍之，謂之禁牆。禁牆以內，坐商（即鹽商，俗稱庵戶）在焉，設畦晒鹽，開晒之期，爲秋夏兩季，春冬兩季爲工作期，從事墊畦、鑿井，修築水道等工作，至晒鹽之法，先將甜水引之入畦，繼將滷水放入，配合甜水，晒三五日即成鹽，刮放畦旁，待秋後停止晒鹽，而後將刮得之鹽，用車馬載至一處，以泥封之，謂之料台，上料後手續即告完成。

解池鹽場最近五年來鹽產量列表如次：

年份	產量（担）
民國十九年	二、一五四、五五五
民國二十年	一、二四一、〇九五
民國二十一年	一、〇四〇、五一一
民國二十二年	九六八、一一二
民國二十三年	一、一二九、六六五

該場所用衡器，已改用新市稱計算。最近五年產量平均，每年鹽產約爲一、二八六、七八九担，加以民國十七年及十八年兩年度存鹽，目前銷售，可以接濟。

復就運城鹽業坐商名稱等，列表於左：

坐商名稱	地點	設立年月	資本（元）	工人數目	每月工資	產量（市担）
李錡	中頭鋪	民國二十二年一月	（借本生息）	每月最高七五最低六〇	最高七五〇〇最低六〇〇〇	一〇、五〇〇
王世芳	中頭鋪	民國七年十月	二、一五〇	八〇 六〇	八〇〇〇 六〇〇〇	一〇、五〇〇
范充	中頭鋪	民國二十二年十月	三、〇〇〇	七〇 五〇	七〇〇〇 五〇〇〇	四、五〇〇
王泰亨	中頭鋪	民國十九年十二月	（借本生息）	八〇 三〇	八〇〇〇 三〇〇〇	一〇、二〇〇
王天壽 李玉隆	中二鋪	宣統元年十月	四〇〇	五〇 四〇	五〇〇〇 四〇〇〇	六、三〇〇
張玉徵	中三鋪	民國二十三年十一月	二、〇〇〇	四〇 三〇	四〇〇〇 三〇〇〇	三、六〇〇
席正	中三鋪	民國二十三年十一月	四〇〇	三〇 二〇	三〇〇〇 二〇〇〇	四、二〇〇
宋肇業	中四鋪	民國十年三月	四〇〇	二〇 八	二〇〇〇 八〇〇	一、八〇〇
衛大有	中六鋪	民國十五年二月	三、〇〇〇	六〇 四〇	六〇〇〇 四〇〇〇	一一、七〇〇
范錫仁	中七鋪	民國二十年十月	四、五〇〇	七〇 四〇	七〇〇〇 四〇〇〇	一七、七〇〇
何胡景	中八鋪	清光緒年間	三、〇〇〇	九〇 七五	九〇〇〇 七五〇〇	二一、六〇〇
范正	中九鋪	民國二十二年十月	一、五〇〇	七〇 四〇	七〇〇〇 四〇〇〇	一〇、八〇〇
楊多福	中九鋪	清光緒年間	一、〇〇〇	三五 二九	三五〇〇 二九〇〇	一〇、八〇〇
王天佑	西頭鋪	民國十四年十月	（借本生息）	三五 二〇	三五〇〇 二〇〇〇	六、三〇〇
范錫琳	西九鋪	民國二十二年十月	六、〇〇〇	五五 三五	五五〇〇 三五〇〇	七、三〇〇
李乾勝	東頭鋪	民國二十年十月	六、〇〇〇	一五〇 六〇	一、五〇〇〇 六〇〇〇	二四、〇〇〇

楊善繼	東頭舖	民國二十年十月	六、〇〇〇	三〇	一五	三〇〇	一五〇	四、二〇〇
張敦敬	東三舖	民國二十年二月	二、〇〇〇	一四〇	九六	一、四〇〇	九六〇	二一、三〇〇
劉永翕	東四舖	民國十三年十月	一、五〇〇	八〇	六〇	八〇〇	六〇〇	一五、〇〇〇
張經	東五舖	民國八年十月	五、〇〇〇	一〇〇	八五	一、〇〇〇	八五〇	二九、四〇〇
劉增	東五舖	民國十七年二月	九、〇〇〇	一六〇	八〇	一、六〇〇	八〇〇	二三、五〇〇
許洪泰	東五舖	民六十國年十月	二、〇〇〇	四〇	三〇	四〇〇	三〇〇	一二、〇〇〇
曹復慶	東五舖	民國二十二年十一月	一、五〇〇	九〇	六〇	九〇〇	六〇〇	一三、二〇〇
劉祥	東六舖	仝上	五、〇〇〇	一三〇	一〇〇	一、三〇〇	一、〇〇〇	三〇、三〇〇
張景瑞 / 閻起郭	東八舖	民國十六年十月	一一、〇〇〇	一二〇	一〇〇	一、二〇〇	一、〇〇〇	二三、七〇〇
王崇	仝上	清宣統元年二月	三、五〇〇	一〇五	九〇	一、〇五〇	九〇〇	二三、一〇〇
景三麟	東阡舖	民國二十年一月	六、〇〇〇	一三〇	一〇〇	一、三〇〇	一、〇〇〇	二五、八〇〇
應永豐	仝上	民國二十三年十月	一、〇〇〇	五〇	三〇	五〇〇	三〇〇	五、七〇〇
周永祿	仝上	國十七年十月	三、〇〇〇	六〇	四〇	六〇〇	四〇〇	一五、六〇〇
景德馨	仝上	民國二十二年十月	六、〇〇〇	一〇五	八〇	一、〇五〇	八〇〇	二〇、七〇〇
范林 / 范錫奎	仝上	民國二十一年二月	六、〇〇〇	二〇〇	一八〇	二、〇〇〇	一、八〇〇	六三、九〇〇
周宗賢	仝上	民國二十三年一月	一二、〇〇〇	一五〇	九〇	一、五〇〇	九〇〇	二六、〇〇〇
劉敬成 / 劉集成	仝上	民國八年二月	一四、〇〇〇	三〇〇	一五〇	三、〇〇〇	一、五〇〇	九〇、六〇〇

卞合興	仝上	民國十四年十二月	五、〇〇〇	二六〇	二二〇	二、六〇〇	二、二〇〇	八一、〇〇〇
張雲客	仝上	民國五年二月	一四、四〇〇	二九〇	一五〇	二、九〇〇	一、五〇〇	五八、二〇〇
景德馨	東場南岸	清光緒年間	三、〇〇〇	一三〇	一〇〇	一、三〇〇	一、〇〇〇	三四、五〇〇
張青	仝上	民國十三年十月	五、〇〇〇	七八	六五	七八〇	六五〇	二六、一〇〇
王恒泰	仝上	民國十八年十月	一、〇〇〇	四〇	三五	四〇〇	三五〇	一五、六〇〇
張昌運	仝上	民國二十年二月	八、〇〇〇	五〇	三〇	五〇〇	三〇〇	二一、〇〇〇
張鼎盛	仝上	民國十七年二月	三、〇〇〇	七〇	三〇	七〇〇	三〇〇	一六、八〇〇
總計			一六七、二五〇	三、九一八	二、六五三	三九、一八〇	二六、五三〇	八五七、九〇〇

上表資本欄內所列「借本生息」一項，係指借錢晒鹽之商號，視晒鹽多寡，借錢多少，無一定資本。全場工人總額，最高達三千九百十八名，最低爲二千六百五十三名。工資最高額達三萬九千一百八十元，最低額爲二萬六千五百三十元。平均全年工資合計約爲三萬元之譜。鹽價每担統扯爲六角左右。

運銷情形

關於潞鹽運銷，可分三部分：(一)晉省運輸，車脚向係分平路山路，並有山路馱脚，至運費每市稱百斤，普通每運一里，運費約需三厘上下；平路車脚，每市稱百斤，每里運費約需三厘九；山路車脚，每市稱百斤，每運一里約需三厘四；山路馱脚，每市稱百斤，每里約需三厘九。惟是項運費，隨時亦有漲落，但無多大出入。此外，尚有試銷潞鹽區，如汾陽、平遙、交城、隰縣、介休、太谷、陽曲、孝義、沁源、文水、大寧、永和等縣，則陸運車馱略同，至運程里數，因係來去靡定，未能固定其運費數目。(二)向陝西運輸，平路車運，由運城運至風陵渡，裝船轉運至潼關，每市稱百斤，每里運費約為三厘六，由潼關裝火車至西安，每市稱百斤，每里約一厘六。現銷潞鹽僅渭河以南十縣，渭北僅韓城郃陽販運而已。其餘各縣，悉為硝鹽侵銷，其硝鹽產區，在於蒲城、富平之滷自灘及朝邑鹽池窪等處。(三)向河南運輸，車馱並用。由運城運至茅津，裝船轉運陝縣會鎮，每市稱百斤，每里運費約為五厘五，由會鎮裝火車至洛陽，每市稱百斤，每里運費約為四毫五，其發商由洛陽接運。潞鹽於河南銷場，大呈疲滯。再邊岸由洪陽、太陽、車村、萬錦等渡發運至陝縣、靈寶等縣，所需運費，略與運茅津相同。至襄北等縣昔日與蘆縣併銷，現則為蘆鹽獨銷，現在南陽設法推銷，但仍屬疲困。

茲就潞鹽運銷區域，列表如次：

運城至山西各縣			運城至陝西各縣			運城至河南各縣		
縣名	相距里數	運輸種類	縣名	相距里數	運輸種類	縣名	相距里數	運輸種類
長治	六九〇（內有山路車運三三〇）	車運	咸陽△	六一〇		洛陽	三九〇	
長子	六九〇	同上	興平△	六六〇		偃師	四六〇	
屯留	七〇〇（內有山路車運三四〇）	同上	高陵△	四七〇		宜陽	三三五	
壺關	七五〇（內有山路車運三九〇）	同上	涇陽△	五四〇		登封	五二〇	
襄垣	七七〇（內有山路車運四一〇）	同上	三原△	五〇〇		洛寧	四〇五	
潞城	七八〇（內有山路車運四二〇）	同上	富平△	三八〇		新安	三二〇	

猗城	八四〇〇（內有山路車運四八〇〇）	同上	醴泉△	六八〇	澠池	二三〇
晉城	五九〇〇（內有山路車運三三〇〇）	車駄	同官△	四一〇	嵩縣	四五〇
高平	五八〇〇（內有山路駄運三二〇〇）	同上	耀縣△	四一〇	陝縣	一一〇
陽城	五〇〇〇（內有山路駄運二四〇〇）	同上	大荔△	二二〇	靈寶	一〇〇
陵川	七〇〇〇（內有山路駄運四四〇〇）	同上	朝邑△	一八〇	閿鄉	三七〇
沁水	三七〇〇（內有山路駄運一一〇〇）	同上	郃陽△	一七五	盧氏	二八〇
臨汾	三一〇	車運	澄城△	二二〇	臨汝	五五五
洪洞	三七〇	同上	韓城	二一〇	魯山	六七五
趙城	四〇〇	同上	白水△	三六〇	伊陽	五四〇
蒲縣	四六〇〇（內有山路駄運一五〇〇）	車駄	蒲城△	三一〇	南召	七八五
安澤	四二〇〇（內有山路車運六〇〇）	車運	乾縣△	七三〇	鎮平	一、〇七五
曲沃	二一〇	同上	永壽△	八二〇	泚源	一、一一五
翼城	二六〇	同上	武功△	七五〇	泌陽	九〇五
浮山	三三〇〇（內有山路駄運七〇〇）	車駄	長安	六〇〇	桐柏	一、二七五
襄陵	二九〇	車運	咸寧	六〇〇	鄧縣	一、一三五
汾城	二四〇	同上	臨潼	四七〇	內鄉	七六〇
鄉寧	三〇〇〇（內有山路駄運一三〇〇）	車運	鄠縣	六五〇	新野	一、一三五

吉縣	（內有山路馱運一五〇）三〇〇	同上	藍田	五七〇	淅川	九五〇
新絳	一八〇	車運	盩厔	七三〇	鞏縣	五一〇
聞喜	一〇〇	同上	渭南	三八〇	孟津	四四〇
絳縣	一九〇	同上	鎮安	八七〇	鄭縣	六四五
稷山	一六〇	同上	雒南	四三八	寶豐	六二五
河津	一五〇	同上	山陽	六三〇	南陽	一、〇一五
垣曲	（內有山路車運一五〇）三一〇	同上	商南	六二〇	方城	八九五
永濟	一四〇	同上	潼關	二五〇	葉縣	七六五
臨晉	八五	同上	華縣	三八五	襄城	七五〇
虞鄉	八〇	同上	華陰	二九〇		
榮河	一五〇	同上	商縣	五二八		
猗氏	六〇	同上				
萬泉	一一〇	同上				
芮城	一二〇	同上				
解縣	四〇	同上				
夏縣	六〇	同上				
平陸	一〇五	同上				

安邑	一五	同上						
靈石	（內有山路馱運一〇〇）五五〇〇	車馱						
汾西	（內有山路馱運五〇〇）五〇〇	車馱						
霍縣	四〇〇	車運						

（註）上表中凡有△記號者，爲硝鹽侵占潞鹽縣分；有×記號者爲襄八縣分。

三　其他各縣鹽產

晉省除河東鹽而外，晉及北中部數縣，亦略有鹽產；茲分述如次：

（1）大同　大同所產土鹽分白鹽紅鹽兩種，鹽區多集中於第三四兩區，如第四區之鄭家莊，爲產白鹽最夥之地，次之爲神咀窩，西靜嶺；第三區之同家莊、舊站村、坡兒底、大睢頭、城滿村、千千村等地白鹽產量亦復不少。紅鹽產地多集中於第三區，尤以小鹽坊村產量爲最多，次爲辛村、孫家港、大井村、楊家嶺，富家寨，楊谷莊，邊家店，謝家店，柳東營等邨。

大同全縣鹽戶，新舊共計有四十七家，大小鹽鍋四十九口，白鹽紅鹽分製，製白鹽者二十六家，鹽鍋二十八口，製紅鹽者二十一家，鹽鍋二十一口。鹽鍋分大小兩種，普通大鍋直徑五尺，底深一尺六吋；小鍋口徑不等，最小僅二尺五寸，底深則與大鍋相等。現在熬白鹽者使用大鍋居多，熬紅鹽者反是，以用小鍋居多。

熬鹽季節。自五月起至九十月爲止，時期最長亦不過一百八十天。有短至一百五十天者。鹽產以鍋爲單位，茲就大小鍋每日產量列表於次：

鍋別	最高產量（斤）	最低產量
大鍋	三五〇	二五〇
小鍋	二〇〇	二〇

大同鹽產，每日平均可產白鹽七、八八〇斤，紅鹽三、一二〇斤。假定該地熬製時期爲一百六十天計，則紅白鹽全年產量如次：

鹽類別	全年總產量（斤）
白鹽	一、二六〇、八〇〇
紅鹽	四九九、二六〇
共計	一、七六〇、〇〇〇

關於鹽銷，大同設有官鹽倉，鹽戶所產之鹽，由鹽倉出價出賣，然後由鹽倉轉售與鹽商，鹽商須領有牌照，方准營業。

大同鹽稅，實產實徵，每百斤，抽稅二元零五分。鹽戶每鍋一口不分大小，年納照稅四元。

茲就大同全縣鹽戶鍋池名稱及各戶情形列表如次：

（2）渾源　渾源計有鹽戶九家，鹽鍋九口，年產九萬五千五百四十斤，每斤售價四分，完全銷於本地。每鍋月納捐稅十五元四角九分九厘。茲就各鹽戶情形，列表如次：

鹽戶姓名	所在地點	鍋數	鹽產種數	熬鹽季節與時間	年產量(斤)
賈富	第一區北關外數場	一	白鹽	六月起十月止一百一十九日	一〇、六〇〇
王近臣	仝前	一	白鹽	五月起十月止一百三十一日	一〇、七〇〇
楊有福	仝前	一	白鹽	六月起十月止一百二十日	一〇、五〇〇
趙愷	仝前	一	白鹽	六月起十月止一百二十日	二〇、四〇〇
張承福	第三區郭家莊	一	白鹽	五月起九月止一百一十日	一〇、四〇〇
劉寶	第三區剳莊	一	白鹽	五月起九月止一百日	一〇、六〇〇
郭鴻臣	仝前	一	白鹽	六月起十月止一百日	一〇、七〇〇
寇重山	第三區傅家坡	一	白鹽	六月起十月止一百一十日	一〇、七〇〇
王金	第一區數場	一	白鹽	六月起十月止一百二十日	一〇、九四〇
共計		九			九五、五四〇

（3）應縣　應縣鹽類分紅化白三種各就土性所宜熬製，城西城北兩區多熬白鹽，西北大營區多熬化鹽，東北及城南各村多熬紅鹽。鹽戶與鹽鍋數每年不同，民國二十三年份開熬鹽鍋共三百餘口，二十四年開熬大化鹽鍋三十四口，夾化鍋四十九口，紅鹽鍋四十七口，白鹽鍋一百三十九口，共計鹽鍋二百六

十九口，鹽戶二百十五家。

民國二十三年份，該縣計產化鹽六十餘萬斤，紅鹽二百餘萬斤，白鹽五十餘萬斤。熬鹽季節，每年立夏後開始，立冬前停鍋。

製鹽方法，當三四月間，鹽土正值豐富之時，鹽戶即開始堆土工作，於鹽土之區將鹽集成大堆，然後壓板；五月以後開始煎熬。白鹽製法較爲簡單，先將鹽土濾成鹽水，然後上鍋煎熬，經數小時後，以之取出放於柳條桶中，俟其冷後即成。紅鹽製法，係就白鹽加工製造，攙入若干水分，重行熬製，即成紅鹽。化鹽係就紅鹽加熱製成，呈黃色結晶體，粒大味美，價較紅白鹽爲高。

紅鹽多銷於繁峙、廣靈、五台、大同孟縣等處，白鹽多銷於渾源、廣靈、靈邱等處；茲就各類鹽觔每担（百斤）收倉價格列表如次：

種類	價格（元）
上化	三、九〇
中化	三、五〇
次化	三、〇〇
特紅	三、四〇
硬紅	二、五〇
上紅	二、三〇
中紅	二、一〇
次紅	一、九〇
上白	二、三〇
中白	二、〇〇
次白	一、八〇
最次紅	一、三〇
最次白	一、二〇

各種鹽觔每担現行稅率如次：

種類	正稅(元)	中央附稅(元)	外債附稅(元)
紅化鹽	一•五〇	〇•五〇	〇•三〇
白鹽	一•二五	〇•五〇	〇•三〇

（4）懷仁　懷仁鹽產，亦分白鹽紅鹽化鹽三種，產地在第二第三兩區，如高鎮子，海北頭，上海子，下海子等村皆產鹽。全縣原有鹽戶四十家，現在停歇者三家，鹽鍋五十三口，其中熬製白鹽者二十二口，熬製紅鹽者七口，熬製化鹽者二十四口，

懷仁最近鹽產量如次：（全年開工日數以一百八十天計）

種類	每日產量(斤)	全年產量估計(斤)
白鹽	七、五〇〇	一、三五〇、〇〇〇
紅鹽	七四〇	一三三、〇〇〇
化鹽	二、七六〇	四一四、〇〇〇
共計	一一、〇〇〇	一、八九七、〇〇〇

該縣鹽銷早年均由販商自由販賣，自民國二十二年以後改為官鹽倉制度，由晉北鹽務督辦處於各要鎮設立官鹽倉，凡鹽戶產品均須售與鹽倉，而後由鹽倉轉售與商人，由商人販賣與各村莊用戶，是項販賣商人，亦須領照營業。懷仁鹽產僅能供當地之用，有時倘感不足。

鹽稅分鍋口稅與出場稅兩種，鍋口稅即領照稅，按鍋口之多寡徵收，計每一鍋口，納稅四元。出場

稅以斤計算，每百斤白鹽納稅兩元五角，紅鹽三元，化鹽四元。茲就白鹽、紅鹽、化鹽價格列表如次：

種類	原價每百斤（元）	加稅後價格（元）
白鹽	三·五〇	六·〇〇
紅鹽	三·五〇	六·五〇
化鹽	三·五〇	七·五〇

（5）山陰　山陰縣鹻地約佔全縣總面積五分之二有奇，居民利用鹻地，土法熬鹽，分化、紅、白三種，熬化鹽鹽戶計三百五十餘戶，紅鹽鹽戶計五十餘戶，白鹽鹽戶計一百五十餘戶，總數達五百五十餘戶。化鹽鍋約五百餘口，紅鹽鍋六十餘口，白鹽鍋約二百餘口，合計鹽鍋七百六十餘口。全縣鹽產，估計如次：

種類	年產量（斤）
化鹽	五、〇〇〇、〇〇〇
紅鹽	一、五〇〇、〇〇〇
白鹽	一〇、〇〇〇、〇〇〇
共計	一六、五〇〇、〇〇〇

惟上表所列之白鹽（土名白燒鹽），一部分供熬製化鹽用之原料，故該縣實際鹽產，當較此數爲低。

山陰現有公鹽倉兩處，各按地域分收各轄鍋口，鹽戶製成之鹽，售與領照鹽商，然後行銷各地，河北附近各縣及山西境內之崞、繁、代、五、盂縣及壽陽平定等縣，均有山陰鹽銷到。

各鹽類價格，有如次表：

種類	每百斤價格(元)
上化鹽	四・〇〇
中化鹽	三・七〇
次化鹽	三・四〇
上次化鹽	三・〇〇
中次化鹽	二・七〇
上紅鹽	二・五〇
中紅鹽	二・二〇
上白鹽	二・一〇
中白鹽	一・九〇
次白鹽	一・六〇
白燒鹽	一・四〇

至於鹽稅，化鹽與紅鹽每百斤同爲二元三角，白鹽則每百斤爲二元零五分。

(6)陽高　陽高所產之鹽，土名曰「土潤鹽」，全縣計有鹽池二百七十八個，每池每日可產一百五十斤，每日全縣可產鹽四萬一千七百斤，每年自五月一日起開晒，九月底停止，全年產量約爲六百二十五萬五千斤，每池月交正附稅捐一元八角二分八厘。

(7)天鎮　全縣共有鹽鍋七口，每鍋每天可熬白鹽一百二十斤，熬鹽期間假定爲五個月，全年可產白鹽十二萬六千斤；此外尙有鹽池二十四個，每池每日晒鹽三十斤，晒鹽期爲三個月，年可產鹽六萬四千八百斤，鍋鹽與池鹽合計年產十九萬零八百斤。

(8)朔縣　朔縣鹽產，僅分紅白兩種，產區在縣沿東南北三鄉，地名爲北辛莊、霍家營、馬邑、卞子疃、新辛堡、下辛堡、安子里、白羊舖、野狐梁、下水、羅疃、番莊、蘆嶺、永安莊、黃水河、高莊、白圐圙等處。茲列表如次：

村名	鍋戶	鍋別	村名	鍋戶	鍋別
紅鹽北辛莊	苗緒	四等	白鹽里磨疃	周萬庫	四等
	樊秀	小鍋		周萬全	四等
	朱德和	仝上		宋明	四等
	朱德雲	四等	紅鹽馬跳莊	賈恆太	四等
	苗序	小鍋	白鹽豆莊	楊喜	四等
	馮朋	仝上			
	樊清茂	仝上		韓廷雲	四等
	王官	仝上			
	朱德和	四等		李潤富	四等
	王清喜	四等	紅鹽五花營	趙達	四等
	王二小	四等		霍占全	四等
紅鹽驢家霍	王文禮	四等	白鹽官地	周忠	四等
	霍應高	四等		仝上	四等
	霍四善	四等		周萬昌	四等
	霍迎春	四等		周萬祿	四等

紅鹽 馬邑	尹東昌	四等		周萬明	小鍋
	盧元勳	小鍋	白鹽 河曲堡	郭相	四等
紅鹽 卞子疃	段昇元	四等	紅鹽 王東莊	盧占才	小鍋
	吳振和	小鍋		周煥	小鍋
白鹽 新辛堡	崔文陞	四等	紅鹽 福善莊	張世廉	小鍋
	安福榮	四等		薛二蘭	小鍋
	趙登	四等	白鹽 滋潤	徐占魁	四等
	李占陽	四等		雷義	四等
	安培龍	四等	紅鹽 陳莊	陳巨	四等
紅鹽 下辛莊	劉永純	四等		陳品題	四等
紅鹽 安子里	郭凌魁	四等	白鹽 王圐圙	王庫才	四等
	郭葢元	四等		王進成	四等
	郭桓	小鍋			
白鹽 白羊舖	韓廷喜	四等		王永明	小鍋
	趙應修	四等		王鐸	四等
	韓廷秀	四等		王生貴	四等
白鹽 新止疃	宋裕	四等	白鹽 畨莊	霍財	四等

	田高	小鍋	白鹽盧嶺	薛二旦	四等
紅鹽野孤梁	張錫之	小鍋		任占先	四等
	張步雲	小鍋		盧換銀	四等
	楊周	小鍋	紅鹽永安莊	閆官	四等
	李資	小鍋		閆鳳威	小鍋
紅鹽下水	吳二如	四等	紅鹽黃水河	田仲倉	小鍋
	吳太	四等	紅鹽西君	翟有德	小鍋
	吳備堂	四等	紅鹽高莊	王化存	小鍋
	吳先	四等	紅鹽南辛莊	李漢臣	小鍋
白鹽里營疃	尚五	四等	紅鹽姚莊	程志遠	小鍋
白鹽紅疃	武樊璧	四等	紅鹽白囫圇	劉光富	小鍋
	郭秉耀	四等	紅鹽計莊	王原	小鍋
	武耀官				

說明一、四等鍋口徑四尺深度一尺七寸小鍋口徑三尺一寸深度一尺五寸

二、四等鍋日產紅鹽一百斤至一百五十斤白鹽二百五十斤至三百斤小鍋日產紅鹽六十斤至八十斤白鹽一百五十斤至一百八十斤其產鹽多寡之原因視其土質優劣爲斷

三、最近紅鹽價格爲每担四元五角至六元白鹽二元五角至三元五角亦視鹽之優劣定格價之高下

四、四等鍋日納正附稅一元三角六分八厘食戶捐四角九分小鍋日納正附稅八角二分八厘食戶捐二角九分

正附稅率每担一元八角四等鍋日按七十六斤小鍋日按四十六斤計稅不分紅白鹽皆照此計算

五、產鹽村莊尚有里沿疃、高陞莊、化莊，十里後、大梁、西河底、東小寨、小藏堡、賈莊、但今年無領照鍋戶

(9)忻縣　忻縣鍋戶，係包鍋稅制，每鍋產鹽多少不定，該縣熬鹽，係人民個人請領鍋照，自行熬製，全縣計有化鍋四十八口，筒鍋五十七口；所產土鹽，化鹽，爲數不多，不敷全縣人民食用。土鹽係供給熬製化鹽之用。化鹽每斤售六七分左右

(10)代縣　代縣產鹽，有大化二化紅鹽之別，產地在匯北，第五區之黑圪塔、雙寨西、李莊、老羊寨、辛畢舖、南北萬家莊後、張家堡、元營、竇莊、安樂莊、樂莊、山陰莊等村，第三區之陳家堡、張家堡、董家寨謝家寨等村，鹽戶約有三十餘家。

(11)清源　清源出產之鹽，分黃白兩種。鹽戶熬鹽，須有鹽場一處，並無資本，因土地並不值錢，皆自由佔領，在場內掘井構屋，即可燒鹽，燒鹽之戶，類多向業，皆窮無所有。地點散漫無稽，城鄉均有，多係荒地。熬鹽以鍋爲生產單位，每戶最少一鍋，多者六七鍋不等，總計清源全縣現有鍋一百一十八口，其中按納稅時期，分爲長期短期二種，各居半數，長期者長年納稅熬鹽，短期省每期三月，期終是否繼續，按鹽之銷路而定，暢則繼，不暢則歇。長期三十餘家，短期五十九家（短期者皆一家一鍋，）大致須工人二三名，估計約有工人三百名上下。工資大致每日一二角。黃鹽每鍋月出鹽約三四十斤，

白鹽月出六七十斤，黃鹽副產品硝，白鹽則無之。

該縣所產鹽，本非上等鹽，但官家因無法禁止，只得寓禁於征，設局收稅，其實每年稅收，極爲有限。以前本縣產鹽能銷沁縣，武鄉、榆社、和順、壽陽等縣，現因官鹽店成立，各縣多銷長蘆鹽，禁銷本縣土鹽，故本縣鹽，祇爲本產本銷。

該地土性含鹽質，鹽戶挖土掘池用水濾滷，卽可熬鹽。泥由工人挖取用小車運至場內，每車二分。此種泥土，堆積鹽場，以備取用。

查清源鹽稅，長期大鍋每年正稅一百五十二元四角，附稅二成三十元〇五角，短期普通鍋每年正稅一百三十七元四角，附稅洋二十七元五角，長期普通鍋每年正稅一百一十四元，附稅洋二十二元八角，此項稅款，每月按淡旺由清太陽鹽務收稅局征收。

至於鹽價一項，黃鹽每斤約五六分，白鹽每斤二三分左右。近因銷路不廣，價格趨落。

(12)文水　文水所產土鹽每斤較河東鹽低二分，較長蘆鹽低四分，故當地人民樂用之。產地集中於第一二三四區，計有四十餘村，一百餘戶。年產一百二十萬斤。

第四章　其他鑛產

山西省鑛產，除煤鐵而外，非金屬鑛則有石膏，硫磺，雲母，礬，石灰等鑛；金屬礦則有金，鉛銀等鑛，惟開採甚少，僅就其較重要者紀之。

一　硫磺

陽曲縣永成礦廠，計分園子山、南凹渠、桃園溝、灰坡李背後、前皮溝、葡萄溝石片兒、柳樹溝等七區，茲就各鑛區情形，列表如次：

鑛區所在地	鑛區面積（公畝）	開採面積（公畝）	資本（元）	工人	每月工資	全年產量（噸）	產品總值（元）
園子山	七三	四〇	五〇〇	二三	一一五	四〇	四、六八〇
南凹渠	五三	三五	四五〇	一五	七五	二八	三、二七六
桃園溝	六二	四〇	五〇〇	二〇	一〇〇	三五	四、〇九五
灰坡李背後	一〇〇	六五	八〇〇	五〇	二五〇	七一	八、三〇七
前皮溝	七二	三〇	五〇〇	二〇	一〇〇	二五	四、〇九五
葡萄溝石片兒	五六	二〇	三〇〇	一五	七五	二八	三、二七六

柳樹溝	一二〇	六五	一、〇〇〇	七〇	三五〇	一一〇	一二、八七〇
共計	五三六	二九五	四、〇五〇	二一三	一、〇六五	三四七	四〇、五九九

上表數字，係根據該鑛二十三年度設施及產值而言，近年礦業蕭條，銷路窄狹，開採者僅留二三工人，從事工作，各鑛幾有停頓之勢。七個鑛區職員總數二十六名，月支薪總額一百五十六元。全年開工日數約三百日，煉礦係用土法，設備至為簡單。

二　金

山西省代縣金鑛，素負盛名。鑛區在代縣城東南六十里之張寺溝一帶，現已發現之鑛溝，有張寺口前窰子溝、羊蹄溝、千林頭、龍門、張仙堡等處。二十三年春間該地農民無意中在張樹溝發現金鑛，嗣由村民自由淘澄，至八九月間，前往該地淘金者達數千人，二十四年三月經山西建設廳設金鑛管理所開始測探並准人民劃區試探。現在試探鑛約二萬方丈，工人一萬餘名，每日出金約三十兩左右。所用採洗方法，係人工刨沙，用木槽淘澄。

三　石膏

一　概說

平陸縣所產石膏，在山西向佔重要地位。目前開採者有福平、裕晉、裕中等公司。福平石膏公司，創辦於民國九年九月，由張崇本集資經營，計集有限及無限股本五十六股，共洋五千六百元，試探二年餘，迨民國十二年十二月始正式註冊，著手開採，開辦迄今，十有餘年；交通不便因銷路滯塞，營業漸形衰落，民國二十四年雖一度與中國石膏公司訂有購貨合同，產品銷售，逐見活動；但未幾中國石膏公司因內部問題卽行結束，福平所受影響甚大。裕晉石膏公司開辦於民國十二年六月，係由馮生剛集資經營，旋於十九年十一月正式註冊，著手試探，年來無多大鑛苗發現，近以主持乏人，暫行停採。裕晉石膏公司開辦於民國十七年二月，由權致和集資經營，旋於十九年十二月正式註冊，著手試探，年來發見鑛苗，尚屬不少，現改由李文義等繼續開採。

二　現狀

福平、裕晉、裕中三公司之鑛區、資本、工人、工資列表如次：

公司名稱	鑛區面積(公畝)	開採面積(公畝)	資本額(元)		工人數	每月工資(元)
			固定資本	流通資本		
福平石膏公司	一一、三七〇	三、五五三	二、〇〇〇	三、六〇〇	一五	二七〇
裕晉石膏公司	三、八五六	九六四	五〇〇	一、五〇〇	三	五四
裕中石膏公司	一二、〇二六	二、六七二	二、〇〇〇	八、〇〇〇	一七	三〇六
共計	二七、二五二	七、一八九	四、五〇〇	一三、一〇〇	三五	六三〇

三公司中以裕中規模爲較大，資本總額達一萬元，其中流動資本，計八千元，較裕晉之一千五百元，裕平之三千六百元，易於週轉。

工人大致可分爲採鑛，選鑛，雜務三種，均係包工制，每採石膏一萬斤，由公司給與工資二元五角，平均每名工人月得工資約在十八元左右。同時公司方面購置窰房，以爲工人住宿之所，遇有工人因公傷病死亡情事，酌量撫卹。

設備

鑛上設備，甚爲簡單，採鑛用具，有鐵尖、钁、小車、木柄、鐵錘等，開採大多用長壁式，布光係用油燈，各鑛開有風口二三個不等，利用自然通風法。坑內積水不多，排水時用人工在坑邊挖鑿水道洩出之，坑內支柱多用楸榆等木，每隔一二丈支柱一根。

產銷

自民國十九年至二十三年五年間各公司產量列表如次（單位噸）

年份	福平	裕晉	裕中	共計
民國十九年	一、四〇〇	八〇〇	九〇〇	三、一〇〇
民國二十年	一、二〇〇	六二〇	八一〇	二、六三〇
民國二十一年	一、五八〇	一、一二〇	一、五〇〇	四、二〇〇
民國二十二年	一〇〇	四五	六	一五一
民國二十三年	一、八二〇	九四〇	九六七	三、七二七

依上表，三公司石膏總產量逐年增加，裕晉、裕中兩公司產量，以民國二十一年達最高峯，玆復就民國二十二年份逐月產量列表如次：（單位噸）

月份	福平	晉裕	裕中	共計
一月	一六〇	九二	八〇	三三二
二月	一八〇	九三	八一	三五四
三月	一二〇	八六	八三	二八九
四月	二三〇	七九	八〇	三八九
五月	九〇	八七	九〇	二六七
六月	七〇	四〇	四〇	一五〇
七月	一〇〇	八九	六〇	二四九
八月	一四〇	九一	七〇	三〇一
九月	一五五	六二	八九	三〇六
十月	二九九	七〇	八五	四五四
十一月	一九八	八五	一二五	四〇八
十二月	七八	六一	八四	二二八

石膏生產，以冬季產量較多，尤以十月，十一月爲最大。全年開工日數約二百八十天，停工多在夏

天，因係雨季，不便採掘石膏。每噸生產成本，平均約爲四元八角。

石膏銷路在山東濟南及上海，石膏產地均沿黃河一帶，自產地將產品運至河岸，係用馱騾，福平及裕晉兩公司運至尖坪渡改搭貨船，直抵山東濟南一帶；裕中公司自平陸縣三門起改搭貨船，沿河而上直抵太陽渡擺向南岸爲河南陝縣，再由隴海路裝運至海州，改由輪渡運至上海。

每噸石膏由產地運至上海，每噸運費約需二元之譜。交易全用現款。

第六編 工業

第一章 概況

晉省工業化之程度，雖不若江浙粵魯之發達，然在西北數省中，可稱比較興盛。年來省政當局，提倡工業不遺餘力，西北實業公司下之各種大規模工廠，即其最著者也。據此次調查，晉省現有工業，共計七大類六十餘種。廠坊六、八九九家，資本三六、三八九、五一〇元，職工七二、二五七人，生產總值四三、〇二五、七二〇元。

出品中之負有盛名能行銷國內外者、厥推紡織工業中之棉紗、棉布、呢絨、地毯。飲食品工業中之麵粉、汾酒、蛋產品。化學工業中之毛皮，皮革、火柴、酒精、三酸；機器五金工業中之生鐵，鐵器，建築工業中之洋灰等。其他各種工業產品、則多僅供本省之用。茲將山西全省各種工業列表於次：

山西省各種工業統計表

業別	家數	資本數(元)	職工數	生產總值(元)	備攷
紡織工業	六七九	一六、一八三、六八二	一九、三四六	一九、四六五、九一四	

棉紡業	四	七、四六三、五〇〇	五、四三八	一二、九四六、九〇四	
棉織業	一三〇	七、八二五、二〇〇	九、二五九	五、七一六、四三三	土布業據估計有機戶三四三、三〇〇戶，工人約六五二、六〇〇人，產值約五、〇〇〇、〇〇〇元
毛織業	八	四九三、六八〇	七一九	二四九、七五四	
針織業	三六	六一、三六二	五五六	九七、二七二	
絲織業	五一	二三四、九一〇	一、二二三	七二、九四〇	
製毡業	二九六	五九、七八八	一、〇九六	一九三、一二三	
地毯業	二五	四、四〇一	一三四	二五、一四三	
織毯業	一九	五、八〇〇	七八	一四、七一二	
毛巾業	五〇	一六、四一一	四五七	九五、七九八	
絲線業	五四	一七、九三〇	三二一	四八、〇三五	
刺繡業	六	七〇〇	六五	五、八〇〇	
化學工業	一、四八六	三、三〇六、七四七	一一、〇八九	三、九〇一、〇六三	
漂染業	四三六	一四五、二九五	二、一二七	四一八、六一三	
化粧品業	一四	四二、六七五	一三六	三四、五三四	
肥皂業	一四	一九、八四〇	一三二	三一、五二四	
製燭業	八	三、九五五	三九	五、三二二	

火柴業	三	四二〇、〇〇〇	一、〇六一	九七五、一八六	
玻璃業	一二	二一、七二六	一〇三	五一、三五七	
陶器業	一二三	一一、〇三三	六〇三	九〇、六二〇	四十三家資本數未詳
瓷器業	九一	七六二、九三一	七一八	二〇二、三六三	
酒精製酸業	二	二六四、三八〇	一三〇	三六五、八四六	
皮革業	三二	二五八、五八〇	三四〇	二四五、五六八	
造紙業	六六七	七〇八、四八七	三、一四九	七五六、七四〇	內機製者三家，手工者六六四家陽曲盂縣之手工業及工人數未詳機製業資本共六四九、五〇〇元，手工業除五八六家未詳外其餘七七家資本共五九、九八七元
硝皮業	八四	六四七、八四五	二、五五一	七二三、三九〇	
飲食品工業	二、八五六	六、三六七、四九一	一八、六九八	一二、七二九、〇三二	
榨油業	六九〇	三八四、六〇二	三、一五七	一、三三七、〇三九	其中職工數有五五家未詳資本數有二九八家未詳
麵粉業	一、二〇五	二、九四二、四九八	五、〇七五	四、七八二、四二九	
釀酒業	四七四	八二五、四二四	四、一八七	一、二〇九、四五九	其中職工數有十三家未詳資本數有四家未詳
製蛋業	一六	三三三、〇〇〇	一、五八三	一、三四〇、一三九	
捲烟業	一	五〇〇、〇〇〇	五七一	二、二四一、〇四五	
刨烟業	一〇三	八四二、六八五	一、五七八	一、三三九、四三六	

粉坊業	一八〇	二四、七四五	六八八	一三三、五七六	係製粉絲粉皮，資本數中有一一五家未詳
汽水業	一	五、〇〇〇	一一	一、〇五六	
醬園業	八一	二九〇、〇五六	一、〇五一	二〇八、九四六	
製醋業	五三	一八一、三一一	六一一	六五、〇六〇	
醬菜業	一八	三一、三一〇	九八	四九、〇〇八	
澱粉業	三四	七、八六〇	八八	二一、八四〇	
五金機器工業	二六八	五、六七七、三四四	七、二一〇	二、七二七、二〇〇	
機器翻砂業	二二	五、五九〇、六一五	四、〇一四	二、〇二〇、三五四	
煉鐵業	三九	三八、〇〇〇	一、五九一	三四八、〇〇〇	
鍋鼎鐵貨業	一五四	三四、〇四〇	一、二七三	二六七、〇九七	
銅錫業	五三	一四、六八九	三三二	九一、七四九	
建築工業	五二七	七〇二、八三九	三、七〇〇	一、四五六、四二二	
洋灰業	一	五〇〇、〇〇〇	二一三	三二〇、〇〇〇	
石灰業	一五〇	一一、六九四	七一六	一六六、〇九八	
製石業	一五	一、九五七	一〇九	三一、八八七	
磚瓦業	三六一	一八九、一八八	二、六六二	九三八、四三七	
日用品工業	六九六	四七二、〇五一	四、二八九	一、四二六、一二七	

銀樓首飾業	一七七	一七四、六六二	八八五	三六二、五七四	
木器業	二〇八	一〇七、九五九	一、四二五	四四七、三五八	
靴鞋業	一三六	八九、七六五	一、〇八七	三七二、六八八	
製帽業	三九	一八、九八六	三三〇	一一四、三四五	家數工人數資本僅限作坊，家庭手工不在內
製針業	一	三二、〇〇〇	四七	一五、〇〇〇	
製蓆業	二五	三、六六二	七七	七、四四〇	
度量衡器製造業	三〇	一、八二八	五九	六、三〇五	
煤膏業	一一	九、五五〇	六七	一一、三八五	
梳篦業	六	一四一	八	一、〇四〇	
毛筆業	五	一、〇七五	二七	五、八一〇	
皮膠業	一一	二四、六三八	七七	五二、五八〇	
籐竹器業	一〇	二、六八〇	二二	四、八一〇	
皮箱業	五	一、二二〇	二六	七、三〇〇	
製傘業	三	一八〇	六	五五八	
油漆業	二九	三、七〇五	一四六	一六、九三四	
其他工業	三八七	三、六七九、三五六	七、九二五	一、三一九、九六一	
軋花業	二八	一四、七七七	三一一	二四、七三七	

印刷業	一一八	四五七、九二〇	一、四五八	三六二、七一七
爆竹業	二九	四、九一五	一四三	一二、三〇五
打包業	一八	一九、九九八	一六三	一二、六四八
電氣業	一〇	三、〇二一、六一〇	四四六	五四三、六三一
游民習藝工廠	四三	八八、七九六	一、六四二	一八一、〇五〇
毛口袋業	一一	一、三三五	六二	二九、六六三
製繩業	一三〇	七〇、〇〇五	七〇〇	一五三、二一〇
總計	六、八九九	三六、三八九、五一〇	七二、二五七	四三、〇二五、七二〇

第二章　紡織工業

一　棉紡業

一　沿革

山西昔無大規模之機器棉紡廠，概係自紡自織之家庭手工業，迨遜清末年，我國門戶開放後，國內機器工業雖逐漸興起，晉省以僻處內地關係，民國十三年始有晉華紡織股份有限公司之設立，是爲晉省棉紡廠之嚆矢，以後則十六年有大益成紡織股份有限公司設立，二十年有維裕紡織股份有限公司之設立，晉生染織廠亦於是年添置紗錠，以圖自治，茲將各廠情形，分述於后：

晉華紗廠

晉華紡織股份有限公司，於民國九年開始籌備，招募股款一百五十萬元，購地四百二十畝於榆次北關，建築廠屋，定購機件，置紗錠一〇、二八〇枚，十二年廠屋落成，十三年六月機件安置完竣，乃正式開工，開工後營業頗爲順利，十五年添置紗錠八百枚，十七年添置紗錠二萬枚，改用電機發動，十八年增加股本，總額計三百萬元，十九年又添置紗錠八、一四四枚，增設織毯廠，置織毯機四架，以利用剩餘之廢花，二十年增置線錠七五二枚，增加資本額爲四百萬元，二十三年復添購織布機四八〇架，現正從事裝置。該公司將所有資金，盡數置辦不動產，而機器購置尤多，不足，又繼之以舉債，致流動資金頓感缺乏，現時該公司負債總額達四百萬元，除三百萬元係以生財向中國銀行作抵外，尚欠商家近一百萬元，於此紗銷不旺，營業困難之際，前途實堪隱憂。

大益成紗廠

大益成紡織股份有限公司於民國十一年開始籌備，擬定股額五十萬元，由李通，張鎰，楊鳳樓，楊如芝等認股一十萬元，作爲底股。十月一日設籌備處，由李張二人主持，十二年聘薛士選担任總理，徵得魯連城之巨股，乃擇地於新絳之三林鎮，建廠屋一四〇間，訂購機件及紗錠六、〇四八枚，截至十六年止，實收資金四十七萬元，六月一日開工，十八年增紗錠四、〇三二枚，二十一年擴大組織，三月改組就緒，增加資本額爲二百一十四萬元，添紗錠四千枚，線錠一千枚，布機二百六十台，改用電力發動，二十三年復增布機一四四台，擬添紗綻二、四〇〇枚，近年來，外貨充斥，紗布價格跌落，銷路不暢，營業狀況雖不若增資前之佳盛，但亦不致虧折。

雍裕紗廠

雍裕紡織股份有限公司，爲王驤氏一手所創辦，民國十八年夏間開始籌備，二十年六月一日組織成立，置紗錠六千枚，二十二年夏增購紗錠二千四百枚，線錠五百二十枚，二十三年添辦布廠及染廠，置織布機一百四十台，及可染漂百疋布之漂染機全套，該廠以原有資本過少，負債甚多，頗有不易支持之勢，二十四年夏由各董事增加資本，並力求改進，現已略有起色。

晉生染織廠

晉生染織工廠，於民國十八年開始籌備，安置布機二百五十二台，十九年二月開工，嗣因向外購紗，殊不經濟，二十年添置紗錠六千枚，以圖自給，二十一年三月紡部開工，本年起，該廠營業及技術方面，與榆次晉華及祁縣晉華附廠(益晉)合作，但資產負債，則均係獨立。

晉華附廠　晉華紡織公司祁縣織染廠，原爲益晉織染公司，設於清光緒三十年，當時係一手工織布廠，民國十九年改爲機器織染廠，資本三十萬元，擬備紗錠一千枚，以圖自給，後因金融周轉不靈，存貨滯銷，宣布停業，將廠屋機器一切生財，租與晉華公司，改組爲晉華之祁縣織染廠。

二　現狀

分佈　山西現有棉紡廠四家，爲榆次之晉華，太原之晉生，新絳之大益成及雍裕，至祁縣之益晉，則祇織染而不紡紗。

資本　四家共有資本七、四六三、五〇〇元，以晉華爲最大，計四百萬元；大益成次之，計二百一十四萬元；晉生又次之，計七二三、五〇〇元；雍裕最小，僅六十萬元，

職員　四廠共有職員三百二十五人，以大益成雇用最多，計一百四十六人；晉華次之，計九十六人；雍裕又次之，計五十三人；晉生最少，計三十人。

工人　工人共五、一一三人，晉華最多，計男工一、三三三人，女工三三九人，童工三一人，藝徒八九人；大益成次之，計男工一、三三二人，女工二一七人，童工三十五人，藝徒一七六人；雍裕又次之，計男工六一七人、女工八十人，童工二十人，藝徒一四一人；晉生最少，計男工二百四十人，女工二百一十人，童工二百人，藝徒五十三人。工人來源，以本地爲最多

，餘爲河南河北兩省人民。

工資

四廠每月共需工資約六萬元，內晉華二萬三千餘元，大益成一萬七千餘元，雍裕八千餘元，晉生一萬餘元。工資計算方法分按時及按貨兩種，機目、清花、梳棉、漿紗，工人按月計；粗紗工人按漢司計；細紗工人按木棍計；搖紗工人按車計；成包工人按捆計；經紗工人按碼計，穿扣工人按盤頭計；緯紗工人按板計，織布工人按疋計；其餘各工，按月計資。

設備

四家共有紗錠七二、二二四枚，線錠二、三一二枚，織布機七九六台，織毯機四部。各家之設備，隨其產品之種類及規模之大小而不同：

晉華有廠屋四八二幢，佔地二四〇畝，佔值八一〇、〇〇〇元，主要之機器設備有：蒸汽引擎一部，馬力五〇〇匹，馬達一〇六部馬力一、六〇〇匹，紗錠四一、七四四枚，線錠七五二枚，織毯機四部，尚擬添置織布機四八〇台。

大益成有廠屋六二〇間，佔地一七五畝，佔值二〇五，〇〇〇元，機器設備有馬達三七部馬力八二〇匹，鍋爐四座，紗錠一六、〇八〇枚，線錠一、〇四〇枚，透平機一座，清棉機十八部，紡紗機一四四部，清棉機十八部，合綫機五部，織布機四〇四台、喂羅機二部。鬆花機二部，除塵機一部，打紗頭機二部，打皮輥花機一部，給棉機二部，鋼絲機四十二部，棉條機八部，粗紗機三十九部，細紗機五十五部，搖紗機六〇部，繞紗機一部，大小包機四部，筒子車三部，整理車五部，漿紗車二部，緯紗機二十一部，穿扣架子十個，驗布機四部，刮布機二部，壓布機一部，摺布機一部，打印機一部。

雍裕有廠屋四八〇幢，佔地一四〇畝，估值二三九、七一七元，機器設備有蒸汽引擎一部，馬力五四〇匹，紗錠八、四〇〇枚，線錠五二〇枚，清花機四部，粗紗機九部，細紗機二十一部，搖紗機六十部，成包機二部，緯紗機七部，織布機一四〇台，繞毛機一部，烘乾機二部，拉寬機一部，壓光機一部，摺布機一部。

晉生廠基佔地三十畝，機器設備有：馬達二十八架馬力五二四匹，紗錠六、〇〇〇枚，喂羅機一部，給棉機一部，開棉機一部，風扇機一部，清花機二部，梳棉機二十一部，併條機三部，粗紗機十五部，細紗機十五部，緯紗機九部，筒子機三機，整理機三部，漿紗機一部，織布機二百五十七台。

山西省棉紡業現況一覽表

廠名	地址	設立年月	資本額(元)	職工人數		常年棉花需用量(担)	常年產品		生產單位	
				職員	工人		產量	產值(元)	名稱	數量
晉華紡織股份有限公司	榆次北關	民國十三年六月	四、〇〇〇、〇〇〇	九六	一、七九二	一二〇、〇〇〇	紗 三〇、九〇〇包 線 九〇〇包 毯 七三、〇〇〇條	五、四八四、六〇〇 二〇七、〇〇〇 一一五、二〇〇	紗錠 線錠 織毯機	四一、七四四 七五二 四
大益成紡織股份有限公司	新絳三林鎮	民國十六年六月	二、一四〇、〇〇〇	一四六	一、七六〇	五〇、〇〇〇	紗 一四、九二〇包 線 八一二包 布 一九七、三二六疋	二、六八五、六〇〇 一五九、〇四六 一、二三〇、一一八	紗錠 線錠 織布機	一六、〇八〇 一、〇四〇 四〇四
雍裕紡織股份有限公司	新絳南關	民國二十年六月	六〇〇、〇〇〇	五三	八五八	二五、〇〇〇	紗 六、八〇〇包 布 六六、四〇〇疋	一、一七三、五八〇 五一九、六六〇	紗錠 線錠 織布機	八、四〇〇 五二〇 一四〇

晉生紡織工廠（股份有限公司）	太原市晉生路	民國十八年五月	七三、五〇〇	三〇	七〇三	三〇、〇〇〇	紗五、七〇〇包 布一九、四六〇疋	自用 一、三七三、〇〇四	紗錠 織布機	六、〇〇〇 二五二

三　原料

原料之來源

晉省各廠之產品，爲紗，布及毯，其原料，紗爲棉花，布爲棉紗，毯爲廢花，紗及廢花，均係本廠出產或廢餘，無須向外購買，棉花係本省出產之洋種細絨棉，晉華廠所用，多爲曲沃，翼城，臨汾，洪洞，榮河，文水，汾陽等縣所產，大益成及雍裕所用，多爲永濟，虞鄉，臨晉，榮河，解縣，夏縣，聞喜，翼城，曲沃，臨汾，洪洞，稷山，河津，大寧等縣所產。採購方法有二：一向當地棉花行商收買；二派員赴產地設莊採購或向花行收買。

棉價

近年來，國內棉紡業，均蒙受紗賤棉貴之影響。晉省僻處內地，產棉甚豐，各廠就地採購，棉價較廉，然亦深感棉價上升，成本加重之威脅。茲將近二年來晉省主要棉區之平均棉價，列后：

近兩年晉省主要棉區平均棉價表（皮棉每担價格，單位元）

產區＼年份	民國二十二年	民國二十三年
榆次	三〇	三五
文水	三四	三二
汾陽	三〇	三五
臨汾	二八	三五
洪洞	三〇	三五
曲沃	三三	四〇
翼城	三三	四〇
永濟	三四	三九
臨晉	三七	三五
虞鄉	三〇	三五
猗氏	三一	三五
解縣	三五	四〇
安邑	三二	四四
夏縣	三三	三五
芮城	四一	三五
新絳	三六	四一
聞喜	三七	三九
稷山	二八	三六
絳縣	二五	三〇
霍縣	二九	三五

用花量

觀上表，除文水，臨晉，芮城三縣，因品質及他種關係，二十三年棉價較跌外，其他各縣，則一致上漲，每担平均增四、五元上下。棉紗每包，約需皮棉三百五十斤，是每包紗之成本，二十三年較二十二年約增十五元。

晉省四廠常年棉花需用量，約為二十萬五千担，晉華佔二分之一强，大益成佔四分之一，雍裕及晉生共佔四分之一，至實際用量，則視產品之增減，工作期之長短而有伸縮，茲據華商紗廠聯合會之統計，將最近五年來山西各廠用花數量，列表於后：

最近五年來山西各廠用花數量表（單位担）

廠名	民國十九年	民國二十年	民國二十一年	民國二十二年	民國二十三年
晉華	四二、六六五	六一、三五〇	八七、四四四	八一、〇一八	一一一、一二一
大益成	一六、〇〇〇	二四、二一〇	三〇、八七八	四七、五四八	五四、八一六
雍裕	—	五、九二〇	一九、三三一	二五、四九六	二六、五九六
晉生	—	—	一六、五一〇	一九、八七二	二〇、五二〇
共計	五八、六六五	九一、四八〇	一五四、一六三	一七三、九三四	二一三、〇五三

民國十九年之用花量僅五萬餘担，二十年增加百分之五十六，二十一年較十九年增加百分之一百六十三，二十二年較十九年增加百分之一百九十二，二十三更增至二十一萬餘担，當十九年用花量之百分

之三六三，觀乎原料之激增，可知晉省棉紡產品之日趨發達。

四　生產

生產程序

由皮棉製成棉紗，須經過下列諸程序：1.送花；2.開包；3.鬆花；4.配花；5.除塵 6.喂花 7.頭道清花；8.二道清花 9.三道清花；10.過磅；11.梳花；12.頭道併條；13.二道併條；14.三道併條；15.頭道粗紡；16.二道粗紡；17.三道粗紡；18.過細紡機；19.飲紗；20.搖紗；21.磅重；22.成捆；23.包紙；24.成包；25.印刷；26.送庫貯存。

由紗製線之程序爲：1.經筒子機併成筒子。2.經合股機撚合成線；以後與製紗同一手續。

製布之程序，分爲三步：1.經紗——過筒管車、過牽經車、過漿紗車、穿筘、上織機；2.緯紗——過緯紗機、送廠開織；3.整理——驗布、括毛、碾光、疊折、縫布、印牌、成包、送庫貯存。

產品種類及商標

山西棉紡廠之出品，有紗、線、布、毯四種。晉華產品爲彩桐葉及藍桐葉牌十支、十四支、十六支、三環牌二十支紗、三支合股線、及絨線；大益成出產藍三麟牌十四支紗、綠三麟牌十六支紗、紅三麟牌二十十支線、彩三麟牌雙股及三股線、三鳳牌及太公牌十二磅市布、三麟字牌十一磅、十三磅、十六磅、十八磅布；雍裕出產龍馬牌十支、十四支、十六支、二十支、二十二支紗、十二磅、十六磅、十八磅本色及漂染布；晉生出產桐華牌棉紗及十三磅布、玉佛牌十二磅半布、晉新牌十六磅布、三龍牌十八磅布、飛馬牌斜紋細布及粗布。

常年產量及產值

總計四家常年可出紗五八、三二〇包，線一、七一一包，布四二三、〇四二疋，絨毯七二、〇〇〇條，合計總產值爲一二、九四六、九〇四元，以晉華最多，計五、八〇六、八〇〇元，大益成次之，計四、〇七四、七六四元，雍裕又次之，計一、六九二、二四〇元，晉生最次，計一、三七三、一〇四元。

實際產量

上述產量，係就常年生產力而言，至實際生產量，則又有出入，茲將最近五年來各廠產品數量，列表於后：

最近五年來山西各廠紗線產量統計表（單位包）　華南紗廠聯合會調查

廠名	民國十九年	民國二十年	民國二十一年	民國二十二年	民國二十三年
晉華	九、八二八	一六、六三五	二四、五六三	二二、五四三	二九、六一七
大益成	四、三二〇	六、八一三	八、八〇〇	一四、一九七	一四、九二三
雍裕	—	一、六〇〇	五、三三八	七、一七〇	七、四六三
晉生	—	—	四、五〇〇	五、五二〇	五、七〇〇
共計	一四、一四八	二五、〇四八	四三、二〇一	四九、四三〇	五七、七〇三

最近五年山西各廠棉織產品數量表（本誌調查）

廠名	產品名稱	民國十九年	民國二十年	民國二十一年	民國二十二年	民國二十三年
晉華	絨毯（條）	—	—	—	五四、六六一	七〇、三五六
大益成	布（疋）	—	—	二四、七八七	一三一、二二九	一九七、二二六
瑞裕	布（疋）	—	—	—	—	六六、四〇〇
晉生	布（疋）	五六、六〇〇	一二五、〇〇〇	一四一、〇〇〇	一四六、八〇〇	一五九、四一六
共計	毯（條）	—	—	—	五四、六六一	七〇、三五六
	布（疋）	五六、六〇〇	一二五、〇〇〇	一六五、七八七	二七八、〇二九	四二三、〇四二

民國十九年共產紗線一四、一四八包，布五六、六〇〇疋，以十九年爲基礎計二十年紗線增加百分之七七，布增九百分之一二一，二十一年紗線增加百分之二〇五，布增加百分之一九三，二十二年除紗線增加百分之二四九，布增加百分之三九一外，增產絨產五四、六六一條，二十三年產品之增加，尤爲猛晉，紗線增百分之三〇七，計五七、六七六包，布增百分之六五一，計四二五、〇四二疋，毯增百分之二十九，計七〇、三五六條。

五　銷售

銷量　四廠所產紗線，除晉生一家全供本廠織布外，其餘三家，一部份供本廠織布，餘數均供銷售，計二十一年銷三一、〇一一包，二十二年銷四三、七九一包，二十三年銷四八、六四二包，茲將最近三年來各廠銷量列表於后：

最近三年山西各廠紗線銷量統計表（單位包）

廠名	民國二十一年	民國二十二年	民國二十三年
晉華	二一、〇〇七	二三、八七一	二九、三一五
大益成	五、〇〇四	一三、九二〇	一四、三二七
雍裕	五、〇〇〇	六、〇〇〇	五、〇〇〇
共計	三一、〇一一	四三、七九一	四八、六四二

市價

近數年來，國內紡織業，以日貨之傾銷，購買力之減退，供求不相適應之故，紗布價格猛跌，兩三年來迄無起色，茲據大益成紗廠之報告，將近三年來該廠產品市價之漲落，列表於后：

大益成紗廠近三年來產品市價變遷表（單位元）

產品名稱	民國二十一年	民國二十二年	民國二十三年
十六支紗（包）	二二二・〇〇	一八七・〇〇	一九六・〇〇
十四支紗（包）	二一四・〇〇	一七九・〇〇	一九二・〇〇
雙股線（包）	二七二・〇〇	二二六・〇〇	二三六・〇〇
三股線（包）	二六四・〇〇	二一八・〇〇	二二八・〇〇
十二磅市布（疋）	八・七〇	七・二〇	七・六〇
十六磅市布（疋）	九・〇〇	八・〇〇	八・四〇

銷路

產品之銷路，各廠不同。晉華之產品，銷省內各縣及平漢路沿綫河北石莊、清苑、獲鹿、河南許昌等地；大益成之產品，銷省南各縣及陝西長安，甘肅皋蘭，河南孟縣沁陽等地；雍裕產品，銷本地及陝西，河北等地。晉生產品，銷本省及綏遠包頭。每年行銷，以春秋兩季爲佳。

包裝運輸

紗線每大包計四十捆，重四一六磅，合三一二斤，爲運輸便利起見，有改裝二十捆包者，是爲半包，亦曰小包，惟運往沁陽各縣，每包祇十六捆，布每包二十疋，用麻袋或布皮成包，外加鉄皮，以機束固。運輸方法，因地而異，銷省內者，用大車、汽車及火車。正太車每車載重二十噸，可裝紗一〇三包，同蒲車每車載重十五噸，可裝紗七十九包，汽車可裝十包，大車可裝五包；銷於省外者，中路二廠由正太平漢路聯運，運往河北及河南；南路二廠，則由隴海路，同蒲路，及通行陸路運輸，運費每百斤，至甘肅約十四元，沁陽約三元四角，長安約三元五角。

銷售方法

產品之銷售，分代銷、批銷、設莊運銷、及門市發行四種。交易有定貨及現貨之分，定貨則雙方互出方單，約期交貨，交貨地點，預爲言定，有本廠交貨者，有運送銷地交貨者，付款分現付及期款，期款時日之長短，普通均預先約定，大概一個月至三個月不等。

捐稅

紗廠係納統稅，出廠時一次繳足，沿途不再重征，稅率每大包紗，二十三支以上者，一一、六二五元，十二三等以下者，八・五八元，布每疋，十二磅者〇、二四三元，十六磅者〇、三二五元，十八磅者〇、三六六元，至於地方捐款，則無定例。

二　棉織業

一 沿革

機坊及紡織廠

粗細布　七斤布　十斤布　十一斤布　十二斤布

晉省織布業在民元以前，大都爲家庭手工業。有從事織布之職工，而無專設之機坊。機坊之設，始於何時，竟不可攷，惟據吾人所知，清光緒卅年，祁縣設立益晉公司（民國二十三年租與晉華紡織公司，現爲該公司之祁縣織染廠。）從事織布，此殆爲晉省開設織布廠之嚆矢。民七以後，雖續有添設，然不甚普遍，爲數亦少。民十五以來，始年有機坊之設立，至最近六年，棉織業乃呈孟晉之象。據此次調查所得，晉省現有機坊及紡織廠共一百三十所，近六年來開設者，達六十四家，佔全數百分之四十九強。所出布疋，年達三百三十八萬餘疋。斯項布疋，除大部份供本省人民需用外，間亦有外銷他省——如綏察陝甘豫冀等省者，如太原之粗細布則銷綏遠，新絳之七斤布、十斤布、十一斤布及十二斤布則銷甘陝豫，此其例也。

機坊

考棉織業之發展，與棉紡業有不可分離之關係，昔日手工業時代，棉織所需之棉紗，亦爲當地人民手工自紡，故其發展，恆受棉紡量之支配。迨海禁旣開，棉紗輸入內地，天津爲北方商港，與晉省相處甚近，原料之取給自易，棉織業之興起，乃超出手工業之限制而時有機坊之設立。厥後榆次之晉華，新絳大益成及雍裕三紡織公司，先後於民國十三、十六、二十年相繼開設，原料之取給益便，故各縣機坊紛紛設立，乃有近六年來新設機坊達總數百分之四十八強之成績，此必然之事也。

二　現狀

出布方式

晉省出布方式，可分爲五類：(一)爲紡織廠織造者——計有：太原之晉生紡織工廠、偏關之縣立婦女紡織傳習所、新絳之大益成紡織有限公司與雍裕紡織股份有限公司等四家，均爲紡織兼營。所用布機，除偏關之縣立婦女紡織傳習所爲人力機外，餘如晉生大益成雍裕均爲力織機，現共有人力機十八架，力織機七百九十六台；(二)爲染織廠織造者——計有：太原之山西女子職業工廠染織部、榆次之利民織染廠、祁縣之晉華分廠（卽「祁縣染織廠」）等三家。除染布外，兼織布疋。內女子職業工廠純用人力機，餘均人力機力織機兼用。現有人力機二百五十四架，力織機四十五台；(三)爲除織布外兼織造他種物品者——如：曲沃之民生模範織布工廠兼織綢；猗氏之模範織布工廠兼編草帽；圻縣模範織布工廠兼織毯、毛巾及線襪；定襄之模範織布工廠兼織線衣、襪，腿帶及毛巾；五台之勸業村工廠兼織綢緞及腿帶。現共有布機二百一十七台；(四)家庭手工業織造者——晉省織布，以家庭手工業爲主，產量佔總額百分之七十三强。大多數處各縣偏僻之區。布機確數雖不可知，據估計當在二十五萬餘台。(五)爲游民習藝工廠（卽新民工廠）織造者——游民習藝工廠之設立，本屬政府對於游民强迫生產敎育而設。各廠產品均因地而異。其產布機者，全省僅十六廠，產量亦微。所用布機，均屬人力機。

晉省棉紡織業，除紡織廠已詳棉紡篇及游民習藝工廠不專事產布容專篇論列外，茲將各縣機坊之統計列表如次：

山西省各縣機紡統計表

	家數	資本數（元）	職員數	工人數	布機數（架）	全年用紗量（包）	全年出布（疋）	全年產值（元）	
太原	二	九〇三、五〇〇	七一	九五三	三五三	六、三〇〇·〇〇	一七六、六一六	一、五〇〇、九六四	內女子職業工廠用紗、係自紡、用紗量係據中國紗廠一覽表列入
榆次	四	四、〇一七、八六〇	一三三	二、三二四	一六二	六三三·〇〇	三八、一五〇	一五四、五四〇	
太谷	九	三二、四二〇	三五	二三八	三三	四四四·〇〇	四二、〇〇〇	一三三、九五〇	
祁縣	一		三六	六七〇	三〇〇	四、五四〇·〇〇	一四一、〇〇〇	一、一二四、〇〇〇	
汾陽	一〇	一、九八〇	三六	一四五	八六	四五〇·七五	五八、一四〇	一〇〇、八九六	
平遙	五	四六〇	一七	二七	二二	五七·〇〇	六、六九〇	一一、八五八	
孝義	一	五、二〇〇	八	五六	三〇	七六·〇〇	五、二〇〇	三一、三〇〇	
屯留	一	一五〇	二	二	二	二·五〇	一三三	六〇〇	
晉城	二四	三〇、〇〇〇	二四	二二〇	八〇	三二〇·〇〇	二〇、一六〇	四〇、三二〇	
高平	六	六五〇		二〇	九	二一·七〇	三、三六〇	六、〇四八	
洪洞	六	三六、四五〇	六	四五	四六	四·七五	四、〇〇〇	二四、〇〇〇	
曲沃	二	一五、七〇〇	九	八五	三七	一九〇·〇〇	六、六〇〇	三九、三二〇	內民生模範織布工廠兼織綢
襄城	一	二〇、〇〇〇	七	四五	二〇	八三·〇〇	二、五四六	一七、〇三四	

虞鄉	二	五〇〇	三	七	七	一六・六二	五、五〇〇	五、五〇〇	
榮河	一	五、〇〇〇	八	四五	二〇	四〇・〇〇	三、九五〇	六、九六八	
猗氏	一	六、〇〇〇	四	二〇	三	一三・五〇	一、五〇〇	七、二〇〇	兼織草帽
解縣	一	二、〇〇〇	二	三〇	八	四一・六五	一、九〇八	一〇、二〇四	
新絳	一九	六、七六八、三五〇	二七三	三、一二六	七二〇	線二、六七八・五〇 八二二・〇〇	三〇九、六七五	二、三九五、一九六	大益成兼製紗線
河津	二	七、二〇〇	八	五九	二七	一四七・〇〇	一五、二〇〇	三二、九〇〇	
靈石	四	五、一五〇	二三	六一	六二	五九・六〇	九、五五〇	一三、四一五	
趙城	一	五、五〇〇	三	一八	五	三四・〇〇	一、五八四	七、六〇三	
大同	一	三、六〇〇	三	二〇	五	（尚	未	開工）	
偏關	一	九〇〇	六	五二	一八	一一・〇〇	二六六	四、四〇〇	
沂縣	一	三〇、〇〇〇	一五	七五		六五・〇〇	三、三五〇	一〇、九〇七	兼織毯、毛巾、線襪
定襄	二	四、五〇〇	二	五〇	一五	一八・〇〇	二、七〇〇	五、九四〇	兼織線衣、襪、腿帶、毛巾
五台	二	一、一〇〇	三一	四〇一	一三〇	三三〇・三五	一〇、一四〇	四一、三五〇	內勸業村工廠兼織綢緞及腿帶
	一三〇	七、八三五、二〇〇	七五五	八、五〇四	三、〇三三	二五、四五八・九二	八六九、九〇七	五、七二六、四三三	

至家庭手工業，其現狀及產量等，已詳土布篇中，茲未列入

三　原料及生產

織布之主要原料爲棉紗。紡織廠大都買入棉花然後紡紗織布，機坊則逕買棉紗織造布疋。至家庭手工業，有買紗織布一如機坊者，有自種自紡自織者。故除紡織廠所進原料爲棉花外，餘均以棉紗爲主要原料。

棉紗之來源

棉紗之來源可別爲三：(一)爲外省棉紗——係織布商直接向天津上海河南等處購買；(二)爲本省紡織廠所出棉紗——斯項棉紗，大都係晉生天益成雍裕等紗廠出品，由各縣貨商向紡織廠販運至各縣，設莊銷售與各機坊，其範圍較大資金充裕之機坊，亦有與紡織商覓保立約先交押金若干然後取紗應用半年一結清者；(三)亦有以土紡棉紗織布者。

棉紗產布

每包棉紗所出布疋，數量多不一致。恆因布質之不同、幅門之寬狹、布身之疏密而異其產量。例如：太原每包棉紗織粗布可得三三疋，每包合股線織斜紋布或市布可得八十疋。榆次每十六支紗一包可織重二斤之布（長：四丈八尺；寬一尺二寸。）一百六十疋，或織重九斤之粗布（長：四十碼；寬：二尺七寸。）四十疋；新絳十六支紗每包可織十斤布三十四疋餘，織七斤布則爲四十八疋餘；汾陽每包棉紗可織條格布二百四十疋，織大尺布祇一百二十疋；平遙每包可織大尺布（五丈六尺）一百三十疋，織二斤布（四丈八尺）則爲一百六十疋，標布爲七十一疋。祁縣粗布，每疋用棉紗十一磅至十七磅不等。

原料來源

原料來源，以本省紡織廠所出者爲最多，外省次之。本省所出者，尤首推新絳。玆據機坊所用來源列舉如下：

原料來源地	數量(包)	對總數量百分比	說明
天津	三〇六・〇〇	一・二〇	
上海	一〇〇・〇〇	・三九	
榆次	一、五三一・二〇	六・〇二	
新絳	一、九五三・二七	七・六七	
榆次及新絳	五〇〇・〇〇	一・九六	數量未經分別列出
河北及新絳	二七・七〇	・〇九	數量未經分別列出
解縣	五・七五	・〇二	
本省(未列舉縣名)	一七〇・〇〇	・六七	未列舉縣名
自紡	二〇、五六一・〇〇	八〇・七六	爲晉生、晉華、大益成、雍裕等四家
未詳	三一〇・〇〇	一・二二	
總計	二五、四五八・九二	一〇〇・〇〇	紗線八一一包未列入

上表所示,天津上海河北輸入之棉紗,尙不及本省所產者百分之三,若加入手工業計算,其差數當更大。晉省機坊所用原料,除外省輸入外,其用本省紡織廠所產之棉紗佔用紗總量百分之九十六以上,百分之九十六中,又大都爲晉生晉華大益成雍裕等四家所產,且自用量佔百分之八〇・七六,是則機坊所用原料僅百分之十八以上也(未詳項當以本省所出者爲多)。

生產過程

次言生產，其過程可分三種：(一)紡紗織布——如紡織廠是；(二)購紗織布，如機坊及游民習藝工廠如；(三)購紗織布染色——如織染廠是。至家庭手工業，則有屬於第一種過程者，有屬於第二種過程者。

就現狀而論，晉省出布，當以家庭手工業爲第一位，機坊次之，游民習藝工廠爲最少。紡織廠之出品在數量上雖較機坊爲少，惟在產值上則較機坊爲高。此蓋因紡織廠出品較機坊所產爲優也。玆列表如次：

山西省棉布生產分類比較表

類別	全年產量（疋）	對總產量百分比	全年產值（元）	對總產值百分比
紡織廠所產	四二三、〇四二	一二・五二	三、五〇六、八二二	三三・三〇
機坊所產	四四二、八六五	一三・一一	二、二〇九、六一一	二〇・九八
家庭手工業所產	二、四八六、六〇〇	七三・六五	四、七二三、三一〇	四四・八六
游民習藝廠所產	二四、〇七〇	・七二	九〇、九一四	・八六
合計	三、三八〇、五七七	一〇〇・〇〇	一〇、五三〇、六五七	一〇〇・〇〇

區域分布

晉省產布區域，大都在中南兩部，北部除偏關五台定襄忻縣而外，卽家庭手工業卽不多見。故全省一〇五縣，產布者僅七十五縣而已。以家庭手工業分佈最廣，達六十六縣，機坊次之，爲二十五縣，游民習藝工廠爲最少，僅十六縣。各縣有家庭手工業與游民習藝工廠並存者，有機坊與家庭手工業並存者，有單獨爲家庭手工業者，亦有三種鼎立者。茲析舉於後；

機房單獨存在者計四縣——榆次、汾陽、偏關、五台

家庭手工業單獨存在者計三十六縣——清源、交城、文水、孝義、臨、石樓、離石、中陽、長治、長子、襄垣、黎城、壺關、陽城、榆社、沁、沁源、武鄉、昔陽、臨汾、安澤、吉、永濟、臨晉、萬泉、安邑、平陸、芮城、稷山、絳、垣曲、霍、汾西、隰、大寧、永和。

游民習藝所單獨存在者計三縣——嵐、遼、和順。

機坊與家庭手工業並存者計十七縣——太原、平遙、介休、屯留、平順、高平、洪洞、曲沃、翼城、虞鄉、滎河、猗氏、解、新絳、河津、趙城、定襄。

機坊與游民習藝工廠並存者計二縣——太谷、祁。

家庭手工業與游民習藝工廠並存者計十縣——陽曲、潞城、沁水、壽陽、襄陵、浮山、汾城、鄉寧、夏、聞喜。

三者並存者計一縣——靈石。

產量比較

就產量言：紡織廠以大益成所產者爲最多，依次爲晉生晉華祁縣織染廠及雍裕。機坊以汾陽爲最多，新絳次之，太谷再次之；以偏關屯留爲最少。家庭手工業以平遙爲最多，萬泉次之，猗氏再次之，長

海及黎城爲最少，晉城及忻縣雖有出產，但均係自織自用，並不外售。游民習藝工廠，因非專事織布，故產量亦最少，就中以陽曲所產爲最多，嵐縣次之，太谷又次之，最少爲夏縣。玆列舉如下表。

山西各縣棉布生產統計表

	機廠坊所產		家庭手工業所產		游民習藝工廠所產		總計	
	年產布(疋)	年產值(元)	年產布(疋)	年產值(元)	年產布(疋)	年產值(元)	年產布(疋)	年產值(元)
陽曲			一、〇〇〇	* 一、五〇〇	九、六三〇	五四、一一七	一〇、六三〇	五五、六一七
太原	一七六、六一六	一、五〇〇、九六四	△ 四、九八二	* 八、四六九			一八一、五九八	一、五〇九、四三三
榆次	三八、一五〇	一五四、五四〇					三八、一五〇	一五四、五四〇
太谷	四一、〇〇〇	一三三、九五〇			三、二〇〇	四、一八〇	四四、二〇〇	一三八、一三〇
祁縣	一四一、〇〇〇	一、一三四、〇〇〇			四〇〇	七二〇	一四一、四〇〇	一、一三四、七二〇
清源			△ 一、四一四	△ 二、五四五			一、四一四	二、五四五
交城			△ 二、六〇〇	△ 四、一六〇			二、六〇〇	四、一六〇
文水			△ 五二〇	八六七			五二〇	八六七
嵐縣					二、五〇五	五、一三四	二、五〇五	五、一三四
汾陽	五八、一四〇	一〇〇、八九六					五八、一四〇	一〇〇、八九六
平遙	六六、六九〇	二一、八五八	二七〇、〇〇〇	四二三、〇〇〇			三三六、六九〇	四四四、八五八
介休	五、二〇〇	二二、三〇〇	△ 二〇一	△ 二六一			五、四〇一	二二、五六一

孝義			△一三、三二〇	三三、六四四			一三、三二〇	三三、六四四
臨縣			△六、八二〇	△一〇、八九六			六、八二〇	一〇、八九六
石樓			九、七〇〇	一四、五五〇			九、七〇〇	一四、五五〇
離石			△三、六〇〇	△三五、二〇〇			三、六〇〇	三五、二〇〇
中陽			五〇〇	八五〇			五〇〇	八五〇
長治			△二、五六〇	△二、四五七			二、五六〇	二、四五七
長子			二四、〇〇〇	一三六、〇〇〇			二四、〇〇〇	一三六、〇〇〇
屯留	二二三	六〇〇	一六、二〇〇	二五、九二〇			一六、四二三	二六、五二〇
襄垣			三三、〇〇〇	三三、〇〇〇			三三、〇〇〇	三三、〇〇〇
潞城			△一、〇一七	一、八七二	二、〇〇〇	三、六〇〇	三、〇一七	五、四七二
黎城			△四五〇	九六七			四五〇	九六七
壺關			△七六〇	一、一三二			七六〇	一、一三二
平順	二〇、一六〇	四〇、三二〇	二、〇〇〇	*三、六〇〇			二二、一六〇	四三、九二〇
晉城			△自用無定額	△不外售				
高平	三、三六〇	六、〇四八	△三、四五二	△五、一八八			六、八一二	一一、二三六
陽城			七四、五〇〇	*一四九、〇〇〇			七四、五〇〇	一四九、〇〇〇
沁水			△一、三九六	△二、〇九四	四〇	三〇〇	一、四三六	二、三九四

和順					三〇〇	二七〇	三〇〇	二七〇
楡社			六一,五〇〇	一一〇,七〇〇			六一,五〇〇	一一〇,七〇〇
沁縣			五,〇〇〇	八,七五〇			五,〇〇〇	八,七五〇
沁源			△一八,〇〇〇	△二七,〇〇〇			一八,〇〇〇	二七,〇〇〇
武鄕			三六,六〇〇	一四六,四〇〇			三六,六〇〇	一四六,四〇〇
昔陽			△一,三〇五	△一,五六六			一,三〇五	一,五六六
壽陽			五,〇〇〇	六,二五〇	一,八〇〇	二,五二〇	六,八〇〇	八,七七〇
臨汾			四三,三〇〇	九七,四二五			四三,三〇〇	九七,四二五
襄陵			一〇〇,〇〇〇	四七〇,〇〇〇	四六九	二・四三六	一〇〇,四六九	四七二,四三六
洪洞	四,〇〇〇	二四,〇〇〇	八二,〇〇〇	二三九,六〇〇			八六,〇〇〇	〇五三,六〇〇
浮山			二七,七〇〇	六二,三二五	一四〇	一,〇三六	二七,八四〇	六三,三六一
汾城			二〇,〇〇〇	四九,〇〇〇	八〇〇	四,七〇〇	二〇,八〇〇	五三,七〇〇
安澤			一〇,〇〇〇	二〇,〇〇〇			一〇,〇〇〇	二〇,〇〇〇
曲沃	六,六〇〇	三九,三三〇	一六,〇〇〇	三二,〇〇〇			二二,六〇〇	七一,三三〇
翼城	二,五四六	一七,〇三四	六二,四〇〇	一六二,二四〇			六四,九四六	一七九,二七四
吉縣			二三,三〇〇	五五,九二〇			二三,三〇〇	五五,九二〇

鄉寧			△四、八〇〇	△三、〇〇〇	一、一七六	一二、一四二	五、九七六	一五、一四二
永濟			八二、二〇〇	一七三、六二〇			八二、二〇〇	一七三、六二〇
臨晉			一〇〇、〇〇〇	二二五、〇〇〇			一〇〇、〇〇〇	二二五、〇〇〇
虞鄉	五、五〇〇	五、五〇〇	一一三、〇〇〇	二一六、〇〇〇			一一八、五〇〇	二二一、五〇〇
榮河	三、九五〇	六、九七八	二六五、〇〇〇	六七、五〇〇			二六八、九五〇	七四、四七八
萬泉			二七〇、〇〇〇	五六七、〇〇〇			二七〇、〇〇〇	五六七、〇〇〇
猗氏	一、五〇〇	七、五〇〇	二〇〇、〇〇〇	二四〇、〇〇〇			二〇一、五〇〇	二四七、五〇〇
解縣	一、九〇八	一〇、一〇四	一〇〇、〇〇〇	一二〇、〇〇〇			一〇一、九〇八	一三〇、一〇四
安邑			九八、九〇〇	一〇八、七九〇			九八、九〇〇	一〇八、七九〇
夏縣			四六、六〇〇	六七、一〇四	二六〇	六七六	四六、八六〇	*六七、七八六
平陸			三、〇〇〇	六、〇〇〇			三、〇〇〇	六、〇〇〇
芮城			一三、〇〇〇	三九、〇〇〇			一三、〇〇〇	三九、〇〇〇
新絳	二〇九、六七五	二、一九五、一九六	九、四〇〇	二一二、二二〇			二一九、〇七五	二、四〇七、四一六
河津	一五、二〇〇	二二、九〇〇	八、五〇〇	二三、六〇〇			二三、七〇〇	四六、五〇〇
聞喜			四二、〇〇〇	一〇〇、八〇〇	四〇〇	二、六〇〇	四二、四〇〇	一〇三、四〇〇
稷山			二〇、〇〇〇	二八、〇〇〇			二〇、〇〇〇	二八、〇〇〇
絳縣			九、〇〇〇	一七、一〇〇			九、〇〇〇	一七、一〇〇

垣曲			三五、〇〇〇	七〇、〇〇〇			三五、〇〇〇	七〇、〇〇〇
霍縣			一〇、〇〇〇	二〇、〇〇〇			一〇、〇〇〇	二〇、〇〇〇
靈石	九、五五〇	三、四一五	一五、〇〇〇	一九、五〇〇	一、二〇〇	一、六八〇	二五、七五〇	二四、五九五
趙城	一、五八四	七、六〇五	九三、〇〇〇	一二五、五五〇			九四、五八四	一三三、一五五
汾西			二三五、九〇〇	二五一、八〇〇			二三五、九〇〇	二五一、八〇〇
隰縣			八、四〇〇	不外銷			八、四〇〇	
大寧			五、二〇〇	八、八四〇			五、二〇〇	八、八四〇
永和			六三、六〇〇	一〇九、五五〇			六三、六〇〇	一〇九、五五〇
偏關	二六六	四、四〇〇					二六六	四、四〇〇
忻縣	三、二五三	一〇、九〇七	△	不外銷			三、二五三	一〇、九〇七
定襄	二、七〇〇	五、九四〇	△四二、〇〇〇	△四二、〇〇〇			四四、七〇〇	四七、九四〇
五台	一〇、一四〇	四一、三五〇					一〇、一四〇	四一、三五〇
	八六九、九〇七	五、七一六、四三三	二、四八六、六〇〇	四、七二三、三一〇	二四、〇七〇	九〇、九一四	三、三八〇、五七七	一〇、五三〇、六五七

家庭手工業所產欄內：（一）年產布及年產值數字上有△符號等，採自太原經濟建設委員會經濟統制處之統計；（二）年產值數字上有*符號者，係據各該縣鄰近縣之單位價估計而得；（三）餘從本委員會調查表。

四 銷售

銷路分布

山西省棉布之銷路。以本省為重，間亦有行銷他省者，如綏遠、陝西、察哈爾、甘肅、河南等省是。祁縣棉布，除本省銷路爲：平遙、汾陽、太谷、太原、文水、交城等舊冀寧道各縣外，外省則爲陝西西安。近因陝北地方不靖，西安方面又有隴海路通車，盛銷上海貨，故銷路頓減。平遙所產土布，昔日銷於陝西寧夏者佔其大半，且負盛譽。現因陝北不靖，交易阻隔，不特陝北市場消失，卽寧夏交通亦告隔絕，貨物難以運輸，棉布市場，已減縮至本省境內。屯留出布，每年祇一六四二二疋，大多銷行本縣，近受洋布影響，貨品滯銷，營業蕭滌。榮河出布，年較屯留爲多，銷路仍以本縣爲主，惟因西隣陝西，故而有銷至陝西者。新絳之布，昔日均係供商民服用，今因棉花包皮使用者亦不少，故銷路除本地及隣縣外，有遠銷至陝西者。河津亦以地接陝東，故所產白布，除供本地農民製衣及孝服外，陝西亦爲其銷路之一。除此以外，各縣所產布疋，均以本省爲銷場。蓋以晉省之織布業，尚在手工業時代，機坊出品，亦未純與力織生產之新式布廠相比，故其銷路僅能及於本省境內及陝甘察，而猶未能大量傾銷於冀豫也。

交易方法

年來國際經濟恐慌，已由工業部門而深入窮鄉僻壤，借貸信用亦因之縮小，故晉省各業，率多以現金交易爲主，織布業亦然僅資金雄厚者，倘有一部份賴信用交易，然爲期亦至短，多則二月，少則半月。且須有契約方式。如榆次：多由推銷員兜售，有定貨者，有現售者。定貨多由廠家直接交於腳戶轉交買主，貨款由買主送廠或由廠方派員收取；利民工廠，則按標期對月爲付款之期。祁縣之晉華織染廠對於定貨手續則爲愼重，其方法係於貨物定妥後，由廠方發給三聯單，訂明：(甲)交貨日期；(乙)交貨地點；（丙）貨物價值；（丁）付款日期，再由購主在購貨單上簽字寄回，然後按期收款發貨。曲沃民生廠則先交定洋，然後交貨。冀城模範織布廠，對於來往商戶，係先發貨物，至半月期滿，始行收款。對於往來小販則須立有一定之保單及憑條到期收款。上述諸手續，使用甚少，大多為款貨兩交，蓋手續因簡便，又無倒賬之事發生也。

山西省織布工業一覽表

縣別	紡織廠機坊名稱	地址	設立時期	組織	資本額（元）	職工數 職員	職工數 工人	每年用紗量（包）	年產量（疋）	年產值（元）	布機數（架）	銷場	附註
太原	女子職業工廠織染部	前所街	民國七年	合資	一八〇、〇〇〇	四一	一五〇	五〇〇	布 一七、二〇〇	一二七、八六〇	一〇〇	本縣	棉紗自紡，不出售，產量隸中國紗廠一覽表列入。
	晉生染織工廠	晉生路	民國一八年	有限公司	七[illegible]、五〇〇	一〇	七〇	五、七〇〇	粗細布 一九、四一六	一、一七[illegible]、一〇四	[illegible]	本省、綏遠、包頭	
榆次	模範工廠	南寺街	民國二二年	縣立	三、〇〇〇	[illegible]〇	[illegible]	一七〇	花布 一五、〇〇〇	五〇、〇〇〇	六〇	本省陝西	
	永和工廠	路家街	民國二五年	合資	九六〇	[illegible]	[illegible]七	六	粗布 一、七五〇	九、五〇〇	[illegible]	本縣	
	家庭工業傳習所籌備處	南大街	民國二四年	合資	九〇〇	[illegible]	[illegible]	七	粗布 [illegible]、〇〇〇	六、〇〇〇	[illegible]	中部七縣	
	利民織染工廠	北門外	民國二四年	合資	[illegible]、〇〇〇	一〇	七〇	[illegible]〇〇	花色布 八、四〇〇	八九、〇四〇	[illegible]九	各縣	
太谷	模範工廠	西街	民國二二年	縣立	八、〇〇〇	九	九[illegible]	六七	呢布 八、〇〇〇	九〇、〇〇〇	五〇	本省、陝西綏遠	
	義記工廠	衙門街	民國二四年	獨資	五〇	[illegible]	[illegible]	六	條格布 四、五〇〇	[illegible]、[illegible]五〇	一〇	本省	
	聚源恆	北寺街	民國二一年	合資	一、五〇〇	[illegible]	[illegible]	一〇	格布 一、五〇〇	七、〇〇〇	[illegible]	本省	
	源享工廠	西街	民國二一年	合資	五〇〇	七	[illegible]	[illegible]	格布 一、六〇〇	[illegible]、〇〇〇	[illegible]	本省	
	富如工廠	東寺	民國二一年	獨資	[illegible]〇	[illegible]	[illegible]	九	格布 一、〇〇〇	二、〇〇〇	四	本省	
	慶記工廠	衙門東	民國二四年	獨資	五〇	[illegible]	[illegible]	四二	小布 四、〇〇〇	五、二〇〇	一〇	本省	
	林工廠	東寺	民國二一年	獨資	一〇〇	一	一七	九	小布 五、〇〇〇	六、五〇〇	一〇	本省	
	晉義工廠	西街	民國二五年	獨資	一〇〇	[illegible]	[illegible]	四	粗格布 二、〇〇〇	六、〇〇〇	九	本省	
	慶盛工廠	衙門東	民國二一年	獨資	一〇〇	一	[illegible]	五	格布 一、四〇〇	二、八〇〇	六	本省	

祁縣	晉華紡織公司祁縣染織廠	北關	民國二三年	公司	未詳	二六	六七	四、五四〇	粗布	一四一、〇〇〇	一、二四〇、〇〇〇	三〇〇	鄰縣西安
汾陽	義利工廠	城內	民國一三年	獨資	二五〇	三	三〇	三三・七五	條格布	八、一〇〇	八、一〇〇	五	本縣
汾陽	華興工廠	南關	民國一六年	獨資	一〇〇	六	二二	五〇	大尺布	六、〇〇〇	一三、〇〇〇	七	本縣
汾陽	全裕工廠	南關	民國一二年	獨資	三〇〇	六	二〇	五〇	粗布	六、〇〇〇	一三、〇〇〇	八	本縣
汾陽	駿業工廠	東關	民國二四年	獨資	三〇〇	二	一四	二七・五	粗布	四、五〇〇	八、一〇〇	六	本縣
汾陽	德盛工廠	城內	民國二二年	獨資	五〇〇	二	一八	五五	粗布	六、六〇〇	一〇、五六〇	七	本縣
汾陽	新勝工廠	小南關	民國二三年	獨資	八〇	一	六	二二	土布	二、六四〇	三、六九六	四	本縣
汾陽	晉裕工廠	小南關	民國一三年	獨資	一〇〇	二	一七	六五	土布	七、八〇〇	一五、六〇〇	一三	本縣
汾陽	正實工廠	東關	民國一二年	獨資	一〇〇	六	一六	六〇	土布	七、二〇〇	一四、四〇〇	一二	本縣
汾陽	慶業工廠	城內	民國二三年	合資	一五〇	四	一二	四五	土布	五、四〇〇	八、六四〇	八	本縣
汾陽	公益工廠	小南關	民國二一年	合資	二〇〇	二	一〇	三一・五	土布	三、九〇〇	七、八〇〇	六	本縣
平遙	恒聚長	第三街	民國一一年	合資	五〇	一	一〇	二	二斤布	一、九二〇	二、三〇四	五	本縣察省
平遙	德記織廠	第十七街	民國二一年	獨資	九〇	五	二	六	大尺布	八〇〇	一、三六〇	二	本縣
平遙	春泰永	第三街	民國一二年	獨資	七〇	二	四	五	大尺布 二斤布	七〇〇	九九〇	二	本縣
平遙	同聚魁	第三街	民國一六年	合資	二〇〇	五	六	三	標布 大尺布	一、六〇〇	四、八〇〇	六	本縣鄰縣
平遙	堆積祥	第五街	民國二二年	合資	五〇	四	五	二	二斤布	一、六七〇	二、四〇四	五	本縣
孝義	崇正織造工廠	司馬鎮	民國七年	合資	五、〇〇〇	八	五六	七八	各色布	五、二〇〇	三、三〇〇	三〇	本縣鄰縣
屯留	德記	城內	民國一七年	獨資	一五〇	三	二	二・五	洋布	三三三	六〇〇	二	本縣
晉城	計三十四家				三、〇〇〇	二四	一二〇	二〇	棉布	二〇、一六〇	四〇、三二〇	八〇	本縣
高平	五福昌織布坊	城內	民國二三年	獨資	一〇〇		三	四・五	土布	七〇〇	一、二六〇	二	本縣
高平	天德昌織布坊	城內	民國一九年	獨資	二〇		五	四・八	土布	七五〇	一、三五〇	二	本縣
高平	成興隆織布坊	城內	民國二三年	獨資	六〇		三	二・三	土布	三五〇	六三〇	一	本縣
高平	豫申之織布坊	長平村	民國一七年	獨資	五〇		四	五・三	土布	八〇〇	一、四四〇	二	本縣
高平	邢金盛織布坊	楊家宅	民國二〇年	獨資	一〇〇		三	二・五	土布	四〇〇	七二〇	一	本縣
高平	段成孩織布坊	掘山村	民國二一年	獨資	二〇		二	二・三	土布	三六〇	六四八	一	本縣

洪洞	永興工廠	本城	民國二九年	合資	五〇〇	一	九	一·〇〇	白布	八〇〇	四、八〇〇	八	本縣	
	德泰恆	本城	民國二〇年	獨資	五〇〇	一	六	·七五	白布	六〇〇	三、六〇〇	五	本縣	
	德興合	本城	民國二〇年	獨資	五〇〇	一	七	·五〇〇	白布	六〇〇	三、六〇〇	七	本縣	
	世興恆	本城	民國二二年	獨資	二六〇	一	五	·五〇〇	白布	四〇〇	二、四〇〇	五	本縣	
	元興永	本城	民國二三年	合資	一、一〇〇	一	一二	一·二五	白布	一、〇〇〇	六、〇〇〇	二三	本縣	
	興盛公	本城	民國二三年	獨資	五〇〇	一	六	·七五	白布	六〇〇	三、六〇〇	六	本縣	
曲沃	民生模範織布工廠	上西山內	民國二二年	合資	一五、〇〇〇	七	一六	一七五·〇〇	土布	六、〇〇〇	三六、三三〇	三四	本省	兼織綢
	同興順織布工廠	小母巷	民國二〇年	獨資	七〇〇	二	九	一五·〇〇	土布	六〇〇	三、〇〇〇	三三	本縣	
冀城	模範織布工廠	冰淸鎭泰山廟	民國二三年	縣立	一〇、〇〇〇	七	四五	八三	棉布	三、四五六	一七、〇三四	三〇	本縣、浮山、沁水	
虞鄉	王心盛	城內	民國二二年	獨資	二〇〇	一	[illegible]	六·二五	棉布	二、二〇〇	二、二〇〇	[illegible]	本縣	
	李順德	城內	民國一七年	獨資	一六〇	一	[illegible]	五·七五	棉布	一、九八〇	一、九八〇	一	本縣	
	張思明	城內	民國一九年	獨資	一四〇	一	[illegible]	四·六二	棉布	一、三二〇	一、三二〇	一	本縣	
榮河	模範織布工廠	城內	民國二三年	官立	五、〇〇〇	八	四五	四〇	布	三、九五〇	六、九七六	三〇	本縣陝西	
猗氏	模範織布工廠	城內莊武王廟	民國一八年	公司	六、〇〇〇	四	二〇	一二·五〇	洋條布	一、五〇〇	七、五〇〇	一二	本省	兼營草帽
解縣	模範織布工廠	城內西街	民國二二年	縣立	一、〇〇〇	[illegible]	三〇	四一·六五	洋布	一、九六八	一〇、一〇四	一八	本縣	
新	模範織布工廠	城內府君廟	民國二三年	縣立	一七、〇〇〇	九	八一	二〇·〇〇	各色布	四、五二九	三六、二四四	三〇	本縣鄰縣陝西	
	恆茂源	東嶽巷	民國一二年	合資	七〇〇	[illegible]	八	二一·五〇	十一斤布	九六〇	五、六六四	六	本縣鄰縣陝西	
	恆泰公	西關	民國一七年	合資	六〇〇	[illegible]	五	五九·〇〇	十斤布	一、九二〇	一〇、五六〇	一〇	本縣鄰縣陝西	
	長發祥	府君巷	民國一三年	合資	六〇〇	[illegible]	一七	七一·五〇	十斤布	二、四〇〇	一三、二〇〇	一〇	本縣鄰縣陝西	
	集成工廠	府君巷	民國一五年	合資	五〇〇	[illegible]	[illegible]	七五·〇〇	十二斤布	二、一〇〇	一三、六五〇	一〇	本縣鄰縣陝西	
	義記工廠	西關	民國二二年	獨資	五〇〇	[illegible]	一七	八六·〇〇	十二斤布	二、四〇〇	一五、八〇〇	一二	本縣鄰縣陝西	
	合盛灌	西關	民國一九年	獨資	五〇〇	[illegible]	一六	八六·〇〇	十二斤布	二、四〇〇	一五、八〇〇	一〇	本縣鄰縣陝西	
	裕華工廠	府君巷	民國一一年	合資	五〇〇	[illegible]	一〇	五四·〇〇	十二斤布	一、五〇〇	九、七五〇	八	本縣鄰縣陝西	
	裕記工廠	東街	民國一九年	獨資	五〇〇	[illegible]	一二	一六·〇〇	十斤布	一、二〇〇	六、六〇〇	四	本縣鄰縣陝西	
	林興合	東街	民國一九年	獨資	五〇〇	二	一四	七一·四〇	十斤布	二、四〇〇	一三、二〇〇	一	本縣陝甘	

絳	同祥工廠	東街	民國一五年	合資	五〇〇	[illegible]	二一	四六·〇〇	十二斤布	一、五四〇	一〇、〇二〇	七	本縣、陝甘
	聚興永	東街	民國一五年	合資	五〇〇	[illegible]	二〇	六[illegible]	十斤布	二、一〇〇	一一、五五〇	七	
	復盛郁	東街	民國十九年	獨資	五〇〇	[illegible]	一八	五五	十斤布	一、八〇〇	九、九〇〇	六	
	永茂合	東嶽廟	民國十九年	獨資	四〇〇	[illegible]	一三	五六	十斤布	一、二〇〇	六、六〇〇	四	本縣
	謙泰榮	東街	民國十九年	獨資	四〇〇	[illegible]	一五	四四·五〇	十二斤布	一、一五〇	七、四七五	五	
	同心誠	西門外	民國十八年	合資	四〇〇	[illegible]	一二	五六	十斤布	一、二〇〇	六、六〇〇	四	本縣隣縣
	仁和裕	西關	民國二四年	獨資	五〇〇	[illegible]	一二	五六	十斤布	一、三〇〇	七、一五〇	四	本縣陝甘
	誠盛裕	東街	民國二三年	獨資	五〇〇	[illegible]	一八	五五	十斤布	一、八〇〇	九、九〇〇	六	本縣陝甘
	義合工廠	東街	民國二二年	獨資	四〇〇	[illegible]	[illegible]	六[illegible]	十斤布	一、二〇〇	六、六〇〇	四	本縣臨汾
	德順戍	南關	民國一九年	獨資	[illegible]	[illegible]	[illegible]	六	十斤布	一、[illegible]五〇	六、八七五	四	洪洞
	恒盛東	南關	民國一六年	獨資	[illegible]	[illegible]	[illegible]	[illegible]	十斤布	一、〇〇〇	五、五〇〇	[illegible]	本縣翼城
	晉振工廠	東街	民國二四年	合資	[illegible]	[illegible]	[illegible]	六	十斤布	一、[illegible]五〇	六、八七五	四	本縣汾城陝西
	三友工廠	東嶽廟	民國二四年	獨資	五〇〇	[illegible]	[illegible]	七	十二斤布	一、七五〇	四、八七五	[illegible]	
	同德工廠	東街	民國二三年	獨資	[illegible]	[illegible]	[illegible]	七	十斤布	一、[illegible]〇〇	七、一五〇	四	
	文慶昌	東街	民國一七年	合資	[illegible]	[illegible]	[illegible]	[illegible]	七斤布	一、七〇〇	一〇、八〇〇	六	本縣隣縣
	泉順工廠	東街	民國二三年	合資	四〇〇	[illegible]	[illegible]	六·五	七斤布	一、八〇〇	八、一〇〇	四	
	德興工廠	東街	民國二四年	獨資	[illegible]	[illegible]	[illegible]	六·五	十斤布	一、九〇〇	四、九五〇	[illegible]	
	大益成紡織股份有限公司	三林樓	民國一六年	公司	[illegible]、四〇〇、〇〇〇	一四六	一、七六〇	紗八、八[illegible] 線	粗布 毛巾布	一九七、[illegible]	一、[illegible]〇、[illegible]一八	四〇四	晉南豫北 陝西 兼製紗、線
	雍裕紡織股份有限公司	南關	民國二〇年	公司	六〇〇、〇〇〇	五[illegible]	八六八	一、〇〇〇	各色布	六六、四〇〇	九〇二、六〇〇	一四〇	本地陝豫
河津	同盛工廠	西關	民國二一年	合資	[illegible]四〇〇	[illegible]	[illegible]五	[illegible]	白布	二、[illegible]〇〇	[illegible]	四	本縣陝西
	模範織布工廠	城內後街	民國二二年	縣立	六、八〇〇	六[illegible]	五四	[illegible]四	白布	二、九〇〇	[illegible]〇、九〇〇	[illegible]三	
靈石	德星源	城內	民國一五年	獨資	一、五〇〇	[illegible]	[illegible]八	[illegible]	粗布	[illegible]、五〇〇	四、五五〇	[illegible]五	本縣
	晉泰裕	城內	民國一七年	獨資	一、五〇〇	[illegible]	[illegible]五	[illegible]	粗布	[illegible]、五〇〇	一、九五〇	[illegible]六	
	振興昇	靜昇鎮	民國九年	合資	一、八〇〇	[illegible]	[illegible]〇	[illegible]	粗布	[illegible]、七〇〇	四、八一〇	[illegible]八	
	岐山厚	兩渡鎮	民國九年	合資	一、[illegible]〇〇	[illegible]	[illegible]八	[illegible]	粗布	[illegible]八五〇	一、一〇五	[illegible]	
趙城	耕晉工廠	馬牧村	民國二二年	獨資	五、五〇〇	[illegible]	一八	[illegible]四	洋布	一、五八四	七、六〇[illegible]	[illegible]五	洪洞霍縣
大同	正利毛線紡織工廠	城內蘭池街	民國二四年	獨資	[illegible]、六〇〇	[illegible]	[illegible]〇	（未	開		工）	五	
偏關	婦女紡織傳習所	城昌文廟 棉	民國二一年	縣立	九〇〇	六	[illegible]	一	棉布	二六六	四、四〇〇	一八	本縣

忻縣	模範織布工廠	城內	清宣統元年	公私合辦	二〇、〇〇〇	一五	七五	六五	布	三、二五〇	一〇、九〇七	二八	本省	兼織毯、毛巾、線襪
定襄	模範織布工廠	城內城隍廟街	民國二二年	縣立	四、五〇〇	三	五〇	一八	布	二、七〇〇	五、九四〇	一五	本地	兼織線衣、襪、腿帶、毛巾
五台	德勝廠	城內	民國二三年	獨資	三〇〇	一	一	三五	各色布	一四〇	三五〇	二	本縣	
	勸業村工廠	河邊村	民國二一年	獨資	二、二〇〇	一〇	四〇〇	二〇〇	各色布	一〇、〇〇〇	四二、〇〇〇	二八	太原附縣	兼織綢緞、腿帶、

（附）土布業

一　概況

概說

晉省在昔無紡織工廠，紡織一事，悉爲家庭手工業，多由女子操作，男耕女織，爲家庭中之分工，自開海禁以後，洋紗洋布，源源輸入，民國改元，省內復有大規模之紡織廠及小規模機坊之設立，其成品，價廉而美觀，於是舊日之家庭紡織一事，乃受淘汰而漸次沒落，其能存在於今日者：一爲自紡自織之土布，雖不具美觀之條件，但堅牢經着之程度，則遠非機製布匹所能及；二爲農家婦女，於農事之暇，無所事事，與其坐食，毋甯紡織，以供自用。故中南兩路產棉之區，尚有家庭紡織之存在，然不逮往昔遠甚矣。

產地

土布之產地，多爲產棉之區，故晉省土布產地，集中於舊河東道屬及冀寧道屬，雁門道則付厥如。據此次調查，晉省一〇五縣中，產土布之縣份，僅四十五縣，河東道占三十二縣，爲臨汾、襄陵、洪洞、浮山、汾城、安澤、曲沃、翼城、吉縣、臨晉、虞鄉、榮河、萬泉、猗氏、解縣、安邑、夏縣、平陸、芮城、新絳、河津、聞喜、稷山、絳縣、垣曲、汾西、隰縣、大寧、永和等縣。冀寧道占十三縣，爲陽曲、平遙、石樓、中陽、長子、屯留、襄垣、平順、陽城、榆社、沁縣、武鄉、壽陽等縣。各縣產地，俱散佈於鄉間，以其爲農家之副業也。

家數及人數

全省從事於土布織造工作者，估計約三四三、三〇〇戶，六五三、六〇〇人。戶數以平遙，石樓、長子、陽城、武鄉、臨汾、襄陵、洪洞、翼城、永濟、虞鄉、萬泉、解縣、夏縣、新絳、聞喜等縣較多，各一二萬戶，其餘各縣，除中陽及臨晉僅數百家以外，餘各數千家。人數以臨汾爲最多，約五萬人，長子、陽城、洪洞、趙城次之，各三萬餘人，平遙、翼城、永濟、萬泉、夏縣、新絳、聞喜、絳縣、霍縣又次之，各二萬餘人，其餘各縣，則自數百人以至萬餘人不等。

二　生產及交易

織造

織造土布之主要工具有三：一、紡車，二、織機，三、梭。紡車爲紡棉成紗之工具，每架值八角至一元六角；織布機皆係舊式木機，每架值三元至十元；梭爲緯紗之工具，每隻價約二三角。土布之製造程序，分爲九步：一、彈鬆皮棉，二、搓成棉條，三、用紡車紡成紗；四、漿紗；五，繞紗；六、經紗；七、穿紗入杼；八、安置經紗於織機；九、用梭緯織成布。晉省之緯紡，皆用手抛梭，近年來間有改良爲用手拉梭者，但爲數極少。以上各步織造工作，彈花皆雇人代彈，每斤彈工洋四分，其餘工作則俱由婦女工作，自紡自織而成土布，但絳縣及翼城等處，有由人代紡紗者，紡工每斤洋三角，翼城、汾城，大寧等縣則有雇人代織者，每織布一丈，工資洋一角至一角一分不等。

產量

晉省每年生產之土布，總計約二、三五三、四〇〇疋，所產土布，寬一尺二寸至一尺五寸，每疋長三丈至五丈不等，產量以平遙爲最多，計三二〇、〇〇〇疋，萬泉次之，計二七〇、〇〇〇疋，猗氏又次之，計二〇〇疋，汾西產一二五、九〇〇疋，襄陵及臨晉各產一〇〇、〇〇〇疋，中陽生產最少，僅五〇〇疋，其餘各縣產量，自千疋以至九萬餘疋不等，統計全省生產土布各縣，產量在十萬疋以上者凡七縣；產量在十萬疋以下五萬疋以上者，凡八縣；產量在五萬疋以下至一萬疋者，計十八縣；產量在一萬疋以下至五千疋者，計八縣；產量在五千疋以下至一千疋者，計三縣；產量在千疋以下者，僅一縣。

原料及交易

晉省生產土布，原則上爲自種自紡自織自用，卽以自種之棉花，紡成土紗，織成土布，以供自用，故所需原料——棉花，鮮有購買者，卽有，亦不過極少數。所產土布，多供自用；運銷縣外者甚少，卽有銷售，亦僅由生產者，攜往集場，作零星之交易而已。解縣則有以物物交易，俗稱「稱花換布」，卽無婦之男，以棉花向婦女換布，或交婦女代爲紡織，棉花十斤，可換土棉四斤至四斤半，餘多之花作爲工資。

山西省各縣土布生產概況表

縣別	家數估計	人數估計	產量估計(疋)	主要生產時季	集中地點
陽曲	一、〇〇〇	二、〇〇〇	一、〇〇〇	春、冬、	全縣各村
平遙	一五、〇〇〇	二五、〇〇〇	三二〇、〇〇〇	農、暇、	城內及各村
石樓	二、五〇〇	三、六〇〇	九、七〇〇	春、秋、	義牒、田家岔、西衛村、羅村、關頭。
中陽	五〇〇	六〇〇	五〇〇	夏、秋、	西峪村
長子	一、四〇〇	三〇、〇〇〇	三四、〇〇〇	冬、春、	西北之兩區
屯留	六、〇〇〇	一四、〇〇〇	一六、二〇〇	農暇	一二兩區
襄垣	七、〇〇〇	一三、〇〇〇	二二、〇〇〇	冬、春、	第三區
平順	一、八〇〇	二、〇〇〇	二、〇〇〇	春、夏、	漳河沿岸各村
陽城	一七、五〇〇	三七、五〇〇	七四、五〇〇	春、冬、	四、五兩區
榆社	六、三〇〇	一五、九〇〇	六一、五〇〇	春、秋、	各鄉村
沁縣	五、〇〇〇	七、〇〇〇	五、〇〇〇	春、秋、	各鄉村
武鄉	一四、〇〇〇	一五、〇〇〇	三六、六〇〇	春、冬、	各鄉村
壽陽	二、〇〇〇	二、七〇〇	五、〇〇〇	夏、	各鄉村
臨汾	二〇、〇〇八	五〇、〇〇〇	四三、三〇〇	春、冬、	各鄉村
襄陵	一一、〇〇〇	一一、〇〇〇	一〇〇、〇〇〇	春、秋、	各鄉村

洪洞	一五、〇〇〇	三二、〇〇〇	八二、〇〇〇	春、冬、	各鄉村
浮山	六、二〇〇	八、〇〇〇	二七、七〇〇	春、冬、	各鄉村
汾城	八、〇〇〇	一〇、〇〇〇	二〇、〇〇〇	春、冬、	趙康鎮各村
安澤	三、〇〇〇	六、〇〇〇	一〇、〇〇〇	農暇、	一、二兩區
曲沃	六、五〇〇	八、七〇〇	一六、〇〇〇	秋、冬	各鄉村
翼城	一二、三〇〇	二〇、〇〇〇	六二、四〇〇	冬、春、	一、四、五三區
吉縣	三、五〇〇	七、〇〇〇	二三、三〇〇	春、冬、	三區各村
永濟	一〇、〇〇〇	二〇、〇〇〇	八二、二〇〇	春	各鄉村
臨晉	九〇〇	三、四〇〇	一〇〇、〇〇〇	春、冬、	第三區
虞鄉	一一、〇〇〇	一二、〇〇〇	一三、〇〇〇	三四月	各鄉村
榮河	五、〇〇〇	七、〇〇〇	二九、〇〇〇	農暇	各鄉村
萬泉	一三、〇〇〇	二六、〇〇〇	二七〇、〇〇〇	農暇	第三區
猗氏	六、〇〇〇	一五、〇〇〇	二〇〇、〇〇〇	春、秋、	各鄉村
解縣	一一、〇〇〇	一一、〇〇〇	一〇〇、〇〇〇	三、七、八月	各鄉村
安邑	五、〇〇〇	一〇、〇〇〇	九八、九〇〇	春、秋、	東五村北相鎮、寨裏村、東西古村、
夏縣	一〇、〇〇〇	二五、〇〇〇	四六、六〇〇	春、冬、	各鄉村
平陸	二、五〇〇	五、〇〇〇	三、〇〇〇	春、冬、	太陽鎮、孤三村、

芮城	九、五〇〇	一八、〇〇〇	一三、〇〇〇	農暇	各鄉村
新絳	一三、二〇〇	二六、五〇〇	九、四〇〇	農暇	各鄉村
河津	一、四〇〇	二、〇〇〇	八、五〇〇	農暇	第二區
聞喜	一七、五〇〇	二一、〇〇〇	四二、〇〇〇	農暇	名鄉村
稷山	四、五〇〇	一三、〇〇〇	二〇、〇〇〇	農暇	各鄉村
絳縣	六、〇〇〇	二〇、〇〇〇	九、〇〇〇	春、冬、	各鄉村
垣曲	八、〇〇〇	一四、〇〇〇	三五、〇〇〇	春、冬、	縣城○皋落鎮、同善鎮、王第鎮、王村鎮、
霍縣	八、〇〇〇	二五、〇〇〇	一〇、〇〇〇	春、冬、	大張白龍、崭壁、下樂平
趙城	九、〇〇〇	三〇、二〇〇	九三、〇〇〇	春	各鄉村
汾西	四、〇〇〇	八、〇〇〇	一二五、九〇〇	春、冬、	馮村、南種
隰縣	五、〇〇〇	一〇、〇〇〇	八、四〇〇	冬	第二區
大寧	一、二〇〇	三、〇〇〇	五、二〇〇	春、冬、	各鄉村
永和	三、五〇〇	七、五〇〇	六二、六〇〇	春、冬、	城關及東南鄉
總計	三四三、三〇〇	六五三、六〇〇	二、三五三、四〇〇		

山西太原經濟建設委員會經濟統制處對晉省土布之產銷，亦有調查，惟其數字，與本誌之調查，稍有出入，茲將該會調查，附列於後，以供參考：

山西各縣家庭婦女紡織統計表(民國二十三年)

縣名	家數	織機數目(架)	年產量(疋)	每疋價格(元)	產量總值(元)	備考
平遙	四〇〇	一、二〇〇	四五〇、〇〇〇	一・三五	六〇七、五〇〇	該縣出品除自用外年銷陝甘約三十五萬餘疋
萬泉	一三、九七三	一一、〇〇〇	二九五、八九八	二・一〇	六二一、三八五	該縣出品除自用外年銷陝北各地約八萬八千餘疋
臨汾	一四、三三〇	一〇、一七四	二〇八、二三三	二・二五	四六八、五二四	該縣出品除自用外年銷浮山等縣約七萬二千餘疋所用織機除本省自製機外有購自山東省者
解縣	八、五二六	八、五二六	一六〇、七五二	一・二〇	一九二、九〇二	
汾西	四、三九七	二、〇五八	一二五、九〇〇	二・〇〇	二五一、八〇〇	
屯留	一八、八六五	一、八八六	一二二、六二五	一・六〇	一九六、二〇〇	該縣不產棉花悉購自洪洞曲沃等縣年銷附近各縣約二萬八千餘疋
垣曲	七、五〇〇	五、八〇〇	一一三、〇〇〇	二・〇〇	二二六、〇〇〇	
河津	九、六五三	八、一八九	一〇二、六六〇	一・六〇	一六四、二五六	該縣出品除自用外年銷陝西約一萬六千餘疋
安邑	九、四〇〇	四、五〇〇	一〇一、〇〇〇	一・一〇	一一一、一〇〇	該縣出品除自用外年銷陝甘約三萬餘疋
平陸	一三、四八〇	一三、四九〇	八〇、九四〇	二・〇〇	一六一、八八〇	
新絳	一二、〇五二	四、二三四	七六、四三四	一・三〇	九九、三六四	該縣出品除自用外年銷陝西約一萬八千餘疋
滎河	六、八五〇	九、一三〇	七三、〇五〇	二、七〇	一九七、二三五	
永濟	一六、六〇〇	一五、七九〇	六八、六〇〇	二・一〇	一四四、〇六〇	
夏縣	二〇、三八一	一九、八〇五	六七、〇〇〇	一・四四	九六、四八〇	

猗氏	一一、七二七	八、二〇九	六一、四〇〇	一・二〇	六三、六八〇	
臨晉	一一、一七〇	六、七五〇	六〇、三〇〇	一・二五	七五、三七五	
聞喜	一六、〇〇〇	一〇、〇〇〇	六〇、一九〇	二・四〇	一四四、四五六	
霍縣	九、六三〇	一、九〇〇	五七、〇〇〇	二・〇〇	一一四、〇〇〇	
定襄	二、三〇〇	二、三〇〇	四二、〇〇〇	一・〇〇	四二、〇〇〇	該縣僅第三區有數村婦女紡織
趙城	一三、五七四	三、五二八	四一、四五九	一・三五	五五、九六九	
沁縣	一七、〇〇〇	五、〇〇〇	四〇、〇〇〇	一・七五	七〇、〇〇〇	該縣人民近因經濟困難購棉無力產量有減無增
浮山	六、二五二	二、一四二	三七、八〇〇	二・二五	八五、〇五〇	
襄垣	一九、六七〇	一四、六〇〇	三六、五〇〇	一・〇〇	三六、五〇〇	
武鄉	二、八一八	二、四七六	三六、〇四一	四・〇〇	一四四、一六四	
虞鄉	九、七四四	四、八七〇	三四、〇〇〇	二・〇〇	六八、〇〇〇	
絳縣	一一、〇〇〇	一一、〇〇〇	三二、〇〇〇	一・九〇	六〇、八〇〇	
稷山	一九、三九〇	一二、〇〇〇	三一、三〇〇	一・四〇	四三、八二〇	
陽城	一九、〇〇〇	二〇、〇〇〇	三〇、〇〇〇			該縣出品無幾並不銷售故價格欄從缺
翼城	五、〇〇〇	四九〇	二五、〇〇〇	二・六〇	六五、〇〇〇	
長子	一一、九九四	四、二〇七	二〇、二三二	四・〇〇	八〇・九二八	
沁源	五〇〇	二五〇	一八、〇〇〇	一・五〇	二七、〇〇〇	

襄陵	一〇、一〇四	二、一〇八	一七、二七一	四・七〇	八一、一七三	該縣出品除自用外年銷附近各縣約二百餘疋每疋以十丈計故每疋價約四元七角
靈石	一、二三二	六五七	一五、〇〇〇	一・三〇	一九、五〇〇	
孝義	二九六	二九六	一三、三二〇			
離石	二、五二〇	八四〇	一二、六〇〇	二・〇〇	二五、二〇〇	
芮城	五、九五七	一、二五九	一〇、八九一	三・〇〇	三二、六七三	
石樓	二、五一五	五八七	一〇、〇〇〇	一・五〇	一五、〇〇〇	
吉縣	一、七四一	六二六	九、七五四	二・四〇	二三、四〇九	
汾城	九、一五〇	四、五〇〇	九、〇〇〇	二・四五	二二、〇五〇	
中陽	二、七九五	一、九五二	八、八三二	一・七〇	一五、〇〇四	
隰縣	二、九〇〇	三、六〇〇	七、九〇〇			該縣紡織爲三四兩區僅供自用並不銷售故無價格
洪洞	一三、七七〇	二、八六〇	六、八八〇	二・八〇	一九、二六四	該縣出品除自用外年銷附近各縣約二千二百餘疋
臨縣	三、六〇九	一、五七三	六、八一〇	一・六〇	一〇、八九六	
太原	一〇	一〇	四、九八二			
鄉甯	二、〇〇〇	一、二〇〇	四、八〇〇	二・五〇	一二、〇〇〇	
高平	三四二	四五一	三、四五二	一・五〇	五、一七八	該縣紡織婦女僅農暇時上機織布故出品無幾
永和	一、一〇〇	八〇〇	三、三〇〇	一・七五	五、七七五	

大寧	一、九〇一	五八六	二、六七三	一・七〇	四、五四四	
交城	四二	六五	二、六〇〇	一・六〇	四、一六〇	
長治	一七五	一七五	二、五六〇	〇・九六	二、四五七	該縣所織係三二白笨布
曲沃	一、〇二〇	一、〇二〇	二、三〇〇	二・〇〇	四、六〇〇	
安澤	四九八	四〇八	二、〇〇〇	二・〇〇	四、〇〇〇	
清源	二五三	二五三	一、四一四	一・八〇	二、五四五	
沁水	一二五	一一三	一、三六九	一・五〇	二、〇九四	
昔陽	三九一	八七	一、三〇五	一・二〇	一、五六六	該縣僅第四區有數村婦女紡織
潞城	六九〇	六九〇	一、〇一七	一・八四	一、八七一	該縣向不產棉購棉外縣出品無幾除自用外年銷附近各縣約八十餘疋
壺關	一三〇	一五〇	七八〇	一・四五	一、一三一	
壽陽	八三六	八九八	六九三	一・二五	八六六	
文水	二四一	二四一	五一〇			
黎城	三〇	三一	四五〇	二・一五	九六七	
介休	四三	四三	二〇一	一・三〇	二六一	
忻縣	一	一	三			該縣僅第六區令狐村薛存亘家有舊式機一架每屆冬季自織二三疋並不銷售
平順	六五三	三四七				該縣出品係隨自用量而紡織故其產量無定額價格亦從缺

晉城	一	一				該縣僱警備王小成一家自織自用
總計	四一〇、四三七	二五三、九三二	二、八七四、〇〇八		五、〇四三、六二二	

三　毛織業

一　沿革

我國毛織工業，較爲幼稚，晉省毗鄰綏察，畜牧稱盛，羊毛爲大宗出產，而毛織業之提倡，則爲時不過十餘年，廠數尚不滿十家。

卍慈毛織廠

民國十一年，有李德懋者，發起創辦華北第一毛織公司於大同，經數年之籌備，於十四年秋季，開始營業，是爲山西毛織業之嚆矢，十五年，受軍事影響停工，旋經整理後，於翌年春間，繼續出貨，至九月間，復遭軍事，卒以停辦，二十三年，由齊應鴻，倪廷棟等，加以整理，改稱卍慈毛織工廠，暫籌資五千元，成立籌備處，從事試辦。

消費合作社製絨廠

十七年，復有王敬一者，獨資創設華北製絨廠於省會陽曲縣，資本額爲八萬元，嗣因出品滯銷，經營棘手，於二十三年份，以三萬元代價，歸造產救國社消費合作社租辦。

西北毛織廠

西北實業公司毛織工廠於二十二年七月間開始籌備，二十三年十月全部開工，廠址在陽曲縣小北門外敦化坊，資本額計四十四萬六千八百八十元，爲山西省公營事業，各廠規模，無出其右。

偏關縣毛織廠

偏關縣毛織工廠，爲該縣十年建設計畫案中規定之特重事項，列爲專案，原定於二十四年底籌備就緒，爲提前實施計，於是年五月間成立籌備處，資本二千元，先行局部開工，計畫於次年度續籌資本二千四百元，以後每年加籌四百元，至滿六千元定額爲止。

大通毛織廠及新華毛織行

除上述四廠外，陽曲之大通毛織廠，設於十六年九月，資本額四千元，新華毛織行設於二十三年八月，資本額三千四百元，沁縣之道德院附設毛織廠設於二十年九月，資本額一千五百元，偏關縣立婦女紡織傳習所設於二十一年七月，資本額九百元，營業均尙不惡。

二　現狀

概況

八家毛織工廠合計，資本數四十九萬三千六百八十元，職工七百十九人，全年產值六十餘萬元，茲將各家情形列表於後。

山西省毛織業現況一覽表

縣別	廠名	地址	設立年月	組織	資本額（元）	職工數	年產額				備註
							原料種類	原料價值（元）	出品種類	產值（元）	
陽曲	西北實業公司毛織工廠	小北門外敦化坊	民國二十三年九月	公營	四四六、八八〇	四六	羊毛、駝毛	一七八、五八〇	嗶嘰、毛呢、毛毯、毛衣	五三七、五四七	

	山西造產救國社消費合作社製絨廠	西羊市街三十二號	民國二十三年	無限公司	三〇、〇〇〇	二七	全右	三六、五〇〇	毛毯、毛衣褲、毛襪、手套、圍巾、駝絨、	四五、五〇〇	
	大通毛織廠	城內柳巷街	民國十六年九月	合資	四、〇〇〇	一三	機毛線、四股手工線、嘰嘰紗、	二四、六〇〇	毛衣褲、毛襪、圍巾、	三三、八〇〇	
	新華毛織行	橋頭街	民國二十三年八月	獨資	三、四〇〇	二二	毛線、棉紗	九、〇〇〇	毛衣、褲、背心線衣、褲、背心	五、八〇〇	
沁縣	道德院附設毛織廠	城內	民國二十年九月	獨資	一、五〇〇	四	羊毛、駝毛		毛毯、毛衣褲	一、一〇〇	
大同	卍慈毛織工廠籌備處	城內城隍廟後街一號	民國二十三年十一月		五、〇〇〇	六四	羊毛		毛呢、毛毯、毛衣褲、毛背心。毛襪、手套、圍巾	一、五〇〇	籌備期間暫籌資金五千元從事試辦上列產值僅以二十四年九月份出品計算
偏關	縣立毛織工廠	縣城文廟	民國二十四年五年	公營	二、〇〇〇	三四		七九二	抓毛、毛線	一、八〇〇	
	縣立婦女紡織傳習所	城內文昌廟	民國二十一年七月		九・〇	五八	羊毛十支棉紗	二九三	毛織品、布疋	四、九三二	手工業

各廠設備

西北實業公司毛織工廠置有德國造粗梳機十四部，價值四萬零八千元，法國造料精梳機十二部，價值十萬零三千七百二十元；北平永源公司出品整理機八部，價值一萬七千八百五十元，染色機五部，價值二千五百一十元；西北育才機器廠出品織機二十九部，價值三萬三千七百元。修理機五部，價值一萬二千元，馬達九部，馬力共一百二十九匹，價植二萬三千四百二十元，為各廠中設備最完者。其次造產救國社消費合作社製絨廠置有德國司茂美工廠出品紡毛機全部一百六十錠，價值二萬五千元；德國末來司工廠出品編織機十二部。價值二千一百元；德國造整理機三部，價值二千元。天津振製工廠出品織毯機十部，價值五百元；本省製造修繕機全部，價值二百元；自造手工洗毛機全部，價值一百二十元，手工染色機全部，價值二百十元；又蒸汽引擎一部，馬力四十匹。卍慈毛織工廠有平織機五部，抖毛機，彈毛機，練條機，百錠精織機，及十馬力蒸汽鍋爐各一部。大通毛織廠置有德國造五本橫機二部，價值二百八十元，六本雙面機二部，價值四百四十元，衣服縫邊機一部，價值六百四十元；英國造縫級機一部，價值一百三十元；天津鴻記工廠出品三本橫機二部，價值一百七十元，五本橫機一部，價值一百三十元；天津福興工廠出品襪機五部，價值三十五元。新華毛織行置有天津鴻記工廠出品橫機二部，價值三百元；天津福興工廠出品襪機二部，價值五十元。道德院附設毛織廠置有織機二部，偏關縣毛織工廠，僅紡毛部份，已先行開工，計畫中擬以四百餘元購置簡單木機，專織各種毛毯，毛布等類。偏關縣婦女紡織傳習所，純係手工業性質，全部生產設備，僅值一百五十元。

三　原料

原料需量及產地價格　毛織品之主要原料為羊毛，其次為駝毛，又其次為毛線，嗶嘰之類。西北實業公司毛織工廠，年需美利奴種羊毛五萬斤，係太原牧羊場出品，價值三萬九千元；寒羊毛一萬斤，購自河南洛陽辛集，價值二千六百二十元；土種羊毛五十一萬斤，購自本省榆次，壽陽，岢嵐等縣，價值十三萬三千六百二十元；駝毛一萬斤，購自本省交城縣，價值三千三百四十元。造產救國社消費合作社製絨廠，年需寒羊毛二萬斤，係從河南購入，價值一萬四千元；土種羊毛五萬斤，購自本省榆次，壽陽兩縣，價值一萬七千五百元，駝毛一萬斤，從綏遠購入，價值五千元。大通毛織廠年需毛線九千磅，購自天津東亞公司，價值一萬八千二百元，嗶嘰紗二千磅，購自禮和洋行，價值六千四百元。新華毛織行兼製棉毛織品，年需線四千磅，係從天津購入，價值八千元；棉紗二千磅，購自本地及榆次縣，價值一千元。道德院附設毛織廠，年需羊毛一千四五百斤係在本地收買，駝毛二千餘斤，從沁源購入。卍慈毛織工廠所用原料，爲春孤羊毛及羔羊毛兩種，春孤羊毛每斤價格三角，羔羊毛每斤二角五分，均購自晉北各縣。偏關縣毛織工廠年需羊毛三千六百斤，係向本地養羊人家收買，價值七百九十二元。偏關縣婦女紡織傳習所年需羊毛四百斤，係在本地收買，價值一百九十二元；十支紗四十捆，從榆次購入，價值一百元。

四　生產及交易

製造　製造程序，先將原毛按纖維之粗細長短優劣選分甲乙丙丁四類，經打土機、洗毛機、烤毛機；和毛機、製成淨毛、和以油水、經梳毛機、順毛機、搓條機、紡紗機、合股機、製成各種粗紗及精紗，用織機織成嗶嘰，毛呢、毛毯、及毛線衣等類，再經洗呢機、甩水機、縮呢機、染色機、烤呢機、壓光機、而成成品。

出品　各廠出品，計有嗶嘰、毛呢、毛毯、毛線衣褲、毛線襪、毛線背心、毛線手套、毛線圍巾、及毛線、抓毛。駝絨等類。嗶嘰一項，僅有西北毛織廠一家出品，每碼價格，平均一元五角。其餘價格，毛呢自每匹十四元至每碼二元五角二分；毛毯每張，自一元二角至十四元；毛線衣褲，每件自二元至七元；毛線背心，每件自一元五角至三元；毛線襪及毛線手套，每打自二元四角至八元；圍巾自每條一元二角每打二十六元；毛線每斤五角；抓每斤四角；駝絨每斤一元六角。

交易　西北毛織廠出品，推銷國內各地，營業較廣，消費合作社製絨廠出品，除銷本省外，並銷往平津等處；其餘廠家出品，均僅銷省內。交易手續，除門市零整批發外，外埠函購，或先匯款，或由郵局代收貨價，大批定貨，則臨時議訂辦法。

四　地毯業

一　概論

沿革　山西之地毯業，其技由陝西、甘肅、綏遠等處傳入，在前清時，全係手藝工人，民國以後。始有作坊之設，近十年來，家數漸增，惟因毛價高漲，成本過重，更受市面不景氣影響，銷場清淡，營業鮮能獲利。

現狀　現陽曲、嵜嵐、長治、晉城、新絳、大同、山陰、寧武、保德、河曲等縣，共有作坊二十五家，其中獨資者計二十二家，合資者僅三家，各家資本額，最多不過千元少者三五十元，規模極小。大同之和順、慶隆、林記、隆記等四家，雖稱工廠，其實並無適合工廠條件之設備，亦概係手工業作坊而已。

二十五家作坊合計，資本數四千四百零一元，職工一百三十四人，全年出品總值二萬五千一百四十三元。茲將各家情形，附列現況一覽表於後。

山西省地毯業現況一覽表

縣別	廠坊名	地址	設立年月	組織	資本額（元）	職工數	原料種類	原料價值（元）	全年產額：出品種類	全年產額：產價（元）
陽曲	春華毯局	太原市	民國二十二年	獨資	一五〇	八	羊毛、棉線顏料	六五	栽絨地毯	二三一
岢嵐	德裕昌毯房	城內大西街	民國十六年四月	合資	一五〇	八	白羊毛	六三〇	仝右	一、六二五
	路成玉毯房	仝右	民國二年二月	合資	二〇〇	六	仝右	四五〇	仝右	八一三
長治	錦興成	衛前街	民國十年一月	獨資	一五〇	五	羊毛	一〇〇	仝右	四二〇
	萬發華	城內南街	民國十一年一月	獨資	六〇	三	仝右	六〇	仝右	二五二
	三合成	蔭城鎮	民國十六年十月	獨資	一五〇	三	仝右	一〇〇	仝右	四五六
晉城	同德祥	城內天府巷	民國九年	獨資	三〇八	三	羊絨、羊毛棉線	一三三	三五·三六 栽絨毯、馬褥、椅墊	三四三
	三盛永	城內	民國十二年	獨資	二四八	三	仝右	一六〇	仝右	四九五
新絳	福春華	府君巷	民國二十年	獨資	二〇〇	三	羊毛	一、一三五	馬褥	二、二五〇
	增盛和	府君巷	民國十六年	獨資	八〇	五	羊毛	八一〇	馬褥	一、五〇〇
	天德成	府君巷	民國二十二年	獨資	七〇	四	羊毛	六一九	馬褥	一、三五〇
	裕泰昌	府君巷	民國二十三年	獨資	七〇	四	羊毛	六一九	馬褥	一、三五〇

	鴻興昌	府君巷	仝右	獨資	七〇	四	羊毛	六一九	馬褥	一、三五〇
	順興和	府君巷	民國二十二年	獨資	九〇	五	羊毛	八一〇	仝右	一、五〇〇
大同	和順毛織工廠	城內	民國十八年	獨資	四〇〇	一四	羊絨、羊毛	一、一〇〇	栽絨地毯	二、〇〇〇
	隆記毛織工廠	城內	民國十六年	獨資	一、〇〇〇	三	羊毛	三、三〇〇	粗地毯	三、六〇〇
	慶隆毛織工廠	城內	民國十八年	獨資	五〇〇	三	羊毛	一、六五〇	粗地毯	一、八〇〇
	林記毛織工廠	城內	民國二十年	獨資	二〇〇	五	羊毛	三五〇	粗地毯	六〇〇
山陰	岱毯新記	岱岳鎮北街	民國二十三年	獨資	一〇〇	二	羊毛，棉線	九六	地毯、坑毯、馬褥	一三三
寧武	程根財	鷩橋村	民國十八年	合資	一五〇	四	牛羊毛、棉線	三三〇	栽羢地毯	一、三〇〇
保德	賈福榮	東關	民國十五年八月	獨資	一〇〇	三	白羊毛	三七五	栽羢地毯	三九六
河曲	王兆慶	馬營圍	民國二十二年	獨資	五〇	二	白羊毛	一〇七	栽羢地毯	六〇〇
	馮九十	護城爐	民國三年	獨資	三〇	二	牛毛	二四	牛毛毯	一八八
	蘇厚成	護城爐	民國五年	獨資	四〇	二	牛毛	三八	牛毛毯	三〇八
	馮才	仝右	民國三年	獨資	三五	二	牛毛	三五	牛毛毯	二九三

二　產銷

織地毯之主要原料爲羊絨、羊毛、其次爲棉線及顏料，亦有用牛毛爲原料者，但織出之毯子，薄而且粗，祇可包捆行李，用作地毯，則嫌過劣。羊羢每斤價格，約須四角羊毛有粗細之別，每斤價格，自一角五分至三角，棉線每斤價格自五角至九角，顏料每斤價格約二元上下，牛毛每斤價格約四五分；每羊毛一斤四兩，棉線三兩，顏料二兩，可織地毯一方尺，全業每年所用原料，約值一萬餘元。

生產 織毯程序，先將毛彈開，用車紡成毛線，洗淨後，分別染色，將棉線在木架上縱行拴好尺度，按所織花樣，用染就各色毛線，橫行栽入，用刀割斷，隨栽隨割，最後用剪裁平，即為成品。

出品及交易 出品有栽羢地毯，粗地毯、坑毯、馬褥、椅墊、及牛毛毯等類。栽羢地毯每方尺售價，自九角五分至一元六角八分，粗地毯每方尺約售六角，坑毯每條約十三元，馬褥每條自一元五角至七元，椅墊每塊約六角，牛毛毯每條約二元五角。大同出品，銷省城及平、津、綏遠；河曲出品，銷省城，陝西、綏遠；崞嵐，保德出品，略有銷往鄰近縣份；其餘各處出品，均止在本地銷售。交易手續，定貨時由買方指定貨物式樣及尺碼大小，將價格說妥，先付定洋若干，餘數於交貨之日算清；如係門市零售，則由買主看定貨色後，隨時議價交割；無論定貨門貨，概係現款，並無賒欠之列。

第五節 製毡業

一 概說

晉省僻處西北，冬季嚴寒，毡爲毛絨製品，有保暖却濕抵禦風寒之功能，切合需要，故打毡業之在山西，較爲普遍，全省一百〇五縣中，產毡縣份達五十有七。

山西製毡業之起源，已不可考，據此次調查，淸咸道年間，已有此項工業之存在，計晉省現存之製造作毡，（開設年月未詳者除外）開設於民元以前者十三家，民元至民五者二十五家，六年至十年者二十家，十一年至十五年者十四家，十六年至二十年者三十一家，二十年以後開設者四十四家。

二　現狀

分佈　產毡之五十七縣，共有製毡業二百九十六家，除沁水、浮山、翼城等縣係家庭副業性質，家數較多外，作坊以陽曲最多，計十三家，代朔兩縣次之，各十二家，太谷八家，高平七家，靈邱六家，襄垣、和順、平定、左雲、河曲各縣五家，其餘各縣，均在四家以下。

組織及資本　晉省毡坊之組織，以獨資爲多，合資較少，共有資本五萬九千七百八十八元，各家資本，類皆短少，資力在一千元以上者，僅襄垣之協義恆，雙和久，復德恆，朔縣之萬和生，左雲之天聚和，天義久，天義公等七家，其餘各家則自數十元以至數百元不等。

職工　晉省製毡業共有職工一千〇九十六人，各家雇用人數，多在五六人左右，雇用人數達一二十人者，僅襄垣，大同、右玉、左雲、朔縣等處之十三家，工人來源，多爲本省，惟太谷、方山、猗氏、解縣，曲沃等處，則兼雇陝豫人氏。茲將晉省各縣製毡業現狀，列表如下：

山西省各縣製毡業統計表

縣別	家數	資本額(元)	職工數	羊毛絨用量(斤)	每年產品 名稱	數量	總值(元)
陽曲	一三	二、〇六〇	五五	一五、〇〇〇	毡	二、九八〇條	二、九八〇
榆次	六	六八〇	二六	四、三〇〇	毡	八六〇條	一、七二〇
太谷	八	三、四〇〇	二三	九、〇〇〇	毡	一、二三〇條	六、二九〇
祁縣	三	二四〇	一一	三、二三〇	毡	二四〇條	一、一七〇
徐溝	四	六七〇	一四	二、五〇〇	毡	二五〇條	八七五
交城	三	三八〇	八	三、〇四〇	毡	三八〇條	九四三
文水	一	五〇	二	六〇〇	毡	五〇條	三〇〇
岢嵐	四	九二五	二五	一七、八〇〇	毡	一、五〇〇條	七、四二六
嵐縣△	二		八	六、〇〇〇	毡	五〇〇條	一、二五〇
汾陽	二	四五五	一〇	九、六〇〇	毡	一、一五〇條	一、七三〇
平遙	四	二三〇	一四	六、四〇〇	毡	三二〇條	一、九二〇
離石	四	一一四	九	四、二五四	毡	四五〇條	四七〇

方山		二	一五〇	六	一、六〇〇	毡	三二條	二九八
中陽		一	六〇	三	二、〇〇〇	毡	二〇〇條	五〇〇
長子		三	六六〇	一四	一一、三〇〇	毡	一、四一〇條	三、五二五
襄垣		五	四、八〇〇	六四	七一、一〇〇	毡 帽	三、七二五條 六三、九二〇頂	一〇、四三〇 九、八九六
晉城		三	二五四	一三	一、六〇〇	毡	二〇〇條	四〇〇
高平		七	三、五六〇	二七	九、六〇〇	毡 帽	一、〇四五條 七、八〇〇頂	一、五六八 一、〇一四
陽城	△	三		八	三、〇〇〇	毡	二五〇條	六二五
陵川	○	一		二				
沁水	△	五八		一〇五	二五、〇〇〇	毡	二、〇〇〇條	五、四〇〇
遼縣		四	七五〇	一八	一一、五〇〇	毡	一、一五〇條	四、〇二五
和順		五	九五〇	二三	七、八三〇	毡	一、五六六條	一、八七九
榆社		一	二二〇	二	四、〇〇〇	毡	六五〇條	一、八七〇
沁縣		三	七五〇	八	二一、〇〇〇	毡	三〇〇條	六四〇
武鄉		三	一八〇	一〇	二、七五〇	毡	四六〇條	九二〇
平定		五	一三〇	二六	一、七五〇	毡	五八〇條	一、一六〇
昔陽		一	八〇	六	五、〇〇〇	毡	一、二〇〇條	一、八〇〇
臨汾	△	八		三〇	一五、〇〇〇	毡	一、五〇〇條	四、五〇〇

浮山	△	一四		二五	一四、〇〇〇氈	一、三八〇條	三、四五〇
曲沃		四	二、〇一〇	二七	五、三〇〇氈	二、二〇〇條	五、〇八〇
翼城	△	二〇		三〇	一、〇〇〇氈	八〇〇條	二、八〇〇
吉縣		二	五一〇	七	四、八〇〇氈	二、五〇〇條	五、五〇〇
鄉甯		二	三〇〇	七	八、五〇〇氈	一、〇六〇條	二、一二〇
永濟		二	一五〇	九	一、二〇〇氈	一、〇〇〇條	一、五〇〇
猗氏		一	三〇〇	四	一、〇〇〇氈	八〇〇條	八〇〇
解縣		一	五五〇	五	一、〇〇〇氈	二〇〇條	四〇〇
安邑		一	四〇	五	一、〇〇〇氈	七〇〇條	七〇〇
夏縣		三	四〇〇	一四	二、八〇〇氈	一、四〇〇條	一、四〇〇
新絳		三	一、五〇〇	一八 帽坯	七、九〇〇氈 三、九六〇頂帽	三、八〇〇條 三、九六〇頂	四、四三〇 一、三八六
聞喜		三	二、四八〇	二〇	五、〇〇〇氈	一、二五〇條	五、〇〇〇
稷山	△	八		二〇	一五、〇〇〇氈	二、〇〇〇條	五、四〇〇
絳縣		三	一、八〇〇	一六	一二、八〇〇氈	四一五條	一、六一五
霍縣	△	三		九	三、〇〇〇氈	六〇〇條	七八〇
永和		一	五〇〇	五	四、七〇〇氈	八七〇條	二、二一五

大同	一	五〇〇	一八		九、五〇〇	氈 帽 鞋	三〇〇條 八、〇〇〇項 一、五〇〇雙	六〇〇 四四〇 一、九〇〇
靈邱	六	一、五三〇	二二	牛毛	八、四〇〇 三、〇〇〇	氈 帽	一、一四〇條 五、四〇〇項	一、七一〇 一、六二〇
右玉	三	一、八〇〇	二五		一五、九五〇	氈 鞋 帽	二六〇條 五、一〇〇雙 二、八〇〇項	五九八 五、一〇〇 五〇四
朔縣	一二	七、二五〇	四一		五、三〇〇	氈 鞋 帽	八〇〇條 二、〇〇〇雙 三、〇〇〇項	一、二〇〇 一、一五〇 四二五
左雲	五	九、五六〇	八一		二六、〇〇〇	氈 鞋 帽	一二五條 一五、〇〇〇雙 一〇、〇〇〇項	三七五 一三、五〇〇 一、五〇〇
甯武	△二		六		三、〇〇〇	氈	六〇〇條	七八〇
神池	四	一、一七〇	一六		三三、〇〇〇	氈 鞋 帽 襪	一、一六〇條 三、九〇〇雙 三、八〇〇項 三五〇雙	二、九〇〇 二、三四〇 七六〇 一〇五
五寨	二	九八〇	一三		六、一〇〇	氈 鞋 帽	五三〇條 二、二〇〇雙 三、三〇〇項	九五四 六六〇 四九五
代縣	一二	二、四〇〇	三六		八〇、〇〇〇	氈	一六、〇〇〇條	二四、〇〇〇
繁峙	四	一、九〇〇	二〇		二〇、三二〇	氈 鞋 帽	七四三條 二、二五〇雙 一〇、七〇〇項	二、〇九六 七八八 一、一二五
保德	二	一一〇	九		一、六〇〇	氈	二〇〇條	五四〇
河曲	五	三〇〇	一八		九、六九〇	氈	一、一四〇條	二、八五八
總計	二九六	五、九七八八	一、〇九六	氈絨 帽坯 牛毛	五七三、六一四 三、九六〇 三・〇〇〇	氈 鞋 帽 襪	七〇、一五一條 一二二、六八〇項 三一、九五〇雙 三五〇雙	一四八、四一五 二〇、一六五 二四、四三八 一〇五

合計 一九三、一一三

（註）△家庭副業 ○個人手藝

三 原料

種類及數量 晉省製毡業所需之主要原料爲羊毛絨，年需五七三、六一四斤，靈邱兼用牛毛，年需三、〇〇〇斤，新絳則收買帽坯，年需三、九六〇隻。

來　源 原料之來源：牛毛及帽坯，均就地採購，羊毛則多數由當地供給，惟太谷、徐溝、平遙、襄垣、高平、武鄉、曲沃、猗氏、安邑、夏縣、大同、左雲、河曲等縣所需，除由各該縣供給一部份外，餘均仰給於省內之和順、清源、沁源、遼縣、武鄉、黎城、陵川、新絳、解縣、平陸、垣曲、右玉、平魯、及晉北各縣，省外之綏遠省，陝西省及口外等處。

四 產銷

生產方式 晉省製毡業之生產方式有三：一爲作坊——雇用工人，備有舖面；二爲家庭副業——不備舖面、時作時輟；三爲個人手藝——不備舖面，代人製毡。前兩者之工作場所，具有固定性，後者則爲流動性。

製造程序 先將毛絨入鍋蒸煮，再以彈弓彈之，使毛絨蓬鬆，並除去內含之砂土雜物，然後平放竹簾，置已彈鬆之毛絨於簾上，灑麻油少許，或洒清水並拌合粉麵，將簾及毛絨捲緊，再以兩人用足踢滾，隨踢隨潑沸水，則簾捲毛絨，較初舖時爲粘緊，開放竹簾，更洒清水少許，仍按前法捲緊踢滾，則初步製造告成。如係製鞋帽襪等物，則按照樣模，置諸案上，洒以沸騰之清水，隨洒隨以手足極力撫摩，達預期之式樣時，卽爲完成。如係製毡，則將初步製成之毛絨片，舖諸木案，俗稱洗毡桌，傍置高櫈，以繩兩條，一端拴毛絨片，以二人各持繩之一端，然後一面洒以沸騰清水，一面由櫈上二人開足極力蹉踩，待至堅固時，毡卽完成；或以木桿滾壓使緊；或以竹簾捲毛絨片，如初步製造之方法，隨踢隨洒清水，八九次亦成。如須加厚，則於每次滾壓時，加以毛絨，迨滾壓完成，卽成厚毡。

產品種類

晉省製毡業，以毡爲主要產品，高平、襄垣、新絳、靈邱、大同、右玉、朔縣、左雲、神池、五寨、繁峙等處兼產毡帽，毡鞋，毡襪。毡之種類，以色彩分，有：白、黑、紅、灰、藍、青六種；以大小分，有：「二、五」，「二、五」，「五、五」，「三、五」，「三、六」，「三、七」，「四、六」，「五、六」、「五、七」，「五、八」長方毡，五尺及五尺半方毡；以用途分：有坑毡，床毡，棹毡三種；以品質分，有毛毡及絨毡兩種。

產值及產量

晉省（陵川除外）年產毯七〇、一五一條，值洋一四八、四一五元，毡呢帽一二二、六八〇頂，值洋二〇、一六五元，毡鞋三二一、九五〇雙，值洋二四、四三八元，毡襪三五〇雙，值洋一〇五元，總計產品總值爲一九三、一四三元。

五　銷售

各地產品，多供本地消費、但亦有運銷縣外者，陽曲、岢嵐、曲沃、吉縣、解縣、新絳、絳縣，靈邱等縣產品，銷省內鄰近各縣，襄垣、高平、遼縣、和順、左雲、河曲等縣產品，除供縣內消費及運銷省內各縣外，其銷路遠至東三省，河北、河南、山東、陝西、綏遠等處。其銷售方式，多為門市交易，或運至市集銷售，亦有由生產者運至省外銷地銷售者。

山西省毡坊業現況一覽表

縣別	廠坊名	地址	設立年月	組織	資本額(元)	職工數	羊毛絨用量(斤)	年產額 產毡量(條)	年產額 產値(元)	銷場
陽曲	永盛聚	中和市場	清光緒二十九年三月	獨資	一五〇	五	一、五〇〇	三〇〇	三〇〇	本省
	東盛長	中和市場	民國元年三月	獨資	一五〇	五	一、三〇〇	二五〇	二五〇	本省
	聚盛永	中和市場	民國元年三月	獨資	一七〇	五	一、六〇〇	三五〇	三五〇	本省
	發元永	中和市場	民國十一年三月	獨資	二〇〇	四	一、〇〇〇	二〇〇	二〇〇	本省
	永順和	中和市場	民國八年三月	獨資	一五〇	五	一、五〇〇	三〇〇	三〇〇	本省
	一心永	中和市場	民國十七年二月	獨資	一五〇	四	一、〇〇〇	二〇〇	二〇〇	本省
	一心久	中和市場	民國十九年二月	獨資	一五〇	四	一、〇〇〇	二〇〇	二〇〇	本省

	同福成	起鳳街	清宣統元年二月	獨資	一四〇	四	一,〇〇〇	二〇〇	二〇〇	本省
	元亨利	府東街	民國八年三月	獨資	一三〇	四	一,〇〇〇	二〇〇	二〇〇	本省
	晉生明	府東街	民國元年三月	獨資	二〇〇	三	一,〇〇〇	一八〇	一八〇	本省
	長盛永	東門外	民國二年三月	獨資	一五〇	四	一,五〇〇	三〇〇	三〇〇	本省
	永盛厚	北關	民國五年三月	獨資	一五〇	四	八〇〇	一五〇	一五〇	本省
	結義成	南門外	民國二十三年三月	獨資	一五〇	四	八〇〇	一五〇	一五〇	本省
榆次	協和長	北大街	清光緒十八年二月	獨資	二〇〇	六	一,〇〇〇	二〇〇	四〇〇	本縣
	源和成	北大街	民國十年二月	獨資	一〇〇	五	八〇〇	一六〇	三二〇	本縣
	聚盛永	北大街	民國二十一年二月	獨資	一三〇	三	四〇〇	八〇	一六〇	本縣
	瑞生得	小北門外	民國十八年二月	獨資	一〇〇	四	六〇〇	一二〇	二四〇	本縣
	永順成	東地街	民國八年二月	獨資	二〇〇	四	一,〇〇〇	二〇〇	四〇〇	本縣
	聚源隆	富戶街	民國二十一年二月	合資	一五〇	四	五〇〇	一〇〇	二〇〇	本縣
太谷	全盛義	南大街	民國十九年一月	合資	八〇〇	三	三,〇〇〇	三〇〇	一,五〇〇	本縣
	慶源甡	西莊村	民國八年	合資	五〇〇	三	八〇〇	一二〇	六六〇	本縣
	天順亨	南大街	民國十一年一月	獨資	七二五	四	一,四〇〇	二〇〇	一,〇〇〇	本縣
	全盛成	南大街	清光緒二十四年	獨資	三二五	三	一,四〇〇	二〇〇	一,〇〇〇	本縣
	復和成	南大街	民國二十三年	獨資	二五〇	三	八〇〇	一一〇	五五〇	本縣

	天成泰	西大街	民國九年	獨資	三二〇	二	一,〇〇〇	一二〇	六〇〇	本縣
	天興成	東大街	民國元年	獨資	二五〇	二	八〇〇	八〇	四八〇	本縣
	三義永	東街	民國二十四年	獨資	二四〇	三	八〇〇	一〇〇	五〇〇	本縣
祁縣	晉原長	西關	民國十三年四月	獨資	一八〇	四	一,二〇〇	九〇	四二〇	本縣
	和順魁	東街	民國十七年十月	獨資	六〇	四	九七〇	七〇	三六〇	本縣
	馬秀	西街	民國二十二年二月	獨資	一〇〇	三	一,〇八〇	八〇	三九〇	本縣
徐溝	自源永	城廂	民國二十年二月	合資	五〇	三	六〇〇	六〇	二一〇	本縣
	源順永	城廂	民國十八年一月	合資	二五〇	四	七〇〇	七〇	二四五	本縣
	德和長	城廂	民國二十四年三月	合資	八〇	三	五〇〇	五〇	一七五	本縣
	遇盛合	城廂	民國元年一月	合資	二九〇	四	七〇〇	七〇	二四五	本縣
交城	源盛德	南木廠	民國二十三年三月	獨資	二五〇	三	一,八〇〇	三〇〇	七六五	本縣
	三盛成	城內	民國二十二年四月	獨資	四〇	二	五〇〇	三〇	五三	本縣
	永盛德	南木廠	民國二十三年三月	合資	九〇	三	七四〇	五四	一〇五	本縣
文水	德順成	西街	民國八年	合資	五〇	二	六〇〇	五〇	三〇〇	本縣
岢嵐	張繼年毡房	大西街	清光緒二十三年一月	獨資	三三五	三	二,〇〇〇	一七〇	八六三	本縣及鄰縣
	三盛長	小東街	民國十二年二月	獨資	三二〇	九	六,五〇〇	五〇〇	二,四六〇	本縣及鄰縣
	張四維毡房	大西街	民國十六年四月	獨資	一五〇	五	四,一〇〇	三七〇	一,八五三	本縣及鄰縣

	復盛源	小東街	民國十七年五月	合資	二四〇	八	五、二〇〇	四六〇	二、二五〇	本縣及鄰縣
汾陽	公成信	城廂	民國三年	獨資	二〇〇	五	四、六〇〇	五六〇	八二四	本縣
	成瑞和	城廂	民國九年	獨資	二三五	五	五、〇〇〇	五九〇	九〇六	本縣
平遙	雙和恒	第七街	民國二十年九月	合資	七〇	四	二、〇〇〇	一〇〇	六〇〇	本縣
	義和恒	第七街	民國十八年二月	獨資	五〇	三	一、二〇〇	六〇	五六〇	本縣
	天和恒	第四街	民國二十一年一月	合資	七〇	三	一、二〇〇	六〇	五六〇	本縣
	天義永	第十七街	民國十七年三月	獨資	四〇	四	二、〇〇〇	一〇〇	六〇〇	本縣
離石	四盛長	城內	民國二十年二月	合資	六〇	三	一、七四〇	一八〇	一九三	本縣
	時利和	城內	民國二十四年三月	合資	三〇	二	九五四	一〇三	一〇六	本縣
	王師毡舖	大武	民國二十二年二月	獨資	三	二	七六〇	八四	八六	本縣
	石師毡舖	大武	民國二十二年二月	獨資	三	二	七六〇	八四	八六	本縣
方山	孟連科	馬坊	民國十八年	獨資	一〇〇	三	一、〇〇〇	二〇	一八六	本縣
	二合成	峪口	民國二十一年	獨資	五〇	三	六〇〇	三	二三	本縣
中陽	高鐵馬毡坊	城內北街	民國二十三民五月	獨資	六〇	三	二、〇〇一	二〇〇	五〇〇	本縣
長子	正興武	磯張村	民國二年十月	獨資	二三	五	三、八〇〇	四八〇	一、二〇〇	本縣
	錦綉成	堯南陳村	民國八年十月	獨資	一九二	四	三、五〇〇	四〇〇	一、〇〇〇	本縣
	元亨吉	壁村	民國二十年十月	獨資	二三五	五	四、〇〇〇	五三〇	一、五二五	本縣

襄垣	慶義源	城內北街	民國二十三年	獨資	九〇〇	一五	三、八〇〇	一、二〇〇 幅二〇、四〇〇項	三、三六〇 二、八七〇	本縣、長治、路城、屯留、沁源及東三省、
	協義恆	東關	民國二十四年	合資	一、二〇〇	一三	一五、三〇〇	八〇〇 幅一〇、三〇〇項	二、二四〇 一、三五九	本縣、長治、路城、屯留、沁源及東三省、
	豐和久	城內西街	民國二十二年	合資	一、〇〇〇	一四	一〇、二〇〇	六五〇 幅一八、三二〇項	一、八二〇 二、四二四	本縣、長治、路城、屯留、沁源及東三省、
	復德恆	廟坡村	民國二十四年	獨資	一、〇〇〇	一三	一三、六〇〇	五五〇 幅一五、〇〇〇項	一、四七〇 一、九五〇	本縣、長治、路城、屯留、沁源及東三省、
	興順成	東畛村	民國二十四年	獨資	七〇〇	一〇	一四、〇〇〇	五二五 幅一〇、二〇〇項	一、五四〇 一、三二三	本縣、長治、路城、屯留、沁源及東三省、
晉城	大德通	城內南大街	民國二十一年二月	合資	一〇三	五	八〇〇	八〇	一六〇	本縣
	萬順魁	城內南大街	民國二十二年三月	合資	一〇二	四	五〇〇	七〇	一四〇	本縣
	仁記	黃華廟	民國二十二年三月	合資	五二	四	三〇〇	五〇	一〇〇	本縣
高平	德盛昌	城內	民國五年四月	獨資	八〇〇	六	、八〇〇	二五〇 幅一、五〇〇項	三七五 一九五	本縣、山東、河北、
	福和昌	城內	民國二十年八月	獨資	四五〇	三	、一〇〇	八〇 幅一、〇〇〇項	一二〇 一五〇	本縣、山東、河北、

	義勝公	南關	民國十五年十月	獨資	三〇〇	五	一、二〇〇	二〇〇	三〇〇	本縣、河北、山東、
	楊文海	南關	民國二十三年四月	獨資	六〇〇	六	一、八〇〇	二〇〇	三〇〇	本縣、河北、山東、
								帽三、〇〇〇頂	三九〇	
	永益恆	城內	民國十九年二月	獨資	三六〇	二	一、二〇〇	一五〇	三三五	本縣、河北、山東、
								帽一、五〇〇頂	一九五	
	聚盛昌	城內	民國八年五月	獨資	四五〇	一	一、〇〇〇	一六五	二四八	本縣、河北、山東、
	五福昌	城內	民國二十二年一月	獨資	六〇〇	四	一、五〇〇	帽八〇〇頂	一〇四	本縣、河北、山東、
遼縣	源茂盛	東街	清光緒二十八年	獨資	三〇〇	五	三、〇〇〇	三〇〇	一、〇五〇	本縣及河南武安、磁州、邯鄲
	永盛源	東關	民國二十四年	獨資	一五〇	四	二、五〇〇	二五〇	八七五	本縣及河南武安、磁州、邯鄲
	增盛永	東街	民國六年	獨資	二〇〇	五	三、五〇〇	三五〇	一、二二五	本縣及河南武安、磁州、邯鄲
	永順昌	西關	民國二十二年	獨資	一〇〇	四	二、五〇〇	二五〇	八七五	本縣及河南武安、磁州、邯鄲
和順	順源湧	中和街	民國三年	獨資	一七〇	五	一、〇〇〇	二〇〇	二四〇	本縣、河南、武安
	德生湧	中和街	民國十八年	合資	二〇〇	五	一、五八〇	三二六	三七九	本縣、河南、武安
	復生永	寒湖村	民國元年	合資	一六〇	五	一、三〇〇	二六〇	三一二	本縣、河南、武安
	德玉公	青城村	民國四年	合資	二五〇	六	二、四五〇	四九〇	五八八	本縣、河南、武安
	德義永	馬坊村	民國十五年	獨資	一七〇	四	一、三〇〇	三〇〇	三六〇	本縣、河南、武安
榆社	襄盛永	城廂	民國二十年四月	獨資	三二〇	二	四、〇〇〇	六五〇	一、八七〇	本縣

沁縣	和合公	城廂	未詳	合資	二五〇	三	八〇〇	一〇〇	二四〇	本縣
	未列名二家	城廂	未詳	合資	五〇〇	五	一、三〇〇	二〇〇	四〇〇	本縣
武鄉	聚和成	蟠龍鎮	民國十七年六月	合資	九〇	四	一、二〇〇	二〇〇	四〇〇	本縣
	永茂公	城關	民國八年九月	獨資	五〇	三	八〇〇	一四〇	二八〇	本縣
	永盛公	城關	民國二十三年二月	獨資	四〇	二	七五〇	一二〇	二四〇	本縣
平定	福益毡房	南關	民國八年	獨資	三〇	六	三〇〇	一〇〇	二〇〇	本縣
	元勝永	西關	民國二十三年	獨資	一〇	六	六〇〇	二〇〇	四〇〇	本縣
	德義公	西關	民國十九年	獨資	三〇	四	三〇〇	一〇〇	二〇〇	本縣
	自成毡坊	東關	民國二十四年	獨資	三〇	四	一五〇	五〇	一〇〇	本縣
	義順毡坊	東關	民國十七年	獨資	三〇	六	四〇〇	一三〇	二六〇	本縣
昔陽	茂盛毡坊	東關	民國元年	獨資	八〇	六	五、〇〇〇	一、二〇〇	一、八〇〇	本縣
曲沃	王天順	大街	民國七年四月	獨資	三二〇	五	一、〇〇〇	四〇〇	九六〇	本縣及鄰縣
	福建魁	大街	清光緒四月三年	獨資	五二〇	七	一、〇〇〇	四〇〇	九六〇	本縣及鄰縣
	榮長榕	大街	清道光二年八月	獨資	四六〇	六	一、五〇〇	六〇〇	一、三四〇	本縣及鄰縣
	三義成	候馬	清咸豐三年五月	合資	七二〇	九	一、八〇〇	八〇〇	一、八二〇	本縣及鄰縣
吉縣	天復和	東關	民國十一年八月	合資	二三〇	三	二、三〇〇	一、三〇〇	二、七〇〇	本縣、河津、稷山、汾城、新絳
	天興號	東關	民國十三年九月	合資	二八〇	四	二、五〇〇	一、三〇〇	二、八〇〇	本縣、河津、稷山、汾城、新絳

鄉甯	正順東	東街	民國十九年三月	合資	二〇〇	四	六、〇〇〇	八〇〇	一、六〇〇	本縣、新絳
	長發易	西街	民國元年二月	獨資	一〇〇	三	三、五〇〇	二六〇	五二〇	本縣、新絳
永濟	義盛福	城內	民國二十一年八月	合資	一〇〇	五	七〇〇	六〇〇	九〇〇	本縣
	福興魁	城內	民國十四年一月	獨資	五〇	四	五〇〇	四〇〇	六〇〇	本縣
猗氏	天興陞	南巷	民國二十四年二月	獨資	三〇〇	四	一、〇〇〇	八〇〇	八〇〇	本縣
解縣	德盛魁	蔡家樓	清光緒二十四年一月	獨資	五五〇	五	一、〇〇〇	二〇〇	四〇〇	本縣、猗氏
安邑	裕盛永	河東市北大街	民國十年	獨資	四〇	五	一、〇〇〇	七〇〇	七〇〇	本縣
夏縣	萬青鴻	南街	前淸	獨資	一〇〇	五	一、〇〇〇	五〇〇	五〇〇	本縣
	同濟長	南關	民國十年八月	合資	二〇〇	五	一、〇〇〇	五〇〇	五〇〇	本縣
	萬鎰成	南街	民國二十三年一月	獨資	一〇〇	四	八〇〇	四〇〇	四〇〇	本縣
新絳	聚萬恆	北大街	民國十二年	獨資	四〇〇	六	坯帽 二、五〇〇 一、三二〇頂	帽 一、二〇〇 一、三二〇頂	一、四〇〇 四六二	本縣、鄰縣
	天興和	南大街	民國十八年	獨資	五〇〇	六	坯帽 三、〇〇〇 一、三二〇頂	帽 一、四〇〇 一、三二〇頂	一、六二〇 四六二	本縣、鄰縣
	協興成	南大街	民國二十一年	獨資	六〇〇	六	坯帽 二、四〇〇 一、三二〇頂	帽 一、二〇〇 一、三二〇頂	一、四〇〇 四六二	本縣鄰縣
聞喜	自立成	三門道	民國十年二月	獨資	八三〇	八	二、〇〇〇	五〇〇	二、〇〇〇	本縣

絳縣	永春茂	三長道	民國二十三年七月	獨資	九二〇	八		二、〇〇〇		五〇〇	二、〇〇〇	本縣
	三義成	三長道	民國二十三年七月	合資	七二〇	四		一、〇〇〇		三四〇	一、〇〇〇	本縣
	和順成	城內	民國元年三月	獨資	六〇〇	五		一、一〇〇		一七〇	六五〇	本縣、垣曲、曲沃
	興義永	橫水鎮	民國四年五月	獨資	八〇〇	六		一、〇〇〇		一三五	五五五	本縣、垣曲、曲沃
	全盛公	南樊鎮	民國十八年二月	獨資	四〇〇	五		七〇〇		一一〇	四一〇	本縣、垣曲、曲沃
永和	德興正	北關	民國五年三月	獨資	五〇〇	五		四、七〇〇		八七〇	三、三一五	本縣
大同	福記毡莊	城內西街	民國二十二年		五〇〇	一八		九、五〇〇	帽 鞋	三五〇 八、〇〇〇頂 一、五〇〇雙	六〇〇 一、四〇〇 九〇〇	本縣
靈邱	雙玉成	魁見	民國九年	合資	三〇〇	四	牛毛	一、七〇〇 五〇〇	帽	三一〇 一、〇〇〇頂	三一五 三〇〇	本縣、大同
	福太和	西關	民國五年	獨資	二〇〇	三	牛毛	一、三〇〇 五〇〇	帽	一八〇 八〇〇頂	一七〇 二四〇	本縣、大同
	德義和	西關	民國十二年	合資	五〇〇	五	牛毛	一、九〇〇 六〇〇	帽	三二〇 一、三〇〇頂	三三〇 三九〇	本縣、大同
	劉玉國	魁見	民國十七年	獨資	一五〇	三	牛毛	一、二〇〇 五〇〇	帽	一八〇 七〇〇頂	二七〇 二二〇	本縣、大同
	王德國	魁見	民國十九年	獨資	一八〇	三	牛毛	九〇〇 四〇〇	帽	一三五 八〇〇頂	二三五 二四〇	本縣、大同

	曹生雲	西關	民國十七年	獨資	二〇〇	四	牛毛 一、四〇〇 五〇〇	帽	二〇〇 八〇〇頂	三〇〇 二四〇	本縣、大同
右玉	德盛泉	城內	未詳	獨資	八〇〇	二	六、二五〇	鞋 帽	一〇〇 二、〇〇〇雙 一、〇〇〇頂	二三〇 二、〇〇〇 一八〇	本縣
	同心合	城內	未詳	合資	五〇〇	八	五、八〇〇	鞋 帽	一二〇 一、八〇〇雙 一、〇〇〇頂	二五二 一、八〇〇 一八〇	本縣
	日增源	城內	未詳	合資	五〇〇	六	三、九〇〇	鞋 帽	五〇 一、三〇〇雙 八〇〇頂	一一五 一、三〇〇 一四四	本縣
朔縣	萬和生	草市街	民國二十三年三年	獨資	二、二五〇	二	八〇〇	鞋 帽	一五〇 三〇〇雙 五〇〇頂	二二五 三〇〇 一〇〇	本縣
	福和生等十一家		未詳	未詳	五、〇〇〇	三〇	四、五〇〇	鞋 帽	六五〇 一、七〇〇雙 二、五〇〇頂	九七五 八五〇 三二五	本縣
左雲	天聚和	城廂	民國十一年	獨資	三、〇〇〇	三	七、〇〇〇	鞋 帽	三〇 三、七〇〇雙 二、五〇〇頂	、 三、三〇〇 三七五	本縣、忻州、綏遠、太原
	天義永	城廂	民國二十三年	獨資	三、六〇〇	二〇	六、〇〇〇	鞋 帽	三〇 三、五〇〇雙 二、二〇〇頂	九〇 三、一五〇 三三〇	本縣、忻州、綏遠、太原
	天義公	城廂	清宣統二年	獨資	二、〇〇〇	一八	八、〇〇〇	鞋 帽	四三五 四、五〇〇雙 三、〇〇〇頂	一二〇 四、〇五〇 四五〇	本縣、忻州、綏遠、太原

	生記毡坊	城廂	民國二十二年	合資	五〇〇	一〇	二、〇〇〇	鞋 帽	一〇 一、三〇〇雙 一、三〇〇頂	三〇 一、一七〇 一九五	本縣、忻州、綏遠、太原
	世記毡坊	城廂	民國二十三年	獨資	四〇〇	二	三、〇〇〇	鞋 帽	一〇 三、〇〇〇雙 一、〇〇〇頂	三〇 一、八〇〇 一五〇	本縣、忻州、綏遠、太原
神池	義生泉	西三道街	民國十九年	合資	三三〇	四	八、五〇〇	鞋	二〇〇 一、五〇〇	五〇〇 九〇〇	本縣
	李子昇	東五道街	民國十五年	獨資	二八〇	四	八、〇〇〇	鞋 帽	二〇〇 一、四〇〇雙 一、〇〇〇頂	七五〇 八四〇 二〇〇	本縣
	復盛茂	八角堡	民國二十三年	獨資	二八〇	四	八、五〇〇	鞋 帽 襪	三〇〇 五〇〇雙 一、五〇〇頂 一五〇雙	七五〇 三〇〇 三〇〇 四五	本縣
	復源茂	義井鎭	民國二十年	獨資	二八〇	四	八、〇〇〇	鞋 帽 襪	五六〇 五〇〇雙 一、三〇〇頂 二〇〇雙	九〇〇 三〇〇 二六〇 六〇	本縣
	四家				一、一七〇	一六	三三、〇〇〇		一、一六〇		
五寨	天生茂	大東街	民國二年五月	獨資	四五〇	六	二、八〇〇	鞋 帽	二五〇 一、一〇〇雙 一、一〇〇頂	四五〇 三三〇 一六五	本縣
	天福榮	大北街	民國十年三月	獨資	五三〇	七	三、三〇〇	鞋 帽	二八〇 一、一〇〇雙 二、三〇〇頂	五〇四 三三〇 三三〇	本縣

代縣	十二家				二、四〇〇	三六	八〇、〇〇〇		一六、〇〇〇	二四、〇〇〇	本縣
繁峙	自成公	城內	民國元年一月	合資	六〇〇	六	五、六六〇	鞋 帽	三三一 五八〇雙 三、二三〇頂	五四五 二〇三 三三八	本縣、太原、大同
	復盛成	城內	民國二年三月	合資	五〇〇	五	五、三六〇	鞋 帽	一九五 五七〇雙 二、七二〇頂	五七八 三〇〇 二八五	本縣、太原、大同
	元鄗	砂河鎮	民國八年十月	合資	五〇〇	五	四、八二〇	鞋 帽	一八五 五六〇雙 二、五八〇頂	五三六 一九六 二七三	本縣、太原、大同
	永茂和	大營鎮	前淸	合資	三〇〇	四	四、四六〇	鞋 帽	一四二 五四〇雙 二、一八〇頂	四二七 一八九 二三〇	本縣、太原、大同
保德	同和祥	東關	民國二十一年十月	獨資	六〇	五	八〇〇		一一〇	二九七	本縣
	晉興	東關	民國二十四年六月	合資	五〇	四	八〇〇		九〇	二四五	本縣
河曲	郝存德	東關街	民國二年	獨資	六〇	四	二、二四〇		三六二	七二六	本縣晉南各縣、綏遠、陝西
	郝禿子	南關街	民國五年	獨資	六〇	三	一、五〇〇		一九三	三八四	本縣晉南各縣、綏遠、陝西
	郝保子	南關街	民國三年	獨資	七〇	四	二、三〇〇		三四五	六九四	本縣晉南各縣、綏遠、陝西
	張貴連	沙坡	民國十年	獨資	七〇	三	一、五五〇		一八四	三六八	本縣晉南各縣、綏遠、陝西
	李芝	沙坡	民國十一年	獨資	六〇	四	二、一〇〇		三三〇	六六〇	本縣晉南各縣、綏遠、陝西

第六節　絲織業

一 沿革

山西絲織業之起源，已不可考，就現有絲織廠坊而言，以光緒三十一年晉城開設之與順合最早，餘均爲民元以後所設立。計創辦於民國十年以前者，有陽曲之山西女子職業工廠織染部，解縣之源興隆，恆盛和，夏縣之同興長、雙盛義、同興合、沁水之林盛合，平遙之復昇魁等八家；創辦於民國十年以後至二十年間者，有夏縣之大興太，天盛永、長瑞祥、同興祥、永興源、餘慶德、寶華綢廠、裕慶源、玉聚合、明太昌、天順成、陽城之公益機房，平遙之餘慶恆等十三家；創辦於民國二十年以後者，有曲沃之民生模範織布廠，解縣之魁泰成，夏縣之改進綢緞實驗廠，新義長、德泰厚、蔚泰亨、聚盛成、合和公、三盛恆，自興成、長順興、自立成、德義恆；新盛右、霍縣之益聚恆，五台之勸業村工廠等一十六家。

二 現狀

目前晉省絲織品之生產方式，可分爲二類；一爲農家副業——夏縣鄉村農民，於農暇之時、絡絲撚線者頗多，每年產品約值六千元。二爲機坊，機坊復有專營與兼營之分；1.兼營——曲沃之民生模範織布廠、陽曲之山西女子職業工廠染織部，五台之勸業村工廠。絲織爲其生產部門之一，平遙之餘慶恆及復昇魁則兼營絲線業；2.專營——除上述五家外，均為專營之絲織機坊。

晉省現有絲織機坊五十一家，分佈於陽曲、晉城、曲沃、解縣、夏縣、高平、陽城、沁水、霍縣、平遙、五台等十一縣。晉省南部，出產蠶絲，故夏縣及高平之機坊較多，計夏縣有二十六家，高平有十三家，解縣三家，平遙二家，其餘縣份，則各僅一家。

山西現有之絲織機坊，除兼營之五家，規模較大，資本較多外，餘俱規模狹小，資本短少，計資本在千元以上至四千元者二家（兼營五家及高平十三家除外），千元以下至五百元者五家，五百元以下至一百元者七家，百元以下者十七家，茲將山西省絲織機坊現狀，列表於后：

山西省絲織業現況一覽表

縣別	廠坊名	地址	設立年月	組織	資本額（元）	職工數	織機架數	用絲量（斤）	年產額 產品名稱	產量（元）	產值（元）
陽曲	山西女子職業工廠織染部	前所街	民國七年	合資	一六〇〇〇	二九二	一〇〇	二〇〇	晉綢	二、二〇〇疋	三、四〇〇
五台	勸業村工廠	河邊村村西	民國二十一年	獨資	二、〇〇〇	四〇	二六		貢緞	二〇疋	六〇〇
									春綢	三〇疋	六〇〇
晉城	興順合	南甕城	清光緒三十一年	獨資	二二〇	六	四	四〇〇	烏綾	一〇〇疋	四〇〇
									汗巾	一、六〇〇塊	四〇〇
									手帕	五〇疋	一七五
									腿帶	五、二〇〇付	一、〇四〇

曲沃	民生模範織布廠	上西門內	民國十二年十一月	合資	一五、〇〇〇	八三	三	一、〇五〇	春綢、紡綢、手帕	一〇〇疋、二〇〇疋、五、二五〇條	三、五〇〇、一、六五〇、一、一二〇
解縣	魁豫誠	解元巷	民國二十二年十月	獨資	六〇〇	九	一	二五	湖縐・春紬	七〇疋	三〇〇
	源興隆	鐵匠巷	民國八年二月	獨資	七〇〇	六	一	三〇	湖縐、春紬	四〇疋	一七〇
	恆盛和	鐵匠巷	民國九年八月	獨資	七〇〇	六	一	四〇	湖縐、春紬	五〇疋	二〇〇
夏縣	改進綢織實驗廠	城內	民國二十三年八月	公立	四、〇〇〇	五七	七	一、四〇〇	春綢、紡綢、手捲、褲巾	八〇〇疋	一〇、〇〇〇
	同興長	北街	民國八年一月	獨資	六〇〇	二	三	五〇〇	春綢、紡綢、手捲、褲巾	三〇〇疋	四、〇〇〇
	大興太	北街	民國十九年七月	獨資	四五〇	八	一	二〇〇	小湖縐	一〇〇疋	六〇〇
	新義長	學巷	民國二十三年三月	獨資	三五〇	五	一	五〇	小湖縐	五〇疋	三〇〇
	天盛永	北街	民國十九年八月	獨資	五五〇	二	二	二〇〇	小湖縐	二〇〇疋	一、二〇〇
	雙盛義	北街	民國六年七月	獨資	四五〇	七	二	一五〇	小湖縐	二〇〇疋	八〇〇
	長瑞祥	南街	民國二十年五月	獨資	三二〇	七	三	一四〇	大、小湖縐	一六〇疋	一、〇〇〇
	德泰厚	南街	民國二十四年九月	獨資	六〇	四	一	五〇	小湖縐	五〇疋	二〇〇
	蔚發亨	南關	民國二十三年二月	獨資	三五	五	二	八〇	小湖縐	一二〇疋	五二〇
	聚誠成	南門	民國二十三年七月	合資	五五	四	一	六〇	小湖縐	八〇疋	三二〇
	同興成	南街	民國十六年一月	獨資	五〇	八	二	一〇〇	小湖縐	一二〇疋	五二〇
	同興合	南街	民國七年八月	獨資	二〇	七	三	一三〇	小湖縐	一六〇疋	六四〇

	合和公	南街	民國二十三年五月	獨資	五〇	七	一	六〇	小湖綢	八〇疋	三二〇
	永興源	南街	民國十三年一月	獨資	四〇	五	一	八〇	小湖綢	一三〇疋	四八〇
	三盛恆	西巷	民國二十三年九月	獨資	三〇	三	一	三〇	小湖綢	五〇疋	二〇〇
	自興成	西巷	民國二十二年六月	獨資	三〇	六	一	六〇	小湖綢	一〇〇疋	四〇〇
	長順興	學巷	民國二十四年二月	合資	三〇	六	一	七〇	小湖綢	五〇疋	四五〇
	自立成	學巷	民國二十四年七月	獨資	二〇	四	一	五〇	小湖綢	八〇疋	三二〇
	餘慶德	高堰	民國十五年六月	獨資	一〇〇	九	二	一三〇	小湖綢	三〇〇疋	八〇〇
	德義恆	西街	民國二十三年一月	獨資	一〇	六	二	六〇	小湖綢	一一〇疋	四四〇
	寶華綢廠	北街	民國十八年八月	獨資	一、〇〇〇	一八	三	四〇〇	春紡手捲湖綢	一八〇疋	三、〇〇〇
	裕慶源	高堰	民國十二年十月	獨資	二〇	九	二	七〇	小湖綢	一三〇疋	四八〇
	新盛太	西巷	民國二十三年七月	獨資	三〇	七	一	三〇	小湖綢	六〇疋	二四〇
	玉聚合	北街	民國十六年五月	獨資	三〇	八	二	一三〇	小湖綢	一六〇疋	七〇〇
	明太昌	北街	民國十七年三月	獨資	三〇	九	二	八〇	小湖綢	一三〇疋	五〇〇
	天順成	南街	民國十七年八月	獨資	八〇	九	二	一四〇	小湖綢	一四〇疋	六四〇
	農家副業	鄉村			未詳	未詳	未詳	未詳	未詳	未詳	六、〇〇〇
高平	共十三家	南關	未詳	未詳	三、〇〇〇	八〇	一五	二、五〇〇	綢紗	四、四五〇疋	六、六七〇
									烏綾	七、五二〇疋	九、〇〇〇

陽城	公益機房	化原街	民國十二年	獨資	一五〇	二	一	四〇	綢	三五疋	二六二
沁水	林盛合	城內	民國六年六月	獨資	四〇〇	五	一	三〇〇	羅底	三〇〇疋	一、五〇〇
霍縣	益聚恆	東街	民國二十一年八月	獨資	三〇〇	八	二	七五	手帕	二〇〇疋	六〇〇
平遙	餘慶恆	南大街	民國十一年一月	合資	二、一〇〇*	二五	四	四五〇	首帕	一、二〇〇連	三、三六〇
	復昇魁	南大街	民國六年一月	獨資	二、五〇〇*	三三	四	三七九	首帕	一、〇二〇連	二、八六六

*係包括全廠各部之總數字。

三　原料

絲織品之主要原料爲蠶絲，晉南各縣，皆有出產，故省內各機坊所用生絲，多係本省出產，惟五台勸業村工業自上海採購，平遙二家，少數購自河南。

產品織造用絲之多寡，係按產品之種類及優劣而定，陽曲，晉綢一疋，需絲二斤四兩；晉城，生絲一斤，可出烏綾一疋，或手帕一疋，或汗巾三塊。或腿帶四付；解縣，湖縐一疋，需絲十三四兩至一斤；夏縣，織綢一疋，普通需絲三斤；陽城，織綢四丈，需絲一斤；沁水，羅底一疋，需絲一斤；霍縣，手帕一疋，需絲六兩；平遙，首帕一連，需絲六兩。全省機坊，共用絲九、八四四斤（五台一家不詳），各家用量，隨其產品數量而有多寡，玆將各縣機坊絲之用量及來源，列表於后：

山西省各縣絲織機坊絲用量及來源表（單位斤）

縣別	用絲量	來源
陽曲	二〇〇	高平
五台	未詳	上海
晉城	四〇〇	本地
曲沃	一、〇五〇	沁水
解縣	一二〇	本地
夏縣	四、三三〇	本縣、沁水、陽城、高平、虞鄉
高平	二、五〇〇	本地
陽城	四〇	本地
沁水	三〇〇	本地
霍縣	七五	本地、陽城、沁水、
平遙	八二九	高平、沁水及河南省、
共計	九・八四四	

四 生產及銷路

生產程序 以生絲織成各種成品之程序，大概如下：以生絲搭於絲絡架，絡於木月，合成絲線（或不合線），繞緯線，牽經（寬一尺至二尺五寸），置經於織機，用人工穿梭緯織，如須提花，則另以一人，生於織機之上，按緯梭之往返提放，以織成花紋，織至相當之長度（二丈四尺至五丈五尺），剪斷或卸下，以碱水煑煉，卽成白軟之熟料綢縐，再加洗染，則成色綢，如織前將緯線煉熟者，是爲熟緯，成品較優。否則卽爲生緯，品質較劣。

產品　晉省絲織機坊之產品，可別為二類：一為綢緞疋頭類；二為日用零件類。屬於疋頭類者有：晉綢、貢緞、春綢、春紡、紡綢、湖縐、大湖縐、小湖縐、縐紡等數種；屬於零件類者有：烏綾、首帕、汗巾、手帕、腿帶、褲巾、羅底等類種。其用途，因物而異，疋頭供縫製衣服用，烏綾首帕供婦女包頭用，汗巾供婦女拭面用，手帕供一般人拭面用，腿帶供人繫褲腿用，褲巾供人束腰褲用。

產值　五十一家機坊常年產值為六七、〇四〇元，又夏縣農業副業產值洋六、〇〇〇元，合計七三、〇四〇元，以夏縣出產最旺，計洋三五、〇七〇元，幾達全省總產值之半，高平次之，年產值為一五、六七〇元。

銷售　產品之銷售方法有三：一為門市零售及批發；二為派員推銷；三為小販肩馱販運。其銷路，除省內各縣外，並遠達陝西，甘肅，河北，寧夏等省，茲將各縣絲織品產值及銷售情形，列表於后：

山西省各縣絲織品價植及銷售情形表

縣別	產品名稱	產值(元)	
陽曲	晉綢	三、四〇〇	本省
五台	貢緞、春綢	一、二〇〇	本地太原及鄰縣
晉城	春綾、汗巾、手帕、腿帶、	二、〇一八	本縣
曲沃	春綢、紡綢、手帕、	六、四六二	本縣及鄰縣
解縣	湖縐、春綢、	六七〇	本縣及陝西省

夏縣	春綢、紡綢、手捲、褲巾 春紡 大小湖縐	三、五〇七〇	省內各縣及陝西長安、
高平	縐紗、烏綾	一五、六七〇	本縣及河北、陝西、甘肅
陽城	綢	二六二	本縣
沁水	羅底	一、五〇〇	本縣及陝西渭南
崞縣	手帕	六〇〇	本縣及汾西、趙城、太原、太谷、
平遙	首帕	六、一八八	本縣及寧夏
總計		七三、〇四〇	

七　針織業

一　沿革

晉省之有針織業，爲時未久，忻縣之模範織布工廠，原名新興勸工廠，創辦於清季宣統元年，是爲第一家針織廠。其時留日學生，回國提倡實業，忻縣一地，同時興辦者凡十餘廠，嗣後絡續虧歇，僅新興勸工廠一家，巍然獨存，於民國二十四年七月，改組爲模範織布工廠，仍兼製針織品。其餘各縣之針織業，在民國十五六年間，較爲發達，繼受晉鈔停兌影響，倒歇殆盡，近年地方平靖，廠數復漸見增加、現陽曲、榆次、太谷、祁縣、平遙、高平、臨汾、平陸、新絳、大同、朔縣、忻縣、定襄、崞縣等處、共有針織廠三十六家、營業均尚不惡。

二 現狀

三十六家針織廠，合計資本數六萬一千三百六十二元，職工凡五百五十六人，全年出品總值爲九萬七千二百七十二元。以組織性質分，計獨資者二十二家，合資者十三家，官辦者一家。以地域分，計太谷十家，平遙、大同各五家，忻縣四家，祁縣、三家、陽曲、榆次、高平、臨汾、平陸、新絳、朔縣定襄、崞縣各一家。忻縣之模範織布工廠，股本二萬元，資力較厚，但針織部份，僅係兼營業務，其餘廠家，規模均小，資本額多者數千元，少者數百元或數十元，設備方面，悉係簡單之手工織機，尚無使用電織者，茲將各家現況，列表於後。

山西省針織業現況一覽表

縣別	廠坊名稱	地址	設立年月	組織	資本額(元)	織工數	原料 種類	原料 全年用量	原料 單位	原料 總值(元)	出品 種類	出品 全年產量	出品 單位	出品 總值(元)	附註
陽曲	同記織襪工廠	城內南園子東巷十二號	民國二十四年二月	獨資	一八〇	四	十支、十四支、十六支、廿支紗・四二合股線	一六	包		線襪	二、四〇〇	打	二、八八〇	

榆次	恆昌工廠	北寺街	民國二十四年二月	合資	二〇〇	八股批線	二,四〇〇斤		線襪	二,四〇〇打	一,八〇〇
太谷	源泉湧	北寺街	民國二十一年三月	獨資	一,二〇〇	八棉紗	七包		線襪	一,四〇〇打	二,四〇〇
	長盛德	東街	民國二十三年二月	獨資	二〇〇	七棉紗	二包		線襪	一,二〇〇打	一,四四〇
	萬聚源	東街	民國二十年三月	獨資	六〇〇	七棉紗	二包		線襪	一,〇〇〇打	一,二〇〇
	萬聚興	東大街	民國二十年二月	獨資	六〇〇	九棉紗	四包		線襪	一,八〇〇打	二,〇〇〇
	振興工廠	斜街	民國二十二年二月	獨資	六〇〇	一五棉紗	一〇包		線襪、線衣	三,二〇〇打	三,四〇〇 襪二千打、總值二千元、衣二百打、總值一千四百元、
	同慶永	斜街	民國二十四年五月	獨資	二〇	五棉紗	一包		線襪	五〇〇打	四三
	東興元	前觀巷	民國二十四年六月	獨資	一〇	四棉紗	十二包		線襪	五〇〇打	四五〇
	德源恆	東斜街	民國二十二年六月	合資	四,五〇〇	一五棉紗	一〇包		線襪	四,二〇〇打	六,三五〇
	義慶永興記	北街	民國二十四年三月	合資	八〇〇	二〇棉紗	八包		線襪	二,〇〇〇打	二,四〇〇
	聚源恆	北寺	民國二十一年	合資	二〇〇	七棉紗	五包		線襪	一,五〇〇打	一,八〇〇
鄗縣	任讓錫	北街	民國二十三年四月	獨資	二二	四二十碼紗	一六〇斤		線襪	一六〇打	一四四
	劉步雲	北街	民國二十二年八月	獨資	三〇	六二十碼紗	三六〇斤		線襪	三六〇打	三二四
	翟益光	南街	民國二十三年六月	獨資	四〇	四二十碼紗	二〇八斤		線襪	二〇八打	一八七
平遙	永隆襪廠	南大街	民國二十年一月	合資	六,五〇〇	一六股批線	一,四〇〇塊	七,〇〇〇	線襪	七,〇〇〇打	九,八〇〇
	大成工廠	南門頭	民國二十一年	合資	五,五〇〇	一五股批線	一,三二〇塊	六,六五〇	線襪	六,二〇〇打	八,六八〇

	天城工廠	南街	民國二十四年一月	合資	四、三〇〇	三股批線	一、二六〇塊	六、三〇〇	線襪	五、一〇〇打	七、一四〇
	美豐工廠	西街	民國二十二年二月	合資	三、三〇〇	九股批線	一、〇五〇塊	五、二五〇	線襪	四、五〇〇打	六、三〇〇
	義泰襪廠	南街	民國十六年二月	合資	二、一五〇	七股批線	九〇〇塊	四、五〇〇	線襪	四、〇〇〇打	五、六〇〇
高平	震濟織襪號	城內	民國二十二年七月	獨資	三〇〇	六洋線	九〇〇斤		線襪	一〇、八〇〇雙	八一〇
臨汾	晉華織襪舖	二十府口	民國二十年二月	合資	五〇	五棉紗	二〇〇捆		線襪	一、五〇〇打	一、〇五〇
平陸	晉新織襪廠	茅津鎮	民國二十年三月	獨資	一、五〇〇	七絲光線	九〇〇斤		線襪	六、二〇〇雙	一、五五〇
新絳	德新工廠	城內	民國二十二年	獨資	二〇〇	五棉紗	一〇包		線襪、線衣	八〇〇打	一、七〇〇	襪七百打、總值一千元、衣一百打、總值七百元、
大同	九如針織工廠	鬧池街	民國二十二年八月	獨資	三〇〇	六十支紗	三包	四、〇三〇	線衣	三、五三〇件	四、六八〇
	家庭永興工廠	獅子街	民國二十一年一月	獨資	二〇〇	三十支紗	五包		線衣	二、〇〇〇件	二、〇〇〇
	華北工廠	城內北大街	民國十六年	獨資	三〇〇	四十支線	八〇〇捆	[illegible]、三〇〇	線襪、線衣		[illegible]	襪九百四十打、總值四百八十六元、衣三千六百件、總值二千八百八十元、
	鉅源	泰北街路西	民國二十年	獨資	一、〇〇〇	三十支紗	三包	四、八〇〇	線衣	六、〇〇〇件	四、八〇〇
	福和工廠	唐市角	民國二十三年八月	合資	五〇〇	三十支紗	三包	五、四〇〇	線衣	四、〇〇〇件	四、五〇〇	兼製毛巾
朔縣	吉興德	南街	民國十九年一月	獨資	五〇〇	二十六支紗、土布		二、三二〇	線襪、便帽		一、四二〇	襪八百打、總值七百二十元、帽一萬頂、總值七百元、
忻縣	祥豐工廠	大南街	民國十九年一月	獨資	四〇〇	二十六支紗	八包		線襪	一、五〇〇包	一、五〇〇	兼製毛巾

	張四行	學道街	民國二十四年二月	合資	二五〇	五	十六支紗	五包	線襪	六〇〇包	三六〇
	民生工場	三道十字街	民國二十三年二月	獨資	五〇	五	十六支紗	二包	線襪	二〇〇包	一四〇
忻縣	模範織布工廠	城內	清宣統元年八月	合資	三〇、〇〇〇	九〇	合股線	一五包	線襪	五三〇打	六二四兼織毛巾
定襄縣	模範織布工廠	城隍廟街	民國三十二年七月	縣立	四、五〇〇	五三	—	—	線襪	六〇〇打	六〇〇兼織布疋毛巾
崞縣	受業工廠	縣城正街	民國二十三年一月	獨資	三五〇	七	棉紗	一、〇〇五斤	線襪	三、一五〇打	三、四六五

三　原料

針織品之主要原料爲棉紗及線，紗有精粗之別，普通所用，自十支至二十支，其單位或以包計，或以捆計或以斤計，每包合四十捆，約重三百餘斤，價格自一百六十元至一百八十元，每捆價格，約三四元，每斤約五六角上下。線之價格，或以斤計，或以塊計，每塊約重五斤，每斤價格自七角至一元。各縣所用原料，多數爲榆次，新絳兩處紗廠出品，間有購自津滬者，但爲數極微。

四　出品及交易

出品分線衣及襪子兩類，線衣每件價格自八角至一元五角，次貨每打平均七元，襪每打價格，自五角至三元二角不等。大同出品，銷晉北各縣及綏遠、包頭、豐鎭、平地泉等處，平遙出品，銷省內各地，榆次出品，銷太原、祁縣、壽陽、磧口、三交等處，朔縣出品，銷岢嵐、寧武、五寨、代縣等處，忻縣出品，略有銷往崞縣，崞縣出品，略有銷往代縣，其餘各縣出品，均僅在本地銷售。交易以現款居多，或於定貨時先付一半，餘數約期結清，出貨概憑發單，付款概憑收據。

八 其他紡織業

一 織毯業

棉織毯子，分線毯絨毯兩種，晉省織毯業，多係織布廠及習藝工廠兼營，惟安邑新絳兩地，有專營織毯事業，新絳縣現有廠坊十九家，安邑僅三家，共二十二年，合計資本數五千八百元，職工七十八人，出品止有線毯一種，全年產量九千八百六十條，每條價格自一元二角至一元五角上下，總值一萬四千七百十二元，均銷於舊河東道所屬各縣。

除上述二十二家廠坊外，榆次之山西晉華紡織公司，及忻縣模範織布工廠、陽曲、潞城、浮山、夏縣等處之習藝工廠，均有出品，據二十三年份統計，晉華紡織公司計出絨毯七萬二千條，每條價格一元六角，總值十一萬二千五百元，除銷本省外，並銷往河北石家莊、清苑、獲鹿、及河南許昌等處，為各廠中出品數量最多者；其次陽曲縣山西平民工廠計出提花線毯一萬一千五百條，每條價格二元、總值二萬三千元、亦略有銷往省外；忻縣模範織布工廠計出提花線毯七千八百條，每條價格一元三角，總值一萬零一百四十元，銷鄰近各縣；又其次潞城縣新民工廠計出線毯六十條，每條價格二元五角，總值一百五十元，浮山縣新民工廠計出線毯三十六條，每條價格二元八角，總值一百元零八角，夏縣新民工廠計出絨毯六十條，每條價格三元六角，總值二百十六元。均止在本地銷售。

二　毛巾業

晉省毛巾業，始於民國初年，民十以後，漸漸發達，近年市面不景氣，家數雖見增加，營業轉趨衰落。現陽曲，太谷、祁縣、平遙、臨縣、長治、長子、襄垣、晉城、臨汾、曲沃，臨晉、解縣、安邑、新絳、稷山、大同、忻縣等處，共有織毛巾之廠坊五十家，合計資本數一萬六千四百十一元，職工四百五十七人，全年出品數量十一萬七千五百打，總值九萬五千七百九十八元。

除上述五十家廠坊外，兼織毛巾者，計有祁縣，沁水、和順、襄陵、五台等處之習藝工廠，及忻縣定襄之模範織布工廠。據二十三年份統計，祁縣新民工廠出品數量計二百三十打，每打價格七角五分，總值一百七十二元五角；沁水縣新民工廠出品數量計二百五十打，每打價格一元一角，總值二百七十五元；和順縣新民工廠出品數量計二百五十打，每打價格六角，總值一百五十元；襄陵縣新民工廠出品數量計三百十四打，每打價格七角總值二百十九元八角；五台縣新民工廠出品數量計一百二十打，每打價格九角，總値一百零八元；忻縣模範織布工廠出品數量計五百二十打，每打價格八角五分，總値四百四十二元；定襄縣模範織布工廠出品數量計六百打，每打價格七角，總値四百二十元。

毛巾之主要原料爲棉紗，其次爲漂粉，棉紗每包價格，自一百七十元至二百五十元，漂粉每桶價格，約三十元上下，多數購自榆次新絳兩地。每棉紗一包，可織毛巾四百打至八百打，每打價格，因大小精粗不同，自數角至二三元不等。新絳縣出品，除在本地銷售外，並銷往陝西、甘肅、陽曲、太谷、平遙、安邑，稷山、忻縣等處出品，均有銷往外縣；其餘各縣出品，則僅銷縣內。

茲將各縣織毯業及毛巾業之一般現況，分別列表於後。

（一）山西省織毯業現況一覽表

縣別	廠坊名	地址	設立年月	組織	資本額（元）	職工數	用紗數（斤）	年產額	
								產量（條）	產值（元）
安邑	全盛永	東大街	民國八年一月	獨資	五〇	五	三五〇	二〇〇	三〇〇
	豫慶元	北大街	民國二十四年	合資	二〇	三	一五〇	一二〇	一四四
	三興盛	仝右	仝右	合資	三〇	三	二〇〇	一四〇	一六八
新絳	勤盛公	縣城	民國十年	獨資	三〇〇	四	三、六〇〇	一、〇〇〇	一、五〇〇
	春發成	縣城	民國十二年	獨資	三〇〇	四	三、六〇〇	一、〇〇〇	一、五〇〇

永茂祥	縣城	民國十年	獨資		三〇〇	五	二,八〇〇	六〇〇	九〇〇
泰和祥	縣城	民國十一年	獨資		三〇〇	五	二,八〇〇	六〇〇	九〇〇
豫生祥	縣城	民國十五年	獨資		三〇〇	三	一,三〇〇	三〇〇	四五〇
三盛合	縣城	民國十七年	獨資		三〇〇	四	二,一〇〇	六〇〇	九〇〇
三義合	縣城	民國二十一年	獨資		三〇〇	三	一,一〇〇	三〇〇	四五〇
永盛合	縣城	民國十年	獨資		三〇〇	四	二,一〇〇	六〇〇	九〇〇
任盛興	縣城	民國十八年	獨資		三〇〇	二	一,一〇〇	三〇〇	四五〇
王天順	縣城	民國二十三年	獨資		三〇〇	二	一,一〇〇	三〇〇	四五〇
新順永	縣城	民國二十二年	獨資		三〇〇	四	三,一〇〇	四〇〇	六〇〇
裕德合	縣城	民國十五年	獨資		三〇〇	五	三,〇〇〇	四〇〇	六〇〇
遠發恆	縣城	民國二十年	獨資		三〇〇	二	一,一〇〇	二〇〇	三〇〇
復興恆	縣城	民國二十二年	獨資		三〇〇	二	六〇〇	一〇〇	一五〇
永盛和	縣城	民國二十一年	獨資		三〇〇	三	二,四〇〇	四〇〇	六〇〇
魁興合	縣城	民國二十二年	獨資		三〇〇	四	三,六〇〇	六〇〇	九〇〇
萬順成	縣城	民國十二年	獨資		三〇〇	四	三,六〇〇	六〇〇	九〇〇
文益合	縣城	民國十年	獨資		三〇〇	二	一,四〇〇	三〇〇	四五〇
恩盛永	縣城	民國二十年	獨資		三〇〇	五	四,八〇〇	八〇〇	一,二〇〇

(二)山西省毛巾業現況一覽表

縣別	廠坊名	地址	設立年月	組織	資本額(元)	職工數	原料種類	原料用量	年產額 產量(打)	值(元)	備註
陽曲	濟華織工廠	柴市巷馬字二號	民國十六年八月	獨資	三八〇	九	棉紗漂粉	八包三桶	二、〇〇〇	一、九〇〇	
	韓記織工廠	開化市場七十七號	民國十年四月	獨資	一、〇〇〇	一八	棉紗	二四包	五、〇〇〇	五、〇〇〇	
	興業織工廠	開化市場七十二號	民國十二年一月	獨資	五五〇	九	棉紗	七包	八〇〇	八〇〇	
	冉記織工廠	開化市場七十一號	民國二十一年五月	獨資	二五〇	一三	棉紗	一五包	三、五〇〇	三、一五〇	
	修善工廠	晉府店街三十七號	民國十三年二月	獨資	二五〇	一一	棉紗漂粉	八包二桶	二、〇〇〇	一、〇〇〇	
	三星工廠	晉府店街三十二號	民國十五年二月	獨資	八〇〇	八	仝右	一〇包三桶	二、七〇〇	二、七〇〇	
	德瑞成工廠	晉府店街六十八號	民國二十一年十月	獨資	七〇〇	七	仝右	八包二桶	二、〇〇〇	一、六〇〇	
	德義公工廠	東羊市街二十五號	民國十年一月	獨資	六〇〇	六	仝右	一〇包四桶	二、四〇〇	二、四〇〇	
太谷	錦泰興	東寺院	民國十九年	合資	一、三〇〇	一九	棉紗	二〇包	四、八〇〇	四、三二〇	
	全升恆	仝右	仝右	獨資	六〇〇	九	棉紗	三・五包	三、五〇〇	二、八〇〇	
	許寶臣	東後斜街	民國二十年	獨資	一三〇	七	棉紗	七・五包	二、一〇〇	一、六八〇	
	萬聚源	東街	仝右	獨資	二五〇	七	棉紗	三・五包	三、五〇〇	二、八〇〇	
	長盛德	東街	民國二十三年	獨資	二〇〇	五	棉紗	・五包	一、二〇〇	一、〇八〇	

	萬聚興	東街	民國十一年	獨資	三〇〇	五	棉紗	五包	一,三〇〇	一,一〇五	
	廣和裕	西街	民國二十二年	獨資	一五〇	五	棉紗	五包	一,六〇〇	一,一二〇	
祁縣	鄭丙午	北關	民國二十四年三月	獨資	一〇〇	六	棉紗	二·五包	五五〇	六六〇	
平遙	萬順聚	第二街	民國十二年一月	獨資	一,五〇〇	一九	棉紗	七二包	一八,〇〇〇	一八,〇〇〇	
	四義慶	第十三街	民國十九年四月	合資	五〇〇	一七	棉紗	二四包	六,〇〇〇	六,〇〇〇	
臨縣	大業豐	縣城	民國二十年	合資	五〇〇	二三	棉紗	一五包	一,五〇〇	一,〇五〇	兼織線帶格布
長治	德記工廠	稷山府後	民國二十二年一月	獨資	二〇〇	一三	棉紗	二包	六〇〇	四八〇	
	德和工廠	錫坊巷	民國十八年三月	獨資	八〇	二	棉紗	二包	六〇〇	四八〇	
長子	文興工廠	城內	民國十九年十月	合資	三〇〇	七	棉紗	三·七五包	七五〇	一,一七〇	
	永興工廠	城內	民國二十年十一月	獨資	二四〇	五	棉紗	三·一二包	六五〇	九七〇	
襄垣	和記工廠	南街	民國二十年二月	獨資	一五〇	四	棉紗 漂粉	一·三二包 一五〇斤	八二〇	六五六	
晉城	復順祥	城內大街	民國十五年	獨資	一七三	九	仝右	·六二包 三〇斤	三二〇	三三三	
	聚興源	黃華廟	民國十六年	獨資	一二〇	七	仝右	·五六包 一五斤	一七四	二五九	
	永義昌	南寨	仝右	獨資	一二〇	七	仝右	·五六包 二四斤	一六〇	三三八	
	義順昌	城內人和巷	民國十八年	獨資	八八	五	仝右	·五包 一〇斤	一二四	一六九	
	明盛恆	西關	民國二十年	獨資	六六	四	仝右	·三四包 五斤	一三一	一八六	
	馬鳳山	城內前西街	民國十九年	獨資	五五	三	仝右	·三四包 六斤	九三	一四三	

	馮林士	城內南大街	民國二十年	獨資	五五	三	仝右	·二三包四斤	九四	一四五
	史小拴	城內鐵甯巷	民國二十一年	獨資	五五	四	仝右	·二三包四斤	九四	一四五
臨汾	聚星恆毛巾廠	二十府口	民國十八年三月	獨資	五〇	四	棉紗	六·二四包	二、〇〇〇	一、二〇〇
曲沃	德興工廠	縣城	民國二十年四月	獨資	三〇〇	九	棉紗	七·五包	二、四〇〇	一、六八〇
	萬和成	縣城	民國十八年七月	獨資	四五〇	二	棉紗	九·三六包	三、〇〇〇	二、一〇〇
臨晉	德盛亨	城內大街	民國二十二年三月	獨資	一三〇	三	棉紗漂粉	·五包一〇斤	一〇〇	八〇
	春發源	東街	民國二十三年九月	獨資	二三〇	四	仝右	·七五包一五斤	一五〇	一二〇
解縣	三義工廠	鐵匠巷	民國二十一年二月	合資	七〇	一四	棉紗	一〇·九四包	三、五〇〇	一、七五〇
	福豫工廠	仝右	民國十二年六月	獨資	六五	一三	棉紗	一〇·三二包	三、三〇〇	一、六五〇
	豫豐工廠	仝右	民國二十三年八月	獨資	五〇	一二	棉紗	一〇·三二包	三、三〇〇	一、六五〇
安邑	裕華工廠	東街鐘樓巷	民國二十二年	獨資	五五	二	棉紗	六包	二、四〇〇	一、四五〇
	華昌工廠	南大街	仝右	獨資	四〇	二	棉紗	六包	二、四〇〇	一、四四〇
新絳	祥盛源	順城關	民國十六年八月	獨資	六〇〇	三〇	棉紗	三·五包	七、二〇〇	四、[illegible]二〇
	永興德	西關	民國十八年二月	獨資	五〇〇	二六	棉紗	三·五包	七、二〇〇	四、三二〇
	永興誠	順誠關	民國十四年一月	合資	三〇〇	二	棉紗	五·五包	一、八〇〇	一、〇八〇
	志昇和	西關	民國十九年三月	獨資	二〇〇	八	棉紗	六包	二、〇〇〇	一、二〇〇
稷山	新昌	城內			二〇〇	五	棉紗	六包	二、〇〇〇	一、八〇〇

大同	福和工廠	唐市角	民國二十三年八月	合資	五〇〇	一五	棉紗	三〇包	一、八〇〇	一、四四〇	兼織線衣
忻縣	仝聚工廠	大南街	民國二十三年六月	獨資	四三〇	一五	棉紗	八包	二、〇〇〇	二、〇〇〇	兼織線帶
	祥豐工廠	大南街	民國十九年一月	獨資	四〇〇	一二	棉紗	八包	二、〇〇〇	二、〇〇〇	兼織襪子

三　刺繡業

甲　概說

北方刺繡，本不發達，山西省亦不能例外。惟晉南略有刺繡出品，其以新絳爲最著。新絳刺繡業，始於宣統年間，當時有趙盛義刺繡作之開設，其後有天順元，齊盛合等設立，迄今計有六家，以刺綉衣，戲衣等爲業，亦小手工業之一種。

乙　現狀

茲就新絳縣趙盛義等六家刺繡作，列表於次：

坊名	地址	設立年月	組織	資本額（元）	職工數	年產額產值（元）
趙盛義	府君巷	宣統元年	獨資	一五〇	一三	一、二〇〇

湧盛裕	府君巷	民國二十一年	獨資	一〇〇	九	一、〇〇〇
梁盛福	府君巷	民國二十三年	獨資	一二〇	一〇	一、〇〇〇
天順元	府君巷	民國十八年	獨資	九〇	一二	一、〇〇〇
趙興福	府君巷	民國二十二年	獨資	一一〇	一一	一、〇〇〇
齊盛合	府君巷	民國二十一年	獨資	一三〇	一〇	六〇〇
共計				七〇〇	六五	五、八〇〇

該縣刺繡業，集中於府君巷一帶，均係獨資組織，各家資本額在百元左右，最多亦不過一百五十元，最少僅九十元，全業資本總額爲七百元，職工總數六十五名，總產値五千八百元。所產繡衣戲衣以及其他繡品零件，銷於本省及陝西湖南各省。

四 絲綫業

一 概說

絲綫乃供縫紉以及製帶等家常織品之用。山西絲綫業，以太原市、晉城、陽城、汾城、曲沃、翼城、永濟、解縣、安邑、芮城、新絳等地較著。太原市之絲綫業，始於光緒二十六年，其時有晉德昌綫作之創設，以後相繼設立者，有萬泉湧等，全市現在共有八家，營業清淡。太谷全縣絲綫作計有五家。其中以萬合盛歷史爲最久。晉城絲綫業起源於清代，自光緒十四年至三十三年爲興盛時期，現在商人因捐稅担負過鉅，營業漸形衰落。陽城絲綫業當民元以前營業尙佳，近年以來，該地婦女裝飾，崇尙簡樸，銷路致受影響。該縣絲綫作現僅有義興成一家。曲沃絲綫作計有八家，以製五色絲綫爲主，並兼營髮網。翼城絲綫作目前僅有三家，民六以還，該地種桑養蠶之風漸盛，故而絲綫業亦形發達。永濟一縣，向無絲綫作之開設，日常所需，均向外縣購買；至民國十三年始有恆盛泰開設，迄今計有三家。猗氏雖有絲綫出產，而無絲綫作名稱。解縣安邑各有兩家，均創設於民國年間，芮城僅有一家，係最近設立，新絳四家，以義成永開設爲最早，其時在光緒三十四年，其他三家均在民元以後創設。

二　現狀

全省絲綫作，據此次調查，其中較大者計有五十四家，除新絳縣之瑞成和等三家採合資組織外，餘者均係獨資設立。全業資本總額一萬七千九百三十元，職工三百二十一名。製綫原料爲生絲，生絲分黃白兩種，每年需用量除新絳四家未明外，共爲六千零七十九斤，絲綫生產量除曲沃八家未明外，總額爲四千七百〇五斤，生產總值連曲沃八家在內共計爲四萬〇三十五元。其分配於各縣，有如次表：

縣（市）別	家數	資本（元）	職工數	原料用量（斤）	年產量（斤）	年產值（元）
太原市	八	二、三五〇	六二	九五〇	七二〇	九、二一六

太谷	五	二、二一六	三一	六六〇	五六〇	四、四八〇
平遙	四	六、四五〇	六九	八〇〇	六一六	四、九二八
晉城	三	四八九	一三	二四〇	一六五	四八九
陽城	一	一三〇	二	八〇	七〇	七九五
汾城	五	二七〇	一八	五九〇	五二〇	六、四〇〇
曲沃	八	二、七二〇	二七	九三〇		四、八六五
翼城	六	二三五	二三	三九五	二七六	二、二〇八
永濟	三	六八〇	一三	二七〇	二四〇	二、一六〇
臨晉	二	四五〇	一〇	八〇〇	六四〇	五、一二〇
解縣	二	七〇〇	八	一二〇	一〇八	八六四
安邑	二	五四〇	一三	一四四	一三五	一、七二〇
芮城	一	五〇	二	一〇〇	一九〇	七二〇
新絳	四	六五〇	三〇		五六五	四、〇七〇
總計	五三	一七、九三〇	三二一	六、〇七九	四、七〇五	四八、〇三五

各地絲綫作，以太原及曲沃縣爲最多，計各有八家，翼城六家，太谷，汾城各爲五家，平遙，新絳各爲四家，晉城，永濟各爲三家，臨晉、解縣、安邑各有二家，陽城，芮城各有一家。

資本額以平遙之六千四百五十元爲最高，其次爲曲沃之二千七百二十元，太原市之二千三百五十元，太谷縣之二千二百十六元。其他各縣絲綫業資本自數十元以至數百元，均不足千元者。

製造絲綫所用原料爲黃白生絲，年用量以太原市之九百五十斤爲最高，次爲曲沃之九百三十斤，平遙及臨晉之各用八百斤，太谷之六百六十斤，汾城之五百九十斤，其他各縣綫業年用黃白生絲量均不滿五百斤。山西絲綫作所用原料，大多均購自外省，其採購方法，分爲兩種，一爲買繭自行繅絲，一爲直接採購生絲，前者如晉城縣絲綫業向當地蠶戶採購蠶繭，綫作開工繅絲，後者如太原市綫作所用原料，係來自河南，於省垣交易。中等絲價每斤三元之譜。

製綫手續，頗爲簡單，將生絲絡成數股，由股合併爲線名曰捻綫，然後用鹼泡煉，成爲熟綫，晒乾後再行染色，成爲各色絲綫。

山西各地所產絲綫，普通均曰「杭絲」，蓋絲綫一項，本以杭州所產爲最佳，因此沿用此名。山西絲綫作，每多兼製絲帶，髮網，褲帶以及其他日常絲織用品。大概每生絲一斤，可製熟綫十二兩，此在通常情形之下，原料與產品之關係。

絲綫多銷於當地，間有鄰縣銷路，但無有出省境者。

山西省絲線業現況一覽表

縣別	廠坊名	地址	設立年月	組織	資本額(元)	職工數	原料名稱	原料用量(斤)	年產額 產量(斤)	年產額 產值(元)
太原市	和義謙	大剪子巷	民國七年	獨資	二〇〇	八	黃白生絲	一二〇	九〇	一、一五二
	和義源	靴巷街	民國十三年	獨資	一〇〇	四	仝上	一二〇	九〇	一、一五二
	萬泉湧	靴巷街	民國二年	獨資	二〇〇	六	仝上	一二〇	九〇	一、一五二
	玉泉湧	靴巷街	民國十年	獨資	二〇〇	六	仝上	一二〇	九〇	一、一五二
	敬守成	靴巷街	民國九年	獨資	二〇〇	一一	仝上	一二〇	九〇	一、一五二
	萬順長	靴巷街	民國二十二年	獨資	一〇〇	九	仝上	一二〇	九〇	一、一五二
	晉德昌	靴巷街	清光緒二十六年	獨資	一、〇五〇	四	仝上	八〇	六〇	七六八
	魁陞昌	按司街	民國二十二年	獨資	三〇〇	一四	仝上	一五〇	一二〇	一、五三六
太谷	福盛魁	南街	清光緒二十七年	獨資	九〇〇	八	仝上	二〇〇	一八〇	一、四四〇
	萬台盛	南街	清光緒二十六年	獨資	三〇〇	五	仝上	一〇〇	九〇	七二〇
	東盛長	東街	清宣統元年	合資	八六六	九	仝上	二〇〇	一六〇	一、二八〇
	天正魁	東街	民國九年	獨資	八〇	四	仝上	八〇	七〇	五六〇
	義盛長	東街	民國十二年	獨資	七〇	五	仝上	八〇	六〇	四八〇
平遙	餘昇吉	小察院街	民國八年二月	獨資	一、二〇〇	一一	仝上	二四〇	一八〇	一、四四〇
	餘慶恆	南大街	民國十一年一月	合資	二、一〇〇	二五	仝上	一七〇	一三五	一、〇八〇

	復昇魁	南大街	民國六年一月	獨資	二、〇五〇	二二	仝上	一五〇	一二一	九六八
	餘慶洪	南大街	民國二十三年二月	獨資	一、一〇〇	一一	仝上	二四〇	一八〇	一、四四〇
晉城	興順合	南甕城	光緒二十一年	獨資	二一五	六	仝上	一〇〇	六九	二〇四
	和義順	南關黃華街	清宣統元年	獨資	一六二	四	仝上	九〇	六二	一八三
	和義隆	南門外	民國四年	獨資	一一二	三	仝上	五〇	三四	一〇二
陽城	義興成	東關青陽街	民國十七年	獨資	一三〇	二	仝上	八〇	七〇	七九五
汾城	榮昌和	城內	民國十五年	獨資	五〇	四	仝上	一二〇	一〇〇	一、一〇〇
	晉義興	城內	民國二十一年	獨資	一〇〇	四	仝上	二〇〇	一八〇	二、三〇〇
	晉盛和	城內	民國二十一年	獨資	四〇	四	仝上	九〇	八〇	一、〇〇〇
	榮昌合	古城鎮	民國十七年	獨資	四〇	三	仝上	九〇	八〇	一、〇〇〇
	隆源長	古城鎮	民國二十二年	獨資	四〇	三	仝上	九〇	八〇	一、一〇〇
曲沃	永茂玉	城內大街	清咸豐二年正月	獨資	五〇〇	三	仝上	二〇〇		七二〇
	德盛恆	城內大街	民國元年一月	獨資	四〇〇	三	仝上	一五〇		四七〇
	大盛和	城內大街	清宣統三年一月	獨資	四八〇	六	仝上	二〇〇		一、二四〇
	萬盛泉	城內大街	民國四年二月	合資	四〇〇	四	仝上	一五〇		六八〇
	合盛泉	城內大街	民國元年一月	合資	四〇〇	四	仝上	一〇〇		五六〇
	新順和	城內大街	民國元年二月	獨資	三五〇	三	仝上	八〇		四九五

	德盛泉	候馬鎮	民國二十三年一月	獨資	九〇	二	仝上	三〇		三六〇
	德興合	曲村鎮	民國十九年二月	獨資	一〇〇	二	仝上	二〇		〇四〇
翼城	隆盛祥	城內	民國元年	獨資	三五	四	仝上	八〇	五六	四四八
	玉太順	城內	民國元年	合資	五〇	五	仝上	一〇〇	七〇	五六〇
	富昇永	城內	民國二年	獨資	五〇	五	仝上	一〇〇	七〇	五六〇
	天保恆	城內	民國二十一年	獨資	三〇	三	仝上	四〇	二八	二二四
	協泰興	城內	民國二十一年	獨資	三五	三	仝上	三五	二四	一九二
	天順成	城內	民國十九年	獨資	三五	三	仝上	四〇	二八	二二四
永濟	沈興隆	東關南巷	民國十五年一月	獨資	二〇〇	五	仝上	一〇〇	九〇	八一〇
	永興昌	栲栳鎮	民國十六年二月	獨資	二七〇	五	仝上	九〇	八〇	七二〇
	恆盛泰	永樂鎮	民國十三年二月	獨資	二一〇	三	仝上	八〇	七〇	六三〇
臨晉	天順成	東關後街裏	民國十七年三月	獨資	三〇〇	七	仝上	四八〇	三八四	三、〇七二
	薛奎元	城南莊	民國二十一年五月	獨資	一五〇	三	仝上	三二〇	二五六	二、〇四八
解縣	榮瑞成	西街	清光緒廿四年三月	獨資	五〇〇	五	仝上	七〇	六三	五〇四
	忠義隆	西街	民國二十一年一月	獨資	二〇〇	三	仝上	五〇	四五	三六〇
安邑	永興和	河東市東大街	民國三清	獨資	二四〇	六	仝上	八〇	七五	九六〇
	楨錫永	河東市東大街	民國七年	獨資	三〇〇	七	仝上	六四	六〇	七六〇

芮城	公益成	西街	民國二十三年二月	獨資	五〇	二	仝上	一〇〇	九〇	七二〇
新絳	瑞成和	中大街	民國十五年	合資	二〇〇	九	仝上		一八〇	一、三〇〇
	德盛成	中大街	民國十五年	合本	一〇〇	六	仝上		一〇〇	七二〇
	德順興	南大街	民國元年	獨資	一五〇	六	仝上		一〇〇	七二〇
	義永成	北大街	清光緒三十四年	合資	二〇〇	九	仝上		一八五	一、三三〇

第三章　飲食品工業

一　麵粉業(附澱粉業)

一　概說

晉省麵粉業，就生產工具言之，可別爲：(甲)麵粉廠，(乙)機器磨坊，及(丙)畜力磨坊三種。就中以畜力磨坊爲最早，分佈亦廣，機器磨坊次之，麵粉廠則在民元以後，始漸次創辦，家數八家，分佈六縣。現時以麵粉廠之設立，利用機器，大量生產，故畜力磨坊，多呈式微之象。惟以麵粉爲晉人主要食粮，故尙無急遽衰減之勢，然已不若淸季之隆盛矣。

據本部此次調查所得，晉省麵粉業，現存者計有：麵粉廠八家，機器磨坊十一家，畜力磨坊一一八六家，分佈六十九縣，年產各種麵粉九三六、五〇二担，計値四、七八二、四二九元。玆分述如次。

二　現狀

甲　機器麵粉廠

山西全省之有麵粉廠者，計有陽曲、楡次、祁縣、平遙、臨汾等六縣，粉廠八家。以大同之大同麵粉公司設立爲最早，次爲祁縣之裕生源，再次爲陽曲之晉豐，其餘多在民十以後始行設立，設立最遲者爲平遙之晉生，成立于民國廿年。八廠中，無限公司組織者一家，合資組織者二家，餘五家多爲有限公司，資本總數爲二、〇六三、四〇〇元，職工總數三三四人。磨粉機除裕生源不詳外，計三十七架。年產各種麵粉計九二二、八二五袋（合三四、一八六、五七三斤），計値二、〇九三、四八八元。

陽曲

陽曲計有麵粉廠二家，（一）爲晉豐麵粉公司公記，廠址設于新南門外。創設于民國十年，民十七改名昌記晉豐麵粉公司，民國十八年九月，改現名。爲無限公司。現任經理爲李振記。廠基面積佔地四十畝，房屋二二五幢。職員三十五人，工人廿五名，來自江蘇之揚州及本省。設備方面有磨粉機十二架，方元篩八個，鍊粉機六架，擦潮麥機七架，收灰機五架，去麬機及打風機各二架，均爲美國啓賓遜洋行出品，除此尙有煤氣引擎二部，馬力三百匹，產品計有頭等麵二等麵三等麵四等麵四種，商標只雙象一種。全年工作六七月，工人工資則按月發給，不以開工與否爲準。（二）爲新記公司附設機器麵粉廠。係太原電燈新記股份有限公司所兼營。該公司創設于光緒三十四年三月，民國十五年始行購置小麥機，先行試辦，嗣因出產品供不應求，爰于十九年改裝一百匹馬力大麥機一部，以資應用。因係附營性質，故廠基資本職員等項，難以分列。惟所列工人十五名，似屬于麵粉生產者。工人來源，大都機師爲江浙人，工徒則均屬本省人。現有麵粉機一部（洗麥機等在內）鋼磨七盤。爲德國亞美公司出品。馬達一架，馬力一〇〇匹。產品計有頭號粉二號粉三號粉三種。商標則有綠電燈紅電燈藍電燈三種。因係電燈公司附營，故工作日期甚暫，全年只四個半月。

榆次

榆次計有麵粉廠一家，名魏榆麵粉公司，創設民國十八年十月，廠址在該縣北關，廠基佔面積七畝，房屋八十幢。係有限公司組織。資本七萬元。職員二十九人，工人二十六名，多來自江蘇天津及本省。設備有磨麥機三部，淨麥機二部，手篩機一部，吸塵機一部，均爲德國產，只元篩機爲本國產。除此尚有煤氣引擎一部，馬力一〇〇匹。產品祇農民牌麵粉一種。常年生產。

祁縣

祁縣計有麵粉廠二家，規模均較上述爲小。（一）名裕生源，設立于民國九年，資本四千元，係合資性質。廠址在本縣南街，基地四畝，房屋六十二間。職工二十名，均爲本地人。機器設備僅柴油機一部，柴油引擎一部，馬力十二匹。產品不分類別，統稱白麵。（二）爲湧泉源，設立于民國十七年，初屬畜力磨坊之一，迨民國廿一年改組後，始增置石磨，添設轉電機篩麥機等，利用晉豐公司之電力，生產麥麵及蕎豆麵。

平遙

平遙僅晉生麵粉股份有限公司一家，設立于民國二十年二月。創辦人爲祁曾福王汝楊林盛，現任經理爲天汝恩。廠址在本縣東街，基地六畝，房屋七十七幢。資本十萬元，係股份公司性質。職工二十五名。機械設備有升降機淨麥機磨機鋼磨石機磨等，產品分頭等麵二等麵三等麵三種。商標一二等麵紛為鹿鶴牌，三等粉無之。

臨汾

臨汾地處晉南，晉南各縣，夙以產麥著稱。現任山西大學校校長王歛宸與山西大學教授蘭梅五等有鑒于此，爰糾合同志多人醵資籌辦，於民國十八年十二月正式開張，定名晉益麵粉公司，設廠於該縣東關，廠基面積八畝，房屋八十餘間，資本十萬元，係股份有限公司。內設經理一人，協理一人，營業製造兩部各設主任一人，分掌各項事務。職工五十二名，多為本縣及隣縣人。機械多為德國亞美廠出品，計有粉磨三部淨麥機一部圓篩一部平篩二部，蒸汽引擎一部，馬力四十五匹。產品祇耕田牌麵粉一種。

大同

大同地處晉北，有麵粉廠一所，名大同麵粉公司。於民國二年設立，為晉省麵粉廠成立最早者。原名大通公司，資本總額為銀十餘萬兩。民國十四五年間，迭遭兵燹，幾經荒歉，損失達十數萬元，營業銳減，幾不能維持。至二十年十一月改由山西省銀行接收承辦，始易今名。資本定為一二八、四〇〇元。廠址在北門外，佔地八十餘畝，規模之大，僅次於陽曲之晉豐公記，惟資本則不及遠甚。設備亦至完備，計有淨麥機二部，打麥機二部，潮麥絞龍機一部，四棍複式磨五盤，吸灰機麵皮機縫包機裝包機扇麥機各一部，其他另件倘不在內。現有職工三十六人。產品計分頭等二等麵粉兩種，商標頭等為綠壽星，二等為紅壽星。

乙　機器磨坊

據此次調查所得，晉省機器磨坊，現時只陽曲十家，太谷一家。以陽曲之三晉恆成立於清光緒三十一年為最早，晉豐裕次之，其他有三家成立於民十以前，五家成立於民十以後，民廿以後成立者僅陽曲之寶利通一家而已，資本數最高者五千元，低者三四百元，資本總數為一八、九二〇元，平均資本數為一千七百二十元，惟太谷之機器磨坊，係同記電燈公司所兼營，其資本數當為公司之資本。倘分別開列則平均數當較上述為低，各家職工數，除天德成祇七名外，餘均在十六七名之譜。石磨有磨者計二家，有二盤者計四家，三盤者一家，四盤者三家，六盤者一家，總計有石磨三十一盤。全年需小麥三五、〇〇〇担。全年產麥麵四、〇三四、五〇〇斤，全年產值二三六、三四七元。計有電機十一座，馬力合計一三〇四（太谷未詳）。

丙　畜力磨坊

畜力磨坊，即舊時之用石磨一合，以驢或騾牽挽而行用以製麵之舊式磨坊是。在麵粉廠未經設立之前，斯項磨坊為製造麵粉之唯一機關。所產麵粉，大部供本地食用，間亦有行銷他縣者。迨麵粉廠先後在各處設立，廠麵暢銷，以是土製麵粉市場乃為所奪，畜力磨坊，閉歇時聞，如陽曲縣，在民國七八年時，尚有一百五六十家，今則已閉歇半數。又如交城縣，在當時皮業興盛時期，有磨坊三十餘家，迨至民國十九年晉鈔毛荒百業凋敝，馴至今日，祇存十家，其中得以獲利者，更不過三四家而已。據此次調查所得，畜力磨坊，現存者計一一八六家，分佈六十七縣。每家平均資本二，九三五元，全年總產粉量計五五、〇〇〇、〇〇〇餘斤，佔總產量百分之五九・一九。全年產值二、〇九三、四八八元。每家平均產值二、〇六八元。至鄉僻之處，當不乏此類磨坊之存在，然規模簡陋，分佈散漫，不易調查，茲從略。

總上所述，麵粉廠機器磨坊及畜力磨坊，計如下表：

廠坊別	家數	資本總額	職工數	磨數	年產量(元)	年產值(元)
麵粉廠	八	二、〇六三、四〇〇	三三四	△三七	三四、一八六、五七三	二、〇九三、四八八
機器磨坊	一一	一八、九二〇	一六五	三一	四、〇三四、五〇〇	二三六、三四七
畜力磨坊	一、一八六	*八六〇、一七八	▲四、五七六	一、五〇三	五五、四二九、一八九	二、四五二、五九四
合計	一、二一五	*二、九四二、四九八	▲五、〇七五	△一、五七一	九三、六五〇、二六二	四、七八二、四二九

△裕生源未詳，未列入。 *長治一四八家渾源應縣、懷縣山陰、靈邱廣靈天鎮、右玉、朔縣、左雲、平魯等縣未詳，未列入。 ▲天鎮、右玉朔縣未詳，未列入。

山西省畜力磨坊分縣統計表

縣別	家數	資本額(元)	每家平均資本(元)	職工數	石磨數	年產值(元)	每家平均產值(元)
陽曲	六四	四二、九〇〇	六七〇	七一八	一六六	三四二、六九〇	三、六六七
太原	六	一三、四二〇	二、二三六	四二	七	一〇、一八六	一、六九八

太谷	二五	六五、七四二	二、六三〇	三一六	七九	一二四、一五九	四、九六六
祁縣	三	七、〇〇〇	二、三三三	四九	四	一五、四五六	五、一五二
徐溝	一五	五五、七九三	三、七一九	一一三	三八	四八、二七六	三、二一八
淸源	九	一一五、七〇〇	一二、八五五	一七二	一七	二三、三一七	二、四八〇
交城	八	一九、六一〇	二、四五一	七三	三七	四六、二三九	五、七七九
文水	三	一、三六〇	四五三	一四	三	四、七五二	一、五八四
興縣	五	九、〇〇〇	一、八〇〇	一一	二〇	三二、二一〇	六、四四二
汾陽	五〇	七三、五〇三	一、四七〇	四〇〇	九〇	二四一、四七二	四、八二九
平遙	一〇	一、六九〇	一六九	四四	二三	一五、五二五	一、五五三
臨縣	一五	五、四八〇	三六五	一一五	三〇	一四、七七二	九八五
離石	二二	一二、〇八〇	五四九	九一	三二	七九、六八〇	三、六二二
方山	一〇	一五、五七〇	一、五五七	七七	一〇	一〇、三一四	一、〇三一
中陽	三	一、〇〇〇	三三三	一二	三	一、九八〇	六六〇
長治	一五八	▲二、四〇〇	▲一四〇	一七一	一三	一五三、五八〇	九七二
長子	一一	四、七八五	四三五	六六	一五	一三、三九三	一、二一八
屯留	一一	一、四七〇	一三三	四五	一四	八、一二〇	七三八
襄垣	七	二、二〇〇	一四	三六	一四	八、八一五	一、二五九

潞城	八	五五五	六九	一六	一〇	五、五三二	六九二
黎城	三	七七〇	二五七	六	五	一、八〇〇	六〇〇
壺關	一〇	八七〇	八七	二八	*一〇	四、九九五	五〇〇
晉城	六〇	一四、〇八一	二三五	一九七	六六	四六、七七八	七八〇
高平	七	三、七五〇	五三六	一二	七	一、八五〇	二六四
陽城	一五	四二〇	二八	三〇	*一五	七、五二〇	五〇一
陵川	八	一、三〇〇	一六三	二一	二〇	一五、〇〇〇	一、八七五
沁縣	四	一一、五〇〇	二、八七八	八	八	七、二〇〇	一、八〇〇
沁源	一一	三、八六〇	三五〇	二六	一四	九、五〇〇	八六四
武鄉	六	一一九	二〇	一四	八	三、一一八	五二〇
襄陵	一四	四、二四〇	三〇三	五八	二六	一二、四七四	八九一
洪洞	一八	二四一、〇〇〇	一三、三八九	一六二	二九	一一一、二〇〇	六、一七八
汾城	三	三、一〇〇	一、〇三三	一四	六	五、〇六〇	一、六八七
曲沃	六	一一、二六〇	一、八七七	五九	八	二九、五七八	四、九三〇
翼城	一〇	二、一〇〇	二一〇	三五	*一〇	二四、四一六	二、四四二
吉縣	六	四三〇	七二	五	六	三、九五〇	六五八
鄉甯	二	六八〇	三四〇	六	二	四、四〇八	二、二〇四

永濟	八	三一〇	三九	二四	八	八、三二〇	一、〇四〇
臨晉	七	二、六八〇	三八三	二四	一四	一五、八七六	二、二六八
虞鄉	三	三一〇	一〇三	七	三	八四〇	二八〇
解縣	二	五、〇〇〇	二、五〇〇	六	六	七、八八〇	三、九四〇
安邑	八	一、九三〇	二四一	二三	九	一一、二七六	一、四一〇
芮城	三	八六〇	二八七	一一	三	五、〇〇〇	一、六六七
新絳	二三	一〇、二八〇	四四七	一三九	*二三	七一、三六〇	三、一〇三
河津	三	八三〇	二七七	八	*三	二、八〇〇	九三三
聞喜	五	二、六〇〇	五二〇	二七	五	九、三六〇	一、八七二
絳縣	二	九一〇	四五五	四	二	一、三〇四	六五二
霍縣	一	五、〇〇〇	五、〇〇〇	一二	三	三、四〇〇	三、四〇〇
靈石	一〇	五、八五〇	五八五	五〇	*一〇	一九、九六〇	一、九九六
蒲縣	五	一、九八〇	三九六	八	七	一二、六〇八	二、五二二
大同	二〇	二一、三六〇	一、〇六八	一七八	*四〇	五五、二〇〇	二、七六〇
渾源	八〇			一〇〇	一〇〇	二七、〇四〇	三、三八〇
應縣	三五			四〇	四〇	三九、九九五	一、一四三
懷仁	一四			一四	*一四	八、〇〇〇	五七一

山陰	二八			四〇	二八	六七、八八八	二、四二五
靈邱	二四			三〇	*二四	三、二三〇	一三五
廣靈	二四			二一	*二四	三五、四〇四	一、四七五
陽高	一〇	一八、九〇〇	一、八九〇	五四	一七	七〇、〇五六	七、〇〇六
天鎮	一〇				*一〇	五七、七八〇	五、七七八
右玉	八				*八	四七、五三〇	五、九四一
朔縣	六〇				六〇	一一三、八五〇	一、八九八
左雲	三〇			九〇	*三〇	五二、九六〇	一、七六五
平魯	六〇			六〇	六〇	六四、六六八	一、〇七八
甯武	一一	一四、一〇〇	一、二八〇	七二	一八	三五、四〇〇	三、二一八
神池	四七	一四、四八〇	三〇八	一一一	*四七	八七、三三三	一、八五八
偏關	四	七〇〇	一七五	一六	四	三、二三〇	八〇八
五寨	一〇	一、一六〇	一一六	二一	一〇	一〇、一八一	一、〇一八
五台	五	一、二〇〇	二四〇	二五	八	一四、五五〇	二、九一〇
總計	一、一八六	△八六〇、一七八	+二、九三五	×四、五七六	一、五〇三	二、四五二、五九四	一二、〇六八

*石磨數所*有符號者均係估計數。▲有一四八家，資本數未詳。故平均數係以已知之資本數除以已列各號之十台計算而得。△係六六五家，資本額餘未詳，參閱現況一覽表。+此項平均數，係已知六六五家之平均數。

×天鎮、右玉、朔縣未詳，故未列入。

二 原料

小麥

晉省麵粉主要之原料爲小麥，莜麥次之，豆類又次之，黍子再次之，餘則爲蕎麥玉茭及高粱，但爲數甚少，殊無足道。晉省所產小麥，估計一五、五三七、五一六畝，年產一六、〇四四、二五九石，麵粉廠及機畜磨坊，每年所需小麥，僅三〇〇、四〇四、二石，取之本省已足敷用，故所用小麥，除大同向綏遠採購外，餘均用本省所產之小麥。邊境各縣或有購自隣省者，但爲數甚少。

莜麥

莜麥亦製麵粉原料之一，在晉省出產食粮中佔第五位（一小麥、二高粱、三玉蜀黍、四黍子），種植面積計三、一〇五、九七五畝，年產莜麥一、五二七、六六二石，製粉所需僅一四六、五四五担，尚不足百分之十，故莜麥麵產量既豐，且原料亦不至向外購買。

蕎麥及其他

餘如蕎麥高粱豆類玉茭黍子高粱及馬鈴薯等，均爲本省出產，足敷製粉之用而有餘。

就各縣言之，麥需用量以陽曲爲最多，計二十四萬七千六百餘石，榆次，臨汾次之，年需五萬担以上；汾陽、長治、洪洞、大同、太谷、離石新絳又次之年一二萬石不等，其他各縣則均在萬担以下。合計年需小麥三〇〇、四〇四•二石•莜麥需用量，以神池朔縣爲最多，年各需三萬石以上，平魯大同次之，年需萬石以上，其餘則均在萬石以下，合計年需一四六、五四五石。豆類之可以製麵者，計有菉豆豇豆小豆扁豆豌豆數種，其中以菉豆需用量爲最多，其他各種需量甚少，爲便利計，統稱豆麵。晉省需豆量當首推陽曲，約八千餘石，次爲興縣年需三千餘担，徐溝年需二千餘石，太谷交城年需一千餘石；餘則均在千石以下。全省計年需豆類二六、四六六•八石。蕎麥麵生產縣份甚少，就中以陽曲年需萬石以上爲最多，次爲左雲需三千餘石，右玉需二千石，廣寔需一千二百石，其他各縣，均不足千石。合計全省計年需蕎麥二萬一千餘石。他如黍子年需一六、五五三石，玉茭一七〇石，高粱一八〇石，馬鈴薯一、九五四石，均以數量甚少，故不列舉。茲將各縣原料需用量分類統計表如次：

山西省麵粉業原料需量分類統計表

縣別	麥（石）	莜麥（石）	蕎麥（石）	黍子（石）	豆（石）	其他
陽曲	二四七、六〇三		二、六二〇		蠶豆 八、一三四	
太原	一、〇六九				同上 五九〇	
榆次	五七、四六〇					
太谷	二一、三四〇				同上 一、七五〇	
祁縣	七、五三〇				同上 一五〇	
徐溝	五、九六一•二				同上 二、二一五•八	
清源	三、七二二					
交城	五、八六九				一、九五八	
文水	八八〇					

興縣	二、五七八	二、五〇〇				三、九四〇		
汾陽	二九、〇二〇						麥 蠶豆	一六、八四六
平遙	九、八五〇							
臨縣	一、九八〇				豇豆	三六〇		
離石	一九、九二〇							
方山	七五〇	四八〇			小豆	二四三		
中陽	四五〇							
長治	二六、六六四							
長子	六、六四五							
屯留	三、〇〇〇							
襄垣	三、一五〇							
潞城	一、六八七							
黎城	三五四							
壺關	一、一二〇							
晉城	七、七七〇				蠶豆	四七〇	玉茭 高粱	一七〇 一八〇
高平	三七〇							
陽城	一、八八〇							

陵川	三、〇〇〇				
沁縣	一、八〇〇				
沁源	一、九〇〇				
武鄉	六七五				
臨汾	五〇、〇〇〇				
襄陵	二、七〇〇				
洪洞	二七、八〇〇				
汾城	九五四				
曲沃	七、五〇〇				
翼城	五、六五二				
吉縣	一、〇〇〇				
鄉寧	一、〇二〇				
永濟	一、七八四				
臨晉	三、二八〇				
廣鄉	一、四〇〇				
解縣	一、五〇〇				
安邑	二、六七〇				

芮城	一、〇〇〇					
新絳	一七、八四〇					
河津	五〇〇					
聞喜	一、五六〇					
絳縣	二九七					
霍縣	七〇〇					
靈石	四、九九〇					
蒲縣	三、八一六					
大同	二六、〇〇〇	一三、八〇〇				
渾源	一、〇〇〇	七、三六六	二八五		扁豌豆 四五四	
應縣	二、三三三	八、二三五	四二〇			
懷仁		二、五〇〇				
山陰		五、八八二		一三、三三三		
靈邱		七〇〇	一六〇			
廣靈	八〇〇	三、五〇〇	一、三〇〇	二、二一〇		
陽高	三、五三六	一〇、〇六〇				
天鎮	六、二〇〇	二、一六〇				

右玉	二五、〇〇〇	六、〇〇〇	二、〇〇〇		豌豆 二五〇〇	
朔縣	三、三三三	三〇、〇〇〇	七〇〇		扁豆 一二五〇	
左雲		八〇〇	三、六六〇		豌豆 二五、〇〇〇	
平魯	九〇〇	一五、〇〇〇	九四三		扁豆 六〇〇	
寧武						莜麥豌豆麥 三、九〇〇
神池		三五、二〇〇				
偏關	二三〇	八五〇			豌豆 二〇〇	
五寨	三、〇〇〇	四五〇			扁豆 一〇三	馬鈴薯 一、九五〇
五台	一、三五〇	一、〇二〇				
總計	三〇〇、四〇四・三	一四六、五四五	二一、〇〇七	一六、五五三	二六、四六六・八	三二、〇四六

價格

原料價格，各地亦至不一律。如小麥，陽曲每石售價六元外，太谷徐溝交城平遙高平則售五元餘，售價以四元至五元爲普遍，然亦有售三元（興縣）或二元餘者（吉縣）。莜麥價格，無多大上落，每石約在二元半左右，間有上落，亦祗數角之差。蕎豆與小麥價格相伯仲，每担售五六元之譜，其他豆類則較蕎豆爲低。高粱及玉蒌祇晉城少數畜力磨坊用以磨麵，價格差別。尙不可知，今知前者每石售價二元五角，後者每石售價三元。

四 產銷

生產設備

麵粉廠生產設備可分原動力與磨粉機二種，前者指鍋爐，引擎及發電機而言，後者指淨麥機、打麥機、麩皮機、遠心麩皮機、吸灰機、裝包機、縫包機、扇麥機及磨粉機等而言。各廠設備亦偶有出入，然大致則如上述。機器磨坊祇有發動力引用機械，磨則多用石製者，其他則多人工，所用工具，多與畜力磨坊相仿，故設備簡單。畜力磨坊所工器具，祇磨及篩為主要。除挽磨用畜力外，餘則多用人力。

製造程序

製造程序，無論麵粉廠，機器磨坊及畜力磨坊，大致不外(一)清麥，(二)磨粉，(三)篩粉三重工作。惟以使用工具不同，詳細手續亦大有出入，各麵粉廠亦有因設備各異，而程序因之變移者。機器磨坊及畜力磨坊，祇挽磨方面一用畜力一用機械力稍有出入，其他大都一致。茲將麵粉廠製造程序略述如次。

先將原料入扇風機扇去砂土。入淨麥機清淨之，再送入打麥機去其雜物。然後送至潤麥機潤溼之。存入潤麥箱內，經半小時後，送入磨內磨碎，經篩粉機區分等級，除去麵皮，則麵粉之製造程序已告完畢，進而送入裝包機包裝，再入縫包機縫實，儲入倉庫以待售。

產品

晉省麵粉，以麥麵為大宗，莜麥麵次之，豆麵又次之，玉茭麵、高粱麵為最少，製造者亦祇晉城縣數家而已。麥麵以陽曲產量為最多，達二七、九一三、七五八斤，榆次、臨汾、大同、長治、離石、太谷、汾陽、洪洞、新絳次之，年各產數百萬斤不等，其餘各縣多在十餘萬斤以下。筱麥麵以神池產量爲最豐計年產三百餘萬斤。朔縣平魯大同次之亦年產二三十萬餘斤。統計晉省各縣麵粉生產計如下表：

佔百分之一・五二，蕎麥麵佔百分之一・七六，其他佔百分之二・七三。

原料與生產　原料每單位之產麵粉量，常因種類之不同而異其產量、亦有同一原料，各地產量不一致者，如麥麵，有每石產麵一百斤者，有每石產麵一百二十斤者，亦有產麵在一百與一百二十斤之間者，大致最多產麵百二十斤最少產百斤，莜麥有每石產麵百斤者，亦有每石產麵九〇斤者，蕎麥產粉量，較上述爲少，每石只可磨麵六七十斤。產量最多者，當首推菉豆，每石產粉恆在一百一十斤以外，亦有產一百三十斤者。高粱玉茭每石產量，與麥相若。

銷場　晉人以麵爲主要食糧，故年需麵粉量至夥。以是本省所產麵粉，多供本省人民食用，不外銷他省，除麵粉廠所產之麵，行銷他縣外，其他各種多以行銷產地爲主，間亦有行銷鄰縣者，惟爲數甚少。故麵粉一物，無集中之市場，亦無足資敘述之產銷狀況。

市價變遷　晉省麵粉，在昔日之市價，原甚高昂，經營磨坊業者亦有利可圖，近則廠粉暢銷，坊粉市場爲其所奪，以致市況日非，市價日跌。兼之近年農村經濟之不景氣，匪惟坊粉售價無起色，即粉廠營業亦遠不如前。如太谷，在民國七八時每石麥麵售價十元，今則售五元四五，豆麵亦然；徐溝昔售十元者，今售五元左右，大致麥麫昔日售價每石均十元左右，對平均售價最高不過五元四五，最低有售三元餘者。其他如蕎麥麫莜麥麫等，售價亦遠不如前。據此次調查所得，各種麫售價平均價格如左表

麥麵	每石	五・四八元連（廠粉在內）
莜麥麵	每石	三・五七元

據上表，產麥麵者計六十五縣，產筱麥麵者十九縣，產蕎麥麵者計九縣，產豆麥者計十七縣，產黍子麵者計三縣。茲再將產品及生產機關產量百分比分類列表如左：

產量／百分比／種類	麵粉廠所產		機器磨坊所產		畜力磨坊所產		合計	
	產量	百分比	產量	百分比	產量	百分比	產量	百分比
麥麵	三四、一六七、八二三	四八•三六	四、〇三五、〇〇〇	五•七一	三二、四四六、七九九	四五•九三	七〇、六四九、六二三	一〇〇•〇〇
筱麥麵					一四、二三六、五四五	一〇〇•〇〇	一四、二三六、五四五	一〇〇•〇〇
豆麵	一八、七五〇	五九			三、一一七、七〇五	九九	三、一三六、四五五	一〇〇•〇〇
黍子麵					一、四二〇、六四〇	一〇〇•〇〇	一、四二〇、六四〇	一〇〇•〇〇
蕎麥麵					一、六五〇、五〇〇	一〇〇•〇〇	一、六五〇、五〇〇	一〇〇•〇〇
其他					二、五五六、五〇〇	一〇〇•〇〇	二、五五六、五〇〇	一〇〇•〇〇

據上表，麥麵有百分之四八•三六為麵粉廠所產，百分之四五•九三為畜力磨坊所產，機器磨坊所產者係百分之五•七一。豆麵幾完全為畜力磨坊所產，麵粉廠所產者尚不足百分之一。餘如筱麥麵黍子麵蕎麥麵完全係畜力磨坊產品。惟其他項內，尚有一部係麥及筱麥因未經分別塡列，故未分別併入，倘一幷計算，則麥麵及筱麥麵之總數，當不止此數。倘就各種麵言之，總產量各種麵粉計九三、六五〇、二六二斤，內麥麵佔百分之七五•四四，內麥麵佔百分之一五•二〇，豆麵佔百分之三•三五，黍子麵

交易方法

蕎麥麪	每石	三・九一元
黍子麪	每石	四・三二元
高粱麪	每石	三・〇〇元
玉麥麪	每石	三・〇〇元
豆麪	每石	四・四三元
馬鈴薯麪	每石	三・〇〇元

交易方法，磨坊方面，祇分(一)現款交易，(二)信用交易(賒賬)及(三)計貨交易三種，以(一)佔最多數，(二)次之，(三)爲最少，各麪坊有採(一)種交易方法者，亦有採(一)(二)兩種方法者，視各地之營業狀況及商業習慣而各有不同。至麪粉廠，因係大量生產，且銷路不限本縣，故有購五十袋予以九八扣之便利，以示優待，且須雇車送至買主。

山西省麪粉業現況一覽表

甲 機器麪粉廠

縣別	名稱	地址	設立年份	組織	資本額(元)	職工數	磨粉機數	原料名稱	年用原料量(石)	年產麪粉量(袋)	年產值(元)
陽曲	晉豐麵粉公司	新南門外	民國一〇年	無限公司	一、〇〇〇、〇〇〇	五九	一三	麥	一五〇、〇〇〇	四六一、七二五	一、〇九六、六五七
	太原電燈新記股份有限公司	南肖墻	民國一四年	有限公司	六五五、八〇〇	六〇	八	麥	▲二八、〇〇〇	八〇、〇四〇	二六、二〇二
榆次	魏榆麵粉公司	北關	民國一八年	有限公司	七〇、〇〇〇	五五	三	麥	五七、四六〇	一五八、五七五	二七一、八〇六
祁縣	裕生源	南街	民國九年	合資	四、〇〇〇	二〇		麥	二、三〇〇	四、八〇〇	一三、四四〇
	湧泉源	小東街	民國一七年	合資	六、〇〇〇	一三	一	麥 蕎豆	二、六五〇 一五〇	六、六〇〇 *三七五	一七、八二〇 *一、〇二二

平遙	晉生麵粉有限公司	東街	民國二〇年	有限公司	一〇〇,〇〇〇	二五	五	麥	六,四〇〇	一七,八二〇	四一,〇五三
臨汾	晉益麵粉公司	東關	民國一八年	同上	一〇〇,〇〇〇	六七	三	麥	五〇,〇〇〇	一五〇,〇〇〇	三六〇,〇〇〇
大同	大同麵粉公司	北門外	民國二年	同上	三八,四〇〇	三六	五	麥	二八,〇〇〇	六二,九〇〇	一七五,五〇〇

▲據產量估計　*估計

乙　機器磨坊

縣別	磨坊名稱	地址	設立年份	組織	資本額(元)	職工數	石磨數	原料名稱	年用原料量(石)	年產麵粉量(斤)	年產值(元)
陽曲	天德成	成方街	民國一七年	獨資	三〇〇	七	一	麥	一,五〇〇	一七二,五〇〇	一〇,一四三
	信豐久	精營東二道	民國一四年	獨資	一,〇〇〇	一六	三	麥	三,六〇〇	四一四,〇〇〇	二四,三四三
	業和亨	上肖牆	民國一六年	合資	一,五〇〇	一七	二	麥	三,〇〇〇	三四五,〇〇〇	二〇,二八六
	晉和泰	西華門	民國七年	合資	四二〇	一四	二	麥	三,〇〇〇	三四五,〇〇〇	二〇,二八六
	天興裕	南海街	民國二年	獨資	一,〇〇〇	一六	二	麥	三,〇〇〇	三四五,〇〇〇	二〇,二八六
	晉豐裕	大鐵匠巷	清宣統二年	合資	三,〇〇〇	一六	二	麥	三,〇〇〇	三四五,〇〇〇	二〇,二八六
	三晉恆	坊山府	清光緒三一年	合資	四〇〇	一四	四	麥	四,八〇〇	五五二,〇〇〇	三二,四五八
	廣源興	開化寺	民國八年	合資	五,二〇〇	一六	四	麥	四,八〇〇	五五二,〇〇〇	三二,四五八
	寶利通	西華門	民國二三年	合資	五〇〇	一七	四	麥	四,八〇〇	五五二,〇〇〇	三二,四五八
	聚泰成	西華市	民國一九年	獨資	六〇〇	一七	二	麥	一,五〇〇	一七二,五〇〇	一〇,一四三

太谷	同記電燈公司	北街	民國一八年	有限公司	五,〇〇〇	一五	六	麥	二,〇〇〇	二四〇,〇〇〇	一三,二〇〇

丙　畜力磨坊一覽表

縣名	坊名	地址	設立時期	組織	資本額(元)	職工數	石磨數	原料名稱	年用原料量(石)	年產麵粉量(斤)	年產值(元)
陽曲	源成永	上北關	清光緒三一年	獨資	五〇〇	一二	一	麥 菉豆 蕎麥	三〇・五 四九 七〇	二五,三五七 六,三七〇 五,二二五	一,四七七 三一九 二六三
	德裕泉	同上	民國一八年	獨資	三〇〇	八	二	麥 菉豆 蕎麥	四四一 九八 一四〇	五〇,七二四 一二,七四〇 一〇,五〇〇	二,九五六 六二七 五三五
	德逢源	坡子街	民國二一年	合資	六〇〇	八	二	麥 菉豆 蕎麥	四四一 九八 一四〇	五〇,七二四 一二,七四〇 一〇,五〇〇	二,九五六 六三七 五二五
	天德裕	二道巷	民國二〇年	獨資	三五〇	四	一	麥 菉豆 蕎麥	三〇・五 四九 七〇	二五,三五七 六,三七〇 五,二二五	一,四七七 三一九 二六三
	信豐成	北門街	清光緒一年	合資	五〇〇	一〇	二	麥 菉豆 蕎麥	四四一 九八 一四〇	五〇,七二四 一二,七四〇 一〇,五〇〇	二,九五六 六三七 五二五
	源新永	上北關	民國六年	獨資	五〇〇	一二	三	麥 菉豆 蕎麥	六六一・五 一四七 二一〇	七六,〇七一 一九,一一〇 一五,七五〇	四,四三四 九五六 七八八
	潤生永	同上	民國一年	獨資	二〇〇	一三	三	麥 菉豆 蕎麥	六六一・五 一四七 二一〇	七六,〇七二 一九,一一〇 一五,七五〇	四,四三四 九五六 七八八
	天慶公	上肖墻	民國二三年	合資	二〇〇	一〇	二	麥 菉豆 蕎麥	四四一 九八 一四〇	五〇,七二四 一二,七四〇 一〇,五〇〇	二,九五六 六三七 五二五
	萬聚厚	精營中街	民國二二年	合資	二〇〇	九	二	麥 菉豆 蕎麥	四四一 九八 一四〇	五〇,七二四 一二,七四〇 一〇,五〇〇	二九五六 六三七 五二五

同和慶	同上	民國一四年	合資	三〇〇	七	一	麥 菉豆 蕎麥	三三〇·五 四九 七〇	二五、三五七 六、三七〇 五、二五〇	一、四七七 三一九 二六三
消費合作社	上肖墻	民國二二年	合資	三〇〇	二	一	麥 菉豆 蕎麥	三三〇·五 四九 七〇	二五、三五七 六、三七〇 五、二五〇	一、四七七 三一九 二六三
裕源茲	猪頭巷	民國二二年	合資	一〇〇	七	一	麥 菉豆 蕎麥	三三〇·五 四九 七〇	二五、三五七 六、三七〇 五、二五〇	一、四七七 三一九 二六三
萬深榮	旱西門	清光緒二〇年	獨資	五〇	八	一	麥 菉豆 蕎麥	三三〇·五 四九 七〇	二五、三五七 六、三七〇 五、二五〇	一、四七七 三一九 二六三
和信泰	三橋街	民國二一年	合資	九〇〇	二	一	麥 菉豆 蕎麥	三三〇·五 四九 七〇	二五、三五七 六、三七〇 五、二五〇	一、四七七 三一九 二六三
禎和泳	精營橫街	民國一年	獨資	二〇〇	七	二	麥 菉豆 蕎麥	四四一 九八 一四〇	五〇、七一四 一三、七四〇 一〇、五〇〇	二、九五六 六三七 五二五
義興湧	上肖墻	民國二二年	合資	四〇〇	一〇	二	麥 菉豆 蕎麥	四四一 九八 一四〇	五〇、七一四 一三、七四〇 一〇、五〇〇	二、九五六 六三七 五二五
恆裕戎	天平巷	清咸豐一年	合資	三、〇〇〇	一〇	二	麥 菉豆 蕎麥	四四一 九八 一四〇	五〇、七一四 一三、七四〇 一〇、五〇〇	二、九五六 六三七 五二五
德慶全	牛坡街	民國一六年	獨資	二〇〇	三	二	麥 菉豆 蕎麥	四四一 九八 一四〇	五〇、七一四 一三、七四〇 一〇、五〇〇	二、九五六 六三七 五二五
復增隆	小海子	清光緒一六年	獨資	五〇〇	九	二	麥 菉豆 蕎麥	四四一 九八 一四〇	五〇、七一四 一三、七四〇 一〇、五〇〇	二、九五六 六三七 五二五
天保茲	北司街	民國二二年	獨資	二〇〇	九	二	麥 菉豆 蕎麥	四四一 九八 一四〇	五〇、七一四 一三、七四〇 一〇、五〇〇	二、九五六 六三七 五二五

協興義	府西街	民國一六年	獨資	五〇〇	一三	三	麥	四四一	五〇、七二四	二、九五六
							菉豆	九八	二二、七四〇	六三七
							蕎麥	一四〇	一〇、五〇〇	五二五
義源長	前所街	民國二一年	合資	三〇〇	七	三	麥	四四一	五〇、七二四	二、九五六
							菉豆	九八	二二、七四〇	六三七
							蕎麥	一四〇	一〇、五〇〇	五二五
元盛永	小濮府	清光緒一八年	合資	一、〇〇〇	一〇	三	麥	四四一	五〇、七二四	二、九五六
							菉豆	九八	二二、七四〇	六三七
							蕎麥	一四〇	一〇、五〇〇	五二五
錦泉永	東校衛營	清光緒一六年	合資	三〇〇	九	二	麥	四四一	五〇、七二四	二、九五六
							菉豆	九八	二二、七四〇	六三七
							蕎麥	一四〇	一〇、五〇〇	五二五
晉恆昌	大東門	民國二〇年	獨資	六〇〇	一〇	三	麥	四四一	五〇、七二四	二、九五六
							菉豆	九八	二二、七四〇	六三七
							蕎麥	一四〇	一〇、五〇〇	五二五
三盛永	上馬街	民國九年	獨資	一〇〇	八	二	麥	四四一	五〇、七二四	二、九五六
							菉豆	九八	二二、七四〇	六三七
							蕎麥	一四〇	一〇、五〇〇	五二五
晉源懋	紅市街	民國二二年	獨資	四〇〇	二	三	麥	四四一	五〇、七二四	二、九五六
							菉豆	九八	二二、七四〇	六三七
							蕎麥	一四〇	一〇、五〇〇	五二五
元順泰	大東門	民國七年	獨資	四〇〇	三	三	麥	四四一	五〇、七二四	二、九五六
							菉豆	九八	二二、七四〇	六三七
							蕎麥	一四〇	一〇、五〇〇	五二五
和裕生	西羊市	民國一六年	合資	一〇〇	七	一	麥	三二〇・五	二五、三五七	一、四七七
							菉豆	四九	六、三七〇	三一九
							蕎麥	七〇	五、二五〇	二六三
裕慶懋	大袁家巷	民國二二年	合資	一〇〇	四	二	麥	三二〇・五	二五、三五七	一、四七七
							菉豆	四九	六、三七〇	三一九
							蕎麥	七〇	五、二五〇	二六三
湧茂元	大南關	民國四年	合資	三〇〇	三	一	麥	三二〇・五	二五、三五七	一、四七七
							菉豆	四九	六、三七〇	三一九
							蕎麥	七〇	五、二五〇	二六三

利和公	西海街	民國一一年	獨資	二〇〇	七	一	麥 黃豆 蕎麥	三〇・五 四九 七〇	三五、三五七 六、三七〇 五、二五〇	一、四七七 三一九 二六三
德性厚	小西關	民國一四年	獨資	二〇	五	一	麥 黃豆 蕎麥	三〇・五 四九 七〇	三五、三五七 六、三七〇 五、二五〇	一、四七七 三一九 二六三
泳和祥	西華山	民國五年	合資	三〇〇	一三	三	麥 黃豆 蕎麥	六六一・五 一四七 二一〇	七六、〇七二 一九、一一〇 一五、七五〇	四、四三四 九五六 七八八
永茂義	三橋街	清光緒一八年	合資	八〇〇	一二	三	麥 黃豆 蕎麥	六六一・五 一四七 二一〇	七六、〇七二 一九、一一〇 一五、七五〇	四、四三四 九五六 七八八
福和成	半坡街	民國一四年	獨資	八〇	九	三	麥 黃豆 蕎麥	六六一・五 一四七 二一〇	七六、〇七二 一九、一一〇 一五、七五〇	四、四三四 九五六 七八八
德裕成	天地壇	清光緒六年	合資	三〇〇	一〇	三	麥 黃豆 蕎麥	六六一・五 一四七 二一〇	七六、〇七二 一九、一一〇 一五、七五〇	四、四三四 九五六 七八八
裕權永	樓見底	民國一四年	合資	一、四〇〇	一〇	三	麥 黃豆 蕎麥	六六一・五 一四七 二一〇	七六、〇七二 一九、一一〇 一五、七五〇	四、四三四 九五六 七八八
長盛湧	北司街	民國二年	合資	一、〇〇〇	一〇	三	麥 黃豆 蕎麥	六六一・五 一四七 二一〇	七六、〇七二 一九、一一〇 一五、七五〇	四、三三四 九五六 七八八
天成玉	過門底	清光緒二六年	獨資	一、〇〇〇	一二	三	麥 黃豆 蕎麥	六六一・五 一四七 二一〇	七六、〇七二 一九、一一〇 一五、七五〇	四、三三四 九五六 七八八
廣德裕	府西街	民國二二年	獨資	六〇〇	一四	三	麥 黃豆 蕎麥	六六一・五 一四七 二一〇	七六、〇七二 一五、一一〇 一五、七五〇	四、四三四 九五六 七八八
大恆德	大東關	民國二一年	獨資	一〇〇	一六	三	麥 黃豆 蕎麥	六六一・五 一四七 二一〇	七六、〇七二 一九、一一〇 一五、七五〇	四、四三四 九五六 七八八

豐盛豫	首义街	民國　一年	合資	一、六〇〇	一三	三	麥 黍豆 蕎麥	六六一・五 一四七 二一〇	七六、〇七二 一九、一一〇 一五、七五〇	四、四三四 九五六 七八八
裕德豐	同上	民國　一〇年	獨資	一、〇〇〇	三	三	麥 黍豆 蕎麥	六六一・五 一四七 二一〇	七六、〇七二 一九、一一〇 一五、七五〇	四、四三四 九五六 七八八
大晉魁	紅市街	民國　二三年	獨資	一、〇〇〇	一六	三	麥 黍豆 蕎麥	六六一・五 一四七 二一〇	七六、〇七二 一九、一一〇 一五、七五〇	四、四三四 九五六 七八八
意合棧	首义街	民國　二一年	獨資	一、[illegible]〇〇	九	三	麥 黍豆 蕎麥	六六一・五 一五七 二一〇	七六、〇七二 一九、一一〇 一五、七五〇	四、四三四 九五六 七八八
德慶裕	柴市巷	民國　二年	合資	三、〇〇〇	一三	三	麥 黍豆 蕎麥	六六一・五 一四七 二一〇	七六、〇七二 一九、一一〇 一五、七五〇	四、四三四 九五六 七八八
廣恆懋	柴市街	民國　一八年	獨資	三〇〇	八	三	麥 黍豆 蕎麥	六六一・五 一四七 二一〇	七六、〇七二 一九、一一〇 一五、七五〇	四、四三四 九五六 七八八
晉和成	開化寺	民國　一五年	獨資	八〇〇	三	三	麥 黍豆 蕎麥	六六一・五 一四七 二一〇	七六、〇七二 一九、一一〇 一五、七五〇	四、四三四 九五六 七八八
同濟義	大南門街	民國　二〇年	獨資	五〇〇	一四	三	麥 黍豆 蕎麥	六六一・五 一四七 二一〇	七六、〇七二 一九、一一〇 一五、七五〇	四、四三四 九五六 七八八
晉和湧	上肖墻	民國　七年	獨資	四二〇	一三	四	麥 黍豆 蕎麥	八八二 一九六 二八〇	一〇一、四二八 二五、四八〇 二一、〇〇〇	五、九九二 一、二七四 一、〇五〇
福興隆	東緝虎谷	民國　二〇年	合資	六〇〇	二	四	麥 黍豆 蕎麥	八八二 一九六 二八〇	一〇一、四二八 二五、四八〇 二一、〇〇〇	五、九九二 一、二七四 一、〇五〇
泰和成	南肖墻	清光緒　七年	獨資	二〇〇	一三	四	麥 黍豆 蕎麥	八八二 一九六 二八〇	一〇一、四二八 二五、四八〇 二一、〇〇〇	五、九九二 一、二七四 一、〇五〇

錦祥誠	同上	清光緒一三年	合資	一、五〇〇	一三	四	麥 菉豆 蕎麥	八八二 一九六 二八〇	一〇二、四二八 二五、四八〇 二一、〇〇〇	五、九九二 一、二七四 一、〇五〇
德盛誠	同上	民國一〇年	合資	一、二五〇	一三	四	麥 菉豆 蕎麥	八八二 一九六 二八〇	一〇二、四二八 二五、四八〇 二一、〇〇〇	五、九九二 一、二七四 一、〇五〇
聚新恆	大東門街	民國一三年	獨資	一、〇〇〇	三四	四	麥 菉豆 蕎麥	八八二 一九六 二八〇	一〇二、四二八 二五、四〇八 二一、〇〇〇	五、九九二 一、二七四 一、〇五〇
復泰永	大東門街	民國一一年	獨資	四〇〇	一四	四	麥 菉豆 蕎麥	八八二 一九六 二八〇	一〇二、四二八 二五、四八〇 二一、〇〇〇	五、九九二 一、二七四 一、〇五〇
晉興湧	傳家巷	民國九年	獨資	六〇〇	一五	四	麥 菉豆 蕎麥	八八二 一九六 二八〇	一〇二、四二八 二五、四八〇 二一、〇〇〇	五、九九二 一、二七四 一、〇五〇
瑞隆源	開化寺	民國二〇年	獨資	六〇〇	一二	四	麥 菉豆 蕎麥	八八二 一九六 二八〇	一〇二、四二八 二五、四八〇 二一、〇〇〇	五、九九二 一、二七四 一、〇五〇
慶元昌	都司街	民國六年	合資	六〇〇	一三	四	麥 菉豆 蕎麥	八八二 一九六 二八〇	一〇二、四二八 二五、四八〇 二一、〇〇〇	五、九九二 一、二七四 一、〇五〇
義和慶	大南關	民國二年	合資	一五、五〇〇	一八	四	麥 菉豆 蕎麥	八八二 一九六 二八〇	一〇二、四二八 二五、四八〇 二一、〇〇〇	五、九九二 一、二七四 一、〇五〇
裕興永	樓見底	民國六年	合資	六〇〇	一四	五	麥 菉豆 蕎麥	一、一〇二・五 二四五 三五〇	一三六、七八五 三一、八五〇 二六、二五〇	七、三九〇 一、五九二 一、三一二
德裕源	西羊市	清宣統三年	獨資	二、〇〇〇	一三	五	麥 菉豆 蕎麥	一、一〇二・五 二四五 三五〇	一三六、七八五 三一、八五〇 二六、二五〇	七、三九〇 一、五九二 一、三一二
晉恆永	南肖墻	清光緒二〇年	獨資	八三〇	一五	五	麥 菉豆 蕎麥	一、一〇二・五 二四五 三五〇	一三六、七八五 三一、八五〇 二六、二五〇	七、三九〇 一、五九二 一、三一二

太原	萬泉聚	南街	民國二三年	合資	四、四二〇	一〇	一	麥 黃豆	二二一 一二〇	二四、三一〇 一三、二〇〇	一、三六二 七九二
	瑞林堂	同上	民國二三年	合資	一、二〇〇	七	一	麥 黃豆	一五〇 一〇〇	一六、五〇〇 一一、〇〇〇	九二四 六六〇
	永泉長	城北關	民國二〇年	合資	四、八〇〇	一〇	二	麥 黃豆	二五八 一〇〇	二八、三八〇 一二、六〇〇	一、四八九 六九六
	永泰亨	晉祠鎮	民國一九年	獨資	一、二〇〇	五	一	麥 黃豆	一二〇 八〇	一三、二〇〇 八、八〇〇	七三九 五二八
	天義成	北格鎮	民國一九年	獨資	一、八〇〇	五	一	麥 黃豆	一〇〇 五〇	一一、〇〇〇 五、五〇〇	六一六 三三〇
	同心順	小店鎮	民國一九年	合資	一、〇〇〇	五	一	麥 黃豆	二二〇 九〇	二四、二〇〇 九、九〇〇	一、三五六 五九四
太谷	廣義永	東門街	清光緒二九年	合資	五、二〇〇	二五	二	麥 黃豆	五〇〇 七〇	五五、〇〇〇 八、七五〇	二、九七〇 四七三
	永義恒	北門街	民國四年	合資	四、五〇〇	三	三	麥 黃豆	六〇〇 八〇	六六、〇〇〇 一〇、〇〇〇	三、五六四 五四〇
	同和裕	南街	民國二一年	獨資	二、〇〇〇	一〇	二	麥 黃豆	五〇〇 六〇	五五、〇〇〇 七、五〇〇	二、九七〇 四〇五
	廣興源	北街	民國一七年	合資	三、一〇〇	一七	三	麥 黃豆	七〇〇 五〇	七七、〇〇〇 六、三五〇	四、一五八 三四三
	永興中	西街	民國一年	獨資	二、九一〇	一八	四	麥 黃豆	六〇〇 七〇	六六、〇〇〇 八、七五〇	二、五六四 四七三
	復和慶	南門外	清光緒三〇年	獨資	四、〇〇〇	九	二	麥 黃豆	五〇〇 七〇	五五、〇〇〇 八、七五〇	二、九七〇 四七二
	元和生	南門外	民國二四年	合資	一、七〇〇	五	二	麥 黃豆	四〇〇 五〇	四四、〇〇〇 六、三五〇	二、三七六 三四三
	信蔚隆	同上	民國二三年	獨資	四、〇〇〇	九	二	麥 黃豆	六〇〇 五〇	六六、〇〇〇 六、三五〇	三、五六四 三四三
	隆裕厚	同上	民國二三年	合資	五、五〇〇	九	二	麥 黃豆	五〇〇 七〇	五五、〇〇〇 八、七五〇	二、九七〇 四七三
	合和永	南街	民國一七年	合資	一、四〇〇	一〇	二	麥 黃豆	五五〇 五〇	六〇、五〇〇 六、三五〇	三、〇八五 三一八
	福興永	斜街	民國二三年	合資	八〇〇	九	二	麥 黃豆	六〇〇 五〇	六六、〇〇〇 六、三〇〇	三、三〇〇 三一〇

	復源玉	東關	民國一六年	合資	三,〇〇〇	九	四	參 蔴豆	七二〇 九六	一六,一〇〇 三,〇〇〇	三,九〇五 六〇〇
	寶興泰	同上	清光緒三〇年	合資	三,四三二	一〇	一	參 蔴豆	二〇〇 一〇	二四,〇〇〇 一,三〇〇	一,二〇〇 六五
	萬全生	同上	民國一四年	合資	四,〇〇〇	一〇	二	參 蔴豆	一六〇 三三	三三,六〇〇 二,六四〇	一,六八〇 一三
	天勝慶信記	東后街	民國一一年	合資	二,八〇〇	二三	六	參	二,四〇〇	二六,〇〇〇	一三,八〇〇
	萬隆永	北寺街	民國二〇年	合資	八〇〇	七	二	參 蔴豆	二八〇 三三	三三,六〇〇 二,六四〇	一,六八〇 一三
	萬泰成	西街	民國二二年	合資	三,〇〇〇	一四	四	參 蔴豆	一,三〇〇 八〇	一四,〇〇〇 一〇,四〇〇	七,二〇〇 五二〇
	永興順	東關	民國一五年	合資	二,〇〇〇	九	二	參 蔴豆	四〇〇 五〇	四四,〇〇〇 六,二五〇	二,三三三 三三一
	復隆長	南寺街	民國一五年	合資	二,〇〇〇	一七	六	參 蔴豆	一,四〇〇 一八〇	一五四,〇〇〇 三三,五〇〇	八,一六二 一,一九三
	福慶成	東關	民國二三年	合資	三,〇〇〇	二四	四	參 蔴豆	一,〇〇〇 二〇〇	一二〇,〇〇〇 二五,〇〇〇	五,三〇〇 一,二五〇
	謙義生	西關	民國二四年	獨資	一,〇〇〇	一〇	六	參 蔴豆	一,一五〇 一三〇	一三三,〇〇〇 一五,〇〇〇	七,〇四九 七九五
	廣聚盛	南關	民國一六年	獨資	二,〇〇〇	一二	四	參 蔴豆	一,四〇〇 一八〇	一五四,〇〇〇 三三,五〇〇	八,一六二 一,一九三
	中興裕	同上	清宣統二年	合資	二,〇五〇	九	四	參 蔴豆	九六〇 四〇	一〇五,六〇〇 五,〇〇〇	五,五九七 二六五
	廣源厚	同上	民國一六年	獨資	二,〇五〇	一三	四	參 蔴豆	一,〇〇〇 三五	一二〇,〇〇〇 四,三七五	五,七二〇 二二八
	謙義誠	東關	民國二三年	合資	一,五〇〇	八	四	參 蔴豆	九二〇 四五	一〇〇,一〇〇 五,六二五	五,三〇五 二九八
祁縣	協誠五	南街	民國一七年	合資	三,〇〇〇	一九	二	參	一,八〇〇	二〇六,八二〇	一〇,七二四
	黎和豫	東街	民國一四年	合資	一,〇〇〇	一三	一	參	二七〇	三二,四〇〇	一,六八〇
	普隆	東關	民國二四年	合資	三,〇〇〇	一八	一	參	五二〇	五八,八六〇	三,〇五二

徐溝德盛	北街	民國二〇年	合資	二〇〇	五	二	麥 菉豆	二六二 九八	二六、二〇〇 一〇、七六〇	一、四〇一 五九三
富隆永	同上	民國二二年	獨資	五、〇〇〇	二	二	麥 菉豆	二〇四・五 七五・五	三、四九五 八、三〇五	一、二三七 四五七
德源泰	同上	民國五年	合資	二、五六〇	八	三	麥 菉豆	五九八 三三三	六五、七八〇 二五、四二〇	三、六一八 一、三四三
鴻勝長	北關	民國二四年	獨資	五〇〇	四	二	麥 菉豆	三三六 八四	二四、八六〇 九、二四〇	一、三六七 五〇八
福源湧	新莊	民國九年	獨資	七、七〇〇	一三	二	麥 菉豆	三〇六 一一四	三三、六六〇 一二、五四〇	一、八五一 六九〇
復亨晉	東街	民國五年	獨資	四、一〇〇	一〇	三	麥 菉豆	六八五・五 二五四・五	七五、一〇五 二七、九九五	四、一二七 一、五四二
聚慶泉	東後街	民國一三年	獨資	五、〇〇〇	九	二	麥 菉豆	一八九・五 七〇・五	二〇、八四五 七、七五五	一、一四六 四二七
天聚恆	南關街	民國二四年	合資	五、〇〇〇	五	二	麥 菉豆	二〇四 七六	二二、四四〇 八、三六〇	一、二三四 四六〇
德豫厚	西南坊	民國二四年	獨資	三、一八三	九	三	麥 菉豆	五五四 二〇六	六〇、九四〇 二二、六六〇	三、三五三 一、二四六
天源盛	同上	民國二一年	獨資	五、〇〇〇	六	二	麥 菉豆	三〇六 一一四	三三、六六〇 一二、五四〇	一、八五一 六九〇
森茂湧	北街	民國一四年	合資	五、三〇〇	一三	二	麥 菉豆	三二七 一二五	三七、〇七〇 一三、七五〇	二、〇三九 七五六
德盛隆	西街	民國二一年	獨資	四〇〇	六	一	麥 菉豆	一七八・七 六六・三	一九、六五七 七、二九三	一、〇八一 四〇一
同源勝	同上	民國二年	獨資	三、五〇〇	一二	四	麥 菉豆	六五六 二四四	七二、一六〇 二六、八四〇	三、九六九 一、四七六
晉亨達	學道街	民國二〇年	合資	六、二五〇	一三	二	麥 菉豆	三〇六 一一四	三三、六六〇 一二、五四〇	一、八五一 六九〇
義和昌	粮店街	民國九年	合資	二、一〇〇	一二	六	麥 菉豆	九四八 三五二	一〇四、二八〇 三八、七二〇	五、七三五 二、一三〇
清源義興泉	南門外	民國二一年	獨資	三、〇〇〇	二三	一	麥	二九〇	三四、五〇〇	一、七二五
義興隆	南門	民國七年	合資	二、〇〇〇	一六	二	麥	三〇〇	三六、〇〇〇	一、八〇〇

	晉和玉	北門內	清光緒三三年	合資	七、七〇〇	一五	二	麥	四三二	五一、八四〇	二、五九二
	益華公	西門外	民國二一年	合資	三二、五〇〇	二〇	二	麥	四二〇	五〇、四〇〇	二、五二〇
	乾恆泰	東子村	民國二二年	合資	一六、五〇〇	一七	二	麥	四八〇	五七、六〇〇	二、八八〇
	永泰泉	西門外	民國一四年	合資	九、〇〇〇	一七	二	麥	五〇〇	六〇、〇〇〇	三、〇〇〇
	永泉玉	南門外	民國二一年	合資	五、〇〇〇	一八	二	麥	四五〇	五四、〇〇〇	二、七〇〇
	永泰長	東子村	民國一五年	獨資	一四、〇〇〇	二五	二	麥	四七〇	五六、四〇〇	二、八二〇
	大醴泉	高白鎮	民國八年	合資	九、〇〇〇	三	二	麥	三八〇	四五、六〇〇	二、二八〇
交城	三義泉	沙河街	清光緒二五年	合資	七八〇	三	三	麥 豆	八四八 二三三	一〇一、七五〇 三〇、一四〇	五、〇八八 一、三二六
	三盛長	同上	清宣統二年	合資	一、八〇〇	一〇	六	麥 豆	七〇〇 三八〇	八二、五〇〇 四八、一八〇	四、一二五 二、一三〇
	福源泉	同上	民國一四年	合資	五、五〇〇	一三	五	麥 豆	八八四 二〇四	一〇六、〇四〇 二五、四六五	五、三〇二 一、一二〇
	公合泉	東街	民國二二年	合資	一、一〇〇	七	四	麥 豆	五五〇 一五〇	六六、〇〇〇 一八、一五〇	三、三〇〇 七九九
	富裕成泉記	沙河街	民國四年	合資	二、三〇〇	七	四	麥 豆	六四八 二一六	七七、七一五 二七、五〇〇	三、八八六 一、二二〇
	慶泰長	北巷街	民國二四年	合資	四、四〇〇	一〇	四	麥 豆	七三一 一三三	八七、六七〇 一六、五〇〇	四、三八四 七二六
	永茂長	沙河街	民國四年	合資	二、〇四〇	七	六	麥 豆	八四八 二三一	一〇一、七五〇 三〇、一四〇	五、〇八八 一、三二六
	泉盛和	梁家莊	民國一七年	合資	一、六九〇	七	五	麥 豆	六六〇 四二三	八〇、八五〇 五四、四五〇	四、〇四三 二、三九六
文水	天和德	城內北街	民國八年	合資	一、〇五〇	七	一	麥	四〇〇	四八、〇〇〇	二、一六〇
	雙盛魁	同上	民國一〇年	合資	一、二五〇	三	二	麥	二三〇	二七、六〇〇	一、二四二

	雙和德	同上	民國九年合資	一六〇	四	一	麥	二五〇	三〇,〇〇〇	一,三五〇
興縣	萬順德	東關	民國一八年獨資	一,〇〇〇	一九	四	麥 豆 蕎麥	五〇〇 七〇〇 四〇〇	五〇,〇〇〇 七〇,〇〇〇 四〇,〇〇〇	二,五〇〇 二,一〇〇 一,二〇〇
	福太順	同上	民國一〇年獨資	一,二〇〇	二〇	四	麥 豆 蕎麥	四〇〇 七〇〇 四〇〇	四〇,〇〇〇 七〇,〇〇〇 四〇,〇〇〇	二,〇〇〇 二,一〇〇 一,二〇〇
	豫豐棧	西關	民國二〇年合資	三,〇〇〇	二六	四	麥 豆 蕎麥	八七八 八〇〇 七〇〇	八七,八〇〇 八〇,〇〇〇 七〇,〇〇〇	四,三九〇 二,四〇〇 二,一〇〇
	濟愼永	同上	民國一一年獨資	一,八〇〇	二六	四	麥 豆 蕎麥	五七〇 八〇〇 六〇〇	五七,〇〇〇 八〇,〇〇〇 六〇,〇〇〇	二,八五〇 二,四〇〇 一,八〇〇
	得盛蔚	東關	民國一一年獨資	二,〇〇〇	二〇	四	麥 豆 蕎麥	二三〇 九四〇 四〇〇	二三,〇〇〇 九四,〇〇〇 四〇,〇〇〇	一,一五〇 二,八二〇 一,二〇〇
汾陽	福興隆	峪道河	民國一一年獨資	四,五〇〇	二〇	二	麥	三,六〇〇	三九六,〇〇〇	一七,八二〇
	興瑞長	城內	民國一七年合資	二五〇	五	二	麥 蕎豆	五〇〇	六〇,〇〇〇	二,八八〇
	瑞興公	同上	民國二三年合資	五〇〇	八	二	麥 蕎豆	五五〇	六六,〇〇〇	三,一六六
	同義公	同上	民國二二年合資	一〇〇	七	二	麥 蕎豆	六二〇	七四,四〇〇	三,五七一
	鴻發長	同上	民國一九年合資	一,五〇〇	九	二	麥 蕎豆	五五〇	六六,〇〇〇	三,一六八
	百川永	同上	民國二〇年獨資	二,〇〇〇	八	二	麥 蕎豆	七〇〇	八四,〇〇〇	四,〇三二
	廣和興	同上	民國二一年合資	三〇〇	四	一	麥 蕎豆	三〇〇	三六,〇〇〇	一,七二八
	全勝泳	同上	民國二一年合資	一,五〇〇	九	二	麥 蕎豆	八五〇	一〇二,〇〇〇	四,八九六

德厚成	盡善村	民國一八年	合資	三,〇〇〇	八	二	麥棗豆	三三〇	三六,四〇〇	一,二六七
義恆長	盡善村	民國一二年	獨資	一〇〇	五	一	麥棗豆	一〇〇	一一,〇〇〇	五七六
義和後	峪道河	民國七年	合資	一,九〇〇	一七	二	麥	三,六〇〇	三九六,〇〇〇	一七,八二〇
義興成	同上	民國二四年	獨資	三,四〇〇	九	一	麥	一,八〇〇	一九八,〇〇〇	八,九一〇
永盛隆	同上	民國二三年		（柳林鎮分莊）	一三	二	麥	二,八八〇	三一六,八〇〇	一四,二五六
世興昌	同上	清咸豐九年	獨資	四,八三三	一六	二	麥	三,二〇〇	三五二,〇〇〇	一五,八四〇
協誠五	同上	民國二三年		（祁縣分莊）	七	一	麥	一,六〇〇	一七六,〇〇〇	七,九二〇
寓興農	同上	民國二三年	獨資	五,五〇〇	一四	二	麥	四,〇〇〇	四四〇,〇〇〇	一九,八〇〇
復生長	同上	清光緒一五年	獨資	四,二〇〇	八	一	麥	一,八〇〇	一九八,〇〇〇	八,九一〇
義興隆	同上	清光緒三四年	合資	一,七〇〇	一〇	一	麥	一,五〇〇	一六五,〇〇〇	七,四二五
德裕厚	同上	民國二四年	獨資	一,五〇〇	九	一	麥	一,五〇〇	一六五,〇〇〇	七,四二五
永興公	同上	民國二二年	合資	四,五〇〇	一五	二	麥	二,八〇〇	三〇八,〇〇〇	一三,八六〇
全泰永	城內北門街	民國一九年	合資	二,六五〇	九	二	麥棗豆	九六〇	一一〇,四〇〇	五,二九九
永興亨	城內西街	民國二三年	合資	二〇〇	四	一	麥棗豆	一〇〇	一一,〇〇〇	五七六
天元海	城內南街	民國一二年	獨資	一五〇	六	二	麥棗豆	七二〇	八六,四〇〇	四,一四七
同和慶	城內北街	民國一九年	合資	二,〇〇〇	八	二	麥棗豆	九三六	一〇八,〇〇〇	五,一八四
義爾源裕記	城內鼓樓東街	民國一二年	合資	一,〇〇〇	四	一	麥	三四〇	三七,四〇〇	一,七八五

源泰亨	城內北街	民國一四年	合資	六〇〇	七	二	麥 菉豆	四二〇	四七、一〇〇	二、二六一
協茂隆	城內西街	民國二三年	合資	一、〇〇〇	六	二	麥 菉豆	四〇〇	四六、〇〇〇	二、二〇八
長泰永	同上	民國一四年	合資	五〇	六	二	麥 菉豆	三四〇	四〇、八〇〇	一、九五八
德泰義	城內東營街	民國一二年	獨資	四〇〇	六	二	麥 菉豆	六五〇	七八、〇〇〇	三、七四四
天玉公	城內南街	民國一一年	獨資	一、〇〇〇	七	二	麥 菉豆	五二〇	六二、四〇〇	三、九九五
興盛堂	小南關	民國二三年	獨資	五〇	五	二	麥 菉豆	三〇〇	三六、〇〇〇	一、七二八
天裕樓	大南關	民國一年	獨資	一〇〇	六	二	麥 菉豆	一五〇	一八、〇〇〇	八六四
長興裕	小南樓	民國一年	獨資	一五〇	四	二	麥 菉豆	三〇〇	三六、〇〇〇	一、七二八
晉裕堂	東關	民國二三年	獨資	三〇〇	八	二	麥 菉豆	四〇〇	四八、〇〇〇	二、三〇四
三盛魁	三泉鎭	民國一年	獨資	四、〇〇〇	八	二	麥 菉豆	二〇〇	二四、〇〇〇	一、一五二
義順魁	三泉鎭	淸光緒二〇年	獨資	三、二〇〇	八	二	麥 菉豆	二三〇	二七、六〇〇	一、三二五
大盛和	同上	民國二二年	合資	二、〇〇〇	六	二	麥 菉豆	一五〇	一八、〇〇〇	八六四
興泰德	羅城鎭	民國一八年	獨資	五〇	四	二	麥 菉豆	一〇〇	一二、〇〇〇	五七六
萬源通	同上	民國二二年	獨資	九〇	四	二	麥 菉豆	二〇〇	二四、〇〇〇	一、一五二
晉川源	盡善村	民國二〇年	獨資	三〇〇	五	二	麥 菉豆	二〇〇	二四、〇〇〇	一、一五二
義勝永	城內北街	民國一三年	獨資	九〇〇	七	二	麥 菉豆	一、〇〇〇	一二〇、〇〇〇	五、七六〇
天順誠	城內西街	民國一七年	獨資	七〇〇	七	二	麥 菉豆	三九〇	四六、八〇〇	二、二四六

寶泉長	城內中街	民國一一年	獨資	二〇〇	四	二	麥	四〇〇	四八、〇〇〇	二、三〇四
義興泰	東關	民國二一年	合資	一、二三〇	一〇	二	麥 菉豆	六〇〇	七二、〇〇〇	三、四五六
集義堂	同上	民國二三年	合資	一、〇〇〇	九	二	麥 菉豆	六〇〇	七二、〇〇〇	三、四五六
德興厚	同上	民國二四年	合資	二、四〇〇	一〇	二	麥 菉豆	七〇〇	八四、〇〇〇	四、〇三二
義泰亘	同上	清光緒二五年	合資	二、八〇〇	一三	二	麥 菉豆	五〇〇	六〇、〇〇〇	二、八八〇
聚銃永	同上	民國五年	合資	三、〇〇〇	七	二	麥 菉豆	五〇〇	六〇、〇〇〇	二、八八〇
公義隆	同上	民國四年	合資	五〇〇	四	二	麥 菉豆	六〇〇	七二、〇〇〇	三、四五六
積厚堂	同上	民國二三年	獨資	二〇〇	七	二	麥 菉豆	三〇〇	三六、〇〇〇	一、七二八
平遙										
晉泰生	東街	民國六年	合資	四〇〇	五	二	麥	三〇〇	三〇、〇〇〇	一、三五〇
新盛久	火神廟街	民國二〇年	獨資	一〇〇	五	四	麥	六〇〇	六〇、〇〇〇	二、七〇〇
興盛久明記	東坑朵街	民國二〇年	獨資	一〇〇	三	一	麥	一五〇	一五、〇〇〇	六七五
德成裕	西街	民國二二年	合資	二〇〇	五	二	麥	三〇〇	三〇、〇〇〇	一、三五〇
長鎮義	同上	民國二〇年	獨資	三〇〇	五	二	麥	三〇〇	三〇、〇〇〇	一、三五〇
同信泰	郭家巷街	民國一六年	合資	九〇	五	四	麥	六〇〇	六〇、〇〇〇	二、七〇〇
義合長	沙巷街	民國二一年	合資	一〇〇	四	二	麥	三〇〇	三〇、〇〇〇	一、三五〇
中孚信	衙門街	清光緒八年	獨資	三〇〇	四	二	麥	三〇〇	三〇、〇〇〇	一、三五〇
洪泰慶	城東關	清光緒二五年	合資	一〇〇	四	二	麥	三〇〇	三〇、〇〇〇	一、三五〇

	萬興昌祥記	南街	民國二三年	合資	一〇〇	四	二	麥	三〇〇	三〇,〇〇〇	一,三五〇
臨晉	義順昌	縣城	清光緒八年	獨資	四〇〇	一二	二	麥 菉豆	一六〇 四〇	三二,〇〇〇 九,六〇〇	九六〇 二六九
	聚義長	仝上	民國二〇年	獨資	二〇〇	七	二	麥 菉豆	一三〇 二〇	二六,〇〇〇 四,八〇〇	七八〇 一三四
	謙益成	仝上	民國一二年	獨資	二〇〇	八	二	麥 菉豆	一三〇 三〇	二六,〇〇〇 七,二〇〇	七八〇 二〇二
	德和昌	仝上	民國二二年	獨資	一五〇	七	二	麥 菉豆	一二〇 二〇	二四,〇〇〇 四,八〇〇	七二〇 二〇二
	裕和祥	縣城	民國一二年	獨資	一〇〇	九	二	麥 菉豆	一四〇 二〇	二八,〇〇〇 四,八〇〇	八四〇 二〇二
	長盛厚	仝上	民國六年	獨資	三〇〇	一二	二	麥 菉豆	一四〇 二〇	二八,〇〇〇 四,八〇〇	八四〇 二〇二
	三順成	仝上	民國九年	獨資	四〇〇	九	二	麥 菉豆	一〇〇 二〇	二〇,〇〇〇 四,八〇〇	六〇〇 二〇二
	三厚長	仝上	民國二〇年	獨資	三六〇	一〇	二	麥 菉豆	一一〇 二〇	二二,〇〇〇 四,八〇〇	六六〇 二〇二
	長慶義	仝上	民國二二年	獨資	一五〇	九	二	麥 菉豆	一三〇 二〇	二六,〇〇〇 四,八〇〇	七八〇 二〇二
	同和昕	仝上	民國二三年	獨資	二〇〇	八	二	麥 菉豆	一三〇 二〇	二六,〇〇〇 四,八〇〇	七八〇 二〇二
	保和隆	仝上	清光緒一七年	獨資	八〇〇	九	二	麥 菉豆	一六〇 四〇	三二,〇〇〇 九,六〇〇	九六〇 二六九
	保和盛	仝上	清光緒二二年	獨資	三〇〇	三	二	麥 菉豆	一五〇 三〇	三〇,〇〇〇 七,二〇〇	九〇〇 二〇二
	中興恒	仝上	民國二二年	獨資	九〇〇	三	二	麥 菉豆	一三〇 二〇	二六,〇〇〇 四,八〇〇	七八〇 一三四
	豐興德	仝上	清光緒一三年	獨資	六〇〇	六	二	麥 菉豆	一三〇 二〇	二六,〇〇〇 四,八〇〇	七八〇 一三四
	復和義	仝上	清光緒二六年	獨資	四二〇	五	二	麥 菉豆	一二〇 二〇	二四,〇〇〇 四,八〇〇	七二〇 一三四
離石	元順長	城內	民國一五年	獨資	二〇〇	三	二	麥	二四〇	二四,〇〇〇	九六〇

聚星堂	仝上	民國二三年	合資	三〇〇	四		三	麥	二四〇	二四,〇〇〇	九六〇
晉恒泰	仝上	清光緒三〇年	合資	三〇〇	四		三	麥	二四〇	二四,〇〇〇	九六〇
天和長	仝上	民國二〇年	獨資	三〇	二		三	麥	一五〇	一五,〇〇〇	六〇〇
德茂亨	仝上	清光緒〇年三	合資	三〇〇	四		三	麥	二四〇	二四,〇〇〇	九六〇
李萬堂	仝上	民國二二年	獨資	六〇	二		一	麥	一五〇	一五,〇〇〇	六〇〇
恒心公	仝上	民國二四年	合資	二〇〇	二		一	麥	一八〇	一八,〇〇〇	七二〇
集義生	仝上	民國二四年	合資	一五〇	二		一	麥	一八〇	一八,〇〇〇	七二〇
張潤	仝上	民國二三年	獨資	六〇	二		一	麥	三〇	三,〇〇〇	四八〇
傅君亮	仝上	民國二三年	合資	六〇	二		一	麥	三〇	三,〇〇〇	四八〇
德泰誠	吳城	民國一二年	獨資	六〇〇	四		三	麥	三〇〇	三〇,〇〇〇	八〇〇
協義長	田鎮	民國八年	獨資	三〇	二		一	麥	三〇	三,〇〇〇	四八〇
永盛源	大武	民國五年	合資	二〇〇	四		三	麥	三〇〇	三〇,〇〇〇	八〇〇
興盛魁	交口	民國二〇年	獨資	九〇	二		一	麥	三〇	三,〇〇〇	四八〇
廣亨泰	東關	民國二三年	合資	三〇	二		一	麥	三〇	三,〇〇〇	四八〇
隆盛長	南關	民國二三年	合資	六〇〇	四		二	麥	三〇〇	三〇,〇〇〇	八〇〇
王維賢	柳林	民國一八年	獨資	一,二〇〇	七		一	麥	二,四〇〇	二四〇,〇〇〇	九,六〇〇
關鳳鳴	柳林	民國二一年	獨資	一,二〇〇	七		一	麥	一,八〇〇	一八〇,〇〇〇	七,二〇〇

賈爾復	柳林	民國二一年	合資	一,〇〇〇	七	一	麥	一,八〇〇	一八〇,〇〇〇	七,二〇〇
馬家瑞	柳林	民國二一年	合資	一,〇〇〇	七	一	麥	一,五〇〇	一五〇,〇〇〇	六,〇〇〇
天錫長	柳林鎭	民國二〇年	合資	二,四〇〇	九	三	麥	四,八〇〇	四八〇,〇〇〇	一九,二〇〇
永盛隆	柳林鎭	民國一六年	合資	一,八〇〇	九	三	麥	四,八〇〇	四八〇,〇〇〇	一九,二〇〇
方山晉興公	城內	民國三年	合資	一,二〇〇	六	一	麥	一四〇	二八,〇〇〇	九八〇
							蚕豆	二〇	五,二〇〇	一五六
							莜麥	八〇	一四,四〇〇	三八九
天義亨	仝上	清宣統二年	獨資	二,二五〇	七	一	麥	一〇八	二一,六〇〇	七五六
							蚕豆	二〇	五,二〇〇	一五六
							莜麥	六〇	一〇,八〇〇	二九二
全盛興	仝上	清光緒三年	獨資	九二〇	七	一	麥	六〇	一二,〇〇〇	四二〇
							蚕豆	四〇	一〇,四〇〇	三一二
							莜麥	六〇	一〇,八〇〇	二九二
三和茂	峪口	民國八年	獨資	七〇〇	六	一	麥	八〇	一六,〇〇〇	五六〇
							蚕豆	四〇	一〇,四〇〇	三一二
德和長	仝上	民國二一年	獨資	一,二〇〇	九	一	麥	八〇	一六,〇〇〇	五六〇
							蚕豆	三〇	七,八〇〇	二三四
光裕成	圪洞	清光緒三〇年	獨資	一,二〇〇	九	一	麥	七〇	一四,〇〇〇	四九〇
							蚕豆	二〇	五,二〇〇	一五六
恒益茂	仝上	清光緒一八年	獨資	二,〇〇〇	一三	一	麥	七二	一四,四〇〇	五〇四
							蚕豆	三〇	七,八〇〇	二三四
慶公隆	仝上	清光緒一七年	合資	四,〇〇〇	七	一	麥	六〇	一二,〇〇〇	四二〇
							蚕豆	一五	三,九〇〇	一一七
有源厚	馬坊	民國一七年	獨資	一,五〇〇	七	一	麥	四〇	八,〇〇〇	二八〇
							蚕豆	一五	三,九〇〇	一一七
							莜麥	二〇	三六,〇〇〇	九七二
裕慶德	仝上	民國二三年	獨資	七〇〇	六	一	麥	四〇	八,〇〇〇	六〇
							蚕豆	一二	三,一二〇	九三六
							莜麥	八〇	一四,四〇〇	三八九

中陽	德興厚	城內東街	民國一九年	獨資	三〇〇	四	一	麥	一五〇	一六、五〇〇	六六〇
	四義成	城內北街	民國二一年	獨資	三〇〇	四	一	麥	一四〇	一五、四〇〇	六一六
	三和長	留譽鎮	民國二〇年	獨資	四〇〇	四	一	麥	一六〇	一七、六〇〇	七〇四
長治	德盛成	西街	民國一八年	獨資	一五〇	二	一	麥	一九八	二三、七六〇	一、一四〇
	西長陞	仝上	清光緒二〇年	獨資	一〇〇	二	一	麥	一六五	一九、八〇〇	九五〇
	昌勝永	仝上	清光緒三〇年	獨資	一五〇	二	一	麥	一六五	一九、八〇〇	九五〇
	億記	北街	民國一六年	獨資	二〇〇	二	一	麥	一九八	二三、七六〇	一、一四〇
	乾亨泰	南街	民國一五年	獨資	一〇〇	二	一	麥	一六五	一九、八〇〇	九五〇
	山成玉	西關	民國一八年	獨資	一五〇	二	一	麥	一六五	一九、八〇〇	九五〇
	玉泰和	南街	民國一〇年	獨資	二〇〇	三	二	麥	三三〇	三九、六〇〇	一、九〇〇
	永和泰	西街	民國一四年	獨資	三〇〇	四	三	麥	四九五	五九、四〇〇	二、八五一
	天元合	仝上	民國二〇年	獨資	一五〇	二	一	麥	一六五	一九、八〇〇	九五〇
	同心裕	仝上	民國一六年	獨資	一〇〇	二	一	麥	一九八	二三、七六〇	一、一四〇
	未列字號一四八家	城關各鄉鎮				一四八	一		二四、四二〇	二九三〇、四〇〇	一四〇、六五九
長子	晉隆裕	城內	民國八年	獨資	三〇〇	三	一	麥	一八〇	一八、二〇〇	九一〇
	天心裕	仝上	民國四年	獨資	三三〇	三	一	麥	二〇〇	二一、二〇〇	一、〇六〇
	四生昌	仝上	民國一二年	獨資	二七〇	三	一	麥	一八〇	一八、二〇〇	九一〇

雙福厚	仝上	民國一九年	獨資	三二〇	三	一	麥	一九五	二〇、三〇〇	一、〇二五
謙盛德	仝上	民國一年	獨資	二五〇	三	一	麥	一七〇	一七、八〇〇	八九〇
協盛興	鮑店鎮	清光緒二九年	獨資	八二〇	四	二	麥	三七〇	三九、〇〇〇	一、九五〇
雙義湧	鮑店鎮	清宣統一年	獨資	九三〇	四	二	麥	三五〇	三六、五〇〇	一、八二五
興盛德	石哲鎮	民國二〇年	獨資	六一〇	四	二	麥	三三〇	三三、一〇〇	一、六〇五
福泰昌	大堡頭	民國一五年	獨資	三六〇	三	一	麥	三一〇	三一、七〇〇	一、一三五
協恆泰	南漳村	民國一年	獨資	三五〇	三	一	麥	二〇〇	二〇、九〇〇	一、〇四五
新民工廠	城內東街	民國一三年	獨資	二四五	三三	二	麥	二六〇	二六、二〇〇	一、〇四八
屯留 慶義成	城內	民國五年	獨資	一三〇	三	一	麥	一五〇	一五、〇〇〇	六〇〇
合義亨	仝上	民國三年	獨資	一三〇	三	一	麥	一五〇	一五、〇〇〇	六〇〇
洪興永	仝上	民國二三年	獨資	一五〇	三	一	麥	二〇〇	二〇、〇〇〇	八〇〇
德義成	仝上	民國一七年	獨資	二三〇	三	一	麥	三〇〇	三〇、〇〇〇	一、二〇〇
德太和	仝上	民國一五年	獨資	一三〇	三	一	麥	一五〇	一五、〇〇〇	六〇〇
太山玉	仝上	民國一四年	獨資	七〇三	三	一	麥	一五〇	一五、〇〇〇	六〇〇
德元永	仝上	民國一二年	獨資	一五〇	三	一	麥	一五〇	一五、〇〇〇	六〇〇
王擘坊	路村	民國一六年	獨資	七〇	二	一	麥	一〇〇	一〇、〇〇〇	四〇〇
長盛厚	張店	民國二〇年	獨資	八〇	二	一	麥	一五〇	一五、〇〇〇	六〇〇

	永興長	上村	民國二三年	獨資	一二〇	三	一	麥	二〇〇	二〇,〇〇〇	八〇〇
	新民工廠	城內	民國一三年	獨資	三〇〇	一七	四	麥	三〇〇	三三,〇〇〇	一,三三〇
襄垣	復源垣	衙道街	民國二一年	合資	三〇〇	五	二	麥	三〇〇	三〇,〇〇〇	一,二三〇
	義盛久	西街	清光緒三〇年	獨資	三〇〇	六	二	麥	三一〇	三一,〇〇〇	一,二七一
	源順昌	西街	民國一年	獨資	四〇〇	六	二	麥	三五〇	三五,〇〇〇	一,三五三
	源興盛	北街	民國二年	獨資	三〇〇	四	二	麥	三〇〇	三〇,〇〇〇	一,二三〇
	協順昌	北街	清光緒二一年	獨資	四〇〇	六	二	麥	三一〇	三一,〇〇〇	一,二七一
	趙玉堂	南門街	民國八年	獨資	二〇〇	四	二	麥	三〇〇	三〇,〇〇〇	一,二三〇
	德義恆	西街	民國一八年	獨資	三〇〇	五	二	麥	三〇〇	三〇,〇〇〇	一,二三〇
潞城	復盛成	衙道街	民國二二年	獨資	七〇	二	一	麥	一六五	一六,二〇〇	六八八
	仁義恆	正街	民國二〇年	獨資	五五	二	一	麥	一五四	一六,三〇〇	六五二
	長興久	南街	民國一一年	獨資	二三〇	二	二	麥	二八六	三一,二〇〇	一,二四八
	雙盛館	南街	民國一七年	獨資	五〇	二	一	麥	一三三	一四,一〇〇	五六四
	萬盛興	南街	民國二三年	獨資	六〇	二	一	麥	七五	八,四〇〇	三三六
	復興永	城關	民國一九年	獨資	三五	一	一	麥	八七	九,二〇〇	三六八
	天成永	南街	民國一二年	獨資	一〇〇	三	三	麥	二四三	二六,二〇〇	一,〇四八
	林茂盛	北街	民國二三年	獨資	四〇	二	一	麥	一四五	一五,七〇〇	六二八

黎城	麵坊	城內	清宣統二年	獨資	五〇〇	三	二	麥	九六	一〇、〇〇〇	五〇〇
	麵坊	城內	民國一五年	獨資	八〇	一	一	麥	七六	八、〇〇〇	四〇〇
	麵坊	仁莊村	民國九年	獨資	一九〇	二	三	麥	一八〇	一九、〇〇〇	九〇〇
壺關	同興茂	東街	民國一四年	獨資	九〇	三	一	麥	一三二	一三、二〇〇	五九四
	同義公	東街	民國一六年	獨資	八〇	三	一	麥	一三二	一三、二〇〇	五九四
	會盛泉	東街	民國八年	獨資	一二〇	三	一	麥	一三二	一三、二〇〇	五九四
	永勝公	南街	民國二〇年	獨資	八〇	三	一	麥	一三二	一三、二〇〇	五九四
	裕興公	南街	民國五年	獨資	一〇〇	三	一	麥	九〇	九、〇〇〇	四〇五
	慶太長	南街	民國一八年	獨資	六〇	二	一	麥	九〇	九、〇〇〇	四〇五
	成興億	南街	民國四年	獨資	一二〇	三	一	麥	九〇	九、〇〇〇	四〇五
	雙聚榮	北街	民國一五年	獨資	九〇	三	一	麥	九〇	九、〇〇〇	四〇五
	復興永	南街	民國一五年	獨資	六〇	二	一	麥	九〇	九、〇〇〇	四五〇
	義和永	南街	民國一五年	獨資	九〇	三	一	麥	一三	一三、二〇〇	五九四
晉城	復泰恆	城內	民國一一年	獨資	二二	三	一	麥	一二〇	一三、二〇〇	六六〇
	明盛魁	犂川鎮	民國八年	獨資	二二〇	二	一	麥	一二〇	一三、二〇〇	六六〇
	起元永	仝上	民國五年	獨資	一六〇	三	一	麥 菉豆	八〇 四〇	九、一〇〇 四、五七三	四五五 二二九
	義興和	仝上	民國一四年	合資	三二〇	三	一	麥	一二五	一三、七五〇	六八八

元興泰	仝上	民國一一年	合資	二六〇	三	一	麥	一〇〇	三、〇〇〇	六〇〇
公盛恆	仝上	民國二〇年	合資	四六五	五	一	麥 玉茭	一〇〇 一五〇	三、〇〇〇 六、〇〇〇	六〇〇 二四〇
泰興源	仝上	民國八年	獨資	一〇〇	三	一	麥 高粱	八〇 六〇	八、八〇〇 六、〇〇〇	四四〇 一八〇
天福成	仝上	民國六年	獨資	二二	三	一	麥	一五〇	一六、五〇〇	八二五
瑞泰祥	火箕村	民國七年	獨資	三二	三	一	麥	一二〇	一三、三〇〇	六六〇
心泰成	河廖村	民國二〇年	獨資	二二	三	一	麥 菉豆	一〇〇 五〇	一一、〇〇〇 五、五〇〇	五五〇 二七五
玉德成	城內	民國八年	獨資	二二	三	一	麥	一二〇	一三、二〇〇	六六〇
東順成	城內	民國八年	獨資	二二	三	一	麥	一二〇	一三、二〇〇	六六〇
福興昌	城內	民國六年	獨資	二二	三	一	麥	一三〇	一四、三〇〇	七一五
同心義	城內	民國七年	獨資	二二	三	一	麥	一三〇	一四、三〇〇	七一五
協興永	城內	民國二〇年	合資	二二	三	一	麥	一一〇	一二、一〇〇	六〇五
福順和	城內	民國一〇年	合資	一六二	三	一	麥	一〇〇	一一、〇〇〇	五五〇
積義昌	城內	民國五年	合資	一三二	三	一	麥	一〇〇	一一、〇〇〇	五五〇
吉泰山	城內	民國七年	合資	二二	三	一	麥	一五〇	一六、五〇〇	八二五
自成公	城內	民國二〇年	合資	二二	三	一	麥	一二〇	一三、二〇〇	六六〇
泰順山	城內	民國一四年	獨資	二二	三	一	麥	一二〇	一三、二〇〇	六六〇
萬順祥	小東關	民國二〇年	合資	五二八	六	二	麥	二四〇	二六、四〇〇	一、三二〇

永昌號	南關	民國	一八年獨資	二八	三	二	麥	二四〇	二六、四〇〇	一、三三〇
永盛昌	南關	民國	一〇年合資	二八	三	二	麥	二三〇	二四、二〇〇	一、二一〇
德順興	南關	民國	二年合資	三八	三	二	麥	二一〇	二三、一〇〇	一、一五五
天順公	南關	民國	五年獨資	一六八	三	二	麥	二〇〇	二二、〇〇〇	一、一〇〇
厚記	南關	民國	七年獨資	二八	三	二	麥	二〇〇	二二、〇〇〇	一、一〇〇
德盛合	南關	民國	一四年獨資	三二	三	一	麥	一五〇	一六、五〇〇	八二五
德順長	南關	民國	一八年獨資	三二	三	一	麥	一五〇	一六、五〇〇	八二五
聚興源	南關	民國	二〇年獨資	三二	三	一	麥	一五〇	一六、五〇〇	八二五
德盛永	南關	民國	一八年合資	三二	三	一	麥 菉豆	一〇〇 一五〇	一一、〇〇〇 五、五〇〇	五五〇 二七五
張同順	南關	民國	一一年合資	三二	三	一	麥	一五〇	一六、五〇〇	八二五
永順恒	南關	民國	二〇年合資	三二	三	一	麥 高粱	二〇〇 五〇	二一、〇〇〇 五、〇〇〇	五五〇 一五〇
中興德	城內	民國	二〇年合資	三二	三	一	麥 菉豆	一〇〇 六〇	一一、〇〇〇 六、六〇〇	五五〇 三三〇
隆泰祥	城內	民國	二一年獨資	三二	三	一	麥 菉豆	一二〇 四〇	一三、二〇〇 四、四〇〇	六六〇 二二〇
俊興泰	城內	民國	一八年獨資	三二	三	一	麥	一五〇	一六、五〇〇	八二五
義盛源	城內	民國	一八年合資	四二	三	一	麥	一六〇	一七、六〇〇	八八〇
順興成	城內	民國	一五年合資	四二	三	一	麥	一六〇	一七、六〇〇	八八〇
泰和成	城內	民國	二〇年獨資	三二	三	一	麥	一四〇	一五、四〇〇	七七〇

自成樓	城內	民國二一年	獨資	一一一	三	一	麥	一三〇	一四、三〇〇	七一五
德盛昌	城內	民國二〇年	獨資	二一一	三	一	麥	一二〇	一三、二〇〇	六六〇
天成永	南關	民國三年	合資	三一一	三	一	麥 高粱	一〇〇 五〇	一一、〇〇〇 五、五〇〇	五五〇 一六五
天成合	南關	民國七年	合資	一一一	三	一	麥 玉茭	一〇〇 五〇	一一、〇〇〇 五、五〇〇	五五〇 二二〇
和順成	南關	民國一二年	合資	二一一	三	一	麥	一六〇	一七、六〇〇	八八〇
禎盛德	南關	民國二〇年	合資	三一一	三	一	麥	一六〇	一七、六〇〇	八八〇
萬順永	南關	民國八年	合資	三一一	三	一	麥	一四五	一五、九五〇	七九八
晉義德	南關	民國五年	獨資	四一一	五	一	麥 菉豆	一〇〇 六〇	一一、〇〇〇 六、六〇〇	五五〇 三三〇
晉泰興	南關	民國四年	獨資	三一一	三	一	麥 菉豆	一〇〇 五〇	一一、〇〇〇 五、五〇〇	五五〇 二七五
六合成	南關	民國二年	合資	四一一	五	一	麥 菉豆	一一〇 四〇	一二、一〇〇 四、四〇〇	六〇五 二二〇
雙興同	南關	民國一〇年	合資	五一一	六	一	麥 玉茭	一〇〇 五〇	一一、〇〇〇 五、五〇〇	五五〇 二二〇
發盛永	南關	民國九年	合資	二一一	三	一	麥	一四〇	一五、四〇〇	七七〇
光厚成	河慶村	民國一二年	合資	一一一	三	一	麥	一一〇	一二、一〇〇	六〇五
順興昌	河慶村	民國一四年	合資	二一一	三	一	麥	一三〇	一四、三〇〇	七一五
全順永	李寨村	民國六年	合資	三六一	五	一	麥 高粱 玉茭	一〇〇 二〇 二〇	一一、〇〇〇 二、二〇〇 二、二〇〇	五五〇 六〇 八八
徐磨坊	東溝鎮	民國一八年	合資	一三一	三	一	麥	一二〇	一三、二〇〇	六六〇

	萬興永	周村鎮	民國一七年合資	二二二	五	一	麥 蕎豆	一〇〇 六〇	二二、〇〇〇 六、六〇〇	五五〇 三三〇
	吉興昌	周村鎮	民國一五年合資	二二二	三	一	麥	一一〇	二三、一〇〇	六〇五
	同義公	水北村	民國五年獨資	一六二	三	一	麥	一〇〇	二二、〇〇〇	五五〇
	和合永	水北村	民國二一年獨資	一三二	三	一	麥	一〇〇	二二、〇〇〇	五五〇
	東盛泉	水北村	民國二二年獨資	一九二	三	一	麥	一〇〇	二二、〇〇〇	五五〇
	祥鑑德	晉村鎮	民國八年合資	三七二	五	一	麥 蕎豆	一〇〇 一〇	二二、〇〇〇 二、二〇〇	五五〇 一一〇
高平	恆益成	城內	民國二年獨資	二〇〇	一	一	麥	六〇	六、〇〇〇	三〇〇
	廣裕成	城內	民國九年獨資	四五〇	一	一	麥	五〇	五、〇〇〇	二五〇
	泉順誠	城內	民國六年獨資	四五〇	一	一	麥	五〇	五、〇〇〇	二五〇
	永合公	城內	民國五年獨資	六〇〇	三	一	麥	六〇	六、〇〇〇	三〇〇
	義泉永	南關	民國二一年獨資	八〇〇	四	一	麥	六〇	六、〇〇〇	三〇〇
	義榮昌	城內	民國一五年獨資	四〇〇	一	一	麥	四〇	四、〇〇〇	二〇〇
	積畬和	西關	民國四年獨資	四五〇	一	一	麥	五〇	五、〇〇〇	二五〇
陽城	趙戊辰	城內	民國二二年獨資	三〇	一	三	麥	一五〇	一五、〇〇〇	六〇〇
	賈西方	城內	民國二〇年獨資	四〇	二	一	麥	一二〇	一二、〇〇〇	四八〇
	賈祥恩	東關	民國二三年獨資	二〇	三	一	麥	一五〇	一五、〇〇〇	六〇〇
	李純	西關	民國二三年獨資	三〇	三	一	麥	一〇〇	一〇、〇〇〇	四〇〇

	韓丙中	南關	民國二〇年	獨資	四〇	二	一	麥	九〇	九,〇〇〇	三六〇
	王小永	東關	民國一九年	獨資	二〇	二	一	麥	一二〇	一二,〇〇〇	四八〇
	張小東	潤城	民國二〇年	獨資	二〇	二	一	麥	一五〇	一五,〇〇〇	六〇〇
	王小柿	潤城	民國二一年	獨資	二〇	二	一	麥	九〇	九,〇〇〇	三六〇
	張枚旺	潤城	民國一八年	獨資	二〇	二	一	麥	一二〇	一二,〇〇〇	四八〇
	韓啓元	潤城	民國一七年	獨資	二〇	二	一	麥	一五〇	一五,〇〇〇	六〇〇
	延爲春	西峪村	民國一九年	獨資	二〇	二	一	麥	一五〇	一五,〇〇〇	六〇〇
	車小金	劉村鎮	民國二〇年	獨資	四〇	二	一	麥	一〇〇	一〇,〇〇〇	四〇〇
	張小來	劉村鎮	民國二二年	獨資	二〇	二	一	麥	一二〇	一二,〇〇〇	四八〇
	段家盛	董封鎮	民國一八年	獨資	三〇	二	一	麥	一五〇	一五,〇〇〇	六〇〇
	鄭修益	董封鎮	民國二〇年	獨資	二〇	二	一	麥	一二〇	一二,〇〇〇	四八〇
陵川	玉德同	本城	民國一八年	獨資	一〇〇	二	二	麥	三〇〇	三〇,〇〇〇	一,五〇〇
	全盛和	本城	民國二三年	獨資	二〇〇	二	二	麥	四〇〇	四〇,〇〇〇	二,〇〇〇
	同盛興	本城	民國二三年	獨資	一〇〇	二	二	麥	三〇〇	三〇,〇〇〇	一,五〇〇
	萬興盛	平城鎮	民國一年	獨資	二〇〇	四	四	麥	六〇〇	六〇,〇〇〇	三,〇〇〇
	三聚成	平城鎮	民國四年	獨資	一〇〇	二	二	麥	三〇〇	三〇,〇〇〇	一,五〇〇
	復盛隆	平城鎮	民國六年	獨資	三〇〇	四	四	麥	六〇〇	六〇,〇〇〇	三,〇〇〇

	元盛德	附城	民國一〇年	獨資	一〇〇	二	二	麥	二〇〇	二〇、〇〇〇	一、〇〇〇
	一盛亨	西城	民國一二年	獨資	一〇〇	二	二	麥	三〇〇	三〇、〇〇〇	一、五〇〇
沁縣	德昌隆	縣城內	民國一二年	獨資	三、〇〇〇	二	二	麥	五〇〇	五〇、〇〇〇	三、〇〇〇
	裕豐昌	縣城內	民國一五年	獨資	三、五〇〇	二	二	麥	四〇〇	四〇、〇〇〇	一、六〇〇
	永順長	縣城內	民國一三年	獨資	三、八〇〇	二	二	麥	五〇〇	五〇、〇〇〇	三、〇〇〇
	天源昌	故縣鎮	民國二〇年	獨資	三、二〇〇	二	二	麥	四〇〇	四〇 〇〇〇	一、六〇〇
沁源	福盛泉	東關	民國一二年	獨資	三五〇	二	一	麥	一〇〇	一〇、〇〇〇	五〇〇
	協順昌	東關	民國二三年	獨資	二二五	二	一	麥	一〇〇	一〇、〇〇〇	五〇〇
	和順昌	東關	民國一二年	合資	一〇〇	二	二	麥	二〇〇	二〇、〇〇〇	一、〇〇〇
	慶鼎長	東關	民國六年	獨資	五〇	二	一	麥	一〇〇	一〇、〇〇〇	五〇〇
	德義厚	東關	民國一〇年	獨資	五五〇	二	二	麥	二〇〇	二〇、〇〇〇	一、〇〇〇
	協同裕	東關	民國二三年	合資	七二〇	三	二	麥	二〇〇	二〇、〇〇〇	一、〇〇〇
	福生萬	東關	民國七年	獨資	四〇	二	一	麥	五〇	四、〇〇〇	二五〇
	二合義	柏子鎮	民國一三年	獨資	五〇	二	一	麥	五〇	五、〇〇〇	二五〇
	大興隆	才子坪	民國一四年	合資	九七五	三	二	麥	三〇〇	三〇、〇〇〇	一、五〇〇
	廣盛源	王和鎮	民國二年	合資	六〇〇	三	二	麥	三〇〇	三〇、〇〇〇	一、五〇〇
	恆隆源	王和鎮	民國八年	合資	七二〇	三	二	麥	三〇〇	三〇、〇〇〇	一、五〇〇

武鄉	高陞店	西關	民國一五年	獨資	三〇	三	二	麥	一四四	一五、八四〇	六五六
	義盛公	段村鎮	民國一八年	獨資	二〇	二	一	麥	一二八	一三、九八〇	五四五
	致和永	故城鎮	民國二一年	獨資	三三	三	二	麥	一五〇	一六、五〇〇	六九三
	慎德堂	湧泉鎮	民國二一年	獨資	九	三	一	麥	七九	八、六九〇	三六五
	義生永	蟠龍鎮	民國二四年	獨資	一五	二	一	麥	九八	一〇、七八〇	四五三
	萬順永	洪水鎮	民國一九年	獨資	一三	二	一	麥	八六	九、四六〇	三九七
襄陵	德勝福	本縣	民國二二年	合資	八〇〇	五	三	麥	三〇〇	三三、〇〇〇	一、三八六
	永興合	本縣	民國一六年	獨資	三〇〇	四	一	麥	一〇〇	一一、〇〇〇	四六二
	義順永	本縣	民國一〇年	獨資	一三〇	三	二	麥	一五〇	一六、五〇〇	六九三
	洪興源	本縣	民國一九年	獨資	四〇〇	六	二	麥	一〇〇	一一、〇〇〇	四六二
	五成德	本縣	清光緒一年	合資	二〇〇	三	一	麥	一〇〇	一一、〇〇〇	四六二
	泰和玉	本縣	民國二三年	獨資	二五〇	四	二	麥	二〇〇	二二、〇〇〇	九二四
	鼎和居	本縣	民國二一年	獨資	二〇〇	三	二	麥	二〇〇	二二、〇〇〇	九二四
	同盛合	本縣	民國一九年	獨資	三六〇	五	二	麥	三〇〇	三三、〇〇〇	一、三八六
	聚元恆	本縣	民國一年	獨資	一五〇	三	二	麥	三〇〇	三三、〇〇〇	一、三八六
	和順長	本縣	民國一九年	獨資	二五〇	四	二	麥	一〇〇	一一、〇〇〇	四六二
	復興源	本縣	民國一三年	合資	三〇〇	四	二	麥	三〇〇	三三、〇〇〇	一、三八六

德盛合	本縣	民國一二年	獨資	二五〇	三	三	麥	二〇〇	三〇、〇〇〇	九二四
三盛奎	本縣	民國二〇年	獨資	三五〇	六	二	麥	二〇〇	三〇、〇〇〇	九二四
永德和	本縣	民國二一年	合資	三〇〇	六	三	麥	一五〇	一六、五〇〇	六九三
洪洞裕和成	本城	民國一二年	獨資	三〇〇	七	一	麥	八〇〇	八〇、〇〇〇	三、二〇〇
寶勝昌	本城	民國一九年	獨資	二〇〇	五	一	麥	六〇〇	六〇、〇〇〇	二、四〇〇
裕豐泰	本城	民國二三年	獨資	一〇〇	四	二	麥	三〇〇	三〇、〇〇〇	一、二〇〇
德義永	本城	民國二二年	獨資	一〇〇	四	二	麥	三〇〇	三〇、〇〇〇	一、二〇〇
益和昌	本城	民國二二年	獨資	一、〇〇〇	一〇	一	麥	一、〇〇〇	一〇〇、〇〇〇	四、〇〇〇
德昌公	本城	民國一四年	獨資	六〇〇	九	一	麥	七〇〇	七〇、〇〇〇	二、八〇〇
三義魁	本城	民國二一年	獨資	二〇〇	四	二	麥	五〇〇	五〇、〇〇〇	二、〇〇〇
裕和源	本城	民國一一年	獨資	五〇〇	七	二	麥	六〇〇	六〇、〇〇〇	二、四〇〇
寶豐昌	本城	民國八年	合資	三、〇〇〇	一三	二	麥	三、〇〇〇	三〇〇、〇〇〇	一二、〇〇〇
德盛昌	本城	民國一四年	獨資	一、五〇〇	八	二	麥	二、〇〇〇	二〇〇、〇〇〇	八、〇〇〇
裕谷昌	本城	民國二二年	獨資	三、〇〇〇	一三	二	麥	二、五〇〇	二五〇、〇〇〇	一〇、〇〇〇
興昌永	本城	民國一三年	合資	一、五〇〇	八	一	麥	二、〇〇〇	二〇〇、〇〇〇	八、〇〇〇
景興裕	本城	民國一一年	合資	二、〇〇〇	一〇	二	麥	三、〇〇〇	三〇〇、〇〇〇	一二、〇〇〇
萬元和	仝上	民國一一年	獨資	三、〇〇〇	一三	三	麥	三、〇〇〇	三〇〇、〇〇〇	一二、〇〇〇

	德裕公	仝上	民國二〇年	合資	三,〇〇〇	一六	三	麥	三,〇〇〇	三〇〇,〇〇〇	三,〇〇〇
	益隆永	仝上	民國二二年	合資	三,〇〇〇	一四	二	麥	二,〇〇〇	二〇〇,〇〇〇	八,〇〇〇
	祥盛源	仝上	民國一五年	合資	六〇〇	一〇	一	麥	一,五〇〇	一五,〇〇〇	六,〇〇〇
	慶盛裕	仝上	民國二二年	合資	五〇〇	八	一	麥	一,〇〇〇	一〇〇,〇〇〇	四,〇〇〇
汾城	天德合	南賈鎮	民國五年	獨資	一〇〇	四	二	麥	八四	一〇,〇〇〇	四六〇
	三盛合	城內	民國二年	合資	一,五〇〇	五	二	麥	四三〇	五〇,〇〇〇	二,三〇〇
	和順德	仝上	民國二年	合資	一,三〇〇	五	二	麥	四二〇	五〇,〇〇〇	二,三〇〇
曲沃	永興隆	本城	民國一七年	合資	七〇〇	七	一	麥	八〇〇	八〇,〇〇〇	三,三〇〇
	元盛公	本城	民國一三年	獨資	九七〇	九	一	麥	八〇〇	八〇,〇〇〇	三,二〇〇
	大生協	本城	清光緒五年	獨資	二,三〇〇	一五	二	麥	一,六〇〇	一六〇,〇〇〇	六,二七九
	天盛昌	本城	清光緒一三年	獨資	二,三五〇	一二	二	麥	一,四〇〇	一四〇,五〇〇	四八〇
	隆盛德	本城	清咸豐四年	合資	二,二八〇	一〇	一	麥	一,七〇〇	一六九,〇〇〇	六,五九一
	同興和	本城	清光緒七年	合資	一,六六〇	七	一	麥	一,二〇〇	一二〇,七〇〇	四,八二六
翼城	福生永	城內	清光緒二九年	獨資	一〇〇	五	一	麥	七〇八	七六,四六四	三,〇五九
	茂泉湧	水清鎮	民國一五年	獨資	一〇〇	二	一	麥	三六〇	三六,八八〇	一,五五五
	萬興德	城內	民國一〇年	獨資	一二〇	二	一	麥	二五八	二七,八六四	一,一一五
	隆盛合	仝上	民國八年	獨資	一〇	二	一	麥	三六〇	三八,八八〇	一,五五五

復興成	北關	民國二年	獨資	一〇〇	五	一	麥	八八〇	九五、〇四〇	三、八〇二
永昇源	城內	民國一八年	獨資	一二〇	三	一	麥	五七六	六二、二〇八	二、四八八
福慶永	北關	民國六年	獨資	一〇〇	三	一	麥	三六〇	三八、八八〇	一、五五五
義和茂	仝上	民國二三年	合資	三〇〇	四	一	麥	四六〇	四九、六八〇	一、九八七
復生德	仝上	民國二二年	合資	一、二〇〇	五	一	麥	九二六	一〇〇、〇〇八	四、〇〇〇
義生茂	仝上	民國二一年	獨資	一五〇	四	一	麥	七六四	八二、五一二	三、三〇〇
吉縣德順協	東關	民國一五年	合資	一二〇	一	一	麥	三〇〇	三六、〇〇〇	一、一八八
喜順泉	東關	民國一一年	合資	八〇	一	一	麥	一〇〇	一二、〇〇〇	三九六
有成磨坊	東關	民國一五年	合資	六〇	一	一	麥	二四〇	二八、八〇〇	九五〇
書元磨坊	西關	民國一三年	獨資	六〇		一	麥	一六〇	一九、二〇〇	六三四
金予磨坊	東關	民國一〇年	合資	五〇	一	一	麥	一〇〇	一二、〇〇〇	三九六
振吉磨坊	東關	民國一三年	合資	六〇	一	一	麥	一〇〇	一二、〇〇〇	三九六
鄉寧順興源	城內	民國九年	合資	三五〇	三	一	麥	四四〇	四五、〇〇〇	一、八〇〇
海生源	城內	民國三年	合資	三三〇	三	一	麥	五八〇	六五、一〇〇	二、六〇八
永濟興盛奎	城內	民國二二年	獨資	五〇	三	一	麥	二七七	三二、〇〇〇	一、二四〇
永盛茂	城內	民國二四年	獨資	三〇	三	一	麥	二三八	二九、〇〇〇	一、一六〇
通盛成	城內	民國二三年	獨資	五〇	三	一	麥	二五四	三〇、〇〇〇	一、二〇〇

	德盛合	城內	民國二三年	合資	五〇	三	一	麥	三三三	三六,〇〇〇	一,〇四〇
	三義公	城內	民國二三年	獨資	四〇	三	一	麥	二二五	三五,〇〇〇	一,〇〇〇
	全盛合	城內	民國二三年	獨資	四〇	三	一	麥	二〇八	二四,〇〇〇	九六〇
	義盛興	城內	民國二四年	獨資	三〇	三	一	麥	一九二	三三,〇〇〇	九二〇
	福盛德	東關	民國二三年	合資	三〇	三	一	麥	一七七	二〇,〇〇〇	八〇〇
臨晉	臨生亨	西街	民國二〇年	獨資	二〇〇	三	二	麥	四七〇	五一,七〇〇	二,二七五
	邱福善	正街	民國一七年	獨資	五七〇	三	二	麥	四七〇	五一,七〇〇	二,二七五
	正發昌	正街	民國二〇年	獨資	三四〇	三	二	麥	五八〇	四一,八〇〇	一,八五九
	新發奎	花市街	民國一九年	獨資	四〇〇	四	二	麥	五二〇	五七,三〇〇	二,五一七
	郭振海	東城壕	民國二二年	獨資	三五〇	四	二	麥	四三〇	四七,三〇〇	二,〇八一
	樊世成	西街	民國二〇年	獨資	四三〇	四	二	麥	四七〇	五一,七〇〇	二,一七五
	同茂源	西街	民國二一年	獨資	四〇〇	三	二	麥	五四〇	五九,四〇〇	二,六一四
虞鄉	全泰成	城內	民國一五年	獨資	一六〇	三	二	麥	七二〇	八,六四〇	四三三
	李盛輝	城內	民國一八年	獨資	八〇	二	一	麥	三六〇	四,三二〇	二一六
	鄭文俊	城內	民國二〇年	獨資	七〇	三	一	麥	三二〇	三,八四〇	一九二
解縣	永興太	大北街	民國三〇年	獨資	三,〇〇〇	三	三	麥	七〇〇	九八,〇〇〇	三,九二〇
	成德永	大北街	民國一〇年	獨資	三,〇〇〇	四	三	麥	八〇〇	九九,〇〇〇	三,九六〇

安邑	曹興磨坊	北街	民國二二年	獨資	一四〇	二	一	麥	二五〇	二五,〇〇〇	一,〇〇〇
	李老五磨坊	北街	民國二一年	獨資	三〇〇	二	一	麥	一五〇	一五,〇〇〇	六〇〇
	景養新磨坊	南街	民國二〇年	獨資	五〇〇	三	一	麥	三一〇	三一,〇〇〇	八八〇
	景老大磨坊	南街	民國一九年	獨資	三五〇	三	一	麥	二六〇	二六,〇〇〇	一,〇四〇
	劉振隆磨坊	東街	民國一七年	獨資	五〇〇	二	一	麥	二五〇	二五,〇〇〇	一,〇〇〇
	興盛磨坊	路家巷	民國二〇年	獨資	五〇	五	二	麥	一,〇〇〇	一一〇,〇〇〇	四,四〇〇
	耐久興	路家巷	民國二三年	獨資	五〇	三	一	麥	三六〇	四〇,〇〇〇	一,六〇〇
	宏義順	胡家巷	民國二四年	獨資	四〇	二	一	麥	一八〇	一八,九〇〇	七五六
芮城	三盛合	西街	民國一二年	合資	三〇〇	四	一	麥	三六〇	三六,〇〇〇	一,八〇〇
	一心成	中街	民國一四年	獨資	二〇〇	三	一	麥	二四〇	二四,〇〇〇	一,二〇〇
	忠心成	東街	民國一六年	獨資	二六〇	四	一	麥	四〇〇	四〇,〇〇〇	二,〇〇〇
新絳	同盛和	仁義巷	民國二〇年	合資	六〇〇	七	一	麥	八〇〇	八〇,〇〇〇	三,二〇〇
	湧盛玉	安阜巷	民國二一年	獨資	六〇〇	七	一	麥	八〇〇	八〇,〇〇〇	三,二〇〇
	四盛合	火神巷	有清年間	獨資	三〇〇	六	一	麥	八〇〇	八〇,〇〇〇	三,二〇〇
	永信合	木匠巷	民國二一年	合資	一,〇〇〇	七	一	麥	一,〇〇〇	一〇〇,〇〇〇	四,〇〇〇
	明源隆	孫家巷	民國二〇年	獨資	三〇〇	六	一	麥	八〇〇	八〇,〇〇〇	三,二〇〇
	義和誠	木匠巷	民國一三年	合資	一,七〇〇	六	一	麥	一,〇六〇	一〇六,〇〇〇	四,二四〇

德義正	木匠巷	民國二一年	合資	三〇〇	七	一	麥	八〇〇	八〇、〇〇〇	三、二〇〇
同盛得	中城巷	民國一五年	合資	九〇〇	八	一	麥	八〇〇	八〇、〇〇〇	三、二〇〇
福晉麵房	中城巷	民國二二年	獨資	三〇〇	八	一	麥	九〇〇	九〇、〇〇〇	三、六〇〇
晉盛奎	賢莊巷	民國二〇年	獨資	一〇〇	四	一	麥	二〇〇	二〇、〇〇〇	八〇〇
豫和德	東盧家巷	民國二一年	獨資	五〇〇	七	一	麥	一、〇〇〇	一〇〇、〇〇〇	四、〇〇〇
積下成	盧家巷	民國二四年	獨資	三〇〇	四	一	麥	六〇〇	六〇、〇〇〇	二、四〇〇
福興明	一天門	民國二二年	合資	九〇〇	五	一	麥	八〇〇	八〇、〇〇〇	三、二〇〇
俊興積	石人巷	民國二四年	合資	二〇〇	四	一	麥	五〇〇	五〇、〇〇〇	二、〇〇〇
天佑合	中華牌樓	清光緒二六年	獨資	五〇〇	七	一	麥	一、五〇〇	一五〇、〇〇〇	六、〇〇〇
德成祥	馬道江	民國二一年	獨資	五〇〇	五	一	麥	八〇〇	八〇、〇〇〇	三、二〇〇
長盛福	人頭塔	民國一四年	獨資	三〇〇	五	一	麥	八〇〇	八〇、〇〇〇	三、〇〇
同泰和	人頭塔	清宣統一年	獨資	一八〇	八	一	麥	八五〇	八五、〇〇〇	三、四〇〇
正順合	安阜巷	民國二十年	獨資	一〇〇	三	一	麥	四八〇	四八、〇〇〇	一、九二〇
德豐裕	安阜巷	民國二四年	合資	一〇〇	五	一	麥	六〇〇	六〇、〇〇〇	二、四〇〇
公興合	安阜巷	民國二四年	獨資	一〇〇	三	一	麥	五〇〇	五〇、〇〇〇	二、〇〇〇
石盛源	康家巷	民國一七年	獨資	三〇〇	五	一	麥	八〇〇	八〇、〇〇〇	三、二〇〇
廣發源	北街	清宣統三年	獨資	一〇〇	五	一	麥	六五〇	六五、〇〇〇	二、六〇〇

河津	自立麵廠	西街	民國五年	獨資	三三五	三	一	麥	二一〇	二九、四〇〇	一、一七六
	廣盛源麵廠	城內	民國二年	獨資	二一五	二	一	麥	二一〇	一六、八〇〇	六七二
	元盛成麵坊		民國一五年	合資	二八〇	三	一	麥	一七〇	二三、八〇〇	九五二
聞喜	復元興	街署前	民國九年	合資	一、〇〇〇	八	一	麥	三六〇	三六、〇〇〇	二、一六〇
	福順通	南巷	民國六年	合資	三〇〇	五	一	麥	三二〇	三二、〇〇〇	一、九二〇
	日盛合	北街	民國二〇年	合資	五〇〇	五	一	麥	三二〇	三二、〇〇〇	一、九二〇
	同盛合	東官莊村	民國二二年	合資	六〇〇	五	一	麥	三六〇	三六、〇〇〇	二、一六〇
	崔天保	東街	民國二二年	合資	二〇〇	四	一	麥	二〇〇	二〇、〇〇〇	一、二〇〇
絳縣	王成章麵坊	城內	民國二三年	獨資	八〇〇	二	一	麥	一五五	一七、〇〇〇	六八〇
	朱全海麵坊	城內	民國二〇年	獨資	一二〇	二	一	麥	一四二	一五、六〇〇	六二四
霍縣	裕成通麵坊	北街	民國一八年	獨資	五、〇〇〇	一二	三	麥	七〇〇	八五、〇〇〇	三、四〇〇
離石	王有三	城內	民國二〇年	獨資	四〇〇	三	一	麥	三〇〇	三〇、〇〇〇	一、二〇〇
	裕豐德	城內	民國二〇年	合資	六〇〇	六	一	麥	六〇〇	六〇、〇〇〇	二、四〇〇
	義昌厚	城內	民國一八年	獨資	八〇〇	六	一	麥	六三〇	六三、〇〇〇	二、五二〇
	晉義通	雙池鎮	民國一四年	合資	九〇〇	九	一	麥	六五〇	六五、〇〇〇	二、六〇〇
	益興號	城內	民國二二年	合資	八〇〇	七	一	麥	六五〇	六五、〇〇〇	二、六〇〇
	萬華久	城內	民國二〇年	合資	六〇〇	五	一	麥	五八〇	五八、〇〇〇	二、三二〇

	義成永	東關	民國二〇年	合資	五〇〇	四	一	麥	四〇〇	四〇、〇〇〇	一、六〇〇
	天和孔	東關	民國二一年	合資	五〇〇	二	一	麥	四五〇	四五、〇〇〇	一、八〇〇
	通順德	張家莊村	民國二一年	合資	四五〇	三	一	麥	三八〇	三八、〇〇〇	一、五二〇
	元龍奎	張家莊村	民國二一年	合資	三〇〇	四	一	麥	三五〇	三五、〇〇〇	一、四〇〇
蒲縣	復成統	城內	民國一二年	合資	三八〇	二	一	麥	六二四	六八、六四〇	二、〇六二
	大益集	南關	民國二四年	合資	二八〇	二	一	麥	六六〇	七三、六〇〇	二、一七八
	張紳	大東關	民國一〇年	獨資	三二〇	一	一	麥	六五〇	七二、五〇〇	二、一六〇
	豐泰恆	小東關	民國二年	合資	五三〇	二	二	麥	一、〇〇八	一二〇、八八〇	三、三三六
	天泰祥	大東關	民國九年	獨資	四七〇	一	二	麥	八七四	九六、一四〇	二、八八四
大同	德泉湧	西街	民國五年	獨資	一、五〇〇	九	二	莜麥	八〇〇	八〇、〇〇〇	三、二〇〇
	復和源	西街	民國二一年	合資	一、四〇〇	三	二	莜麥	一、〇〇〇	一〇〇、〇〇〇	四、〇〇〇
	仁德厚	西街	民國二四年	獨資	二、〇〇〇	六	二	莜麥	九〇〇	九〇、〇〇〇	三、六〇〇
	榮福源	東街	民國一七年	合資	五〇	八	二	莜麥	四〇〇	四〇、〇〇〇	一、六〇〇
	榮福長	東街	民國一七年	合資	三〇〇	六	二	莜麥	二〇〇	二〇、〇〇〇	八〇〇
	福德昌	東街	民國二四年	合資	一〇〇	八	二	莜麥	二〇〇	二〇、〇〇〇	八〇〇
	三元慶	隍城街	民國二〇年	獨資	一、五〇〇	一三	二	莜麥	七〇〇	七〇、〇〇〇	二、八〇〇
	慶和元	北街	民國二〇年	合資	二、五〇〇	一三	二	莜麥	一、〇〇〇	一〇〇、〇〇〇	四、〇〇〇

宏業祥	北街	民國二二年	獨資	一,二〇〇	九	二	莜麥	六〇〇	六〇,〇〇〇	二,四〇〇
富和元	北街	民國七年	合資	一,四〇〇	一〇	二	莜麥	一,〇〇〇	一〇〇,〇〇〇	四,〇〇〇
福德義	北街	民國九年	獨資	二,〇〇〇	一三	二	莜麥	一,〇〇〇	一〇〇,〇〇〇	四,〇〇〇
天成厚	南關	民國二二年	合資	三〇〇	一〇	二	莜麥	一,〇〇〇	一〇〇,〇〇〇	四,〇〇〇
積慶厚	南關	民國一七年	獨資	八〇〇	七	二	莜麥	七〇〇	七〇,〇〇〇	二,八〇〇
福盛元	南街	民國一四年	合資	一,五〇〇	八	二	莜麥	七〇〇	[illegible]〇,〇〇〇	二,八〇〇
祥裕永	東街	民國二三年	獨資	一,四〇〇	八	二	莜麥	八〇〇	八〇,〇〇〇	三,二〇〇
湧和成	東街	民國二三年	合資	六〇〇	八	二	莜麥	七〇〇	七〇,〇〇〇	二,八〇〇
積慶誠	東街	民國一六年	獨資	八〇〇	七	二	莜麥	五〇〇	五〇,〇〇〇	二,〇〇〇
瑞泉昌	南街	民國一九年	合資	九六〇	九	二	莜麥	七〇〇	七〇,〇〇〇	二,八〇〇
德和永	縣角西	民國二四年	獨資	三〇〇	九	二	莜麥	四〇〇	四〇,〇〇〇	一,六〇〇
廣瑞湧	鼓樓西街	民國一一年	獨資	七五〇	七	二	莜麥	五〇〇	五〇,〇〇〇	二,〇〇〇
陽高										
復順銓	本城西街	民國二三年	合資	四四〇	六	二	麥 莜麥	五〇四 一,〇〇八	五〇,四〇〇 九〇,七二〇	二,五二八 四,五三六
萬泰源	本城西街	民國二〇年	合資	三,五〇〇	六	二	麥 莜麥	五〇四 一,〇〇八	五〇,四〇〇 九〇,七二〇	二,五二八 四,五三六
德興裕	本城南街	民國二一年	獨資	七八七	六	二	麥 莜麥	五〇四 一,〇〇八	五〇,四〇〇 九〇,七二〇	二,五二八 四,五三六
永順德	本城南街	民國二〇年	合資	二〇〇	四	一	莜麥	一,〇〇八	九〇,七二〇	四,五三六
萬慶來	本城東街	民國五年	獨資	一,〇〇〇	六	二	麥 莜麥	五〇四 一,〇〇八	五〇,四〇〇 九〇,七二〇	二,五二八 四,五三六

	復茂玉	本城東街	民國一九年	獨資	二〇〇	四		一	莜麥	一、〇〇八	九〇、七二〇	四、五三六
	合成永	本城東街	民國一七年	合資	一〇、〇〇〇	六		二	麥 莜麥	五〇四 一、〇〇八	五〇、四〇〇 九〇、七二〇	三、五二八 四、五三六
	福順恭	本城南街	民國一七年	合資	一、一七三	六		二	麥 莜麥	五〇四 一、〇〇八	五〇、四〇〇 九〇、七二〇	三、五二八 四、五三六
	信義源	本城西街	民國二三年	合資	五〇〇	四		一	莜麥	一、〇〇八	九〇、七二〇	四、五三六
	德榮馨	本城南街	清光緒三三年	獨資	一、一〇〇	六		二	麥 莜麥	五〇四 一、〇〇八	五〇、四〇〇 九〇、七二〇	三、五二八 四、五三六
寧武	純義永	城內西門街	民國二〇年	合資	一、五〇〇	八		二	莜麥 豆麥	一、五〇〇	二三〇、〇〇〇	四、〇〇〇
	元徐永	城內南門街	民國一九年	合資	八〇〇	七		一	同上	一、二〇〇	九六、〇〇〇	三、〇〇〇
	全在榮	城內南門街	民國一九年	獨資	一、五〇〇	七		二	同上	一、六〇〇	一二八、〇〇〇	四、二〇〇
	德遠興	城內南門街	民國一九年	合資	一、三〇〇	六		二	同上	一、三〇〇	一二四、〇〇〇	三、五〇〇
	豫順生	本城西關街	民國二一年	合資	一、二〇〇	六		二	同上	一、二〇〇	九六、〇〇〇	三、〇〇〇
	永元和	本城東關街	民國一六年	合資	五〇〇	六		一	同上	九〇〇	七四、〇〇〇	二、八〇〇
	謙記	同上	民國一九年	合資	二、二〇〇	八		二	同上	一、一〇〇	八八、〇〇〇	三、〇〇〇
	復和生	本城西關街	民國一八年	合資	一、五〇〇	六		二	同上	一、〇〇〇	八、〇〇〇	三、二〇〇
	德合源	城內六百戶	民國一八年	合資	二、〇〇〇	八		二	同上	一、三〇〇	一二四、〇〇〇	三、五〇〇
	德豫成	本城西關街	民國二〇年	合資	三〇〇	六		一	同上	一、〇〇〇	八〇、〇〇〇	三、二〇〇
	復合源	同上	民國一八年	合資	三〇〇	四		一	同上	八〇〇	六四、〇〇〇	二、〇〇〇
神池	復慶永	城內	民國二年	獨資	四四〇	三		一	莜麥	一、二〇〇	一〇八、〇〇〇	三、二四〇

德盛成	城內	民國二〇年獨資	四四〇	三	一	莜麥	一,二〇〇	一〇八,〇〇〇	三,二四〇
義成厚	城內	民國一八年合資	四四〇	三	一	莜麥	一,二〇〇	一〇八,〇〇〇	三,二四〇
義和亨	城內	民國一七年合資	四四四	三	一	莜麥	一,二〇〇	一〇八,〇〇〇	三,二四〇
天德元	城內	民國二三年獨資	四四〇	三	一	莜麥	一,二〇〇	一〇八,〇〇〇	三,二四〇
意誠正	城內	民國一七年獨資	四四〇	三	一	莜麥	一,二〇〇	一〇八,〇〇〇	三,二四〇
雙合號	城內	清光緒三〇年合資	四四〇	三	一	莜麥	一,二〇〇	一,〇〇〇	三,二四〇
阜生源	城內	民國一八年合資	二四〇	二	一	莜麥	六〇〇	五四,〇〇〇	一,五二〇
德和蔚	城內	民國一八年獨資	四四〇	三	一	莜麥	一,二〇〇	一〇八,〇〇〇	三,二四〇
王三	城內	民國二四年獨資	三二〇	二	一	莜麥	四〇〇	三六,〇〇〇	九四〇
永和生	義井鎮	民國一九年獨資	二四〇	二	一	莜麥	六〇〇	五四,〇〇〇	一,五二〇
昌勝源	同上	民國九年獨資	二四〇	二	一	莜麥	六〇〇	五四,〇〇〇	一,五二〇
義盛永	同上	民國二三年獨資	二四〇	二	一	莜麥	六〇〇	五四,〇〇〇	一,五二〇
德義和	同上	民國一九年合資	二四〇	二	一	莜麥	六〇〇	五四,〇〇〇	一,五二〇
復記	同上	民國二一年合資	二四〇	二	一	莜麥	六〇〇	五四,〇〇〇	一,五二〇
復聚明	同上	民國二二年合資	二四〇	二	一	莜麥	六〇〇	五四,〇〇〇	一,五二〇
德盛園	八角堡	清光緒三二年獨資	一三〇	二	一	莜麥	一五〇	一三,五〇〇	三六四
復盛園	同上	民國二年獨資	一三〇	二	一	莜麥	一五〇	一三,五〇〇	三六四

天合永	同上	民國	二年	獨資	一七〇	三	一	茯苓	三〇〇	二七,〇〇〇	七二九
德記	同上	民國	一二年	獨資	一七〇	二	一	茯苓	三〇〇	二七,〇〇〇	七二九
復聚永	義井鎮	清光緒	一七年	合資	二四〇	二	一	茯苓	六〇〇	五四,〇〇〇	一,五一〇
復聚恆	同上	民國	一七年	合資	二四〇	二	一	茯苓	六〇〇	五四,〇〇〇	一,五一〇
德聚西	同上	民國	六年	合資	四四〇	三	三	茯苓	一,二〇〇	一〇八,〇〇〇	一,〇二〇
復祥源	同上	民國	一六年	合資	二四〇	二	一	茯苓	六〇〇	五,〇〇〇	一,五一〇
德泰明	同上	民國	一八年	合資	二四〇	二	一	茯苓	六〇〇	五四,〇〇〇	一,五一〇
德和長	同上	民國	一七年	合資	二四〇	二	一	茯苓	六〇〇	五〇,〇〇〇	,五一〇
義和茂	同上	民國	二三年	合資	二四〇	二	一	茯苓	六〇〇	五四,〇〇〇	一,五一〇
和合成	同上	民國	二三年	合資	二四〇	二	一	茯苓	六〇〇	五四,〇〇〇	一,五一〇
復興園	同上	民國	二年	獨資	二四〇	二	一	茯苓	六〇〇	五四,〇〇〇	一,五一〇
盛記	同上	民國	二年	獨資	二四〇	二	一	茯苓	六〇〇	五四,〇〇〇	一,五一〇
公益恆	城內	民國	二三年	合資	二四〇	二	一	茯苓	六〇〇	五四,〇〇〇	一,六二〇
正積長	同上	民國	一七年	合資	四四〇	三	一	茯苓	一,二〇〇	一〇八,〇〇〇	三,二四〇
萬聚成	同上	清宣統	二年	獨資	二四〇	二	一	茯苓	六〇〇	五四,〇〇〇	一,六二〇
亨義合	南關	民國	二一年	合資	八四〇	五	一	茯苓	二,四〇〇	二一六,〇〇〇	六,四八〇
恆茂堂	城內北街	民國	一七年	獨資	二四〇	二	一	茯苓	六〇〇	五四,〇〇〇	一,六二〇

德合店	南關	清光緒一八年	獨資	四四〇	三	一	莜麥	一,三〇〇	一〇八,〇〇〇	三,二四〇
保和湧	南關	民國一八年	合資	一,四四〇	五	二	莜麥	二,四〇〇	二一六,〇〇〇	六,四八〇
同義店	南關	民國一六年	獨資	二四〇	一	一	莜麥	六〇〇	五四,〇〇〇	一,六二〇
慶美園	城內東三道街	民國二〇年	合資	二四〇	二	一	莜麥	六〇〇	五四,〇〇〇	一,六二〇
仁術堂	同上	清光緒二七年	獨資	二四〇	二	一	莜麥	六〇〇	五四,〇〇〇	一,六二〇
恆利魁	八角堡	民國五年	獨資	一三〇	二	一	莜麥	一四〇	一二,六〇〇	三六四
瑞生榮	同上	民國一七年	獨資	一三〇	二	一	莜麥	一五〇	一三,五〇〇	三六四
天成店	同上	民國二四年	獨資	一七〇	二	一	莜麥	三〇〇	二七,〇〇〇	七二八
天和成	利民堡	民國一三年	合資	二四〇	二	一	莜麥	六〇〇	五四,〇〇〇	一四〇
大有源	同上	民國一三年	獨資	二五〇	二	一	莜麥	五〇〇	四五,〇〇〇	一一七
義記	同上	民國二三年	合資	二五〇	二	一	莜麥	五〇〇	四五,〇〇〇	一一七
崔旺	同上	民國二三年	獨資	三五〇	三	一	莜麥	五〇〇	四五,〇〇〇	一一七
偏關 源慶厚	縣城	民國一九年	獨資	三〇〇	四	一	莜麥 麥 豌豆	二五〇 一〇〇 五〇	二二,五〇〇 一〇,〇〇〇 五,〇〇〇	四五〇 二〇〇 一五〇
福墩源	同上	民國一九年	獨資	三〇〇	四	一	莜麥 麥 豌豆	二〇〇 五〇 五〇	一八,〇〇〇 五,〇〇〇 五,〇〇〇	三六〇 二五〇 一五〇
增福成	同上	民國一九年	獨資	三〇〇	四	一	莜麥 麥 豌豆	二〇〇 七〇 五〇	一八,〇〇〇 七,〇〇〇 五,〇〇〇	三六〇 三五〇 一五〇

	自成興	同上	民國一九年	獨資	一〇〇	四	一	莜麥	二〇〇	二〇、〇〇〇	三六〇
								麥	三五〇	一五、〇〇〇	二五〇
								豌豆	三五〇	五、〇〇〇	一五〇
五寨	德和甡	同上	民國二年	獨資	二五〇	二	一	豌豆	二五	一、三〇〇	六五
								馬鈴薯	四〇〇	七、〇〇〇	二一〇
	德成泉	同上	清宣統三年	獨資	一三〇	二	一	豌豆	二一〇	一、一〇〇	五五
								馬鈴薯	五〇〇	九、〇〇〇	二七〇
	聚義店	同上	民國一九年	獨資	一〇〇	二	一	豌豆	二八	一、五〇〇	七五
								馬鈴薯	四五〇	七、七〇〇	二三一
	德元興	東秀莊	清光緒二五年	獨資	一〇〇	二	一	豌豆	三〇〇	一、六〇〇	八〇
								馬鈴薯	六〇〇	二一、〇〇〇	三五〇
	天保之	縣城	民國二年	獨資	二〇〇	二	一	莜麥	四五〇	四〇、〇〇〇	一、二二五
	德茂源	同上	民國一九年	合資	二五〇	二	一	麥	二四〇	二四、〇〇〇	一、四四〇
	德慶昌	同上	民國一九年	合資	一五〇	二	一	麥	二四〇	二四、〇〇〇	一、四四〇
	德和圖	同上	民國三年	獨資	一五〇	二	一	麥	二四〇	二四、〇〇〇	一、四四〇
	自成慶	三岔鎮	民國八年	獨資	五〇〇	三	一	麥	八〇〇	七〇、〇〇〇	二、一〇〇
	福慶圖	同上	民國一六年	獨資	一三〇	二	一	麥	四八〇	四一、〇〇〇	一、二三〇
五台	裕德昌	城內	民國二年	獨資	二〇〇	四	一	麥	一〇〇	一〇、〇〇〇	七〇〇
								麥	五〇	五、〇〇〇	二五〇
	明立泰	東治鎮	民國一五年	獨資	三〇〇	六	二	麥	一五〇	一五、〇〇〇	一、〇三〇
								莜麥	七〇	七、〇〇〇	三五〇
	恆慶萬	豆村鎮	清光緒三一年	獨資	四〇〇	八	三	麥	四〇〇	四〇、〇〇〇	二、八〇〇
								莜麥	九〇〇	九〇、〇〇〇	四、五〇〇
	慶豐厚	城內	民國二一年	獨資	一五〇	一五	一	麥	三〇〇	三〇、〇〇〇	二、一〇〇
	同和玉	城內	民國二年	獨資	一五〇	一四	一	麥	四〇〇	四〇、〇〇〇	二、八〇〇

平魯	二四家 三六家		縣城 井坪				六〇	六〇	莜麥 蕎麥 麥 扁豆豌豆	一五、〇〇〇 九四二〇〇 六〇〇	一五〇〇、〇〇〇 六六、〇〇〇 九〇、〇〇〇 六六〇〇〇〇	五四、〇〇〇 二、四四二 五、八五〇 二、三七六
左雲	三〇家						九〇	三〇	莜麥 豌豆 蕎麥	八、〇〇〇 五、〇〇〇 三、六六〇	七二〇、〇〇〇 五〇〇、〇〇〇 三三〇、〇〇〇	二七、三六〇 一九、〇〇〇 六、六〇〇
朔縣	六〇餘家							六〇餘	莜麥 麥 蕎麥 扁豆豌豆	三〇、〇〇〇 三、三三三 七〇〇 一五〇	二七〇〇、〇〇〇 三〇〇、〇〇〇 三五、〇〇〇 一五、〇〇〇	九七、二〇〇 一五、〇〇〇 一、〇五〇 六〇〇
右玉	八家							八	麥 莜麥 蕎麥 豌豆	九、〇〇〇 六、〇〇〇 二、〇〇〇 三〇〇	二七六、〇〇〇 五四四、〇〇〇 一四〇、〇〇〇 三五、〇〇〇	一七、九四〇 二一、七六〇 六、四〇〇 一、四〇〇
天鎮	一〇餘家							一〇	麥 莜麥	六、二〇〇 二、一八〇	六二〇、〇〇〇 三四〇、〇〇〇	四四、一〇〇 一三、六八〇
廣靈	二四家						二二	二四	莜麥 麥 蕎麥 黍子	三、五〇〇 八〇〇 一、二〇〇 三、三二〇	三五〇、〇〇〇 七六、〇〇〇 七五、〇〇〇 三五四、〇〇〇	一四、〇〇〇 五、三二〇 二、六二五 一三、四五九
靈邱	二四家						三〇	二四	莜麥 蕎麥	七〇〇 一八〇	七〇、〇〇〇 一〇、〇〇〇	二、八〇〇 四三〇
山陰	二八家						四〇	二八	莜麥 黍子	五、八八二 二三、三三三	四九九、九七〇 二〇六六、六四〇	一九、九九九 四七、八八九
懷仁	一四家						一四	一四	莜麥	二、五〇〇	二〇〇、〇〇〇	八、〇〇〇
應縣	三五家						四〇	四〇	莜麥 麥 蕎麥	八五二三五 二、三三五 〇四二	六九九、九七五 二〇九、九七〇 三〇、〇〇〇	二六、五九九 三、五九八 七九八
渾源	八〇家						一〇〇	一〇〇	莜麥 麥 蕎麥 扁豆豌豆	七、三六八 一、〇〇〇 二八五 四三四	六〇〇、〇〇〇 一〇〇、〇〇〇 二〇、〇〇〇 三〇、〇〇〇	一八、四八〇 六、五〇〇 五六〇 一、五〇〇

註一　表內中陽壺關陽城翼城新絳河津靈石大同懷仁靈邱廣靈天鎮右玉左雲神池諸縣石磨數均係按最低數量估計，實際當不止此。

註二　職工數有未詳者，從略。

五　澱粉

澱粉一業，據此次調查所得，只左雲神池兩縣，三十四家。係以扁豆和水上磨，便成漿狀，再以羅濾去渣滓，加水三四倍，置放缸內，粉質即沉澱缸底。然後除去上浮之水，以澱粉移入布包，懸諸空中，使粉中餘水盡去。水去粉即成塊狀，然後置入烘籠烘之。是時留下之水份已少，再置之熱坑上，乾後即成。斯項澱粉亦供食用。

綜計左雲神池兩縣澱粉業，除左雲外，資本最高者為七二〇元，最低者為二四〇元，職工每家一至三人不等，亦有四五人者。所用原料為扁豆，計年需七、八二七石，年產粉三五四、〇〇〇斤，年產值二一、八四〇元。

江西省澱粉業現況一覽表

縣別	廠坊名	地址	設立年月	組織	資本額（元）	職工數	原料用量（石）	年產額 產量（斤）	年產額 產值（元）
左雲	九家					一二	扁豆 二、六六七	一二〇、〇〇〇	七、八〇〇
神池	復盛園	八角堡	民國二十一年	獨資	二四〇	三	扁豆 二八〇	一三、〇五〇	七八三

德記	八角堡	民國二年	合資	三〇〇	三	扁豆	四〇〇	一八、〇〇〇	一、〇八〇
張森	流海莊	民國二年	獨資	三六〇	三	扁豆	二八〇	一三、〇五〇	七八三
魁盛茂	利民堡	民國二十年	獨資	三六〇	三	扁豆	二八〇	一三、〇五〇	七八三
趙韶述	利民堡	民國二十二年	獨資	三〇〇	二	扁豆	二〇〇	九、〇〇〇	五四〇
張長存	利民堡	民國二十二年	獨資	二四〇	二	扁豆	二〇〇	九、〇〇〇	五四〇
麻瑛	小寨村	民國三年	獨資	三六〇	三	扁豆	二八〇	一三、〇五〇	七八三
韓裕泰堂	韓家窯	民國十年	獨資	二四〇	二	扁豆	一二〇	五、四〇〇	三二四
雙義源	縣城	民國八年	獨資	二四〇	二	扁豆	一六〇	七、二〇〇	四三二
意盛源	科民堡	民國二十年	獨資	二四〇	二	扁豆	一六〇	七、二〇〇	四三二
德合店	南關	清光緒一八年	獨資	七二〇	五	扁豆	四〇〇	一八、〇〇〇	一、〇八〇
寶和湧	南關	民國二十年	合資	四八〇	四	扁豆	二四〇	一〇、八〇〇	六四八
正積長	南街	民國十七年	合資	七二〇	五	扁豆	四〇〇	一八、〇〇〇	一、〇八〇
義和亨	北街	民國十七年	合資	四八〇	四	扁豆	二四〇	一〇、八〇〇	六四八
吳俊	西之道街	合國二十四年	合資	三〇〇	二	扁豆	一二〇	五、四〇〇	三二四
天成遠	張家村	清光緒初年	獨資	四八〇	三	扁豆	二四〇	一〇、八〇〇	六四八
張仲德	北莊子村	民國七年	獨資	三〇〇	二	扁豆	一二〇	五、四〇〇	三二六
田果萬	八留〇	民國十七年	獨資	三〇〇	二	扁豆	一二〇	五、四〇〇	三二四

蔣之疤	南關	民國二十年	獨資	二四〇	二	扁豆	八〇	三、六〇〇	二一六
阜豐源	八角堡	民國十二年	獨資	二四〇	二	扁豆	一六〇	七、二〇〇	四三二
劉萬珠	韓家坪	民國十八年	獨資	二四〇	二	扁豆	一二〇	五、四〇〇	三二四
劉萬成	韓家坪	民國十七年	獨資	二四〇	二	扁豆	一二〇	五、四〇〇	三二四
永盛店	三道溝	民國二十二年	獨資	三〇〇	二	扁豆	一六〇	七、二〇〇	四三二
賈義嶺	嶺後村	民國十七年	獨資	二四〇	二	扁豆	一二〇	五、四〇〇	三二四
趙二	嶺後村	民國十七年	獨資	三〇〇	二	扁豆	一六〇	七、二〇〇	四三二

二　搾油業

一　歷史

成立時期

晉省現有油廠，據此次調查所得，計六九〇家，以大同之富全元成立爲最早，時在民元前之一一六年（清嘉禧元年），距今已一四〇年矣。餘均爲光緒宣統及民國年間所設立者，而尤以民國年間所設立者爲最多，茲列舉如左表：

山西省四二六家油坊成立時期統計表（未詳二六四家除外）

年份	家數	對總數百分比
清 嘉慶	一	・二三
光緒	三七	八・六九
宣統	一二	二・八二
民國 一年	一二	二・八二
二年	一一	二・五八
三年	七	一・六四
四年	五	一・一七
五年	一七	三・九九
六年	一一	二・五八
七年	一〇	二・三五
八年	一六	三・七六
九年	一二	二・八二
一〇年	一七	三・九九
一一年	一一	二・五八
民國 一二年	二〇	四・七〇
一三年	一二	二・八二
一四年	五	一・一七
一五年	一八	四・二三
一六年	一二	二・八二
一七年	一七	三・九九
一八年	二二	五・一六
一九年	三六	八・四五
二〇年	二六	六・一〇
二一年	二〇	四・六九
二二年	二五	五・四〇
二三年	二七	六・三四
二四年	九	二・一一
合計	四二六	一〇〇・〇〇

據上表，可知晉省榨油業，清季雖曾鼎盛一時，然現時所存者，為數甚少。現存油坊，當以近十年所設立者為最夥，幾佔全數百分之五十。然營業大都平平，無復昔日繁榮之象。

各地概況

晉省所產植物油，大都供產地食用之處，其營業情形，當以各縣之需要與農產物之變遷，及原料產量之多寡而定，茲分述各縣情形如次：

大同　大同產油祇胡油一種，係胡麻籽及油菜籽兩種原料混合製成，供燃燈及食用之需，現以煤油輸入，此項胡油，專供食用，銷路乃大減，故有淸之季，油房達百十餘家，現時僅三十餘家矣。

崞縣　崞縣產油，居晉省第二位。據業中人云，斯項搾油業起源於淸光緒二十五年，發達於民國十年左右。所產胡油。除供本地人民需用外，兼銷太原。近以煤油充斥，用途縮小，營業不振。

神池　神池縣昔時爲鄯陽堡，民元前四百餘年始設縣治。居民始漸漸從事工業，搾油業卽始於此時，光緒年間，斯業頗盛。全縣油坊，達百家以上。民元以來，銷場滯澀，復受軍事影響。至民國十七——九年油房相繼倒閉達十之七，民二十三年以還，始稍稍恢復，現有油房四十六家。

平魯　平魯以產胡麻著稱（全省第二位），油菜籽亦不少，故胡油產量年達五千担以上，且遠銷至太原盂縣朔縣等處。該業盛時，均用大樑壓搾，現時爲求便利起見，已有一部份商家改用小搾。所產胡油，本縣銷百分之三一·六，其餘百分之六八·四。均銷售他縣。

翼城　翼城人民，昔日均以菜籽油爲食用之需，間用芝蔴油，故人民均種油菜及芝蔴。自民國十三年後，提倡種棉，居民以種棉可獲厚利，故向以種油菜及芝蔴之地，大部改種棉花。以是棉花籽油之產量乃大增，食用燃燈亦均以棉花油爲主。芝蔴油、大麻油及菜籽油雖仍有出產，但爲數甚少。

洪洞　洪洞產油，爲棉花油及茱籽油兩種，產量以棉花油爲最多，佔全縣產量百分八十九。在淸季多以燃燈，近則以煤油輸入，乃改充食用，油銷路旣狹，營業亦不振。

懷仁　懷仁所產之胡麻油及茱籽油兩種，現時除供本縣之用外，尙運銷大同，約佔全縣產量百分之一。所用原料，均爲本縣產。

猗氏　猗氏油坊，淸季甚爲發達，後以煤油輸入，而價較植物油爲低廉，以是全縣燃燈用油十分之八，均爲煤油，搾油業大受影響。

其他各縣，亦大率類是，晉省榨油業之式微，大部原因，均係受煤油之影響。迄今榨油業之賴以生存者，均屬於食用一途。

二　現狀

專營　副營　農業自營　晉省榨油業現尙停留於家庭工業階段，因此近代機械設備作大規模之生產，卽有專營榨油之油坊，然其數量亦不若副營及農家自營者爲多。專營者，除榨油外，不作其他生產活動，副營者則以榨油爲副業，兼營其他事業，如渾源縣均係除搾油外兼營磨麫或釀酒者。斯項副營之工作時間，多與農家自製自用者相仿，於農產榨油原料登場時或於農暇時行之。不論專營與兼營，均有時受農家之委托，由農家供給原料，代爲榨油，農家卽以油餠爲償，其金錢之給付。農家自營者，均於農暇時行之，而以自製自食爲主。故山西省之榨油業，此次調查所得者雖有六十九縣四八九家油坊，實際連家庭自榨者在內，當不止此數也。

動力

以晉省榨油業尙停留於手工業之階段，故製造動力，限於畜力及人力，而無機械榨油之設備，專營油坊，大多畜力人力並用，農家自營者均以人力爲主，設備亦至簡單，多以錘代楔，以從事工作。

資本

據此次調查所得，油坊之資本，多則九千，少則十元，以資本在百元以上五百元以下者爲最多，五百元以上千元以下次之。茲列舉如后表。

山西省四三二家榨油坊資本統計表

一〇元——一〇〇元	四三家	九・九七
一〇一元——五〇〇元	一七六家	四〇・八〇
五〇一元——一、〇〇〇元	一一七家	二七・一五
一、〇〇一元——二、〇〇〇元	五〇家	一一・三五
二、〇〇一元——三、〇〇〇元	一七家	三・九五
三、〇〇一元——四、〇〇〇元	一四家	三・二五
四、〇〇一元——五、〇〇〇元	七家	一・六三
五、〇〇一元——六、〇〇〇元	三家	・七一
六、〇〇一元——七、〇〇〇元	三家	・七一
七、〇〇一元——八、〇〇〇元	一家	・二四
八、〇〇一元——九、〇〇〇元	一家	・二四

倘以縣爲單位，每縣平均資本數，除方山，沁，新絳靈石渾源等八縣不計外，當以山陰爲最高凡七千元，惟山陰祇福義居一家非平均數，其次爲崞縣，凡五千餘元，右玉四千餘元，大同晉城各二千餘元；

岢嵐洪洞襄陵吉縣蒲縣寧武偏關各千餘元，其餘各縣多在千餘元以下。四三二家總平均數爲八九〇元。

產量與資本有密切之關係，山陰一縣，據此次調查結果，僅福義居一家，惟農家自榨自用尙多，尙未列入，故產量祇約三百五十担，產油最多者，當首推大同，次崞縣，神池縣平均資本雖祇八百餘元，然以該縣年產胡麻達三萬六十餘担，故胡麻油年產量佔全省之第三位。其餘各縣依次爲平魯翼城洪洞懷仁猗氏朔縣渾源安邑河曲偏關左雲靈石五台壽陽陽高陽城興縣等縣，年產量均在千担至五千餘担之間。其餘各縣，則均在千担以內。茲列表於後。

山西省各縣榨油業家數資本數職工數及產值統計表

縣別	家數	職工數	資本數(元)	每家平均資本數(元)	年產量(担)	年產值(元)
陽曲	二〇	一九六	六、一三〇	三〇七	八二二	一四、七八七
交城	五	二四	三、八二〇	七六四	三一六	四、七二五
岢嵐	六	五四	六、四〇〇	一、〇六七	七二〇	七、二〇〇
嵐縣	四	二四	二、七一五	七七九	二一七	一〇、五三〇
興縣	三	九	二、四〇〇	八〇〇	一、〇〇〇	二〇、〇〇〇
長子	一〇	四二	二、九〇〇	二九〇	六九八	九、九七五
屯留	五	一七	八三〇	一六六	一五〇	一、五〇〇
黎城	一	三	三五〇	三五〇	九〇	二、〇〇〇

壺關	一〇	五三	八六〇	八六	三八二	六、〇五五
晉城	七	五二	一九、七〇〇	二、八一四	三二五	五、一八四
高平	五	二三	五七二	一一五	一〇〇	一、五八八
陽城	一七	五〇	二、七八三	一六四	一、一〇八	二一、三二〇
陵川	七	四〇	一、九四四	二七八	三五三	四、五八七
和順	四	一二	三〇〇	七五	七二	八六四
沁源	四	八	四八〇	一二〇	一三〇	一、九五〇
昔陽	四	一五	五三〇	一三三	一九九	三、三六六
盂縣	三	二一	三一〇	一〇三	六六二	一〇、五八四
壽陽	四	三〇	二、三〇〇	五七五	一、二〇〇	一八、〇〇〇
臨汾	三	八	六三〇	二〇〇	一二〇	二、六八四
襄陵	二	一一	二、八七〇	一、四三五	一七三	二、七二一
洪洞	一〇	五一	一〇、三五〇	一、〇三五	四、一三九	四一、三七五
浮山	四	一八	二、七五〇	六八八	一、一〇五	二二、二八六
汾城	四	二〇	一、〇五〇	二六三	三二四	四、八六〇
曲沃	四	一六	一、二二〇	三〇五	三〇五	四、五六〇
翼城	一五	九九	六、八一〇	四五四	五、四〇三	八五、九九〇

吉縣	六	三三	七、七二〇	一、二八七	七八七	一三、九〇五
永濟	七	一七	九八	一六七	六三八	七、二一〇
臨晉	三	九	二、二九〇	七六三	二四四	三、一八一
虞鄉	二	一〇	七一〇	三五五	五七九	八、六七九
榮河	四	一四	六〇〇	一五〇	一五一	一、三一〇
萬泉	四	一九	六七五	一六九	一四九	二、三七七
猗氏	一〇	三九	五、〇八〇	五〇八	二、八九〇	四五、八五〇
解縣	四	一五	一、一一〇	二七八	二八〇	三、五七四
安邑	一	一五	三四〇	三四〇	二、五〇〇	三五、一〇〇
平陸	四	一九	九七〇	二四三	九一〇	一八、二〇〇
芮城	三	三	五五〇	一八三	一〇九	一、九二九
河津	一	五	二〇〇	二〇〇	九三	一、二二〇
聞喜	二	六	八〇	四〇	一〇〇	一、二〇〇
稷山	二	九	一、八〇〇	九〇〇	六一一	九、三〇三
絳縣	三	二五	二、四四〇	八一三	二一六	四、二二四
大寧	一	四	二〇〇	二〇〇	二五	四〇〇
永和	二	四	四七一	二三六	七一	一、〇六二

蒲縣	三	一二	三、五八〇	一、一九三	三二三	三、八八一
大同	三〇	三一六	七九、二七〇	二、六四二	一四、三二四	一三四、〇三三
山陰	一	一〇	七、〇〇〇	七、〇〇〇	三四九	三、三八〇
靈邱	八	四〇	四、八九〇	六一一	七四八	一一、九六八
廣靈	四	一七	二、九〇〇	七二五	四一四	五、三八二
陽高	八	三八	二、六六四	三三三	一、一五二	一三、八二四
天鎮	一〇	六六	三、八五〇	三八五	六八九	九、八一七
右玉	五	一八	二〇、八〇〇	四、一六〇	九四〇	一二、二〇〇
朔縣	一〇	一〇二	六、〇〇〇	六〇〇	二、七三六	四一、〇二四
左雲	一五	七二	一〇、四二〇	六九五	一、六一〇	二〇、三〇〇
寧武	一一	五九	一二、〇〇〇	一、〇九一	八四〇	一一、七六〇
神池	四六	三一六	三九、七二〇	八六三	七、〇九〇	九二、一六七
偏關	一七	六四	二一、六五〇	一、二七四	一、九三二	二五、〇九六
五寨	一〇	五〇	二、九五〇	二九五	八二八	九、四五六
靜樂	二	一六	一、三〇〇	六五〇	二六二	二、五〇〇
五台	九	四八	二、九六〇	三二八	一、二二九	一九、六四〇
崞縣	九	一九三	四七、四一〇	五、二六八	一三、六五〇	二〇四、七五〇

保德	五	二五	一、七〇〇	三四〇	二五六	三、三一三
河曲	九	二七	七、二〇〇	八〇〇	一、九六四	二三、五三八
方山	一五	九〇	—	—	九二五	九、七六三
沁縣	二五	—	—	—	五〇〇	七、七五〇
新絳	三〇	一二〇	—	—	二二五	四一六
靈石	八	四〇	—	—	一、六〇〇	二六、二六〇
渾源	五〇	五〇	—	—	二、五〇〇	三二、五〇〇
應縣	二六	二六	—	—	九六七	一〇、七三六
懷仁	三〇	—	—	—	三、七二一	四四、六〇〇
平晉	七四	二〇〇	—	—	五、七七五	八〇、五七〇
	(註一)六九〇	(註二)三、一五七	(註三)三八四、六〇二	(註四)八九〇	九七、九一五	一、三三七、〇三九

(註一)新絳、沁縣、懷仁三縣，油坊家數係約數。

(註二)沁、懷仁等縣職工數未詳，未列入。

(註三)方山、沁、新絳、靈石、渾源、應、懷仁、平晉等縣資本數未詳，故未列入。

(註四)註三各縣不在內。是項平均數，係以三八四、六〇二元除以四三二(卽將註三各縣除外)家得來。

據已知晉省產油六十九縣中，有專產油一種者，有兼產數種者，專產一種油各縣計如下表，惟兼產各縣，則以少數縣份未曾分別填寫，無法統計，玆將專產一種油各縣列表如後：

山西省榨油業專產一種油縣份統計表

產油別	出產縣份
胡油	大同、渾源、靈邱、陽高、天鎮、朔、平魯、偏關、靜樂、崞。
胡麻油	岢嵐、方山、應、廣靈、右玉、寧武、神池、保德。
芝麻油	陽曲、沁、臨汾、平陸、聞喜。
大麻油	沁、昔陽、盂。
菜籽油	交城、嵐、壽陽。
黃油	興、五台、河曲。
豆油	屯留、晉城。
棉花油	虞陽、大寧。
小麻油	陵川。
麻油	蒲。

三　原料

晉省榨油原料，計分：黃豆、黑豆、棉花籽、芝蔴、油菜籽、胡麻籽、大麻籽、篦麻籽等數種，大部爲本地出產。

黃豆　黃豆皮黃粒扁長，性喜溫暖，晉省南至芮城北至天鎭，均適於種植。除製造豆腐、豆醬、豆粉、豆芽等外，並可榨油。

黑豆　黑豆，以皮黑，故名。性質用途，與黃豆相若。

棉花籽　棉花屬纖維科植物。有草棉木棉之分，晉省所植者，均屬草棉。昔時種植地域，只省南數處，現因政府當局奬勵棉業，省北及省垣一帶種棉形已增加。棉籽在棉花內，除留種外，兼可製油。

芝蔴　芝蔴，苗高二三尺，粒尖長稍扁。性喜溫暖，晉南氣候，最適宜種植。品種有紅顆芝蔴白顆芝蔴、黑顆芝蔴、紫顆芝蔴之分。紅顆芝蔴，豐收而質劣，不若白顆芝蔴之收量少而質優，故晉省所種者，大率爲白顆芝蔴。用途以榨油爲主，除此尙可用作製醬做餅等用。

油菜籽　油菜，一名蕓苔，又稱芥子。分本年收與隔年收兩種。隔年收者，稱油菜，亦稱菜籽或大芥。秋種夏收，性喜溫暖。苗高三尺左右。籽藏莢內，每莢藏籽十粒左右。省南種者頗多。

本年收者，稱小芥，亦稱芥子，春種夏收。因顏色不同，故又有黃芥黑芥之別。黃芥苗高四五尺，根桿稍粗，花黃莢白，籽黃如米。用以製油，油呈黃色。黑芥苗不甚高，花黃籽黑，油呈黑綠色。晉北種者甚多。

胡麻籽　胡麻爲晉省製油主要原料之一。顆粒較芝蔴爲大，顏色亦較芝蔴爲紅，性耐寒，故晉北及省垣附近，多有種者。胡麻分紅黃白黑四種。紅者收量大出油亦多。故晉北所種者，大致以紅胡麻居多數。用以製油，顏色微紅，香味較芝蔴爲次。

大麻籽　大麻，亦稱麻子，晉南一帶，稱蓖麻爲大麻，稱大麻爲小麻子。幹高大。有花麻籽麻兩種。花麻亦稱夏麻，或稱白麻，成熟早，麻筋細軟，有花無籽。可織麻布。籽麻亦稱秋麻，或稱靑麻，麻筋粗硬，成熟較遲。所結籽實，可以榨油。又因顆粒大小，有大籽麻小籽麻之稱。

蓖蔴籽　蓖麻，亦稱大麻子。性奇溫暖，苗高幹粗，顆粒肥大。油味不佳，故僅用以塗抹車軸及機器。因具有治療便秘功用，故西藥亦有用作治療便秘藥品之用者。

上述種種，均爲晉省榨油業所需之原料。就中以棉花籽及胡麻籽需用量爲最多，油菜籽次之，蓖麻籽爲最少。價格亦各有不同。大致以芝蔴售價爲高，菜籽次之，而以棉花籽爲最賤。各項原料，亦因地域之不同而呈軒輊狀態。如芝蔴，有售四五元者，有售七元左右者，有售十元，大致均在六七元之間。菜籽在交城售二元五角，在高平售四元，壺關售五元，和順售六元，而陽高則售七元，普通則在四五元之間。其他如大麻籽胡麻籽則售三元左右，黃黑豆約三四元。棉花籽最高價不過三元。

至各縣所需原料，其數量有如下表，惟因此次調查時，有數縣係塡寫總數未經分別塡寫者，亦以有所產黃油及胡油係一種以上之原料所製成，未經分別列入者，爲數幾及全數之半，故併入其他項內，未便擅自分列。

山西省各縣榨油業所需原料統計表（單位——担）

縣別	黃黑豆	大麻籽	胡麻籽	芝蔴	油菜籽	蓖蔴籽	棉花籽	小蔴籽	其他
陽曲				一、八六〇					
交城					一、二六〇				
岢嵐			二、四〇〇						
嵐縣					一八、九五〇				
興縣		五〇〇	一、〇〇〇		二、五〇〇				
方山			三、〇八〇*						
長子									一、六七〇
屯留	一、五〇〇								
黎城		三三五		二五					
壺關		八八五・五	一三四		二五〇・五				
晉城	三、六〇〇								
高平		四〇		五〇	四〇			九〇	
陽城				二、三二五			一、一三三		
陵川								一、六八〇	
和順				五四					一六二
沁縣		八〇〇*							

	1	2	3	4	5	6	7	8	9
沁源				六五〇					
昔陽		九〇〇							
盂縣		二、二三八							
壽陽					六、〇〇〇				
臨汾				三〇〇					
襄陵	一四〇			一四〇			五〇〇		一〇〇
洪洞					八三五		三七、二〇〇		
浮山		一、二二〇		四五〇	三四六		七八		
汾城									一、三五〇
曲沃				六〇	七〇		一、六〇〇		
翼城									六、六八〇
吉縣		七六〇	一、〇四〇	八〇〇			五八〇		
永濟				九二					六七〇
臨晉		一二		一〇〇	四八四		一、六四〇		
虞鄉							四、〇五〇		
榮河					一四〇		七七〇		
萬泉				二三〇	一六五		一四〇		

猗氏				三、〇〇〇	三、〇〇〇		一、〇〇〇		
解縣				五二			一、九三〇		
安邑				三、〇〇〇	三、〇〇〇		一、二〇〇		
平陸				二、一九〇					
芮城				九七	九二		五一〇		
新絳									二五〇*
河津				三五		四〇	五四〇		
聞喜				二〇〇					
稷山				四四〇	四〇〇		四四〇		
絳縣									一、三三四
靈石		一、九〇〇		七二〇	四二〇		二、〇〇〇		
大寧							三〇〇		
永和		七〇		五五				七〇	
蒲縣									四六二
大同									四九、一〇〇
渾源									六、二五〇
應縣			二、七八八						

懷仁			五、二二六		六、五六五			
山陰			九六〇		二四〇			
靈邱								一、八七〇
廣靈			一、三八〇					
陽高								三、七四四
天鎮								一、一四九
右玉			二、八〇〇					
朔縣								一〇、九四〇
左雲			一、六四〇					四、一〇〇
平魯								一九、二五〇
寧武			二、八〇〇					
神池			二三、六一六					
偏關								六、四四〇
五寨		一、二〇〇	一、九六〇					
靜樂								九一〇
五台								四、八三〇
崞縣								三二、三〇〇

類別

保德			六四四						
河曲		二、三八〇	二、四一〇		二、〇九〇				
總計	五、二四〇	一三、二四〇・五	五三、八七八	一六、九二五	四六、八四七・五	四〇	五五、六一一	一、八四〇	△一七五、五六一

＊據產油最估計表。

△內包括棉花籽、芝蔴、油菜籽、胡麻籽、大麻籽、黃豆、蓖麻籽、小麻籽等，以胡蔴籽及油菜籽爲最多。

四 生產

晉省產油，計有：菜籽油、芝蔴油、胡麻籽油，大麻籽油、棉花籽油、篦麻籽油、豆油、黃油、胡油、麻油、小麻籽油等數種，所需原料，有爲一種者，有爲多種者。茲列表於左：

名稱	原料
菜籽油	油菜籽
芝蔴油	芝蔴
胡麻籽油	胡麻籽
大麻籽油	大麻籽
棉花籽油	棉花籽
蓖麻籽油	蓖麻籽
豆油	黃豆、或黑豆、或黃黑混合
黃油	胡麻籽、大麻籽及油菜籽混合
胡油	胡麻籽及油菜籽混合
麻油	胡麻籽、大麻籽及小麻籽混合
小蔴子油	小麻籽

據此次調查所得，晉省搾油業榨油方法及應用工具，尙係舊時遺傳，尙未應用機器製造。油類雖有多種，然製造方法，則大率雷同，使用器具，則均一致。茲列舉芝蔴油及胡麻油製造法於後，以窺其餘。

芝蔴油製造法，芝蔴油製造法可兩種：（一）小磨芝蔴油——其法：先將芝蔴炒熟，乘熱上磨磨碎，將磨碎之芝蔴，括入鍋內，以木搥隨攪隨杵，油質即行分出。再將油質傾入另一鍋內，置鍋火上。則油質上浮，油渣下沉，即可取供食用。（二）大磨芝蔴油——其法：先將芝蔴炒至微黃，上磨磨碎，再用鍋籠蒸熟。另有一木圈，圈底鋪以馬藺葉或蘆根等，將蒸熟之芝蔴粉裝入，以木杵或足踏壓使實。然後將圈緩緩上移，一面用粗麻繩由下至上纏繞，俟木圈離餅時，繩亦纏好。纏繩時，每繩中間須距離一寸左右，以便榨油時，減少拒力。用繩纏成之餅，一一疊置於油底石上，然後將大樑木壓下，則油汁流入預先埋置榨處之甕內。俟不流時再將木樑絞起，取出油餅，打碎再蒸，再包再榨，約三四次，油汁始盡。

胡蔴籽油製造法，先將胡麻籽用風車將塵埃除盡，入鍋炒之，至外殼將裂時為度，上磨磨成糊形和以適量之溫水，始行變硬堆放一晝夜，入蒸鍋蒸熟，至手捏和無粘性將原料取出，以草辮及麻繩包紮成餅，如大磨蔴油同法上榨。亦有包成小餅，裝入木槽內，用木削削緊，使油汁流出者。

其他各種油，製法均大同小異。所用工具，亦大致相同。

晉省榨油，據調查所得，計六十九縣。就已知六十九縣中，以大同產油為最多，崞縣次之，均年產萬担以上，神池牟魯年產五千担以上，餘如岢嵐、興縣、陽城、壽陽、洪洞、浮山、翼城、萬泉、安邑、陽高、朔縣、左雲、偏關、五台、河曲、靈石、渾源、懷仁、均年產千担以上，其餘各縣，均在千担以內，黎城、和順、河津、大寧、永和、則年產不足百担。個別言之，除未經分別開列個別產量之各縣外，當以胡油量為最多，計四萬餘担，胡麻油次之，計萬餘担，餘均千担以內，向以篦麻籽油產量為最多，祇七担。茲列表如次：

山西省各縣產油分類統計表(担)

	豆油	大麻油	胡麻油	芝麻油	菜油	篦麻油	棉花油	黃油	小麻油	胡油	麻油	塡表時祇塡總數未經分別塡寫者：棉花油菜油	棉花油菜油芝蔴油	芝蔴油芝麻	棉花油菜油篦花油	棉花油大蔴油芝麻油菜油	胡麻油菜油豆油篦麻油
陽曲				八二													
交城					二六												
岢嵐			七〇														
嵐縣					二七												
興縣								1,000									
方山			九二														
長子																	六九八

屯留	一五〇																
黎城		七〇		二〇													
壺關		三六六	四二		七五												
晉城	三三五																
高平		二五		二五	一三				三八								
陽城				九三〇			一六八										
陵川									三五四								
和順				一八									五四				
沁縣		五〇〇															
沁源				一二〇													
昔陽		一九九															
盂縣		六六三															
壽陽					一、二〇〇												
臨汾				一二〇													
襄陵	一四			五六			六三						四〇				
洪洞					四九		三、七二〇										
浮山		四八八		三六〇	二四六		二										

汾城													三二四				
曲沃				四八	四九		二〇八										
翼城																五、四〇三	
吉縣		一三三	二九二	六〇			九三										
永濟				三三										一六	五九〇		
臨晉		六		三四	四〇		一六四										
虞鄉							五七九										
榮河							九五										
萬泉				八一	五〇		一八										
猗氏				一、三六〇	一、三八〇		一三〇										
解縣				二七			二四三										
安邑				一、一〇〇	九〇〇		五〇〇										
平陸				九一〇													
芮城				二九	三五		四五										
新絳													三五				
河津				六八		七	六八										
聞喜				一〇〇													

稷山	絳縣	離石	大寧	永和	蒲縣	大同	渾源	應縣	懷仁	山陰	靈邱	廣靈	陽高	天鎮	右玉	朔縣
		一八〇		一八												
								九六七	一、六六〇	八八		四一四			九四〇	
一七六		三三〇		三三												
一六〇		三〇〇							一、三〇二	六二						
二七五		四〇〇	一五													
				三三												
						一四、三三四	三、五〇〇				七四八		一、一五三	六八九		二、七三六
					[illegible]											
	二一六															

左雲	平魯	寧武	神池	偏關	五寨	靜樂	五台	崞縣	保德	河曲	合計
											四八九
					二四〇						三、一八六
四七五		八四〇	七、〇九〇		五八八				二五六		一五、四九六
											七、〇四八
											七、五一七
											七
							一、二三九				六、八一五
						二六二		三、六五〇		一、九六四	四、一九三
											四三
一、一三五	五、七七五			一、九三三							四四、九〇三
											五三三
											三二六
											五四九
											一一〇
											五九〇
											五、四〇三
											六九八

五　銷路及交易

銷行地點　晉省所產植物油，銷路以本縣為主，兼銷他縣者次之，銷售外省者為最少。若以縣為單位言之，則已知之六十九縣中，完全行銷本縣者計五十縣，兼銷他縣者十六縣，行銷他省者三縣，大致南路中路所產之油，除大部份銷售本地以供食用外，兼銷鄰縣者僅數縣而已。惟北路所產之胡油胡麻籽油及小麻籽油，有銷售至中路如太谷太原平遙者，如大同左雲平魯偏關神池等縣是。行銷他省者，如和順之銷邢台，晉城之銷河南，永濟之銷陝西，均以地接隣省，會質上與銷行隣縣無異。

售價　油之售價，各縣不一。各縣又因原料產量之多寡而年有不同。芝蔴油售價最高者每斤二角六分，低者一角。黎城於民國十七以前，有售價每斤三角者。現時平均價格，約在一角七八分之間，大麻籽油售價最高者為二角二分，低者為一角，陵川於廿一年曾售二角五分，二三年跌為一角，廿四年春，雖稍稍增加然亦祗一角三分，至季秋始售一角八分。現時大麻籽油平均售價，為一角六分許。胡麻籽油以原料出產豐富，故售價不高，有售一角左右者，有售一角三四分者，然至多不過一角六分，現時平均價格為一角三分。胡油以靈邱售價每斤一角六分為最高，大同產量最多，售價亦最低，每斤祗一角，平均售價為一角三分餘黃油產地，只興縣五台河曲三縣，興縣每斤售二角，五台一角六分，河曲一角二分。豆油屯留售一角，晉城及襄陵一角六分。菜籽油在十年前，有售每斤大洋三角二分者（交城），現時售價有低至九分者（嵐縣，山陰）普通售價均在一角五六分之間。棉子油較其他各種油為賤，最高不過一角六分，最低有售八分一斤者，普通售價在一角四五分之間，平均為一角三分。餘如莧麻籽油及小麻子，產量甚少，價格亦無若何差異，均在一角五分左右。

交易方法　晉省油業交易，其形態可分四種：（一）現款交易——即於交易時，錢貨兩交清楚；（二）物物交易即農家於農產物發場時，將可作搾油用之農產物，運赴油坊，按照當時市場價格，換取價值相等之油，無須現金之授受。(三)定貨交易——斯項定貨交易，大率見於較大之油坊。因鄉鎮油販或商店，大致資本薄弱或係兼售性質，多由較大之油坊購來。其法，預訂若干担，價值若干，出油後，由油坊送至訂貨人，或由脚夫帶去，然後付款。付款方法，有帶到付款者，亦有貨到後約期付款者，亦有歸三節結賬者，均視各地之情形而定。(四)行用交易——此項交易，大致商家對於本城或本鎮之殷實富戶或有相當行用者之辦法，大致由購買者隨時取貨，由店方登賬，於逢節時結清，或於逢節時酌付大部份，而於年底再行結清者。除此以外，尚有將原料交付油坊代搾，每次收手續費若干，此項方法，係屬少數，最通行者為現款交易。

山西省搾油業現況一覽表

縣名	坊名	地址	成立時期	組織	資本額(元)	職員數	工人數	年需原料(石)		年產量(担)		年產值(元)	銷行地域
陽曲	豐盛泉	按司街	清光緒九年	合資	六四〇	二	三	芝蔴	一二〇	芝蔴油	五三	九五四	本省
	長盛德	開化寺	民國九年	獨資	二五〇	八	二	芝蔴	一二〇	芝蔴油	五三	九五四	本省
	元亨利	鐵匠巷	民國十七年	獨資	五〇〇	六	二	芝蔴	一二〇	芝蔴油	五三	九五四	本省
	福生長	紅市街	民國二十三年	獨資	二〇〇	三	三	芝蔴	一二〇	芝蔴油	五三	九五四	本省
	復合居	南背墻	民國十一年	獨資	三〇〇	二	四	芝蔴	一二〇	芝蔴油	五三	九五四	本省

一昌厚	橫營東邊街	民國十九年	獨資	五〇〇	九	二	芝蔴	一二〇	芝蔴油	五三	九五四	本省
鴻祥永	北司街	民國二十四年	合資	一、〇〇〇	一三	三	芝蔴	一二〇	芝蔴油	五三	九五四	本省
晉泉湧	三橋街	民國二十年	獨資	四〇〇	三	三	芝蔴	一〇二	芝蔴油	四五	八一二	本省
安盛泰	樓兒底	清光緒二十年	獨資	三〇〇	二	三	芝蔴	一〇二	芝蔴油	四五	八一二	本省
裕德豐	新南門街	民國五年	獨資	八〇〇	一四	三	芝蔴	一〇二	芝蔴油	四五	八一二	本省
錦興泉	上馬街	民國二十三年	獨資	八〇	四	三	芝蔴	一〇二	芝蔴油	四五	八一二	本省
三盛永	西洋市	民國四年	獨資	一〇〇	四	三	芝蔴	七八	芝蔴油	三四	六二〇	本省
義盛茂	上馬街	民國二十三年	獨資	六〇	三	二	芝蔴	七八	芝蔴油	三四	六二〇	本省
信豐成	大北門街	民國二年	獨資	三〇〇	一三	二	芝蔴	七八	芝蔴油	三四	六二〇	本省
德森慶	樓兒底	民國二十四年	獨資	二〇〇	四	三	芝蔴	七八	芝蔴油	三四	六二〇	本省
三義興	坡子街	民國十五年	獨資	一〇〇	一	二	芝蔴	六〇	芝蔴油	二七	四七七	本省
四合泉	西米市	民國二十二年	合資	三〇〇	四	二	芝蔴	六〇	芝蔴油	二七	四七七	本省
榮盛泉	棉花巷	民國二十四年	合資	一〇〇	四	二	芝蔴	六〇	芝蔴油	二七	四七七	本省
裕豐厚	龍王廟街	民國二十年	獨資	三〇〇	四	二	芝蔴	六〇	芝蔴油	二七	四七七	本省
德義興	鐵匠巷	民國二十三年	獨資	二〇〇	一	三	芝蔴	六〇	芝蔴油	二七	四七七	本省
二十家合計				六、一三〇	一四九	四七	芝蔴	一、八六〇	芝蔴油	八三三担	一四、七八七	本省
交城 天德裕	橫尖鎮	清光緒二十年	獨資	一、三〇〇	三	四	油菜籽	四五〇	菜油	一二三	一、六八八	本縣

	豐恆厚	橫尖鎮	民國四年	合資	五〇〇	二	三	油菜籽	二〇〇	菜油	五〇	七五〇	本縣
	聚盛魁	寨則村	民國二十二年	合資	一、二〇〇	二	四	油菜籽	三〇〇	菜油	七五	一、一二五	本縣
	萬合源	晉治村	民國十九年	合資	三〇〇	一	三	油菜籽	一五〇	菜油	三八	五六二	本縣
	聚義成	大岩頭	民國二十年	合資	三二〇	一	二	油菜籽	一六〇	菜油	四〇	六〇〇	本縣
	計 五家合				三、八二〇	九	一五	油菜籽	一、二六〇石	菜油	三一六担	四、七三五	
岢嵐	峯厚淵	城內	民國一年	合資	一、〇〇〇	四	八	油菜籽	三〇〇	胡麻油	一五〇	一、五〇〇	太原
	長和慶	城內	民國一年	獨資	八二〇	二	四	胡麻籽	五〇〇	胡麻油	一五〇	一、五〇〇	太原
	德順成	城內	民國九年	合資	一、二〇〇	三	六	胡麻籽	三〇〇	胡麻油	九〇	九〇〇	太原
	公義昌	城內	民國一年	獨資	二、三〇〇	四	八	胡麻籽	五〇〇	胡麻油	一五〇	一、五〇〇	太原
	德源湧	城內	民國十七年	合資	五五〇	二	四	胡麻籽	三〇〇	胡麻油	九〇	九〇〇	太原
	源盛湧	城內	民國二十三年	獨資	六五〇	三	六	胡麻籽	三〇〇	胡麻油	九〇	九〇〇	太原
	計 六家合				六、四〇〇	一八	三六	胡麻籽	二、四〇〇石	胡麻油	七二〇担	七、二〇〇	
嵐	德盛森	大蛇頭	清光緒十年	合資	一、五五〇	八	五	油菜籽	六、八〇〇	菜油	四〇〇	三、六〇〇	本縣
	李子興	東土裕	民國十八年	獨資	三八〇	一	三	油菜籽	四、二〇〇	菜油	二四〇	二、一六〇	本縣
	史文華	東河村	民國十九年	獨資	五〇五	一	三	油菜籽	四、〇〇〇	菜油	三〇〇	二、七〇〇	本縣
	王起保	王家村	民國十二年	獨資	二八〇	一	二	油菜籽	三、九四〇	菜油	二三〇	二、〇七〇	本縣
	計 四家合				二、七一五	一一	一三	油菜籽	一八、九四〇石	菜油	一一七〇担	一〇、五三〇	

興	福太順	東關	民國十年	獨資	八〇〇	一	二	胡麻籽 大麻籽 油菜籽	三〇〇 二〇〇 八〇〇	黃油	三二五	六、三〇〇	本縣岢嵐	原料三種 遺油一種
	濟盛永	南關	民國一年	獨資	八〇〇	一	二	胡麻籽 大麻籽 油菜籽	三六〇 二〇〇 八〇〇	黃油	三四〇	六、七〇〇	本縣岢嵐	
	公義成	南關	民國八年	獨資	八〇〇	一	二	胡麻籽 大麻籽 油菜籽	三四〇 一〇〇 九〇〇	黃油	三三五	六、七〇〇	本縣岢嵐	
	三家合計				二、四〇〇	三	六	胡麻籽 大麻籽 油菜籽	一、〇〇〇石 五〇〇石 二、五〇〇石	黃油	一、〇〇〇担	二〇、〇〇〇		
長子	堆盛	小中漳村	民國十八年	獨資	二八〇	二	三	胡麻籽 油菜籽 黃豆 蓖蔴籽	一八〇	胡麻油 菜油 豆油 蓖麻油	七五	一、二六〇	本地	
	宗琇	南鮑村	民國十二年	獨資	二〇〇	一	二	胡麻籽 油菜籽 黃豆 蓖蔴籽	一三〇	胡蔴油 菜油 豆油 蓖麻油	五〇	七〇〇	本地	
	福成	西南呈村	民國八年	獨資	二一〇	一	二	胡麻籽 油菜籽 黃豆 蓖麻籽	一三〇	胡麻油 菜油 豆油 蓖蔴油	五〇	七〇〇	本地	
	英盛	南蘇村	清宣統一年	獨資	三六〇	二	三	胡麻籽 油菜籽 黃豆 蓖蔴籽	二〇〇	胡蔴油 菜油 豆油 蓖麻油	八五	一、一九〇	本地	
	來順	青紅村	清光緒三十年	獨資	二四〇	一	二	胡麻籽 油菜籽 黃豆 蓖蔴籽	一四〇	胡麻油 菜油 豆油 蓖蔴油	五〇	七〇〇	本地	
	增榮	龍泉村	民國十五年	獨資	二一〇	一	二	胡麻籽 油菜籽 黃豆 蓖麻籽	八〇	胡麻油 菜油 豆油 蓖麻油	三八	五二五	本地	
	來好	關村	清光緒三十四年	獨資	一九〇	一	二	胡麻籽 油菜籽 黃豆 蓖蔴籽	一四〇	胡麻油 菜油 豆油 蓖麻油	五〇	七〇〇	本地	
	保成	岳陽村	民國四年	獨資	四〇〇	三	四	胡麻籽 油菜籽 黃豆 蓖麻籽	二三〇	胡麻油 菜油 豆油 蓖麻油	一〇〇	一、四〇〇	本地	
	協盛興	鮑店	民國八年	獨資	六〇〇	四	三	胡麻籽 油菜籽 黃豆 蓖麻籽	三六〇	胡麻油 菜油 豆油 蓖麻油	一五〇	二、一〇〇	本地	

鴻盛	南村莊	民國九年	獨資	二一〇	一	二	胡麻籽 油菜籽 黃豆 蓖麻籽	二一〇	胡麻油 菜油 豆油 蓖蔴油	五〇	七〇〇	本地	
十家合計				二、九〇〇	一七	二五	胡麻籽 油菜籽 黃豆 蓖麻籽	一、六七〇石	胡麻油 菜油 豆油 蓖麻油	六九八担	九、九七五		
屯留 天成永	東關	民國二年	獨資	二五〇	一	三	黑豆	三〇〇	豆油	三〇	三〇〇	本地	
天興湧	西連村	民國五年	獨資	一三〇	一	三	黑豆	二〇〇	豆油	二〇	二〇〇	本地	
義茂泉	河北腦村	民國三年	獨資	一四〇	一	二	黑豆	二〇〇	豆油	二〇	二〇〇	本地	
王油坊	王莊	民國七年	獨資	一五〇	一	三	黑豆	三五〇	豆油	三五	三五〇	本地	
增盛源	張店村	民國十五年	獨資	一五〇	一	二	黑豆	三〇〇	豆油	三〇	三〇〇	本地	
五家合計				八三〇	五	一三	黑豆	一、三五〇	豆油	一三五担	一、三五〇		
黎城 喬家莊油坊	喬家莊	清宣統一年	獨資	三五〇	二	一	芝蔴 大麻籽	二五 三三五	芝蔴油 大麻籽油	二〇 七〇	六〇〇 一、四〇〇	各村	
一家計				三五〇	二	一	芝蔴 大麻籽	二五石 三三五石	芝蔴油 大麻籽油	二〇担 七〇担	六〇〇 一、四〇〇		
壺關 杜家河油坊	杜家河	民國一年	獨資	九〇	二	三	大麻籽 大麻籽 胡麻籽	八三.三 二三.三 一三.四	大麻油 菜油 胡麻油	二五 七 四	四〇〇 一一三 五六	本縣	
辛村油坊	辛村	民國二年	獨資	一〇〇	二	三	大麻籽 大麻籽 胡麻籽	八三.三 二三.三 一三.四	大麻油 菜油 胡麻油	二五 七 四	四〇〇 一一三 五六	本縣	
晉莊油坊	晉村	民國二年	獨資	八〇	二	四	大麻籽 大麻籽 胡蔴籽	一〇五 三〇 一五	大麻油 菜油 胡麻油	三二 九 五	五〇四 一四四 七三	本縣	
固村油坊	固村	民國二年	獨資	一〇〇	二	三	大麻籽 大麻籽 胡麻籽	九一 二六 一四	大麻油 菜油 胡麻油	二七 八 四	四三七 一二五 六二	本縣	

東柏村油坊	東柏村	民國五年	獨資	八〇	二	四	大麻籽 油菜籽 胡麻籽	一〇五 一三〇 一五	大麻油 菜油 胡麻油	三二 九 五	五四〇 一四四 七三	本縣
黃山油坊	黃山村	民國五年	獨資	一三〇	二	四	大麻籽 油菜籽 胡麻籽	九八 二八 一四	大麻油 菜油 胡麻油	二九 八 四	四七〇 一三四 六七	本縣
東壁油坊	東壁村	民國五年	獨資	八〇	二	三	大麻籽 油菜籽 胡麻籽	八三・三 二三・三 一三・四	大麻油 菜油 胡麻油	二五 七 四	四〇〇 一一二 五六	本縣
樹掌油坊	樹掌村	民國五年	獨資	七〇	一	三	大麻籽 油菜籽 胡麻籽	八三・三 二三・三 一三・四	大麻油 菜油 胡麻油	二五 七 四	四〇〇 一一二 五六	本縣
神郊油坊	神郊村	民國五年	獨資	九〇	二	三	大麻籽 油菜籽 胡麻籽	八三・三 二三・三 一三・四	大麻油 菜油 胡麻油	二五 七 四	四〇〇 一一二 五六	本縣
大會油坊	大會村	民國五年	獨資	五〇	二	三	大麻籽 油菜籽 胡麻籽	七〇 二〇 一〇	大麻油 菜油 胡麻油	二一 六 三	三三六 九六 四八	本縣
十家合計				八六〇	二〇	三三	大麻籽 油菜籽 胡麻籽	八八五・五石 二五〇・五石 一三四石	大麻油 菜油 胡麻油	二六六担 七五担 四一担	四、二五一 一、二〇三 六〇一	本縣
管城 同義永	黃華廂	民國二十二年	合資	三、三〇〇	五	六	黑白豆	八〇〇	豆油	七二	一、一五二	本縣河南
德盛成	黃華廂	民國九年	合資	二、二〇〇	三	四	黑白豆	六三〇	豆油	五九	九三六	本縣河南
茂盛祥	南關西廂	民國八年	獨資	五、三〇〇	四	六	黑白豆	五〇〇	豆油	四五	七二〇	本縣河南

	同盛公	南關西廟	民國二十二年	合資	四、三〇〇	四	五	黑白豆	六〇〇	豆油	四五	七二〇	本縣河南	
	順興祥	趙家谷村	民國十二年	獨資	二、三〇〇	二	三	黑白豆	四〇〇	豆油	三六	五七六	本縣河南	
	義順元	城內	民國十三年	獨資	二、三〇〇	三	三	黑白豆	四〇〇	豆油	三六	五七五	本縣河南	
	仁茂祥	城內	民國十年	合資	二、二〇〇	二	二	黑白豆	三五〇	豆油	三一	五〇四	本縣河南	
	七家合計				一九、七〇〇	二三	二九	黑白豆	三、六〇〇	豆油	三三五	五、一八四	本縣河南	
高平	張連成	北陳	民國十八年	獨資	一三〇	二	三	芝蔴	五〇	蔴油	二五	五〇〇	本地	
	李小狗	唐安村	民國十四年	獨資	一〇〇	一	二	大麻籽	四〇	大麻油	二五	四〇〇	本地	
	陳守仁	唐安村	民國十年	獨資	九三	二	二	油菜籽	四〇	菜油	一三	一五六	本地	
	李掌則	康營村	民國九年	獨資	一六〇	四	四	小麻籽	六〇	小麻油	二八	三九二	本地	
	益厚	沙壁村	民國十九年	獨資	一〇〇	二	三	小麻籽	三〇	小蔴油	一〇	一四〇	本地	
	五家合計				五七三	一〇	一四	芝蔴 大麻籽 油菜籽 小麻籽	五〇石 四〇石 四〇石 九〇石	芝蔴油 大蔴油 菜油 小麻油	二五担 二五担 一三担 三八担	五〇〇 四〇〇 一五六 五三二		
陽城	同合	青陽街	民國十五年	獨資	一四〇	二	二	芝蔴 棉花籽	一五〇 九〇	芝蔴油 棉花油	一六〇 一四	一、二〇〇 二一六	本地	
	義順天	梁橋村	民國五年	獨資	二〇〇	一	二	芝蔴 棉花籽	一六〇 七〇	芝蔴油 棉花油	一六四 一一	一、二八〇 一六八	本地	
	王成泉	酒莊	民國十七年	獨資	二〇〇	二	一	芝蔴 棉花籽	一五〇 九〇	芝蔴油 棉花油	一六〇 一四	一、二〇〇 二一六	本地	
	恆興源	酒莊	民國八年	獨資	一三〇	一	二	芝蔴 棉花籽	一五〇 九〇	芝蔴油 棉花油	一六〇 一四	〇、二〇〇 二一六	本地	
	李小收	漢上村	民國二十年	獨資	一四三	一	一	芝蔴 棉花籽	一六〇 七〇	芝蔴油 棉花油	一六四 一〇	一、二八〇 一六八	本地	

全泰長	毋李邸村	民國十九年	獨資	一三〇	一	一	芝蔴 棉花籽	一七〇 五〇	芝蔴油 棉花油	六八 八	一、三六〇 一三〇	本地
恆泰公	王曲村	民國十二年	獨資	二〇〇	二	二	芝蔴 棉花籽	一五〇 九〇	芝蔴油 棉花油	六〇 一四	一、二〇〇 二二六	本地
長興源	潤城鎮	民國十一年	獨資	二〇〇	二	二	芝蔴 棉花籽	一五〇 九〇	芝蔴油 棉花油	六〇 一四	一、二〇〇 二二六	本地
義聚源	潤城鎮	民國十七年	獨資	一九〇	一	一	芝蔴 棉花籽	一六〇 七〇	芝蔴油 棉花油	六四 一二	一、二八〇 一六八	本地
興盛永	八甲口村	民國九年	獨資	一八〇	一	一	芝蔴 棉花籽	一五〇 九〇	芝蔴油 棉花油	六〇 一四	一、二〇〇 二二六	本地
正盛	八甲口村	民國十五年	獨資	一九〇	二	二	芝蔴 棉花籽	一六〇 七〇	芝蔴油 棉花油	六四 一二	一、二八〇 一六八	本地
榮順德	白桑村	民國十九年	獨資	三一〇	一	一	芝蔴 棉花籽	一五〇 九〇	芝蔴油 棉花油	六〇 一四	一、二〇〇 二二六	本地
永順泉	白桑村	民國十八年	獨資	三一〇	一	二	芝蔴 棉花籽	一七〇 五〇	芝蔴油 棉花油	六八 八	一、三六〇 一三〇	本地
恆興源	劉村	民國十年	獨資	一九〇	二	一	芝蔴 棉花籽	一五〇 九〇	芝蔴油 棉花油	六〇 一四	一、二〇〇 二二六	本地
茂盛隆	劉村	民國十二年	獨資	三一〇	一	二	芝蔴 棉花籽	一五〇 一〇〇	芝蔴油 棉花油	二〇 二	四〇〇 二四	本地
韓旺成	壁上	民國二十年	獨資	一三〇	一	一	芝蔴 棉花籽	四五 三	芝蔴油 棉花油	二二 二	四四〇 二九	本地
長吉祥	西溝村	民國十七年	獨資	一九〇	二	二	芝蔴 棉花籽	四〇 一一	芝蔴油 棉花油	一六 二	三二〇 二七	本地
十七家合計				二、七八三	二四	二六	芝蔴 棉花籽	二、三三五石 一、一三三石	芝蔴油 棉花油	九三担 一七八担	一八、六〇〇 二、七二〇	
陵川												
復聚隆	城前東關	民國十九年	合資	三〇〇	六		小蔴籽	二一〇	小蔴油	四四	五七三	本地
志承泉	城後東關	民國二十三年	獨資	二八〇	一	六	小蔴籽	二五〇	小蔴油	五三	六八三	本地
集玉成	平城	民國十一年	合資	三二五		六	小蔴籽	二六〇	小蔴油	五五	七二〇	本地
協和	平城	清光緒二十八年	獨資	二九八		五	小蔴籽	二三〇	小蔴油	四八	六二八	本地

	和興公	平城	民國十二年	合資	三〇六		五	小麻籽	二四〇	小麻油	五〇	六五五	本地	
	同興玉	平城	民國二十二年	獨資	二六五		五	小麻籽	二四〇	小麻油	五〇	六五五	本地	
	孟順泉	附城	民國二十一年	獨資	二八〇		六	小麻籽	二五〇	小麻油	五三	六八三	本地	
	七家合計				一、九四四	七	三三	小麻籽	一、六八〇	小麻油	三五三	四、五八七		
和順	世元成	閻井村	民國十二年	獨資	八〇	一	二	芝蔴	五四	芝蔴油	一八	二一六	本縣邢台	
	立和	閻井村	民國十二年	獨資	六〇	一	二	芝蔴油菜籽合	五四		一八	二一六	本縣邢台	混合製成
	三星	閻井村	民國十二年	獨資	八〇	一	二	芝蔴油菜籽合	五四		一八	二一六	本縣邢台	混合製成
	德和	閻井村	民國十二年	獨資	八〇	一	二	芝蔴油菜籽合	五四		一八	二一六	本粉邢台	混合製成
	四家合計				三〇〇	四	八	芝蔴 芝蔴油菜籽合	五四石 一六二石	芝蔴油 油	一八 五四	二一六 六四八		
沁源	廣義成	東關	清光緒六年	獨資	一〇〇	一	一	芝蔴	二〇〇	芝蔴油	四〇	六〇〇	本縣	
	湧通源	韓洪鎮	民國三年	獨資	三〇〇	一	一	芝蔴	三〇〇	芝蔴油	六〇	九〇〇	本縣	
	恆生泉	郭道鎮	民國十六年	獨資	三〇	一	一	芝蔴	五〇	芝蔴油	一〇	一五〇	本縣	
	德和公	王和鎮	民國六年	獨資	五〇	一	一	芝蔴	一〇〇	芝蔴油	二〇	三〇〇	本縣	
	四家合計				四八〇	四	四	芝蔴	六五〇石	芝蔴油	一三〇担	一、九五〇		
昔陽	德裕成	西寨	民國二十一年	獨資	二〇〇	一	四	大麻籽	三〇〇	大麻籽油	六六	一、一二三	本縣	
	長盛裕	水峪	民國二十二年	獨資	一五〇	一	三	大麻籽	二四〇	大麻籽油	五三	八九八	本縣	
	趙作新	皋落	民國二十三年	獨資	一〇〇	一	二	大麻籽	一八〇	大麻籽油	四〇	六七三	本縣	

	德盛永	庫城	民國十八年	獨資	八〇	一	三	大麻籽	一八〇	大麻籽油	四〇	六七三	本縣	
	四家合計				五三〇	四	一二	大麻籽	九〇〇石	大麻籽油	一九九擔	三、三六六		
孟	義生坊	西大同鎮	民國十六年	合資	一五〇	六		大麻籽	七六八	大麻籽油	二二三	三、五七四	本縣	
	恒升泰		民國二十年	合資	六〇	八		大麻籽	六三二	大麻籽油	一九〇	三、〇三四	本縣	
	秦錫功		民國二十一年	合資	一〇〇	七		大麻籽	八二六	大麻籽油	二四九	三、九七六	本縣	
	三家合計				三一〇	二一	—	大麻籽	二、二三八石	大麻籽油	六六二擔	一〇、五八四		
嘉陽	三合	南坪	民國十八年	合資	六〇〇	二	四	油菜籽	一、〇〇〇	菜油	二〇〇	三、〇〇〇	本縣	
	德順	平頭鎮	民國十一年	合資	五〇〇	三	六	油菜籽	二、〇〇〇	菜油	四〇〇	六、〇〇〇	本縣	
	義和永	甄家莊	民國二十年	合資	八〇〇	三	六	油菜籽	二、〇〇〇	菜油	四〇〇	六、〇〇〇	本縣	
	二合成	宗艾	民國八年	合資	四〇〇	二	四	油菜籽	一、〇〇〇	菜油	二〇〇	三、〇〇〇	本縣	
	四家合計				二、三〇〇	一〇	二〇	油菜籽	六、〇〇〇石	菜油	一、二〇〇擔	一八、〇〇〇		
臨汾	福聚永	鼓樓南	民國二十一年	獨資	一五〇	一	一	芝麻	六〇	芝麻油	二四	五二八	本縣	
	興魁元	鼓樓西	民國二十二年	獨資	三〇〇	一	二	芝麻	一五〇	芝麻油	六〇	一、三二〇	本縣	
	聚慶永	鼓樓西	民國二十年	獨資	一八〇	一	二	芝麻	九〇	芝麻油	三六	八三六	本縣	
	三家合計				六三〇	三	五	芝麻	三〇〇石	芝麻油	一二〇擔	二、六八四		
襄陵	聚恒義	城內	民國十二年	獨資	二、七二〇	四	三	棉花籽 芝麻 黃豆	五〇〇 一四〇 一四〇	棉花油 芝麻油 黃豆油	六三 五六 一四	九四五 九五二 二三四	本縣臨汾汾城	

襄陵	立盛永	本縣	民國一年	獨資	一六〇	一	三	芝麻油菜籽合	一〇〇		四〇	六〇〇	本縣	混合製成
	二家合計				二、八七〇	五	六	棉花籽 芝麻 黃豆 芝麻油菜籽合	五〇〇石 一四〇石 一四〇石 一〇〇石	棉花油 芝麻油 豆油	六三 五六 一四 四〇	九四五 九五二 二三四 六〇〇		
洪洞	聚義隆	萬安鎮	民國十八年	獨資	一、三〇〇	二	三	棉花籽 菜籽	三、〇〇〇 九五	棉花油 菜油	三〇〇 四八	三、〇〇〇 四七五	本縣	
	永泉興	辛南村	民國二十年	獨資	九〇〇	一	二	棉花籽 菜籽	三、〇〇〇 八〇	棉花油 菜油	三〇〇 四〇	三、〇〇〇 四〇〇	本縣	
	泉興居	辛南村	民國二十一年	獨資	一、一五〇	四	四	棉花籽 菜籽	五、〇〇〇 一〇〇	棉花油 菜油	五〇〇 五〇	五、〇〇〇 五〇〇	本縣	
	二盛合	辛南村	民國二十一年	合資	一、〇〇〇	二	四	棉花籽 菜籽	三、二〇〇 九五	棉花油 菜油	三二〇 四八	三、二〇〇 四七五	本縣	
	自立永	周壁村	民國二十年	獨資	九〇〇	一	二	棉花籽 菜籽	三、〇〇〇 七〇	棉花油 菜油	三〇〇 三五	三、〇〇〇 三五〇	本縣	
	協和公	蘇堡村	民國十五年	合資	一、二〇〇	三	五	棉花籽 菜籽	四、〇〇〇 一〇〇	棉花油 菜油	四〇〇 五〇	四、〇〇〇 五〇〇	本縣	
	復和永	曲亭鎮	民國十七年	合資	七〇〇	一	三	棉花籽 菜籽	三、〇〇〇 六〇	棉花油 菜油	三〇〇 三〇	三、〇〇〇 三〇〇	本縣	
	五合成	辛鄉村	民國十六年	合資	一、〇〇〇	二	三	棉花籽 菜籽	四、〇〇〇 八〇	棉花油 菜油	四〇〇 四〇	四、〇〇〇 四〇〇	本縣	
	洪興久	楊曲村	民國二十年	獨資	一、二〇〇	二	二	棉花籽 菜籽	五、〇〇〇 八五	棉花油 菜油	五〇〇 四三	五、〇〇〇 四二五	本縣	
	長茂恆	李堡村	民國十九年	獨資	一、一〇〇	二	二	棉花籽 菜籽	四、〇〇〇 七〇	棉花油 菜油	四〇〇 三五	四、〇〇〇 三五〇	本縣	
	十家合計				一〇、三五〇	二〇	三二	棉花籽 菜籽	三七、二〇〇石 八三五石	棉花油 菜油	三、七二〇担 四一九担	三七、二〇〇 四、一七五		
浮山	劉家油坊	老君灘村	清光緒二十一年	獨資	一、〇〇〇		五	棉花籽 大麻籽 菜籽 芝麻	二〇 三〇〇 八〇 一三〇	棉花油 大麻油 菜油 芝麻油	三 一三〇 七二 九六	四八 一、九二〇 一、四四〇 二、四九六	本縣	

陳家油坊	北王村	民國三年	獨資	五〇〇		四	棉花籽 大麻籽 油菜籽 芝蔴	一八 二七〇 九〇 一〇〇	棉花油 大麻油 菜油 芝蔴油	三 一〇八 八一 八〇	四五 一、七三八 一、六二〇 二、〇八〇	本縣
候家油坊	西坡里村	清宣統二年	獨資	五〇〇		四	棉花籽 大麻籽 油菜籽 芝蔴	一七 三〇〇 八〇 一〇〇	棉花油 太麻油 菜油 芝蔴油	二 一三〇 七 八〇	三九 一、九三〇 一四四 二、〇八〇	本縣
高家油坊	高村莊里	民國五年	獨資	七五〇		五	棉花籽 大麻籽 油菜籽 芝蔴	三三 三五〇 九六 一三〇	棉花油 大麻油 菜油 芝蔴油	三 一四〇 八六 一〇四	五四 二、三四〇 一、七三八 二、七〇四	本縣
四家合計				二、七五〇		一八	棉花籽 大麻籽 油菜籽 芝蔴	六八石 一、三三〇石 三四六石 四五〇石	棉花油 大麻油 菜油 芝蔴油	一二担 四八八担 二四六担 三六〇担	一八六 七、八〇八 四、九三二 九、三六〇	
汾城												
慶濟普	齊腴村	清光緒二十年	合資	三〇〇	二	三	油菜籽 棉花籽 芝蔴	二〇〇	菜油 棉花油 芝蔴油	四八	七二〇	本地
益豐永	連村	民國十三年	獨資	三〇〇	二	三	油菜籽 棉花籽 芝蔴	二〇〇	菜油 棉花油 芝蔴油	四八	七二〇	本地
連陞德	南大柴	民國十七年	合資	二〇〇	二	三	油菜籽 棉花籽 芝蔴	一五〇	菜油 棉花油 芝蔴油	三六	五四〇	本地
德盛源	倉頭村	清光緒三十年	獨資	三五〇	二	三	油菜籽 棉花籽 芝麻	八〇〇	菜油 棉花油 芝蔴油	一九二	二、八八〇	本地
四家合計				一〇五〇	八	一三	油菜籽 棉花籽 芝蔴	一、三五〇石	菜油 棉花油 芝蔴油	三二四担	四、八六〇	

曲沃	同興	孝母巷	民國十二年	獨資	三五〇	一	四	棉花籽 芝麻 菜籽	五〇〇 二〇 二〇	棉花油 芝蔴油 菜油	六五 一六 一四	九一〇 二八〇 二二四	本縣
	復盛德	大東門內	民國十年	獨資	二六〇	一	二	棉花籽 菜籽	五〇〇 三〇	棉花油 菜油	三九 二一	五四六 三三六	本縣
	永盛泉	大南門	民國十三年	合資	三四〇	一	三	棉花油 芝蔴	五〇〇 三〇	棉花油 芝蔴	六五 二四	九一〇 四三二	本縣
	萬順德	大東門內	民國八年	合資	三四〇	一	三	棉花油 芝蔴 菜籽	三〇〇 一〇 二〇	棉花油 芝蔴油 菜油	三九 八 一四	五四六 一一四 二二四	本縣
	四家合計				一、三二〇	四	一二	棉花籽 芝蔴 菜籽	一、六〇〇石 六〇〇石 七〇石	棉花油 芝蔴油 菜油	二〇八担 四八担 四九担	二、九一二 八六四 七八四	
翼城	陳銘	梁壁村	清宣統三年	獨資	三二〇	一	五	棉花籽大麻籽 芝蔴油菜籽	一、八五〇	棉花油大麻油 芝蔴油菜油	三七〇	五、五五〇	本地
	王自強	冰清鎮	民國一年	獨資	四〇〇	一	五	同上	一、八二〇	同上	三六四	五、四六〇	本地
	李學全	西河坂村	民國一年	獨資	四九〇	一	六	同上	一、九二五	同上	三八五	五、七七五	本地
	立義合	南衛村	民國一年	獨資	五〇〇	一	五	同上	一、八三〇	同上	三六六	五・四九〇	本地
	喬順昌	北治村	民國二年	獨資	五四〇	一	七	同上	一、九五〇	同上	三九〇	五、八五〇	本地
	劉天慶	川吳村	清光緒三十年	獨資	六〇〇	一	七	同上	二、〇四〇	同上	四〇八	六、一二〇	本地
	常玉和	西王村	民國三十年	獨資	三八〇	一	五	同上	一、五五〇	同上	三一〇	四、六五〇	本地
	聶克明	川吳村	民國十二年	獨資	五三〇	一	六	同上	一、九三〇	同上	三八六	五、七九〇	本地
	馬名驥	鄭莊村	民國十二年	獨資	三五〇	一	五	同上	一、八二〇	同上	三六四	五、四六〇	本地

	王順興	小河口	民國十二年	獨資	二八〇	一	五	同上	一、七〇〇	同上	三四〇	五、一〇〇	本地
	李天長	十字河	民國十五年	獨資	五〇〇	一	五	同上	一、九六〇	同上	三九二	五、八八〇	本地
	史塩	北史村	民國十五年	獨資	五五〇	一	七	同上	二、二五〇	同上	四五〇	六、七〇〇	本地
	瞿廣明	瞿家橋	清宣統二年	獨資	六六〇	一	六	同上	二、四八〇	同上	四九六	七、四四〇	本地
	張王曲	吳寨村	民國二十年	獨資	二九〇	一	五	同上	一、八四〇	同上	三六八	五、五二〇	本地
	張明	辛村	民國二十年	獨資	二二〇	一	五	同上	一、七三五	同上	三四七	五、二〇五	本地
	十五家合計				六、八二〇	一五	八四	同上	二八、六八〇石	同上	五、四〇三担	八五、九九〇	
吉縣	四盛源	南關	民國十三年	合資	二、三〇〇	五	三	芝蔴籽 大蔴籽 胡蔴籽 棉花籽	二〇〇 三二〇 一二〇 一六〇	芝蔴油 大蔴油 胡蔴油 棉花油	七〇 五一 三四 二六	一三一六〇 九二三〇 六〇五 四六一	本縣稷山
	協立昌	東關	民國七年	合資	二、〇〇〇	四	二	芝蔴籽 大蔴籽 胡蔴籽 棉花籽	一六〇 一〇〇 二〇〇 三〇	芝蔴油 大蔴油 胡蔴油 棉花油	五六 一六 五六 一九	九一六 二六二 九一六 三一六	本縣汾城河津
	興盛泰	西關	民國十五年	獨資	五五〇	二	二	芝蔴籽 大蔴籽 胡蔴籽 棉花籽	六〇 八〇 一〇〇 四〇	芝蔴油 大蔴油 胡棉油 棉花油	二一 一三 二八 六	三七八 二三〇 五〇四 一一五	本縣河津
	三義成	城內	民國十年	獨資	一、二〇〇	一	三	芝蔴籽 大蔴籽 胡蔴籽 棉花籽	三〇 八〇 一八〇 六〇	芝蔴油 大蔴油 胡蔴油 棉花油	四二 一三 五〇 一〇	七五六 二三〇 九〇七 一七三	本縣河津
	文興德	西關	民國十二年	獨資	二七〇	四	二	芝蔴籽 大蔴籽 胡蔴籽 棉花籽	八〇 六〇 一三〇 八〇	芝蔴油 大蔴油 胡蔴油 棉花油	二八 一〇 三四 一三	五〇四 一七三 六〇五 二三〇	本縣河津稷山

	永順正	西關	民國四年	合資	一、五〇〇	二	三	芝麻籽 大麻籽 胡麻籽 棉花籽	一八〇 二三〇 二三〇 二二〇	芝麻油 大麻油 胡麻油 棉花油	六三 一九 九〇 一九	一、一三四 五四六 一、六一六 三四六	本縣 稷山 汾城 河津
	六家合計				七、七二〇	一八	一五	芝麻籽 大麻籽 胡麻籽 棉花籽	八〇〇石 一七〇〇石 一、〇四〇石 五八〇石	芝麻油 大麻油 胡麻油 棉花油	二八〇担 一三三担 二九二担 九三担	四、九四八 二、一六三 五、一五三 一、六四一	
永濟	郝長鎖	城內	清光緒三十年	獨資	一五	一	一	芝麻	四二	芝麻油	一三	一九二	本縣
	馬結身	永樂鎮	民國五年	獨資	一五	一	二	芝麻 油菜籽	四五	芝麻油 菜油	一六	二四〇	本縣
	李黑姓	東文學村	民國十年	獨資	二〇	一	二	芝麻	五〇	芝麻油	一九	二八八	本縣
	吳小泉	西敬村	民國十五年	獨資	三	一	一	棉花籽 油菜籽 蓖麻	一五〇	棉花油 菜油 蓖麻油	一四〇	一、五四〇	本縣 陝西
	李開業	蘆旺村	民國二十年	獨資	一四	一	二	同上	二一五	同上	二一〇	二、三二〇	本縣 陝西
	趙天才	長祥村	民國十七年	獨資	一〇	一	一	同上	一二〇	同上	一一〇	一、二二〇	本縣
	楊子和	韓陽鎮	民國十二年	獨資	三	一	一	同上	一四〇	同上	一二〇	一、四三〇	本縣
	七家合計				八九	七	一〇	芝麻 芝麻油菜籽 棉花籽 油菜籽 蓖麻	九二二石 四五五石 六二五石	芝麻油 芝麻油 菜油 棉花油 菜油 蓖麻油	三二担 一六担 五九〇担	四八〇〇 二四〇〇 六、四九〇	
臨晉	九豐恆	許家莊	清宣統二年	獨資	七七〇	一	二	棉花籽 油菜籽 大麻籽 芝麻	四八〇 四二 四 四二	棉花油 菜油 大麻油 芝麻油	四八 一四 二 一四	五七六 二一〇 四四 二一〇	蘇縣
	郭子源	七級村	民國十八年	獨資	七五〇	一	二	棉花籽 油菜籽 大麻籽 芝麻	四五〇 三七 三 二九	棉花油 菜油 大麻油 芝麻油	四五 一三 一 一〇	五四〇 一八〇 二六 一四七	本縣

	趙得保	趙簃村	民國十九年	合資	七七〇	一	二	棉花籽 油菜籽 大麻籽 芝麻	七二〇 四〇五 五 二九	棉花油 菜油 大麻油 芝蔴油	七二 一四 三 一〇	八五二 二〇三 五〇 一四三	本縣
	三家合計				二、二九〇	三	六	棉花籽 油菜籽 大麻籽 芝蔴	一、六四〇 四八四 一二三 一〇〇	棉花油 菜油 大麻油 芝蔴油	一六四 四〇 六 三四	一、九六八 五九三 一二〇 五〇〇	
虞鄉	自立成	王官峪	民國二十年	獨資	二七〇	一	三	棉花籽	五五〇	棉花油	七九	一、一七九	本縣
	福順永	董村	民國十八年	合資	四四〇	二	四	棉花籽	三、五〇〇	棉花油	五〇〇	七、五〇〇	本縣
	二家合計				七二〇	三	七	棉花籽	四、〇五〇石	棉花油	五七九担	八、六七九	
榮河	潘正順	城內	民國六年	合資	一〇〇	一	二	棉花籽 油菜籽	八〇 一〇	棉花油 菜油	一〇 四	一〇〇 六〇	本地
	王萬興	王顯莊	民國二年	獨資	二〇〇	一	三	棉花籽 油菜籽	二八〇 八〇	棉花油 菜油	三五 三二	三五〇 四八〇	本地
	胡汝讓	竹家莊	民國五年	合資	二〇〇	一	三	棉花籽 油菜籽	三三〇 四〇	棉花油 菜油	四〇 一六	四〇〇 二四〇	本地
	張五存	北趙莊	民國十年	合資	一〇〇	一	二	棉花籽 油菜籽	八〇 一〇	棉花油 菜油	一〇 四	一〇〇 六〇	本地
	四家合計				六〇〇	四	一〇	棉花籽 油菜籽	七七〇石 一四〇石	棉花油 菜油	九五担 五六担	九五〇 三六〇	
萬泉	屈子棨	橋頭村	民國二十年	合資	一七〇	二	二	芝蔴籽 油菜籽 棉花籽	五〇 六〇 三〇	芝蔴油 菜油 棉花油	一八 一八 四	二九二 三〇〇 四五	本地
	相里家	四望村	民國二十一年	合資	一六五	二	二	芝蔴籽 油菜籽 棉花籽	六〇 五〇 三〇	芝蔴油 菜油 棉花油	二二 一五 四	三五〇 二五〇 四五	本地
	永順元	高家莊	民國六年	合資	一六〇	二	三	芝蔴籽 油菜籽 棉花籽	六〇 五五 四〇	芝蔴油 菜油 棉花油	二二 一七 九	三五〇 二七四 六〇	本地

張戶	張戶村	民國二十年	獨資	一八〇	三	三	芝蔴 棉花籽	六〇 四〇	芝蔴油 菜	二 五	三五〇 六〇	本地
四家合計				六七五	九	一〇	芝蔴 油菜籽 棉花籽	三三〇石 一六五石 一四〇〇斤	芝蔴油 菜油 棉花油	八一担 四〇担 一八担	一、三四二 八二五 二三〇	
陸鴻禧	陸禧營	清宣統二年	獨資	五六〇	一	三	芝蔴 油菜籽 棉花籽	三〇〇 三〇〇 一〇〇	芝蔴油 菜油 棉花油	一三八 一三八 一三	一二、三四六 二、〇七〇 一六二	本縣
五美堂	楊家莊	民國二十二年	獨資	五三〇	一	三	芝蔴 油菜籽 棉花籽	三〇〇 三〇〇 一〇〇	芝蔴油 菜油 棉花油	一三八 一三八 一三	二、三四六 二、〇七〇 一六九	本縣
陸鶴姓	陸禧營	民國二十年	獨資	五〇〇	一	二	芝蔴 油菜籽 棉花籽	三〇〇 三〇〇 一〇〇	芝蔴油 菜油 棉花油	一三八 一三八 一三	二、三四六 二、〇七〇 一六九	本縣
喬志貞	太侯村	清光緒二十年	獨資	五〇〇	一	三	芝蔴 油菜籽 棉花籽	三〇〇 三〇〇 一〇〇	芝蔴油 菜油 棉花油	一三八 一三八 一三	二、三四六 二、〇七〇 一六九	本縣
段文海	大楊村	民國三年	獨資	五〇〇	一	三	芝蔴 油菜籽 棉花籽	三〇〇 三〇〇 一〇〇	芝蔴油 菜油 棉花油	一三八 一三八 一三	二、三四六 二、〇七〇 一六九	本縣
祥盛永	郭村	民國十四年	獨資	五〇〇	一	三	芝蔴 油菜籽 棉花籽	三〇〇 三〇〇 一〇〇	芝蔴油 菜油 棉花油	一三八 一三八 一三	二、三四六 二、〇七〇 一六九	本縣
福盛堂	董家莊	民國十五年	獨資	九〇〇	一	三	芝蔴 油菜籽 棉花籽	三〇〇 三〇〇 一〇〇	芝蔴油 菜油 棉花油	一三八 一三八 一三	二、三四六 二、〇七〇 一六九	本縣

	荊慶成	太范莊	民國八年	獨資	五〇〇	一	一三	芝蔴 油菜籽 棉花籽	三〇〇 三〇〇 一〇〇	芝蔴油 菜油 棉花油	一三六 一三八 一三	二、三四六 二、〇七〇 一六九	本縣
	張志慶	閻家莊	民國二十三年	獨資	五〇〇	一	一三	芝蔴 油菜籽 棉花籽	三〇〇 三〇〇 一〇〇	芝蔴油 菜油 棉花油	一三六 一三八 一三	二、三四六 二、〇七〇 一六九	本縣
	陸雲鵬	陳莊	民國十年	獨資	五〇〇	一	一三	芝蔴 油菜籽 棉花籽	三〇〇 三〇〇 一〇〇	芝蔴油 菜油 棉花油	一三六 一三八 一三	二、三四五 二、〇七〇 一六九	本縣
	十家合計				五、〇八〇	一〇	一二九	芝蔴 油菜籽 棉花籽	三、〇〇〇石 三、〇〇〇石 一、〇〇〇斤	芝蔴油 菜油 棉花油	一、三六〇担 一、三八〇担 一三〇担	二三、四六〇 二〇、七〇〇 一、六九〇	
解	劉克寬	西王村	民國十二年	獨資	三〇〇		三	棉花籽	二五〇	棉花油	四四	五二五	本縣
	劉吉姓	西賈村	民國十六年	獨資	三二〇		四	棉花籽 芝蔴	四五〇 二五	棉花油 芝蔴油	五六 八	六七五 三二五	本縣
	楊國佐	小張塢	民國二十三年	獨資	一九〇		四	棉花籽	五六〇	棉花油	七二	八五五	本縣
	姚光憲	趙村	民國二十一年	獨資	一七〇		四	棉花籽 芝蔴	五七〇 二七	棉花油 芝蔴油	七三 一九	八六八 三三六	本縣
	四家合計				一、一二〇		一五	棉花籽 芝蔴	一、九三〇石 五二石	棉花油 芝蔴油	二四三担 二七担	二、九二三 六五二	
安邑	玉成	西關	清宣統二年	獨資	二四〇	六	九	芝蔴 油菜籽 棉花籽	三、〇〇〇 三、〇〇〇 一、二〇〇	芝蔴油 菜油 棉花油	一、一〇〇 九〇〇 一五〇	一七、六〇〇 三、〇〇〇 五、五〇〇	本縣
	一家合計				二四〇	六	九	芝蔴 油菜籽 棉花籽	三、〇〇〇石 三、〇〇〇石 一、二〇〇石	芝蔴油 菜油 棉花油	一、一〇〇担 九〇〇担 一五〇担	一七、六〇〇 三、〇〇〇 五、五〇〇	

平陸	泉興湧	城內	民國六年	獨資	二五〇	一	二	芝蔴	五七〇	芝蔴油	二四〇	四、八〇〇	本縣
	德順昌	茅津鎮	民國九年	獨資	三九〇	二	四	芝蔴	六九〇	芝蔴油	二六〇	五、六〇〇	本縣
	順興合	張店鎮	民國十一年	獨資	一三〇	一	三	芝蔴	五六〇	芝蔴油	二〇〇	四、〇〇〇	本縣
	萬復合	茅津鎮	民國十九年	獨資	二〇〇	二	四	芝蔴	三七〇	芝蔴油	一九〇	三、八〇〇	本縣
	四家合計				九七〇	六	一三	芝蔴	二、一九〇石	芝蔴油	九二〇担	一八、二〇〇	
芮城	同銘坤	澗東村	民國二十二年	獨資	二〇〇		一	棉花籽 油菜籽 芝蔴	一五〇 二五 三五	斛花油 菜油 芝蔴油	九 一五 八	一三五 三〇〇 一五〇	本地
	蕭昌恩	洪源灣	民國十九年	獨資	二〇〇		一	棉花籽 油菜籽 芝蔴	二〇〇 四〇 三五	棉花油 菜油 芝蔴油	二〇 一二 一一	三〇〇 二四〇 二一〇	本地
	饒福敬	東張村	民國二十二年	獨資	一五〇		一	棉花籽 油菜籽 芝蔴	一六〇 二七 三二	棉花油 菜油 芝蔴油	一六 八 一〇	二四〇 一六二 一九二	本地
	三家合計				五五〇		三	棉花籽 油菜籽 芝蔴	五一〇石 九二石 九七石	棉花油 菜油 芝蔴油	四五担 三五担 二九担	六七五 七〇二 五五二	
河津	自立	小門	清光緒十六年	獨資	二〇〇	一	四	芝蔴 棉花籽 蓖麻	三五 五四〇 四〇	芝蔴油 棉花油 蔴油	一八 六八 七	二六四 八七八 七九	本地
	一家計				二〇〇	一	四	芝蔴 棉花籽 蓖麻	三五石 五四〇斤 四〇石	芝蔴油 棉花油 蓖蔴油	一八担 六八担 七担	二六四 八七八 七九	

聞喜	王徐蔘	王順坡	民國十六年	獨資	四〇		三	芝蔴	一〇〇	芝蔴油	三〇	六〇〇	本縣
	九成	東鎮	民國十四年	獨資	四〇		四	芝蔴	一〇〇	芝蔴油	三〇	六〇〇	本縣
	二家合計				八〇		六	芝蔴	二〇〇石	芝蔴油	一〇〇担	一、二〇〇	
稷山	三盛合	西關廂	民國六年	合資	八〇〇	一	三	芝蔴 棉花籽 油菜籽	二二〇 二二〇 二二〇	芝蔴油 棉花油 菜油	八四 一五〇 八八	一、五三三 一、九五〇 一、四〇八	本地
	德星成	邢家莊堡	民國八年	合資	一、〇〇〇	一	四	芝蔴 棉花籽 油菜籽	二三〇 二三〇 一八〇	芝蔴油 棉花油 菜油	九二 一三五 七三	一、六五六 一、六二五 一、一五三	本地
	二家計				一、八〇〇	二	七	芝蔴 棉花籽 油菜籽	四四〇石 四四〇斤 四〇〇石	芝蔴油 棉花油 菜油	一七六担 二七五担 一六〇担	三、一六八 三、五七五 二、五六〇	
絳	東興和	城內	民國二十四年	獨資	七〇〇	二	五	棉花籽 油菜籽	四五〇	棉花油 及菜油	七三	一、四四〇	本地
	善永廖	東關	民國六年	獨資	九四〇	三	七	棉花籽 油菜籽	五二八	棉花油 及菜油	七六	一、五二八	本地
	齊興順	東關	民國十五年	獨資	八〇〇	二	六	棉花籽 油菜籽	三五六	棉花油 及菜油	六八	一、二五六	本地
	三家合計				二、四四〇	七	一八	棉花籽 油菜籽	一、三三四石	棉花油 及菜油	二一六担	四、二二四	
大寧	洪茂源	城內	民國十年	獨資	二〇〇	一	三	棉花籽	三〇〇	棉花油	二五	四〇〇	本縣
	一家計				二〇〇	一	三	棉花籽	三〇〇石	棉花油	二五担	四〇〇	
永和	趙德樓	北關	民國八年	獨資	二三六	一	一	芝蔴 大麻籽 小麻籽	三〇 四〇 三五	芝蔴油 大麻油 小麻油	三 一六 八	二六 二〇八 一三	本縣

	連城	北關	民國二十二年	獨資	二三五	一	一	芝蔴籽 大蔴籽 小麻籽	二五 三〇 四五	芝蔴油 大蔴油 小蔴油	一〇 三 三	一八〇 一五六 一八九	本縣	
	二家合計				四七二	二	二	芝蔴籽 大蔴籽 小麻籽	五五石 七〇石 七〇石	芝蔴油 大麻油 小麻油	一三担 二八担 二一担	三九六 三六四 三〇二		
蒲	興記	大東關	民國二十一年	合資	三、三〇〇	四	一	胡大麻籽 小	二三三	蔴油	一六三	一、九四九	本縣	混合製成
	天泰祥	大東關	民國二十二年	獨資	八〇	一	一	胡大麻籽 小	三〇	蔴油	三	二五二	本縣	
	源興魁	大東關	民國六年	合資	一、二〇〇	四	一	胡大麻籽 小	二〇〇	蔴油	一四〇	一、六八〇	本縣	
	三家合計				四、五八〇	九	三	胡大麻籽 小	四六三石	蔴油	三〇六担	三、八八一		
大同	富全元	大北街	清嘉慶一年	獨資	五、五〇〇	四	一〇	胡蔴油 油菜油	三、二五〇	胡油	六五〇	六、五〇〇	本縣太原太谷	胡油係胡蔴油及油菜籽兩項合製而成
	涌和成	東街	民國二十三年	合資	三、一〇〇	四	八	胡麻籽 油菜籽	三、〇〇〇	胡油	四九〇	五、九〇〇	本縣太原太谷榆次	
	德和元	北街	民國二十三年	合資	一、五〇〇	四	五	胡麻籽 油菜籽	一、六五〇	胡油	四九〇	四、九〇〇	本縣太原太谷	
	中和慶	東街倉巷	民國二十四年	合資	一、八〇〇	四	六	胡麻籽 油菜籽	一、五〇〇	胡油	四五〇	四、五〇〇	本縣太原榆次	
	裕和恆	大北街	民國十九年	合資	四、〇〇〇	六	五	胡蔴籽 油菜籽	一、五五〇	胡油	四六五	四、六五〇	本縣太原太谷榆次	
	恆義永	北街	民國十八年	合資	四、〇〇〇	六	五	胡麻籽 油菜籽	一、四〇〇	胡油	四二〇	四、二〇〇	本縣太原太谷榆次	
	富和元	北街	民國七年	合資	三、二〇〇	五	五	胡麻籽 油菜籽	二、〇〇〇	胡油	五五〇	五、五〇〇	本縣太原太谷榆次	
	雙福成	東街	民國二十二年	獨資	五〇〇	四	五	胡麻籽 油菜籽	一、四〇〇	胡油	四三〇	四、三〇〇	本縣太原太谷	

萬恆泉	東街	民國三年	合資	二、八〇〇	四	五	胡麻籽油菜籽	一、四五〇	胡油	四三一	四、三〇五	本縣太原榆次
廣義永	東街	民國十五年	合資	八〇〇	六	七	胡麻籽油菜籽	一、五〇〇	胡油	四五〇	四、五〇〇	本原太原榆次
福義元	皇城街	清光緒二十四年	獨資	一、八〇〇	五	五	胡麻籽油菜籽	一、三五〇	胡油	四〇五	四、〇五〇	本縣太原太谷榆次
萬盛泉	九樓巷	民國十年	獨資	三、三〇〇	五	八	胡麻籽油菜籽	二、一〇〇	胡油	六三〇	六、三〇〇	本縣太原太谷榆次
德潤源	縣角南街	民國十七年	獨資	三、〇〇〇	五	六	胡麻籽油菜籽	一、八〇〇	胡油	五四〇	五、四〇〇	本縣太原太谷榆次
瑞生永	馬橋街	民國二十一年	合資	二、五〇〇	五	五	胡麻籽油菜籽	一、六〇〇	胡油	四八〇	四、八〇〇	本縣太原太谷榆次
祥福榮	馬王廟街	民國十八年	獨資	四、四〇〇	五	八	胡麻籽油菜籽	二、一〇〇	胡油	六三〇	六、三〇〇	本縣太原太谷榆次
德育長	南門街	清光緒二十九年	合資	二、六〇〇	五	六	胡麻籽油菜籽	一、一五〇	胡油	三四五	三、四五〇	本縣太原太谷榆次
中信鉦	南門街	民國二十二年	獨資	一、八七〇	五	五	胡麻籽油菜籽	一、七〇〇	胡油	五一〇	五、一〇〇	本縣太原太谷榆次
永義元	南門街	民國八年	合資	三、七〇〇	五	六	胡麻籽油菜籽	一、四〇〇	胡油	四〇二	四、〇二〇	本縣太原太谷榆次
德一茂	南門街	民國十四年	合資	一、五〇〇	五	六	胡麻籽油菜籽	一、四五〇	胡油	四一七	四、一六八	本縣太原太谷榆次
天福榮	皇城街	民國二十二年	合資	一、八〇〇	六	六	胡麻籽油菜籽	一、八〇〇	胡油	五四〇	五、四〇〇	晉南
存義	西街	民國二十一年	獨資	三、〇〇〇	四	五	胡麻籽油菜籽	一、四五〇	胡油	四三五	四、三五〇	本縣太原太谷榆次
裕榮厚	西街	民國二十四年	合資	一、六〇〇	五	五	胡麻籽油菜籽	一、四五〇	胡油	四四五	四、三五〇	本縣太原太谷榆次
義順成	西街	清宣統一年	獨資	三、五〇〇	六	六	胡麻籽油菜籽	二、〇〇〇	胡油	五〇〇	五、〇〇〇	本縣太原太谷榆次
天泉茂	西街	民國二十二年	獨資	四、三〇〇	六	七	胡麻籽油菜籽	一、八〇〇	胡油	五四〇	五、四〇〇	縣太原太谷榆次
永慶厚	院巷街	民國二十二年	合資	一、四〇〇	四	五	胡麻籽油菜籽	一、四五〇	胡油	四三五	四、三五〇	晉南

	和記	觀樂街	民國二十三年	獨資	一、九〇〇	四	五	胡麻籽 油菜籽	一、四五〇	胡油	四三五	四、三五〇	本縣太谷榆次	
	復泉茂	小南街	民國十九年	獨資	二、〇〇〇	四		胡麻籽 油菜籽	二、四五〇	胡油	四三五	四、三五〇	本縣太谷榆次	
	永集成	東街	民國二年	合資	四、四〇〇	四	六	胡麻籽 油菜籽	一、八〇〇	胡油	四五〇	四、五〇〇	本縣太谷榆次	
	永泰泉	東街	民國二十二年	合資	三、三〇〇	五	六	胡麻籽 油菜籽	一、七〇〇	胡油	四二五	四、二五〇	本縣太谷榆次	
	德盛源	東街	民國二十二年	合資	一、二〇〇	四	五	胡麻籽 油菜籽	一、三〇〇	胡油	三九〇	三、九〇〇	本縣太谷榆次	
	三十家合計				七九、二七〇	一四四	一七三	胡麻籽 油菜籽	四九、一〇〇石	胡油	一四、三二四担	一四三、〇三三		
山陰	福義店	岱岳	民國二四年	獨資	七、〇〇〇	六	四	胡麻籽 油菜籽	九六〇 二四〇	胡麻油 菜油	二八八 六二	二、八八〇 五〇〇	本市	
	一家計				七、〇〇〇	六	四	胡麻籽 油菜籽	九六〇石 二四〇石	胡麻油 菜油	二八八担 六一担	二、八八〇 五〇〇		
靈邱	韓洪	東河南鎮	民國二一年	獨資	五二〇	二	三	胡麻籽 油菜籽	二六〇	胡油	一〇四	一、六六四	本地	胡油係由胡麻籽及油菜籽兩者混合製成
	孫齋	趙壁鎮	民國二一年	獨資	五二〇	二	三	胡麻籽 油菜籽	二三〇	胡油	九二	一、四七二	本地	
	大誠	魁元鎮	民國二十年	獨資	七〇〇	二	三	胡麻籽 油菜籽	二三〇	胡油	九二	一、四七二	本地	
	德聚興	魁元鎮	民國六年	獨資	四〇〇	二	三	胡麻籽 油菜籽	二三〇	胡油	九二	一、四七二	本地	
	益善興	魁元鎮	民國七年	獨資	六〇〇	二	三	胡麻籽 油菜籽	二三〇	胡油	九二	一、四七二	本地	
	復成恆	魁元鎮	民國八年	獨資	八〇〇	二	三	胡麻籽 油菜籽	二三〇	胡油	九二	一、四七二	本地	
	廣益隆	魁元鎮	民國十一年	合資	八〇〇	二	三	胡麻籽 油菜籽	二三〇	胡油	九二	一、四七二	本地	
	雙成永	魁元鎮	民國十一年	合資	五五〇	二	三	胡麻籽 油菜籽	二三〇	胡油	九二	一、四七二	本地	

	八家合計				五、八九〇	一六	二四	胡麻籽 油菜籽	一、八七〇石	胡油	七四八斤	二、九六八		
廣靈	清桑源	西關	清宣統一年	獨資	八〇〇	三	二	胡麻籽	四〇〇	胡麻油	一二〇	一、五六〇	本縣	
	仁和祥	西關	民國二一年	合資	七〇〇	二	二	胡麻籽	三〇〇	胡麻油	九〇	一、一七〇	本縣	
	文英集	西關	民國二一年	合資	七〇〇	二	二	胡麻籽	三五〇	胡麻油	一〇五	一、三六五	本縣	
	義星恆	東關	民國二四年	合資	七〇〇	二	二	胡麻籽	三三〇	胡麻油	九九	一、二八七	本縣	
	四家合計				二、九〇〇	九	八	胡麻籽	一、三八〇石	胡麻油	四一四斤	五、三八二		
陽高	信義源	西街	民國二二年	合資	五〇〇	二	三	胡麻籽 油菜籽	四六八	胡油	一四四	一、七二八	本縣	胡油係胡麻籽及油菜籽混合製成
	富成湧	東街	清光緒一七年	獨資	一〇〇	二	二	胡麻籽 油菜籽	四六八	胡油	一四四	一、七二八	本縣	
	萬鑫泉	南街	民國二二年	獨資	一〇〇	二	二	胡麻籽 油菜籽	四六八	胡油	一四四	一、七二八	本縣	
	積厚成	西街	民國二一年	獨資	七二四	三	二	胡麻籽 油菜籽	四六八	胡油	一四四	一、七二八	本縣	
	廣豐居	東街	民國二一年	合資	三〇〇	三	二	胡麻籽 油菜籽	四六八	胡油	一四四	一、七二八	本縣	
	裕成厚	東街	民國二三年	獨資	六〇〇	三	二	胡麻籽 油菜籽	四六八	胡油	一四四	一、七二八	本縣	
	永德店	南街	民國一九年	合資	二〇〇	三	二	胡麻籽 油菜籽	四六八	胡油	一四四	一、七二八	本縣	
	積義成	西街	民國二十年	合資	一三〇	三	二	胡麻籽 油菜籽	四六八	胡油	一四四	一、七二八	本縣	
	八家合計				二、六六四	二一	一七	胡麻籽 油菜籽	三、七四四石	胡油	一、一五二斤	一三、八二四		
天鎮	德恆泰	城內	民國六年	獨資	八〇〇	三	三	胡麻籽 油菜籽	九〇	胡油	五四	七七二	本地	胡油係胡麻籽及油菜籽合製

聚錦泉	城內	民國一八年	獨資	八〇〇	八	三 胡蔴籽 油菜籽	一〇八	胡油	六五	九二五	本地
德成祥	城內	民國一六年	獨資	四〇〇	三	三 胡蔴籽 油菜籽	一三六	胡油	七六	一、〇八〇	本地
蓋成錦	城內	清光緒二八年	獨資	四〇〇	三	二 胡蔴籽 油菜籽	一三六	胡油	七六	一、〇八〇	本地
鄧油坊	城內	清光緒三四年	獨資	三五〇	二	二 胡蔴籽 油菜籽	一四四	胡油	八六	一、二三四	本地
王油坊	城內	民國二十三年	獨資	三〇〇	二	二 胡蔴籽 油菜籽	一三〇	胡油	七三	一、〇三八	本地
武油坊	鮑家屯	民國一九年	獨資	二〇〇	二	二 胡蔴籽 油菜籽	一〇八	胡油	六五	九二五	本地
曹油坊	葛家屯	民國一九年	獨資	二〇〇	二	二 胡蔴籽 油菜籽	一〇八	胡油	六五	九二五	本地
姚油坊	水磨口	民國一八年	獨資	二〇〇	一	二 胡蔴籽 油菜籽	一〇八	胡油	六五	九二五	本地
上油坊	季沙河		獨資	二〇〇	二	二 胡蔴籽 油菜籽	一〇八	胡油	六五	九二五	本地
十年家合計				三、八五〇	四六	二〇 胡蔴籽 油菜籽	一、一四九石	胡油	六八九担	九、八一七	
台玉 興順泉	城內		合資	二、四〇〇		四 胡蔴籽	六〇〇	胡蔴油	二〇〇	二、六〇〇	本縣
增盛泉	城內		獨資	四、〇〇〇		四 胡蔴籽	六〇〇	胡蔴油	二〇〇	二、六〇〇	本縣
高陞莊	城內		合資	九、〇〇〇		四 胡蔴籽	六〇〇	胡蔴油	二〇〇	二、六〇〇	本縣
王勝元	城內		獨資	六〇〇		三 胡蔴籽	五〇〇	胡蔴油	一七〇	二、三〇〇	本縣
錦泰裕	威遠堡		合資	四、八〇〇		三 胡蔴籽	五〇〇	胡蔴油	一七〇	二、三〇〇	本縣
五家合計				二〇、八〇〇		一八 胡蔴籽	二、八〇〇石	胡蔴油	九四〇担	一二、二〇〇	

朔	復興長	神頭鎮	民國五年	合資	六〇〇	二	五	胡蔴籽油菜籽合	九〇〇	胡油	二三五	三、三七五	本縣太原	胡油係胡蔴籽油菜籽混合製成
	德和泉	神頭鎮	民國六年	合資	五五〇	二	七	胡蔴籽油菜籽合	一、〇〇〇		二五〇	三、七五〇	本縣太原	
二二	和合泉	神頭鎮	民國一七年	合資	八〇〇	三	八	胡蔴籽油菜籽合	一、五〇〇		三七五	五、六二五	本縣太原	
	永成泉	神頭鎮	民國一八年	合資	六五〇	二	六	胡蔴籽油菜籽合	一、〇五〇		二六三	三、九三七	本縣太原	
	同和泉	神頭鎮	民國七年	獨資	五五〇	二	七	胡蔴籽油菜籽合	九二〇		二三〇	三、四五〇	本縣太原	
	永記	司馬伯村	民國九年	合資	五五〇	三	九	胡蔴籽油菜籽合	八二〇		二〇五	三、〇七五	本縣太原	
	合記	司馬伯村	民國九年	合資	五二〇	二	一〇	胡蔴籽油菜籽合	一、二〇〇		三〇〇	四、五〇〇	本縣太原	
	四德泉	司馬伯村	民國二〇年	合資	六二〇	三	九	胡蔴籽油菜籽合	一、三〇〇		三二五	四、八七五	本縣太原	
	福義泉	新磨村	民國二〇年	合資	六三〇	三	八	胡蔴籽油菜籽合	一、二五〇		三一三	四、六八七	本縣太原	
	三義源	新磨村	民國九年	合資	五三〇	二	九	胡蔴籽油菜籽合	一、〇〇〇		二五〇	三、七五〇	本縣太原	
	一〇家合計				六、〇〇〇	二四	七八	胡蔴籽油菜籽	一〇、九四〇石	胡油	二、七三六担	四一、〇二四		
左雲	萬義泉	南街	民國七年	合資	一、〇〇〇	二	三	油菜籽胡蔴籽	五〇〇	胡油	一四〇	一、六八〇	本縣忻太原太谷平遙祁	胡油係油菜籽及胡蔴籽二者混合製成
	萬德泉	南街	民國一三年	合資	九二〇	二	三	油菜籽胡蔴籽	四〇〇	胡油	一二〇	一、五四〇	仝上	
	福成泉	北街	民國一〇年	合資	五〇〇	二	二	油菜籽胡蔴籽	三〇〇	胡油	八五	一、〇二〇	仝上	
	福義泉	北街	民國一二年	合資	六〇〇	二	二	油菜籽胡蔴籽	六〇〇	胡油	一七〇	二、二四〇	仝上	

萬豐泉	北街	民國一五年	合資	八〇〇	二	三	油菜籽 胡蔴籽	六〇〇	胡油	一七〇	二、二四〇	仝上
天義和	西街	民國一年	獨資	五〇〇	二	二	油菜籽 胡蔴籽	四〇〇	胡油	一二〇	一、五四〇	仝上
德懋公	正街	民國一九年	獨資	六〇〇	二	三	油菜籽 胡蔴籽	三〇〇	胡油	八〇	九六〇	仝上
德厚泉	本城	清宣統三年	合資	二、八〇〇	二	三	油菜籽 胡蔴籽	四〇〇	胡油	一二〇	一、五四〇	仝上
永慶泉	本城	民國七年	獨資	六六〇	二	二	油菜籽 胡蔴籽	六〇〇	胡油	一六〇	一、九二〇	仝上
福義元	本城	民國一八年	獨資	四四〇	二	四	胡蔴籽	三〇〇	胡蔴油	八七	一、〇四〇	太原平遙太谷祁
福興泉	南關	民國二〇年	獨資	三三五	二	四	胡蔴籽	三〇〇	胡蔴油	八七	一、〇四〇	仝上
萬鑑德	南關	民國二年	獨資	四四〇	三	四	胡蔴籽	三〇〇	胡蔴油	八七	一、〇四〇	仝上
五福泉	南關	民國二二年	獨資	二七五	二	四	胡蔴籽	二七〇	胡蔴油	七六	九〇〇	仝上
趙油房	南關	民國二一年	獨資	三五〇	一	四	胡蔴籽	二七〇	胡蔴油	七六	九〇〇	仝上
楊光	南關	民國二三年	獨資	三三〇	一	三	胡蔴籽	二〇〇	胡蔴油	五六	七〇〇	仝上
一五家合計				一〇、四二〇	二九	四五	油菜籽 胡蔴籽	四、一〇〇石 一、六四〇石	胡油 胡蔴油	一、一三五担 四七五担	一四、六八〇 五、六二〇	
甯武												
復成元	東關街	民國一六年	合資	一、二〇〇	二	三	胡蔴籽	三〇〇	胡蔴油	九〇	一、二六〇	本縣
復慶榮	城內	民國一九年	合資	一、五〇〇	二	三	胡蔴籽	三〇〇	胡蔴油	九〇	一、二六〇	本縣
積記	西關街	民國二〇年	合資	七〇〇	二	三	胡蔴籽	一五〇	胡蔴油	四五	六二〇	本縣
億聚長	城內	民國一八年	合資	三、一〇〇	三	三	胡蔴籽	四〇〇	胡蔴油	一二〇	一、六八〇	本縣
元生榮	東關街	民國一六年	合資	一、二〇〇	二	三	胡蔴籽	三〇〇	胡蔴油	九〇	一、二六〇	本縣

和記	城內	民國二三年	合資	七〇〇	六	[illegible]	胡麻籽	一五〇	胡麻油	四五	六三〇	本縣
德聚源	城內	民國一六年	合資	一、五〇〇	四	[illegible]	胡麻籽	三〇〇	胡麻油	九〇	一、二六〇	本縣
慶源昌	東關街	民國二三年	獨資	七〇〇	二	[illegible]	胡麻籽	二〇〇	胡麻油	六〇	八四〇	本縣
和發新	城內	民國一八年	獨資	一、〇〇〇	二	[illegible]	胡麻籽	三〇〇	胡麻油	九〇	一、二〇〇	本縣
元順和	東關街	民國一七年	獨資	七〇〇	四	[illegible]	胡麻籽	二〇〇	胡麻油	六〇	八四〇	本縣
義甡元	城內	民國二三年	獨資	七〇〇	二	[illegible]	胡麻籽	二〇〇	胡麻油	六〇	八四〇	本縣
一一家合計				三、〇〇〇	三六	[illegible]	胡麻籽	二、八〇〇石	胡麻油	八四〇担	二、七六〇	
神池　復慶永	縣城	民國二年	獨資	一、〇二〇	二	一〇	胡麻籽	五七六	胡麻油	一七三	二、二四九	五台崞忻壽陽定襄平定陽曲
德盛成	縣城	民國二〇年	獨資	九二〇	二	一〇	胡麻籽	五三六	胡麻油	一六一	二、〇九三	仝上
義盛厚	縣城	民國十七年	合資	七二〇	二	一〇	胡麻籽	四五六	胡麻油	一三七	一、七六〇	仝上
天德元	縣城	民國二三年	獨資	八二〇	二	一〇	胡麻籽	四九六	胡麻油	一五〇	一、九五〇	仝上
義誠正	縣城	民國十七年	獨資	一、〇二〇	二	一〇	胡麻籽	五七六	胡麻油	一七三	二、二四九	仝上
雙合	縣城	清光緒三十年	合資	一、〇二〇	二	一〇	胡麻籽	五七六	胡麻油	一七三	二、二四九	仝上
阜生源	縣城	民國十八年	合資	七二〇	二	一〇	胡麻籽	四五六	胡麻油	一三七	一、七六〇	仝上
德和蔚	縣城	民國十八年	獨資	八二〇	二	一〇	胡麻籽	四九六	胡麻油	一五〇	一、九五〇	仝上
公義恆	縣城	民國廿三年	合資	七二〇	二	一〇	胡麻籽	四五六	胡麻油	一三七	一、七六〇	仝上
巳積長	縣城	民國十七年	合資	九二〇	二	一〇	胡麻籽	五三六	胡麻油	一六一	二、〇九三	仝上

德盛圖	八角堡	清宣統一年	獨資	一、〇二〇	二	三	胡蔴籽	五七六	胡蔴油	一七三	二、二四九	崞忻太原定襄五台壽陽
天成遠	張家村	清光緒二八年	獨資	八二〇	一	三	胡蔴籽	四九六	胡蔴油	一五〇	一、九五〇	仝上
裕泰堂	韓家窑	民國十二年	獨資	七二〇	一	三	胡蔴籽	四五六	胡蔴油	一三六	一、七六八	仝上
保元堂	利民堡	清光緒三〇年	獨資	八二〇	一	三	胡蔴籽	四九六	胡蔴油	一五〇	一、九五〇	仝上
王澤善	利民寨	民國二三年	獨資	九二〇	一	三	胡蔴籽	五三六	胡蔴油	一六二	二、〇九三	仝上
陳星明	山井溝	清光緒二〇年	獨資	一、〇二〇	一	三	胡蔴籽	五七六	胡蔴油	一七三	二、二四九	仝上
趙哲	莊窩	民國一〇年	獨資	八二〇	一	三	胡蔴籽	四九六	胡蔴油	一五〇	一、九五〇	仝上
福德堂	趙老溝	清光緒二七年	獨資	七二〇	一	三	胡蔴籽	四五六	胡蔴油	一三六	一、七六八	仝上
富豐和	石家坪	民國一一年	獨資	七二〇	一	三	胡蔴籽	四五六	胡蔴油	一三六	一、七六八	仝上
亨義合	南關	民國二一年	合資	一、〇二〇	二	一〇	胡蔴籽	五七六	胡蔴油	一七三	二、二四九	仝上
寶和湧	南關	民國一八年	合資	一、〇二〇	二	一〇	胡蔴籽	五七六	胡蔴油	一七三	二、二四九	仝上
德合	南關	清光緒一八年	獨資	一、〇二〇	二	一〇	胡蔴籽	五七六	胡蔴油	一七三	二、二四九	仝上
張天德	利民堡	民國七年	獨資	一、〇二〇	二	一〇	胡蔴籽	五七六	胡蔴油	一七三	二、二四九	仝上
天和誠	利民堡	清光緒二五年	獨資	一、〇二〇	二	一〇	胡蔴籽	五七六	胡蔴油	一七三	二、二四九	仝上
協盛成	利民堡	民國一三年	合資	九二〇	二	一〇	胡蔴籽	五三六	胡蔴油	一六二	二、〇九三	仝上
永長茂	利民堡	民國一六年	合資	七二〇	二	一〇	胡蔴籽	四五六	胡蔴油	一三六	一、七六八	仝上
魁盛茂	利家堡	清光緒二十年	獨資	八二〇	二	一〇	胡蔴籽	四九六	胡蔴油	一五〇	一、九五〇	仝上

大有源	利民堡	清光緒二七年	獨資	七二〇	二	二〇	胡麻籽	四五六	胡麻油	一三六	一、七六八	仝	上	
義記	利民堡	民國二三年	獨資	七二〇	二	二〇	胡麻籽	四五六	胡麻油	一三六	一、七六八	仝	上	
義和久	利民堡	民國二三年	獨資	七二〇	二	三	胡麻籽	四五六	胡麻油	一三六	一、七六八	仝	上	
復義茂	利民堡	清光緒三〇年	獨資	八二〇	二	三	胡麻籽	四九六	胡麻油	一五〇	一、九五〇	仝	上	
聚義永	利民堡	民國十三年	獨資	七二〇	二	三	胡麻籽	四五六	胡麻油	一三六	一、七六八	仝	上	
慶福盛	利民堡	清光緒二四年	獨資	七二〇	二	三	胡麻籽	四五六	胡麻油	一三六	一、七六八	仝	上	
崇德園	利民堡	清光緒二〇年	獨資	九二〇	二	三	胡麻籽	五三六	胡麻油	一六一	二、〇九三	仝	上	
復聚永	義井鎮	清光緒一八年	獨資	一、〇二〇	二	三	胡麻籽	五七六	胡麻油	一七三	二、二四九	仝	上	
德聚西	義井鎮	民國六年	合資	一、〇二〇	二	三	胡麻籽	五七六	胡麻油	一七三	二、二四九	仝	上	
德和長	義井鎮	民國一八年	獨資	九二〇	二	三	胡麻籽	五三六	胡麻油	一六一	二、〇九三	仝	上	
福祥源	義井鎮	民國一三年	獨資	八二〇	二	三	胡麻籽	四九六	胡麻油	一五〇	一、九五〇	仝	上	
德義和	義井鎮	民國一六年	合資	七二〇	二	三	胡麻籽	四五六	胡麻油	一三六	一、七六八	仝	上	
復義生	賀成村	民國五年	獨資	七二〇	二	三	胡麻籽	四五六	胡麻油	一三六	一、七六八	仝	上	
復盛園	八角堡	民國一一年	獨資	八二〇	二	三	胡麻籽	四九六	胡麻油	一五〇	一、九五〇	仝	上	
天合永	八角堡	清光緒二年	獨資	一、〇二〇	二	三	胡麻籽	五七六	胡麻油	一七三	二、二四九	仝	上	
瑞生榮	八角堡	民國八年	獨資	一、〇二〇	二	三	胡麻籽	五七六	胡麻油	一七三	二、二四九	仝	上	
德記	八角堡	民國九年	合資	一、〇二〇	二	三	胡麻籽	五七六	胡麻油	一七三	二、二四九	仝	上	

阜豐源	八角堡	民國五年	獨資	七二〇	二	三	胡麻籽	四五六	胡麻油	一三六	一、七六八	同上
恒利魁	八角堡	民國一三年	獨資	七二〇	二	三	胡麻籽	四五六	胡麻油	一三六	一、七六八	同上
四六家合計				三九、七二〇	三八	一二六	胡麻籽	二三、八一六石	胡麻油	七、〇九〇担	九二、一六七	
偏關												
永茂盛西記	西門街	民國七年	獨資	五、〇〇〇	四	三	油菜籽 胡麻籽	九〇〇	菜油 胡麻油	二七〇	三、五一〇	太原榆次
醇隆永	高家灣	民國一九年	獨資	一、七〇〇	二	三	油菜籽 胡麻籽	六〇〇	菜油 胡麻油	一八〇	二、三四〇	仝上
錦盛永	西關街	民國一九年	獨資	一、九〇〇	三	三	油菜籽 胡麻籽	六〇〇	菜油 胡麻油	一八〇	二、三四〇	仝上
李慶元	西莊子	民國一九年	獨資	八〇〇	二	三	油菜籽 胡麻籽	二〇〇	菜油 胡麻油	六〇	七八〇	仝上
錦厚泉	西門街	民國一九年	合資	一、二〇〇	三	三	油菜籽 胡麻籽	四〇〇	菜油 胡麻油	一二〇	一、五六〇	仝上
世明堂	大莊窩	民國一九年	獨資	五〇〇	二	三	油菜籽 胡麻籽	二〇〇	菜油 胡麻油	六〇	七八〇	仝上
元成永	二區	民國一九年	獨資	三〇〇	二	三	油菜籽 胡麻籽	一〇〇	菜油 胡麻油	三〇	三九〇	仝上
義盛泉	二區	民國一九年	獨資	四〇〇	一	三	油菜籽 胡麻籽	一二〇	菜油 胡麻油	三六	四六八	仝上
復盛長	三區	民國一九年	獨資	三〇〇	一	三	油菜籽 胡麻籽	一二〇	菜油 胡麻油	三六	四六八	仝上
恒升茂	三區	民國一九年	獨資	一、三〇〇	二	三	油菜籽 胡麻籽	二〇〇	菜油 胡麻油	六〇	七八〇	仝上
李油坊	二區	民國一九年	獨資	六〇〇	二	三	油菜籽 胡麻籽	五〇〇	菜油 胡麻油	一五〇	一、九五〇	仝上
積善堂	二區	民國一九年	獨資	七〇〇	一	三	油菜籽 胡麻籽	二〇〇	菜油 胡麻油	六〇	七八〇	仝上
閻油坊	二區	民國一九年	獨資	六〇〇	一	三	油菜籽 胡麻籽	五〇〇	菜油 胡麻油	一五〇	一、九五〇	仝上
四海泉	大街	民國一九年	獨資	四、〇〇〇	一	三	油菜籽 胡麻籽	一、〇〇〇	菜油 胡麻油	三〇〇	三、九〇〇	仝上

	永義泉	一區	民國一九年	獨資	三〇〇	一	二	油菜籽 胡蔴籽	二〇〇	菜油 胡蔴油	六〇	七八〇	仝上
	賀油坊	一區	民國一九年	獨資	八〇〇	一	二	油菜籽 胡胡籽	三〇〇	菜油 胡蔴油	九〇	一、一七〇	仝上
	忠義永	三區	民國一九年	獨資	一、三五〇	一	二	油菜籽 胡蔴籽	三〇〇	菜油 胡蔴油	九〇	一、一七〇	仝上
	合計一七家				二二、六五〇	三〇	三四	油菜籽 胡蔴籽	六、四四〇石	菜油 胡蔴油	一、九三二担	二五、〇九六	
五寨	瑞生慶	縣城	民國一一年	合資	四〇〇	一	四	胡蔴籽	三二〇		九六	一、一五二	本縣
	廣盛泉	縣城	清宣統二年	獨資	四〇〇	一	四	胡蔴籽	三〇〇		九〇	一、〇八〇	本縣
	新盛泉	縣城	民國二〇年	獨資	三〇〇	一	四	胡蔴籽	三〇〇		九〇	一、〇八〇	本縣
	永茂森	縣城	民國一四年	獨資	二〇〇	一	四	大蔴籽	三二〇		六四	六四〇	本縣
	天成泉	河灣	民國一五年	獨資	二〇〇	一	四	大蔴籽	三〇〇		六〇	六〇〇	本縣
	復茂泉	縣城	民國一三年	合資	二〇〇	一	四	大蔴籽	二八〇		五六	五六〇	本縣
	復盛泉	三岔堡	民國一七年	獨資	三〇〇	一	四	胡蔴籽	三六〇		一〇八	一、二九六	本縣
	復興泉	縣城	民國二三年	獨資	三〇〇	一	四	胡蔴籽	三二〇		九六	一、一五二	本縣
	德順興	東秀堡	民國六年	獨資	五〇〇	一	四	胡蔴籽	三六〇		一〇八	一、二九六	本縣
	仁德泉	汶兒水	民國二三年	合資	一五〇	一	四	大蔴籽	三〇〇		六〇	六〇〇	本縣
	合計一〇家				二、九五〇	一〇	四〇	胡蔴籽 大蔴籽	二、一六〇石 一、二〇〇石	胡蔴油 大蔴油	五八八担 二四〇担	七、〇五六 二、四〇〇	
靜樂	大盛	婁煩	清光緒二五年	合資	八〇〇	五	五	胡麻籽 油菜籽	五四〇	胡麻油 菜油	一三六	二、三二〇	陽曲 甯武
	永茂	縣城	民國二二年	獨資	五〇〇	三	三	胡麻籽 油菜籽	三六〇	胡麻油 菜油	一二六	三八〇	本縣 甯武

二家合計				一、三〇〇	八	八	胡麻籽 油菜籽	九一〇石	胡麻油 菜油	二六二擔	三、五〇〇		
五台 慶隆永	西雷村	民國八年	獨資	三〇〇	三	二	油麻籽 菜籽 大麻籽	五二〇	胡油	一四〇	三、二四〇	本縣	混合榨成
慶義長	南大賢	民國一三年	獨資	二八〇	三	二	油麻籽 菜籽 大麻籽	五〇〇	胡油	一三五	三、〇〇〇	本縣	
福德全	耿鎮	民國一五年	合資	四〇〇	三	三	胡麻籽油 菜籽大麻籽	五七〇	胡油	一四三	三、一八〇	本縣	
增慶源	門限石村	民國一七年	獨資	三〇〇	三	二	胡麻籽油 菜籽大麻籽	五二〇	胡油	一四〇	三、三四〇	本縣	
永和泰	高洪口	民國一〇年	獨資	三〇〇	三	二	胡麻籽油 菜籽大麻籽	五五〇	胡油	一三八	三、三〇〇	本縣	
義和隆	北大興	民國八年	獨資	四〇〇	三	三	胡麻籽油 菜籽大麻籽	五七〇	胡油	一四三	三、一八〇	本縣	
裕義長	五級村	民國九年	合資	四〇〇	三	三	胡麻籽油 菜籽大麻籽	六〇〇	胡油	一三〇	三、四〇〇	本縣	
元和昌	新莊村	民國一三年	合資	三〇〇	三	二	胡麻籽油 菜籽大麻籽	五〇〇	胡油	一三五	三、〇〇〇	本縣	
積瑞生	新莊村	民國一六年	合資	二八〇	三	二	胡麻籽油 菜籽大麻籽	五〇〇	胡油	一三五	三、〇〇〇	本縣	
九家合計				二、九六〇	二七	二二	胡麻籽油 菜籽大麻籽	四、八三〇石	胡油	一、二三九擔	一九、六四〇		
崞縣 瑞記	楊武村	民國一〇年	合資	四、〇〇〇	二二	一八	胡麻籽 油菜籽	三、五〇〇	胡油	一、五〇〇	三六、五〇〇	太原祁太谷	混合榨成
慶和成	楊武村	民國一一年	合資	三、二〇〇	一〇	六	胡麻籽 油菜籽	三、〇〇〇	胡油	一、四〇〇	三二、〇〇〇	本縣太原祁	
義生湧	大牛店	清光緒二五年	合資	六、五〇〇	一五	一〇	胡麻籽 油菜籽	四、〇〇〇	胡油	一、六〇〇	四〇、〇〇〇	仝上	
瑞生湧	大牛店	民國八年	合資	五、七〇〇	一二	八	胡麻籽 油菜籽	三、五〇〇	胡油	一、五〇〇	三二、五〇〇	仝上	
復聚源	大牛店	民國一二年	合資	七、八〇〇	一五	一三	胡麻籽 油菜籽	四、五〇〇	胡油	一、七〇〇	三五、五〇〇	仝上	
福德元	大牛店	民國八年	合資	六、五〇〇	一五	一〇	胡麻籽 油菜籽	四、〇〇〇	胡油	一、五五〇	三三、二五〇	仝上	

	萬和泉	大牛店	民國五年	合資	五、二〇〇	三	八	胡麻籽 油菜籽	三、八〇〇	胡油	一、五〇〇	三、五〇〇	仝上	
	萬和生	大牛店	民國四年	合資	四、〇〇〇	三	八	胡麻籽 油菜籽	三、〇〇〇	胡油	一、三〇〇	三、五〇〇	仝上	
	敬德泉	城內	民國三年	合資	四、五一〇	三	八	胡麻籽 油菜籽	三、〇〇〇	胡油	一、四〇〇	三、〇〇〇	仝上	
	九家合計				四七、四一〇	一五	七六	胡麻籽 油菜籽	三二、三〇〇石	胡油	一三、六五〇担	二〇四、七五〇		
保德	義魁奇	松樓溝	民國一五年	獨資	五〇〇	二	四	胡麻籽	一六五	胡麻油	六六	八五八	本縣	
	胡汗民	石佛溝	民國一七年	獨資	三〇〇	二	四	胡麻籽	一一五	胡麻油	四六	五九四	本縣	
	張開濟	南河溝	民國一九年	獨資	二〇〇	二	二	胡麻籽	八九	胡麻油	三四	四三二	本縣	
	王兆成	道左山	民國一九年	獨資	五〇〇	二	三	胡麻籽	一八四	胡麻油	七四	九五六	本縣	
	馮義泉	蘇家里	民國二二年	獨資	二〇〇	二	三	胡麻籽	九一	胡麻油	三六	四七四	本縣	
	五家合計				一、七〇〇	一〇	一五	胡麻籽	六四四石	胡麻油	二五六担	三、三一五		
河曲	天益泉	西門街	民國二四年	獨資	一、〇〇〇		三	胡麻籽 大麻籽 油菜籽	二〇〇 二六〇 三二〇	黃油	三二四	二、八〇八	本縣太原	黃油係油菜籽大麻籽及胡麻籽三種混合製成
	德生泉	東門街	民國一〇年	獨資	一、二〇〇		三	胡麻籽 大麻籽 油菜籽	二〇〇 三五〇 一〇〇	黃油	二二五	二、五八〇	本縣太原	
	信業泉	南關街	民國三年	獨資	一、三〇〇		三	胡麻籽 大麻籽 油菜籽	二七〇 三五〇 三二〇	黃油	三三五	二、六四〇	本縣太原	
	復懋泉	東關街	民國二三年	獨資	九〇〇		三	胡麻籽 大麻籽 油菜籽	二五〇 三六〇 三二〇	黃油	三三三	二、六四四	本縣太原	

占旺永	樺林堡	民國七年	獨資	五〇〇		三	胡麻籽 大麻籽 油菜籽	一〇〇 一八〇 一八〇	黃油	一九八	二、三七六	本縣太原
張二治	大峪	民國一〇年	獨資	五〇〇		三	胡麻籽 大麻籽 油菜籽	二九〇 二三〇 二五〇	黃油	一九八	二、三七六	本縣太原
萃隆恒	榆林灘	民國一三年	獨資	七〇〇		三	胡麻籽 大麻籽 油菜籽	三〇〇 二二〇 二三〇	黃油	三二五	二、七〇〇	本縣太原
蘐盛長	長灘	民國五年	獨資	五〇〇		三	胡麻籽 大麻籽 油菜籽	三〇〇 二二〇 二三〇	黃油	三二五	二、七〇〇	本縣太原
趙輔增	長灘	民國一五年	獨資	六〇〇		三	胡麻籽 大麻籽 油菜籽	三〇〇 二二〇 二三〇	黃油	三二五	二、七〇〇	本縣太原
九家合計				七、二〇〇		二七	胡麻籽 大麻籽 油菜籽	二、四二〇石 二、三八〇石 二、〇九〇石	黃油	一、九六四担	二三、五三八	
方山 一五家					合計	九〇	胡麻籽	三、〇八〇	胡麻油	九二五	九、七六三	本縣離石汾陽交城	＊據產量估計
合計						九〇	胡麻籽	三、〇八〇	胡麻油	九二五	九、七六三	
沁縣 二五家							大麻籽	八〇〇	大麻油	五〇〇	七、七五〇	本縣	＊據產量估計
合計							大麻籽	八〇〇	大麻油	五〇〇	七、七五〇	
新絳 三〇餘家					合計	一二〇	棉花籽 油菜籽 芝蔴	二五〇	棉花油 菜籽油 芝蔴油	三二五	四一六	本縣	＊據產量估計

	合計		二〇	棉花籽 油菜籽 芝麻	二五〇	棉花油 菜油 芝麻油	二二五	四一六	
靈石	八家	合計	約四〇	芝麻 棉花籽 油菜籽 大麻籽	二、七二〇＊ 二、〇〇〇 四二〇 一、九〇〇	芝麻油 棉花油 菜籽油 大麻油	三二〇 四〇〇 三〇〇 五八〇	五、七六〇 六、四〇〇 五、四〇〇 八、七〇〇	本縣平遙介休 ＊據產量估計
	合計		四〇	芝麻 棉花籽 油菜籽 大麻籽	二、七二〇 二、〇〇〇 四二〇 一、九〇〇	芝麻油 棉花油 菜籽油 大麻油	三二〇 四〇〇 三〇〇 五八〇	五、七六〇 六、四〇〇 五、四〇〇 八、七〇〇	
渾源	五〇家	合計	五〇	胡麻籽 油菜籽	六、二五〇	胡油	二、五〇〇	三二、五〇〇	本縣
	合計		五〇	胡麻籽 油菜籽	六、二五〇	胡油	二、五〇〇	三二、五〇〇	
應縣	二六家	合計	二六	胡麻籽	二、七八八	胡麻油	九六七	一〇、七二六	本縣
	合計		二六	胡麻籽	二、七八八	胡麻油	九六七	一〇、七二六	
懷仁	三〇餘家			胡麻籽 油菜籽	五、二二六 六、五六五	胡麻油 菜油	一、六二〇 二、一〇二	一九、四〇〇 二五、二〇〇	本縣
	合計			胡麻籽 油菜籽	五、二二六 六、五六五	胡麻油 菜油	一、六二〇 二、一〇二	一九、四〇〇 二五、二〇〇	
平魯	七四家	合計	約二〇〇	胡麻籽 油菜籽	一九、二五〇	胡油	五、七七五	八〇、五七〇	本縣朔孟太原
	合計。		二〇〇	胡麻籽 油菜籽	一九、二五〇	胡油	五、七七五	八〇、五七〇	

三 釀酒業

一 概說

山西酒產，素負盛譽，釀酒原料，在昔大別爲三：一爲高粱及小米，二爲葡萄，三爲柿子；近以河東道各縣遭受風災，柿樹盡被吹折，向之以柿子爲釀酒原料者，今則不得不改用高粱矣。晉酒種類繁多，其最著者，曰汾酒、潞酒、葡萄酒，次之爲黃酒、白酒。汾酒以產於汾陽縣杏花村者爲最佳，蓋其地井水味甜性軟，適於釀造故也。自來汾酒卽博有「杏花美酒」之令名。潞酒產於潞城、長治一帶，以其釀造方法不知改進，近年漸見衰落。葡萄酒產地限於清源，汾陽榆次三縣，而尤以清源爲最著；清源縣之新記益華釀酒公司，採用機器製造，爲山西葡萄酒釀造業中規模最大之廠家。至於黃酒，係用小米爲原料，倣照紹興酒之釀造方法，中路南路產酒各縣均有倣製。白酒卽爲高粱酒之別名，產地殆普及全省。

二 現狀

據此次調查，山西釀酒廠家及較大作坊計有四百七十四家，其地域分配，有如次表：

分佈

家數	縣名
一	黎城、浮山、曲沃、翼城、大甯、永和

二	徐溝、文水、石樓、和順、沁縣、汾城、鄉寧、稷山、山陰、偏關、靜樂
三	交城、興縣、方山、中陽、屯留、晉城、高平、榆社、平定、壽陽、芮城、平晉
四	太原(縣)、榆次、嵐縣、臨縣、長治、昔陽、襄陵
五	太谷、祁縣、岢嵐、介休、襄垣、翼城、壺關、沁源、臨汾、離石、蒲縣、繁峙
六	盂縣、安澤、陽高、右玉、保德
七	吉縣、垣曲、靈邱、天鎮
八	清源、懷仁、五寨
九	離石、陵川、應縣、左雲、定襄
十	長子、朔縣、神池、五台
十一	—
十二	平遙
十三	陽曲、大同、廣靈
十四	遼縣
十五	—
十六	渾源
十七	汾陽
十八	武鄉
十九	河曲
二十	崞縣

全省一百零五縣中有重要酒作坊者，計七十九縣，佔總縣數百分之七十五以上；其中以崞縣家數爲最多，計達二十家；河曲、武鄉、汾陽、渾源次之，其他各縣酒廠或作坊數均不滿十五家。

資本

全國釀酒業總資本爲八十二萬五千四百二十四元(其中有四家資本不詳)，其數額分配，有如下表：

資本額(元)	家數
一萬元以上——四萬五千元	七家
五千元以上——不足一萬元	二十一家
一千元以上——不足五千元	二百十六家
五百元以上——不足一千元	一百二十家
一百元以上——不足五百元	九十七家

百元以下	九家

據上表以觀，山西釀酒業，除少數酒廠及釀酒公司外，其餘作坊規模均不大，綜計資本額，在一萬元以上四萬五千以下者僅七家，五千元以上不足一萬元者二十一家，一千元以上不足五千元者爲最多，共爲二百十六家，佔酒坊總數百分之四五·五七，五百元以上不足千元者一百二十家，一百元以上不足五百元者九十七家，不滿百元者九家，其酒業資本之微薄，由此可見一斑。

職工

釀酒業職工總數，共計四千一百八十七人（其中有十三家不詳），各地製酒職工數最多者，首推汾陽，計二百四十一名；其次爲渾源二百九十一名，及陵川二百十名；其餘在百名以上二百名以下者，計十二縣，五十名以上百名以下者計十四縣，十名以上五十名以下者計四十一縣，不滿十名者計八縣。職員均係常年雇用，月薪大小，各地不同，普通每月自三元至八元不等。工人有常工短工兩種，常工工資以年計，短工以月計或以日計，常工每年工資，由四五十元至六七十元，短工每月工資自二元至五六元不等，短工每日工資以一角五六分爲最普通。

原料

晉省釀酒原料，除少數縣份採用玉蜀黍、黃米、葡萄外，其餘大多以高粱爲主，原料配合有大麯，穀糠兩種，各種原料全年需用量，總計高粱二十六萬四千六百九十四市担（其中八縣不詳）；大麯共計一百四十七萬五千六百八十八塊（其中有二十八縣不詳）；穀糠四萬四千一百五十七市担（其中有四十九縣不計）。以上原料均係本省所產，採辦甚爲便利，高粱價格每担三元七八角，大麯每塊一角四五分，穀糠每担四角，茲就各縣主要原料需用量及分配統計列表於次：

山西省釀酒業年用原料分類統計表

縣別	高粱（市担）	麴（塊）	糠（市担）	原料來源
陽曲	五、〇六〇	三二、二一六	三、四〇二	榆次
太原	三、七一〇	四七、八〇〇	三、八九〇	本縣
榆次	一、五五三	一二、九五〇	—	本縣
太谷	五、八一〇	四五、二五五	—	本縣文水徐溝太原
祁縣	五、一四八	四六、三〇〇	—	本縣
徐溝	七二〇	七、二〇〇	—	本縣
清源	五、五〇一	一五五、一九〇	—	本縣徐溝
交城	一、五六二	一五、九八〇	—	本縣及鄰縣
文水	二、七〇〇	—	—	本縣
岢嵐	—	—	一、二九〇	本縣
嵐縣	一、一八〇	—	—	本縣
興縣	一、五〇〇	一、五〇〇	—	本縣
汾陽	九、九九六	二四、九八九	—	本縣
平遙	一〇、七六六	二一四、六八八	—	本縣
介休	五、六〇〇	—	—	本縣
臨縣	二四五	九、八〇〇	—	本縣
石樓	九五〇	—	—	本縣
離石	三、五三〇	七、七〇〇	—	本縣
方山	三二〇	一六、〇〇〇	—	本縣
中陽	一一五	—	—	本縣
長治	二、二一四	—	—	本縣
長子	三五、七〇〇	五〇、一四〇	—	本縣
屯留	八、〇〇〇	—	八、〇〇〇	本縣
襄垣	三、三〇〇	一一、二三三	—	本縣
潞城	一、三一〇	八、八〇〇	—	本縣
黎城	—	一〇、〇〇〇	—	本縣

壺關	九〇〇	六、〇〇〇	九〇〇	本縣
晉城	二八、八〇〇	一八、八〇〇	—	本縣及四鄉
高平	一、二六〇	一三、一〇〇	七四〇	本縣
陽城	—	六二、六六七	—	本縣
遼縣	三、五二八	五、一〇一	三、四二八	本縣
和順	—	五、四〇〇	八〇〇	本縣
榆社	一、〇〇〇	—	一、〇〇〇	本縣
沁縣	九四	九四	九四	本縣介休
沁源	一、二九〇	六、八六六	—	四鄉
武鄉	三、三八二	—	三、三八二	四鄉
平定	六〇〇	—	—	本縣
昔陽	一、〇四〇	—	—	本縣
壽陽	三、二五〇	—	—	本縣
臨汾	二、一五〇	—	—	本縣浮山
襄陵	二、八九〇	九六、三三三	—	本縣
浮山	一〇〇	三、三三四	—	本縣
汾城	三、五六〇	一一八、六六六	—	本縣鄰縣
曲沃	—	—	一二〇	本縣鄰翼城
翼城	三〇〇	八、六六六	—	本邑
吉縣	一八〇	三六六	—	本邑
鄉寧	三八五	—	—	本邑
芮城	二九〇	—	二九	本邑
稷山	四〇〇	—	四〇〇	本邑
垣曲	—	六〇〇	一六〇	本邑
靈石	二、四〇〇	一六、〇〇〇	—	高城本縣介休
大寧	一五〇	六、六六六	一六〇	永和隰縣本縣
永和	七五〇	—	四〇〇	本縣
蒲縣	四、六九〇	—	—	本縣
大同	五、七四二	五三、八六六	—	應縣大同四鄉
渾縣	二〇、八〇〇	—	—	應縣本縣
應縣	一、三五二	—	—	本縣
懷仁	二、三九二	—	—	四鄉
山陰	四三二	二一、六〇〇	—	農村自採
靈邱	二、八七八	二五、一九〇	—	本縣

廣靈	一七、〇〇〇	七二、一〇〇	—	本縣
陽高	三、七八〇	—	—	本縣
天鎮	一、四七〇	四九、〇〇〇	—	本縣
朔縣	一四、五〇〇	—	—	本縣
左雲	—	—	二、三〇〇	本縣
神池	一、九四三	—	—	本縣
偏關	八〇〇	四三三	五〇〇	四鄉
五寨	—	—	三、二五〇	本縣
定襄	二、五六〇	一四、四〇〇	四、五七〇	忻縣本縣
靜樂	七〇六	二五、三三三	七〇六	土著
五台	二、三二三	一七、六〇〇	二、七八〇	本縣及四鄉
繁峙	三、六三〇	五六、六六六	—	本縣
崞縣	七三二	二六、六〇〇	—	本縣及農村
保德	八九〇	—	八九〇	本縣四鄉
河曲	八八五	二六、五〇〇	七〇五	本縣
總計	二六四、六九四	一、四七五、六八八	四四、一五七	

產產　山西重要產酒區七十九縣，全年酒產量，總計九百七十五萬四千九百餘斤，共值一百二十萬九千四百五十九元，其中以盂縣產量獨多，計產一百四十二萬三千九百斤，佔總產量百分之一四•六，渾源次之，計產八十萬斤，再次大同，計產三十四萬三千八百十斤，平遙三十二萬二千七百四十斤，汾陽產三十萬斤，黎城產量最少，僅有二千斤，綜計產酒在二千斤以上不足一萬斤者三縣；一萬斤以上不足五萬斤者二十六縣；五萬斤以上不足十萬斤者二十縣，十萬斤以上不足二十萬斤者十六縣；二十萬斤以上不足三十萬斤者九縣；三十萬斤以上不足四十萬斤者三縣；產八十萬斤及一百四十餘萬斤者各一縣。

價格　酒之價格，以清源益華釀酒公司所產之白蘭地為最高，每斤價格六角，其次葡萄酒每斤二角，黃酒每斤一角六分，高紅酒每斤一角三分，煉白酒每斤一角三分，白酒（高粱酒）之價格，以汾陽所產者價格最高，每斤二角，所謂汾酒是也，普通白酒價格，每斤自八分起至一角五六分不等，以上所舉各種酒之價格，均指酒坊批發價格而言，市面售價當不止此，且白蘭地、葡萄酒、汾酒等均裝置玻璃瓶，市面銷售，以瓶爲單位，並不以斤計算。

銷路　晉省酒類，以汾酒爲最名貴，故銷路亦最廣，除在本省銷售外，遍銷華北各大商埠都會，晚近京滬一帶，汾酒亦佔有相當地位，葡萄酒、白蘭地，因製造歷史不久，兼之產量甚微，故銷路狹隘，現在酒商正努力省外推銷，並於漢口設立分銷處，將來產量與銷路或可同時增進也。至普通所產之白酒與黃酒，以供省內消費爲主，渾源盂縣所產之白酒，專銷河北之行唐、阜平一帶，長治、潞城、長子、襄垣所產之酒，或銷河南之武安、彰德一帶，或銷河北之內邱南和各縣。

交易　酒之營業，有批發零售之分，釀酒作坊與酒行商人，均以批售爲目的，零售屬於普通一般商店，其交易手續，酒行向作坊直接批發，轉運其他各城鎮，或省外各大商埠銷售，均係大量買賣，酒行向酒作坊批發時，有期貨現貨兩種，付款方法，如係現款現貨，概以時價爲標準，如係期款或期貨，均須先將價格議定，嗣後卽有市價漲落，亦須遵照原議。

裝運　裝酒器具，有簍裝、罐裝、瓶裝三種，簍係用竹絲編製而成，表裏以油紙彌封，每簍容量，自八十斤至一百斤不等，竹簍耐久經用，宜於長途運輸，山西省運出外埠之酒，以簍裝者居多。罐係瓦製，其裝法與紹興酒相似，每罈容量，由五十斤至八十斤之譜，惟罈酒祇宜於儲藏，運輸頗感不便，故晉省之，酒輸出者爲數寥寥。瓶酒係盛於玻璃瓶中，每瓶容量由一斤至二斤不等，如白蘭地、葡萄酒、汾酒中之竹葉青以及潞酒等。市面零售，以裝瓶置者居多，如向遠道運銷，則裝以木箱，每箱六十瓶，由火車運銷，甚爲便利。

捐稅

山西酒稅繁重，駕乎一般省份之上，蓋以地方財政短絀之故。捐稅有國稅，省稅，地方附加三種，名稱有牌照捐、公賣稅、出產稅、地方附加稅等，牌照捐按等級徵繳，其捐額不一，公賣稅率，按每百斤酒抽稅一元八角，出產稅率，每百斤酒抽稅一元七角三分，地方附加稅，因各縣財政狀況不同，所徵之稅率亦不一致，以一元零五分九厘爲最普遍，多至一元三四角不等，總計產酒百斤，須納稅四元五角八分至五元之多，竟與酒價相等，他如牌照稅，商會攤款，政府還時攤款尚不在內，稅捐之重，由此概可想見。

山西省釀酒業現況一覽表

縣別	廠坊名	地址	設立年月	組織	資本額(元)	職工數	年產量 產量(斤)	產值(元)	備註
陽曲	瑞崇隆	督軍街	清光緒三十二年	獨資	一、五〇〇	一三	一三、四四〇	二、四一九	
	興勝酒店	府東街	民國二十二年四月	獨資	三、〇〇〇	二一	一二、九六〇	二、六七〇	

	合盛泉	督軍街	民國二十三年七月	獨資	二、〇〇〇	一四	一二、九六〇	二、六七〇
	永醴洲泉記	西羊市街	民國十九年	獨資	二〇〇	八	八、四〇〇	一、五一二
	永醴淵世記	南街	民國二十三年	獨資	八〇〇	一〇	一一、二八〇	二、〇三〇
	德源永	南街	民國二十三年	獨資	一、二〇〇	一〇	一一、二八〇	二、〇三〇
	永壽亨	鐵匠巷	清同治八年	合資	四八〇	一一	一一、二八〇	二、〇三〇
	鳳順隆	鐵匠巷	民國五年	獨資	二、〇〇〇	九	一二、四〇〇	二、二三二
	益源慶	寧化府街	民國元年	合資	一、〇〇〇	一四	一四、〇四〇	二、五二七
	正星陸	都司街	民國十九年	獨資	四〇〇	一〇	一〇、〇八〇	一、八一四
	德逢源義記	平順街	民國二十一年	獨資	六〇〇	九	一三、四四〇	二、四一九
	公記酒店	下北關	民國二十三年	獨資	一、〇〇〇	一五	二三、五二〇	四、二三四
	義恆永	上北關	民國十三年	合資	二、〇〇〇	二〇	一五、四〇〇	二、七七二
太源	鐘聚泰	城南街	民國八年二月	合資	三、九〇〇	一四	四八、〇〇〇	七、二〇〇
	臣成源	晉祠鎮	民國二十年三月	合資	二、五〇〇	一一	四四、〇〇〇	六、六〇〇
	天義成	北格鎮	清光緒三十年二月	合資	二、五〇〇	八	二〇、四〇〇	三、〇六〇
	萬泉聚	城東街	民國二十三年二月	合資	四、四二〇	一〇	三六、〇〇〇	五、四〇〇
榆次	德泉湧	南關小西門街	民國七年一月	合資	三、〇〇〇	七	一六、三四〇	二、四五一
	德順泉	城內北大街	民國三年四月	合資	六、〇〇〇	七	一四、一五〇	二、一二三

	四合隆	城內小井巷	民國二十年十月	合資	二、〇〇〇	五	一六、三八〇	二、四五七	
	通泉滴德記	大東關街	民國二十三年七月	合資	一、五〇〇	七	一五、六五六	二、三〇八	
太谷	廣義永	東門外	清光緒二十九年五月	合資	七、七〇〇	二五	四一、六〇〇	五、六一六	
	崇興泰	朝陽村	民國五年四月	獨資	四、二〇〇	二〇	四〇、一一〇	五、二九五	
	公生泉	杏林村	民國八年九月	獨資	五、〇〇〇	一八	四二、三五〇	五、七六〇	
	慶金茂	南席村	民國二十三年四月	合資	五、五〇〇	二四	四三、〇五五	五、六八三	
	鼎益豐	北洸村	民國二十三年九月	合資	六、〇〇〇	二〇	四一、六八〇	五、六六八	
祁縣	興裕源	南關	清光緒四年	獨資	二、〇〇〇	一〇	四〇、八〇〇	四、二九五	
	恆泰長沅記	東關	民國十九年	獨資	三、〇〇〇	一二	四〇、九〇〇	四、三三五	
	德豐瑞	東觀鎮	民國元年	獨資	二、〇〇〇	一一	四〇、〇〇〇	四、二〇〇	
	義美泉	東觀鎮	民國六年	合資	四、五〇〇	一〇	四〇、二〇〇	四、二二一	
	天盛川	東觀鎮	民國二十一年	合資	二、〇〇〇	一一	四〇、二〇〇	四、二二一	
徐溝	天源盛	城內西後街	民國二十一年二月	獨資	四、〇〇〇	七	一四、四〇〇	二、三〇四	
	聚慶泉	城內東後街	民國十三年二月	獨資	四、六〇〇	八	一四、四〇〇	二、三〇四	
清源	義興泉	南門外	民國二十一年四月	獨資	一二、〇〇〇	二三	二七、八〇〇	三、六一四	兼營醋及葫油
	新記益華釀酒公司	桑市	民國十年十月	股份有限公司	四五、〇〇〇	二九	五〇、一五〇	七、五五〇	
	義興隆	南門內	民國七年三月	合資	一一、〇〇〇	一六	二六、五〇〇	三、四四五	兼營麵油業

	晋和玉	北門內	清光緒三十三年一月	合資	七、七〇〇	一五	二五、九〇〇	三、三六七	兼營麵油業
	益華公	西門外	民國二十一年七月	合資	三一、五〇〇	二〇	二八、〇〇〇	三、六四〇	兼營麵油業
	永泰長	東于村	民國十五年六月	獨資	一四、〇〇〇	二五	二七、八〇〇	三、六一四	兼營麵油業
	大醴泉	高白鎮	民國八年三月	合資	九、〇〇〇	二三	二五、八〇〇	三、三五四	兼營麵油業
	乾恆泰	東于鎮	民國二十二年一月	合資	一六、五〇〇	一七	二九、八〇〇	三、八七四	兼營麵油業
交城	永長勝	沙河街	民國十一年二月	合資	三、〇〇〇	一一	一九、八〇〇	二、九七〇	
	永慶泉	東關街	民國二十一年七月	合資	四、〇〇〇	一〇	一八、四八〇	二、七七二	
	天德泉	陽渠村	民國二十二年三月	合資	四、二〇〇	九	一九、〇〇八	二、八五一	
文水	永泉長	南關	民國二十二年二月	合資	四、〇〇〇	一〇	六〇、〇〇〇	七、八〇〇	
	廣順源	孝義鎮	民國十七年一月	合資	三、二〇〇	九	五八、〇〇〇	七、五四〇	
岢嵐	永新酒店	本城	民國元年一月	獨資	一、〇〇〇	九	一二、〇〇〇	一、三二〇	
	德源酒店	本城	民國八年二月	獨資	七八〇	一〇	一〇、五〇〇	一、一五五	
	德盛長酒店	本城	民國二十一年三月	獨資	一、一五〇	一〇	一一、四〇〇	一、二五四	
	石和泉酒店	閻家坪	民國二十三年七月	獨國	一五〇	三	二、四〇〇	二一六	
	張五羊酒房	項條坡	民國二十三年七月	獨資	一五〇	二	二、四〇〇	二一六	
嵐縣	九如樓	城內	清光緒十年	獨資	一、〇五〇	八	六、〇〇〇	六〇〇	
	温法全	闇沐浴	民國八年	獨資	一、四〇〇	六	一〇、五〇〇	一、〇五〇	

	丁[illegible]	合會村	民國二十三年	獨資	一、三五〇	六	九、六〇〇	九六〇
	牛元善	西村	民國二十年	獨資	九〇〇	六	九、三〇〇	九三〇
興縣	復康酒房	南關	民國二十三年	合資	五〇〇	四	八、四〇〇	一、二六〇
	萬順德	東關	民國十八年	獨資	四〇〇	五	四、二〇〇	六三〇
	濟慎永	南關	民國元年	獨資	四〇〇	四	八、四〇〇	一、二六〇
汾陽	義泉湧裕記	本城	清光緒初年	合資	五、〇〇〇	一四	一五、〇〇〇	三、〇〇〇
	永興恆	本城	清光緒三十年	合資	一、八〇〇	一七	一五、〇〇〇	三、〇〇〇
	廣和興	本城	清光緒十八年	獨資	二、六〇〇	一一	一五、〇〇〇	三、〇〇〇
	興隆泉	東關	民國十四年	合資	一、八〇〇	一三	一五、〇〇〇	三、〇〇〇
	德生泉	東關	民國十三年	合資	二、九〇〇	一〇	一五、〇〇〇	三、〇〇〇
	興盛長	白石村	清光緒二年	獨資	二、九六〇	一四	二〇、〇〇〇	四、〇〇〇
	廣茂恆	濟家莊	清光緒三年	獨資	一、一〇〇	一〇	一五、〇〇〇	三、〇〇〇
	麗淵居	安頭村	清光緒四年	獨資	二、五〇〇	一六	二〇、〇〇〇	四、〇〇〇
	天成公	北小堡	清光緒五年	獨資	一、二〇〇	一五	二〇、〇〇〇	四、〇〇〇
	義和長	董家莊	民國二十四年	獨資	二、〇〇〇	一〇	一五、〇〇〇	三、〇〇〇
	義順魁	杏花村	清光緒元年	合資	五、二〇〇	一五	二〇、〇〇〇	四、〇〇〇
	三盛魁	杏花村	清光緒三十四年	合資	九、〇〇〇	二〇	二〇、〇〇〇	四、〇〇〇

興隆源	眞村鎭	清光緒三十年	獨資	一、七〇〇	一四	一五、〇〇〇	三、〇〇〇	
德厚成	盡善村	清光緒三年	獨資	四、五〇〇	一四	二五、〇〇〇	五、〇〇〇	
義泉泳	盡善村	民國二十三年	合資	五、〇〇〇	二五	二五、〇〇〇	五、〇〇〇	
天豐泰	羅城鎭	民國二十四年	合資	一、五〇〇	一二	一五、〇〇〇	三、〇〇〇	
正興源	董寺村	民國二十二年	合資	一、八〇〇	一一	一五、〇〇〇	三、〇〇〇	
平遙								
萃成海	南大街	清光緒十二年	合資	五〇〇	二〇	二五、一六〇	二、二六四	
永盛隆	城隍廟街	民國二十年	合資	五〇〇	一六	二五、一八〇	二、二六六	
雙成公	西大街	清光緒十六年	獨資	五〇〇	一〇	二五、一〇〇	二、二五九	
沅泰湧	西大街	清光緒二十二年	合資	六〇〇	一三	二五、〇〇〇	二、二五〇	
仁義湧	柏森村	民國二十四年	合資	二〇〇	一〇	八、五〇〇	七六五	
光裕昌	汪湛村	民國二十一年	合資	六〇〇	一四	三一、六〇〇	二、八四四	
源泉永	黎基村	民國二十三年	合資	四九〇	一〇	三一、五〇〇	二、八三五	
恆盛泉	小胡村	民國二十三年	合資	五〇〇	一〇	三一、〇〇〇	二、七九〇	
永盛興	東大街	民國二十一年	合資	五四〇	一〇	二五、二〇〇	二、二六八	
義泉源	北營村	民國二十一年	獨資	三〇〇	九	三一、二〇〇	二、八〇八	
茂源泳	岳壁村	民國二十一年	合資	五〇〇	一二	二一、六〇〇	二、八四四	
同義源	梁守村	民國六年	獨資	二五〇	一五	三一、七〇〇	二、八五三	

介休	福信湧	西門外	民國九年	合資	二、五〇〇	一九	二〇、〇〇〇	二、四〇〇
	福盛泉	西門外	民國十六年	合資	三、五〇〇	二五	二二、〇〇〇	二、六四〇
	協慶泳	東關外	民國二十三年	獨資	三、五〇〇	二五	二二、〇〇〇	二、六四〇
	福泉湧	連福村	民國二十三年	合資	二、五〇〇	二五	二〇、〇〇〇	二、四〇〇
	公泰湧	張蘭鎮	民國二十二年	合資	三、五〇〇	二四	二〇、〇〇〇	二、四〇〇
臨縣	復義永	縣城	民國二十三年	獨資	八〇〇	六	六、三七五	五一〇
	恒義昌	縣城	民國二十三年	獨資	四〇〇	八	六、〇〇〇	四八〇
	義順昌	縣城	民國二十四年	獨資	四〇〇	一一	三、〇〇〇	二四〇
	復和義	縣城	民國二十二年	合資	四二〇	五	三、〇〇〇	二四〇
石樓	復興泉	岔溝村	民國三年一月	獨資	五〇〇	六	三一、五〇〇	四、三二〇
	三合成	王村	清光緒二十七年一月	獨資	三五〇	八	三五、〇〇〇	四、八〇〇
離石	萬盛泉	城內	民國八年二月	合資	二〇〇	九	一六、八〇〇	一、六八〇
	德成湧	東關	民國十六年一月	合資	五〇〇	八	一四、四〇〇	一、四四〇
	金勝泉	東關	民國十四年一月	合資	二〇〇	五	八、〇〇〇	八〇〇
	晉裕泉	南關	民國二十四年一月	合資	九〇〇	六	八、〇〇〇	八〇〇
	復興永	馬茂莊	民國二十年一月	合資	三〇〇	六	八、〇〇〇	八〇〇
	薛汝吉酒店	吳城鎮	民國二十一年一月	獨資	二〇〇	四	六、〇〇〇	六〇〇

	恆盛長	王村	民國十九年一月	合資	九〇〇	四	二四、〇〇〇	二、四〇〇	
	萬興號	大武	民國十八年一月	合資	三〇〇	八	二四、〇〇〇	二、四〇〇	
	復盛泉	礦石	民國三年二月	合資	一、二〇〇	一三	三二、〇〇〇	三、二〇〇	
方山	義源成	方山城	清宣統二年	獨資	六、四〇〇	一七	七、〇〇〇	七〇〇	雜貨兼營
	恆益茂	圪洞	清光緒十八年	獨資	二、〇〇〇	一七	八、〇〇〇	八四〇	雜貨兼營
	聚興泳	峪口	民國二十三年	獨資	七〇〇	一二	七、〇〇〇	七〇〇	雜貨兼營
中陽	復順昌酒坊	城內南街	民國二十四年五月	獨資	一〇〇	三	四、〇〇〇	四八〇	
	玉興成酒坊	城內東街	民國二十三年一月	獨資	一二〇	三	四、八〇〇	五七六	
	高應通酒坊	城內東街	民國二十四年二月	獨資	一〇〇	三	三、二〇〇	三八四	
長治	合盛元	東街	民國二十二年四月	合資	一、五〇〇	七	三四、五六〇	三、八〇二	
	同發華	馬坊頭村	民國十八年十月	獨資	一、二〇〇	六	四三、二〇〇	四、七五二	
	同興裕	馬坊頭村	民國十六年三月	獨資	二、〇〇〇	六	五一、八四〇	五、七〇二	
	海成酒坊	壁頭村	民國十年十月	獨資	一、五〇〇	五	四七、五二〇	五、二二七	
長子	義盛永	南城村	民國元年二月	合資	一、五〇〇	一二	一六、二〇〇	二、五九二	
	天盛永	兩水村	民國元年八月	合資	一、二〇〇	一一	九、七二〇	一、五五五	
	天義成	龍塘村	民國三年五月	獨資	一、六〇〇	一四	一六、二〇〇	二、五九二	
	醴泉湧	堡頭	民國三年八月	獨資	一、八〇〇	一五	一六、二〇〇	二、五九二	

	林恒昌	鮑店	民國十六年十月	獨資	一、五〇〇	一二	一六、二〇〇	二、五九二
	集義原	張店鎮	民國二十年七月	獨資	一、〇〇〇	一〇	九、七二〇	一、五五五
	天興麵坊	張店鎮	民國二十年十月	獨資	一、八〇〇	一五	二四、七五〇	三、九六〇
	永盛和	賈村	民國八年四月	合資	一、三〇〇	一一	九、七二〇	一、五五五
	天順酒坊	東北陳	民國十二年八月	合資	一、四〇〇	一二	九、七二〇	一、五五五
	三元公	青仁村	民國七年三月	合資	一、一〇〇	一一	九、七二〇	一、五五五
屯留	福盛泉	王公莊	民國二年三月	獨資	四〇〇	四	七二、〇〇〇	七、二〇〇
	天義永	路村	民國八年五月	獨資	六〇〇	五	六〇、〇〇〇	六、〇〇〇
	永盛泉	張店鎮	民國十五年十月	獨資	四〇〇	四	七二、〇〇〇	七、二〇〇
襄垣	聚豐源	東街	民國十三年七月	獨資	一、〇〇〇	五	一五、〇〇〇	一、八〇〇
	長盛酒坊	西關	民國十八年七月	獨資	七五〇	五	一三、〇〇〇	一、五六〇
	鼎隆盛	東關	清宣統二年四月	獨資	七〇〇	五	一三、〇〇〇	一、五六〇
	西成李	樓角衣	清宣統元年二月	獨資	五五〇	六	一七、〇〇〇	二、〇四〇
	晉豐源	虒亭	民國十五年八月	獨資	八〇〇	四	一四、〇〇〇	一、六八〇
潞城	長興酒坊	南關	民國八年	合資	九〇〇	六	八、〇〇〇	六四〇
	忠盛酒坊	安昌村	民國十年	合資	九〇〇	八	八、〇〇〇	六四〇
	仁義酒坊	澤頭村	民國十二年	合資	七五〇	五	七、五〇〇	六〇〇

	元順酒坊	下省村	民國九年	合資	七六〇	五	七、五〇〇	六〇〇
	元興酒坊	垂陽村	民國七年	合資	九二〇	七	八、〇〇〇	六四〇
黎城	裕記酒店	本城南關	民國二十三年八月	獨資	五五〇	八	二、〇〇〇	三〇〇
壺關	大安春酒坊	大安村	民國十五年	獨資	一、五〇〇	六	一〇、八〇〇	一、〇八〇
	福盛源	固村	民國初年	獨資	一、五〇〇	六	一一、四〇〇	一、一四〇
	南鳳酒坊	南鳳村	民國二年	獨資	一、八〇〇	六	一〇、八〇〇	一、〇八〇
	柏林酒坊	東柏林村	民國十年	合資	九〇〇	四	九、六〇〇	九六〇
	黃山酒坊	黃山村	民國十一年	合資	一、五〇〇	六	一一、四〇〇	一、一四〇
晉城	恆豐店	北城公	民國十九年	合資	三、〇〇〇	一七	四八、〇〇〇	五、七六〇
	福匯店	南義城	民國二十年	合資	三、五〇〇	一五	四八、〇〇〇	五、七六〇
	福興湧	官莊	民國二十年	合資	三、四〇〇	一八	四八、〇〇〇	五、七六〇
高平	源裕公糟坊	河西鎮	民國二十三年六月	合資	一、〇〇〇	一〇	一五、二〇〇	一、八二四
	廣興源糟坊	焦河村	民國二十三年十月	合資	一、〇〇〇	九	一四、六〇〇	一、七五二
	意逢源糟坊	官莊村	民國十一年四月	獨資	一、〇〇〇	九	一四、九〇〇	一、七八八
陵川	三合泉酒坊	平城鎮	清光緒三十八年一月	獨資	四、五〇〇	二八	三三、〇〇〇	三、九六〇
	恆盛泉酒坊	平城鎮	清光緒三十年一月	合資	四、〇〇〇	二六	二八、〇〇〇	三、三六〇
	恆盛源酒坊	平城鎮	民國四年二月	合資	四、二〇〇	二四	二八、〇〇〇	三、三六〇

協興源酒坊	平城鎮	清光緒三十二年三月	獨資	五、六〇〇	三五	三六、〇〇〇	四、三二〇
同和裕酒坊	平城鎮	民國七年九月	合資	三、五〇〇	二三	三三、〇〇〇	三、九六〇
輔益和酒坊	平城鎮	民國八年三月	合資	四、二〇〇	二四	三四、〇〇〇	四、〇八〇
泰興泉	附城鎮	民國七年九月	合資	一、六〇〇	一六	一五、〇〇〇	二、二五〇
春生長	附城村	民國二十年八月	獨資	一、八〇〇	一八	二一、〇〇〇	三、一五〇
長興泰	玉泉村	民國四年三月	合資	一、六〇〇	一六	一五、〇〇〇	二、二五〇
遼縣 永泉茂	城內	民國二十四年二月	合資	一、〇〇〇	八	一九、二〇〇	二、一一二
義泉慶	寒王鎮	民國二十年二月	合資	一、五〇〇	九	二一、六〇〇	二、三七六
自盛成	西關	民國十六年	獨資	八〇〇	七	一九、二〇〇	二、一一二
廣泉湧	東關	民國十五年	合資	三〇〇	七	一六、八〇〇	一、八四八
聚泉湧	川口村	民國二十四年二月	獨資	一、〇〇〇	八	一九、二〇〇	一、一一二
福盛源	西關	民國二十四年二月	合資	五〇〇	八	一四、四〇〇	一、五八四
醴泉源	石匣	民國二十四年三月	合資	八〇〇	七	一六、八〇〇	一、八四八
三永堂	寺坪村	民國二十年四月	合資	六〇〇	七	一四、四〇〇	一、五八四
復和成	松樹坪	民國二十四年二月	合資	八〇〇	七	一四、四〇〇	一、五八四
裕興源	桐峪鎮	民國二十年四月	合資	四〇〇	七	一九、二〇〇	二、一一二
生和永	寒王鎮	民國二十四年二月	合資	八〇〇	七	一四、四〇〇	一、五八四

	廣泉湧	殷家莊	民國二十四年三月	合資	一、〇〇〇	七	一六、八〇〇	一、八四八
	瑞和泉	殷家莊	民國二十四年二月	合資	八〇〇	七	一四、四〇〇	一、五八四
	晉和源	小嶺底	民國二十四年五月	合資	六〇〇	七	一四、四〇〇	一、五八四
和順	晉和源	南關	民國四年	合資	八〇〇	八	一一、〇〇〇	一、三二〇
	公益號	東關	民國二十四年	合資	六五〇	六	一〇、五〇〇	一、二六〇
榆社	義聚恒	本縣	民國二十三年二月	合資	三、九六〇	八	七、〇〇〇	八四〇
	義淵湧	社城鎮	民國元年三月	合資	三、二〇〇	八	七、〇〇〇	八四〇
	寶淸泉	雲簇鎮	民國元年三月	合資	二、六〇〇	七	八、〇〇〇	九六〇
沁縣	天心久	縣內	民國十八年九月	獨資	六六〇	四	二、四〇〇	三六〇
	全合湧	縣內	民國二十年三月	獨資	八〇〇	四	三、〇〇〇	四五〇
沁源	同心義	東關	民國十二年七月	合資	四、二〇〇	一〇	一〇、〇〇〇	一、〇〇〇
	太和沅	東關	民國二十二年七月	合資	四、〇〇〇	一〇	九、六〇〇	九六〇
	天昇義	中峪鎮	民國二十四年一月	合資	二、四〇〇	一六	一二、〇〇〇	一、二〇〇
	蔚隆源	韓洪鎮	民國二年一月	合資	七、二〇〇	一五	一二、〇〇〇	一、二〇〇
	蔚鋰源	郭道鎮	民國十三年一月	合資	一、〇〇〇	九	八、〇〇〇	八〇〇
武鄉	四成慶	洪水鎮	民國元年	獨資	一、二〇〇	一〇	八、六八四	一、一二九
	萬盛淵	洪水鎮	民國二年	獨資	一、一〇〇	九	七、九九一	一、〇三九

添源湧	賈豁鎮	民國五年	獨資	九五〇	七	六、九〇五	一、八九八
德源酒	監漳鎮	民國六年	獨資	六〇〇	四	四、一八〇	五四三
聚德永	監漳鎮	民國六年	獨資	六〇〇	四	三、一四一	四〇八
廣和德	信義村	民國五年	獨資	五〇〇	三	三、〇〇二	三九〇
志源湧	上城村	民國十年	獨資	五〇〇	三	三、〇四八	三九六
淵泉泰	石盤鎮	民國二十三年	獨資	三五〇	三	三、八五七	五〇一
義順源	吳村	民國十二年	獨資	二五〇	三	一、八〇二	二三四
德源永	上廣志	民國二十三年	獨資	二九〇	三	二、七七二	三六〇
義源湧	岸北村	民國十八年	獨資	二七〇	三	二、二一七	二八八
義呂厚	深澤灘	民國二十一年	獨資	二四〇	三	一、八四八	二四〇
和義永	大有鎮	民國二十二年	獨資	二三〇	三	一、六四〇	二一三
張自成	洪水鎮	民國二十二年	獨資	三五〇	三	三、八五七	五〇一
寶泉湧	上廣志	民國二十二年	獨資	四〇〇	三	三、六〇三	四六八
復興源	黑磴村	民國二十四年	獨資	三二〇	三	二、九三三	三八一
晉源湧	石盤鎮	民國二十四年	獨資	二七〇	三	一、八九四	二四六
四海源	李家莊	民國二十三年	獨資	二八〇	三	一、八四八	二四〇
平定 德泉湧	東溝村	民國二十三年七月	獨資	五〇〇	三	七、〇〇〇	七〇〇

	增盛德	東關街	民國二十年二月	獨資	八〇〇	七	一四、〇〇〇	一、四〇〇
	裕和成	學門街	清光緒三十四年	獨資	六〇〇	三	八、〇〇〇	八〇〇
晉陽	德合成	南關	民國十二年	獨資	三〇〇	四	一六、〇〇〇	二、四〇〇
	敦和盛	城內	民國十八年	獨資	一〇〇	三	一二、〇〇〇	一、八〇〇
	萬順成	田疃	民國二十年	獨資	二〇〇	三	一二、〇〇〇	一、八〇〇
	張順意	安平	民國十四年	獨資	一〇〇	三	一二、〇〇〇	一、八〇〇
盂縣	聚勝和	城內	民國十八年二月	合資	五〇〇	一〇	二四五、八五〇	三六、八七八
	福麗森	城內	民國十五年三月	合資	九〇〇	一三	二八七、九六〇	四三、一九四
	源泉溥	城內	民國二十一年七月	合資	一、一五〇	九	二九八、五〇〇	四四、七七五
	謙恆泰	城內	民國川十三年五月	合資	一、一〇〇	八	一八七、九九〇	二八、一九九
	義生泉	城內	民國二十四年八月	合資	一、二五〇	一一	二〇五、七八〇	三〇、八六七
	醴泉通	城內	民國二十二年六月	合資	九〇〇	一一	一九七、八五〇	二九、六七八
壽陽	百川匯	草溝村	民國十五年四月	獨資	九〇〇	八	四〇、〇〇〇	六、〇〇〇
	乾太泉	東溝	民國二十年	獨資	一、二〇〇	一一	六〇、〇〇〇	九、〇〇〇
	晉生泉	宗艾	民國十六年	獨資	六〇〇	五	三〇、〇〇〇	四、五〇〇
臨汾	隆順泉酒坊	吳村	民國元年十月	合資	六〇〇	四	一六、四〇〇	一、六四〇
	同興泉酒坊	金殿	民國八年七月	合資	六〇〇	五	一六、四〇〇	一、六四〇

	德興魁酒坊	大陽	民國六年九月	合資	四〇〇	四	一二、八〇〇	一、二八〇
	興發泉酒坊	東靳村	民國十三年	合資	八〇〇	五	一六、四〇〇	一、六四〇
	河升泉酒坊	井村	民國十八年七月	合資	六〇〇	五	一五、〇〇〇	一、五〇〇
襄陵	隆興泉	南關	民國二十三年三月	獨資	二、三〇〇	六	一九、〇〇〇	二、二八〇
	會昇源	城內	民國二十三年二月	合資	三、五〇〇	八	二五、〇〇〇	三、〇〇〇
	六合泉	濱泉村	民國二十一年四月	獨資	二、五〇〇	六	一八、〇〇〇	二、一六〇
	隆興源	京安鎮	民國十八年七月	獨資	一、七〇〇	五	一六、〇〇〇	一、九二〇
浮山	晉盛湧酒坊	響水鎮北街	民國二十年二月	合資	一、〇〇〇	七	一四、〇〇〇	二、一〇〇
汾城	復盛永	古城鎮	清緒光二十九年	獨資	四、〇〇〇	二〇	四一、〇〇〇	四、一〇〇
	忠興順	古城鎮	清光緒十年	合資	一、〇〇〇	一五	三四、〇〇〇	三、四〇〇
安澤	益源永	府城村	清光緒二年二月	獨資	一、五〇〇	二	二八、八〇〇	二、八八〇
	周元慶	府城村	清光緒四年七月	獨資	一、八〇〇	三	二九、九九〇	二、九九九
	天和永	和川村	清光緒三年四月	獨資	一、六〇〇	二	二九、三四〇	二、九三四
	增盛恒	和川村	清光緒十二年九月	獨資	一、五〇〇	二	二八、一五〇	二、八一五
	四義永	亢驛村	民國七年八月	獨資	一、八〇〇	二	二九、一六〇	二、九一六
	純興德	北平村	清光緒十一年七月	獨資	二、〇〇〇	三	三〇、六〇〇	三、〇六〇
曲沃	泉盛公	本縣	民國二十二年九月	合資	九二〇	五	三〇、〇〇〇	四、二〇〇

翼城	吉德湧	北關	民國二十三年	獨資	一、〇〇〇	七	一九、〇八〇	二、四八〇	
吉縣	太和元	西關	清光緒二十年九月	合資	一、五〇〇	一〇	五、〇〇〇	六〇〇	
	通順成	南關	清光緒二十八年八月	合資	五、二〇〇	一〇	五、二五〇	六三〇	
	順興正	東關	清光緒十四年二月	獨資	二、一九五	九	三、七五〇	四五〇	
	同意興	東關	民國十八年九月	合資	三、八二〇	八	四、五〇〇	五四〇	
	德豐厚	東關	民國二十三年七月	獨資	三、一〇〇	六	五、五〇〇	六六〇	
	天義成	曹井村	民國二十年七月	合資	四、五〇〇	五	五、五〇〇	六六〇	
	東川源	桑峨村	民國二十年二月	獨資	三、三〇〇	一五	六、五〇〇	七八〇	
鄉寧	瑞昇永	城內	民國元年一月	合資	七五〇	七	一五、〇〇〇	一、五〇〇	
	長春茂	城內	民國三年一月	合資	六〇〇	七	一四、九五〇	一、四九五	
芮城	福盛源	東街	民國二十二年九月	獨資	九〇〇	六	九、五〇〇	一、九〇〇	
	敬信誠	石門村	民國二十二年八月	獨資	一、〇〇〇	七	一一、七〇〇	二、三四〇	
	永勝成	南關	民國二十四年四月	獨資	八〇〇	六	九、五〇〇	一、九〇〇	
稷山	復盛永	東關	民國十六年四月	獨資	二、三〇〇	一〇	三〇、〇〇〇	四、五〇〇	
	清盛合	楊趙河	民國十五年二月	獨資	一、五〇〇	七	一〇、〇〇〇	一、五〇〇	
垣曲	同盛源酒坊	峪子村	民國二十一年三月	獨資	五〇	二	八〇〇	一二八	
	泰興源酒坊	堡頭村	民國二十年三月	合資	八〇	二	一、二〇〇	一九二	

	永興德酒坊	保頭村	民國民國十七年四月	獨資	一〇〇	三	一、〇〇〇	一六〇
	清和酒坊	北關	民國十九年四月	獨資	五〇	二	八〇〇	一二八
	聚源長酒坊	同善鎮	民國二十年五月	獨資	四〇	二	六〇〇	九六
	同興酒坊	東灘村	民國二十二年五月	合資	五〇	二	一、〇〇〇	一六〇
	順興合酒坊	皐落鎮	民國二十一年一月	合資	五〇	三	一、〇〇〇	一六〇
靈石	新泰泉	水頭鎮	民國十四年	獨資	四、〇〇〇	一五	一八、〇〇〇	二、一六〇
	景福泉	靜昇鎮		合資	六、〇〇〇	一六	二四、〇〇〇	二、八八〇
	裕泉永	靜昇鎮	民國二十年	合資	六、〇〇〇	一六	一五、〇〇〇	一、八〇〇
	慶豐玉	仁義鎮	民國八年	獨資	四、〇〇〇	一三	一二、〇〇〇	一、四〇〇
	趙豐敬	鸛鵲村	民國二十二年	獨資	五〇〇	五	三、〇〇〇	三六〇
大寧	澁牛泉酒坊	縣內	民國十四年三月	合資	二、五〇〇	一九	五〇、〇〇〇	五、〇〇〇
永和	永成泉	北關	民國二十四年三月	合資	七、〇〇五	一一	三八、五〇〇	五、〇〇五
蒲縣	復復泉	大東關	清光緒二十九年	合資	二、六〇〇	二三	三七、八〇〇	三、七八〇
	隆盛泉	小東關	清宣統二年	合資	四、一〇〇	一八	四四、八〇〇	四、四八〇
	豐泰恒	小東關	民國二年	合資	二、八七五	二一	三八、三四〇	三、八三四
	永泰泉	小東關	民國十六年	合資	三、九五〇	二〇	三九、七六〇	三、九七六
	同興利	小東關	民國二十三年	合資	一、五〇〇	一七	三一、九五〇	三、一九五

大同	永茂源	北街	民國四年一月	獨資	二、〇〇〇	九	三五、〇〇〇	五、六〇〇
	德義源	北街	清光緒十一年	獨資	六〇〇	九	九、五八〇	一、五三三
	永源厚	北街	清宣統二年	合資	一、八〇〇	一〇	三四、四〇〇	五、五〇四
	同義榮	皇城街	民國二十一年	合資	三、〇〇〇	一〇	二三、〇〇〇	三、六八〇
	瑞成永	東街	清光緒十二年	獨資	一、一〇〇	八	二四、五〇〇	三、九二〇
	萬盛源	東關	民國二十三年	合資	一、九〇〇	一〇	二七、〇〇〇	四、三二〇
	天成厚	南關	民國十八年	合資	九〇〇	一一	三四、四〇〇	五、五〇四
	義順泉	南街	民國二十三年	獨資	九〇〇	八	二四、四七〇	三、九一五
	永瑞泉	南街	清光緒二十八年	獨資	一、九〇〇	八	三一、二〇〇	四、九九二
	德盛權	南街	民國二十三年	獨資	一、一〇〇	九	二三、六〇〇	三、七七六
	集盛泉	西街	民國二十四年	合資	一、八〇〇	一〇	二二、二六〇	三、五六二
	復和源	西街	民國二十二年	合資	二、〇〇〇	一一	二九、九〇〇	四、七八四
	恒豐永	西街	民國二十二年	獨資	一、三〇〇	九	二四、五〇〇	三、九二〇
渾源	萬景隆	東街	清光緒二十二年二月	獨資	一、七〇〇	一六	五〇、〇〇〇	四、五〇〇
	玉得成	南關	民國六年七月	合資	一、六〇〇	一八	五〇、〇〇〇	四、五〇〇
	晉成永	西關	民國二十年六月	合資	一、二五〇	一八	五〇、〇〇〇	四、五〇〇
	慶和祥	南關	民國二十三年三月	獨資	二、四〇〇	一九	五〇、〇〇〇	四、五〇〇

得聚隆	木市街	民國元年三月	獨資	二、五〇〇	一八	五〇、〇〇〇	四、五〇〇
恒盛公	木市街	民國元年三月	獨資	二、五〇〇	一九	五〇、〇〇〇	四、五〇〇
義隆永	火神廟街	清光緒二十六年三月	獨資	二、〇〇〇	一七	五〇、〇〇〇	四、五〇〇
復勝魁	南關	民國五年六月	獨資	一、五〇〇	一八	五〇、〇〇〇	四、五〇〇
德厚誠	東街	民國二十三年五月	合資	二、一〇〇	一八	五〇、〇〇〇	四、五〇〇
廣新義	西關	清光緒二十一年三月	合資	五、〇〇〇	二五	五〇、〇〇〇	四、五〇〇
慶成店	南關	清光緒二十二年三月	獨資	三、五〇〇	二〇	五〇、〇〇〇	四、五〇〇
預豐恒	北關	民國二十年四月	合資	二、三〇〇	一八	五〇、〇〇〇	四、五〇〇
三泰長	南關	民國七年三月	獨資	二、〇〇〇	一七	五〇、〇〇〇	四、五〇〇
福恒德	南關	民國十一年六月	合資	二、〇〇〇	一六	五〇、〇〇〇	四、五〇〇
義喻成	下韓村	民國四年三月	合資	一、七〇〇	一七	五〇、〇〇〇	四、五〇〇
德盛新	下韓村	民國元年五月	合資	一、七〇〇	一七	五〇、〇〇〇	四、五〇〇
應縣 成記缸坊	城內	民國二十三年七月	合資	七〇〇	七	五、〇〇〇	六二五
盛記缸坊	城內	民國二十三年七月	獨資	五〇〇	八	五、〇〇〇	六二五
昌盛全	小石口	民國二十年一月	獨資	五〇〇	四	三、七五〇	四六九
大成湧缸坊	大北頭村	民國二十三年七月	獨資	四五〇	四	三、〇〇〇	三七五
于缸坊	小石口	民國二十四年七月	獨資	五〇〇	四	三、七六〇	四七〇

	義和明缸坊	小石口村	民國二十年一月	合資	六〇〇	五	五、〇〇〇	六二五
	慶記缸坊	南泉村	民國二十二年七月	合資	三〇〇	四	三、七五〇	四六九
	富記	南河種	民國二十三年七月	合資	五〇〇	五	四、五〇〇	五六三
	心懷成	南河種	民國二十四年一月	合資	一、〇〇〇	八	五、〇〇〇	六二五
懷仁	德新茂	西街	民國二十一年八月	獨資	一、〇〇〇	四	九、九〇〇	一、一八八
	萬億成	西街		獨資	六〇〇	四	七、九〇〇	九四八
	義記	西街		獨資	七八〇	四	八、四〇〇	一、〇〇八
	聚義恆	東街		獨資	五二〇	四	七、五〇〇	九〇〇
	萬泰長	東街		獨資	六〇〇	四	七、八〇〇	九三六
	萬和源	劉晏莊村		獨資	五四〇	四	六、九〇〇	八二八
	德新恆	城內		合資	六、〇五〇	八	二、七四〇	三、二八八
	中興泉	鵝毛口村		合資	四〇〇	四	五、八〇〇	六九六
山陰	大順泰	岱岳鎭	民國二十年	獨資	二、八〇〇	六	二一、六〇〇	二、五九二
	廣新永	岱岳鎭	民國十八年	獨資	一、四〇〇	五	二一、六〇〇	二、五九二
靈邱	福義和	魁見街	民國十五年二月	合資	一、〇〇〇	八	一八、〇〇〇	二、一六〇
	魁隆永	魁見街	清光緒十二年	獨資	六〇〇	六	一八、〇〇〇	二、一六〇
	雙福全	魁見街	清乾隆八年	獨資	三〇〇	八	一八、三〇〇	二、一九六

	寶全號	魁見街	清光緒四年	合資	一、〇〇〇	九	一八、〇〇〇	二、一六〇
	亨義興	西關	民國十八年二月	合資	六五〇	一〇	一七、四九六	二、一〇〇
	廣復隆	西關	民國十一年二月	合資	五〇〇	七	一八、二五〇	二、一九〇
	復中興	西關	民國十二年二月	獨資	七〇〇	六	一七、二八〇	二、〇七四
廣靈	清聖源	西關	清宣統元年	獨資	一、五〇〇	九	二三、〇〇〇	二、三〇〇
	仁和祥	西關	民國二十一年	合資	一、五〇〇	九	二三、〇〇〇	二、三〇〇
	文英集	西關	民國二十一年	合資	一、五〇〇	九	二三、〇〇〇	二、三〇〇
	聚和城	東關	民國二十四年	合資	一、五〇〇	九	二三、〇〇〇	二、三〇〇
	福義生	東關	民國二十一年	獨資	一、五〇〇	九	二三、〇〇〇	二、三〇〇
	復成瑞	井灘	清光緒三十年	獨資	一、五〇〇	九	二三、〇〇〇	二、三〇〇
	泰吉亨	加斗村	清宣統三年	獨資	一、五〇〇	九	二三、〇〇〇	二、三〇〇
	積泉成	蕉山村	民國二十一年	合資	一、五〇〇	九	二三、〇〇〇	二、三〇〇
	明泉湧	蕉山村	民國二十一年	獨資	一、五〇〇	九	二三、〇〇〇	二、三〇〇
	豫順成	南村	清宣統元年	獨資	一、五〇〇	九	二三、〇〇〇	二、三〇〇
	長春號	砂嶺	民國二十三年	合資	一、五〇〇	九	二三、〇〇〇	二、三〇〇
	湧源茂	王宂村	民國二十二年	合資	一、五〇〇	九	二三、〇〇〇	二、三〇〇
	裕泉成	洗馬莊	民國二十三年	合資	一、五〇〇	九	二三、〇〇〇	二、三〇〇

陽高	合成永	東街	民國二十三年八月	合資	一〇、〇〇〇	九	二一、六〇〇	二、三七六	
	德榮馨	南街	清光緒三十三年二月	獨資	一、一〇〇	九	二一、六〇〇	二、三七六	
	德興裕	南街	民國二十一年二月	獨資	七八七	八	二一、六〇〇	二、三七六	
	福順宏	南街	民國十七年十一月	合資	一、一七三	九	二一、六〇〇	二、三七六	
	萬慶榮	東街	民國十五年十二月	獨資	一、〇〇〇	八	二一、六〇〇	二、三七六	
	萬太源	西街	民國二十年四月	合資	三、五〇〇	八	二一、六〇〇	二、三七六	
天鎮	德亨泰	本城	民國六年	獨資	三、六〇〇	一四	一三、〇〇〇	二、〇〇〇	
	裕和公	本城	民國十一年	獨資	二、五〇〇	一〇	一三、〇〇〇	二、〇〇〇	
	德恆興	本城	民國十九年	獨資	二、五〇〇	一二	一三、〇〇〇	二、〇〇〇	
	玉成泉	李馮窰	民國二十二年	獨資	一、三〇〇	六	一三、〇〇〇	二、〇〇〇	
	雎敦義	安家皂	民國二十二年	合資	一、三〇〇	七	一三、〇〇〇	二、〇〇〇	
	熊玉山	循家村	民國二十三年	合資	一、三〇〇	七	一三、〇〇〇	二、〇〇〇	
	李有芳	新平堡	民國二十年	獨資	一、三〇〇	七	一三、〇〇〇	二、〇〇〇	
右玉	興順泉	城內	—	合資	二、四〇〇	三	九、二〇〇	八二八	
	增盛泉	城內	—	獨資	八、〇〇〇	三	九、二〇〇	八二八	
	常文斌	威坪堡	—	獨資		一	五、二〇〇	四六八	農家副業
	朱杯	米家莊窩	—	獨資		一	四、〇〇〇	三六〇	農家副業

	周業	東石仁坡		獨資			四、〇〇〇	三六〇	農家副業
	沈瑜	威遠堡		獨資			三、〇〇〇	二七〇	農家副業
朔縣	恆茂昌	城內	清光緒二十二年	合資	一、六〇〇	一三	三〇、〇〇〇	二、四〇〇	
	德裕亨	城內	民國六年三月	獨資	四、〇〇〇	一二	四〇、〇〇〇	三、二〇〇	
	集祥成	城內	清光緒三年二月	合資	四五〇	七	一四、〇〇〇	一、一二〇	
	德紹源	城內	民國十九年三月	合資	一、〇〇〇	一〇	一六、〇〇〇	一、二八〇	
	得生湧	城內	民國十年五月	獨資	一、四〇〇	九	二六、〇〇〇	二、〇八〇	
	德義隆	城內	民國十五年四月	合資	一、六〇〇	一〇	三四、〇〇〇	二、七二〇	
	德慶永	城內	民國五年六月	合資	七五〇	一一	二四、〇〇〇	一、九二〇	
	恆義源	城內	民國三年五月	合資	四、〇〇〇	一六	三〇、〇〇〇	二、四〇〇	
	西記	城內	民國三年七月	合資	二、五〇〇	九	三六、〇〇〇	二、八八〇	
	恆慶成	城內	左民國元年三月	合資	二、〇〇〇	一三	四〇、〇〇〇	三、二〇〇	
左雲	萬義泉	南街	民國七年	合資	一、五〇〇		一一、〇〇〇	一、一〇〇	
	萬德泉	南街	民國十三年	合資	一、六〇〇		一二、〇〇〇	一、二〇〇	
	福成泉	北街	民國十年	合資	五〇〇		三、五〇〇	三五〇	
	福義湧	北街	民國十二年	合資	一、〇〇〇		七、〇〇〇	七〇〇	
	萬豐泉	北街	民國十五年	合資	一、〇〇〇		一一、〇〇〇	一、一〇〇	

	天義和	西街	民國元年	獨資	五〇〇		七、〇〇〇	七〇〇
	德懋功	正街	民國十九年	獨資	八〇〇		七、〇〇〇	七〇〇
	德厚泉	城內	清光緒三十年	合資	一、〇〇〇		七、〇〇〇	七〇〇
	永慶泉	城內	民國七年	獨資	一、三〇〇		一七、〇〇〇	一、七〇〇
平魯	廣和慶	井坪鎮	民國十八年	合資	二、〇〇〇	一〇	二〇、〇〇〇	二、〇〇〇
	德裕長	井坪鎮	民國十八年	獨資	一、四一〇	八	一七、五〇〇	一、七五〇
	德記	井坪鎮	民國十八年	合資	九八〇	九	一七、五〇〇	一、七五〇
神池	恆利魁	八角堡	民國二十年	獨資	二五〇	三	四、〇〇〇	四〇〇
	張先明	八角堡	民國二十二年	獨資	二〇四	三	三、六〇〇	三六〇
	添福泉	趙官莊	民國十七年	獨資	三六三	三	五、〇〇〇	五〇〇
	鄧福	小莊窩	民國十七年	獨資	二九五	三	四、二〇〇	四二〇
	謙益湧	虎北	民國十八年	獨資	二三一	三	三、八〇〇	三八〇
	義順永	塘澗	民國十七年	獨資	二九五	三	四、二〇〇	四二〇
	德明泉	山口村	民國十八合	獨資	二九五	三	四、二〇〇	四二〇
	福祥源	義井鎮	民國十一年	獨資	二九五	三	四、二〇〇	四二〇
	昌勝源	虎北	民國十五年	合資	三二九	三	四、六〇〇	四六〇
	同德泉	賀職	民國二十二年	獨資	三〇二	三	四、四〇〇	四四〇

偏關	三和泉	南門街	民國十九年	合資	五〇〇	五	一〇、〇〇〇	一、一〇〇	
	劉缸坊	第一區	民國十九年	獨資	七〇〇	三	一六、〇〇〇	一、七六〇	
五寨	瑞生慶	城內	民國十一年三月	合資	五〇〇	三	一〇、〇〇〇	一、二〇〇	
	義生久	城內	民國十九年五月	獨資	三〇〇	三	八、〇〇〇	九六〇	
	德合昌	城內	民國十五年四月	獨資	五〇〇	三	九、〇〇〇	一、〇八〇	
	振興店	三岔堡	民國十五年六月	獨資	四〇〇	三	一〇、〇〇〇	一、二〇〇	
	德園興	東秀莊	清光緒二十五年五月	獨資	八〇〇	三	一三、〇〇〇	一、五六〇	
	三合泉	中所村	民國二十二年九月	合資	二〇〇	三	四、〇〇〇	四八〇	
	集義源	李家坪村	民國十六年三月	獨資	二〇〇	三	五、〇〇〇	六〇〇	
	李懷春	海子界	民國十四年五月	獨資	二五〇	三	六、〇〇〇	七二〇	
定襄	廣豐盈	大南關	清光緒十六年二月	獨資	八〇〇	一二	一二、〇〇〇	一、五六〇	
	公義生	西門街	民國二十一年三月	合資	三〇〇	八	一〇、〇〇〇	一、三〇〇	
	天興恆	小南關	民國二十二年四月	合資	五〇〇	一〇	一一、四〇〇	一、四八二	
	永合泉	財神廟街	民國二十年二月	獨資	三〇〇	七	九、六〇〇	一、二四八	
	積聚成	藍台鎮	民國十七年三月	獨資	五〇〇	一二	一二、四〇〇	一、六一二	
	榮盛泉	南王村	清光緒三十一年五月	獨資	五〇〇	一五	一二、〇〇〇	一、五六〇	
	崇慶昌	芳蘭鎮	民國二十一年七月	合資	一、〇〇〇	二五	一五、六〇〇	二、〇二八	

	四美泉	受祿鎮	民國九年四月	合資	五〇〇	一四	一一、二〇〇	一、四五六	
	天利泉	中霍鎮	民國二十三年九月	獨資	一、〇〇〇	二〇	一二、〇〇〇	一、五六〇	
靜樂	常盛酒坊	晏煩	民國六年	獨資	七五〇	六	一五、〇〇〇	二、一〇〇	
	積善酒坊	羊圈	民國十年	獨資	六四〇	五	一一、二〇〇	一、五六八	
五台	義和生	西關	民國七年二月	獨資	五〇〇	五	八、五三〇	一、一九四	
	義和昌	厚崗村	民國十年七月	獨資	三〇〇	四	八、五三五	一、一九五	
	興茂泉	耿鎮	民國十二年八月	合資	三〇〇	五	八、六五〇	一、二一一	
	聚盛泉	河北村	民國九年二月	獨資	五〇〇	七	八、六五〇	一、二一一	
	慶豐九	東治鎮	民國二年一月	獨資	五〇〇	七	九、一〇〇	一、二七四	
	慶春泉	河邊村	民國三年三月	獨資	一、〇〇〇	一〇	四五、七〇〇	六、三九八	
	遵義恆	五級村	民國六年七月	合資	五〇〇	七	九、三一〇	一、三〇三	
	復泰臨	閆家寨村	民國五年二月	獨資	三〇〇	五	九、一五七	一、二八二	
	崇德永	豆村鎮	民國十五年二月	合資	五〇〇	六	九、二七五	一、二九九	
	復泰泉	上西村	民國十七年七月	獨資	三〇〇	四	八、三二五	一、一六六	
繁峙	福德生	城內	前清年間	合資	四〇〇	六	三九、〇〇〇	四、六八〇	
	和記	城內	前清年間	獨資	三〇〇	五	四〇、三〇〇	四、八三六	
	復聚興	砂河	清光緒二十三年八月	合資	四五〇	六	三九、〇〇〇	四、六八〇	

德恆店	大營	民國七年十月	獨資	四〇〇	五	三五、七五〇	四、二九〇
聚義店	大營	民國五年四月	獨資	四〇〇	五	四二、二五〇	五、〇七〇
崞縣							
德興隆	縣城	民國二十三年三月	合資	二〇〇	四	二、四〇〇	二八八
義德泉	縣城	民國五年一月	合資	四〇〇	三	二、八八〇	三四六
萬亨泉	縣城	清宣統二年四月	合資	一五〇	三	二、四〇〇	二八八
萬和得	縣城	民國二十二年	獨資	三〇	三	二、八八〇	三四六
福聚成	縣城	民國十四年十月	合資	五〇	三	二、八八〇	三四六
德亨源	縣城	民國十七年二月	獨資	一六〇	三	二、四〇〇	二八八
敬德泉	縣城	清光緒二十年五月	合資	二〇〇	四	五、七六〇	六九一
敬昌泉	縣城	民國十四年七月	獨資	一〇〇	三	二、八八〇	三四六
萬常泉	縣城	民國二十一年九月	獨資	八〇	三	二、八八〇	三四六
永興泉	縣城	民國十七年三月	獨資	一〇〇	三	二、八八〇	三四六
晉泰恆	宏道鎮	民國二十三年一月		五〇〇	七	二、〇〇〇	二八〇
湧巨成	宏道鎮	民國十五年一月		五〇〇	八	二、〇〇〇	二八〇
清榮泉	宏道鎮	民國六年七月		四〇〇	六	一、〇〇〇	一四〇
公合泉	宏道鎮	民國二十三年一月		四〇〇	六	一、四〇〇	一九六
萬順泉	宏道鎮	民國八年九月		三〇〇	六	一、八〇〇	二五二

	復合成	宏道鎮	民國二十年二月		三〇〇	六	一、〇〇〇	一四〇	
	魯和成	宏道鎮	民國十二年四月		三〇〇	六	一、四〇〇	一九六	
	德和成	原平鎮	民國元年二月		一、〇〇〇	九	八、〇〇〇	九六〇	
	復祥瑞	原平鎮	民國九年五月		八〇〇	九	七、〇〇〇	八四〇	
	德盛源	原平鎮	民國九年二月		一、二〇〇	一二	九、八〇〇	一、一七六	
保德	治成興	東關	民國八年二月	獨資	五〇〇	一〇	五、五二〇	四九七	
	孫源全	橋頭鎮	民國七年二月	獨資	二五〇	七	三、三六〇	三〇二	
	閻馬玉	窰圪台	民國十九年二月	獨資	一五〇	七	二、八八〇	二五九	
	張開甫	窰圪台	民國十二年二月	獨資	二〇〇	九	三、一二〇	二八一	
	陳重岡	扒樓溝	民國二十一年二月	獨資	一八〇	五	三、六〇〇	三二四	
	高六弗應	鐵匠舖	民國十八年二月	聯資	一五〇	五	二、八八〇	二五九	
河曲	天益泉	西門街	民國二十四年	獨資	一、一〇〇	六	一九、五〇〇	一、七五五	
	德生泉	東門街	民國十年	獨資	一、二〇〇	六	二一、六〇〇	一、九四四	
	信業泉	南關街	民國三年	獨資	一、一〇〇	五	一七、七〇〇	一、五九三	
	淵豐裕	沙梁街	清光緒十五年	獨資	一、一〇〇	九	二六、四〇〇	二、三七六	
	復懋泉	東關街	民國二十三年	獨資	一、一〇〇	五	一六、二〇〇	一、四五八	
	玉豐恆	郝家溝	民國十三年	獨資	五〇〇	三	七、八〇〇	七〇二	

玉豐德	郝家溝	民國十五年	獨資	七〇〇	四	一〇、二〇〇	九一八	
德和泉	鄧草塢	民國八年	獨資	六〇〇	三	七、八〇〇	七〇二	
恆豐源	巡鎮	民國二年	獨資	八〇〇	四	一二、六〇〇	一、一三四	
聚源泉	巡鎮	民國五年	獨資	八〇〇	四	一二、九〇〇	一、一六一	
廣盛泉	巡鎮	民國四年	獨資	五〇〇	二	六、〇〇〇	五四〇	
復合成	榆樹灣	民國二十年	獨資	五〇〇	三	九、〇〇〇	八一〇	
竹生堂	馬柵	民國十二年	獨資	四〇〇	三	九、六〇〇	八六四	
中和成	榆樹灣	清光緒十五年	獨資	五〇〇	二	六、九〇〇	六二一	
王座省	紅崖峁	民國十年	獨資	二〇〇	二	九、九〇〇	八九一	
王六合	草家坪	民國二十年	獨資	三〇〇	二	七、八〇〇	七〇二	
協成玉	舊縣	民國十五年	獨資	五〇〇	三	九、三〇〇	八三七	
來復成	舊縣	民國十八年	獨資	二〇〇	三	九、〇〇〇	八一〇	
席二林	舊縣	民國二十一年	獨資	二〇〇	二	六、六〇〇	二九四	
總計	四七四家			八二五、四二四	四、一八七	九、七五四、九二四	一、二〇九、四五九	資本數四家未詳 工人數十三家未詳

四　醬園業（附製醋業及醬菜業）

一 沿革

醬油麵醬爲我國調味要品，國人向用舊法製造，至今尚在作坊工業之階段中，類多一面出售，一面製造，間有兼營醬菜，釀醋，及豆油等營業，此種製造場所，通稱醬園。晉省醬園，起源於周代，惟歷代相沿，新舊交替，極少盛衰之可攷。據本屆調查，醬園業較盛之區，厥爲太原，太谷，晉城，臨汾，曲沃等處，若祁縣，汾陽，平遙，長治，襄垣，高平，陵川，沁縣，平定，翼城等次之，凡此十五縣共計醬園八十家，成立於民國元年以前者占百分之二十，成立於民國元年以後者百分之八十。

二 現狀

太原　晉省現有醬園八十家，集中於太原城內者二十一家，每家資本之最大者計一萬五千元，最小者約三百元，每家所僱職工自七名至三十四名不等，全業共四百十七名，職員占三百零一名，工人占一百十六名。民國十六年間營業最旺，目下已入蕭條時期。

太谷　集中於太谷縣城者十二家，每家資本千餘元至六千元不等，所僱工人，大都由平遙、祁縣、榆次、清源、武鄉、太谷僱來，共計二百零九名，職員占一百五十四名工人占五十五名，所製醬油，品質極良，在民國初年，盛銷鄰縣，近因農村破產關係，銷路大減。

晉城　晉城醬園，集中於縣城南關一帶少在有清初年，皆由浙江省人經營，頗獲其利，自後土人仿造，家數遂增，現時計有八家，每家資本至少者一千三百元，至多者六千三百元，所僱職工自六名，至十三名，出品除醬油麵醬外，更出大頭菜等，有名於晉南。

臨汾與曲沃

臨汾與曲沃之醬園，亦都集中於縣城，臨汾現有十家，曲沃七家，每家資本三百元至一千六百元不等，職工六名至十四名，大都僱自萬泉，稷山，安邑，浮山、河津、霍縣、猗氏、新絳、趙城、平遙、萬泉、聞喜等縣，本地居民，極少精此技者。

其他各縣

至於襄垣城內有醬園四家，汾陽，沁縣，翼城等城縣各有醬園三家，長治、高平、平定等縣各有二家，祁縣、平遙、陵川等縣各有一家，每家資本多者二千元，少者三百元，所僱職工每家二名至十八名，都就地僱用，統計全省醬園資本凡二十九萬零五十六元，年產值二〇八、九四六元，職工一千零五十一名，太原約占百分之四十，太谷約占百分之十一，晉城約占百分之九，其餘各縣約占百分之四十，茲將晉省醬園現況，列表於后：

山西省醬園業現況一覽表

縣別	廠坊名	地址	設立年月	組織	資本額(元)	職工數	原料用量 白麵(斤)	黃豆(石)	食鹽(斤)	年產額 麵醬(斤)	醬油(斤)	產值(元)	備註
太原市	永盛生記	棉花巷	民國二十四年	合資	五、〇〇〇	二四	四二、一〇〇	五二	九、四〇〇	四四、〇〇〇	三六、〇〇〇	三、四八八	
	永成裕	坡子街	民國四年	合資	七、五〇〇	二〇	三六、四〇〇	四八	六、六〇〇	二四、〇〇〇	二四、〇〇〇	二、三三七	
	寶豐裕	天平巷	清宣統元年	合資	一〇、五〇〇	三	二二、六八〇	四七·六	四、二九五	五、八〇〇	二三、八〇〇	一、三六二	

永興長	上肖墻	民國二十一年	獨資	二,000	一六	二,一五〇	八	七二五	一,000	四,000	二三〇
復合居	南肖墻	民國十一年	獨資	六〇〇	七	一〇,九〇〇	二八	三,一〇〇	八,000	一四,000	一,〇四四
宏盛泰	樓兒底街	清光緒十三年	獨資	三〇〇	一八	八,000	二〇	二,二五〇	六,000	一〇,000	七六一
全盛義	水西巷	民國二十三年	合資	六,000	二七	四八,000	六〇	一〇,七五〇	五〇,000	三〇,000	三,九八四
槐德棧	水西門街	民國十九年	獨資	一〇,五〇〇	二三	三三,000	六〇	八,二五〇	三〇,000	三〇,000	二,九二二
寶林醬園	剪子巷	民國五年	獨資	四〇〇	三	一三,000	四〇	四,000	八,000	二〇,000	一,三二〇
聚桐豫	坡子街	民國二十三年	合資	一〇,000	三二	五九,000	八〇	一三,五〇〇	六〇,000	四〇,000	四,九五八
晉盛永		民國十八年	合資	一五,000	二四	六六,五〇〇	八〇	一四,七五〇	七〇,000	四〇,000	五,四八九
大興醬園	南倉巷	民國二十三年	合資	一,八七五	二二	三三,000	四〇	五,五〇〇	二〇,000	二〇,000	一,九四八
協成醬園	紡寺街	民國十四年	獨資	八〇〇	八	七,三〇〇	六六	一,九七〇	六,000	八,000	六七三
萬德永	天平西巷	民國十年	合資	七,五〇〇	二二	五九,000	八〇	三三,五〇〇	六〇,000	四〇,000	四,九五八
晉升棧	柴市清巷	清光緒三年	合資	三,000	二六	三三,000	六〇	八,二五〇	三〇,000	三〇 000	二,九二二
元盛昌	旱西門街	民國十九年	合資	一〇,000	二二	二七,四〇〇	二八	五,八五〇	三〇,000	一四,000	二,二一三
世興號北記	大北門街	民國十六年	獨資	六,二〇〇	三〇	五三,一〇〇	七二	三,二五〇	五四,000	三六,000	四,四六三
義順通	府東街	民國二十三年	合資	三,000	二六	一〇,三〇〇	一六	二,四五〇	一〇,000	八,000	八八五
廣利川	城隍街	民國二十三年	合資	二,三〇〇	二〇	八,九〇〇	八	一,八五〇	一〇,000	四,000	七八
隆盛旺集記	大南門街	民國二十年	股份有限公司	一〇,000	二五	三四,000	四〇	七,五〇〇	三六,000	三〇,000	二,七九八

	源泉醬園	內北街	民國十七年	獨資	四、〇〇〇	一三	一〇、〇〇〇		一、二〇〇	四、三〇〇	八、二〇〇	七五〇	附營油業
太谷	錦隆全	西街	民國二十三年	合資	五、〇〇〇	二七	二、五〇〇		四七〇		四、〇〇〇	二〇〇	兼營釀醋
	裕興泉	西街	民國十七年	合資	三、二〇〇	一五	一、五〇〇		二八〇		二、四〇〇	一二〇	仝上
	聚隆和	太谷西街	民國元年	合資	二、六〇〇	三	一、五〇〇		二八〇		二、四〇〇	一二〇	仝上
	錦生泉	財神廟街	民國二十二年	合資	五、五〇〇	二四	五、〇〇〇		一、二〇〇		七、〇〇〇	三五〇	仝上
	富興泉	財神廟街	民國十五年	獨資	六、五〇〇	三〇	三、〇〇〇		七五〇		四、五〇〇	二二五	仝上
	興隆泉	南街	民國十七年	合資	一、三八四	一三	一、〇〇〇		一八七		一、六〇〇	八〇	仝上
	三慶泉	南門外	民國二十一年	獨資	四、五〇〇	一七	一、五〇〇		二八〇		二、四〇〇	一二〇	仝上
	天錫泉	南門外	民國十五年	合資	四、一〇〇	一六	二、〇〇〇		五〇〇		三、〇〇〇	一五〇	仝上
	萬順泉	南門外	民國二十三年	合資	三〇〇	四	五〇〇		一三五		六〇〇	三〇	仝上
	廣順興	東街	民國二十三年	獨資	四、五〇〇	一四	一、五〇〇		二八〇		二、六〇〇	一三〇	仝上
	慶逢源	東關	民國三年	合資	三、五〇〇	一九	一、〇〇〇		一八〇		一、五〇〇	七五	仝上
	集勤園	東街	民國十四年	合資	二、五〇〇	七	一、五〇〇		二八〇		二、二〇〇	一一〇	
祁縣	人和居	東關	民國十四年	合資	二、〇〇〇	一八	一〇、〇〇〇				九、五〇〇	八五五	兼營釀醋
汾陽	德義園新記	東關	民國十六年	合資	二八、四〇〇	四三	五五、〇〇〇	二七〇	三六、〇〇〇		二四、〇〇〇	一五、三三三	仝上
	秋遺元	東關	民國二十三年	合資	三三、〇〇〇	三八	六六、〇〇〇	三一	三五、六〇〇		一三五、二五〇	一六、五四〇	仝上
	益香居	東關	清宣統元年	合資	九、四〇七	三	四〇、四〇〇	一三五	三二、四〇〇		六九、七五〇	九、一八二	仝上

平遙	德順長	街	第十七民國二十二年	合資	三〇〇	一四	二,四〇〇	三六	二,四〇〇		七,二〇〇	一,一五三	仝上
長治	潞陽春	西街	民國十七年	合資	五,〇〇〇	一三	七,〇〇〇	一四	二三〇	九,五〇〇		五九五	
	同發華	蔭城鎮	清光緒三十年	獨資	二,〇〇〇	五	一〇,〇〇〇		三〇〇	一〇,一八〇		七,〇八〇	
襄垣	源順昌	西街	民國八年	獨資	七〇〇	六	七,〇〇〇		四〇〇	三,〇〇〇		六六〇	
	協順昌	北街	民國六年	獨資	六〇〇	五	六,〇〇〇		三五〇	一〇,〇〇〇		五五〇	
	恆益隆	北街	民國二十一年	獨資	五〇〇	六	五,〇〇〇		三〇〇	八,五〇〇		四七〇	
	祥瑞德	西街	民國十年	獨資	八〇〇	五	七,〇〇〇		四〇〇	三,〇〇〇		六六〇	
晉城	永泰祥	南關黃華街	清光緒二十一年	獨資	六,一二〇	二三	一,四〇〇	一〇	五一四	二,〇〇〇	一,〇〇〇	四八〇	兼製大頭菜
	德順鎰	南關驛後街	民國十八年	合資	五,一〇〇	九	一,一二〇	八	四一二	一,六〇〇	八〇〇	三八四	仝上
	中太和	南關驛後街	清光緒三十年	獨資	四,六〇〇	一三	一九,六〇〇	一二〇	三〇,四七七	二八,〇〇〇	三,〇〇〇	六,三二〇	仝上
	興泰號	城內南大街	清宣統二年	合資	三,五〇〇	九	一四,〇〇〇	一〇〇	二七,〇三七	二〇,〇〇〇	一〇,〇〇〇	四,八〇〇	仝上
	祥順號	城內南大街	清同治八年	獨資	三,〇〇〇	九	一〇,五〇〇	一〇〇	二六,九九六	一五,〇〇〇	一〇,〇〇〇	四,一〇〇	仝上
	同泰合	南關黃華街	清宣統二年	獨資	一,九〇〇	六	九,一〇〇	九〇	二四,〇四三	一三,〇〇〇	九,〇〇〇	三,六二〇	仝上
	永豐厚	南關黃華廂	民國二十一年	獨資	二,三〇〇	六	八,四〇〇	九〇	二一,五三五	一三,〇〇〇	九,〇〇〇	三,四八〇	仝上
	天盛祥	南關黃華廂	民國十七年	獨資	一,三〇〇	六	五,八八〇	八二	一五,六九〇	八,四〇〇	二,八〇〇	二,八一六	仝上
高平	榮盛昌	城內	民國二年	獨資	四五〇	二	八〇〇			一,〇〇〇		一〇〇	
	德泰山	城內	民國十年	獨資	三〇〇	二	五〇〇			八〇〇		八〇	

陵川	義聚昌	縣城東關	民國二十四年	合資	四五〇	五	一,〇〇〇		三〇	一,二〇〇		六〇	
沙縣	萬順久	縣城內	民國六年	獨資	四〇〇	未詳	三〇〇	三	三〇〇	一,〇〇〇		六〇	
	永隆裕	縣城內	民國十二年	獨資	八〇〇	未詳	五〇〇	五	五〇〇	一,五〇〇		九〇	
	湧泉茂	縣城內	民國十八年	獨資	五〇〇	未詳	四〇〇	四	四〇〇	一,二〇〇		七三	
平定	敦元永	城內學門街	民國二十年	獨資	一,五〇〇	六	五〇,〇〇〇			七五,〇〇〇		一五,〇〇〇	
	德盛園	城內東門街	民國十八年	獨資	一,三〇〇	六	三一,二〇〇	二〇八		八〇,〇〇〇		一六,〇〇〇	
臨汾	祥泰藍	城內財神樓	清光緒年間	獨資	二四〇	八	三〇,〇〇〇			四〇,〇〇〇		一,八〇〇	
	永興長	城內鼓樓西界	清光緒年間	合資	四〇〇	一三	五〇,〇〇〇			六〇,〇〇〇		二,七〇〇	
	公興德	城內東街	清光緒年間	合資	三五〇	六	三〇,〇〇〇			三〇,〇〇〇		一,三〇〇	
	德泰和	城內東街	民國二十年	合資	五〇〇	一二	六〇,〇〇〇			七〇,〇〇〇		二,一〇〇	
	德和慶	城內扁担口	民國元年	合資	六三〇	一四	六〇,〇〇〇			七〇,〇〇〇		二,一〇〇	
	晉豐長	城內古樓西界	清宣統年間	獨資	三〇〇	六	三〇,〇〇〇			四〇,〇〇〇		一,八〇〇	
	協和盛	城外東關	民國五年	合資	五〇〇	一二	七〇,〇〇〇			八〇,〇〇〇		三,六〇〇	
	祥益和	城外東關	民國三年	合資	二〇〇	六	二〇,〇〇〇			三〇,〇〇〇		一,四〇〇	
	萬盛和	城外東關	民國三年	合資	三〇〇	六	三〇,〇〇〇			四〇,〇〇〇		一,八〇〇	
	天誠德	城內	清光緒年間	合資	五〇〇	八	五〇,〇〇〇			六〇,〇〇〇		二,七〇〇	
曲沃	義興成	橋梓巷	清咸豐八年	獨資	一,一五〇	二〇	四〇,〇〇〇			四四,〇〇〇		三,〇八〇	

	永和成	城內菜市	清宣統元年	合資	一、三〇〇	一三	四五、〇〇〇			五六、〇〇〇		四、四八〇	
	大昇永	城內大街	清光緒二十四年	合資	一、六〇〇	一〇	六〇、〇〇〇			七〇、〇〇〇		四、九〇〇	
	永興順	城內大街	民國二十三年	獨資	一、一〇〇	七	三五、〇〇〇			三二、〇〇〇		二、二四〇	
	隆興和	城內大街	民國十九年	獨資	八〇〇	五	三〇、〇〇〇			三三、〇〇〇		一、四〇〇	
	天成順	城內大街	民國三年	合資	一、二〇〇	七	四〇、〇〇〇			四四、〇〇〇		三、〇八〇	
	恒昌玉	城內大東門內	民國八年	獨資	一、三〇〇	二	三五、〇〇〇			五四、〇〇〇		三、七八〇	
翼城	百川湧	城內	民國二年	獨資	一、〇〇〇	三	一四、〇〇〇		一、五〇〇	二〇、〇〇〇		一、〇〇〇	兼製醬菜
	鴻盛	城內	民國二十三年	獨資	三〇〇	二	四、〇〇〇		六〇〇	六、〇〇〇		三〇〇	仝上
	復興成	北關	民國二十四年	獨資	一、〇〇〇	[illegible]	一四、四〇〇		一、〇〇〇	二二、〇〇〇		一、〇五〇	兼製醬菜
總計					[illegible]九〇、〇五六	一、〇五二	一、七二七、一三〇	二、三六九・六	三九一、二九五	一、七七九、九八〇	八六四、五〇〇	[illegible]〇八、九四六	

三　原料

種類及價格

醬油麵醬之原料，厥爲白麵黃豆食鹽三種，太原所用之鹽，名曰鹹鹽，來自天津及晉省之岱岳。平遙，沁縣所用之紅鹽，則係長蘆鹽，來自河南。太谷、祁縣、長治、晉城、臨汾、襄垣、陵川、曲沃、晉臨、汾陽、高平、翼城等縣所用者，則係潞鹽，產於安邑縣之運城。每百斤售價，各縣不同，普通十二元至十三元之譜，白麵黃豆，都係就出產，黃豆每石重一百三十餘斤，約價二元五角，白麵每斤價五分至五分五厘。

原料需用量

晉省醬園業所用原料，太原用量最多，太谷、晉城、臨汾、曲沃次之，汾陽、襄垣、祁縣、平遙、長治、高平、陵川、沁縣、平定翼城更次之。統計全業年需白麵一百七十一萬七千一百三十斤、黃豆二千三百六十九石六斗，食鹽用量除祁縣，高平，平定，臨汾，曲沃等縣未詳外，約需三十九萬一千二百九十五斤。

四　生產

生產方法

晉省麪醬之裝造，係將白麪蒸成饅首，堆於房內，封閉門戶，令其發酵，俟變成紅色後，再裝入甕內，配以適當之水量及食鹽，在日光中烤晒，每日攪拌一次，至十餘日後，卽成麪醬。製造醬油之法，先將黃豆煑熟，拌以白麪，堆於屋內之蓆上，將房扉緊閉，使不通空氣，以便發酵，至相當時期，盛入甕內，配和食鹽，利用日先烤晒約六十餘天，卽成醬油黃料，然後將醬油黃料置於鍋內，和以適量之水及食鹽煎煑，取出榨壓，卽成醬油。

原料配合

醬油及麪醬之原料配合，各地不同，太原製醬油百斤，需用白麪七十斤，黃豆四斗，鹹鹽三十斤。平遙製醬油百斤，用白麪二十斤，黃豆三斗四升，食鹽三十四斤，晉城製醬油百斤，需用白麪十餘斤，黃豆五斗，食鹽四十三斤。麪醬之配合，每製麪醬百斤，太原用白麪七十五斤，鹹鹽一百二十五斤，太谷用白麪七十六斤，食鹽十四斤，晉城用白麪七十斤，食鹽十三斤，曲沃用白麪九十斤，食鹽十八斤，陵川用白麪六十七斤，食鹽十斤之譜。

生產單位及產值

醬園業之醬油醬麪生產，普通以缸計，太原太谷每缸淨重約二百斤，汾陽、平遙每缸淨重一百五十斤、襄垣、高平、曲沃每缸一百二十斤，晉城麪醬每缸九十斤，醬油每缸百斤，陵川、浮山每缸重約六十斤，全省共產醬油八十六萬四千五百斤，麪醬一百七十七萬九千九百八十斤，麪醬每斤售價下等貨六分，中等貨九分，上等貨一角六分，醬油每斤售價下等貨四分，中等貨八分，上等貨二角，總值二十萬八千九百四十六元，就中太原出品最多，幾占百分之二十三强。

五　銷路與交易

行銷區域

醬油醬麪銷路，以太原市之出品，行銷區域最廣，更以晉中之冀寧道屬各縣爲主。汾陽醬油，則銷汾陽平遙、介休、孝義、文水等縣。襄垣出品則銷潞城長治高平等縣。晉城出品，間有銷及豫省，此外各縣出品，皆銷本縣境內之各村鎮。至於交易，完全現貨現款買賣，運往遠處者，普通需用荊簍裝置，

包裝情形

簍分三種，大簍可裝醬油一百二十斤，中簍六十斤小簍二十斤，惟襄垣之包裝，則用木桶，每桶淨重四十五斤。

附製醋業及醬菜業

一　製醋業

甲　概說

晉人嗜醋，凡小康之家，皆自釀造，其原料晉北採用高粱，晉南兼用柿子，惟柿醋，酸中帶有臭味，穀醋酸毋帶有香味，故售價以穀醋爲貴。據晉省各縣報告，年產值約在七十萬元以上，惟皆自釀自用，並不以從事買賣爲主，間有餘醋，則向市集出售，設坊專釀之家極少。

乙　現狀

作坊　全省製醋者，共有五十三家，其中以太谷爲最多計十二家，其次蒲縣七家，清源六家，曲沃五家，汾城四家，襄陵、汾陽、新絳各三家，徐溝、翼城、河津、沁縣等各二家，祁縣、平遙各一家，或附屬於酒醬作坊、或兼營其他雜貨、坊址大多集中於各縣城區。

資本　全業資本總數、共計十八萬一千三百十一元，其中以汾陽爲最多，佔六萬九千八百零七元，其次清源佔五萬零七百元，太谷佔四萬三千四百八十四元，再次汾城三千二百元，徐溝佔三千一百五十元，蒲縣佔二千七百十元，曲沃佔二千六百五十元，祁縣佔二千元，沁縣佔九百元，新絳河津各佔八百元，翼城佔五百六十元，平遙佔三百元，平均資本每家三千四百二十餘元，較之一般小工業爲厚，蓋係兼營其他業務之故。

原料　晉省釀醋作坊所用之原料，主要者爲高粱，其次爲小麥，其配合原料，有穀糠、麯麫、老糊四種，均係當地所產，購辦便利，高粱每担三元五角，穀糠每担五角，麯麫每斤六分，糊色每斤一分，麥每担三元，各縣原料需用量，塡報不詳，總量無從統計。

製造方法　醋之製造，先將高粱磨碎，用籠蒸熟，入甕固封，使其發酵，約二十天後，出甕和以麯麫，入燻室缸中，日理二次，約兩星期後取出，用適量之沸水冲淋，卽成酸醋，普通高粱一石，和穀糠四石及麯麫六十斤，或加糊少許，可得醋五百斤，至若平遙釀醋，純用老糊及麯麫，其製法先置淸水一甕，直接將老糊及麯麫置入甕中，用泥密封甕口，晒六十天乃成，普通之配合法約老糊五十斤，伏麯六十斤，淸水九十四斤，得醋一百五十斤。

產量　全年醋之總產量，共計二萬三千七百二十担，其中以淸源所產爲最多，計七千九百五十担，其次太谷，計產四千七百十二担，汾城產二千九百担，曲沃產二千二百二十五担，汾陽產一千三百八十九担，再次徐溝產九百七十五担，襄陵產八百七十担，新絳產八百四十担，翼城產五百四十担，河津產四百担，祁縣產一百担，平遙產七十五担。

產值

醋之價格甚廉，市面普通售價，每斤由二分至四分之譜。晉省全年醋之產值，共計六萬五千零六十元，其中以清源佔最多，共計二萬三千八百五十元，其次太谷佔九千五百六十四元，汾城佔五千八百元，翼城佔五千四百元，曲沃佔五百三十元，新絳佔四千四百三十元，汾陽佔三千四百七十二元，徐溝佔二千四百三十七元，襄陵佔一千七百四十元，蒲縣佔一千零二十七元，沁縣佔八百零二元，河津佔八元，祁縣佔二百五十元，平遙佔一百八十八元。

銷路與交易

醋之銷路，都就縣境內銷售，且以門市交易為主，故其買賣，皆為現款現貨，欠帳交易，極少行使。

山西省製醋業現況一覽表

縣別	廠坊名	地址	設立年月	組織	資本額（元）	職工數	年產額 產量（担）	年產額 產值（元）
太谷	錦隆全	西街	民國二十三年	合資	五、〇〇〇	二七	四二〇	八四〇
	裕興泉	西街	民國十七年	合資	三、二〇〇	一五	二七〇	五四〇
	聚隆和	西街	民國元年	合資	二、六〇〇	一二	二一六	四三二
	錦生泉	財神廟街	民國二十二年	合資	五、五〇〇	三四	七二〇	一、四四〇
	富興泉	財神廟街	民國十五年	獨資	六、五〇〇	三〇	六〇〇	一、二〇〇
	興隆泉	南街	民國十七年	合資	一、三八四	一三	二四〇	四八〇

	三慶泉	南門外	民國二十一年	獨資	四、五〇〇	一七	六〇〇	一、二〇〇
	天錫泉	南門外	民國十五年	合資	四、一〇〇	一六	七二〇	一、四四〇
	源泰生	南門外	民國元年	合資	二、四〇〇	一七	一八〇	三六〇
	萬順泉	南門外	民國二十三年	合資	三〇〇	五	一八〇	三六〇
	廣順興	東關	民國二十三年	獨資	四、五〇〇	一四	一四六	四三二
	慶逢源	東關	民國三十年	合資	三、五〇〇	一九	四二〇	八四〇
祁縣	人和居	東關	民國十四年	合資	二、〇〇〇	一八	一〇〇	二五〇
汾陽	德義圓新記	東關	民國十六年	合資	二八、四〇〇	四三	五一〇	一、二七五
	秋遺元	東關	民國二十三年	合資	三二、〇〇〇	三八	六四六	一、三六五
	益香居	東關	清宣統元年	合資	九、四〇七	二二	三三三	八三二
平遙	德順長	第十七街	民國二十二年	合資	三〇〇	一四	七五	一八八
翼城	公和順	城內	民國十三年	獨資	六〇	三	三〇〇	六〇〇
	同力協	北關	民國十七年	獨資	五〇〇	六	二四〇	四、八〇〇
徐溝	德豫厚	徐溝城內	清宣統元年	獨資	三、一〇〇	七	七〇〇	一、七五〇
	德勝泉	仝上	民國二十四年	合資	五〇	四	二七五	六八七
清源	義興泉	南門外	民國二十一年	獨資	一二、〇〇〇	二二	九七〇	二、九一〇
	永泉玉	仝上	民國八年	合資	六、〇〇〇	二〇	一、二〇〇	三、六〇〇

	復源長	小南門	民國三年	合資	七、一〇〇	二六	一、四四〇	四、三二〇
	玉信成	城內	民國九年	合資	七、二〇〇	二二	一、九四〇	五、八二〇
	義和裕	西關	民國十六年	合資	一〇、五〇〇	一九	一、四四〇	四、三二〇
	裕興成	城外	民國十九年	合資	七、九〇〇	二〇	九六〇	二、八八〇
沁縣	永盛源	縣城內	民國十八年	獨資	四〇〇	一	一七八	三五六
	湧源茂	仝上	民老國九年	獨資	五〇〇	一	二二三	四四六
襄陵	五成德	本縣	民國六年	獨資	一〇〇	三	三〇〇	六〇〇
	義盛德	仝上	民國二十二年	合資	五〇	二	二五〇	五〇〇
	同順合	仝上	民國二十四年	獨資	一〇〇	四	三二〇	六四〇
	谷昇源	縣城	民國二年	合資	六〇〇	六	六〇〇	一、二〇〇
	發盛奎	縣城	民國三年	合資	五〇〇	六	六〇〇	一、二〇〇
	湧發源	縣城	民國十七年	合資	五〇〇	六	五五〇	一、一〇〇
	三盛合	縣城	民國十四年	合資	一、五〇〇	六	一、一五〇	二、三〇〇
曲沃	大盛魁	大東關	民國元年	獨資	六〇〇	五	四〇〇	一、六〇〇
	福盛合	侯馬鎮	民國十八年	獨資	三五〇	三	三〇〇	一、二〇〇
	太和醋坊	大街	清光緒二十年	合資	一、〇〇〇	八	一、〇〇〇	四、〇〇〇
	福泰興	曲村鎮	民國二年	獨資	三〇〇	三	二〇〇	八〇〇

新絳	天蔚合	曲沃南街	民國十四年	獨資	四〇〇	三	三二五	一、三〇〇
	德興泉	和家園	民國二十二年	獨資	一〇〇	三	九〇	四五〇
	永義誠	坊門口	民國二十二年	仝上	四〇〇	六	四五〇	二、三七六
	德泰興	西門口	民國十九年	仝上	三〇〇	四	三〇〇	一、六〇四
河津	天順醋坊	西關	民國二年	仝上	三五〇	七	一九〇	三八〇
	福德茂醋坊	南街	民國十一年	仝上	四五〇	八	二一〇	四二〇
	峻生泉	小東關	民國八年	合資	八五〇	六	一三五	三九九
	從順統	城內	民國八年	合資	一〇〇	四	三六	一〇八
	山成玉	城內	民國十年	獨資	七〇	三	六	一八
	義盛魁	大東關	民國十年	獨資	五四〇	五	四二	一二六
	永盛魁	仝上	民國十二年	獨資	三五〇	三	三九	一一七
	兩義合	同上	民國九年	合資	四五〇	三	四九	一四九
	裕興合	同上	民國十三年	獨資	三五〇	三	三六	一一〇

二 醬菜業

甲 現況

晉省醬菜製造，以晉南之晉城、浮山、翼城、臨晉等四縣，較負盛名。其製造法，大都由潼關傳習而來。現時晉城縣南關之黃華街，驛後街，城內之南大街，計有八家，翼城之北關一帶，計有三家，皆製醬菜，兼製醬油，若浮山雖城內之後德源、森茂園、同興德、天生祥四家，臨晉東關之集成公、復聚長、敬義通三家，則專造醬菜，凡此十八家醬菜店，資本共三萬一百三十元，職工共九十八名，其中晉城八家，資本比較雄厚，工人較多，翼城臨晉兩縣次之，浮山縣之醬菜店則資本獨少，普通五十元至七十元，每家所僱工人一二名，月給工資二元至四元。

乙　原料

芥菜、蘿蔔、黃瓜、生瓜、玉蔓青、辣椒、大蒜等，晉省都採作醬菜原料，甜醬、食鹽為醬菜之基本原料，皆產自本地，每至瓜菜收穫時期，醬菜店主，便往菜園中收買，據晉城醬菜業報告，全縣年需菜類四十八萬斤，每斤二分，約值九千六百元。浮山用蒜七百斤，玉蔓青三百四十斤，芥菜五百斤，蘿蔔九百斤，黃瓜五百斤，青辣椒三百斤，共三千二百四十斤，每斤一分至四分，約值六十餘元。翼城所用生菜，年需一萬二十斤，每斤價一分許，約值一百二十元。臨晉則用黃瓜二千五百七十斤，生瓜一斤八百斤，筍一百斤，黃瓜生瓜每斤二分，筍每斤五分，約值九十二元四角，據如上述，晉省醬菜業年需瓜菜，共四十九萬九千七百十斤，值九千八百七十二元四角。

丙　生產

醬菜之製造，先將各種蔬菜瓜類，用水洗淨，用刀劃開，置於甕內，拌以鹽，并踩踏一次，自後每隔一天，翻菜一次，使其鹹味均勻，翻至五六次後，即成鹹菜，繼將鹹菜用布包紮，拌入醬缸內，至相當時期取出，即成醬菜。

醬菜格價，晉省之大頭菜每斤二角，浮山之醬蒜醬瓜醬椒每斤一角二分，鹹菜每斤七分，臨晉之醬黃瓜每斤一角五分，醬生瓜每斤一角三分，醬筍每斤一角，至若翼城之各種醬菜，售價最廉，每斤五分。

現時各縣之產量，晉城八家年出二十四萬斤，值四萬八千元，浮山四家出一千二百斤，值九十六元，翼城三家出七千二百斤，值三百六十元，臨晉三家出三千八百七十斤，值五百五十元，總計四縣出品共二十五萬二千二百七十斤，總值四萬九千零八元。

丁　銷路與交易

晉省醬菜，主銷本地，惟晉城之大頭菜，除供給本縣及鄰縣外，更銷河南，惟近年河南省沿黃河各縣，屢受水旱天災，農村破產，居民淡食者多，故省外銷量，較前較遜。晉城醬菜交易，無論零售批發，皆出貨收價，實行現貨現款生意，遇大宗批發者，始開發單，將醬菜包裝，其包裝法，通用蒲蓆細綫，每綑重量，三十斤至百餘斤不等，其他各縣醬菜店，祗有門市交易，現貨現款買賣，多不用包裝。茲列晉省醬菜業現況一覽表於后：

山西省醬菜業現況一覽表

縣別	廠坊名	地址	設立年月	組織	資本額(元)	職工數	瓜菜用量(斤)	年產額 產量(斤)	年產額 產值(元)
晉城	永泰祥	黃華街	清光緒二十一年	獨資	六、一二〇	一二	二、四〇〇	一、二〇〇	二四〇
	德順鎰	驛後街	民國十八年	合資	五、一〇〇	九	一、九二〇	九六〇	一九二
	中太和	驛後街	清光緒三十年	獨資	四、六〇〇	一三	一〇〇、〇〇〇	五〇、〇〇〇	一〇、〇〇〇
	興泰號	南大街	清宣統二年	合資	三、五〇〇	九	九〇、〇〇〇	四五、〇〇〇	九、〇〇〇
	祥順號	南大街	清同治八年	獨資	三、〇〇〇	九	九〇、〇〇〇	四五、〇〇〇	九、〇〇〇
	同泰合	黃華街	清宣統二年	獨資	一、九〇〇	六	八〇、〇〇〇	四〇、〇〇〇	八、〇〇〇
	永豐厚	黃華廂	民國二十一年	獨資	二、三〇〇	六	七〇、〇〇〇	三五、〇〇〇	七、〇〇〇
	天盛祥	黃華廂	民國十七年	獨資	一、三〇〇	六	四五、六八〇	二二、八四〇	四、五六八
浮山	俊德源	城內	清光緒五年	合資	六〇	二	三五〇	二五〇	一八
	森茂園	城內	民國三年	合資	六〇	二	四九〇	三五〇	三〇

	同興德	城內	清光緒十年	合資	五〇	二	一、〇〇〇	二五〇	一八
	天生祥	城內	民國二十年	合資	七〇	二	一、四〇〇	三五〇	三〇
襄城	百川湧	城內	民國二年	獨資	一、〇〇〇	三	七、〇〇〇	四、二〇〇	二一〇
	鴻盛	城內	民國二十三年	獨資	三〇〇	二	一、〇〇〇	六〇〇	三〇
	復興成	北關	民國二十四年	獨撫	一、〇〇〇	二	四、〇〇〇	二、四〇〇	一二〇
臨晉	集成公	東關	民國二十一年	合資	三〇〇	三	一、三〇〇	一、二〇〇	一七三
	復聚長	東關	民國十九年	獨資	三〇〇	五	二、〇〇〇	一、五〇〇	二一五
	敍義通	東關	民國二十年	獨資	三五〇	五	一、一七〇	一、一七〇	一六四
總計					三一、三一〇	九八	四九九、七一〇	二五二、二七〇	四九、〇〇八

五 製蛋業

一 沿革

山西省製蛋業之發軔，無從稽考，就現有一般蛋廠之歷史而言，首推大同鴻記蛋廠與長治同益厚蛋廠爲最早，均設於民國十年，民國十四年潞城有泰興蛋廠設立；民國十六年渾源有恆豐蛋廠設立；民國十七年壺關有德義蛋廠設立；民國十九年平定有同聚和蛋廠開辦；民國二十一年至二十四年，五年中蛋廠繼起增設者，有左雲恆豐永蛋廠，晉城鴻記蛋廠，永記蛋廠，大同志成蛋廠，朔縣公興永蛋廠，長子德生祥蛋廠，離石永豐蛋廠，遼縣華豐蛋廠，沁縣鴻記蛋廠，以及臨汾晉豐蛋廠等十家之多。綜觀晉省之製蛋業，自民十迄今，日有蓬勃之象，尤以最近五年期間，爲製蛋業全盛時代。

二　現狀

山西製蛋廠，現有十六家，全係國人經營，規模均不大，使用機器者尤少，茲就各廠現狀分述於次：

離石永豐蛋廠　永豐廠開設於離石城內東大街，資本總數二〇、〇〇〇元，係合股性質，佔有廠基四畝，廠房五十餘間，職員四十人，月薪總數三百五十元，男女工徒，總計一百二十名，每月工資總數約四百元，廠內設備，除普通應用之粗件外，尙有鋼精盤八千箇，係舶來品，購自天津洋行，產品有乾蛋白，乾蛋黃兩種，全年產值，共計八八、五〇〇元。

長治同益厚蛋廠　該廠爲晉省規模較大蛋廠之一，資本總數，計八〇、〇〇〇元，係合資性質，廠基十畝，自建機器房一幢，工廠一幢，炕房二十五間，貨房十三間，工人住房十四間，估值一萬二千餘元，職員三十五人，月薪總數，三百五十元，打蛋工人暨其他技術工人，共計七十七人，每月工資總數，約計一千三百元，廠內機械設備，計有蒸汽引擎一部，馬力十五匹，約値一萬元，產品有乾蛋白，乾蛋黃兩種，全年總產值，計一三〇、〇〇〇元。

長子德生祥蛋廠　德生祥廠開設於長子縣城內北街，資本總數，九二、〇〇〇元，廠基三畝，廠房六十間，均係租用，每年租金三百五十元，職員三十名，月薪總數，三百二十元，男女工徒，共計九十五名，每月工資總數，七百五十元，廠內設備簡單，全係人工製造，並無機器設備，產品有乾蛋白，乾蛋黃兩種，全年產值，約計八三、一四〇元。

潞城泰興蛋廠　泰興蛋廠，開設潞城東關，資本總數，一六、〇〇〇元，廠基二畝，廠房三幢，職員四十四人，月薪總數一百六十元，男女工徒三十人，每月工資九十元，人工製造，設備簡單，產品有蛋白與乾蛋黃兩種，全年產值，計六二、七〇〇元

壺關德義蛋廠　德義廠開設壺關城內北街，資本總數五、〇〇〇元，係股份有限公司，廠基一畝，廠房二十間，職員三十二人，月薪總數一百元，男女工人五十八名，每月工資二百九十九元四角，廠內設備，計有攪黃車一架，鋼精盤四千只，木桶二十只，產品有乾蛋白，乾蛋黃兩種，全年產值，約計六九、七六〇元。

晉城鴻記蛋廠　鴻記廠資本總數，一九、〇〇〇元，係合資性質，佔有廠基八畝，廠房五十二幢，估值四千元，職員五十八人，月薪總數四百二十元，男女工徒共六十二人，每月工資總數，三百七十元廠內機械設備，計有蒸汽引擎一部，馬力八四，購自天津怡和洋行，價值三千六百元，鋼精盤四千二百

個，值一千二百六十元，打蛋案三個，打蛋盤三十個，青斗三十個，黃斗三十個，大木桶八十隻，產品有鷄牌商標乾蛋白，乾蛋黃兩種，全年總產值，共計九二、〇〇〇元。永記蛋廠開設晉城南關驛後街，資本總數二〇、〇〇〇元，係合股性質，佔有廠基面積十畝，廠房十七幢，估值二千一百元，職員三十二人，月薪總數三百元，男女工徒八十二名，每月工資四百八十元，廠內設備，計有鋼精盤三千五百個，打蛋案二個，打蛋盤三十個，青斗三十個，黃斗三十個，大木桶七十只，全用人工製造，並無機械設備，產品有福祿壽商標之乾蛋白，乾蛋黃兩種，全年產值，共計一〇二、四〇〇元。

遼縣華豐蛋廠　華豐廠開設遼縣城西關，係獨資經營，資本總數七、〇〇〇元，廠基五畝，廠房二十四間，職員七人，月薪總數三十元，男女工人百名，每月工資六百元，器具設備，計有鋼精盤五千個，木桶三十五個，黃車二個，產品有乾蛋白，乾蛋黃兩種，全年產值，約計五三、八七五元。

沁縣鴻記蛋廠　鴻記廠開設沁縣城內北街，資本總數，五、〇〇〇元，廠基四畝，廠房十五間，職員五十二人，月薪總數四百元，男女工六十餘名，每月工資三百元，產品有乾蛋黃，乾蛋白兩種，全年產值，共計七七、五〇〇元。

平定同聚和蛋廠　同聚和廠開設正太鐵路陽泉車站，屬平定縣治，資本總數一二、〇〇〇元，係股份有限公司性質，廠基一畝，廠房三十間，估值三千五百元，職員二十六人，月薪總數五百八十元，男女工人四十七名，每月工資總數五百四十元，產品有乾蛋白，乾蛋黃兩種，全年產值，共計九六、八二一元。

臨汾晉豐蛋廠　晉豐廠開設臨汾東關，資本總數一〇、〇〇〇元，廠基十餘畝，廠房九十幢，職員十五名，月薪總數八十元，男女工人三十名，每月工資總數一百五十元，產品有乾蛋白，乾蛋黃兩種，全年產值，共計一六、〇四三元。

大同志成蛋廠　志成廠開設大同南門裏，資本總數一二、〇〇〇元，係合資性質，佔有廠基四畝，廠房六十四幢，均係租用，每年租金五百元，職員三十一人，每月總數一百五十元，男女工人三十五名，每月工資總數一百元，廠內機械設備，計有蒸汽引擎一部，馬力二十匹，鋼精盤五千個，攪黃車兩架，黃斗十五個，靑斗十五個，黃案兩個，打蛋案三個，產品有鐘鼎商標之乾蛋白，乾蛋黃，粉黃，鹽黃四種，全年產值，共計七八、八〇〇元。

大同鴻記蛋廠　鴻記廠開設大同城內邱家角，資本總數二〇、〇〇〇元，佔有廠基八畝，廠房五十五間，均係租賃，職員四十名，月薪總數五百元，男女工人一百十六名，每月工資總數七百元，廠內機械設備，有飛黃機一部，馬力二十四匹，產品有乾白，乾蛋黃，飛黃三種，全年產值，共計一三四、六〇〇元。

渾源恆豐蛋廠　恆豐廠開設渾源南關，係獨資經營，資本總數五、〇〇〇元，廠基二畝，廠房四十間，估值二千元，職員十三人，月薪總數七十八元，男女工二十六人，每月工資總數一百二十元，產品有乾蛋白，乾蛋黃兩種，全年產值八〇、〇〇〇元。

朔縣公興永蛋廠　公興永廠開設朔縣城內，係獨資經營，資本總數五、〇〇〇元，廠基面積五畝，廠房七十間，均係租用，每年租金三百八十元，職員二十人，月薪總數一百三十元，男女工七十三人，每月工資總數三百八十五元，產品有乾蛋白，乾蛋黃兩種，全年產值，共計九〇、八〇〇元。

左雲恆豐永蛋廠　恆豐永廠開設左雲城內葛家坡，資本總數五、〇〇〇元，係合資性質，廠基四畝，廠房五十間，估值三千元，職員十四人，月薪總數五十元，男女工八十名，每月工資總數三百五十元，廠內設備，計有攪黃車四架，鋼精盤三千個，產品有乾蛋白，乾蛋黃兩種，全年產值，共計八一、二〇〇元。

山西省製蛋廠一覽表

縣別	廠名	地址	設立年月	組織	資本額（元）	職工數	原料用量（個）	年產量 產量（斤）	年產量 產值（元）	備註
離石	永豐蛋廠	縣城東街	民國廿三年三月	合資	三〇、〇〇〇	一六五	八、〇〇〇、〇〇〇	一三三、〇〇〇	八八、五〇〇	乾蛋白四〇、〇〇〇斤 乾蛋黃九三、〇〇〇斤
長治	同益厚	縣城南街	民國十年	合資	三〇、〇〇〇	一三		二〇〇、七〇〇	一五〇、〇〇〇	蛋青佔四分之一 蛋黃佔四分之三
長子	德生祥蛋廠	縣城北街	民國二十二年八月	合資	九二、〇〇〇	一二五	七、八〇〇、〇〇〇	一二〇、一〇〇	八四、一四〇	蛋青三五、一〇〇斤 蛋黃八五、〇〇〇斤
潞城	泰興蛋廠	縣城東關	民國十四年四月	合資	一六、〇〇〇	七四	六、〇〇〇、〇〇〇	九六、〇〇〇	六三、七〇〇	蛋青二七、〇〇〇斤 蛋黃六九、〇〇〇斤

壺關	德義蛋廠	縣城北街	民國十七年	股份有限公司	五、〇〇〇	九〇	五、九二三、六〇〇	一〇二、四〇〇	六九、七六〇	蛋青 二八、八〇〇斤 蛋黃 七三、六〇〇斤
晉城	鴻記蛋廠	縣城南寨	民國廿一年	合資	一九、〇〇〇	一二〇	八、〇〇〇、〇〇〇	一二八、八〇〇	九二、〇〇〇	蛋青 三六、八〇〇斤 蛋黃 九二、〇〇〇斤
	永記蛋廠	南關驛後街	民國廿四年二月	合資	二〇、〇〇〇	一一四	八、〇〇〇、〇〇〇	一四八、五〇〇	一〇三、四〇〇	蛋白 四五、〇〇〇斤 蛋黃 一〇三、五〇〇斤
遼縣	華豐蛋廠	縣城西關	民國二十三年二月	獨資	七、〇〇〇	一〇七	五、〇〇〇、〇〇〇	八〇、〇〇〇	五三、八七五	蛋青 二二、五〇〇斤 蛋黃 五七、五〇〇斤
沁縣	鴻記蛋廠	城內北街	民國廿四年		五、〇〇〇	一一三	八、〇〇〇、〇〇〇	一三五、〇〇〇	七七、五〇〇	乾黃 八五、〇〇〇斤 乾白 四〇、〇〇〇斤
平定	同聚和蛋廠	陽泉車站	民國十九年十一月	有限公司	三、〇〇〇	七三	七、八〇〇、〇〇〇	一三〇、二六〇	九六、八二二	蛋青 三七、四四〇斤 蛋黃 九二、八二〇斤
臨汾	晉豐製蛋廠	東關	民國廿四年三月	股份公司	一〇、〇〇〇	四五	一、五〇〇、〇〇〇	二四、〇〇〇	一六、〇四三	蛋黃 一七、二五〇斤 蛋青 六、七五〇斤
大同	志成蛋廠	南門裏	民國廿一年	合資	三、〇〇〇	六六	六、〇〇〇、〇〇〇	一六四、〇〇〇	七六、八〇〇	蛋白 三六、〇〇〇斤 蛋黃 一二八、〇〇〇斤
	鴻記蛋廠	邱家角	民國十年		二〇、〇〇〇	一五六	七、〇〇〇、〇〇〇	一八三、〇〇〇	一三四、六〇〇	干白 六〇、〇〇〇斤 干黃 二五、〇〇〇斤 飛黃 九八、〇〇〇斤
渾源	恆豐蛋廠	縣城南關	民國十六年四月	獨資	五、〇〇〇	一三九	七、五〇〇、〇〇〇	一〇五、〇〇〇	八〇、〇〇〇	蛋青 三五、〇〇〇斤 蛋黃 七〇、〇〇〇斤
朔縣	公興永	朔縣城內	民國二十二年八月	獨資	五、〇〇〇	九二	七、〇〇〇、〇〇〇	一二七、〇〇〇	九〇、八〇〇	蛋白 四〇、〇〇〇斤 蛋黃 八七、〇〇〇斤
左雲	恆豐永	城內葛家坡	民國廿一年	合資	五、〇〇〇	九四	六、〇〇〇、〇〇〇	一〇六、〇〇〇	八一、二〇〇	蛋青 三六、〇〇〇斤 蛋黃 七〇、〇〇〇斤

三　原料

來源

製蛋原料為鷄蛋，山西為農業區，農家養鷄產卵，為主要之副業，各蛋廠所需用之鷄蛋，大多在本省採購，間有向隣省購入者，爲數甚微，且屬邊陲之縣，鷄蛋市場，與蛋廠所在地，均有連帶關係，省之北部，如大同、朔縣、左雲、渾源、寧武各縣，以及省之中南部，太原府、晉城、新絳、絳縣、太谷、楡次、臨汾、長治、潞城諸縣，均爲鷄蛋集中市場。

採購方法　各蛋廠採辦鷄蛋，以直接收買爲主，均就交通便利之各大市鎭設立蛋莊，派人往鄉收集，其有交通不便之小市鎭，不合設莊者，則委托小商號代收，予以相當之酬報，並無蛋行之專業。山西蛋廠，尙有一種特殊制度，對於原料之採辦，廠家者合組公司設莊者，因此可以獲得平價之利益，與原料適當之供給，可免同業互相競買，抬高價格與供不應求之弊，惟此種合組公司收買原料，並不普遍。至收買鷄蛋之單位，均以每元若干枚計算，大蛋平均每元百枚，小蛋每元一百二十枚左右，價格之漲跌，全視蛋製品出口情形以爲斷，如蛋製品出口暢旺，則鷄蛋價格亦隨之增高，反之則不但價格低落，甚至有停止收買者。

包裝方法　雞蛋包裝方法，均與長江流域各省不同，因無竹製蛋簍，全用木箱裝運，每箱容量，分大小兩種，大箱每隻裝千枚，小箱每隻裝五百枚，鷄蛋裝箱須配以麥麩，可減少破碎，不過在運輸時，係用大車或畜馱，損壞終於難免，其損失之數，普通約佔百分之五，最多不過百分之十，蓋交通原因所致，非包裝之不良也。

四　生產

出品種類

蛋製品種類很多，除鮮蛋不加人工製造外，其他須加製造手續之蛋產品，如皮蛋、鹹蛋、糟蛋、乾蛋、濕蛋、凍蛋、蛋粉諸種。乾蛋中又有乾全蛋、乾蛋黃、乾蛋白之別；濕蛋有硼酸濕蛋黃、鹽濕蛋黃、安息酸濕蛋黃之別；凍蛋有凍蛋黃、凍蛋白、凍全蛋之別；蛋粉有飛黃粉、飛白粉、及飛全蛋粉之別。山西省之製蛋業，專指雞蛋廠而言，其產品僅屬乾蛋品之一種，以乾蛋白，乾蛋黃兩者爲大宗，其次爲飛黃、粉黃、鹽黃三種，皮蛋與鹹蛋並無專業製造，或係南貨商店附產，或係民間製造自食，但在商品地位上並不重要，至濕蛋，凍蛋品絕無生產。

製造方法

就蛋產品製造方法言，山西蛋產品種類不多，而以人工製造爲主，使用機器者甚少，其製造方法，各地大同小異。製蛋第一步手續，須先將雞蛋卵檢查，去其腐壞者，然後將蛋洗淨，用人工破蛋，分開黃白，各盛一器，以唧筒吸蛋黃手攪車中，加工攪勻，使之成粘涎狀，然後置於盤內烘焙，即成乾黃，如加入鹽粉者，謂之鹽黃，加入青粉者，謂之粉黃，用機器碾碎，再經銅絲羅篩過者，謂之飛黃；乾蛋白之製法，則先將蛋白液置於極潔之桶內，加以亞水少許，放置煖室中，使之發酵，約四五日化成極清亮之漿汁，然後澆入極清潔之鋼精盤內，置於溫度攝氏四十度乃至五十度之烤房內，經烤四五十小時即成爲蛋白塊，經風涼乾後，即可裝箱。

產量

山西最近一年各類乾蛋品產量，計有乾蛋白爲五七六、五六五斤；乾蛋黃爲一、一九五、二九五斤，粉黃爲四八、〇〇〇斤；鹽黃爲五六、〇〇〇斤；飛黃爲九八、〇〇〇斤。乾蛋白產量，以大同鴻記蛋廠產最多，計有六〇、〇〇〇斤，乾蛋黃產量，以長法同益厚廠爲最多，計有一五〇、六二五斤，產品種類，以大同鴻記，志成兩廠爲最多，計有乾白、乾黃、鹽黃、飛黃多種。

五　銷路

蛋廠出品之銷路，以國外爲主，山西蛋廠品均由天津輸出，故交易市場在天津，省內純爲生產場所，各廠所出之品，隨卽運往天津脫售。就蛋產品輸出國外而言，

乾蛋白　乾蛋白之輸往地，爲美國、英國、德國、日本、比利時、荷蘭、丹麥等國，二十三年之輸出量，計五七六、五六五斤，共值八六五、八四七元。

乾蛋黃　乾蛋黃類之輸往地，爲美、英、德、日、丹、荷諸國，二十三出口量，共計一、四五七、二九五斤，共値五一〇、〇五三元。

交易　蛋製品交易，不外現貨交易，與期貨交易兩種，凡在國外銷路暢旺時期，則有洋商函請訂貨，通常情形，以現貨交易居多，期貨交易，須廠家與洋商素有往來，已有信用基礎，否則必須交付百分之三十訂洋，廠家方可接受，山西省一部份蛋廠，係由天津總公司分設，如鴻記，志成，恆豐諸廠，關於貨品交易，概由駐津總經理處辦理，廠方祇負生產責任。

運輸　至運輸方面，統由火車運往天津，在省北各蛋廠，交平綏鐵路轉運，在省之中部各蛋廠，交正太路

運費

轉運，在省之東南部直接運至平漢線轉運，其經平綏路運輸者，爲大同鴻記、志成、渾源恆豐、朔縣公興永，左雲恆豐永等各蛋廠，經正太路運輸者，有離石永豐，沁縣鴻記，平定同聚和各蛋廠，經平漢路運輸者，計有長治同益厚，長子德生祥、潞城泰興、壺關德義、晉城永記、鴻記、遼縣華豐、臨汾晉豐等各蛋廠。

火車運費，各路辦法不一，平綏路運費以噸計算，乾蛋白木箱，列爲三等貨，每噸運費二十七元四角四分二厘，乾蛋黃桶列爲四等貨，每噸運費二十一元九角一分三厘。平漢路與正太路之運費，以木箱重量計算，如係二百磅之木箱，運費由九元至十元之譜，餘則依此類推。

六　粉坊業

一　概說

粉絲粉皮爲有益衞生之食品，晉省因缺少蔬菜，居民恆以此爲食品，其製造工業，雖不及魯省之盛，但製造之區，分佈極廣，（太谷、徐溝、祁縣、平遙、離石、襄陵、河津、吉縣、榆社、曲沃、浮山、汾城、聞喜、猗氏、臨晉、平陸、芮城、屯留、陽城、翼城等縣），製粉絲粉皮之原料爲菉豆、高粱、玉蜀黍等，出產極多，居民以其所產，利用農暇之時，製造粉絲粉皮者，所在都有，設坊專營是業者，爲數亦多。自民國十三年後，晉省提倡植棉，居民對於菉豆高粱玉蜀黍等之種植減少，製造粉絲之戶，以成本高貴，獲利細微，停業者相繼，據本屆調查，現時開工之粉坊計一百八十家。

二　現況

分佈　晉省之粉坊一百八十家中，陽城占八十五家，集中於第一區之窰頭及蔯莊頭等兩村，製造工人凡一百七十名；翼城次之，計三十家，集中於一區及二區，工人約二百名；至若離石、屯留兩縣，則各占七家；猗氏縣六家；曲沃縣五家；平遙、浮山、汾城等縣各四家；吉縣、榆社、聞喜、臨晉、平陸、芮城等縣各三家；太谷、徐溝、祁縣、襄陵、河津等縣各二家；大半集中於縣城。

資本　每家資本最多者約四千一百元，最少者二十元，普通二三百元。

工人　至於每家所僱職工，自一名至二十名不等，普通四五名。

設備　坊內設備，各有石磨、大鍋、小鍋、羅篩、缸甕、瓢、杓等用器，而牽磨之動力，則用驢馬。茲將晉省各縣粉坊現況，列表於下：

山西省粉坊業現況一覽表

縣別	廠名	地址	設立年月	組織	資本額（元）	工數	原料用量（石）		年產額		備註
							菉荳	其他	產量（斤）	產值（元）	
太原	天	南關	民國十五年	合資	四、一〇〇	二〇	一六五	一六五	一三、八五〇	一、四二五	醬業兼營

	三慶公	西南維	民國十四年	獨資	六〇〇	六	一九八	一九八	一七、八二〇	一、八二二	
徐溝	香只粉坊	南關	民國二十三年	合資	四〇	四	九〇	一〇〇	九、五〇〇	九五〇	
	復聚永	南關	民國二十三年	合資	五〇	六	一四〇	一四〇	一四、〇〇〇	一、四〇〇	
祁縣	晉聚永	北街	民國七年	獨資	九〇〇	一三	四五〇	四〇〇	四二、〇〇〇	三、三六〇	
	雙和公	西關	民國五年	獨資	七五〇	一〇		五〇〇	五、〇〇〇	六〇〇	本號用左雲乾粉麵爲原料
平遙	永盛號	第四街	民國十五年	獨資	三〇〇	七	二〇〇	四〇〇	三〇、〇〇〇	一、八〇〇	
	廣泉長	第四街	民國十五年	獨資	一〇〇	三	四〇	七〇	五、五〇〇	三三〇	
	廣泉永	第六街	民國十一年	獨資	五〇	三	一〇〇	二〇〇	一五、〇〇〇	九〇〇	
	義合泉	第六街	民國二十二年	獨資	五〇	三	一〇〇	二〇〇	一五、〇〇〇	九〇〇	
離石	榮茂泉	城內	民國三年	獨資	一二〇	一二	四三・二	一〇〇・八	一一、九三六	八三三	
	興茂泉	城內	民國三年	獨資	一五〇	一一	四三・二	一〇〇・八	一一、九三六	八三三	
	恒盛長	東關	民國十六年	合資	一五〇	八	三二・四	七五・六	七、四五二	五三五	
	永長富	南關	民國二十年	獨資	六〇	五	二一・六	五〇・四	四、九六八	三五六	
	義成永	上安村	民國二十年	獨資	六〇	五	二一・六	五〇・四	四、九六八	三五六	
	復義永	田鎮	民國二十一年	合資	六〇	五	二一・六	五〇・四	四、九六八	三五六	
	劉世廣	交口村	民國二十一年	獨資	三〇	四	一〇・八	二・五二	二、四八四	一七八	
襄陵	天順成	襄陵	民國元年	獨資	二〇〇	三	五〇	七〇	一二、〇〇〇	六〇〇	

	三合盛	襄陵	民國二十一年	獨資	一〇〇	三	四〇	五〇	九、〇〇〇	四五〇	
河津	恆盛粉坊	西關	民國二年	獨資	二〇〇	三	三〇	七五	二、五〇〇	三七五	
	玉盛粉房	城北村	民國二十一年	獨資	五〇〇	四	四〇	一〇〇	六、〇〇〇	九〇〇	
吉縣	五福龍	橋南	民國十三年	合資	三七〇	二	一〇	六〇	七、〇〇〇	七〇〇	
	同順成	橋南	民國十年	合資	二五〇	二	八	五〇	五、八〇〇	五八〇	
	永興昌	東關	民國十九年	合資	三一〇	二	九	六〇	六、九〇〇	六九〇	
榆社	富泉湧	北關外	民國二年	獨資	一〇〇	六	五〇	五〇	三一〇	三四	
	四保粉坊	北關外	民國二年	獨資	一八〇	五	五〇	五〇	三四五	三九	
	四根粉坊	南街	民國二年	獨資	七五	五	五〇	五〇	三五八	三八	
曲沃	泉盛永	北關	民國十一年	合資	一四〇	二	四五	四五	八、一〇〇	八四〇	
	德盛魁	北關	民國十八年	獨資	一一〇	二	三〇	三〇	五、四〇〇	五四〇	
	元興隆	大街	民國元年	合資	三〇〇	三	九〇	六〇	一〇、二〇〇	一、二〇〇	
	福隆玉	西陽村	清光緒八年	獨資	五〇〇	四	一五〇	三〇	一六、二〇〇	二、四〇〇	
	福隆泰	西陽村	清光緒二十二年	獨資	三五〇	三	一二〇	三〇	一三、五〇〇	一、五〇〇	
浮山	賈家粉坊	東門外	清光緒二十九年	獨資	九五〇	四	六〇	一八〇	八、九〇〇	四七二	
	梁家粉坊	安家坪村	民國二年	獨資	八〇〇	三	五〇	一三〇	六、六〇〇	三六〇	
	孔家粉坊	南㴥里村	民國九年	獨資	七〇〇	三	四〇	一四五	六、五五〇	三四九	

	朱家粉坊	北南王村	清宣統三年	獨資	七六〇	三	三五	一五五	五、七五〇	三一五
汾城	安興湧	高家莊	民國十六年	獨資	二五〇	五	三〇〇		七、〇〇〇	一、二〇〇
	福順泉	古城鎮	民國八年	獨資	五〇	三	二〇〇		三、〇〇〇	一、〇〇〇
	德盛泉	古城鎮	民國十一年	獨資	五〇	三	二〇〇		三、〇〇〇	一、〇〇〇
	希慶隆	北膏腴	民國八年	獨資	二〇	一	三〇		一、〇〇〇	二〇〇
聞喜	永興粉坊	西關	民國十三年	獨資	八〇〇	六	五〇		三、〇〇〇	六〇〇
	謙益和	東關	民國七年	獨資	一、一〇〇	六	五〇		三、〇〇〇	六〇〇
	三興永	北門外	民國二十三年	獨資	七〇〇	六	四五		二、七〇〇	五四〇
猗氏	福盛林	縣城	民國十八年	獨資	六〇〇	八	六〇〇		四二、〇〇〇	四、二〇〇
	福興隆	縣城	民國二十三年	獨資	六〇〇	七	五〇〇		三五、〇〇〇	三、五〇〇
	同合源	黃荳景	民國二十二年	獨資	四八〇	五	三五〇		二四、五〇〇	二、四五〇
	永盛成	尙家莊	民國十四年	獨資	四〇〇	五	三五〇		二四、五〇〇	二、四五〇
	吉盛泉	吉家莊	民國十年	獨資	四〇〇	四	二五〇		一七、五〇〇	一、七五〇
	永興隆	仁里村	民國三年	獨資	六〇〇	七	四五〇		三一、五〇〇	三、一五〇
臨晉	孫光昇	東萊莊	民國二十年	獨資	二五〇	四	三五	三五	三、〇七〇	四四二
	武丑娃	西齋永村	民國十六年	獨資	二七〇	五	三〇	三〇	二、六〇〇	三七三
	趙孔娃	積善村	民國十四年	獨資	二〇〇	四	四〇	四〇	二、四〇〇	三四一

平陸	積泰恆	縣城	民國九年	獨資	七〇〇	五	一五〇		一五、〇〇〇	三、〇〇〇
	恆泰裕	茅津鎮	民國十五年	獨資	五五〇	六	一五〇		一五、〇〇〇	三、〇〇〇
	積慶裕	縣城	民國十六年	獨資	七〇〇	四	二〇〇		二〇、〇〇〇	四、〇〇〇
芮城	長魁號	閻家莊	民國十六年	獨資	三〇〇	一	四〇		三、二〇〇	四八〇
	福盛號	劉原村	民國十八年	獨資	二五〇	一	三〇		二、四〇〇	三六〇
	積厚德	華岳村	民國二十年	獨資	五〇〇	二	六〇		四、八〇〇	七二〇
屯留	天義德	西蓮村	民國十年	獨資	七〇	四	四五	三〇	七、五〇〇	四五〇
	萬興永	河北村	民國五年	獨資	八〇	五	三〇	四五	七、五〇〇	四五〇
	義和興	王村	民國十二年	獨資	七〇	五	四〇	五五	九、五〇〇	五七〇
	萬盛昌	藕澤村	民國十七年	獨資	七〇	四	五五	四〇	九、五〇〇	五七〇
	合盛興	路村	民國十七年	獨資	七〇	四	四〇	四五	八、五〇〇	五一〇
	天盛永	高店村	民國十七年	獨資	九〇	五	四〇	三五	七、五〇〇	四五〇
	福興永	路村	民國二十三年	獨資	一五〇	六	五〇	五〇	一〇、〇〇〇	六〇〇

註　陽城第一區窰頭蔡莊頭等村有粉絲坊八十五家，工人一百七十十名，年出粉絲一萬五千三百斤，值一千二百二十四元。翼城第一區及第四區有粉絲坊三十家，工人二百名，出粉絲粉皮粉麵五十三萬四千斤，值六萬四千零八十元。因坊名未詳，故未列入。

據上表所述，晉省製造粉絲工人共六百八十八名，粉坊資本除翼城陽城兩縣未詳外，計二萬四千七百四十五元。

三　原料

原料價格

製造粉絲粉皮原料，以菉豆高粱爲主要，玉蜀黍、扁豆、小豆等次之，皆就地採購，價格較賤。高粱每石計重一百二十斤，售價三元，菉豆每石計一百四十斤，市價四元五角，扁豆每石一百三十一斤，售價四元，玉蜀黍每石計重一百二十四斤，售價二元五角，其中菉豆原料，最合製造粉絲之用，每百斤

原料與產品之比率

可出乾粉絲三十斤至三十五斤；高粱次之，每百斤可出乾粉絲二十五斤至二十九斤；扁豆玉蜀黍小豆等更次之，每百斤可出乾粉絲二十五斤至二十七斤。菉豆可單獨使用，其他祇可與菉豆混合，以製粉絲，普通之混合法，菉豆占十分之六，其他占十分之四，則每百斤原料，可出乾粉絲二十八斤至三十三斤。

原料用量

據本屆調査，除陽城翼城兩縣粉坊原料用量未詳外，其他十八縣年用菉豆約七千零四十四石四斗，高粱玉蜀黍扁豆等之用量共計四千六百五十一石六斗。

四　生產

製造程序

製造粉絲粉皮之程序，先將菉豆高粱玉蜀黍等原料，用清水浸一晝夜，使其肥大，然後用磨磨成糊漿，置入缸內，使澱粉質沉澱，豆皮等上浮，至相當時候，去缸內豆皮雜渣，取出澱粉，烤之令乾，搓

碎成粉，名曰粉麵。繼將各種粉麵混合，再用白礬水化開，倒入盆內，將混合粉麵揉成濃糊狀，大概製寬粉條者濃糊較硬，製細粉絲者濃糊較軟，同時鍋內置水煮沸，取濃糊經過有孔木瓢，用相當手術，漏入沸水鍋內，煮二三分鐘，即成粉絲，撈在冷水盆內使其冷却，繼掛在架上利用日光晒乾，細成把束，即成乾粉絲。至於粉皮之製法，先將粉麵用溫水和成稀汁，用杓注入平底圓銅盆內，漂在沸水鍋中，用手旋轉，粉麵稀汁凝結成粉皮，於是將粉皮銅盆置入冷水上冷却後，取出列於粉箔上，利用日光晒乾，便成乾粉皮。

各縣產量

晉省粉絲粉皮出產，據各縣報告，計一百二十二萬三千二百六十五斤，粉絲占百分八十九，粉皮占百分之十一，以縣論，翼城出產最多，計五十三萬四千斤，猗氏次之，計十七萬五千斤，平遙屯留各出六萬餘斤，曲沃、平陸、離石三縣各出五萬餘斤，祁縣、太谷等縣，各出三四萬斤，徐溝、襄陵、浮山吉縣等，各出二萬斤左右，汾城、芮城、陽城三縣，各出萬餘斤，聞喜、臨晉、河津三縣各出八千餘斤，至若榆社，產量最少，僅出一千零十三斤。

價格及產值

至於價格，各縣略有不同，太谷、徐溝、祁縣、榆社、曲沃、聞喜、吉縣、猗氏、河津等，粉絲每斤一角至一角四分，粉皮每斤一角，平遙、離石、襄陵、浮山、汾城、芮城、屯留等縣，每斤六分至八分。總計全省產額總值約十三萬三千五百七十六元。

五　銷路與交易

陽城翼城之出品行銷河南省，其餘各縣，僅銷各該縣境之雜貨舖及集場。其銷於店館者，都由粉坊直接兜售，銷於集場者，皆由粉絲販商來坊批買，看貨議價，現貨現款交易。

七　牛奶業

一　現況

大同　晉省飼養乳牛之區，晉北為大同縣，晉南為新絳縣，大同之飼養乳牛，傳自蒙人，迄今已有五十餘年之歷史，始不過有牛奶棚一二家，乳牛僅一二頭，迨後民氣漸開，飲牛乳者日衆，牛乳棚逐漸增加，目下已有四十餘家之多，惟其組織簡單，概無公司及字號之設立，普通對外營業，皆用個人姓名。至

新絳　於新絳，則歷史較短，現祗有仁記牛奶廠一家，設於城內程家胡同，資本二百元，係獨資經營。

二　乳牛飼養

乳牛種類　晉省乳牛，俗分噠牛漫牛兩種。噠牛來自蒙古，體大肥碩，乳量較豐，每頭值洋六十元，漫牛係晉省土種，身體短小，乳量亦少，每頭值五十元。大同牛奶棚飼養乳牛，普通飼以糟糠，每隔八九天則喂

飼養頭數　豆麥一次，放牧郊外者極少。每家飼養頭數，自八頭至十頭者計七家，二頭至三頭者計三十三家，共計

一百五十頭，其中漫牛佔百分之七十，噬牛佔百分之三十。新絳仁記牛奶廠之乳牛兩頭，都係漫牛。

三　牛乳產量

產量

晉省所產牛奶，皆係新鮮牛乳，噬牛乳量豐富，每日可產五斤，漫牛較少，每日可產三斤，大同日產牛乳五百四十斤，月產牛乳一萬六千二百斤，年產牛乳十九萬四千四百斤。新絳仁記廠漫牛二頭年得乳二千一百九十斤。綜計晉省牛乳產量，每年為十九萬六千五百餘斤。

四　銷路與交易

銷售情形

大同牛乳，專銷本縣，每日所產牛乳，各家都能全數銷辭。新絳牛乳，除銷本縣城區外，亦有小販運往外縣出售者。其交易情形，先由飲戶向牛奶棚接洽，說明定飲數量及日期後，先行試飲三天，乃付定飲乳價，自後牛奶棚按日送往，平均價格，每斤可售一角，用玻璃瓶裝置，分半斤與一斤兩種，飲戶日飲一斤者，每月出費三元，飲半斤者，則為一元五角，飲戶以住宅佔多數，工廠商店及各機關次之。新絳售價，較大同稍貴，每斤一角八分。

八　汽水業

一 現狀

晉省製造汽水，僅豐澤汽水廠一家，廠址在太原市牛站村，於民國二十二年成立，廠基面積二十九畝，上建廠房二十三間，備資本一萬二千元，購置機器鍋爐等以造汽水，同時兼營花園，出售鮮花盆花，據該廠報告，資本之歸入汽水廠者約五千元，現廠內僱職員五名，月需薪水三十元，工人六名，月給工資五十四元，每年於四月中開工，七月底結止，計開工一百餘日。

三 原料

製汽水原料，豐澤廠主用白糖，蘇打粉、硫酸、酸𥑮、起沫水等。採購於太原市中，其每年用量，茲如下表：

名稱	每年需用量	價值總額(元)
白糖	七六五斤	一六一
蘇打粉	五桶	五三
硫酸	五砙	九二·五
酸𥑮	一五斤	二四
起沫水	七磅	一三
總計		三四三·五

據上表則豐澤廠年用原料總價為三百四十三元五角。

四　生產及銷售

豐澤廠所出之汽水，皆用大瓶裝置，以晉祠為商標，每年產量約一千一百打，每打售價九角六分，總值一千零五十六元，都零星銷售於太原市中。

九　製菸業

一　捲菸業

晉省捲菸業，歷史甚短，全省僅山西省立晉華捲菸廠一家。

晉華捲菸廠

係於民國二十一年九月成立，初名晉華捲菸公司，翌年五月改組，改稱山西省立晉華捲菸廠，同年十月內部復經改組，名稱仍舊。廠址在太原市新南門外東崗村，營業部則設在龍王廟街十一號。資本由省政府撥給，計五十萬元。職員凡六十一人，男工七十三名，女工四百一十五名，藝徒二十二名。

組織

該廠計設總經理、經理，營業主任，製造主任，技師各一人，股長四人，股員及事務員五十二人。工人計五百一十名，大都係向上海河南及太原等處招僱而來。

機械設備

機械方面，現有捲菸機八部，切菸絲機十部，烘烟絲機二部，壓煙筋機五部，配料機一部，磨刀機二部，裁紙機一部，總値十二萬二千八百餘元。捲菸機六部係美國斯丹達廠出品，裁紙機係上海合興商號出品，其餘捲菸機二架及壓菸筋機等均爲中國鐵工廠及上海同順興出品。此外尙有馬達十一架（馬力六十四）。

原料

捲菸廠之原料，以菸葉爲主，捲紙、裝璜香料亦爲不可缺少之物。該廠在上海及河南許昌兩處，均各設一採買處，採購各種原料。上海採買處採購花旗菸葉及捲紙香料，許昌採買處則專事採購菸葉。菸葉除上述兩處採買外，復不時派員赴本省各縣收買。裝璜方面，則天津上海太原均可採辦。據該廠民國二十年年度之統計，需用各項原料列如下表：

菸葉	二、〇六八、八〇〇磅……	値洋一、〇三四、四〇〇元
菸紙	一〇、三四四捲……	値洋　五五、一三四元
各種裝璜	五七、一二〇、〇〇〇套……	値洋　二七四、一七六元
香料	二〇、六八八磅……	値洋　二〇、六八八元
		合計一、三八四、三九八元

製造

捲菸製造程序，計分（一）揀葉——抽去菸筋；（二）配料——將去筋菸葉蒸透，加入香料；（三）切絲；（四）烘焙——將切成之煙絲撥入烘菸機，烘乾後，始入捲菸機；（五）捲菸；製成後再經烘菸房（六）烘乾；烘乾後，付女工（七）包裝，加付蠟紙；然後（八）裝箱；（九）貼花，出廠待銷。

產品

產品，就裝璜分別可分爲二類：（一）包裝者——計雲崗、太行山、五台山、模範、大豐包、正太、三晉、汽車、雁門關、國術、晨鐘、洗心、再生花及大子等十四種，（二）筒裝者——計爲雲崗、五台山、國術、太行山等四種。產量以正太為最多，五台山次之，太行山為最少，餘如汽車、晨鐘、洗心、及再生花因無銷路，現已停出。茲將現出各項捲煙產量列表如次：

產量

品名	年產量(箱)	佔總產量百分比	年產值(元)	佔總值百分比
雲崗	三六	·三五	一四、〇四〇	·六三
太行山	一二	·一二	四、五六〇	·二一
五台山	一、一七二	一一·三三	三二八·一六〇	一四·六四
國術	四九五	四·七八	一〇六、四二五	四·七五
模範	四八二	四·六六	一三四、九六〇	六·〇二
大豐包	四二五	四·一一	八九、二五〇	三·九八
正大	六、五七三	六三·五四	一、三八〇、三三〇	六一·五九
三晉	五一五	四·九八	八二、四〇〇	三·六八
雁門關	三〇四	二·九四	五四、七二〇	二·四四
大子	三三〇	三·一九	四六、二〇〇	二·〇六
合計	一〇、三四四	一〇〇·〇〇	二、二四一、〇四五	一〇〇·〇〇

營業狀況

晉華烟草公司，經當局數年來之經營，目前規模已大有可觀。每年營業收入，在全省物產中佔有重要地位。民國二十四年營業收入較廿三年為差。其中原因有二：第一、因社會經濟不景氣農村經濟破產，因之人民購買力亦形低落。捲菸銷數，年減數百箱。民國廿三年以晉南舊河東道屬各縣銷售最多，約佔全省之半，晉北及中路各縣，包括雁門冀寧兩道所屬，亦望塵莫及。現河東道因棉花業不振，商業凋零，捲菸銷路亦因之大減；第二、英美烟草公司，近年不惜血本，實行傾銷政策，利用贈獎廉價辦法，普遍宣傳，銷售頗多。晉華所在地之省垣，未受若何影響，榆次、汾陽、大同等縣，亦因交通便利，貨物淵淵供給，外商涉足不得，仍保持相當成績，其他各縣則均受相當影響。英美烟公司每月在晉省經銷，約達六百箱之譜，經此次推銷，爲數當增加不少。加之華成及南洋兩家月銷八九百箱，計數當在一千五百箱以上。

銷場

該公司每日可出各種捲菸三十餘箱，每月銷售數目，僅六七百箱，與英美菸比較，約處水平線地位。其中包銷于西路陝北西安及西北寧夏諸處者，月達五十餘箱；東路石莊及北平公司分莊者，亦在百箱左右；分發北路綏遠包頭一帶者，月在三十餘箱，均稍有進展；惟南路晉豫邊界一帶，貨銷停滯。產銷兩計，倘感不敷，故菸葉之需要，乃形急切。晉省自廿四年由河南聘任南洋技士，按照建設廳計劃於曲沃、臨汾、太谷、襄陵、孝義、清源、榆次等七縣依法植菸，現已成熟，計該七縣植菸面積達三千畝，以每畝產菸一百五十斤計，年產菸約在四十五萬斤。倘此數全數用作捲菸則每年可增捲菸約三千箱之數也。

運輸及費用

捲菸運銷，可分鉄路汽車路旱路三種。大抵東路均賴正太鉄路，他處則汽車路與旱路並用，近來晉省公路建築發達，嗣後運銷，當更形便利。其起運地點較遠者，每五萬支菸一箱需運費十二三元，地點較近者，每五萬支菸一箱需運費六元。

包裝　包裝除五萬支箱外，尚有一萬支及二萬五千支箱二種。其發往外省者，箱內多加鉛皮一層，以免潮濕，其銷本省者則否。

稅捐　該廠所出各種捲菸，其每箱淨值均在三百元以下，照章每五萬支菸一箱應納統稅洋八十元，統計相當每箱平均數三分之一。

二　刨菸業

甲　概說

晉省刨菸業，屬作坊工業之一，起源甚久，已不可攷。據其業中人云，起源於元代，而發達於清季中葉。蓋元人習俗，最嗜旱菸，入主中華後，此風亦傳入中土，播種繁殖，乃成一業。惟近因捲菸充斥於市場，土菸乃被排斥。除此，捐稅之迭增，亦爲迫使內地土菸業日趨沒落原因之一。據曲沃菸業同業公會人云：民國十五六年間，曲沃年產土菸可一千餘萬斤，徵收稅款約四十七八萬元之譜。今則產菸三四百萬斤；而徵收稅款達二十餘萬元。熟菸每百斤須產銷稅一元三角公賣費二元至三元，尚各附加三成且甲縣運往乙縣，又須納銷場稅每百斤一元三角，倘再由乙縣遞運至丙縣，更須納銷場稅如上數。坐使成本增加，小販無利可圖，以致銷路大減，日就衰落。

產地分佈　全省產烟以曲沃爲最著，有生菸、皮菸、絲菸、香菸、小錠菸、月錠菸數種，依次爲：新絳、高平、汾城、晉城等縣。

全業家數　晉省刨菸業，據此次調查所得，計爲一〇三家，分佈於十八縣。家數最多者，當首推曲沃，計三十二家，餘如襄垣、高平、陵川各六家，潞城、壺關、陽城、汾城、新絳各五家，黎城、晉城、襄陵各四家，沁水、臨汾、永濟、芮城各三家，翼城及絳縣則各僅二家。

乙　原料及產銷

原料　晉省之曲沃，爲產銷較盛之地，除供本縣需用外，倘供本省他縣之用，臨汾、長治、汾城、翼城、絳、芮城等縣，亦產菸葉，但爲數不甚多，故晉省菸業倘多有向河南購買者，其數量亦甚多。

菸葉價格，各地不同。如河南菸，每石有售八元者，有售二十五元者；曲沃菸有售六元者，亦有售十元者；黎城則與曲沃相仿，每担售價在六元至十元之間，襄陵及永濟所產菸葉則在十六元左右。臨汾據所塡表，每石洋三元，或不止此數。大致菸價須視供求律及品質之高下而定，無統一之價格。

生產　刨菸業因係作坊工業之一，故無需龐大之資本，始可設坊刨製，大致作坊均附於商店內，生產工具，除刨刀須向外購買外，餘則隨地可製。故刨菸業在吾國農村至為普遍。惟據此次調查，刨菸業僅十八縣，其數當不止此，大抵均係小規模生產，致為人所忽視。曲沃產烟極多，佔總數百分之八十以上，倘將遺漏各縣列入，其產量之多，固仍推第一，然百分比，當無如此之高，可斷定者。茲將此項調查所得各縣菸產量及產值之別列後：

山西省土烟作坊統計表

縣別	家數	資本數（元）	職工數	年用烟葉（担）	年產烟絲（斤）	年產值（元）
襄垣	六	四、四〇〇	二八	二七、五〇〇	三一、二四〇	三、六一四
潞城	五	一、九〇〇	二三	三〇、六〇〇	三〇、八〇〇	五、五〇〇
黎城	四	九、六〇〇	四〇	一九、五〇〇	二三、〇〇〇	五、七五〇
壺關	五	一、〇三〇	三六	四六、〇〇〇	四四、一五二	八、八三〇
晉城	四	二、八二六	三三	四八、〇〇〇	五七、二〇〇	二一、〇二四
高平	六	三、二〇〇	五三	七八、〇〇〇	七八、〇〇〇	二三、四〇〇
陽城	五	二、四一五	二二	三三、〇〇〇	三二、三〇〇	九、六九〇
陵川	六	七七四	三二	一二、三〇〇	一五、四〇〇	四、六二〇
沁水	三	二、一〇〇	一七	一四、〇〇〇	一二、八二〇	三、二〇五
臨汾	三	二、〇〇〇	二四	二九、八一〇	三一、九三八	四、七九一

襄陵	四	一、二〇〇	二八	三二、〇〇〇	四二、二〇〇	四、六四二
汾城	五	二、五八〇	二九	一〇四、〇〇〇	七五、〇〇〇	一三、五〇〇
曲沃	三二	八〇〇、五〇〇	一、一五六	六、二七〇、〇〇〇	六、〇二〇、〇〇〇	一、二〇四、〇〇〇
翼城	二	三、六五〇	一三	四七、〇〇〇	五〇、八〇〇	七、六二〇
永濟	三	一、五九〇	一二	一三、七〇〇	一二、一三〇	一、五三八
芮城	三	九〇〇	六	一一、七六〇	九、五〇〇	二、八五四
新絳	五	五二〇	一九	一〇三、六〇〇	一〇三、六〇〇	一二、七三八
絳縣	二	一、五〇〇	七	一八、七〇〇	一〇、一〇〇	二、一二〇
總計	一〇三	八四二、六八五	一、五七八	六、九三九、四七〇	六、六八〇、六八〇	一、三三九、四三六

製造

土菸之製造，係先將菸葉抽去菸筋，加入香油姜黃，拌勻踏實，置於一方形之木框內，上加壓力，壓成方塊，然後用刀切成長條(二尺寬，二尺厚)，再用夾板夾好，用繩綑緊，以刨刨之，即成菸絲。

銷售

所產菸絲，其品質須視原料配成分與菸絲粗細可分數種，售價亦各有不同。如襄垣之「白絲」，每斤售一角五分，「提黃」則售大洋一角；晉城之「雪絲」每斤二角二分，「抱黃」則為一角五分，黎城之「超品」則售三角，「頭莊」三角五分，「高二莊」則為二角。晉城最高者為每斤四角，低者為三角二分，襄陵所產雖有水菸(大葉)旱菸(小葉)之分，然售價則均為一角一分，新絳菸有低至八分者，平均價格，多在一角左右。

菸絲賣買，大都以現款交易爲主，批發戶則亦有採取信用交易者，其辦法亦不一律，有約期付款者，有按月結算者，有逢節結算者，有至年終一次付訖者，然放賬時期至多以一年爲限。小販販買，大都如門市等視，現款交易。

山西省烟坊業現況一覽表

縣別	廠坊名	地址	設立年月	組織	資本額（元）	職工數	年用煙葉（斤）	年產額 產量（斤）	年產額 產值（元）
襄垣	順興永	北街	民國元年一月	合資	一、〇〇〇	七	八、〇〇〇	九、〇〇〇	一、〇五〇
	益興源	小圪浪	清光緒三十年二月	獨資	九〇〇	六	五、五〇〇	六、四九〇	七四九
	福德甡	南街	民國三年二月	仝上	七〇〇	四	四、〇〇〇	四、五〇〇	五二五
	華興久	西街	民國二十年五月	合資	五〇〇	四	四、〇〇〇	四、五〇〇	五二五
	協成號	西街	民國二十三年三月	仝上	七〇〇	四	四、〇〇〇	四、五〇〇	五〇〇
	寶豐裕	南街	民國二年三月	獨資	六〇〇	三	二、〇〇〇	二、二五〇	二六五
潞城	三興和	正街	民國二十一年	仝上	三〇〇	四	六、〇〇〇	六、〇〇〇	九七五
	天興和	正街	仝上	仝上	四〇〇	五	六、一〇〇	六、〇〇〇	一、一八〇
	晉泰永	東關	仝上	合資	四〇〇	五	六、二〇〇	六、五〇〇	一、一五〇
	隆興齋	黃碾鎭	民國二十年	仝上	四〇〇	五	六、五〇〇	六、五〇〇	一、一六四

	天成久	微子鎮	仝上	仝上	四〇〇	四	五、八〇〇	五、八〇〇	一、〇三一
黎城	普源興	城內	民國廿一年	獨資	三、六〇〇	一四	六、〇〇〇	七、〇〇〇	一、七五〇
	大興隆	仝上	民國十三年	合資	二、七〇〇	一〇	五、〇〇〇	六、〇〇〇	一、五〇〇
	正興隆	西井鎮	民國二十三年	獨資	一、五〇〇	八	四、五〇〇	五、〇〇〇	一、二五〇
	裕興德	城內	民國二十一年	合資	一、八〇〇	八	四、〇〇〇	五、〇〇〇	一、二五〇
壺關	鴻興昌	城裏南街	民國初年	合資	二五〇	九	一〇、〇〇〇	九、六〇〇	一、九二〇
	太興和	辛村	仝上	仝上	二二〇	七	一〇、〇〇〇	九、六〇〇	一、九二〇
	全發盛	固村	民國十年	仝上	二二〇	七	九、〇〇〇	八、六四〇	一、七二八
	德馨祥	仝上	民國八年	仝上	一九〇	七	九、〇〇〇	八、六四〇	一、七二八
	全生茂	大峪	民國二十年	仝上	一五〇	六	八、〇〇〇	七、六七二	一、五三四
晉城	王合成	黃華廂	清光緒卅三年	合資	一、〇〇八	一一	一八、〇〇〇	一八、〇〇〇	六、五六〇
	三合永	仝上	清宣統元年	仝上	一、〇〇六	九	一二、〇〇〇	一三、〇〇〇	四、八〇〇
	天成永	黃華街	民國八年	仝上	五〇六	七	一〇、〇〇〇	一七、〇〇〇	六、二四〇
	義興永	譽村鎮	民國二十二年	仝上	三〇六	六	八、〇〇〇	九、二〇〇	三、四二四
高平	府興樓	南關	民國二年一月	獨資	三〇〇	九	一一、七〇〇	一一、七〇〇	三、五一〇
	同興長	城內	民國二十二年六月	仝上	四〇〇	九	一三、二〇〇	一三、二〇〇	三、九六〇
	同順長	仝上	民國十六年六月	仝上	二〇〇	七	九、七〇〇	九、七〇〇	二、九一〇

	恆興長	仝上	民國八年一月	仝上	一、八〇〇	一二	二五、四〇〇	二五、四〇〇	七、六二〇
	裕興和	寺莊鎮	民國四年一月	仝上	三〇〇	九	一一、三〇〇	一一、三〇〇	三、三九〇
	復榮盛	詩村集	民國十九年一月	合資	二〇〇	七	六、七〇〇	六、七〇〇	二、〇一〇
陽城	魁盛	永城內十字街	民國二年	獨資	六〇〇	六	七、五〇〇	七、三〇〇	二、一九〇
	永吉源合記	城內化源街	民國二十年	仝上	三七〇	三	五、〇〇〇	四、九〇〇	一、四七〇
	東順亨	城內十字街	民國二十三年	仝上	四八〇	四	七、三〇〇	七、二〇〇	二、一六〇
	同順合	潤城鎮	民國十年	仝上	五四〇	六	七、五〇〇	七、三〇〇	二、一九〇
	保和興	潤城鎮	民國十五年	仝上	四二五	三	五、七〇〇	五、六〇〇	一、六八〇
陵川	玉盛魁	縣城內	民國元年三月	仝上	六〇	五	二、〇〇〇	二、五〇〇	七五〇
	泰興長	仝上	民國十一年十一月	合資	二一二	六	二、四〇〇	三、〇〇〇	九〇〇
	玉盛源	附城鎮	民國十九年六月	合資	一〇九	五	一、八〇〇	二、二六〇	六七八
	萬盛祥	仝上	民國廿一年六月	獨資	一三〇	五	二、〇〇〇	二、五〇〇	七五〇
	益德元	仝上	民國十八年四月	仝上	一〇一	五	一、八〇〇	二、二六〇	六七八
	同心長	平城鎮	民國十二年八月	獨資	一六二	六	二、三六〇	二、八八〇	八六四
沁水	茂盛興	城內	清光緒三十四年	獨資	八〇〇	六	六、〇〇〇	五、五〇〇	一、三七五
	義聚成	仝上	民國二十三年二月	合資	五〇〇	五	四、〇〇〇	三、六六〇	九一五
	謙益號	西關	民國二十年一月	獨資	八〇〇	六	四、〇〇〇	三、六六〇	九一五

臨汾	鴻發號	侯村	民國三年四月	合資	一、〇〇〇	一一	二一、〇〇〇	二二、六四三	三、三九六
	隆泰昌	城內	民國十一年八月	仝上	五〇〇	七	四、五〇〇	四、七八五	七一八
	恒德合	東關	民國二十一年四月	獨資	五〇〇	六	四、三一〇	四、五一〇	六七七
襄陵	芝生昌	鄧莊鎮	光緒三十一年四月	仝上	五〇〇	一三	一二、〇〇〇	一六、〇〇〇	一、七六〇
	億盛昌	仝上	民國十三年四月	仝上	一〇〇	六	一〇、〇〇〇	一三、〇〇〇	一、四三〇
	德盛昌	小王村	民國十九年二月	合資	四〇〇	六	六、〇〇〇	八、〇〇〇	八八〇
	益蘭昌	仝上	民國二十三年三月	仝上	二〇〇	四	四、〇〇〇	五、二〇〇	五七二
汾城	德盛元	縣城	民國八年	合資	三〇〇	七	一六、〇〇〇	一二、〇〇〇	二、一六〇
	元興昌	古城鎮	清宣統元年	仝上	一、〇〇〇	一〇	五〇、〇〇〇	三五、〇〇〇	六、三〇〇
	中和昌	縣城	民國二十四年	獨資	六〇〇	五	一八、〇〇〇	一三、〇〇〇	二、三四〇
	德成合	古成鎮	民國七年	仝上	六〇〇	五	一六、〇〇〇	一二、〇〇〇	二、一六〇
	清合成	仝上	民國八年	仝上	八〇	二	四、〇〇〇	三、〇〇〇	五四〇
曲沃	魁太和	高顯鎮	清同治年間	合資	九〇、〇〇〇	九九	七〇〇、〇〇〇	七〇〇、〇〇〇	一四〇、〇〇〇
	北謙亨	東凝村	清道光年間	仝上	九〇、〇〇〇	九七	七〇〇、〇〇〇	七〇〇、〇〇〇	一四〇、〇〇〇
	祥雲集	席村	清咸豐年間	仝上	七五、〇〇〇	七九	七〇〇、〇〇〇	七〇〇、〇〇〇	一四〇、〇〇〇
	西謙亨	南增	仝上	仝上	六〇、〇〇〇	六九	七〇〇、〇〇〇	七〇〇、〇〇〇	一四〇、〇〇〇
	謙德亨	西凝村	清同治年間	合資	六〇、〇〇〇	七〇	七〇〇、〇〇〇	五〇〇、〇〇〇	一〇〇、〇〇〇

日生昌	小許村	民國二年間	仝上	四五、〇〇〇	五六	三〇〇、〇〇〇	三〇〇、〇〇〇	六〇、〇〇〇
魁盛蓋	大南關	民國七年間	獨資	一〇、〇〇〇	三四	九〇、〇〇〇	四〇、〇〇〇	八、〇〇〇
福昌公	本城	清光緒年間	仝上	三、〇〇〇	二四	四〇、〇〇〇	四〇、〇〇〇	八、〇〇〇
長盛源	高顯鎮	清光緒年間	合資	六〇、〇〇〇	六五	五〇〇、〇〇〇	五〇〇、〇〇〇	一〇〇、〇〇〇
永發和	東凝村	清光緒四年	仝上	四五、〇〇〇	五六	三〇〇、〇〇〇	三〇〇、〇〇〇	六〇、〇〇〇
南謙亨	大南關	光緒年間	合資	九〇、〇〇〇	三四	三〇〇、〇〇〇	三〇〇、〇〇〇	六〇、〇〇〇
永和成	上西關	民國九年	獨資	八、〇〇〇	一二	三〇、〇〇〇	三〇、〇〇〇	六、〇〇〇
魁盛益	本城	民國廿一年	獨資	八、〇〇〇	一四	三〇、〇〇〇	三〇、〇〇〇	六、〇〇〇
復生和	本城	民國五年	獨資	八、〇〇〇	一二	三〇、〇〇〇	三〇、〇〇〇	六、〇〇〇
蔚生原	上西關	民國十年	獨資	八、〇〇〇	一二	三〇、〇〇〇	三〇、〇〇〇	六、〇〇〇
謙和成	席村	民國三年	獨資	八、〇〇〇	一二	三〇、〇〇〇	三〇、〇〇〇	六、〇〇〇
謙亨永	席村	光緒二年	獨資	六、〇〇〇	二四	二〇、〇〇〇	二〇、〇〇〇	四、〇〇〇
裕順公	蘇村	民國四年	獨資	三、〇〇〇	一八	一〇、〇〇〇	一〇、〇〇〇	二、〇〇〇
茂盛魁	東張寨	民國九年	獨資	三、〇〇〇	一八	一〇、〇〇〇	一〇、〇〇〇	二、〇〇〇
新隆元	東張寨	民國十九年	獨資	六、〇〇〇	二四	二〇、〇〇〇	二〇、〇〇〇	四、〇〇〇
協成長	楊談	民國八年	仝上	九、〇〇〇	二三	一〇〇、〇〇〇	一〇〇、〇〇〇	二〇、〇〇〇
世昌和	仝上	民國六年	仝上	九、〇〇〇	二三	一〇〇、〇〇〇	一〇〇、〇〇〇	二〇、〇〇〇

	永興和	下塢	清宣統二年	仝上	八、五〇〇	二六	一〇〇、〇〇〇	一〇〇、〇〇〇	二〇、〇〇〇
	義和泰	趙村	清光緒年間	仝上	八、五〇〇	二八	一〇〇、〇〇〇	一〇〇、〇〇〇	二〇、〇〇〇
	裕源宏	小許	民國元年	獨資	八、五〇〇	二九	一〇〇、〇〇〇	一〇〇、〇〇〇	二〇、〇〇〇
	慶記	小許	民國二年	獨資	八、五〇〇	二八	一〇〇、〇〇〇	一〇〇、〇〇〇	二〇、〇〇〇
	玉通永	小許	民國二年	仝上	八、五〇〇	二七	一〇〇、〇〇〇	一〇〇、〇〇〇	二〇、〇〇〇
	天盛張	東凝村	民國八年	仝上	一二、〇〇〇	二三	一〇〇、〇〇〇	一〇〇、〇〇〇	二〇、〇〇〇
	益順公	北王村	民國七年	仝上	一二、〇〇〇	二三	一〇〇、〇〇〇	一〇〇、〇〇〇	二〇、〇〇〇
	興隆昌	白集村	宣統三年	合資	六、〇〇〇	三五	二〇、〇〇〇	二〇、〇〇〇	四、〇〇〇
	德新和	高顯	民國六年	仝上	一五、〇〇〇	三四	七〇、〇〇〇	七〇、〇〇〇	一四、〇〇〇
	福德甡	仝上	民國四年	仝上	九、〇〇〇	二八	四〇、〇〇〇	四〇、〇〇〇	八、〇〇〇
翼城	東興隆	北關	清光緒三十二年正月	仝上	三、一五〇	九	二五、〇〇〇	二七、〇〇〇	四、〇五〇
	隆泰幹	仝上	民國十二年十月	仝上	五〇〇	四	二二、〇〇〇	二三、八〇〇	三、五七〇
永濟	永興德號	縣城東關	民國十一年五月	仝上	四八〇	三	四、二〇〇	三、八三〇	四三六
	新義誠號	仝上	民國十五年正月	仝上	六〇〇	五	五、〇〇〇	四、三〇〇	六〇二
	泰盛昶號	趙伊鎮	民國二十年三月	仝上	五一〇	四	四、五〇〇	四、〇〇〇	五〇〇
芮城	敬信成	東街	清光緒卅年四月	合資	五〇〇	二	五、一六〇	三、五〇〇	一、〇五〇
	永生成	中街	民國十五年一月	獨資	二〇〇	二	三、〇〇〇	二、六〇〇	七八〇

	自立盛	西街	民國十七年二月	合資	二〇〇	二	三、六〇〇	三、四〇〇	一、〇二四
新絳	茂發源	裴家巷	民國廿二年	合資	一〇〇	三	八、〇〇〇	八、〇〇〇	八〇〇
	任永興	北大街	民國十五年	仝上		五	四九、〇〇〇	四九、〇〇〇	七、三五〇
	祥順源	油房門	民國廿一年	仝上	一二〇	三	九、八〇〇	九、八〇〇	七八四
	鴻慶昶	仁義巷	民國十六年	仝上	三〇〇	三	一二、八〇〇	一二、八〇〇	九二四
	泰記	北大街	民國二十二年	獨資		五	二四、〇〇〇	二四、〇〇〇	二、八八〇
絳縣	長發祥	東關	民國十九年二月	獨資	八〇〇	四	一五、二〇〇	六、二〇〇	一、二四〇
	永義長	南樊鎮	民國十四年四月	仝上	七〇〇	三	三、五〇〇	四、四〇〇	八八〇

第四章 化學工業

一 陶器業

一 概說

晉中之太原、孝義、榆次、晉東之昔陽、盂縣，晉南之浮山、翼城、沁水、萬泉、芮城、垣曲、永濟、河津、臨汾、蒲縣，晉北之崞縣，右玉、大同、渾源、懷仁，晉東南部之襄垣、壺關、潞城、陵川、晉城等二十五縣，皆爲晉省產陶器之地。攷其製造歷史，則推晉南之永濟、芮城、桓曲、翼城等縣爲最古，起源在三代以前，虞舜作陶河濱，所留陶器，至今尙保存於永濟縣之舜帝村中。晉北懷仁、大同、崞縣之陶業，始於遜清初年，洎同治年間，懷仁燒陶窰戶，多至五十餘家，同時右玉縣中，發現陶土及黑白釉欒，先後成立陶器窰六家，大同崞縣亦有鉅量生產，遂行銷於綏遠。至若晉西之昔陽盂縣，晉南之浮山、萬泉、蒲縣、向無陶器出產，民國改元後，縣內發現陶土，始設窰燒造，不過近數年來，晉省農村凋敝，陶器銷路不振，歇業者相繼，據本屆調査，全省窰戶共一百二十三家，年出陶器值洋九萬零六百十九元。

二 現況

太原 太原之冶峪村，富產砂坩黃坩，用以造陶，頗為適宜，故該縣之陶器窰，皆集於是村，現有五家，係最近五年內所成立者，資本各百餘元，僱用工人十名，出產盔子、罈、罐、盆、缸、甕等。窰廠設備簡單，每廠除備窰一座外，僅設泥池、土車、及模型。

孝義 孝義縣陶器廠，有美善、慶餘、三立等三家，皆集於胡家窰地方，在遜清光緒年間成立，資本各五六十元，工人三四名製造水甕、水缸、罐、盆等，窰廠設備，普通有窰一座，住房一間。

楡次 楡次縣陶器廠有成元、來盛二家，成元廠設於孟家井，於民國六年開辦，資本九百元，現僱工人五名。來盛廠設於縣城交通門外，民國十九年成立，資本三百元，現僱工人三名常年開工製造。

浮山 浮山縣曩無陶器出產，至民國十九年，有陶工二名在該縣第四區前交里村發現乾泥，視為製陶器之最好原料。隨由附近村人與工人合議，就地設窰製造，於民國二十年七月，備資本二百元，僱工人三名正式開工。製罐、甕、花盆之屬，行銷縣內。

翼城 翼城縣地近曲沃。為古代文化興盛之區，該縣上石門村陶器，在昔頗負聲譽，嗣因陶戶對於出品不加注意。營業遂衰。現時窰廠之常年開工者，計有朱佩烈、同興、三合、興利等四家，以三合窰為最大，資本四百八十元，同興窰資本僅二百四十元。廠內設備，各有陶器窰一座，泥池二口至四口，及土車、鐵钁、鐵鍬、碾子、刀篦等。至於工人與利窰僱十二名、三合窰十名、朱佩烈窰八名、同興窰六名、產品以缸甕盔盆爲大宗。

芮城

芮城縣陶業，昔盛今衰，現時僅有三家，楊家窰係民國元年成立，窰址設於東山底村，備有陶器窰二座。柏樹窰在天上村，於民國十六年成立。柳洞窰在柳家村，於民國二十二年成立，皆備有陶器窰一座。各家資本微小，工人多者三人，少者二人，所用白粘土，則就地採掘。出品以瓦盆、瓦罐、瓦碗、瓦甕爲主。

永濟

永濟縣之窰頭村、南湖村、趙幸村、原爲永濟產陶之地，自民國以來，因成本加重，銷路不廣，窰戶相繼停業，現時存在者僅有三家，每家備窰二座，僱工人四名至五名，就地採取黏土，製造瓦盆、瓦罐、瓦甕，三家欲求擴充營業起見，現已銳意改良出品。

蒲縣

蒲縣所用陶器，昔皆仰給於外縣，民國十二年邑人於黑龍關鎮附近之架兒上設窰一座，是爲該縣陶業之始。民國十五、十六兩年，更有河南人在萬窰、普薩窟兩處增設陶窰，從此縣內遂有三家。皆就地採繫陶土，專製缸、碗、盆子之屬，惟各家流動資本不多，所僱工人，多者八名，少者三名，出品祇銷本縣。

崞縣

崞縣陶器工業，起源於遜清康熙年間，發達於民國初年，近數年來，縣內連遭荒旱，家數較前減少，現時存在者，計有李長春、郭三有、王永茂、王成立等四家，皆集於官地村。廠內各置陶器窰一座，及鍬钁、鐵耙、水桶、模型等。普通流動資本自七十元至九十元。工人五名至八名。製造出品。李長春、郭三有等窰。以水缸、瓷罐、瓷盆爲大宗。王永茂、王成立等窰。則產黑碗白碗茶碗爲主。崞縣縣城，更產泥爐。是業始於遜清同治年間。幾經研究改良。至清光緒年間。遂負盛名。出品行銷外縣，現時崞縣居民依此爲生者。約十餘家。工人三十餘名。

大同

大同縣之仝家梁村，其北山富產石面、土油，爲製缸、罈之最好原料。此間有郭家窰王家窰兩家，資本各百餘元，工人共十八名。

渾源

渾源縣之下韓村，爲晉北出產沙盆沙壺之區，在昔大同，張家口所用之沙盆沙壺，大半取給於此，現時銷路大減。該地窰戶，僅有六家，每家流動資本普通在二十元以下，工人至多五人，少至一人，故每家年產額，僅三十元至六十元。

懷仁

懷仁縣爲晉省陶器工業極盛之區，窰廠皆集於張毛圪塔村，計呂有、劉丕吉、王英、王生瑞、王貴禮、王貴仁、王順、王謀、李淇、周鳳儀、王佐、劉三紅、王世賢、張生富、等十四家。各家設備，比較完善，流動資本普通爲一百二十元至二百五十元，工人五名至八名，製造出品，以碗、罈、缸瓶爲大宗。

潞城

潞城縣陶器窰，散佈於漫流河，孫家莊、後河村、及賈家街等處，共計六家。保興、保盛兩窰，皆採柳溝附近之白乾泥爲原料，專造大小砂鍋；興盛、泰興、忠和、三義等窰，則採豎石河溝之五花乾土、黑土等，以製水缸、盆、缸等件。廠內設備，各有火窰及製器窰一座，乾器場一方，輪盤、杴鏟刀鏟等各三件至八件，惟每家資本過小，所用工人僅二名至四名，年產價值，普通百餘元。

壺關

壺關陶器，分粗細兩種，細陶器產於清流村，現有窰戶二十餘家，每家各僱工人三、四名，由窰主監督製造，出品以大小碗、茶盃、茶盂為大宗。粗陶器產於西關鎮、北莊村二處，現有窰戶二家，採取缸土、赭石、黑藥、白藥等專製缸、盆之屬，每年開工約七個月，製造全用舊法，現以銷路不暢，該項工業，極見衰頹。

襄垣

襄垣所產陶器，以砂鍋為大宗，現時開燒之窰計有五家，皆集於上寨村中，資本多者四五百元，少者二百元，每窰所僱工人三名至七名不等。每年出品，行銷晉南晉東，近年來晉省居民採用鐵鍋者日多，襄垣砂鍋工業，漸見式微。

晉城

晉城縣之窰見頭，亦產砂鍋，其製造法於前清光緒十年由河南省博愛縣傳入。現時窰戶共有五家，都於斯時成立，惟白圷土等原料不需價購，故各家流動資本，皆不滿十元，祇僱工人四名，除工資外並供膳宿。從前營業極佳，近以價格奇跌，斯業衰落已甚。

臨汾

臨汾陶器，產於第五區之峪裏村，為該縣輸出品之一，陶器窰中分碗窰及缸窰兩種，碗窰原有十九座，缸窰九座，近因煤價高漲，乾泥坑愈掘愈深，成本高貴，而陶器價賤，碗窰缸窰，相繼歇業，現時存在者有碗窰十座，缸窰三座，共僱工人七十名，每年出碗四十餘窰，約六萬套，缸十六窰，約二千套，總值五千元，行銷本縣及新絳、蒲縣、大寧等處。

此外昔陽縣之閆莊窩，盂縣之東坪村，右玉之大磁窰村，各有窰一座，陵川縣之后山村及張寸村有窰三座，製缸、盆、罐、碗、甕、盒；桓曲縣之柳莊村，河津縣之南衞村，猗邱縣之西坡村等各有窰一座，萬泉縣城有窰二座，則製瓦盆、瓦罐；沁水縣梁莊屬村之陶窰一座，則製砂鍋；皆以資本微小，出產有限，營業未見盛旺。茲將晉省陶器窰各家現況，列表於后：

山西省陶器窰現況一覽表

縣別	廠坊名	地址	設立年月	資本額(元)	職工數	原料成本(元)	年產額 產量(件)	年產額 產值(元)
太原	卜頭窰	冶峪村	民國二十二年	一五〇	一〇	五四·六〇	一八、〇〇〇	二三二·〇〇
	拐角窰	仝上	民國二十一年	一八〇	一〇	六三·七〇	一八、七〇〇	二六六·〇〇
	上洞窰	仝上	民國二十四年	一二〇	一〇	四五·五〇	一五、一〇〇	二〇五·〇〇
	廟上窰	仝上	民國二十年	一八〇	一〇	六三·七〇	四〇〇	二八五·〇〇
	廟后窰	仝上	民國二十一年	一三〇	一〇	四七·八〇	一、〇八〇	二二六·〇〇
孝義	美善窰	胡家窰	光緒年間	五〇	三	三五·〇〇	四、二〇〇	六二〇·〇〇
	慶餘窰	仝上	仝上	六〇	四	三〇·〇〇	六、〇〇〇	一、七五〇·〇〇
	三立窰	仝上	仝上	四五	二	二三·〇〇	二、八〇〇	二五五·〇〇

昔陽	陽器窰	閆莊窩	民國元年	五〇	七	一〇〇·〇〇	二、二〇〇	四〇〇·〇〇
盂縣	復順窰	東坪村	民國二十二年	一〇〇	五	四四〇·七四	一一四、四一〇	二、九九二·九〇
襄垣	常和成	上峯村	民國八年	二〇〇	三	〇·三〇	三〇〇	四五〇·〇〇
	常理財	仝上	民國六年	二〇〇	三	〇·三〇	三〇〇	四五〇·〇〇
	趙三馬	仝上	民國二年	五〇〇	七	〇·六〇	七〇〇	一、〇〇〇·〇〇
	趙成壯	仝上	民國十年	四〇〇	四	〇·四〇	四〇〇	六〇〇·〇〇
	曹仁武	仝上	民國三年	二〇〇	三	〇·三〇	三〇〇	四五〇·〇〇
壺關	陳家窰	西關鑒	民國二十年	一〇〇	三	三·〇〇	四〇〇	一〇〇·〇〇
	王家窰	北莊村	民國十三年	二〇〇	八	九·〇〇	一、〇五〇	二六五·〇〇
潞城	保興窰	漫流河	民國十七年	五	二	一·五〇	二、五〇〇	一〇六·二五
	保盛窰	仝上	民國十八年	六	三	二·〇〇	三、一〇〇	一三〇·〇〇
	興盛窰	孫家莊	光緒二年	二〇	三	一一·〇〇	八二〇	一三六·〇〇
	泰興窰	漫流河	民國二年	二三	三	一三·二〇	九三〇	一四〇·四〇
	忠和窰	後河村	民國二十三年	二〇	四	一六·〇〇	一、〇〇〇	一七四·〇〇
	三義窰	賈家街	民國二十四年	二五	三	一四·〇〇	七〇〇	一一八·〇〇
陵川	大仙窰	后山村	光緒十年	二〇〇	六	六二·八〇	七、二〇〇	二五二·〇〇
	復盛窰	后山村	民國十三年	二〇〇	八	八三·〇〇	九四、二五〇	二五一·五〇

	趙鴻窰	張寸村	清光緒十九年	六〇〇	七	二一〇·〇〇	一〇二、九〇〇	六六〇·〇〇
晉城	靳朝瀛窰	見頭	清光緒十四年	二〇八	四	｜	四、一六〇	一四·二〇
	彭得舟	仝上	清光緒十四年	七	四	｜	三、七〇〇	一二·四九
	彭志瑞	仝上	仝上	七	四	｜	三、七〇〇	一二·四九
	彭志道	仝上	清光緒十六年	六	四	｜	二、四四〇	八·四三
	彭裕義	仝上	仝上	六	四	｜	二、四四〇	八·四三
浮山	燒甕窰	前交里村	民國二十年	二〇〇	三	六五·〇〇	八六〇	三八六·〇〇
翼城	朱佩烈	上石門村		三〇〇	八	七六·〇〇	九、〇二〇	一、四三一·〇〇
	同興窰	仝上		二四〇	六	八四·〇〇	九、三九七	二、一〇四·二〇
	三合窰	仝上		四八〇	一〇	一〇四·〇〇	九、七〇八	一、二二二·二〇
	興利窰	仝上		三六〇	一二	一二八·〇〇	八、七八四	一、三三〇·四〇
沁水	砂窩窰	梁莊屬村	清光緒三十年	五〇	五	二四〇·〇〇	八、二五〇	二四七·五〇
鳳泉	何青山瓦盆窰	縣城西門外	民國十八年	二〇	二	｜	五、一〇〇	九五·〇〇
	何三元瓦盆窰	縣城東門外	民國十八年	一五	二	｜	四、二〇〇	九〇·〇〇
垣曲	趙家窰	柳莊村	清光緒年間	一〇〇	八	五·〇〇	一二、〇〇〇	一四四·〇〇
芮城	楊家窰	東山底村	民國元年	二〇	二	｜	五、二七〇	八一四·〇〇
	柏樹窰	天上村	民國十六年	五〇	三	｜	三、五〇〇	二〇六·〇〇

	柳洞窰	柳家村	民國二十二年	二〇	二	—	二、七〇〇	五九三、〇〇
永濟	窰頭村陶器窰	窰頭村	清初	八〇	五	一八〇・〇〇	三二、〇〇〇	八四〇・〇〇
	南湖村陶器窰	南湖村	民國元年	六五	六	一九七・〇〇	三六、〇〇〇	九二〇・〇〇
	趙幸村陶器窰	趙幸村	民國五年	五〇	四	一二八・〇〇	二五、一〇〇	六二〇・〇〇
河津	張有道窰	南衛村	民國二年	四〇〇	六	三〇・〇〇	一〇、〇〇〇	五〇〇・〇〇
蒲縣	萬窰	萬窰	民國十六年	三〇	四	—	七〇、〇九〇	一、三六四・〇〇
	普薩窊窰	普薩二	民國十五年	四〇	八	—	一九九、五二九	一二、六一四・〇〇
	架兒上窊	架兒上	民國十二年	二〇	三	—	七一、四〇〇	一、四三五・五〇
崞縣	李長春窰	官地村	清光緒三十二年	一八二	七	七八・〇〇	五、三〇〇	一、二四〇・〇〇
	郭三有窰	官地村	清光緒三十年	九〇	八	八八・〇〇	六、〇〇〇	一、三八〇・〇〇
	王永茂窰	官地村	民國三年	七四	六	七八・〇〇	五四、六〇〇	九五六・〇〇
	王成立窰	官地村	民國五年	三〇	五	六四・〇〇	三〇、四〇〇	五二四・〇〇
右玉	郝家磁窰	大磁窰村	清光緒三十四年	二五〇	一六	四二五・〇〇	四、八二〇	九四〇・〇〇
大同	郭家窰	仝家梁村	清光緒年間	一二〇	一〇	—	二、〇〇〇	六〇〇・〇〇
	王家窰	仝家梁村	民國十八年	一〇〇	八	—	一、六〇〇	四八〇・〇〇
渾源	侚二人子	下韓村	民國十二年	一〇	二	七・〇〇	一、〇〇〇	三〇・〇〇
	陳二寬子	下韓村	民國七年	八	二	五・〇〇	一、〇〇〇	三〇・〇〇

尙三個旦子	下韓村	民國九年	一六	三	八·〇〇	二、〇〇〇	六〇·〇〇
王三人子	下韓村	民國二十年	九	五	一〇·〇〇	二、二〇〇	四四·〇〇
尙扁頭子	下韓村	民國十五年	六	一	四·〇〇	一、八〇〇	三六·〇〇
尙蜜柱子	下韓村	民國十七年	二〇	四	三·五〇	一、六〇〇	三二·〇〇
懷仁 呂有	張毛圪塔村	淸末	一五〇	五	五三·〇〇	四〇、〇〇〇	六五五·〇〇
劉丕吉	張毛圪塔村	明末	二五〇	八	六三·〇〇	五六、〇〇〇	九七〇·〇〇
王英	張毛圪塔村	淸初	一五〇	五	五三·〇〇	三〇、〇〇〇	五五五·〇〇
王生瑞	張毛圪塔村	淸初	一八〇	七	五三·〇〇	三一、〇〇〇	四七五·〇〇
王貴禮	張毛圪塔村	淸初	一七〇	七	二二·〇〇	三七、五〇〇	七七五·〇〇
王貴仁	張毛圪塔村	民國十二年	一九〇	八	七〇·〇〇	三八、〇〇〇	一、〇一〇·〇〇
王順	張毛圪塔村	民國六年	一八〇	七	五九·〇〇	四〇、〇〇〇	九三〇·〇〇
王謀	張毛圪塔村	淸光緒初年	一五〇	五	五三·〇〇	三六、八五〇	七二二·〇〇
李淇	張毛圪塔村	淸光緒初年	一五〇	五	五三·〇〇	四〇、〇〇〇	七五〇·〇〇
周鳳儀	張毛圪塔村	淸光緒初年	一八〇	六	五四·〇〇	四〇、〇〇〇	七五〇·〇〇
王佐	張毛圪塔村	淸光緒初年	一四〇	五	五五·〇〇	四〇、〇〇〇	七六〇·〇〇
劉三紅	張毛圪塔村	淸光緒初年	一八〇	六	六九·〇〇	四〇、〇〇〇	七二〇·〇〇
王世賢	張毛圪塔村	淸光緒初年	一四〇	五	五三·〇〇	四〇、〇〇〇	七三〇·〇〇

	張生富	張毛圪塔村	清光緒初年	一二〇	五	五九・〇〇	四〇、〇〇〇	八七〇・〇〇
靈邱	西坡鑑	西坡村	民國二十年	五〇	三	—	一三、九〇〇	三七八・〇〇
榆次	成元	孟家井	民國六年	九〇	五	二〇〇・〇〇	二五〇、〇〇〇	一九、二五〇・〇〇
	來盛	縣城交通門外	民國十九年	三〇〇	四	一〇〇・〇〇	五三、〇〇〇	二、一八〇・〇〇

註（一）臨汾縣陶器窰十三家，工人七十名，所用原料總值一千元，出碗六十萬個，缸六千件，總值五千元，（二）淳縣泥爐業十家，工人三十名，年出泥爐五萬三千個，值六千三百六十元，（三）壺關縣清流村陶器窰二十家，工人七十名，產大小碗八萬五千個，用泥土、白藥、洋青、白城、斑花等原料，總值九百元，因陶器窰名未詳，故未列入。

據上表所示，晉省陶器窰戶共一百零三家，資本總數除臨汾，淳縣二地未詳外，計一萬一千零三十三元，工人五百三十三名。

三　原料

晉省製造陶器原料，爲砒土與釉土等，皆由窰戶就地採鑿，運到窰塲加工練料，其採鑿手續，須打窰口，深入地層以內，由窰戶僱工逐漸採出，或由採砒之家採出，轉售窰戶，每年採砒時期，普通在二月至四月，磨碎及揑坯時期，在五月至十月，自十一月至翌年一月爲燒成時期。釉土之色彩，分黑黃兩

價格

種，係在普通砂黃土中取出。是種原料由窰戶自行僱工挖鑿者，皆不需價購，由採坩之家轉售於窰戶者，其售價之高下，全視採鑿之難易及運輸之遠近而定，晉東每担之售價，坩土一角、黑墈干八角、釉子土五分、細黃土、細沙土、粘土等價售二分。晉南每担圩土價一角至一角五分、晉北細泥每担一角、泑子每担二元。茲將各縣所用原料名稱及產地等，列表於后：

晉省陶器原料名稱及產地一覽表

縣名	原料名稱	所用原料總値(元)	產地
太原	砂坩、黃坩、	二七五・三〇	本縣冶峪村山溝中
孝義	坩土	八七・〇〇	本縣胡家窰附近
昔陽	坩土	一〇〇・〇〇	本縣閆莊高山坡坩礦
盂縣	坩土、細黃土、釉子土、黑墈千，細沙土、粘土	四四〇・七四	本縣東坪村
襄垣	陶土，白土煤。	一・九〇	本縣上峯村
壺關	泥土、白藥、洋青、白墈、斑花、缸土、黑藥。	九一二・〇〇	本縣淸流村、河南省水冶。
潞城	白干泥	五七・七〇	漫流河村柳溝山坡、孫家莊石河溝。
陵川	五色陶土、堅陶土、白釉、土釉。	三五五・八〇	白釉係河南彰德產、土釉壺關蘇產、餘本縣後山村產。
晉城	白圩	不需價購	本縣窰兒頭。
臨汾	乾泥、釉子・煤。	一、〇〇〇・〇〇	本縣峪里村。

浮山	乾泥、釉子。	六五・〇〇	本縣葫交里村。
翼城	白増、紅増、釉土、煤。	三九二・〇〇	本縣上石門村。
沁水	矸土、砂土。	二四〇・〇〇	本縣郯莊屬村。
萬泉	黏土	不需價購	本縣城外邊溝村
垣曲	陶土、釉土、煤。	五・〇〇	本縣柳莊村
芮城	白黏土	不需價購	本縣東山底村、天上村、柳家村。
永濟	黏土、黑炭、爹管	五〇五・〇〇	本縣窰頭村、南湖村、趙幸村。
河津	黏土	三〇・〇〇	本縣南街村。
蒲縣	細泥、泑子、泥、騾馬糞。	三〇八・〇〇	本縣官地村
崞縣	陶土	不需價購	本縣萬窰、普薩尕、架兒上。
右玉	細窪泥、釉藥	四二五・〇〇	本縣大磁窰村山溝內
大同	石面、土油	不需價購	本縣仝家村梁山北
渾源	乾子土	三七・五〇	本縣下韓村附近
懷仁	石片、黑白料、藍。	八〇九・〇〇	石片產於本縣張毛圪塔村、黑白料子產於保德縣、藍來自天津。
靈邱	粘土	不需價購	本縣西坡村。
榆次	粘土	三〇〇・〇〇	本縣孟家村
總計		六、三四六・九四	

據上表所示，晉省所用陶器原料，除晉城、萬泉、芮城、蒲縣、大同、靈邱等不需價購外，其餘二十縣總值六千三百四十六元九角四分。

四　生產

燒窯情形

晉省製造陶器，工作可分練泥、製坯、燒窯三步，(一)練泥工作，普通先將各種陶土碾成細粉，用細篩去其粗塊，然後入池和水攪勻，繼入第二池澱成細乾上，取出揉練至相當程度，以供製造陶坯，(二)製坯工作，先將轉盤裝置就緒，然後將泥土摶成製品之雛形，繼上轉盤製成陶坯，陰乾後敷以陶土，(三)燒窯工作，將陶坯納入砷製容器，妥裝窯內，並於容器隙道間，立壤土所製之錐體數個，以為火度準則，然後燒火起燒，俟某錐體熔煉，即為某列陶坯燒成之證，全成後始止火，待冷出窰，此為缸盆罐甕等之燒窯情形。至若砂鍋之裝燒法，先將炭置於爐下，滿裝鍋坯於其上，舉火燃燒一日，將鍋坏由火中取出。移置於土坑內，再以松枝烘之，使外面光滑即成。

出品種類及數量

晉省出產陶器，計為罐、缸、甕、盆、碗、瓶、盒、壺、盔子、砂鍋、砂盆、泥火爐等。罐類中以醬罐，腐乳罐兩種出品為最多；缸類則分淺口缸及高口缸兩種，其大小又分二斗、四斗、六斗三種；甕類分油甕水、甕、瓦甕三種，其容量之最大者，可藏穀四石，其次可藏穀二石四斗、一石八斗、一石二斗、八斗、六斗不等。砂鍋分白色黑色兩種，其大小則有三斗鍋、二斗鍋、一斗鍋、半斗鍋四等。現時

價格及總值

晉省陶器年出二百六十六萬三千六百五十八件，其中碗占一百四十二萬六千六百七十件，盆占二十四萬四千三百十四件，罐占十八萬三千零十件，缸占十二萬三千九百九十七件，礶占四萬九千九百件，瓶占十二萬五千三百五十件，砂鍋占二萬五千八百八十件，其他占四十八萬四千五百三十七件。每件售價，罐五至六角、礶四分至四角、缸一角五分至八角、甕五角至一元、盆二分至一角、碗一厘至二角五分、瓶每件二角、盒壺每件二分、盔子二分至二角五分、砂鍋三分至一角五分、砂盆每件三角、砂壺每件二角、泥火爐每件一角二分、晉省陶器產值共計九萬零六百十九元八角九分。

五　銷路與交易

行銷地點

晉省陶器，除右玉懷仁兩縣所產碗礶缸瓶之屬有銷綏遠者外，其餘完全行銷省內。太原出品，以忻縣崞縣、交城、文水四縣爲主銷區；壺關缸盆，主銷長治一帶；潞城出品，主銷黎城涉縣；翼城出品，主銷曲沃、浮山、崞縣出品，主銷寧武代縣；右玉出品，主銷左雲、山陰、朔縣，渾源懷仁出品，主銷大同及晉北等縣。若若義、昔陽、盂縣、襄垣、陵川、晉城、浮山、沁水、萬泉、垣曲、芮城、永濟、河津、蒲縣、大同靈邱等縣之產品，全在本縣。

交易情形

晉省陶器交易，買客普通有兩種，一爲陶器販客，一爲陶器商店，陶器販客之交易，以現貨爲大宗，以現款爲準則，欠款祗行使於有信用之販客。陶器商店之交易，以定貨居多，由商店與窰戶議定貨品式樣、價格、數量及交貨日期後，便付定資約總值之三分之一或半數，卽算成交，屆取貨時期，商店來窰取貨或窰戶送貨於商店，乃隨雙方協議而定，無一定標準，惟運費均由商店負担，繳貨旣訖，商店付清貨款。

二　瓷器業

一　沿革

晉省製造瓷器，起源於唐朝，創始自介休，介休第三區洪山村之福嚴窰，卽有唐貞元十三年所開辦者也，瓷業沿革，宋明兩朝，瓷窰之集中於洪山村者極多，晉民所用瓷器，完全仰給於斯，迨有清初葉，陽城、寧武、鄉寧等縣，先後發現瓷土，設窰製造，惟當時產品與產額，皆不及介休。光緒三年，晉南之晉城縣窰兒頭村，亦發現製瓷原料，瓷窰遂與年俱增，迄光緒十年，瓷器一項，成爲該縣輸出品之大宗；自光緒末年以來，晉南之潞城襄垣武鄉，晉東之和順、盂縣、壽陽、平定、晉西之霍縣、晉北之靜樂、河曲、渾源、朔縣等，各就瓷土產區設窰製造，家數大見增加。惟墨守陳法，碗、碟、盤、壺、盆、匙、罐、缸之出品，全係粗貨，市場上之細瓷，仍賴江西運來，故民國六年。山西工業試驗所設立窰業部，竭力研究細瓷之製造，民國二十一年由山西省立工業專科學校接辦後，更擴充爲陶瓷廠，繼續研究提倡，終以各縣瓷窰工作，積習難改，瓷器品質，仍少進步。

二　現況

細瓷工廠

山西省立工業專科學校附屬陶瓷工廠，為晉省製造新式細瓷之第一家，廠址在太原市西羊市街，創設於民國六年十月，原名山西工業試驗所窰業部，建築五米達四之倒燄大瓷窰一座以製造細瓷，及民國二十一年，奉山西省政府令停辦，歸該校保管，改為今名，酌撥學校經費，聘請技士工師，增加機械，添造大窰，承造出品，現時廠基面積四十餘畝，房屋一百六十餘間，備石碾一座、碎碾機一座、鼓磨九座，十五匹馬力之馬達一座、及倒焰窰零星用具等，共估資本約五萬元，廠內職員，現有七名，月薪總數三百餘元，工師及工徒約百名，每月工資總數九百餘元，工師自江西景德鎮來者，約占十之二，由本省粗瓷工廠內僱來者，約占十之八，至於工徒，乃由本省招收。

粗瓷窰之分佈

晉省現時產粗瓷之縣，計有介休、潞城、晉城、陽城、和順、盂縣、壽陽、渾源、平定、朔縣、寧武、靜樂、河曲、保德、興縣、武鄉、襄垣、霍縣、鄉寧等十九縣，分布如次：介休縣集中於第三區之洪山村，計有五家；晉城縣集中於窰兒頭村，計有七家，陽城集中於後則腰村，計二十八家；和順縣集中於南村窰，計有二家；渾源縣集中於大磁窰計有六家；朔縣集中於峙峪村，計有三家；寧武縣集中於李家窰村及孟家窰村，計有三家；興縣集中於屈家溝，計有二家；武鄉縣集中於望鹿頭，計有六家；河曲縣之瓷窰七家。散處於硬地茆村、大圐圙村、磁窰溝村；保德縣瓷窰四家，散處於鐵匠舖及陳家粱；襄垣縣瓷窰四家，散處於北郝村、賈堝溝村上峯村；鄉寧縣瓷窰五家，散處於佛兒崖、西坡鎮、老窰頭村、新家灣村、牛皮嶺村；至若潞城縣之安居，盂縣之牽牛鎮，壽陽縣之段王鎮，平定縣之陽泉保晉鐵廠，靜樂縣之峯嶺底村，霍縣之陳村，則各有瓷窰一座。窰戶資本，除介休、平定、壽陽、襄垣、鄉寧等縣窰戶較爲充實外，其他各縣每家窰廠資本，普通數十元至百元。廠內備有木製圓轉輪、石碾、水缸、籠罐、模型等用具及瓷窰泥池等，茲列晉省每家瓷窰現況表於后：

山西省瓷器窰業現況一覽表

縣別	廠坊名	地址	設立年月	資本額(元)	工人數	原料成本(元)	出品名稱	年產額 產量(件)	產值(元)
太原	山西省立工業專科學校附屬陶瓷工廠	西羊市街	民國六年	五〇、〇〇〇	一〇〇	三、六〇三	細瓷器	一五五、〇〇〇	二六、九〇〇
介休	福盛窰	第三區洪山村	唐貞元十三年	一、五〇〇	八	一、〇四〇	碗、碟、盤、卤、壺	一二〇、〇〇〇	一四、五〇〇
	萬順窰	仝上	明永樂二十二年	八二〇	六	三三一	杯、碗、鉢、匙	一五〇、〇〇〇	五、九〇〇
	全盛窰	仝上	明崇禎十六年	五四〇	四	二八八	盆、壺、盌、礓	九六、〇〇〇	四一、〇〇〇
	三盛窰	仝上	清順治十八年	三五〇	四	六一	罐、香爐、壺、盆	四二、〇〇〇	一〇、八五〇
	四盛窰	仝上	清雍正十三年	四八〇	四	三五九	盌、盆、盂、缸、杯	五八、〇〇〇	一八、五〇〇

潞城	楊通興	安居	民國十二年	五〇	四	三二	碗	三五、〇〇〇	一四〇
晉城	王國安	鷄兒頭村	民國三年	一〇	四	一〇	碗盆	二、五〇〇	一一
	王允中	仝上	民國二十三年	八	四	八	仝上	二、一五〇	九
	王廷中	仝上	清光緒十八年	一〇	四	一〇	仝上	二、五〇〇	一一
	孔兼廷	仝上	民國三年	七	四	六	仝上	一、九〇〇	八
	李士榮	仝上	清光緒三十年	八	四	八	仝上	二、一五〇	九
	王萬盛	仝上	清光緒十六年	一〇	四	一〇	仝上	二、三〇〇	一〇
	王國鈞	仝上	清光緒十年	一〇	四	一〇	仝上	二、三〇〇	一〇
陽城	衛久紅	後則腰村	清康熙二十五年	三五	八	二四八	缸、盆、碗、要貨	二五、七五〇	一、〇二〇
	衛辛丑	仝上	仝上	三〇	七	二一八	碗、瓶、獅、要貨	九、一五〇	五八九
	宋法安	仝上	仝上	三〇	九	三一二	馬、象、香爐、要貨	一六、八五〇	六二五
	李長命	仝上	清道光三十年	二五	八	二〇八	壺、罐、碗、要貨	一二、五五〇	四一三
	李正身	仝上	清道光二十九年	三五	六	一〇五	缸、盆、碗、要貨	一三、六〇〇	三〇〇
	邢福河	仝上	清同治五年	二五	六	一五五	仝上	一〇、〇五〇	三七七
	衛小乙	後則腰村	清光緒元年	三〇	七	二三〇	盆、獅、壺、要貨	二九、〇〇〇	四九七
	成拴五	仝上	民國十五年	九〇	九	二七八	壺、獅、馬、象	六、二五〇	六三〇
	衛金眞	仝上	仝上	八〇	九	二四五	瓶、壺、香爐、三	一六、〇〇〇	九五〇

徐海法	仝上	仝上	一〇〇	一二	三二八	碗、瓶、盆、香爐	九八、〇六〇	四八九
徐海堂	仝上	仝上	一〇〇	一二	三二八	獅、馬、象、瓶	四、三〇〇	五〇五
閆金堂	仝上	仝上	八五	八	二三七	缸、盆、碗、要貨	四八、八五〇	一、一〇二
路凌云	仝上	仝上	九〇	八	二五八	缸、盆、香爐、要貨	四七、〇八〇	七九五
吳文太	仝上	仝上	八五	八	二五八	缸、盆、碗、要貨	二四、〇五〇	四九五
李滿囤	仝上	仝上	七五	七	二四五	缸、盆、瓶、要貨	一〇、〇〇〇	三〇〇
崔德賢	仝上	清道光十五年	三〇	五	一〇五	缸、盆、罐	一一、四〇〇	三五五
張鳳金	仝上	清光緒十六年	二七	四	一〇五	仝上	九、〇〇〇	三三八
楊鍾靈	仝上	清光緒二十年	三二	六	一〇五	仝上	九、四〇〇	三二〇
楊鍾選	仝上	民國六年	五〇	五	一七五	瓶、碗、獅、要貨	一九、一六〇	五〇四
崔玉如	仝上	民國五年	六〇	七	一七五	壺、碗、象、要貨	一九、六五〇	四二〇
張小更	仝上	民國十二年	八〇	七	二九五	香爐、碗、象、馬	一一、三〇〇	四二五
史春德	仝上	民國十六年	九〇	八	二九五	瓶、獅、象、要貨	一八、三〇〇	四五一
崔珉	仝上	民國十七年	九五	八	二九五	馬、瓶、碗、要貨	三四、三〇〇	七二〇
王丑未	仝上	清光緒二十年	六〇	八	三五五	缸、盆、罐、要貨	一五、九五〇	四八四
崔譜	仝上	清咸豐五年	四〇	五	二六五	獅象碗瓶	一八、三四〇	八三六
喬志德	仝上	清道光十二年	五〇	六	三一五	馬、碗、壺、要貨	一〇七、四七〇	五一〇

	衛玉書	仝上	清同治八年	五〇	六	二四五	壺、香爐、碗、瓶	一五、〇〇〇	一、二八八
	吳福生	仝上	清乾隆二年	三〇	四	二一〇	盆、馬、瓶、耍貨	二六、三〇〇	四二八
	白辛酉	仝上	清咸豐五年	四〇	五	二六五	象、獅、瓶、碗	一七、五〇〇	五七八
	王小雞	仝上	清光緒八年	七〇	八	三三〇	香爐、壺、碗、耍貨	三六、四〇〇	一、一二六
和順	雙盛窰	南窰村	民國二十年	六	三	三・五〇	碗	三〇、〇〇〇	一二〇
	福盛窰	南窰村	民國十四年	五	三	九・〇〇	甕	六〇〇	一八〇
盂縣	周蓮士	牽牛鎮	民國十年	一〇〇	五	一六三	甕、碗、盆、罐	一五三、〇〇〇	五、四〇〇
壽陽	德和成	段王鎮	民國二年	一、〇〇〇	一五	一五五	花瓶、碗、罐碟	五七、九〇〇	一、〇三〇
渾源	穆維順	大磁窰	民國二十二年	二〇〇	八	三八	甕、盔、罈、碗	五三、五〇〇	一、九五〇
	穆維義	仝上	民國二十三年	一五〇	六	三三	仝上	二八、〇〇〇	一、八八〇
	恆盛永	仝上	民國元年	三〇〇	一一	二九	仝上	一〇、〇〇〇	一、〇二〇
	王鴻業	仝上	民國二十三年	六〇	三	二一	仝上	五五、八五〇	一、一二五
	穆士昭	仝上	民國二十四年	一七〇	九	三九	仝上	五七、〇〇〇	一、五九〇
	穆維漢	仝上	民國十四年	三〇〇	一六	二四	仝上	六二、〇〇〇	一、二〇〇
平定	保晉鐵廠附設窰業廠	陽泉保晉鐵廠內	民國八年	七〇〇、〇〇〇與製鐵資本混合	一二〇	一、五二四	磁器、電料、火磚、火泥、磁磚		三七・四〇〇
朔縣	慶德瓷廠	峙峪村	前清年間	二一〇	三		碗	三二、〇〇〇	二五六
	落興隆窰	峙峪村	仝上	二五三	三		盆、缸	八三〇	二四七

	落祥隆窰	峙峪村	民國五年		二二四	三		缸、盆	七三〇	二二三
甯武	李香娃	李家窰村	民國二十四年		二五〇	五	一六〇	甕、盆、罐、鉢	七、二五〇	四八六
	李喜元	李家窰村	民國十二年		三〇〇	四	一二〇	仝上	五、一九〇	三五六
	孟六仁	孟家窰村	民國八年		二八〇	五	一六〇	甕、盆、罐、鉢	七、二五〇	四八六
靜樂	俊德窰	峯嶺底村	民國二年		五〇	五	一〇	甕、盆、碗	八、〇〇〇	五〇八
河曲	硬地峁窰	硬地峁村	清咸豐三年		八〇	三	三〇	碗	一四〇、〇〇〇	五六〇
	大圐圙窰	大圐圙村	清同治八年		一五〇	五	四五	杯、碗、壺	一一三、〇〇〇	三八〇
	秦仝義窰	磁窰溝村	民國十四年		六〇	四	二四	鉢、碗、杯、壺	一二三、〇〇〇	四八〇
	周牛窰	仝上	民國十年		一〇〇	五	三六	碗、鉢	九一、〇〇〇	三六〇
	晉萬倉窰	大圐圙村	清光緒三年		七〇	三	一八	碗、盤	九〇、〇〇〇	四二〇
	陳二窰	仝上	清光緒四年		四〇	二	三六	甕、盆	四〇、〇〇〇	三五〇
	趙黃窰	仝上	清光緒三年		五〇	三	四二	罐、碟	七〇、〇〇〇	二三〇
保德	賈丑子	鐵匠舖	民國二年		三五	五		罐、甕、盆、罈	三、八四五	六四七
	賈滿院紅	仝上	民國二年		三〇	三		碗、碟、盤、杯	一二、八五九	一一三
	張玉林	陳家梁	民國五年		四〇	四		罐、甕、盆、罈	二、七六七	五四三
	王寶山	仝上	民國五年		二八	四		碗、碟	二、七七〇	一四四
興縣	保德窰	屈家溝	民國八年		三〇	六	三一〇	甕、盆、碗、碟	一三、七〇〇	三五〇

	保新窰	仝上	民國八年	四〇	七	三五〇	仝上	一四、八五〇	四一〇
武鄉	趙壽孩	望鹿頭	民國二十年	一二〇	二	一一·七	碗	一五、二〇〇	九一
	史傑	仝上	民國十七年	一〇〇	二	八·一八	碗	一五、七〇〇	九四
	李承堯	仝上	民國二十二年	一一〇	二	一一·九	碗	一四、八〇〇	八九
	史旦小	仝上	民國二十一年	一一五	二	一一·七	碗	一五、〇〇〇	九〇
	趙眞	仝上	民國十七年	一三〇	二	九·四	甕	一二八	五一
	趙臭	仝上	民國二十三年	七三	一	六	沙鍋	一、八三〇	四六
襄垣	義盛窰	北郝村	民國三年	五〇〇	九	一〇〇	碗、碟	一六〇、〇〇〇	一、一五〇
	天盛窰	賈塔溝村	民國十五年	二〇〇	四	六五	碟、碟	九〇、〇〇〇	五五〇
	馬卯發窰	上峯村	民國八年	三〇〇	三	五	缸、盆	四、〇〇〇	七〇〇
	趙四苟窰	上峯村	民國十二年	三〇〇	三	五	缸、盆	四、〇〇〇	七〇〇
霍縣	義盛磁窰	陳村	民國十二年	五〇	六	五	碗	二〇、〇〇〇	六〇〇
鄉寧	佛兒崖窰	佛兒崖	民國五年	一〇〇	三	一〇	缸、盆、碗器	一一、〇〇〇	三〇〇
	西坡鎭窰	西坡鎭	清代	三〇〇	八	一五	仝上	三二、一〇〇	七二〇
	老窰頭窰	老窰頭村	仝上	二〇〇	六	一二	仝上	二六、一〇〇	四二〇
	新家溝窰	新家溝村	仝上	二〇〇	四	九	仝上	二一、一〇〇	三七〇
	牛皮嶺窰	牛皮嶺村	仝上	一〇〇	三	七	仝上	一〇、六〇〇	二二〇

三　原料

原料種類及來源

晉省製瓷之原料，爲坩土、乾則泥、馬岩石、紫肝泥、白黝、黑黝、黑鉛、及釉藥等。各縣以製造出品之不同，採用原料各異，太原之所用者，爲長石、石英、坩土、石灰石等，長石購自靜樂、石英購自忻縣坩土購自榆次，石灰石就地採買。介休縣之所用者。爲白坩、爐坩、黃坩等，皆購於洪山村附近之孤岐山。潞城縣之所用者爲乾則泥、馬岩石等，乾則泥採於曲裏村，馬岩石購於壺關縣之㘭崙山，每斤價約一分五厘。晉城縣之所用者，爲坩土白黝黑黝等，坩土採自就地山坡，黑黝就地製造，白黝購自河南省彰德府。陽城縣之所用者，爲白坩、洋青，白藥、黑鉛等，白坩就地出品，洋青來自青島，白藥、黑鉛來自河南。平定之所用者，爲坩土、石英、長石、石膏等，石英長石購自忻縣靜樂兩縣，石膏購自太原，坩土則用本縣平潭堖村出品。河曲縣之所用者，爲灰粘土、紅粘土、釉子等，粘土就地採購，釉子購自陝西省之府谷。襄垣縣之所用者，坩土白藥及黑青藥等，除坩土爲土產外，白藥來自黎城，黑青藥來自彭城。此外和順縣用之白土，盂縣用之坩土、黃土、壚干、壽陽用之瓷土、釉子，渾源、保德、霍縣、用之乾子土，朔縣用之紫肝泥，寧武、興縣、靜樂、用之黃土、肝子土、鄉寧、武鄉縣用之乾泥、白土、碗藥等，皆在瓷窰附近採鑿。

原料價格

至於原料價格，各種坩土每担二厘至三厘，壚干每担四角，釉子之上等者每担二十元、中等貨十元，下等貨五元至五元不等，黑鉛每担二十五元，洋青則以桶計，每桶約五十元、潞城用之岩石每担一元五角。總計晉省所用原料總值一萬六千六百十七元三角八分。

四　生產

製造手續及產品種類

細瓷之製造，分淨料、粗粉碎、加水粉碎、成坯、鏇坯、素燒坯、掛釉、套籠、滿窯、燒窯、彩畫等。粗瓷之製造，則少彩畫手續。山西省立工業專科學校之陶瓷工廠所出細瓷，品類亦頗繁多，如壺、杯、盤、碗、匙、碟、盆、盂、盒、瓶、罐、缸、及筆筒、筆洗、筆架、痰筒、鴨池之屬。壺類又分茶壺、牛奶雙耳壺、酒壺三種；杯類分茶杯、酒杯、二種；盤類有茶盤、果盤、高座盤、橢圓魚盤四種；碗類分海碗、菜碗、羅漢碗、正德碗、帶川扣碗、和合碗六種；瓶類有舊式方瓶、百件磁瓶、八十件磁瓶、五十件磁瓶、十件磁瓶，百五十件磁瓶六種；盒類分印色盒、胰盒、四格菜盒三種；至若匙、碟、盂、罐、缸類，則以羹匙、菜碟、牛奶口盂、調料小缸、硯水缸、茶罐、牛奶罐爲大宗。粗瓷分白磁、黑磁兩種，瓷甕、瓷缽、瓷罈、瓷盆、瓷盔等之大者，都用黑瓷製造；菜碗、茶碗、湯碗、瓷碟、瓷盤、瓷匙、茶杯、酒杯、香爐、花瓶及一切獅馬象人物等之耍貨，普通用白磁製造。現時製白磁之縣，計有介休、潞城、陽城、壽陽、襄垣等五處。製黑磁之縣，計有渾源、朔縣、甯武、靜樂、河曲，保德、興縣、霍縣、鄉寧等九縣；黑白兼產之縣，計有晉城、和順、盂縣、武鄉等四縣；平定縣保晉鐵廠附設窰業廠所出之瓷器，以電料用具，火磚、火泥、舖地瓷磚爲大宗。

產量及產值

全省瓷器出產，除平定縣所製件數未詳外，計共三百二十四萬一千二百五十九件。白瓷產額，陽城件數最多，襄垣、潞城、介休次之，壽陽最少；黑瓷產額以河曲，渾源件數最多。鄉寧次之，靜樂最少，總計全省瓷器產值爲二十萬二千三百六十三元。

五　銷路與交易

行銷地域

太原細瓷銷路，主銷太原市；介休瓷器主銷汾陽、平遙，孝義、靈石；盂縣出品銷平山平定；壽陽銷陽曲，朔縣銷綏遠、代縣；襄垣銷沁縣、武鄉、屯留；鄉寧銷汾城、襄陵、河津、吉縣、稷山；晉城銷河南省北部；陽城銷晉省之河東道一帶；渾源銷大同及口外；其他如潞城、和順、甯武、靜樂、興縣、武鄉、霍縣等，則主銷各該縣縣境。至於平定之出品，則銷晉冀豫三省。

晉省瓷器交易，普通以現貨交易爲主，由買賣兩方直接議定價格及數量，取貨付款。定貨交易較少。瓷器成交以後，由窰廠代客包裝。其包裝法，細瓷碗匙杯等，以十隻爲一包，用稻草及蒲草麥秸等爲

包裝及運輸

包裝品，若粗瓷器及黑磁缸甕罈盆等，則每包無定量。運輸方式各縣不同，如介休、壽陽、渾源、襄垣等縣，利用火車裝運；陽城、朔縣、寧武、河曲、興縣、霍縣、鄉寧等都用騾馬馱運；潞城、晉城、和順，靜樂、保德、武鄉等則用人力挑運；至於平定瓷器，則由正太鐵路運出。其運費之計算，經鐵路轉運者瓷器按三等計費，電料按二等計費，火磚按六等計費。以大車轉運者，每百斤每百里約需費四角至

六角，用騾馬馱運者約需費八角之譜，用人力挑運者約需費一元至一元二角。

三　火柴業

一　沿革

火柴工業，爲山西省新式工業中之創立最早者，太原之火柴公司，如雙福乃創立於清光緒二十五年，開辦後，銷路暢旺，二十餘年之間，獲利數十萬，近因股東意見分歧，無意經營，乃於二十三年春，推售於西北實業公司，改組爲西北火柴廠，八月中旬，開始出貨，以物美價廉，頗有供不應求之勢，此外汾陽有崙崑公司一家，創立於民國十二年，資本十萬元，出品爲崑崙牌硫化磷火柴，開辦之後，以辦理不善，虧折甚鉅，於是年底，遂重新改組，添招股本，幾經竭力振頓，始克漸有起色，及民國二十一年，中央頒布火柴統稅，火柴廠商，負担大增，加以冀魯火柴之跌價傾銷，各廠營業，遂趨衰落，而崑崙公司，又云虧本，於民國二十二年及二十三年中，製造旣或作或輟，出品遂大見減少。其他尚有平遙之金井公司，新絳之毓華榮昌兩公司，開辦之初，以銷路暢旺，尙可維持，及後受津魯之火柴傾銷及捐稅之加重，而各廠售貨，向以標期爲準，火柴出廠，必須三個月後，始能收回貨款，因此月息負担，影響成本，平遙之金井，從此停工，新絳之榮昌，於民國二十三年四月，遷移陝省，毓華公司於民國二十一年，盤歸他人經辦，改名燮和公司，現晉省火柴公司，祇有西北、崑崙、燮和三家。

二　現況

西北火柴廠，係接辦雙福火柴公司之舊廠，於民國二十三年四月一日宣告成立，同年八月中旬，開工出貨，總廠址在太原省城三橋街，面積約二十二畝，上建廠房二百七十幢，分廠址在交城山，廠基面積約二十五畝，上建廠房一百十幢，兩廠估值三萬元，自西北實業公司接辦後，備資本二十五萬元，固定者占十五萬元，流動者占十萬元，廠內現僱職員四十五名，月薪計五百十元，並於臨近各縣，招僱男工五百十名，童工百名，以製造出品，工人之分配，總廠中分內外工兩種，交城山廠中，則祇有內工，外工之任務，專做裝盒成包等工作，工資以件計，此種工人，總廠中計有一百名，內工之任務，爲製造火柴桿及火柴盒片與乎管理機械蘸油蘸藥裝箱等工作，此種工人，總廠內三百名，交城山廠一百十名，工資以月計，總計全廠每月工資，約三千餘元，製造火柴，乃用機器，現備鍋爐三座，軸木刻機及軸木剁機各五架，軸排列機二十架，軸外機十五架，軸頭附藥器二架，木地剁機四架，皆係日本購來，計值三萬二千三百元，轉動機器之原動力，乃用二十五匹馬力之蒸汽引擎一座，十五匹馬力之蒸引氣擎二座，及馬達六架。

崑崙火柴廠，在汾陽縣古莊村，係股份有限公司，民國十二年三月成立時，資本六萬三千五百元，因辦理未善，一年中虧折二萬五千四百元，於是年底，重行招股，至民國二十年一月，始將股本募足十萬元，以七萬元爲固定資本，以三萬元爲流動金，現時廠基面積，約七十四畝，上建房屋二百九十三幢，用資三萬七千餘元，現時估値約一萬七千元，廠內職員，現有三十名，月薪共三百四十七元五角，所用工人，皆係男工，計四百五十四人，平遙人佔十分之六，汾陽人占十分之二，其餘乃爲壽陽、陽曲，祁縣、清源縣人，是種工人，該廠分內外工兩種，內工三百三十名，最高月薪十元，最低月薪四元，普通月得五元，外工一百二十四人，工資按件計算，每人每日平均約得二角，故該廠月需工資洋二千五百元之譜，廠內原動力，乃用蒸汽引擎，現有一座，馬力十五匹，其鍋爐一座，乃係臥式，皆爲天津春發泰出品，購價五千一百元，製造火柴機器，廠內備有軸外機十二架，附油機二架，附藥機二架，天軸瓦架一架，軸排列機十二架，鋸機一架，此係天津春發泰出產，平列剪機一架，軸剁機軸刻機各二架，木地筋附機，木地剁機各三架，係日本平尾鐵工廠出產，此外更有修理機器用之鑽床、刨床、車床各一架，總計價值爲二萬四千九百六十六元。

燮和公司，係毓華火柴公司之舊廠，於民國二十一年二月接辦，更名燮和公司，廠址在新絳縣北關，係股份有限公司，資本七十萬元，廠基面積十五畝，上建廠房一百十間，估值五千五百元，廠內職員，現僱二十八名，月薪總數七十一元，工人九十四名，男工占五十六名，童工占三十六名，藝徒二名，皆由聞喜、新絳、汾城而來，其薪水計算，內工以月計，外工以件計，每月約需工資二百六十十元，廠內所備機械，乃以人力爲原動力者，計排機六座，卸軸機四座，順軸機、折取機、切軸機各二座，鏇軸機、盒片機各三座，有購自日本，有購自天津，總值一千八百七十元。

綜觀上述，晉省火柴廠三家，資本共四十二萬元，廠基廠房估值五萬二千五百元，所備機器約值五萬九千一百三十六元。職工一千二百五十一名，每月工資總數爲六千六百八十八元五角。

三　原料

晉省各廠產品，皆爲硫化磷火柴，其所需原料，爲楊柳木、箱板、黃紙、白玉粉、硫化磷、鹽酸加里、洋膠、胡粉、亞鉛華、松脂、濱油等，楊柳木、箱板、由太原、榆次、徐溝、清源、交城、方山、介休沁源等地購置，白玉粉由陽曲忻縣二處採購，黃紙爲本省晉恆製紙廠出品，至於藥物，均向天津各洋行購辦，皆爲英德法貨，西北火柴公司每年需用原料，楊柳木一萬二千丈，硫化磷三萬磅，鹽酸加里十二萬磅，洋膠六萬磅，松脂三萬磅，濱油六萬磅，崑崙火柴廠年需楊柳木一萬二千五百十丈，硫化磷一萬四千九百磅，鹽酸加里四百二十七桶，亞鉛華三十一箱，胡粉一百三十七包，白玉粉二十二包，洋膠二百三十六包，沙膠一百二十七包，濱油四萬斤，松香一萬九千四百四十斤，木箱三萬七千五百五十四隻，包皮商標紙三千七百五十令，燮和公司則用鹽酸鉀二百桶，硫化磷六千磅，洋膠一百包，松香八千斤，濱油一萬五千斤，白玉粉二千五百斤，各物價目，楊柳木每丈二角許，以直徑大小而定買價之高低，箱板買賣，每捆洋二元，白玉粉每斤二分二厘，黃紙每令五角八分五厘，商標紙每令六元四角許，硫化磷之價格，視貨優劣而高下，最次者每磅三分，中等貨每磅七角，上等貨每磅一元許，鹽酸加里，爲無色透明之方形結晶，味酸而有暴發性，能溶解於水，每磅三角三分，胡粉即蛤蜊粉，每磅五分五厘，亞鉛華爲白色粉末，無臭無味，不溶於水，每磅二角二分，松脂品貨，優劣不齊。上等貨每磅二角，中等一角八分，下等貨一角二分，濱油乃火油之副產物，又名白臘油，普通以麻袋包裝，每磅售價二角至三角許不等，洋膠用以滲入藥品，故俗名藥膠，每磅價四角，茲據上述，晉省火柴廠每年所需原料總值，乃爲二十五萬九千六百五十九元，西北火柴廠占九萬三千元，崑崙火柴廠占十五萬二千三百零九元，燮和公司占一萬四千三百五十九元。

四 生產

晉省火柴製造之程序，可分製桿、製盒片、理桿、排桿、蘸油、調藥、上藥、乾燥、卸桿、糊盒、刷邊、包裝等十二部，製桿部先將木材鋸成尺餘之木段，削去樹皮，入水浸濕，然後上軸木剝機，將木材剝成條狀，再經軸木刻機，切成細杆，乃入理桿部用理桿機，篩別長短粗細，整理齊一，捆成重約六兩之把，送入烤房烤乾，即成火柴梗，火柴盒所用木地之製成，先由鏇木刻機，剝爲條狀，再經木地筋附機劃成凹線，繼上木地裁機後，即成火柴盒片，火柴梗整理手續既竣，即列於排列機上，行使蘸藥及蘸濱油工作，繼入乾燥室，使其乾燥，隨卽取出，用卸機卸下，放入容受盤內，送裝盒部裝盒，更入包裝部包裝，其包裝之法，以十小盒爲一包，二百四十包爲一件，或名小箱，又名曰甬，以六件爲一大箱，計裝火柴一萬四千四百小盒。至於盒之糊製，普通由廠方將火柴盒之木地，分發鄉間婦女包糊，糊盒旣成，始行塗水膠及白玉粉於盒之兩邊，乾燥後，卽告完成，藥之製造，係專門技術，各技師大都秘而不宣，大概每鹽酸加里一二磅，則配合硫化磷三・八磅，洋膠六磅，胡粉六磅，亞鉛華二磅，松脂六磅，濱油一・二磅，黑粉〇・一九磅，所出火柴一萬四千四百小盒，裝成一大箱。

晉省火柴廠之出品，皆係硫化磷火柴，其西北廠產者，商標爲飛艇牌，民國二十三年出一萬三千小箱，民國二十四年出五萬四千小箱，崑崙廠之出品，商標爲篆體崑崙牌，近五年來火柴之產量，以民國二十一年最多，計三萬七千五百五十四小箱，民國二十年次之，計三萬五千零七十小箱，如民國十九年二十二年及二十三年，因銷貨滯遲，營業衰落，年年停工折本，故民十九年僅出二萬九千零六十四小箱，民二十二年出一萬八千零三十九小箱，民二十三年竟跌至五千一百三十小箱，至於民國二十四年中，自春徂秋，營業雖略有轉機，然因陝甘兩省，道路不通，貨品難以西銷，該廠製造工作，仍時時停頓，然出產量，約與民國二十一年相若，計三萬七千五百五十四小箱，燮和公司之出品，商標爲鷹球牌，民國二十一年二月一日開工後，是年計出五千八百小箱，民二十二年出六千四百小箱，民二十三年出一萬五千小箱，產量逐年增加，至民國二十四年，出產尤多，爲一萬八千小箱。

以晉省每年火柴出產而論，則民國二十一年出四萬三千三百五十四小箱，民國二十二年出二萬四千四百三十九小箱，則較上年減少百分之四十四，至民國二十三年，產額稍增，出三萬三千一百三十小箱，但較二十一年仍減少百分之二十四，及至民國二十四年，西北火柴廠及燮和公司，竭力整頓，火柴產額，從此大增，計出十萬零九千五百五十四小箱，爲近數年來出產最旺之一年。

火柴價格，於民國十八年時，每小箱火柴售價十元，自十九年晉鈔失去信用，百物以現金交易，火柴市價，仍能維持舊狀，至民國二十年，晉省火柴，曾一度漲至十元零七角，及火柴統稅頒布後。售價應行提高，不意民二十一年冬季，青島火柴，天津火柴，盡量推銷晉南，則傾銷晉北，因此晉省火柴，售價大跌，每小箱祗值七元七角之譜，自後各廠强爲掙扎，市價稍稍回漲，每小箱可值九元，現查各廠實際售價，以各廠出品優劣關係，西北廠之飛艇牌火柴及崑崙火柴廠之崑崙牌火柴，價爲九元，燮和公司之鷹球牌火柴次之，價爲八元四角，總計民國二十四年全省火柴產值、共九十七萬五千一百八十六元，西北火柴廠占四十八萬六千元，崑崙火柴廠占三十三萬七千九百八十六元，燮和公司占十五萬一千二百元。

五　銷路與交易

晉省火柴，在民國二十二年以前，除供給省內使用外，大半運銷陝西甘肅兩省，近年魯省火柴暢銷各地。陝甘市場，遂爲奪去，自民國二十三年起，西北及崑崙兩家出品，悉數招商包銷，西北廠乃由太原土貨產銷合作商行完全承包，崑崙廠則由太原土貨產銷合作商行及太谷縣之廣雲集與麗源通等三家，按日包銷，每月一日交貨者，則於月底結算貨價，付款清帳，於月之十六日交貨者，則於次月十五日結帳付款，每月廠方交貨兩次，包銷商付款兩次，至於燮和公司之出品，主銷曲沃、臨汾、汾城、新絳一帶，其交易手續，都係批發性質，其定貨交易，祇占十分之二·三，定貨交易，普通先付半價，餘款乃在標期清帳，批發交易，皆係現貨，或陸續交貨，客商起貨時，當時不付款項，均在標期結算，晉省火柴標期，以三個月爲一期。

火柴運輸之前，通以木箱包裝，每箱裝二千四百盒者，則名一件，或名桶，或稱小箱，以三件爲一箱者，則通名七二大箱，因箱內裝火柴七千二百盒之故，以六件爲一箱者，則名一四四大箱，因箱內裝火柴一萬四千四百盒之故。運輸方法，沿正太鉄路及同蒲鐵路各縣，則利用火車，運銷內地縣邑及黃河沿岸等地。都用大車裝，每車可裝八大箱，運費按路程遠近計算，大概每大箱運轉百里，約需貲三角至四角，其運往黃河西岸及陝甘等省者，都用駝騾馱運，每頭可運一大箱，每箱轉運百里，約需五角，此種運費，皆由買方負担，至於捐稅，乃在起運前繳納，民國二十年以前，每一四四大箱，納產稅洋七角八分，自民國二十一年以後，火柴改納統稅，則每大箱納二十一元六角，此種統稅，概歸廠方負担。

四　皮革業

一　機器製革

甲　沿革

晉省機器製革廠，有西北實業公司皮革製作廠及裕晉製革廠等二家，裕晉廠在民國二十二年九月成立，資本一萬元，廠址在陽曲縣之後營坊街，廠房雖覺簡單，但廠內所備之馬達、軋皮機、亮光機、磨裏機、半元槽、大轉鼓、小轉鼓等各一架，皆係天津義興工廠出品，尙敷應用，西北實業公司皮革製作廠，係民國二十二年八月中，開始籌備，建築廠房於太原小北門外敦化坊，計一百二十六幢，占地三十五畝，估值七萬零七百十六元，至民國二十四年一月，所購德產製皮機五部，製鞋機六部，縫紉機八部及馬達十架，已安裝就緒，正式開工，資本定額二十萬元，固定資本及流動資本各占半數，惟以創辦伊始，銷路未暢，故現時營業，祇能維持開支。

乙　現況

西北實業公司皮革製作廠內，現僱職員十名，男工七十名，工資皆以月計算，職員每名約二十元，工人約十餘元，全廠每月工薪計一千一百元，工人工作，規定禮拜日及例假休息外，其餘概不得停工，故全年工作，總在三百日以上，裕晉製革廠內，現有職員十五名，男工二十三名，藝徒六名，山西省人占半數，河北省人次之，山西河南省人更次之，職員薪水以月計，普通每名五六元，由廠供給膳宿，工人工資，以工作優劣計算，每月所得五六元至十餘元不等，總計全廠每月薪金，約三百八十六元，每年開工日數，與西北皮革製作廠相若，兩廠組織，各分製革、製鞋兩部，惟製鞋部中，除製皮鞋外，皆附製皮件。

丙　原料

兩廠製革原料，以牛羊皮爲大宗，馬皮次之，是種原料，皆來自本省，以辛集、榆林、交城等爲富產地，全年牛皮用量，西北皮革製作廠約需六千張，裕晉約需一千二百張，每張平均價九元一角許，計值六萬五千五百二十元，羊皮用量，西北皮革製作廠約需二萬張，裕晉約需一千張，每張平均價一元，計值二萬一千元，馬皮用量，裕晉年需五十張，每張五元，計值二百五十元，單寧、藍矾、顏料，亦爲製革中重要用品，兩廠皆購自天津，西北皮革製作廠一家，年用約值五萬元云。

丁　生產

機器所製之革，名目極多，晉省兩廠，因開辦時間不長，對於出品，祗有花旗皮、法藍皮、鹿絨皮、裝俱皮、芝蔴皮，帶皮、面皮、胱皮等八種，其製造法，無論何種皮革，皆先浸水，繼入灰池退毛後，乃行脫灰漂洗工作，至皮潔淨時，再浸單寧或樹皮膏，使皮肉之膠質沉澱，於是取出，經過軋皮機鞣製而成花旗皮或帶皮，法藍皮之製法，在脫灰漂洗後，則浸入鹽化貝硫、鉻明礬，及海波等溶液中，至相當時期取出，上木板晒乾卽成，鹿絨皮則再用顏色洗染，經過機器磨軋而成，芝蔴皮、面皮胱皮等，則將染色之皮，以牛乳蛋白等，塗於皮面，經過軋光機數度棍軋，便發光澤而成。

現據西北皮革製作廠報告，本年開工之初，每月出產，紅藍底皮一百五十張，羊皮三十張，皮帶皮二千呎，靴鞋一千雙，及後月有增加，在一月至十一月中所產，底皮、帶皮、面皮、反面皮、多脂皮、胱皮共出二萬六千張，靴鞋二萬雙，皮件二千件，總值十七萬六千五百元，據裕晉廠報告，該廠於民國二十二年九月開工後，是年卽出皮革三百張，翌年出皮革一千張，及至本年，出產更見增加，自一月起至七月止，已出花旗皮、法藍皮、鹿絨皮、裝俱皮、芝蔴皮、帶皮等一千二百張，皮鞋三千二百雙，總值二萬三千三百元。

以上二家出品中，底皮、帶皮、多脂皮、胱皮、統以牛皮爲原料，而底皮出產最多，帶皮次之，查其價格，亦推該兩種皮爲昂，以重量論，每斤八角五分至一元不等，以張數論，每張二十一元至二十六元不等，多脂皮現時售價每張十五元，胱皮每張十三元，皮張小而皮質劣。面皮、反面皮之原料，以牛羊皮為主，裝俱皮以牛馬羊之生皮為主，鹿絨皮、芝蔴皮則以牛皮為主。以羊皮製成之面皮、反面皮、裝俱皮等，每張價一元至一元八角，以牛皮製成者，每張價十二元至十三元，裕晉廠所出鹿絨皮及芝蔴皮，售價以每尺計，普通三角至三角二分云茲列本年兩廠各種皮革出產情形表於下：

晉省機器製革廠各種皮革出產情形表

廠名	底皮(張)	帶皮(張)	面皮(張)	裝俱皮(張)	多脂皮(張)	胱皮(張)	靴鞋(雙)	皮件(件)	總值(元)
西北皮革製作廠	二、〇〇〇	五〇〇	二二、五〇〇		五〇〇	五〇〇	二〇、〇〇〇	二、〇〇〇	一七六、五〇〇
裕晉製革廠	六〇〇	二〇〇	三〇〇	二〇〇			三、二〇〇		二三、三〇〇
總計	二、六〇〇	七〇〇	二二、七〇〇	二〇〇	五〇〇	五〇〇	二三、二〇〇	二、〇〇〇	一九九、八〇〇

據上表所述，晉省本年所出機製皮革計二萬七千二百張，靴鞋二萬三千二百雙，皮件二千件，總值十九萬九千八百元。

戊　銷路與交易

晉省機製皮革，裕晉出品，行銷本省，西北皮革廠出品，除銷本省外，更銷綏遠，當運輸之前，皮革用繩紮成件，每件重量，隨時規定，大概在二百斤左右，靴鞋皮件，則用木箱裝置，每箱重量，亦殊不齊，普通二三百斤，在省內轉運，用人力及牲畜力為主，沿晉南晉北汽車路之縣份，則利用汽車，惟運往綏遠者，乃賴同蒲火車，運費按公里計算，每斤約需洋一分許。

機製皮革之推銷法，西北皮革廠對於省內繁盛商場，皆覓有代銷處，訂立合同，請代銷處照約代銷，貨款每月結算，繳納廠方，同時扣收代銷費，此外廠內現貨出售，乃由顧客向廠方直接交易，現款取貨或欠款取貨，則由廠方視顧客信用而定，裕晉皮革推銷，完全依賴舊有往來客商，其交易分有現貨與定貨兩種，定貨先由客商付定貲半數，取貨時付清全價，現貨以現款買賣爲多，分期繳款者，多行使於有信用之客商。

二　手工製革

甲　沿革

晉省手工製革作坊，通稱硝皮坊，此爲該省舊有之工業，惟操此業者，以造轀鞍鞦搭及大車轎車上使用之皮繩皮鞭等爲大宗，製造法藍皮花旗皮，則在民國十年，始行開始，至民國十七年時，製造家數增多，出品乃旺銷於省內，不意在民國十八年後，受晉鈔跌價影響，製法藍皮作坊，因資本周轉不靈，停業者相繼，現在雖有整理復業者，然生產與銷路，尚未能恢復原狀。

乙　現況

現時晉省硝皮作坊中，以出品論，可分爲二業，一爲手工製革業，一爲手工皮件作坊業。

榆次新絳大同太原市，爲晉省工商業繁盛之區，硝皮作坊，頗爲發達，榆次城內，現有硝皮坊二家，東關之同益長，資本約三萬六千一百元，僱用職工約二十餘名，年出法藍皮三萬元行銷晉南，此爲榆次縣內營業最大之一家，其次爲同和永，坊內僱用職工九名，惟開辦伊始，出貨年祇九千元，新絳城內，現有同義祥、三義公、益駿等三家，三義公於民國十五年成立，資本一千元，職工四名，專製法藍皮年值五千元，至民二十二年益駿開設後，新絳縣內乃有二家，所惜該廠獨資開設，資本祇八百元，僱用職工三名，因此出品未能增多，至民民二十四年四月，同義祥相繼成立，備資金二千五百元，僱職工四名，專製法藍皮，於是新絳城內，始年有一萬二千餘元之底皮出品。大同城內，現有十五家，皆獨資開設，用小規模經營，故全業資本僅五千七百元，職工百名，製造法藍皮、帶皮、黑皮等年值二萬七千三百四十元。太原市內，現有十家，通慶和、魁元成、慶和聚、玉慶永、等四家，集中於蔴市街，協興永、恆心聚、玉元成、萬興厚等四家，集中於活牛市，福和永、德盛魁二家，集於南市街，通慶和、協興永、恆心聚、福和永等四家，於光緒年間開辦，其餘皆在民國六年以後成立，以上各家除慶和聚一家合資外，均獨資經營，固定資本至多五百元，普通二百元左右，坊內僱用職工，全業共八十八名，學徒約占半數，製造以出熟皮爲主，皮繩等次之。

據上所述，晉省手工製革作坊共計三十家，資本四萬八千五百八十元，職工二百二十八名，月需工資八百七十六元，以家數多寡論，大同占第一，太原市占第二，新絳榆次為少，茲就調查所得，列手工製革作坊一覽表於后：

晉省手工製革作坊一覽表

縣名	坊名	地址	設立年月	組織	資本	職工	每月工資總數	原料名稱	原料每年用量（張）	出品名稱	出品每年產量（張）	總值（元）
榆次	同益長皮坊	東街	民國二十二年	合資	三六、一〇〇	二〇	一七〇	牛皮	二、〇〇〇	法藍皮	二、〇〇〇	三〇、〇〇〇
	同和永晉記	東街	民國二十四年	合資	未詳	九	五四	牛皮	六〇〇	法藍皮	八〇〇	九、〇〇〇
新絳	同義祥	西關	民國二十四年	合資	二、五〇〇	四	一〇	牛皮	一、〇〇〇	法藍皮	一、〇〇〇	四、五五〇
	三義公	西關	民國十五年	合資	一、〇〇〇	四	六	牛皮	一、一〇〇	法藍皮	一、一〇〇	五、〇〇〇
	益駿工廠	西關	民國二十二年	獨資	八〇〇	三	四	牛皮	六〇〇	法藍皮	六〇〇	二、七〇〇
大同	三義魁	城內		獨資	三〇〇	六	一九	牛皮	三〇〇	法藍皮、皮帶皮	三〇〇	三、二〇〇
	積順魁	城內		獨資	三〇〇	六	一九	馬驢皮	三〇〇	黑皮	三〇〇	六六〇
	富興成	城內		獨資	四〇〇	七	二二	馬驢皮	三〇〇	黑皮	三〇〇	六六〇
	福義厚	城內		獨資	四〇〇	七	二二	馬驢皮	三〇〇	黑皮	三〇〇	六六〇
	德華新	城內		獨資	二〇〇	四	一三	馬驢皮	二〇〇	黑皮	二〇〇	四四〇
	儀成泰	城內		獨資	四〇〇	七	二二	牛皮	二〇〇	法藍皮	二〇〇	二、四〇〇
	福聚永	城內		獨資	六〇〇	一二	三四	牛皮	五〇〇	法藍皮、皮帶皮	五〇〇	五、六〇〇

福順魁	城內		獨資	四〇〇	七	二二	牛皮	三〇〇	法藍皮、皮帶皮	三〇〇	三、二〇〇
富勝魁	城內		獨資	四〇〇	七	二二	牛皮	三〇〇	法藍皮、皮帶皮	三〇〇	三、二〇〇
富勝永	城內		獨資	一〇〇	二	六	牛皮	八〇	法藍皮、皮帶皮	八〇	六〇〇
同盛永	城內		獨資	一五〇	三	一〇	牛皮	八〇	法藍皮	八〇	九六〇
永祥成	城內		獨資	一五〇	三	一〇	牛皮	五〇	法藍皮	五〇	六〇〇
萬盛明	城內		獨資	一、五〇〇	二一	六四	牛皮	三〇〇	法藍皮	三〇〇	三、六〇〇
義生魁	城內		獨資	二〇〇	四	一三	牛皮	六〇	法藍皮	六〇	七二〇
寶德元	城內		獨資	一、〇〇〇	四	一三	牛皮	七〇	法藍皮	七〇	八四〇
太原市 通慶和	蔴市街	光緒三十年	獨資	五〇〇	一〇	三六	牛皮	二〇〇	熟皮	二〇〇	四、〇〇〇
魁元成	蔴市街	民國十二年	獨資	二〇〇	一〇	三六	牛皮	二〇〇	熟皮	二〇〇	四、〇〇〇
慶和聚	蔴市街	民國十八年	合資	二〇〇	一二	四二	牛皮	五〇	熟皮	五〇	一、〇〇〇
玉祥永	蔴市街	民國二十二年	獨資	五〇〇	八	三五	牛皮	二〇〇	熟皮	二〇〇	四、〇〇〇
協興永	活牛市	光緒十一年	獨資	一二〇	一一	四二	牛皮	二〇〇	熟皮	二〇〇	四、〇〇〇
恆心聚	活牛市	光緒三十年	獨資	三〇〇	七	三一	牛皮	一〇〇	熟皮	一〇〇	二、〇〇〇
玉元成	活牛市	民國七年	獨資	一六〇	六	二〇	牛皮	五〇	熟皮	五〇	一、〇〇〇
萬興厚	活牛市	民國六年	獨資	二〇〇	三	八	牛皮	八〇	熟皮	八〇	一、六〇〇
福和永	南市街	清光緒十五年	獨資	二〇〇	一一	三八	牛皮	二五〇	熟皮	二五〇	五、〇〇〇

德盛魁	南市街	民國十七年	獨資	一〇〇	一〇	三二	牛皮	一〇〇	熟皮	一〇〇	二、〇〇〇

晉省一百餘縣中，有手工皮件作坊者，計爲平遙、長治、長子、屯留、高平、和順、夏縣、芮城、新絳、絳縣、忻縣、河曲、榆次、等十三縣，平遙、長治、高平、芮城、絳縣、忻縣、各有三家，屯留、和順、河曲、各有二家，長子有四家，夏縣六家，新絳十六家，榆次一家，大都集中於城區，是種作坊，規模均甚狹小，每家資本，除新絳之三興合、德順正、榆次之同益泰三家資本在千元以上外，其餘多者八九百元，少者二三十元，普通二三百元不等，總計全業爲一萬七千九百三十七元，坊內所僱職工，長子縣所用者乃來自長治，和順縣來自邢台，夏縣來自絳州，芮城縣來自絳縣及聞喜，新絳縣來自河津，其他各縣係就地僱用，薪水以月計，作坊供給膳宿，每人二元至四元，現計全業二百二十二名，月需工資五百七十八元許。至於各家情形，據本屆調查所得，列表於后：

晉省手工皮件作坊一覽表

縣名	坊名	地址	設立年月	組織	資本	職工	每月工資總數	原料 名稱	原料 每年用量(張)	出品 名稱	出品 每年產量(件)	出品 總值(元)
平遙	萬泰石	第十六街	民國十三年	合資	二五〇	八	二四	牛皮	五〇	坐鞦、搭腰、韁皮	八〇〇	三、六〇〇
	萬泰成	第十六街	民國七年	合資	五〇〇	七	二一	牛皮	四五	坐鞦、搭腰、韁皮	七〇〇	三、一五〇

	公義和	第七街	民國二十年	獨資	一三〇	七	二一	牛皮	四五	坐鞦、搭腰、韁皮	七〇〇	三、一五〇
長冶	劉盛玉	東街	民國十二年	獨資	二五〇	三	七	牛皮	一一〇	吊樑、後鞦、皮條	一、二九〇	七七五
	德盛	西街	宣統元年	獨資	一〇〇	二	五	牛皮	六〇	吊樑、後鞦、皮條	七五〇	四六〇
	亨盛	西街	民國二年	獨資	一〇〇	二	五	牛皮	七〇	吊樑、後鞦、皮條	八五〇	五二〇
長子	丁盛復	城內	民國三年	獨資	七二	三	五	驢騾牛馬皮	五〇	板皮、圪挑皮	三五〇斤	一七五
	丁福盛	城內	民國二十年	獨資	四八	四	六	仝上	四〇	板皮、圪挑皮	二八〇斤	一四〇
	馬興正	城內	民國八年	獨資	六〇	三	五	仝上	六〇	板皮、圪挑皮	四二〇斤	二一〇
	根成	城內	民國九年	獨資	六二	四	七	仝上	七五	板皮、圪挑皮	五二五斤	二六二.五
屯留	李記	城內	民國十五年	獨資	七五	三	五	驢馬牛騾皮	五〇	板皮、皮繩	三五〇斤	一七五
	王皮坊	東關	光緒二十八年	獨資	六五	三	六	仝上	七〇	板皮、皮繩	四九〇斤	二四五
高平	元興皮坊	南關	民國二十三年	獨資	一五	二	三.八	牛皮	四〇	牛皮、板皮、搭背、坐鞦、籠頭	四〇〇張	一〇〇
	公盛皮坊	南關	民國十四年	獨資	五〇	四	五	牛皮	六〇	仝上	六〇〇張	一五〇
	泰順皮坊	南關	民國九年	獨資	三〇	三	四	牛皮	六三	桶皮、板皮、搭背、坐鞦、籠頭	六五張	一六二.五
和順	泰盛祥記	東關街	民國二十二年	獨資	六〇〇	五	三	羊牛皮	五〇	皮	五〇〇張	一〇〇
	德生長	南關街	民國十五年	獨資	四〇	三	三	羊牛皮	三〇	皮	三〇〇張	五四
夏縣	公慶合	集口街	民國二十四年	獨資	一二〇	四	五	馬牛騾皮	三四	坐鞦、搭腰	五〇〇斤	一五〇
	永和源	集口街	民國二十四年	獨資	五〇	四	五	馬牛騾皮	四〇	坐鞦、搭腰	六〇〇斤	一八〇

	二合盛	集口街	民國七年	獨資	三〇	三	四	馬牛騾皮	二七	坐鞦、搭腰	四〇〇斤	一二〇
	福盛奎	東城壕	民國八年	獨資	五〇	五	五	牛羊皮	五四	同上	五〇〇斤	一五〇
	李合盛	東城壕	民國七年	獨資	五〇	四	五	牛羊皮	三〇	同上	三〇〇斤	九〇
	雙盛合	東巷	民國二十三年	獨資	五〇	三	四	牛羊皮	二四	同上	二〇〇斤	六〇
芮城	福生永	西街	民國十三年	獨資	六五〇	六	三六	騾馬牛羊皮	四六六	同上		七五二
	公盛德	東關	民國二十一年	獨資	三〇〇	四	二四	騾馬牛羊皮	二八六	同上		五三二
	文盛德	東關	民國二十四年	獨家	四〇〇	五	三〇	騾馬牛羊皮	三〇二	同上		六三四
新絳	合興德	東嶽巷	民國十五年	獨資	七〇〇	一〇	一九	馬騾皮	一、一〇〇	鞋脊	一〇〇、〇〇〇付	二、〇〇〇
	永興合	東嶽巷	民國二十一年	獨資	九〇〇	七	一五	馬騾皮	一、二〇〇	鞋脊	一二〇、〇〇〇付	二、四〇〇
	源興順	東嶽巷	民國十四年	獨資	六〇〇	六	一三	馬騾皮	一、〇〇〇	鞋脊	九〇、〇〇〇付	一、八〇〇
	敬德元	東嶽口	民國十三年	獨資	三〇〇	四	九	馬騾皮	七〇〇	鞋脊	六〇、〇〇〇付	一、二〇〇
	三興合	東嶽巷	宣統二年	獨資	二、七七〇	一〇	二三	騾馬驢皮	二、五〇〇	鞋脊	二五〇、〇〇〇付	五、〇〇〇
	德順正	東嶽巷	民國十八年	獨資	一、三〇〇	一〇	二三	騾馬驢皮	二、五〇〇	鞋脊	二五〇、〇〇〇付	五、〇〇〇
	忠義新	東嶽巷	民國二十三年	獨資	一〇〇	四	九	驢馬牛皮	九〇	弓絃皮條	一、九五〇斤	六七〇
	萬盛河	東嶽巷	民國二十一年	獨資	三〇	二	五	同上	三八	同上	八四〇斤	二五〇
	信盛德	東嶽巷	民國二十一年	獨資	一三〇	二	七	同上	三八	同上	八一〇斤	二五〇
	永順綵	東嶽巷	民國二十一年	獨資	三五〇	五	一二	同上	八二	同上	一、八〇〇斤	六三〇

	敬興永	東繖巷	民國十八年	獨資	五〇〇	七	一三	驢馬牛皮	一八八	同上	四、八〇〇斤	二、二八〇
	永盛長	東繖巷	民國二十一年	獨資	一三五	二	七	同上	四五	同上	九〇〇斤	三三〇
	濟義亨	東繖巷	光緒三十四年	獨資	二五〇	四	一三	同上	九〇	同上	一、九五〇斤	六七〇
	裕盛泉	東繖巷	民國十五年	獨資	一七〇	三	七	同上	七五	同上	一、七〇〇斤	五四〇
	永益合	東繖巷	民國十四年	獨資	二一五	四	一三	同上	六八	同上	一、六五〇斤	五三〇
	三興誠	南關	民國七年	獨資	五〇	五	一三	同上	九〇	同上	一、九五〇斤	六七〇
絳縣	福盛南	南樊鎮	民國十八年	獨資	五〇〇	四	一五	牛皮	三八	皮條、皮箱	六〇〇	四八八
	長生東	東關	民國十四年	獨資	五〇〇	三	一四	牛皮	四三	皮條、皮箱	七二〇	五七六
	永義大	大交鎮	民國十九年	獨資	七〇〇	三	一四	牛皮	四五	皮條、皮箱	八八五	七〇七
忻縣	復隆永	北街	民國二十三年	獨資	四〇〇	三	九	驢騾牛皮	五七〇	皮套、皮繩、工皮、皮鞭		五一〇
	慶萬永	北街	民國二十一年	合資	二〇〇	四	一四	驢騾牛皮	四六〇	皮鼓、皮套、工皮		四〇〇
	源茂恆	南門街	民國二年	獨資	二五〇	四	九	驢騾牛皮	一二〇	皮繩、搭腰、工皮		七七〇
河曲	德盛亨	文廟街	民國六年	獨資	三〇〇	二	六	牛羊皮	九〇〇	皮條、皮粘	四八〇斤	六〇〇
	運來泉	文廟街	民國四年	獨資	二〇〇	二	六	牛羊皮	七〇〇	皮條、皮粘	三八〇	四〇〇
榆次	同益泰	小東關	民國二十四年	合資	二、二四〇	八	三七	驢騾牛皮	二〇〇	皮條、鞋皮	二〇〇張	一、〇〇〇

丙　原料

製法藍皮專用牛皮、騾馬驢皮、以質鬆且薄，皆不合使用，至製黑皮、及坐鞦、搭腰、韁皮、吊樑、皮繩、籠頭、皮條、鞋脊、弓弦等，則牛驢騾馬羊之生皮，皆可爲原料，惟採用量各坊有異。榆次縣每年採用牛皮二千八百餘張，皆向河北省辛集購辦，每張價約十一元左右。新絳採用之牛騾馬驢之生皮一萬二千五百餘張，除就地收集外，均向陝西省之西安購買，大同採用之牛騾馬皮三千三百四十張，則向晉北附近縣邑收集，由產戶自行送至皮硝坊買賣，其價格高下，視貨品優劣而定，普通牛皮一張十一元，馬騾皮一張一元五角左右，芮城縣位居晉省南隅，其採用牛羊馬皮一千零五十四張，除縣內出產外，均由河南閿靈等地收購，牛皮每張價六元，馬皮二元，羊皮一元，計值一千九百十八元，河曲縣位居晉省西北邊陲，每年所用牛羊等皮一千六百張，來自伊蒙準葛爾旗，原料極佳，惜該縣皮匠墨守陳法，故出品粗劣，僅銷縣境。此外如平遙、長冶、長子、屯留、高平、和順、夏縣、絳縣、忻縣等縣，年用三千八百八十餘張，皆就地採用，綜上所述，晉省手工製革作坊及皮件作坊每年用量，約需生皮二萬五千一百八十一張。

丁　生產

手工製革作坊之出品，計爲法藍皮、黑皮、帶皮、熟皮四種，其製造程序，與機製皮相似，僅少軋皮機鞣軋一段工作，現時三十家之產量，法藍皮及帶皮計出七千五百四十張，黑皮一千一百張，熟皮一千四百三十張。法藍皮及帶皮之售價，榆次新絳於民國十六年時，每斤一元二角，目下市價跌落，每斤祇六角左右，以每張計算，平均十五元之譜，大同太原每斤現售五角，以每張計算，則十二元至二十元不等，至於黑皮每張約售二元二角，統計全業年出一萬零七十張，值十萬七千一百九十元。

手工皮件作坊之出品，計爲坐鞦、搭腰、韁皮、吊樑、皮條、籠頭、皮鞭、皮鼓、皮套、鞋脊、弓弦等，是種出品中，除弓弦用生牛皮製成外，其餘皆先將生皮浸入清水缸內，經一日夜撈出，刮去生皮之底面肉渣及正面毛垢。於是再入硝硬黃米麪和水之液中，經六晝夜後，撈出洗濯，在日光中乾燥之，即成製皮件之皮，皮件作坊將此種皮張裁製出品，普通先裁吊樑坐鞦等大件，然後裁製皮條等小件，每張牛皮，可出吊樑四件，坐鞦二件，大小皮條五條，新絳製造鞋脊，在清末最盛，計有十五六家，目下鞋脊用途日少，故新絳經營此業者，僅存六家。其裁製皮脊，牛皮一張，計得九十付左右，餘下零塊，乃製皮條，至於弓弦，每牛皮一張約製七斤許。其餘均製皮條之用。

晉省皮件之產量，計值四萬五千七百六十八元，新絳出品占二萬四千二百二十元，平遙占九千九百元，長治、芮城、絳縣、忻縣、河曲、榆次等，各在千元以上，屯留，夏縣，高平各數百元。至於和順出品最少，僅百五十元云。

戊　銷路與交易

手工製成之皮革及皮件，皆銷本縣及鄰近縣邑爲大宗，故其交易，祇有門售及發客兩種，門售交易都係現款買賣，發客交易，則係躉批買賣，是種交易，於每年之春秋兩季各縣有大市集時爲盛，皮革皮件販商來坊購買，皆定有口頭契約，繳款手續，均照口頭約行使，普通取貨時付貨款之半數，其餘或約期繳款，或待貨售罄繳納，由坊家與販客洽商辦理，但待貨售罄繳款之交易，亦有口頭定期，過期不繳款者，則將原貨折價退還皮坊，至於包裝運輸，概歸販客自理。

五　造紙業

一　機器造紙

甲　沿革

晉省機器造紙，歷史甚短，現時成立者，已有晉恆、新華、西北等三家，晉恆製紙廠，係股份有限公司，廠址在太原市大南門外，於民國十七年由徐一清等集股籌備，至二十年十月，正式成立，當時資本計二十一萬九千五百元，不意二十一年八月，汾河決口，全廠被淹，損失達十萬餘元，是年冬修理復工，至二十二年六月，山洪暴發，全廠又遭沉淪，損失又及四萬餘元，連年受二次摧殘，該廠元氣，大見衰頹，所幸民國二十三年以來，慘淡經營，生產數量，已能恢復原狀，新華造紙廠，在太原縣晉祠鎮係股份有限公司，於民國十八年組織，十九年一月開工，資本三萬元，當時產銷尙旺，及民國二十年晉恆製紙廠成立後，該廠之銷路，不免受其影響，兼之近數年來，晉省農村經濟恐慌，外貨又肆意侵銷，以致營業日見衰退，西北製紙廠，在陽曲縣上蘭村，係西北實業公司開辦，資本四十萬元，其中固定資本估五萬元，於民國二十四年三月，開始建築廠房，購辦各種機器，現正在竭力進行中，惟尙無出品。

二　現況

晉恆製紙廠之規模，較大於西北、新華、其廠基面積，佔四十三畝，房屋二百十幢，估價十四萬八千元，廠內造紙機器，計有切稻草機、攪拌機、蒸煮鍋、切破布機、除塵機、打料機、配料機、壓廢紙機、單圓筒圓網抄紙機、複式裁紙機、上下動裁紙機、紮捆機及藥液泵、紙漿泵等共二十五架，並置備蒸汽鍋、火車頭式引擎、及三相交流發電機各一架，自行發出電力，利用電動馬達十二架，爲全廠造紙機器之原動力，此外更備鏇床、鑽床、鉋床、磨刀機、轉動裝置機等六座，爲修理各種造紙機器之用，總計價值，約二十萬八千五百五十元。現廠內僱用職員二十六名，男女工人九十六名，薪水均以月計，每月總數計一千八百四十八元。西北製紙廠之廠基，面積約一百十二畝，建造房屋二十一幢，估值十二萬元，購辦機器之已到者，計長網抄紙機一架，梳解機十六架，除塵機一套，蒸黃鍋，切斷機，五節雙心鍋爐各二座，修理用之鑽床、鏇床鉋床等九座，發動用之馬達十九座。總計價值，約十九萬一千二百三十九元，現廠內尙未造紙，故祇有職員三十名，月需薪水一千元。新華造紙廠廠基面積，廣約十六畝。房屋三十九間，估值一萬一千元，廠內所備機器，亦比較簡單，現有造紙機一架，碾料機、洗料機各二架，利用蒸汽引擎三架，爲全廠機器之原動力，據廠方報告，引擎三架，能發一百二十四馬力，現僱職員十一名，男工四十五名，皆係本地籍，月薪總額三百十四元云。

丙　原料

晉省機器造紙之原料，晉恆廠用爛布、舊棉、破紙、漂粉、松香，新華廠用稻草、麥稭、破紙，晉恆所用原料中，爛布每年用量最多，計五十萬斤，價值七千元，破紙次之，計三十五萬斤，值二萬元，舊棉更次之，計十五萬斤。值四千元，此外漂粉、松香，年用一萬七千九百斤，值一千八百九十元，新華所用原料，稻草用量最多，計十七萬斤，值八百六十元，破紙次之，計九萬九千斤，值五千九百四十元，麥稭五萬斤，值一百五十元，據上所述，除西北製紙廠原料未詳外，二廠每年需用原料共一百三十三萬八千九百斤，總值三萬九千八百四十元，其來源地，如破紙、漂粉、松香等，來自天津上海，其他各種原料，均由廠方派員向太原附近搜購，爛布舊棉收價，每百斤由一元五角至二元五角不等，破紙則每百斤價六元左右，稻草價格，每百斤普通五角，麥稭價值三角。

丁　生產

晉恆廠之造紙，先將原料選別，除去其夾雜物，經過切斷除塵工作，裝入蒸煑鍋內，加入適量鹹類藥品溶液，通入蒸汽蒸煑，約十小時左右，然後洗滌漂白打碎，以適當成分配合，再加藥劑及色料，攪和均勻，乃上抄紙機製成濕紙膜，復經乾燥圓筒烘乾後，始捲成紙捲，切斷檢查整理之，並數其頁數，包裝捆紮，即成製品，行銷市場。新華廠之造紙，先將原料蒸熟，放於水池內，將汚質洗淨後，再上碾料機碾碎，再入洗料機重加漂洗，至原料完全潔白，始入造紙機製成出品。

晉恆紙廠出品，爲光華牌之黃毛邊紙、白毛邊紙、上連史紙、粉連史紙、仿洋宣紙、書皮紙、信封紙、報紙、火柴紙、賁川料紙、於民國二十三年產量最多，計三萬六千連，民國二十年出產最少，祇七千連，民國二十一年及二十二年，因遭水災停工，故生產量，均較二十三年爲少，二十一年出一萬五千連，二十二年出二萬連，至於民二十四年，據該廠報告，可較二十三年增三分之一，自一月至七月，已出紙三萬二千八百連，價值十九萬一千三百五十元。新華造紙廠出品，以各種宣紙爲主，包貨紙及各色書皮紙次之，宣紙分有加重雪宣、雙料雪宣、加重單宣、及各色宣紙，均以破紙邊爲原料，包貨紙則用稻草與麥稭，每年產量，計共一萬四千一百刀，值洋二萬零四百六十元，玆將民國二十四年各種機器紙之產量，列表於后：

晉省各種機器紙產量表

晉恆製紙廠出品

紙名	每年產量(元)	單位價格(元)	總產值(元)
黃毛邊紙	七、五〇〇	五	三七、五〇〇
白毛邊紙	一〇、〇〇〇	五	五〇、〇〇〇
上連史紙	一、〇〇〇	七	七、〇〇〇
粉連史紙	五、〇〇〇	四·二	二一、〇〇〇
仿洋宣紙	二、〇〇〇	一三	二六、〇〇〇

紙名	每年產量(連)	單位價格(元)	總產值(元)
書皮紙	一〇〇	一三·五	一、三五〇
信封紙	二〇〇	一三	二、六〇〇
報紙	四、〇〇〇	六·五	二六、〇〇〇
火柴紙	二、〇〇〇	五·八	一一、六〇〇
買川料紙	一、〇〇〇	八·三	八、三〇〇

新華造紙廠出品

紙名	每年產量(元)	單位價格(元)	總產值(元)
加重雪宣	六〇〇	三·六	二、一六〇
雙材雪宣	一、二〇〇	三	三、六〇〇
加重單宣	一、五〇〇	二·二	三、三〇〇
書皮	八〇〇	三	二、四〇〇
各色宣紙	二、五〇〇	一·二	三、〇〇〇
包貨紙	七、五〇〇	〇·八	六、〇〇〇

茲據上述，除西北製紙廠未行抄紙外，晉恆新華兩廠出品，總值二十一萬一千八百十元。

戊 交易

晉省造紙多由印刷所兜銷，雙方簽訂合同，按期交貨，交貨在太原市上者，其運送事，務由廠方負責，若貨送外埠者，則由廠方代僱脚戶發轉，但運費歸購主負担，至於付款情形，普通有二種，一爲現貨現款交易，一爲交貨後一月付款，或在標期付款，其運輸情形，凡運往正太鐵路及同蒲鐵路沿線各縣。則利用火車，其他縣份，均用騾馬車轉運，包裝均以夾板鐵條，捆成整件，每件內連數之多寡，視紙之厚薄而定，有六連、十八連、二十五連、二十三連等四種，大概每件計重四百斤。

二　手工造紙

甲　沿革

晉省之有手工造紙業，由來已久，若晉中之太原，晉南之臨汾、趙城、襄陵、陽城、晉東之盂縣、定襄，晉北之渾源、懷仁及晉省西北之河曲、保德等縣，皆爲昔時盛產區域，及清中葉，晉南之晉城、陵川、高平，晉北之崞縣代縣、朔縣、左雲、右玉、晉西之臨縣、臨晉等，相繼仿造，因此晉省紙產，大見增加，及民國初年，臨汾附近之介休、曲沃、翼城諸縣，鑒於紙之用途，日見重要，年用臨汾、襄陵，陽城及河南省清化鎮紙張，爲數益多，於是採用本地麥稭，自行提倡造紙，終以家數不多，產品尙不足以供給縣內消費。

現查各縣產紙地點，陽曲縣中，在上蘭村，該村居民以此爲專業者，幾佔十分之四五，惟缺少大資本之紙漕，每家所用工人，普通一二名，產紙名夯紙，卽草紙之一種。陽曲縣之南，卽爲太原縣，境內有晉泉發於晉祠，該水最合造紙，晉祠附近之赤橋村居民，利用此水製造草紙者，計五十二家，工人多至二百零八名，每屆清明節後，即開工抄製，至十一月底停工，每年工作約二百四十日，古城營、西都城、大院村、亦爲該縣造紙區域，惟農民以此爲副業，農閒始行抄製，現有四家，造毛頭紙爲主，臨汾縣距太原百餘里，爲晉南產蔴紙要地，現時第四區之賈得、賈住、賈昇、賈才、小賈、賈化、鵝舍、七里、小程、南孫等村，專營此項工業者，計一百七十八家，工人約五百五十人。每年出蔴紙二十七萬四千區，每區一百九十張，總值十八萬元，其中尺八紙最多，京莊紙最佳，行銷本省及平津一帶，該縣更產草紙，第五區之賈冊官礅墑地東靳城居等村，爲其主要產地，每年出產約六十萬刀，值二萬三千餘元，中以表辛紙用途最廣，行銷臨近各縣及河南陝西等處，襄陵居臨汾縣南，該縣之鄧莊鎭一帶，在清中葉，當洋紙未侵入時代，所造蔴紙，遠銷平津河南陝西甯夏各處，斯時紙漕，在百家以上，及後受外紙侵銷影響，銷路日蹙，紙漕相繼停工，至現時照常開工者，祗十有四家，工人一百五十名，所出呈文，方曰尺、條曰尺、重尺八、三五、京文紙等蔴紙，計值八萬八千八百元，曲沃、翼城、介休、等縣，向用臨汾、襄陵紙張，自民改元以後，各縣亦提倡自行造紙，介休縣之順城關、西關、東關，曲沃縣之城內小水巷、豐潤村、曲村鎭，翼城縣之冰清鎭、城村等處，從此亦有紙漕之成立，製品以草紙居大宗。

陽城、晉城、陵川、高平等四縣，縣境毗連，居晉省之東南陲，與河南省接壤，爲晉省出產桑皮紙之區域，現時漕戶集中地點，陽城縣在二區之下孔村，計八十餘家，工人二百六十名，晉城縣在第三區之犂川鎭、造紙寨、第一區之西上莊等處，計十三家，工人六十名，陵川縣在第二區之呂家河村，計十一家，工人五十五名，高平縣在永祿村，計有五家，工人十七名，至晉北雁門道中各縣，皆以產麻紙爲大宗，尤以渾源及定襄二縣產額最多，渾源之造紙戶集中地點，在城區之木市街及北順城、東門、南門一帶，計有二十家，專事抄造麻紙，此外更有下盤舖村、西坊城澗村，爲抄草紙漕戶之集中區，計五十六家，工人四百八十名。惟此漕戶，視此項工作，爲家庭副業，暇時開工，農忙停止，故草紙產額，每年多寡不等，定襄縣之產紙區，在蔣村，製造白麻紙，行銷五台崞縣，現有漕戶一百十家，工人三百五十名，前時散亂無組織，近因推廣銷路起見，成立玉亭社，作對外交易之紙行，盂縣在定襄之南，該縣之溫池村，亦產麻紙，代縣、崞縣、朔縣、右玉、左雲、在定襄之北，除崞縣紙坊集中於第一區之下王村，上吉村外，如代縣、朔縣、右玉、左雲、均集中於城區，繁峙、懷仁兩縣，接壤於渾源縣境，製造麻紙，雖具有久遠之歷史，終以接近紙張特多之區，銷路全被渾源所占，故兩縣漕戶，祇在城區有數家而已。河曲、保德、臨縣，位居晉省西北隅，在清乾嘉年間，河曲縣坪泉村，因地多水泉，土人利用以造紙，至同治年間，紙張銷路特暢，該村造紙工業，遂驟然興旺，保德縣第一區之楊村灣土人，以爲有利可圖，競相學習造紙技能，並設漕自抄，不數年間，造紙工業，已遍及楊村，目下兩縣造紙工業，因受紙銷滯澀及稅捐運費加重關係，停業相繼，然查其實際生產，尚有三萬餘元之出品。臨縣地居山僻，山多小溪，製紙極宜，現楡林及龍王溝二村，爲紙漕集中地云。

乙　現況

晉省產紙之縣，計二十有八，抄紙漕坊，除陽曲盂縣未詳外，共六百六十四家，其中設坊專營抄製者，約占百分之十二，視爲農家副業，農閒抄製者，占百分之八十八，抄紙漕坊內之設備，視資本大小而多寡，普通工場，皆設於家庭中，室外各設有漚水池一二口，石碾一二座，乃洗漚原料之用，室內設蒸鍋，石臼，及木樁，打紙拐等，爲煉製紙漿之用具，至於抄紙池，竹簾，木桿等，則爲抄紙之用具，此外尚有烤牆者爲乾燥紙張之用，惟此種烤牆，各紙漕坊均利用民屋牆壁，無特殊設備，

晉省紙坊，每家資本，均不甚充足，除襄陵鄧莊鎮紙坊，能滿數千元外，其餘都係數百元，坊內僱用工人，皆爲附近居民，多者每家十餘名，少者二三名，隨紙坊營業之多寡而定，是種工人，各有專門技能，其工作分抄紙，製料，烤紙三種，各習一門，不相混雜，其中抄紙最雜，製料次之，現查晉省六百六十四家紙坊中，工人約二千九百四十一人，以抄紙工人較少。

工人工資，其計算法，各不相同，如介休等縣，以件計，烤紙工每晒紙十刀，得工資一角五分，抄紙工每抄十刀，得工資二角，臨汾，懷仁，崞縣，保德，臨縣等，其工資以日計，臨汾每日三角，崞縣，臨縣，日約二角，懷仁一角五分，保德縣工資最賤，日得六分，其以月計者，則爲襄陵，曲沃，代縣，河曲，襄垣，晉城，遼縣等，又遼縣，曲沃，晉城，襄垣之對於工人，均供膳宿，工資月給二元至三元五角，曲陵，代縣，河襄等，月給工資四元至五元，但不供膳。

丙　原料

晉省手工造紙原料，以舊麻、破紙、稻草、麥稭、桑皮爲主，椀葉乃晉城採用，莜麥稭、蒲草穗、乃渾源採用，篙萊草者乃河曲紙坊使用，惟省用量不多，不佔重要地位，舊麻稻草麥稭桑皮，大都就地收買，造紙較盛之縣，間向附近縣邑，派員購辦，舊麻收價，每斤四分至九分不等，麥稭每斤二厘至五厘不等，稻草每斤一分左右，桑皮每斤三分三厘至四分，其價格高下，全視原料之優劣及產地之遠近而異，至於破紙，均來自天津，上等白紙條每斤五分，中等白紙條每斤三分，下等白紙條每斤二分左右，椀葉皆向河南採辦，每斤價五角，莜麥稭、蒲草穗篙萊草之價格，則與稻草相若。石灰一項，爲造紙中必需用品，由紙坊向石灰窰零星購買，每斤價洋四厘，惟遼縣等地，無常年開燒之石灰窰者，紙坊則向窰戶定購，以上各種原料之付價，普通以現款換現貨，而繁峙等縣，間有以紙換原料者。

丁 生產

晉省造紙之程序，各縣有異，且隨各種紙類而不同，製造蔴紙之手續，先將舊蔴及破紙以利刃切成粉末，加入石灰，攪拌均勻，裝置鍋內，生火蒸煑，經適當之時間後，將原料出鍋，人石碾碾磨，碾畢再蒸。循環三次，然後用水洗淨，始入抄紙池內，以固定尺寸之竹簾，抄成廠紙，製造桑皮紙之手續，先將桑皮取水浸透，用籠蒸煑數日，再用木椿搗爛，既爛復蒸，既蒸復搗，乃裝入袋內，入水撞洗，洗淨後，用刀切碎，乃倒入抄紙池攪拌成稀糊狀，更用抄紙竹簾，抄成桑皮紙，草紙之製造，先將麥稭稻稭或筱麥稭等洗淨，用石灰水浸濕，堆積二十餘日，用石碾碾成泥狀，裝入布袋，再行洗濯一次後，便倒入抄紙池內，用抄紙竹簾，抄成草紙。

麻紙原料，以舊麻破紙為主，舊麻百斤，用石灰十五斤，可製麻紙四十五斤至五十斤，約合大麻紙三十五刀，小麻紙五十刀，破紙都與舊麻滲和使用，間有以此單獨用者，則每百斤可得大麻紙四十刀之譜，製造桑皮紙，原料用桑皮，每百斤約得桑皮紙三十餘斤，草紙原料，以麥稭稻稭筱麥稭為主，每百斤可出紙六十五斤云。

晉省所出麻紙，以顏色分，有黑白兩種，惟出產以白色者居多，以厚薄分，則有單夾兩種，以大小及紙質優劣分，則有呈文、方曰尺、條曰尺、京文、重尺八、大對方、三折紙、大改、中改、二尺對、二二對、二四對、二八紙、三四紙、三五紙、三六紙等名目，晉省桑皮紙，以尺九紙及二八紙兩種為多。草紙、毛頭紙、燒紙三種，則分類較少。

麻紙之於晉省，用途極大，凡省內一切舊式賬簿及舊式書籍與手契約信箋及學校內一切用紙，皆以此為大宗，至於糊窗糊壁，始有採用桑皮紙、若草紙、毛頭紙、燒紙三項，在昔用於包紮貨品為主，敬神用次之，惟今各種紙張，受洋紙傾銷影響，銷路日見縮小，價格日益跌落，據本屆調查，臨汾襄陵臨晉襄垣等所出麻紙，在五年以前，每區紙價，平均在八角以上，及至現時，臨汾產者，祇售六角五分，襄陵臨晉跌價至六角之譜，襄垣僅售四角，遼縣、盂縣、定襄、代縣、繁峙、渾源、懷仁、左雲、右玉、湖縣、崞縣，河曲、保德、臨縣等，麻紙以刀為單位者，在五年前，大號紙售五角以上小號紙售四角者，現時大都減價，大號紙三角一分至四角，小號紙一角八分至二角五分。其相差幾及三分之一。

至於紙之產額，亦較前五年為少，就現時出產而論，各種紙中，以麻紙產數較多，臨汾、襄陵、臨晉、襄垣四縣，計出四十四萬一千五百五十區，折合八十三萬八千九百四十五刀，晉城、盂縣、定襄等十五縣，計出九十四萬九千八百十六刀，晉省共出麻紙，有一百七十八萬八千七百六十一刀之譜，草紙產量次之，計一百十一萬八千七百零四刀，燒紙更次之，計六十六萬三千刀，此外桑皮紙十五萬零一百刀，毛頭紙七千刀，此乃晉省紙產中最少之兩種，總計全省紙產之總值為五十四萬四千九百二十九元六角，茲列各縣手工造紙情形表於后。

山西省手工造紙

縣名	家數	工人總數	原料	每年出產品額 蔴紙(刀)	桑皮紙(刀)	毛頭紙(刀)	草紙(刀)	燒紙(刀)	總值(元)
陽曲	未詳	未詳	稻草				八〇、〇〇〇		一、六〇〇
太原	五六	二二〇	稻草、麥稭、石灰			三、六〇〇	五九九、〇〇四		一二、六三六・一
介休	六	二四	舊蔴、破紙					六三、〇〇〇	一八、九〇〇
臨汾	一七八	五五〇	舊蔴、稻草	二七四、〇〇〇區				六〇〇、〇〇〇	一二八、〇〇〇
趙城	八	三八	稻草			三、四〇〇	九〇、〇〇〇		一二、四〇〇

襄陵	一四	一五〇	純蔴	一四八、〇〇〇區				八八、八〇〇
曲沃	三	一二	小蔘稭			八六、五〇〇		二、五九五
翼城	二	一二	蔘稭			一、二〇〇		九六
臨晉	五	二一	舊蔴、破紙	九、〇〇〇區				三、七六二
陽城	八〇	二六〇	桑皮		一二六、〇〇〇			一八、九〇〇
晉城	一三	六〇	桑皮、破紙、椀葉	二一、〇〇〇				五、二五〇
陵川	一一	五五	桑皮		二一、六〇〇			二、四三二
高平	五	一七	桑皮		二、五〇〇			四五〇
襄垣	四	三五	舊蔴	一〇、五五〇區				四、二二〇
遼縣	一二	三六	舊蔴	三〇、六九六				三、九八〇
盂縣	未詳	未詳	舊蔴、破紙	二九一、二一〇				四五・八九八
定襄	一一〇	三五〇	蔴	一五〇、〇〇〇				六〇、〇〇〇
代縣	四	五七	舊蔴、破紙	一三、五〇〇				四、〇三四
繁峙	二	一二	舊蔴，破紙	四、〇〇〇				九二〇
渾源	七六	七二三	舊蔴、莜麥稭、蒲草穗	一八〇、〇〇〇		二五〇、〇〇〇刀		八〇、〇〇〇
懷仁	四	一六	舊蔴	二四、〇〇〇				四、三一九

左雲	二	一五	舊蔴	八、七〇〇				一、七四〇
右玉	一	八	舊蔴	七、〇〇〇				二、二〇〇
朔縣	四	二四	舊蔴、破紙	一四、三〇〇				三、五七五
崞縣	四	一六	舊蔴、破紙	四、四一〇		一二、〇〇〇		一、四二二・五
河曲	一〇	四〇	舊蔴、蕉萊草	一四〇、〇〇〇				一六、九〇〇
保德	二〇	六〇	舊蔴、破紙	五〇、〇〇〇				一五、五〇〇
臨縣	三〇	一三〇	舊蔴	一一、〇〇〇				四、四〇〇

據上所述，每縣產値之多者，在晉南則推臨汾縣，計十二萬八千元，其次爲襄陵，計八萬八千八百元，在晉東則推定襄，計六萬元，其次爲盂縣，計四萬六千元之譜，在晉北則推渾源，計八萬元，其他各縣，都半在萬元之下。

戊　銷路

晉省蔴紙銷路，紙產於晉南者。除臨汾產之京莊紙、尺八紙、及襄陵產之京文紙、呈文紙等，行騁天津北平河南陝西寧夏等處外，其餘各縣紙張，極少輸出境外，查其在省內之銷區，則臨汾襄陵白蔴紙，遍銷河東道內，臨晉白蔴紙，則銷永濟、虞鄉、榮河、萬泉等縣，襄垣白蔴紙，則銷潞城黎城等縣，遼縣之白蔴紙，乃銷和順及本縣境內，介休產之黑蔴紙，其中方楪黑紙，售於靈石孝義，大黑紙與小燒紙兩種，行銷縣內，輸出靈石孝義者，爲數較少。麻紙之產於晉東者，定襄紙則銷五台、崞縣、盂縣紙則銷縣境，麻紙之產於晉北者，如渾源、懷仁、右玉、河曲等之紙張，以地近綏遠、察哈爾、及外蒙，每年向外輸出，銷售該地者，爲數至巨，此外乃銷晉省境內。

草紙銷路，臨汾以表辛紙之銷區較廣，除出售於附近各縣外，尙有銷及河南陝西省境，趙城之毛頭紙草紙，在霍縣洪洞二縣中爲其主銷地點，曲沃、翼城之草紙，則主銷本縣境內。

桑皮紙分大小號兩類，三六紙、三四紙、二八紙、二四紙等四種，通稱大號紙、二二紙、二尺紙、一九紙、一八紙等，通稱小號紙，陽城所產之大號紙，都向縣外銷售，以河東道爲其主要銷區，晉城、陵川、高平等之大小號紙及陽城產之小號紙，則銷本縣境內。作商號學校之用紙及農戶之糊窗紙。

己　交易

晉省紙之銷售，都半由紙舖向本縣紙漕坊購辦，一方面批售於雜貨舖，零星發買於用戶，其小部份，如晉南之臨汾襄陵等縣，則由各地紙販，前來採購，販運於北平、天津、河南、陝西、寧夏及本省各縣，或由縣內紙販，先向紙漕坊取紙若干，到鄉下兌換舊麻繩頭及舊麻紙等，如晉北之渾源，則由紙漕坊首先運至大同，售於德和永商號，該商號專收晉北紙張，轉運口外豐鎮綏遠包頭一帶，普通市價，較內地略昂，如繁峙等縣，大抵在柜零星零售，除本縣雜貨店向紙漕坊有先期付款，定期交貨外，由買戶攜帶碎爛蔴繩及紙筋，前往交換紙張，其間交易手續，因此不同。紙舖與紙漕坊之交易，分有現貨與定貨二種，定貨交易，先由紙舖給定資若干，說明數量、貨品、及交貨日期等，嗣後紙漕坊按期送貨，隨時收款。現貨交易，以現款為準則，行使先行賒欠，隨後付款者，乃視生熟客而定，均由紙漕坊與顧客雙方洽商辦理。紙販與紙漕坊之交易，與紙舖相同，惟相識販商，素有賬目往來者，在取貨時，對於款項，都半現半欠，以後還賬，則分期交付，或以舊蔴繩頭及紙筋等交給紙坊，折價抵款。渾源紙坊與大同德和永之交易，現貨則付款取貨，定貨則先交定資二成，交貨時始照貨付值。

晉省紙之包裝，晉南之臨汾、襄陵、臨晉、襄垣等縣，以區為單位，每區計紙一百九十張，合五十區為一綑，僅以細繩綑紮，普通不用包皮，晉北之渾源繁峙等縣，以刀為單位，每刀九十張至百張，合百刀為一綑，外用粗蔴紙數層為包皮，更以繩包紮成綑，至於草紙桑皮紙等，或以十刀為一綑，或以百刀為一綑，則隨地而異，殊鮮一定標準。

晉省紙之運輸，在內地普通用大車裝運，每車裝紙四綑至五綑，若懷仁、崞縣、河曲等多山之區，則用人力肩挑或用驢騾馱運，肩挑者每人一綑，驢騾馱運者，每頭二綑，其運費之多寡，固各地不同，大概人力運費最大，每綑紙轉運百里，需費一元七角，驢騾馱費次之，每綑紙轉運百里約八角之譜，大車運費最賤，每綑紙運百里約需費五角左右。

附山西省著名土產紙漕戶現況表

山西省各縣土產紙漕戶現況表

縣別	廠坊名	地址	設立年月	組織	資本額（元）	職工數	原料用量 舊蔴（斤）	破紙	葦草	麥稭	石灰	年產額 產量（斤）	產值（元）
襄陵	常義興	鄭莊鎮	光緒元年	獨資	四、〇〇〇	三	四五、〇〇〇					九、五〇〇	五、七〇〇
	合盛德	仝	上民國七年	獨資	五、八〇〇	一三	五〇、〇〇〇					一〇、五〇〇	六、三〇〇
	得和永	仝	上光緒二十八年	合資	四、四〇〇	三	四五、〇〇〇					九、五〇〇	五、七〇〇
	天得亨	仝	上民國二十二年	合資	四、〇〇〇	三	四五、〇〇〇					九、五〇〇	五、七〇〇
	泰興魁	仝	上光緒八年	合資	二、八〇〇	一二	五〇、〇〇〇					一〇、五〇〇	六、三〇〇
	永興德	仝	上民國十四年	獨資	三、〇〇〇	九	四〇、〇〇〇					八、五〇〇	五、一〇〇
	仁興泰	仝	上民國十一年	獨資	二、〇〇〇	八	四〇、〇〇〇					八、五〇〇	五、一〇〇
	志成公	仝	上民國五年	合資	四、六〇〇	二	六〇、〇〇〇					一三、五〇〇	七、五〇〇
	德盛茂	仝	上民國六年	合資	四、〇〇〇	一三	七〇、〇〇〇					一四、五〇〇	八、七〇〇
	祥瑞和	仝	上民國十三年	合資	四、二〇〇	一四	七五、〇〇〇					一五、五〇〇	九、三〇〇
	德聚和	仝	上民國二十二年	合資	一、四〇〇	八	四五、〇〇〇					九、五〇〇	五、七〇〇
	福興和	仝	上民國九年	合資	六〇〇	七	四〇、〇〇〇					八、五〇〇	五、一〇〇
	晉義昌	仝	上民國十七年	合資	二、〇〇〇	一〇	五〇、〇〇〇					一〇、五〇〇	六、三〇〇
	義合晉	仝	上民國二十三年	合資	四、〇〇〇	一〇	五〇、〇〇〇					一〇、五〇〇	六、三〇〇

曲沃	福盛祥	盛內小水巷	民國二十三年	獨資	九〇	四			三〇,〇〇〇	一六,〇〇〇	一九,五〇〇圓	五八五
	泰興順	豐潤村	民國元年	獨資	二五〇	四			五三,〇〇〇	二五,〇〇〇	四五,〇〇〇	一,〇五〇
	義合魁	曲村鎮	民國二年	獨資	一四〇	四			五〇,〇〇〇	一〇,〇〇〇	三三,〇〇〇	九六〇
代縣	義盛紙房	城內	光緒二十五年	合資	三〇〇	一三	未詳	未詳			三,五〇〇	一,一二〇
	和合紙坊	城內	光緒三十二年	合資	三五〇	一五	未詳	未詳			三,五〇〇	一,〇八〇
	興盛紙坊	西關	民國七年	合資	四〇〇	一六	未詳	未詳			三,二〇〇	九〇〇
代縣	玉泉紙坊	聶營鎮	民國十五年	合資	三六〇	一三	未詳	未詳			三,三〇〇刀	九三四
繁峙	三盛紙坊	西關	民國十八年	合資	八〇〇	七	二,四〇〇	二,四〇〇		八〇〇	二,六〇〇	六二〇
	永盛紙坊	西關	民國五年	合資	五〇〇	五	一,六〇〇	一,六〇〇		四〇〇	一,四〇〇	三〇〇
臨晉	劉風海	三區陳村	光緒年間	獨資	一三〇	四	三〇〇	一五〇			一,一〇〇圓	四七四
	張道賓	仝上	仝上	獨資	一二〇	三	三〇〇	一五〇			一,六二〇	六八四
	劉有海	仝上	仝上	獨資	一七〇	五	四七〇	一八〇			一,四六〇	六六三・二
	劉永恩	仝上	仝上	獨資	一四〇	四	五九〇	三七〇			一,七六〇	七七三
	張海子	仝上	仝上	獨資	一九〇	五	七四〇	四五〇			三,〇四〇	一,一六七・八
襄垣	德合祥	南關	光緒三十四年	獨資	五〇〇	一〇	三,〇〇〇				三,一〇〇圓	一,二四〇
	萬興源	西關	民國十一年	獨資	三〇〇	一〇	三,〇〇〇				三,〇五〇	一,二三〇
	李新年	西關	民國二十四年	獨資	二〇〇	七	八,〇〇〇				二,一〇〇	八四〇

	天順成	靠溝	民國二十年	獨資	二五〇	八	九、〇〇〇			二、五〇〇	九二〇
懷仁	任紙房	西關街	光緒二十三年	獨資	一五〇	五	九、二〇〇			六、一五六	一、一〇四
	馬紙房	西關	光緒十八年	獨資	一三〇	四	九、〇五〇			六、〇五〇匹	一、〇六五
	田紙房	東關	光緒二十七年	獨資	一二〇	四	九、〇〇〇			六、〇〇〇	一、〇八〇
	班紙房	東關	民國十八年	獨資	一〇〇	三	八、七五〇			五、八三五	一、〇五〇
渾縣	同義永	木市街	民國十八年	獨資	五〇	九	三、〇〇〇			六、〇〇〇	一、五〇〇
	慶和太	木市街	民國二十四年	獨資	五〇	九	三、〇〇〇			六、〇〇〇	一、五〇〇
	廣恆泉	木市街	民國十年	獨資	六〇	九	三、〇〇〇			六、〇〇〇	一、五〇〇
	慶合公	木市街	民國二十四年	獨資	六〇	九	三、〇〇〇			六、〇〇〇	一、五〇〇
	福裕明	木市街	民國二十二年	獨資	五〇	九	三、〇〇〇			六、〇〇〇	一、五〇〇
	萬順成	木市街	民國十二年	獨資	八〇	九	三、〇〇〇			六、〇〇〇	一、五〇〇
	萬盛魁	木市街	民國十九年	獨資	一〇〇	九	三、〇〇〇			六、〇〇〇	一、五〇〇
	信志成	木市街	民國十年	獨資	一〇〇	九	三、〇〇〇			六、〇〇〇	一、五〇〇
	得義厚	木市街	民國十三年	獨資	八〇	九	三、〇〇〇			六、〇〇〇	一、五〇〇
	保生成	木市街	民國十五年	獨資	五〇	九	三、〇〇〇			六、〇〇〇	一、五〇〇
	亨昇永	南關	民國十九年	獨資	二五〇	一八	二四、〇〇〇			三、〇〇〇	五、五〇〇
	協和成	南門外	宣統元年	獨資	一〇〇	一五	二四、〇〇〇			三、〇〇〇	五、五〇〇

	福義永	北順城	民國十六年	獨資	一五〇	一五	二四,〇〇〇				三,〇〇〇	五,五〇〇
	增盛泉	東門外	民國七年	獨資	三五〇	一五	一,八〇〇				九,〇〇〇	二,三〇〇
	志義成	南門外	民國五年	獨資	八〇	一五	一,八〇〇				九,〇〇〇	二,三五〇
	湧生泉	木市街	民國十年	獨資	三五〇	一五	一,八〇〇				九,〇〇〇	二,三五〇
	福義泉	木市街	民國十五年	獨資	三五〇	一五	一,八〇〇				九,〇〇〇	二,三五〇
	永盛興	木市街	民國八年	獨資	三五〇	一五	一,二〇〇				六,〇〇〇	一,五〇〇
	玉順成	木市街	民國二十四年	獨資	三五〇	一五	一,二〇〇				六,〇〇〇	一,五〇〇
	裕興泉	木市街	民國十三年	獨資	五〇	一五	一,二〇〇				六,〇〇〇	一,五〇〇
左雲	萬生泉	落家街	民國十八年	合資	一八〇	七	九,〇〇〇				四,二〇〇	八四〇
	萬成湧	南關外	民國二十四年	合資	一五〇	八	九,〇〇〇				四,五〇〇	九〇〇
右玉	阜玉泉	城內	民國三年	獨資	六五〇	八	五〇,〇〇〇				七,〇〇〇	三,〇〇〇
朔縣	富德生	縣城內	光緒年間	獨資	一五〇	七	六,〇〇〇				三,六〇〇	九〇〇
	合義泉	縣城內	民國二年	合資	一二〇	五	六,二〇〇				三,七〇〇	九二五
	雙義泉	縣城內	民國五年	合資	一五五	七	六,五〇〇				四,〇〇〇	一,〇〇〇
	復義泉	縣城內	民國四年	合資	一一五	五	五,六〇〇				三,〇〇〇	七五〇
河曲	張四和	平泉村	宣統二年	獨資	四〇〇	六	九,〇〇〇		一八,〇〇〇		二一,〇〇〇	二,五二〇
	劉遵東	平泉村	民國十九	獨資	二〇〇	三	四,五〇〇		九,〇〇〇		10,五〇〇	一,三六〇

	劉官銀鎮	平泉村	民國七年	獨資	一五〇	二	三、〇〇〇		六、〇〇〇		七、〇〇〇	八四〇
	李殿元	平泉村	光緒三十年	獨資	五〇〇	六	九、〇〇〇		一八、〇〇〇		二一、〇〇〇	二、五二〇
	王遵賢	平泉村	宣統元年	獨資	三〇〇	三	四、五〇〇		九、〇〇〇		一〇、五〇〇	一、二六〇
	劉克文	平泉村	民國十四年	獨資	五〇〇	七	一〇、五〇〇		二一、〇〇〇		二四、五〇〇	二、九四〇
	張煌	平泉村	民國十八年	獨資	三〇〇	三	四、五〇〇		九、〇〇〇		一〇、五〇〇	一、二六〇
	張羽高	平泉村	民國二十一年	獨資	一八〇	二	三、〇〇〇		六、〇〇〇		七、〇〇〇	八四〇
	馬元氣	水草溝村	光緒十一年	獨資	四〇〇	五	七、五〇〇		一五、〇〇〇		一七、五〇〇	二、一〇〇
	馬二	水草溝村	民國八年	獨資	三〇〇	三	四、五〇〇		九、〇〇〇		一〇、五〇〇	一、二六〇
崞縣	致和泉	上吉村	同治六年	獨資	八五	四	五、四〇〇				一、〇八〇	二七〇
	德盛紙房	上吉村	民國十五年	獨資	一〇〇	三	三、〇〇〇				六〇〇	一五〇
	東致和	上吉村	同治六年	獨資	九〇	四	六、三〇〇				一、二六〇	三一五
	西致和	上吉村	同治六年	獨資	一一〇	五	七、三五〇				一、四七〇	三六七・五

六　玻璃業

一　沿革

晉省南陲之晉城縣，係山區縣邑，山多瑪石，最適製造玻璃，自海境開後，外洋玻璃輸入日多，上海天津各埠，相繼設廠仿造，晉城居民知利源所在，遂於有清光緒十四年，亦設廠製造，當時廠方資本雖覺微小，但以開辦之初，銷路極暢，各家均獲大利，自後家數日多，於光緒十四年時，晉城玻璃工業誠旺極一時，銷路之廣，南達豫省，北達甘肅，西銷陝西，而晉省各縣市集，幾無不見晉城玻璃出品，所惜各廠資本過小，出品式樣，守舊不改，迄乎現時，銷路退化，營業漸衰，此外有玻璃工業者，乃爲太原市，首先創辦者係萬記料廠，於民國十八年四月開辦，因辦理不善，營業欠暢，繼起者，有則太行料器廠，於民國二十年六月成立後，亦受不景氣之影響，連年虧本，故該兩廠於民國二十四年中，先後改組，萬記料器廠改名爲明明萬記料器廠，太行料器廠，廠名仍舊。

二　現狀

現時晉城縣中之玻璃工廠，皆集於黃華街及南寨一帶，計有十家，廠址在黃華街者，有豐盛湧，天德昌、泰順和、公和成、吉順成、義和永等，其中以豐盛湧成立最早，係在光緒二十四年開設，廠址在南寨者，則名三義祥、三億德、銀盛祥、雲興德等，其中開辦較久者，乃爲三義祥，係有清宣統二年成立，以上各廠，皆獨資開辦，廠房工場，大都利用家居住房，所備資本，普通二十餘元，流動金乃向外方臨時轉借，故晉城玻璃工業資金總額，僅二百二十六元，太原市玻璃工廠，計太行料器廠及明明萬記料器廠二家，太行廠址，乃在水西巷四號，廠基三畝，房屋五十五間，係租賃而來，自民國二十四年一月改組後，廠內備有資本二萬元，添購機器及冷氣機等，現時出品，較前大見改進，明明萬記廠廠址，在首義街新寺巷十三號，廠基二畝，廠房三十間，價值四千元，自民國二十四年四月改組後，備一千五百元爲固定資本，重修爐灶一具，添置各種模型，以造燈罩、燈台、酒瓶、藥瓶、花粧品瓶等，總計晉省玻璃廠資金總額，則爲二萬一千七百二十六元。

晉城玻璃廠職工，每家多者三人，少者二人，凡工人而兼職員任務者，月薪五元，單獨爲工人者，月薪三元，膳宿廠給，太原市之太行廠，現有職員十名，工人四十名，有聘自津滬，有僱自本省，薪水皆以月計，月需工資四百六十元，明明萬記廠，現有職員八名，男工八名，藝徒十四名，大都由山西工業試驗所僱來，薪水亦以月計，月需工資一百六十元。總計全業，職工共一百零三名，月需工薪約七百零九元。

工人工作時間，分固定與自由兩種，其固定工作之工人，每日約九小時，其自由工作之工人，則工資按件計算，月底發薪，則時間概無規定，至於廠方開工時期之長短，全視銷路之盛衰，各廠不同，太原市之兩廠，每年約開工三百天，晉城縣之十家，以每年八月至翌年三月爲生產旺月，四月至七月則爲淡月，年約開工二百天。

廠內設備，除太行料器廠備冷氣機一座及零星機器外，其他各廠，都施用手術，分別製造，故廠內祇備鍋，爐鐵玻璃管、管、模型便等，茲將山西省玻璃工業現況，列表於后：

山省西玻璃工業現況一覽表

縣名	廠名	地點	設立年月	組織	資本（元）	職工	每月工資總數	原料成本（元）	出品情形 燈罩（打）	燈台（打）	瓶（打）	手鐲（付）	織布圈（包）	扣（包）	珠（串）	總值	設備
太原市	太行料器廠	水西巷四號	民國二十年設立民國二十四年改組	合資	三〇、〇〇〇	五〇	四六〇	一七、四八〇·〇〇	一〇一、五〇〇	四、〇〇〇	一五、〇〇〇					三七、四五〇	冷氣機一座及鍋爐鐵管玻璃管模型等
	明明萬記料器廠	首義街新寺巷十三號	民國十八年設立民國二十四年改組	獨資	一、五〇〇	三〇	一六〇	四、九五〇·〇〇	五、〇〇〇	三、〇〇〇	二五、〇〇〇	……				九、四〇〇	爐一個及鍋鐵管玻璃管模型等
晉城	豐盛湧	黃華街	光緒二十四年	獨資	二五	三	一二	七三·八〇	五、〇〇〇		五〇、〇〇〇	二五、〇〇〇	五〇〇	三〇〇	三、〇〇〇	一、六七〇	鍋二口、爐二個、玻璃管八個鐵管八個
	天德昌	黃華街	民國五年	獨資	二五	二	八	三一·二〇	三七五		三三、三三三	一一、〇〇〇	一五〇	一四〇	一三、〇〇〇	六四五·五	鍋一只、爐一個、玻璃管四個、鐵管四個
	泰順和	黃華街	民國二十年	獨資	二二	二	八	二一·二〇	三、三三三		三、三三三	二〇、〇〇〇	二〇〇	六〇	一六、〇〇〇	一、三二九	仝上
	公和成	黃華街	民國三年	獨資	二三	二	八	三一·二〇	四、一六六		四一、六六六	一〇、〇〇〇	二五〇	二〇〇	一五、〇〇〇	一、二六七·五	仝上
	吉順成	黃華街	民國二十三年	獨資	二三	二	八	三一·二〇	四、一六六		四一、六六六	一〇、〇〇〇	一五〇	二〇〇	一五、〇〇〇	一、二六七·五	仝上
	義和永	黃華街	民國三年	獨資	二三	一	八	二五·〇四	四、一六六		四一、六六六	二五、〇〇〇	三〇〇	二四〇	一八、〇〇〇	一、六三一	仝上
	三義祥	南寨	宣統二年	獨資	二二	一	八	二五·〇四	四、一六六		四一、六六六	二五、〇〇〇	三〇〇	二四〇	一八、〇〇〇	一、六三一	仝上
	三億德	南寨	民國十五年	獨資	一三	二	八	一五·二二	三、三三三		三三、三三三	二〇、〇〇〇	二〇〇	二一〇	一四、〇〇〇	一、二九一·五	仝上
	銀盛祥	南寨	民國七年	獨資	二五	二	二二	二五·三九	四、一六六		四一、六六六	三〇、〇〇〇	二四〇	二、六〇〇	三〇、〇〇〇	一、八八七·二	鍋二口、爐二個、玻璃管八個、鐵管八個
	雲興德	南寨	民國十八年	獨資	二五	三	一二	二五·三九	四、一六六		四一、六六六	三〇、〇〇〇	二四〇	二、六〇〇	二〇、〇〇〇	一、八八七·二	鍋二口、爐二個、玻璃管八個、鐵管八個

三　原料

山西省製玻璃之原料，太原市之太行料器廠及明明萬記料器廠，皆採石英、砂子、碎玻璃爲主要原料，以洋鹼、火硝、硫酸、錳粉爲藥品，晉城各玻璃廠，則採紫石。瑪石爲主要原料，以洋鹼等爲其藥料，紫石之產地，乃在山西省之汾州府，晉城年用三千三百斤，均託人代購，每斤價四分，值一百三十二元，瑪石產於晉城縣內，年用二千八百八十斤，就地零星收買，每斤價三厘五毫，值十元許，洋鹼來源，皆來自鄭州，德英兩國貨占多數，晉城年需一千五百六十斤，皆隨時於本地經洋貨舖中購買，每斤八分五厘，值一百三十二元六角，太原市之兩廠，其所需原料，皆在太原市中收買，或由原料商親自送廠交易，至於藥料，大牢向天津商號購辦，現據太行料器廠報告，於民國二十四年中，該廠所需石英約五萬斤，砂子十萬斤，碎玻璃二十萬斤，火硝七百斤，洋鹼四百包，以上原料價格，如石英每斤一分五厘，砂子一分，碎玻璃五分，火硝二角，洋鹼每包十四元，計值一萬七千四百九十元，據明明萬記廠報告，民國二十四年每月原料用量，石英九千斤，洋鹼三千斤，火硝三百斤，硫酸五十斤，錳粉一百斤，每年開工十個月，計需十二萬四千五百斤，收買價格，石英每斤一分，洋鹼一角，火硝二角，硫酸五角，錳粉二角，計值四千九百五十元。總計晉省全業所需原料，值二萬二千七百十四元六角，晉城約占百分之一强，太原占百分之九十九弱。

四 生產

晉省玻璃出品，計燈罩、燈台、瓶、織布圈、鈕扣、手鐲、玻璃珠等七類，年產總值五萬一千三百五十七元四角。

玻璃瓶之產額為三十九萬九千九百九十五打，其中分有大酒瓶、漏子瓶、生髮油瓶、花露水瓶、藥瓶等五種，晉城產之藥瓶，瓶身小而質粗，供給裝置痧藥丸及痧藥水之用，現出四百八十萬個，以售價低廉，每百價洋三分，值一千四百四十元，其他瓶類，皆係太原出產，於民國二十四年中，太行廠出大酒瓶二千打，每打五角，漏子瓶五千打，每打一角，生髮油瓶三千打，花露水瓶三千打，藥瓶二千打，每打價各二角，計值三千一百元，明明萬記廠出酒瓶五千打，每打七角，花粧品瓶四千扛，每打四角，藥瓶六千打，每打三角，計值六千九百元。

燈罩之出產，年約十四萬三千五百三十七打，太行廠出品占百分七十，晉城縣出品占百分之二十六，明明萬記廠占百分之三，太行廠所出燈罩，計馬燈罩一千五百打，每打一元五角，二號燈罩五萬打，每打二角四分，三號燈罩五萬打，每打一角五分，明明萬記廠出燈罩五千打，每打二角，晉城縣出燈罩三萬七千零三十七打，每打售價一角四分四厘，計值二萬八千零八十四元。

燈台之出產，分二號燈台與三號燈台兩種，太行廠各出二千打，二號燈台每打售價八角，三號者售價五角，明明萬記廠所出者，都係三號貨，售價五角，總值四千一百元。

手鐲、織布圈、玻璃鈕扣、玻璃珠等，完全產自晉城，據晉城各廠報告，手鐲約出二十萬六千付，每付售價二分，織布圈二千六百三十包，每包三分，鈕扣六千六百九十包，每包五分，大小玻璃珠十六萬串，每串二分，總值七千七百三十三元四角。

晉省所出燈台、化粧品瓶、鈕扣、手鐲、玻璃珠等，其精細花巧者，都以顏色玻璃製成，配合是種玻璃原料時，除紫石、硝、碱、硫酸、錳粉、等外，更加藥品，如須紅色，則加金，綠色則加銅，黃色則加錫鉛粉，藍色則加藍礬，雞肝色則加銅鐵，至於製造出品手續，與魯浙江蘇相似。

五　銷路

晉省汾陽，富產汾酒，太原所產玻璃酒瓶，銷路以該地為主，太原祁縣兩地，為晉省出產化粧品之區，太行、明明兩廠所出生髮油瓶、花露水瓶等，完全推銷該處，藥瓶、燈台、燈罩、太原產者，主銷晉北晉中晉東，而每年銷行陝省之貨，亦屬不少，其若晉城產者，大半銷於晉南，若河南之陝州附近各縣，亦為其行銷區域，太原太行廠所出之馬燈罩，晉陝兩省，約各半行銷，至於晉城產之手鐲、織布圈、玻璃鈕扣、玻璃珠等，則銷路徧及陝西、甘肅、河南三省，所惜價格低廉，每年實際貨價收入不多云。

六　交易

太原市兩家玻璃廠之交易，若酒瓶、藥瓶、化粧品瓶，以定貨爲多，燈罩、燈台、馬燈罩等，以現貨居多，定貨交易，均由定戶先行來廠接洽，訂明定貨之式樣數量價格及取貨日期後，則付定貲三分之一，至取貨日再付貨價，或按月繳款，至若現貨交易，以現款付清爲準則；但熟客有信用者，則通行對月付款，晉城玻璃出品之銷行，全恃外來客販，都係現貨出售，客販取貨時，付款半數，或以舊料相兌，其餘款項，通行對月付價，或約期交清。起運時，廠方將貨包裝，大件則用柳框，細件則用木箱，包裝事務，由廠方負担，木箱柳框費，由買客負担。

七　化粧品業

一　沿革

曲沃銀粉、太原香粉、平遙猪胰，皆素負聲譽於晉省，在有清末葉，爲其營業最盛時期，銷路之廣，幾遍全省；而曲沃銀粉，更盛行於豫陝，自民國改元以來，外來化粧品，充斥晉省市場，喧賓奪主，因此銀粉香粉猪胰之去路大減，至民國十七年，太原香粉店號，思圖自存，對於出品，適應時代需要，相率改良，於是舊產之十里香粉、桂花粉等，復呈活躍現象，同時南倉街之振工化學社創辦後，土產之生髮油、花露水、雪花膏等出品，始現於太原市場，祗以品質較遜，不敵外貨之暢銷，至民國二十年，平遙縣城之義興厚，相繼仿製生髮蜡、雪花精、生髮油、花露水等，晉省化粧品之產量，固大見增加，惜後起乏人，且時受外貨傾銷影響，二廠營業，不見良好之進展，曲沃銀粉，於民國十年銷路退減時期，業此業者，以該種物品，可充油漆品中原料，於是改變方針，竭力於此種去路上推銷，故數年以來，尚能維持常態，惟平遙之猪胰業，倒閉者相繼，査其營業現況，已入窮途末路中矣。

二　現況

晉省化粧品業中，以其出品而別之，可分油蜡香水業、胰粉業、猪胰業、銀粉業四種。

製造油蜡香水等化粧品者，全省計爲二家，太原振工化學社於民國十七年開辦，在開辦之初，係資本三百元，附設於化粧品舖內，自後逐漸發展，成爲今日之小工廠，現廠內僱職員六名，工人四名，以造生髮油花露水雪花膏等，月需工資六十六元。平遙義興厚廠，廠址在平遙縣城第十六街，於民國二十年獨資成立，資本二千四百元，當時兼營煤油買賣，現廠內僱職員二十名，製造出品，皆由職員兼辦，每月約需工資八十元。

胰粉製造，皆在太原，現有六家，散布於按司街者，乃復合永、義合永二家，在鐘樓街者，係永合義、裕合永二家，在大剪子巷者，係兩合新，在南市街者，係兩合充，以上各家組織，除復合永爲合資外，餘都獨資，復合永成立最早，資本計四千七百五十五元，店內職工二十名，在光緒末年，該業營業，以此家爲盛，兩合充在光緒十四年創辦，開辦時資本七百元，店內現僱工人八名，以出品優良，現時營業，與復合永相似，兩合新係光緒二十一年成立，資本八百元，義合永係民國七年成立，資本四百八十元，裕合永、永合義兩家，於民國二十二年成立，永合義資本一千二百元，裕合永四百元，每家職工，多者十八名，少者六名。其薪水以月計，每名二元至四元，膳宿店主供給。

銀粉製造，皆集於曲沃縣城之南大街，計有二家，一爲順記克昌號，該號成立於前清道光八年，獨資組織，現有資本一萬三千二百元，僱工人十名，年製銀粉萬斤，一爲中記克昌號，該號於民國十七年成立，備資本一萬八千元，僱職工十一名，製造銀粉二萬五千斤。製造銀粉，以聞喜縣人技能最精，故曲沃銀粉店主，均出重資僱請，每月七元至八元，並供給膳宿。

豬胰製造，平遙計有三家。祁縣計有一家，資本微小，總計祇四百四十元，職工十五名，以營業清淡之故，製胰工作，時時停止，職工薪水，亦極菲薄，每月每人二元之譜。玆列山西省化粧品業現況一覽表於后：

山西省化粧品業現況一覽表

縣別	廠坊名	地址	設立年月	組織	資本額(元)	職工數	每月總工資	年產 產品名	產量	產值(元)
太原市	振工化學社	南倉巷	民國十七年	合資	三〇〇	一〇	六六	生髮油、花露水、雪花膏	一四、八三〇瓶	二、〇〇八・八
	南合充	南市街	光緒十四年	獨資	七〇〇	八	二九	白猪胰、門市胰、十里香粉、桂粉粉	九、〇〇〇斤	二、三九二
	裕合永	鐘樓街	民國二十二年	獨資	四〇〇	七	二二	仝上	二、三九〇斤	六四三・二
	義合永	按司街	民國七年	獨資	四八〇	一八	五七	仝上	八、二〇〇斤	二、九六八
	兩合新	大剪子巷	光緒二十一年	獨資	八〇〇	六	一六	仝上	一、五九〇斤	五八三・二
	永合義	鐘樓街	民國二十二年	獨資	一、二〇〇	一一	三五	仝上	一、五六〇斤	六四三・二
	復合永	按司街	光緒元年	合資	四、七五五	二〇	七四	仝上	九、四五〇斤	三、六三六
平遙	義興厚	第十六街	民國二十年	獨資	二、四〇〇	二〇	八〇	生髮蠟、雪花精、生髮油、花露水	四二、〇〇〇瓶	二、二五〇
	復合泉	第一街	民國十八年	合資	一〇〇	四	八	猪胰	一、二〇〇斤	二四〇
	興隆得	第三街	民國十年	獨資	六〇	三	六	仝上	八〇〇斤	一六〇
	金生利	第三街	民國二十一年	獨資	八〇	三	六	仝上	八〇〇斤	一六〇
曲沃	中記克昌號	南大街	民國十七年	獨資	一八、〇〇〇	一一	七〇	銀粉	二五、〇〇〇斤	一二、五〇〇
	順記克昌號	南街	道光八年	獨資	一三、二〇〇	一〇	七〇	銀粉	一〇、〇〇〇斤	五、〇〇〇
郿縣	興瀧盛	西街	民國七年	合資	二〇〇	五	一九	猪胰	四、五〇〇斤	一、三五〇
總計					四二、六七五	一三六	五五八			三四、五三四・四

三 原料

巴拉油是製生髮油之主要原料，產於美國，經由上海天津，以輸入晉省，振工化學社年用六百八十三磅，義興厚年用一千磅，司替令、洋碱、甘油、係製雪花膏之原料，皆來自美國，振工化學社年需四百六十磅、其中甘油二百磅、司替令一百四十磅、洋碱一百二十磅、義興厚則用硬脂酸一百磅。酒精為造花露水之主要原料，二廠年需四百七十八磅、義興厚占二百四十八磅、振工占二百三十磅、若製牛髮蜡，則主用黃士林，義興厚年用二千磅，以上各種出品，無一不用香精，來源以美法兩國居多，因價格昂貴，振工年用四十八磅，計値一千一百五十二元，義興厚用量，約與振工相似。

胰粉業之出品，以金魚胰、白猪胰、門市胰、十里香、桂花粉為大宗，查其原料，則金魚胰、白猪胰、門市胰、皆以猪胰子、猪油、白碱製成，十里香、桂花粉等，乃以硍粉麝香等製就，此種原料，皆出於本省而就地採購居多，現時太原胰粉店六家，對於每年用量，猪子胰計三千九百二十斤，猪油三千四百零五斤，硍粉三千九百四十斤，麝香十七兩二錢，白碱一萬五千七百斤，每斤市價，猪胰子三角，猪油二角四分，白碱一角二分，硍粉五角，麝香每兩一百二十元計算，則六家每年原料總値為七千九百十一元二角。

銀粉之原料厥為鉛，曲沃順記克昌號年需一萬斤，中記克昌號年需二萬五千斤，由上海採購而來，每斤價約二角，總値七千元。猪胰之原料厥爲猪油、碱、粉面三種，平遙、祁縣等所用量，約値一千一百三十六元。

四　生產

晉省化粧品名甚多，就本屆調查所得，計生髮油、雪花膏、花露水、生髮蜡、銀粉、猪胰、金魚胰、白猪胰、門市胰、十里香、桂花粉等，其製造法，生髮油以巴拉油化開，混合香精而成，大概巴拉油一斤能成生髮油一斤，雪花膏則用硬脂酸加水化開，繼加洋碱與香精而成，硬脂酸一斤，可成雪花膏五斤半，花露水以純酒精加入蒸溜水，繼注入香精，經過三個月後便成，純酒精一斤，可製花露水二斤，生髮蜡以黃士林化開，混合香精製成，黃士林一斤，得生髮蜡一斤，銀粉則先將鉛置於鉄鍋之內，上覆木蓋，下用火燒，俟鉛溶化液體後，再將液體變成薄片，置於木籠內，將籠安置鉄鍋上，鍋內滿貯清水及陳醋，鍋下用木炭舉火燃燒，約十晝夜，即成碎麵，於是取出，再安置於瓷甕內，越時半年，即成銀粉，至於猪胰、金魚胰、十里香、桂花粉等，即將原料同時倒入製胰製粉之用具中，擣拌相當時期即成。

晉省化粧品之舊式者，普通用紙包成小包，再裝入紙盒，其買賣向以斤計，現時每年白猪胰出產約五千二百五十斤，每斤價四角，値二千一百元，金魚胰年產約九百九十斤，每斤價八角，値七百九十二元、門市晴年產二萬一千四百斤，每斤價二角，值四千二百八十元，十里香粉年產約一千四百八十斤，每斤一元四角四分，值二千一百三十一元二角，梓花粉產二千一百七十斤，每斤七角二分，值一千五百六十二元四角，銀粉年出三萬五千斤，每斤價五角，值一萬七千五百元，猪胰年產七千三百斤，祁縣出品占四千五百斤，每斤售價三角，平遙出品占二千八百斤，每斤售價二角，計值一千九百十元，至於生髮油、花露水、雪花膏等，則用瓶裝，以十二瓶爲一打，其售價，或以打爲單位，或以瓶爲單位，乃視售貨之多寡而定，普通以打爲單位者，售價較賤，以瓶爲單位者，則售價較貴，現時振工化學社所出之生髮油，係姨妹牌，年出七千六百四十瓶，每瓶售價一角五分，約值一千一百四十六元，義興厚所出者，係童妹牌，每瓶裝油一兩，每打售價六角，年出一千打，計值六百元，花露水之振工產者，商標爲工牌，年出四千六百五十瓶，每瓶一角二分，計值五百五十八元，其由義興厚產者，商標爲童妹牌，每瓶裝花露水一兩，年出五百打，每打六角，值洋三百元，雪花膏之振工產者，係雙妹牌，年出二千五百四十瓶，每瓶一角二分，值洋三百零四元八角，其義興厚產者，係金藍花牌，年出五百打，每打一元二角，值六百元，至於所產之生髮蜡，則爲祥光牌，每瓶裝重一兩許，計出一千五百打，每打五角，值七百五十元，總計上述，則晉省化粧品之產值，乃爲三萬四千五百三十四元四角。

五　銷路

化粧品之銷路，銀粉銷區最廣，自清末迄今，豫陝兩省，爲其盛銷地點，其餘省主銷省內，如平遙產者，則銷祁縣，太谷及晉南晉西等地，太原產者，銷太原及晉中晉北晉東爲多，祁縣產者，則銷本縣，其盛產時期，乃在冬春兩季，其盛銷時期，則在夏秋兩季，春冬次之。

六 交易

銀粉交易，零星出售者，買賣兩方，皆現貨現款交易，定貨交易較少，其若外縣或外省交易，則定貨爲多，普通先繳款項，後依約定時期交貨。其包裝以紙包成小包，每小包重量，分一兩、二兩、四兩三種，運往外縣者，再裝入木箱，或用汽車運輸，或用騾馬車運送，其車資歸買客負担。平遙太原所出之化粧品，在本地零星出售者，爲現款交易，運銷外縣者，均係由廠派員前往銷售，代客發貨，在約定時期內，派員前往收款。

八 肥皂業

一 沿革

晉省居民，素重儉樸，對於洗滌衣服，大都臨池安置石礅，取衣浸水，用手揉搗，以去汚垢，即富有之家，亦儘用皂莢皂果之屬。及清末葉，外洋肥皂，源源輸入中國，但晉省居民，仍鮮採用，自民國改元以後，上海天津及各省通都大邑，相繼設廠仿造，肥皂出產日增，晉省遂爲其行銷區域。晉省之有肥皂廠，以晉南解縣之三光廠爲嚆矢，該廠於民國十一年一月成立，係獨資組織，開辦之初，營業極佳，今雖稍替，惟該廠所出三光牌肥皂，仍深得用戶信仰。肥皂廠之繼起者，爲太原市柴市巷之濟華造胰廠。該廠於民國十二年三月開辦，惜資本微小，出貨不多，行銷祇在太原市中，鄰近縣邑，仍爲外貨銷區。及民國十三年一月，華美工廠成立於安邑縣之運城，利用資本萬元，製造較精洗衣肥皂，南銷潼關、陝州、北銷臨汾太原，西銷陝西之西安，而晉省自製肥皂，始見於各縣市集中。自後太原市之晉新、山西、五福、雙合、義華、新絳之福和，平遙之福聚永，大同之麗華、振華等造胰廠，相繼成立，及祁縣之同心合作社，解縣之亨豐號等絡續兼造肥皂以來，生產能力，乃較前雄厚，統計各廠實際出產，年約值三萬餘元。

二　現況

晉省境內現有肥皂廠十四家，分佈於太原市者六家，解縣、大同各二家，祁縣、平遙、安邑、新絳各一家，資本總額一萬九千八百四十元，每廠資本之最大者，厥爲安邑之華美工廠，計一萬元，近以連年虧累，已損失三千七百餘元，故現時實際資本，僅六千二百三十元，其最少者爲祁縣之同心合作社，資本僅五十元。就各縣言之，太原佔四千八百二十元，新絳佔二千五百元，解縣佔一千七百元，大同七百元，安邑佔一萬元，平遙佔七十元，祁縣佔五十元。各廠組織，安邑之華美工廠爲股份有限公司，平遙之福聚永及新絳之福和工廠爲合資外，其餘均係獨資開辦。職工總數一百三十二名，職員約占三分之一，工薪以月計，二元至十五元不等；工人占三分之二，每廠少者二人，多者二十二名，膳宿都由廠方供給，每人月薪二元至七元，視工人之能力高下，以分等次。現計全業工薪，月需四百四十四元五角。廠內工作時間，每日八九小時不等，而每年開工天數多寡，則隨銷路之暢旺與否，如華美廠春季開工六十日，夏季九十日，秋季七十日，每逢冬季，則以天冷關係，息工停造。茲將山西省肥皂業現況表，列之於后：

山西省肥皂業現況一覽表

縣別	廠坊名	地址	設立年月	組織	資本額(元)	職工數	每月總工資(元)	原料用量(斤)	年產額 粗皂(箱)	細皂(打)	產值(元)
太原	山西造胰廠	中校尉營十一號	民國二十年八月	獨資	一、八〇〇	八	三五	一〇、〇〇〇	六〇〇	八〇〇	二、七四〇
	百新造胰廠	郭家巷一號	民國十六年一月	獨資	一、九〇〇	一三	七〇	一〇、〇〇〇	五〇〇	一、〇〇〇	三、〇〇〇
	變合造胰廠	前所街二十七號	民國二十三年三月	獨資	三〇〇	六	二〇	三、五〇〇	一五〇		六〇〇
	濟華造胰廠	柴市巷馬字二號	民國十二年三月	獨資	五八〇	六	一六	七、〇〇〇	四〇〇		一、六〇〇
	五福造胰廠	西牛坡街鄉瑞里	民國二十年八月	獨資	一〇〇	四	一四	七、〇〇〇	一〇〇		五四〇

	義華造胰廠	精營西二道街六十六號	民國二十三年四月	獨資	一四〇	三	七	一、六〇〇	四〇		一四四
祁縣	同心合作社	東街	民國二十三年	獨資	五〇	五	一三	三、二〇〇	三三〇		八六〇
平遙	福聚永	第九街	民國十九年	合資	七〇	二七	五四	一三、六〇〇	一、〇〇〇		二、四〇〇
解縣	三光廠	鐵匠巷	民國十一年一月	獨資	一、三〇〇	四	一四	一四、〇〇〇	四一七		一、二〇〇
	亨豐號	西關	民國二十四年一月	獨資	四〇〇	四	一三·五	六、七〇〇	一三九		四〇〇
安邑縣（運城）	華美工廠	運城胡家巷	民國十三年一月	股份有限公司	一〇、〇〇〇	一三	八五	二三、一九〇	一、三〇〇		六、五〇〇
新絳	福和工廠	南關	民國二十三年	合資	二、五〇〇	三	三	二七、八九七·五	二、〇〇〇		六、五〇〇
大同	麗華工廠	城內鼓樓東街	民國二十一年	獨資	三〇〇	八	三〇	一七、〇三七·五	一、五〇〇		四、五〇〇
	振華實業工廠	蘭池街	民國二十年一月	獨資	四〇〇	二〇	五〇	二、五〇〇	一〇五	一六七	五四〇
總計					一九、八四〇	一五三	四四四·五	一四六、二三五	八、五七二	一、九六七	三一、五二四

三　原料

晉省製皂用之原料，以牛油為主，桖油、大蔴油次之，火碱與泡花碱，為製皂中重要藥品，若松香、香草油、樟腦油、玻璃精等，僅在細皂中採用，故用量較少。牛油皆係本省土產，祁縣採購於榆次，安邑、採購於晉南及河南省之鄭州，太原、平遙、解縣、新絳、大同等縣，乃就地零星收買，價以斤計，每斤約一角五分之譜；桖油、大蔴油，亦採於山西；火碱泡花碱兩種，為英商卜內門洋行出品，先由天津輸入山西省境，省內製皂廠商，乃向本省商場購用，如祁縣購自榆次，解縣購自新絳，大同、太原、新絳、安邑、平遙、除就地採用一部份外，如安邑更向河南鄭州購買，大同更向濤沽購進。至若松香及各種香料油，或購自天津，或購自上海，其原貨皆從外國輸入。現時晉省十四家製皂廠中，使用原料最多者，推新絳之福和與安邑之華美兩廠，其次為大同之麗華與解縣之三光兩廠。若以縣份之用量而論，則推太原為最多，次為新絳，再次為安邑、解縣、大同、若平遙、祁縣、則用量最少。茲將調查所得，列各縣原料用量表於后：

山西省各縣肥皂業原料用量表

縣名	家數	原料用量				
		鹼（斤）	動物油（斤）	植物油（斤）	松香（斤）	香料（磅）
太原市	六	六、七〇〇	二二、〇〇〇	一〇、四〇〇		
祁縣	一	五〇〇	二、〇〇〇	七〇〇		
平遙	一	三、二〇〇	九、八〇〇		六〇〇	
解縣	二	四、〇〇〇	一五、〇〇〇		一、七〇〇	
安邑縣運城	一	三、五八〇	一四、〇〇〇	三、九〇〇	六五〇	八〇
新絳縣	一	二、五〇〇	二〇、〇〇〇	五、〇〇〇	三〇〇	一三〇
大同縣	二	五、五〇〇	一二、〇〇〇	二、〇〇〇		五〇

總計	一四	二五、九八〇	九四、八〇〇	二二、〇〇〇	三、二五〇	二六〇

據上表所述，晉省肥皂廠十四家，火碱泡花碱之用量，年爲二萬五百九百八十斤，動物油九萬四千八百斤，植物油二萬二千斤，松香三千二百五十斤，香料二六百十磅，折計一百九十五斤，全業每年原料用量，計爲十四萬六千二百二十五斤。

四　生產

肥皂製造程序，各地大致相同，先將牛油及大蔴油等，放入鍋中熔化，繼加入火碱等，使配合適宜，然以後碱化之液質置入範皂器內凝結，於是經過切皂手續，乃倒入模內，壓成方塊及牌子。

現查各廠出品，分粗細肥皂兩種，粗皂以洗衣爲主要用途，細皂又名香皂，乃供盥洗之用。粗皂之牌名，山西造胰廠出者，名曰普光肥皂，晉新造胰廠出者，名曰雲光肥皂，雙合廠出者，名曰金星肥皂，濟華廠出者，名月光牌皂，五福廠出品，名白日光皂，解縣三光廠出者，名三光皂，亨豐號出者，名日光皂，安邑華美廠出者，名曰華美日新肥皂，其上更加丹鳳朝陽商標，大同麗華廠出者，名三光肥皂，振華廠出者，名光明肥皂，新絳福和廠出者，則名華北愛國和華日光華昌白光等肥皂，太原之義華廠，祁縣之同心合作社，平遙之福聚永等出品，皆名電光皂。香皂製造，全省計有三家，如太原之山西廠、晉新廠、大同之振華廠，其商標則有佛手牌（山西廠）團龍牌（晉新廠）光明牌（振華廠）等。

粗皂產量，全省計八千五百六十七箱，新絳福和廠出品，占二千箱，大同麗華廠出品，占一千五百箱，安邑華美廠出品，占一千三百箱，平遙福聚永出品，占一千箱，此四廠，現爲出貨之較盛者。太原市各廠出品，共一千七百九十箱，山西廠計出六百箱，晉新廠五百箱，濟華廠四百箱，雙合廠一百五十箱，五福廠一百箱，義華廠僅出四十箱，至於祁縣解縣及大同振華廠，每家多者四百餘箱，少者一百餘箱。香皂出產，晉省年出無多，據廠方報告，晉新廠一千打，山西廠八百打，振華廠一百六十七打，計一千九百六十七打。

肥皂之包裝，以二塊爲一條，安邑、新絳、太原等地，普通以七十二條爲一箱，惟大同則以四十八條爲一箱，且肥皂體積較小，故價格方面，相差甚遠。現新絳、安邑及太原之五福廠，每箱售價五元至五元四角，太原之晉新、山西、雙合、濟華、義華等廠，每箱售價三元六角至四元，祁縣、平遙、解縣、大同等縣之出品，每箱價二元至三元。至於香皂售價，晉新團龍皂，每打一元一角，山西廠佛手牌皂，每打五角，振華廠之光明牌芳藍香皂，每打三角六分，光明牌藥皂，每打四角八分。故每縣產值，太原計八千五百八十四元，安邑與新絳，各六千五百元，大同五千零四十元，平遙二千四百元，解縣一千六百元，祁縣八百六十元，總計三萬一千五百二十四元。至於各家產値，則推安邑之華美，新絳之福和爲最多，太原之義華爲最少，詳數參看山西省肥皂業現況一覽表。

五．銷路

晉省土產肥皂，價格低廉，在昔銷路尙好，自民國二十一年後，肥皂廠雖相繼開辦，惟銷路較前遠遜，現時太原產品，晉新山西兩廠，粗皂銷榆次、徐溝、淸源、交城、汾陽等晉中各縣，細皂乃銷正太與同蒲鐵路沿線；雙合、濟華、五福、義華等四廠，主銷太原市中；大同地處晉省北陲，肥皂銷大同縣外，大半運售於綏遠察哈爾；新絳安邑解縣，地處晉南，肥皂銷區，以晉南爲主，惟安邑之華美出品，每年銷售潼關、陝州西安者，約占三分之一，至於平遙祁縣，以出產不多，祇在縣內買賣。

六　交易

肥皂交易，各廠不同，大概分零星交易及寄託買賣兩種。零星交易，皆係現款買賣，寄託商號經售者，則先行訂約，交款手續，乃依照實際售出數量結算，而扣除經售費，或親自送交廠方，或由來往商號撥兌，若至年終，經售處未售出肥皂，廠方許其退換或退還原貨，包裝費由廠方負担，運費由經售人担任。

九　製燭業

一　沿革

晉省習俗，南北各殊，晉北居民夜間取光之燈，多利用胡麻等油，用燭者極少，晉南地接豫省，居民風俗，與豫相同，因此製燭事業，較盛於晉北，惟至清末海禁開後，洋燭行銷省內，繼則煤氣燈電燈盛行，晉南製燭工業，遂一落千丈，現時省內製燭較多之地，僅晉城、新絳兩縣，能仿造洋燭以銷省內者，祗平遙縣中一家。

二 現況

平遙縣之義興厚，設於縣城內第十六街，係民國二十年獨資開辦，資本二千四百元，製造洋燭，兼營煤油買賣，店內所備製燭機器，計有大搖機及水鐵鍋等。

晉城製造蠟燭，現有松盛宜、協盛永、義泰美、恆泰昌、義泰永、天泰成等六家，其中集於南關華尖者，爲協盛永、義泰美、恆泰昌等數家，設於捲棚底者，天泰成一家，松盛宜、義泰永二家，則設於城內。六家資本各在百元左右，設備簡單，據六家店主報告，則晉城燭業資本共五百五十五元，職工十六名，河南博愛縣人占其六，本縣人占其十，工資以月計，職員四元至六元不等，工人膳宿店給，月給三元。

新絳縣中製造蠟燭，現有遇順正一家，店在縣城內，係光緒六年開辦，資本千元，店內除造蠟燭外，兼營雜貨業，現因蠟燭銷路疲滯，製燭工人，祗有一名。茲將晉省洋燭製造業及蠟燭製造業現況列表如下：

甲、洋燭製造業現況表

縣名	坊名	地點	設立年月	組織	資本	職工	每月工薪總數(元)	原料每年用量			出品情形	
								名稱	用量(斤)	總值(元)	每年產量(箱)	總值(元)
平遙	義興厚	縣城內第十六街	民國二十年	獨資	二、四〇〇	二〇	八〇	石蠟	一一、八〇〇	一、八八八	九五〇	三、三二五

乙、蠟燭製造業現況表

縣名	坊名	地點	設立年月	組織	資本(元)	職工	每月工薪總數(元)	原料每年用量							出品情形	
								羊油(斤)	麻油(斤)	白蠟(斤)	竹芯(斤)	蓋燭紅(両)	棉花(斤)	總值(元)	產量(斤)	總值(元)
晉城	松盛宜	縣城內	民國元年	獨資	一〇〇	三	一二	六五〇	三〇〇	一五	一五〇	三	六〇	二四八・八〇	一、〇〇〇	一七五・〇〇
	協盛永	南關華尖	民國二十一年	獨資	九〇	三	一〇	四五〇	二五〇	八	一〇〇	一	四〇	一七一・〇〇	八四〇	一四六・七〇
	義泰美	南關華尖	民國元年	獨資	九五	三	一三	三〇〇	一〇〇	六	七〇	一	三〇	一〇九・〇〇	五〇〇	八七・五〇
	恒泰昌	南關華尖	民國十六年	獨資	八五	二	八	一五〇	五〇	三	四〇	一	一五	五五・五五	二四〇	四二・〇〇
	義泰永	縣城內	民國元年	獨資	一二〇	三	一二	四〇〇	一〇五	七	九〇	一	二六	一三三・四五	六七〇	一一七・二五
	天泰成	捲棚底	民國四年	獨資	七五	二	七	二〇〇	七〇	五	五五	一	二五	七六・八五	三五〇	六一・二五
新絳	遇順正	縣城內	光緒六年	未詳	一、〇〇〇	四	五	四、九六〇		三〇	一八八	六	八〇	一、三二一・九六	五、二五八	一、三六七・〇八
總計					一、五五五	一九	六四	七、一一〇	八七五	七四	六九三	一四	二七六	一、九一七・六二	八、八五八	一、九九六・七八

十四元。

據甲乙兩表所述，則晉省製燭業共八家，資本三千九百五十五元，工人三十九名，月需工薪一百四十四元。

三　原料

洋燭原料，祇有石蠟與紗帶，石蠟係火油中提煉而得，我國尙無出產，平遙義興厚所採用者，係一百二十五度之石蠟，皆爲美孚及亞細亞火油公司出品，由天津購買而來，年用一萬一千八百斤，每百斤市價十六元，計値一千八百八十八元。

蠟燭原料爲羊油、蔴油、白蠟、竹芯、棉花、蓋燭紅等，晉城新絳兩縣，年用羊油七千一百十斤，蔴油八百七十五斤，棉花二百七十六斤，皆就地採購，羊每斤二角，蔴油每斤一角三分，棉花每斤四角五分，計値一千六百五十九元九角五分。白蠟年需七十四斤，竹芯六百九十三斤，皆由河南省商人販運而來，向蠟燭業兜售，白蠟每斤二元二角，竹芯每斤一角二分，値二百四十五元九角六分，蓋燭紅係德國產品，晉城購自河南鄭州，年需七筒，新絳購自就地顏料店，年需六筒，每筒價九角，値十一元七角。

總計晉省製燭業年需原料總値，爲三千八百零五元六角一分。

四　生產

洋燭製造方法，非常簡單，法將石蠟入釜，用間接火熔化至華氏表一百五十度時，將油徐徐注入機筒內，機筒中預置燭芯，當熔石蠟注滿機筒時，同時再將冷水注入機盤外，使其得冷凝結堅固，取出卽成洋燭，機筒有大小數種，故所出洋燭有十二兩燭、六兩燭、十支燭、二十支燭等四類。惟原料製就成品，無論洋燭大小，石蠟百斤可出洋燭四箱。現義興厚之製造洋燭，於每年九月至十二月爲其生產旺期，二月至八月則生產較少，總計全年開工日數，約爲百天，出洋燭九百五十箱，每箱售價三元五角，值三千三百二十五元。

蠟燭之製造，先用鐵鍋將羊油蔴油共化成水，再將竹芯纏棉花三寸餘，蘸以所熔化之油三次後，待涼透時，依照預定尺寸，乃用刀斫斷，是名燭頭，於是用羊油一斤，白蠟二兩併合熔化成水，少冷用鐵勺舀油倒灌於竹燭頭上，然後行掛皮工作，倒置於缸內，斯時便成白蠟燭，如製紅蠟燭，則另行加色三分，是種顏色，卽蓋蠟紅。普通製造蠟燭四十斤，則需羊油二十六斤，蔴油十一斤，竹芯二斤半，棉花十二兩，白蠟二兩，蓋蠟紅一錢。晉城新絳各燭坊，於每年之十二月份及次年之一月份爲製造旺期，其餘各月，以用途較少，大半停止工作，查其出品，計有八支頭、十二支頭、十六支頭三種，而其買賣定價，皆以斤計，晉城縣年出三千六百斤，每斤售價爲一角七分五厘，新絳縣年出五千二百五十八斤，每斤售價二角六分，則兩縣出品總值計一千九百九十六元七角八分。

總計晉省製燭業年產總值共五千三百二十一七元角八分。

五 銷路與交易

洋燭銷路，以晉南晉西為主，皆由義興厚派員分往各處兜售，以現款交易為準則，惟遇交易較大或素孚信用店家，亦行使先貨後款交易，三節結賬，派員往取，洋燭包裝，皆用木箱，每箱容量，凡十二兩洋燭，計裝二十五包，若六兩燭、十支燭、二十支燭、則裝五十包。蠟燭銷路，僅在晉城新絳附近各縣，買賣以門市為主，完全現款交易。

十 漂染業

一 概說

晉省之有染坊，由來已久，至有清末年，更趨發達，全省一百零五縣，有染坊者達八十四縣。惟其漂染工作，沿用舊法，迄今仍少利用機器，現計全省染坊四百三十六家，資本共十四萬五千二百九十五元，工人二千一百二十七名，分佈於洪洞、聞喜、絳縣、解縣、夏縣、虞鄉、芮城、新絳、安邑、翼城、曲沃、襄陵、鄉甯、河津、陽城、浮山、汾城、蒲縣、吉縣、臨汾、霍縣、介休、沁縣、大甯、永和、石樓、中陽、晉城、陵川、高平、長治、長子、屯留、潞城、襄垣、沁縣、黎城、平遙、祁縣、太谷、清源、太原、徐溝、文水、交城、離石、臨縣、榆次、遼縣、和順、昔陽、平定、盂縣、忻縣、定襄、五台、代縣、渾源、天鎭、陽高、大同、右玉、崞縣、朔縣、寧武、五寨、靜樂、岢嵐、偏關、興縣、保德等縣城內外各處，及猗氏縣之牛杜鎭、平陸縣之茅津鎭、垣曲縣之皋落鎭同善鎭、萬泉縣之荊淮村高村薛朝村、永濟縣之張營鎭韓陽鎭、永樂鎭、趙伊鎭、榮河鎭之光華鎭、杜村、竹家莊、孫吉鎭、寶鼎鎭、稷山縣之翟店鎭、靈石縣之仁義鎭、靜昇鎭、兩渡鎭、雙池鎭、隰縣之義泉、大麥郊、午城、石口、川口、石咀會、壺關縣之集店、辛村、固村、樹掌村、晉莊村、武鄉縣之蟠龍鎭、洪水鎭、故城鎭、段村、繁峙之砂河鎭、大營鎭、靈邱縣之東河南鎭、趙壁鎭、蔡家峪、河曲縣之巡鎭、瓦窰圪垯等地，與其縣城一帶。就家數言之，榮河縣最多，計二十七家，大同、陽城、高平、吉縣、隰縣、晉城、陵川、壺縣、平遙、崞縣次之，各十家至十四家，靈石、太谷、猗氏、垣曲、浮山更次之，各八家至九家，洪洞、永濟、曲沃、離石、榆次、和順、天鎭、河曲等，縣各七家，芮城、新絳、長治、沁縣、武鄉、昔陽、渾源、靈邱等縣，各六家，聞喜絳縣夏縣平陸萬泉襄陵稷山蒲縣臨汾永和潞城襄垣祁縣臨縣代縣陽高等各四家至五家，其餘各縣，至多不過三家，就每家之資本言，則推太谷縣之染坊較爲雄厚，如麗泉湧等，資金達九千六百六十元，普通者，亦在千元以上，其次爲介休，每家資金各備二千餘元，再次爲新絳，通常資本皆在千元左右，他若絳縣、解縣、平陸、曲沃、長治、沁縣、清源、交城、榆次、臨縣等地，則都在六百元至千餘元之間；洪洞夏縣猗氏虞鄉榮河稷山蒲縣平遙徐溝平定盂縣忻縣代縣繁峙渾源大同寧武五寨等地，各在三百元至六百元之數，惟垣曲襄陵浮山靈石曾城高平襄垣離石和順右玉峪縣一帶，資金獨少，普通三十元至七十元之譜，至於工人，則隨資本之大小而有多寡，多者每坊二十人，小者祇一二人。

二 現狀

晉省四百三十六家染坊，獨資開設者，約占四分之三，合資者約占四分之一，坊內設備簡單，普通每家置有踩石數架，染缸數只，每年以九月至三月爲旺月，專代居民染製色布，於五月至九月閒月中，則資本小者，暫時停工，工人膳宿，由坊家供給，工資以月計算，每人月得二元至六元，茲列晉省染業現況一覽表於后：

山西省染業現況一覽表

縣別	廠坊名	地址	設立年月	組織	資本額(元)	職工數	每月薪工(元)	原料成本		出口情形		
								名稱	每年總值(元)	名稱	每年產量(疋)	每年染價總額(元)
洪洞	和順成	本城	民國二十年	獨資	三〇〇	三	一二	藍靛	一、二六〇	色布	三、〇〇〇	四、五〇〇
	洪盛湧	本城	民國十四年	獨資	三〇〇	五	一七	藍靛	一、〇八〇	色布	二、〇〇〇	三、〇〇〇
	餘長厚	本城	民國七年	獨資	三〇〇	五	一八	藍靛	一、二六〇	色布	三、〇〇〇	四、五〇〇
	義合陞	本城	光緒三十四年	獨資	五〇〇	八	二四	藍靛	一、六八〇	色布	四、五〇〇	六、七五〇

	通順成	本城	光緒二十三年	獨資	三〇〇	六	二〇	藍靛	一、二六〇	色布	三、〇〇〇	四、五〇〇
	萬盛源	本城	民國二十三年	獨資	三〇〇	六	一八	藍靛	一、二七〇	色布	三、〇〇〇	四、五〇〇
	洪昇長	本城	民國二年	獨資	二〇〇	九	二六	藍靛	九九〇	色布	三、〇〇〇	三、〇〇〇
聞喜	福盛昌	城內南街	光緒十五年	合資	二〇〇	四	一八	快靛	四〇〇	色布	二、〇〇〇	八〇〇
	永餘長	城內東街	民國二十三年	合資	一五〇	四	一八	快靛	四〇〇	色布	二、〇〇〇	八〇〇
	光華成	城內東街	民國二十四年	合資	一七〇	四	一八	快靛	三二	色布	一、七五〇	七〇〇
	東盛永	城內中街	民國十三年	獨資	一八〇	四	一八	快靛	三二	色布	一、七五〇	七〇〇
絳縣	豐盛	東關	民國五年	獨資	六〇〇	七	一八	洋靛士靛	六〇	色布	八七五	七〇〇
	福生	南樊鎮	民國四年	合資	七〇〇	六	一六	仝上	七五	色布	一、一二五	九〇〇
	集義	東關	民國八年	合資	六三〇	六	一五	仝上	七五	色布	一、〇五〇	八四〇
	永發	城內	光緒二十九年	獨資	七〇〇	六	一五	仝上	六〇	色布	九五〇	七六〇
解縣	震生	城內下街	民國二十四年	獨資	一、一五〇	八	一八.五〇	靛青	六九〇	粗布洋布	一、八〇〇	一、〇八〇
	協盛合	蔡家樓	民國八年	獨資	六八五	九	一二	靛青	四二〇	洋布粗布	九九〇	五九四
	公興久	城內西街	民國二十四年	獨資	四五〇	五	一三.五〇	靛青	三四八	洋布粗布	八七〇	五二二
夏縣	聚興合	城內	民國二十一年	獨資	二〇〇	三	一三	土靛洋靛	一〇〇	藍布黑布	五〇〇	三〇〇
	新泰和	東城壕	民國二十三年	獨資	二〇〇	五	一三	仝上	一四〇	仝上	八七五	四一〇
	集元盛	南關	民國八年	獨資	三〇〇	五	一四	仝上	一五五	仝上	七五〇	五二〇

	興盛順	城內	民國九年	獨資	三五〇	五	三	仝上	一三九	仝上	八五〇	四九〇
猗氏	永順源	縣城	民國二十三年	獨資	三〇〇	四	二三	顏料	三〇〇	青布藍布	二、二五〇	一、二〇〇
	復興長	縣城	民國二十一年	獨資	四〇〇	五	二五	仝上	三五〇	仝上	二、六二五	一、四〇〇
	興順永	東王村	民國十六年	獨資	四〇〇	五	二四	仝上	三五〇	仝上	二、六二五	一、四〇〇
	三義成	南王村	民國五年	合資	三〇〇	四	二三	仝上	三〇〇	仝上	三、一二五	一、二〇〇
	義興德	閻家莊	民國八年	獨資	二〇〇	四	二〇	仝上	二五〇	仝上	一、八七五	一、〇〇〇
	興世永	牛杜鎮	民國六年	獨資	一八〇	四	一八	仝上	二〇〇	仝上	一、五〇〇	八〇〇
	新慶合	牛杜鎮	民國八年	合資	一六〇	三	一五	仝上	二〇〇	仝上	一、五〇〇	八〇〇
	天勝忠	王景村	民國十年	獨資	一二〇	三	七	仝上	五〇	藍布	五〇〇	二〇〇
平陸	德茂和	本縣城	民國元年	獨資	一、二〇〇	六	二〇	靛青	三〇〇	印花布藍布	七〇〇	七〇〇
	聚盛興	本縣城	民國十二年	獨資	七〇〇	三	一〇	靛青	一六〇	仝上	五五〇	五五〇
	順泰成	芽津鎮	民國十五年	獨資	四五〇	五	一五	靛青	二四〇	仝上	四五〇	四五〇
	興泰昌	茅津鎮	民國十八年	獨資	一、〇〇〇	三	一〇	靛青	一六〇	仝上	五〇〇	五〇〇
	順興合	張店鎮	民國十四年	獨資	七〇〇	四	一三	靛青	三二四	仝上	三八〇	三八〇
垣曲	湧昇合	城南關	民國二十年	合資	五〇	二	七	土靛、洋靛	二〇	青布藍布	三五〇	二二〇
	三心合	城南關	民國十年	合資	七〇	三	一〇	仝上	一二五	仝上	四三八	二七〇
	德義和	皋落鎮	民國十九年	合資	五〇	三	一一	仝上	一四〇	仝上	六二五	二九五

	振興合	皋落鎮	民國二十一年	合資	五〇	二	七	仝上	七五	仝上	三六三	二一五
	天興瑞	皋落鎮	民國二十二年	合資	五〇	二	六·五〇	仝上	一二〇	仝上	四〇〇	二五〇
	義順元	同善鎮	民國二十三年	合資	六〇	三	一〇	仝上	一四〇	仝上	四五五	二八一
	鴻興泰	同善鎮	民國二十一年	獨資	五〇	二	七	仝上	七五	仝上	三三八	二〇五
	萬泉通	王茅鎮	民國二十年	獨資	五〇	三	一〇	仝上	一二〇	仝上	四二〇	二六四
虞鄉	榮盛昌	城內	民國二十一年	獨資	三八〇	四	一三	靛青	三五六	黑藍花布	一、二五〇	七五〇
	林生成	城內	民國二十年	獨資	三四〇	五	一五	仝上	三四〇	黑藍花布	一、二〇〇	七二〇
萬泉	太和昌	縣城內	民國二十一年	獨資	一〇〇	三	一二	洋靛	四〇	藍黑布	六七〇	四二〇
	王家染坊	荊淮村	民國十五年	獨資	一二〇	四	一五	洋靛	六〇	仝上	八五〇	五五〇
	李家染坊	高村	民國十九年	獨資	一〇〇	三	一二	洋靛	四五	仝上	六七〇	四〇五
	老許染坊	薛朝村	民國二十一年	獨資	八〇	四	一四	洋靛	四八	藍黑布	七五〇	四六五
芮城	慶興長	縣城西街	民國元年	獨資	三〇〇	四	一六	靛青	四八〇	黑布藍布紅布紫布	一、一二五	一、一二五
	福生永	縣城西街	民國五年	獨資	二〇〇	四	一五	仝上	三〇〇	仝上	一、〇七五	一、〇七五
	致盛福	縣城東關	民國二十年	合資	一五〇	三	一〇	仝上	二〇〇	仝上	四七五	四七五
	三盛合	縣城中街	民國十九年	獨資	一〇〇	三	一〇	仝上	一六〇	仝上	四五〇	四五〇
	忠義合	縣城中街	民國二十三年	獨資	三〇〇	四	一六	仝上	五六〇	仝上	九五〇	九五〇
	全盛恒	縣城北關	民國二十二年	合資	一五〇	二	七	仝上	二四〇	仝上	五五〇	五五〇

永濟	德聚成	縣城東門外	民國三年	獨資	二四〇	五	一八	靛青	五〇〇	色布	二、七五〇	一、三二〇
	全興隆	縣城東街	民國九年	獨資	一八〇	四	三	仝上	六二五	仝上	三、〇〇〇	一、四四〇
	吉慶福	東關	民國二十年	獨資	二五〇	五	一三	仝上	三七五	仝上	二、〇七五	九九六
	全順隆	張營鎮	民國十二年	獨資	三三〇	四	一〇・五〇	仝上	四五〇	仝上	二、四七五	一、〇八八
	涎益長	韓陽鎮	民國十一年	獨資	二〇〇	五	一五	仝上	五〇〇	仝上	三、七五〇	一、八〇〇
	協盛永	永樂鎮	民國十五年	獨資	九〇	三	一一・五〇	仝上	三七五	仝上	一、七五〇	八四〇
	忠興隆	趙伊鎮	民國十八年	獨資	四〇	四	一五	仝上	三五〇	仝上	一、八〇〇	八六四
新絳	億盛源	西門內	民國二十四年	獨資	一、〇〇〇	一四	一六	靛青顏料	八九六	仝上	一、八〇〇	二、一六〇
	永和號	西門內	民國二十四年	合資	一、〇〇〇	一五	二二	靛青顏料	八四〇	仝上	二、〇〇〇	二、四〇〇
	豫豐號	西門外	民國二十二年	合資	三〇〇	九	二五	靛青顏料	八九六	色布	一、六〇〇	二、二四〇
	復盛合	西關	民國八年	合資	九〇〇	一五	四一	仝上	六〇八	仝上	一、九〇〇	二、四七〇
	泰和公	東街	民國十一年	合資	七五〇	一四	一九	仝上	一、三四四	仝上	二、五〇〇	三、五〇〇
	義和永	西街	民國四年	合資	一、一五〇	一三	二五	仝上	七六〇	仝上	一、五〇〇	一、九五〇
安邑	茂盛永	運城路家巷	民國六年	獨資	一五〇	三	一〇	洋靛	一三〇	藍布	四二三	三九〇
	忠盛福	運城西大街	民國一年	獨資	一〇〇	二	八	洋靛	一三〇	仝上	四二三	三八〇
	隆盛永	運城西大街	民國二十三年	獨資	五〇	三	自任不計工資	快靛	三〇	仝上	一六七	一五〇
榮河	永慶成	縣城內	民國十六年	獨資	三〇〇	三	一〇	快靛德國青	二七二	色布	九〇〇	五一三

保和隆	縣城內	民國十六年	獨資	三三〇	三	九	仝上	二五五	仝上	八二五	四六五
李惠迪	縣城內	民國二十四年	獨資	二五〇	三	九	仝上	二一四	仝上	三七五	二一三
永盛成	光華鎮	民國五年	獨資	三〇〇	二	七	仝上	一九八	仝上	六三八	三五六
公義祥	光華鎮	民國二十三年	獨資	三〇〇	二	六	仝上	一九五	仝上	六〇〇	三三〇
王正發	和莊	民國二十二年	獨資	二五〇	三	四	仝上	七七	仝上	二四八	一二六
德盛昌	杜村	民國十九年	獨資	三〇〇	二	五	仝上	二一四	仝上	三七五	三一五
萬順公	杜村	民國二十二年	獨資	二五〇	三	六	仝上	二一二	仝上	三三八	一八五
敬盛合	村	民國九年	獨資	二五〇	一	四	仝上	一四二	仝上	四五〇	二六二
源發木偏店	村	民國十一年	獨資	三〇〇	三	七	快靛德國青	一四二	色布	四五〇	二六二
王豪子	賢胡村	民國二十二年	獨資	一六〇	二	七	仝上	八四	仝上	二六五	一四六
金盛成	王顯鎮	民國二十年	獨資	一三〇	一	四	仝上	七二	仝上	三一五	一二六
復興昌	王正村	民國十八年	獨資	一七〇	三	一〇	仝上	一〇三	仝上	三三〇	一八六
德興茂	竹家莊	民國十九年	獨資	二〇〇	三	一〇	仝上	一六八	仝上	五二五	二九一
忠盛元	竹家莊	民國二十二年	獨資	三〇〇	三	一〇	仝上	一四二	仝上	四五〇	二五二
太和湧	王顯莊	民國二十年	獨資	三〇〇	二	一〇	仝上	一九五	仝上	六〇〇	二七三
恆盛祥	孫吉鎮	民國七年	獨資	四〇〇	四	一三	仝上	二八二	仝上	九〇〇	五〇四
德盛順	孫吉鎮	民國十三年	獨資	三〇〇	三	一〇	仝上	一九五	仝上	六〇〇	三三〇

仁義成	孫吉鎮	民國二十年	獨資	四〇〇	二	七	仝上	九八	仝上	三〇〇	一六五
懷慶和	程村	民國二十年	獨資	一〇〇	一	四	仝上	六五	仝上	二〇三	一一三
福善堂	王午莊	民國二十二年	獨資	三五〇	三	九	仝上	二五二	仝上	七八八	四三七
三盛成	南趙村	民國二十四年	獨資	三〇〇	三	九	仝上	一六八	仝上	五二五	二九一
壹盛德	寶鼎鎮	民國十年	獨資	三二〇	三	九	仝上	八四	仝上	二六三	一四六
保合通	寶鼎鎮	光緒二十四年	獨資	三三〇	三	八	仝上	一一二	仝上	三三八	一八五
保太和	寶鼎鎮	民國七年	獨資	三〇〇	四	七	仝上	一九五	仝上	六〇〇	三三〇
福興成	寶鼎鎮	民國二十四年	獨資	三〇〇	四	八	快靛德國青	一六八	色布	五二五	二九一
義合興	廟前村	民國十五年	獨資	二一〇	二	六	仝上	五七	仝上	一八八	一〇七
冀城 復盛合	城內	民國十八年	獨資	三〇〇	五	九	洋靛	一七〇	黑布藍布	二、〇二〇	七三三
福盛湧	北關	民國二十一年	獨資	一五〇	三	五	仝上	七九	仝上	六二〇	三二九
福盛協	泳清鎮	民國二十三年	獨資	二〇〇	五	九	仝上	一四二	仝上	二、三九〇	八八一
曲沃 公興順	曲沃	民國十七年	獨資	二、〇〇〇	二	三三	德國青藍靛	一、八〇〇	青布藍布	七、五〇〇	六、三〇〇
福盛合	仝上	宣統元年	獨資	八一〇	七	二二	仝上	一、二六〇	仝上	五、二五〇	四、二〇〇
合盛魁	仝上	咸豐三年	獨資	九〇〇	六	二二	仝上	一、二〇〇	仝上	五、〇〇〇	四、一〇〇
湧利成	仝上	光緒四年	獨資	八〇〇	七	一七	仝上	一、八〇〇	仝上	七、七五〇	六、五一〇
通泰和	仝上	光緒八年	合資	九〇〇	六	二三	仝上	一、二〇〇	仝上	五、五〇〇	四、四〇〇

	福東湧	仝上	民國五年	合資	八一〇	六	三四	仝上	九〇〇	仝上	四、〇〇〇	三、二〇〇
	合盛昌	仝上	民國二年	獨資	九二〇	九	三一	仝上	二、〇四〇	仝上	八、五〇〇	六、八〇〇
襄陵	德玉湧	縣城南關	民國二十四年	合資	一二〇	二	六	德國洋青靛	三五〇	仝上	三五〇	三一〇
	裕慶長	縣城南關	民國二十一年	獨資	二二〇	三	一一	洋靛德國青各樣顏料	一六〇	仝上	四二五	三四〇
	天興成	縣城南關	民國二十四年	合資	二五〇	二	七	仝上	三二〇	仝上	五二五	三一五
	德興隆	縣城南關	民國二十四年	合資	二五〇	二	一〇	快靛德國青	九〇	仝上	二七五	二二五
鄉甯	充實大	城內	民國六年	合資	二〇〇	五	一七	靛	一〇〇	藍紅布	五五〇	四四〇
	世德祥	城內	民國十八年	合資	一五〇	三	一〇‧五〇	靛	七五	藍紅布	四八〇	三八四
河津	源隆湧	東街	民國二十三年	獨資	一〇〇	四	九	洋靛	三〇〇	色布	五〇〇	四〇〇
	慶成源	樊村	民國二十四年	獨資	一〇〇	六	八‧五〇	洋靛	二〇〇	色布	二五〇	二八〇
稷山	同聚誠	城內	民國十一年	獨資	二二〇	六	二一‧五〇	土靛洋靛	二三〇	藍布黑布綠布	六二八	六〇〇
	全盛和	城內	民國十四年	獨資	三五〇	五	一九‧二〇	土靛洋靛	一八〇	仝上	五五〇	五〇〇
	天德源	城內	民國八年	獨資	五〇〇	七	二七‧八〇	土靛洋靛	二六〇	仝上	七一八	七〇〇
	忠誠永	翟店鎮	民國六年	獨資	四五〇	七	二八	土靛洋靛	二八〇	仝上	七一三	七〇〇
	順興隆	翟店鎮	民國四年	獨資	五〇〇	七	二八‧二〇	土靛洋靛	二八〇	仝上	八六〇	八〇〇
陽城	泰興泉	城內	民國五年	獨資	一五〇	六	二六	藍靛	三五	藍布	七四〇	三七〇
	正興	城內	民國七年	獨資	二五三	五	二二	仝上	四三	仝上	八二〇	四一〇

和盛	城內	民國十年	獨資	二五二	四	一六	仝上	四二	仝上	八〇〇	四〇〇
積成	城內	民國七年	獨資	一八〇	五	一九	仝上	三二	仝上	六二〇	三一〇
復盛	東關	民國七年	獨資	二八五	五	二四	仝上	三四	仝上	六一〇	三〇五
興盛	東關	民國九年	獨資	二五四	四	一六	仝上	三六	仝上	六二〇	三一〇
長盛泉	東關	民國十年	獨資	三〇六	四	一六	仝上	三二	仝上	六〇〇	三〇〇
祥順	南關	民國八年	獨資	二四二	六	一七	仝上	三一	仝上	六一〇	三〇五
永盛	西關	民國九年	獨資	二六二	四	一六	仝上	三二	仝上	六二〇	三一〇
永祥順	潤城鎮	民國九年	獨資	二八二	四	一六	仝上	三二	仝上	五八〇	二九〇
雙盛	潤城鎮	民國十二年	獨資	二五〇	四	一六	仝上	四〇	仝上	七五〇	三七五
萬盛	蕭封鎮	民國二十年	獨資	三〇〇	三	一一	仝上	三五	仝上	七〇〇	三五〇
裕順	劉村鎮	民國二十年	獨資	二五〇	五	一九	仝上	五〇	仝上	八九〇	四四五
成記	劉村鎮	民國八年	獨資	二一五	三	一一	仝上	四〇	仝上	八〇〇	四〇〇
浮山天增湧	縣城東門外	民國二十一年	獨資	五〇	三	一一	德國青快靛	一八〇	青布藍布	四三八	三五〇
珍盛泉	縣城西門外	民國十七年	獨資	七〇	三	一一	仝上	三〇	仝上	三七五	三〇〇
德盛魁	縣城西門外	民國二十四年	獨資	四五	三	一一	快靛	一五〇	藍布	三〇〇	二四〇
大有慶	縣城內西街	民國二十二年	獨資	七〇	三	一一	仝上	一五〇	仝上	三〇八	二四六
李家染坊	前交里	民國十五年	獨資	五五	一	無	仝上	一五〇	仝上	三一三	二五〇

	日盛柏	村	民國九年	獨資	五五	二	無	仝上	九〇	仝上	一八八	一六〇
	太和永	東郭村	民國八年	獨資	四〇	一	無	仝上	九〇	仝上	一八八	一四四
	泗水長	辛村	民國十七年	獨資	四五	一	無	仝上	六〇	仝上	一四三	一二〇
汾城	隆源長	古城鎮	光緒二十九年	獨資	八〇	三	一六	洋靛	一〇〇	色布	五〇〇	四〇〇
	德盛隆	縣城鎮	宣統二年	獨資	八〇	三	一六	洋靛	一〇〇	色布	五〇〇	四〇〇
蒲縣	天全湧	大東關	民國二十年	合資	五五六	三	九	藍靛	二五〇	色布	九〇〇	七二〇
	玉豐泉	大東關	民國十六年	合資	五一四	三	一〇	仝上	三〇〇	色布	七二〇	五七五
	四盛永	小東關	民國二十三年	合資	二六〇	三	七	仝上	一五〇	色布	五四〇	四三二
	全盛永	小東關	民國二十年	獨資	一六七	二	五	仝上	一〇〇	色布	三六〇	二八八
吉縣	天順合	東關	民國二十年	獨資	八〇	二	四	洋靛	二五	深藍淺藍同藍土布	一八〇	一五〇
	太和泉	城內	咸豐五年	獨資	九〇	二	四	仝上	四二	仝上	一五〇	一三〇
	永茂泉	城內	光緒三十二年	獨資	一一〇	一	無	仝上	四六	仝上	一五五	一一〇
	崇義成	東關	民國三年	獨資	九〇	一	無	仝上	四九	仝上	一五八	一二〇
	隆興號	東關	民國八年	合資	一三〇	三	無	仝上	六〇	仝上	一七〇	一四二
	福盛永	西關	民國三年	合資	一三〇	二	五	仝上	六七	仝上	一八〇	一四四
	新義興	西關	民國元年	合資	一一〇	三	無	仝上	六三	仝上	一八〇	一五〇
	永茂隆	西關	民國六年	獨資	八〇	一	無	仝上	四六	仝上	一五八	一三六

	正興順	西關	民國四年	獨資	一〇〇	一	無	仝上	三三	仝上	一六三	一三〇
	天順正	東關	民國九年	獨資	八〇	一	無	仝上	四九	仝上	一五八	一二六
臨汾	萬興源	縣北洪樓	民國十九年	合資	二〇〇	三	一四	靛青	一三〇	色布	一、六〇〇	一、〇〇〇
	洪盛金	縣城內	民國二十一年	合資	一六〇	三	三	靛青	一二	色布	一、二〇〇	八〇〇
	洪順昌	縣城東關	民國十六年	獨資	一〇〇	二	八	仝上	七三	色布	六〇〇	五〇〇
	義合興	古樓西	民國十一年	合資	二二〇	四	一五	仝上	一五〇	色布	一、八〇〇	一、二〇〇
霍縣	圖書館染房	城內東街	民國二十一年	獨資	一〇〇	六	二六	土靛	一三〇	色布	八七五	三五〇
靈石	德盛泉	縣城內	光緒十七年	獨資	三五〇	五	八	藍靛(愛字青)	二〇〇	色布	五〇〇	一、〇〇〇
	同德祥	縣城內	民國元年	合資	二〇〇	七	三	仝上	四〇〇	仝上	一、〇〇〇	二、〇〇〇
	德成湧	縣城內	民國十四年	獨資	三五〇	一	無	仝上	二〇〇	仝上	五〇〇	一、〇〇〇
	同興長	仁義鎮	光緒三十一年	合資	一〇〇	二	一	仝上	二八〇	仝上	七〇〇	一、四〇〇
	德盛永	仁義鎮	民國二十年	獨資	一〇〇	一	無	仝上	二四〇	仝上	六〇〇	一、二〇〇
	王和信	靜昇鎮	光緒二十三年	獨資	一五〇	五	八	仝上	二八〇	仝上	七〇〇	一、四〇〇
	萬泉永	旌介村	光緒三十二年	獨資	五〇	二	四	仝上	一六〇	仝上	四〇〇	八〇〇
	廣發泉	兩渡鎮	民國十八年	獨資	五〇	二	二	仝上	一六〇	仝上	四〇〇	八〇〇
	同盛泉	雙池鎮	民國元年	合資	三五〇	三	四	仝上	一三〇	仝上	三〇〇	六〇〇
介休	順泰成	縣城內	光緒三十年	獨資	二、一〇〇	一四	六〇	藍靛	六〇〇	色布	三、〇〇〇	三、〇〇〇

	天泰成	縣城內	光緒三十年	獨資	三、一〇〇	一四	六〇	藍靛	六〇〇	色布	三、〇〇〇	三、〇〇〇
沁源	長勝泉	縣城關	民國九年	獨資	三〇	二	七	土靛	四〇〇	藍布	五〇〇	七五
	德興元	縣城關	民國元年	獨資	一〇〇	三	一〇	洋靛	一〇〇	藍布	九〇〇	一八〇
	清和盛	王和鎮	光緒十二年	獨資	五〇	二	七	洋靛	六〇	藍布	六〇〇	一二〇
隰縣	復盛長	城內	民國十年	獨資	三〇	四	八	靛青黃黑	一五〇	色布	一五、〇〇〇	六、〇〇〇
	全盛梁	城內	民國七年	獨資	二〇	二	四	仝上	九〇	仝上	二、〇〇〇	四、四〇〇
	興義永	石口	民國二十年	獨資	二〇	三	六	仝上	一五〇	仝上	五、〇〇〇	三、〇〇〇
	義成永	大麥郊	民國十九年	合資	二四〇	三	四	仝上	一八〇	仝上	三、〇〇〇	一、二〇〇
	三興久	義泉	民國二十一年	合資	三三〇	三	六	仝上	三二〇	仝上	四、〇〇〇	一、六〇〇
	自立號	川口	民國二十四年	獨資	二〇	二	四	仝上	一五〇	仝上	八、〇〇〇	三、二〇〇
	一興長	康成	民國二十四年	獨資	二〇	三	四	仝上	九〇	仝上	六、〇〇〇	二、四〇〇
	永久興	黃土	民國十八年	合資	三三〇	四	八	仝上	二四〇	仝上	六、〇〇〇	二、四〇〇
	五興杏	午城	民國二十年	合資	三四〇	五	一〇	仝上	二七〇	仝上	三、〇〇〇	一、二〇〇
	三興成	石咀敀	民國二十一年	合資	一六〇	三	六	仝上	二七〇	仝上	三、〇〇〇	一、二〇〇
大甯	晉泰恆	城內	民國四年	獨資	一〇〇	四	二〇	洋靛	三〇	色布	六二五	五〇〇
	永源泉	城內	民國六年	獨資	一五	四	二〇	洋靛	三〇	色布	七五〇	五五〇
永和	泉生湧	城北關	民國八年	獨資	一五〇	二	四・六七	土靛快靛	一六九	藍布	四七五	三八〇

恆益公	城北街	民國十六年	獨資	三〇〇	三	六・九〇	土靛快靛	三一七	藍布	八七五	七〇〇
恆盛公	縣城北關	民國十三年	獨資	三〇〇	三	七・三三	土靛快靛	三七二	藍布	一、〇三〇	八二三
德裕永	城內	民國十九年	獨資	三〇〇	三	八・一七	土靛快靛	三六三	藍布	九八八	七九〇
石樓德盛	城東關	民國十五年	獨資	一、五〇〇	五	一七	洋靛	四、五〇〇	藍布	七、五〇〇	六、〇〇〇
德勝通	城西南	民國五年	合資	三五八	六	二〇	洋靛	二、一〇〇	藍布	三、五〇〇	二、八〇〇
中陽天義德	城內南街	民國十五年	獨資	二〇〇	二	八	洋靛	二五〇	色布	二、五〇〇	五〇〇
馬三元	乾村	民國二十四年	獨資	一八〇	二	八	洋靛	二〇〇	色布	二、〇〇〇	四〇〇
晉城悅來湧	黃華街	民國四年	合資	三一五	八	三六	青紅藍灰各種顏料	六六〇	藍布煮青布灰布紅布	三、六二〇	九二三
升記	小東關	民國十三年	獨資	三二〇	一〇	四二	仝上	四八〇	仝上	二、四九四	六三六
福興泉	城內	民國十五年	獨資	七二	九	三〇	仝上	二二八	仝上	七〇八	一七二
棧記	城內	民國二十年	獨資	一三	七	三〇	仝上	二四〇	仝上	一、二四八	三一八・二〇
三盛隆	南寨	民國二十年	獨資	三三	四	三〇	仝上	二八	仝上	二五五	六四・六〇
泉茂永	南關	民國二十一年	獨資	三三	三	一四	仝上	二八	仝上	二五五	六四・六〇
德盛祥	南關	民國二十一年	獨資	三三	三	一四	仝上	二八	仝上	二五五	六四・六〇
復盛永	南關	民國二十一年	獨資	三三	三	一四	仝上	二八	仝上	二五五	六四・六〇
義興成	城內	民國二十一年	獨資	三三	三	一四	仝上	二八	仝上	二五五	六四・六〇
全順永	城內	民國二十一年	獨資	三三	三	一四	仝上	二八	仝上	二五五	六四・六〇

陵川	續源成	南關	民國十四年	合資	一九〇	三	六	靛青	三〇	色布	一、三〇〇	一八二
	源盛泉	南關	民國二十一年	獨資	四〇	二	無	仝上	三	仝上	六〇〇	九〇
	永盛泉	東關	民國元年	獨資	四五〇	七	一〇	仝上	一五〇	仝上	六、〇〇〇	一、二〇〇
	東興義	南關	民國二十二年	獨資	一三〇	一	無	仝上	九	仝上	三五〇	六〇
	發盛成	東關	民國二年	合資	八〇	三	四	仝上	三〇	仝上	一、三〇〇	二〇〇
	同記坊	東關	民國二十一年	獨資	一四〇	四	七・五〇	仝上	六〇	仝上	三、六〇〇	七〇〇
	聚永恆	東關	光緒二十五年	獨資	九〇	二	一・〇〇	仝上	二四	仝上	一、〇〇〇	一六〇
	興盛泉	南關	民國二十年	獨資	三五	二	一	仝上	二四	仝上	一、二〇〇	一六〇
	忠盛泉	東關	民國二十三年	獨資	四五	三	五	仝上	四八	仝上	三、八〇〇	五六〇
	聚元恆	南關	民國二十三年	獨資	二〇	一	無	仝上	九	仝上	五〇〇	八〇
高平	仁記	南關	民國二十四年	獨資	一〇	三	三・六〇	快靛煮靛	三四	色布	七五	三〇
	德裕隆	南關	民國六年	獨資	三〇	四	五	仝上	二二	色布	二五〇	一一〇
	同榮恆	南關	民國十四年	獨資	四〇	四	三・二〇	仝上	一八三	仝上	四五〇	一八二
	同盛	城內	民國二十二年	獨資	三〇	四	五	仝上	二六	仝上	二六八	一〇七
	興長義	城內	民國十九年	獨資	二〇	四	三・五〇	仝上	二九	仝上	二八〇	一一三
	福盛公	城內	民國十五年	獨資	三〇	三	三・六〇	仝上	九〇	仝上	二二〇	八四
	中興永	城內	民國二十三年	獨資	一五	二	二・三〇	快靛煮靛	七二	色布	一七五	七〇

	正興隆	河西鎮	民國十八年	獨資	一〇	二	一・四〇	仝上	八四	仝上	二〇〇	八〇
	祥盛堂	原村集	民國十七年	獨資	二〇	三	二・四〇	仝上	二六	仝上	二六八	一〇七
	德裕永	三甲集	民國十六年	獨資	二五	四	四・七〇	仝上	一四二	仝上	三三五	一三〇
	協義久	陳塥集	民國十九年	獨資	一〇	三	五	仝上	一〇二	仝上	三三〇	九二
	德聚成	馬村聚	民國十三年	獨資	一〇	二	五	仝上	六三	仝上	一三五	五四
	立永盛	北詩村	民國二十年	獨資	一〇	二	五	仝上	八三	仝上	一八〇	七三
	天順德	寺莊鎮	民國十五年	獨資	二〇	三	二・五〇	仝上	九六	仝上	二二〇	八八
長治	天成公	東大街	光緒十年	合資	一、八〇〇	一〇	三〇	洋靛	七二〇	色布	一、二〇〇	八四〇
	義興和	衛前街	民國二十二年	合資	一、二〇〇	八	二六	仝上	五四〇	仝上	九〇〇	六三〇
	復義成	東大街	民國十八年	獨資	六〇〇	六	二〇	仝上	三六〇	仝上	六〇〇	四二〇
	中義成	西街	民國十八年	合資	九〇〇	六	二〇	仝上	三六〇	仝上	六〇〇	四二〇
	恆生祥	南呈村	民國二十年	獨資	六〇〇	五	一八	仝上	三〇〇	仝上	四〇〇	二八〇
	本盛泉	隆城鎮	民國二十二年	獨資	一、二〇〇	七	二四	仝上	六〇〇	仝上	一、〇〇〇	七〇〇
壺關	永馨德	縣城南街	民國十八年	合資	一〇〇	四	六	快靛青靛	三〇〇	色布	一、二五〇	四〇〇
	寶義永	縣城南街	民國十八年	獨資	一二〇	四	六	仝上	一四〇	仝上	一、〇〇〇	三二〇
	德盛永	縣城東街	民國二十二年	獨資	五五	二	四	快靛青靛	一五〇	色布	六二五	二〇〇
	聚興永	縣城北關	光緒年間	獨資	一〇〇	四	六	仝上	一五〇	仝上	六二五	二〇〇

	金疊	集店	民國十五年	獨資	九〇	四	六	仝上	一五〇	仝上	六二五	二〇〇
	餘慶厚	集店	民國二十二年	獨資	一〇〇	四	六	仝上	一五〇	仝上	六二五	二〇〇
	辛	村辛村	民國元年	獨資	六〇	三	四	仝上	二四〇	仝上	一、〇〇〇	三三〇
	固	村固村	民國四年	獨資	七〇	三	四	仝上	二四〇	仝上	一、〇〇〇	三三〇
	樹	掌樹掌村	民國元年	獨資	一二〇	四	六	仝上	二四〇	仝上	一、〇〇〇	三三〇
	晉	莊晉莊村	民國元年	獨資	一〇〇	四	六	仝上	二四〇	仝上	一、〇〇〇	三三〇
長子	正興厚	縣城內	民國二十四年	獨資	七〇	三	六	洋靛煮黑	六〇	色布	一五八	一三六
	義興隆	縣城內	民國十八年	獨資	一三〇	五	一〇	仝上	一八〇	仝上	三五〇	三六一
	永興馬	縣城內	民國十一年	獨資	三四〇	七	一五	仝上	二〇四	仝上	四六〇	二八〇
屯留	王染坊	縣城東關	民國二年	獨資	七〇	三	七	德國青洋靛	一八〇	色布	一、三五〇	二五〇
	義盛長	縣城東關	民國十年	獨資	一三〇	三	七	仝上	一七六	仝上	一、三五〇	二五〇
	興勝合	張店鎮	民國二十年	獨資	一二〇	二	五	仝上	一四四	仝上	一、五〇〇	三〇〇
潞城	興盛李	縣城東街	民國三年	獨資	一五〇	三	五・八〇	煮青快靛土靛	一八〇	色布	三五〇	二六五
	恆昇永	縣城東街	民國十九年	合資	三三〇	六	一〇・八〇	煮青快靛	一八〇	色布	三五〇	二六五
	義生泉	縣城北街	民國五年	獨資	七〇	二	三	煮青快靛	九八	煮青布藍布灰色布	二七〇	二〇四
	萬盛和	縣城正街	民國十六年	獨資	六〇	二	無	煮青快靛	六〇	仝上	二六〇	一九二
襄垣	萬盛公	北街	宣統元年	獨資	八〇	五	二・五〇	靛青	一五〇	藍布	四七五	五七〇

	積盛號	北街	民國九年	獨資	七〇	四	一〇·三〇	仝上	一八〇	仝上	三七五	四五〇
	德盛元	西關	民國二十年	獨資	七〇	三	八	仝上	九〇	仝上	二七五	三三〇
	德盛公	北關	民國十五年	獨資	八〇	四	一〇·五〇	仝上	一〇五	仝上	三二五	三九〇
沁縣	義豐元	縣城	民國十八年	獨資	五〇〇	四	八	藍靛德國青	三二〇	藍黑灰青布	一、二五〇	三六〇
	同和湧	縣城	民國十二年	獨資	六〇〇	四	八	仝上	二二〇	仝上	一、二五〇	三六〇
	義盛魁	縣城	民國二十年	獨資	五〇〇	四	八	仝上	二二〇	仝上	二、〇〇〇	六〇〇
	泉沁湧	縣城	民國十五年	獨資	四〇〇	四	八	仝上	二二〇	上仝	一、五〇〇	四〇〇
	義和湧	縣城	民國二十一年	獨資	八〇〇	五	一二	仝上	三五〇	仝上	二、五〇〇	八〇〇
	全晉永	縣城	民國十九年	獨資	一、〇〇〇	七	一六	仝上	四二〇	仝上	三、七五〇	一、一〇〇
武鄉	義順昌	蟠龍鎮	民國十六年	合資	三五〇	四	一三	洋靛靑青土靛	三一〇	黑灰藍綠紅等土布	一、〇五四	四三三
	隆泰湧	洪水鎮	民國十八年	獨資	一三〇	三	六	仝上	九〇	仝上	四七二	一八九
	全盛李	故城鎮	民國十二年	合資	四〇〇	五	一七	仝上	一五〇	仝上	一、三〇三	五四二
	同盛慶	段村	民國二十一年	獨資	二二〇	二	四·五〇	仝上	九〇	仝上	三一一	一二四
	恒增永	城關	民國十二年	獨資	一五〇	二	五·五〇	仝上	九〇	仝上	四〇八	一六三
	長盛湧	城關	民國十年	獨資	二二五	三	八	仝上	九〇	仝上	五五〇	二二〇
黎城	東關染坊	縣城東關	民國二十二年	獨資	二〇	二	無	藍靛	一〇	藍布	一八〇	三五·六〇
平遙	福源昌	第三街	民國二十四年	獨資	二八〇	三	三五	靛水硫化青	四四〇	小洋布市布	二、六五〇	二、一七〇

	晉泉盛	第八街	民國十八年	合資	四〇〇	二	二一・五〇	仝上	八九五	仝上	二、一〇〇	一、七八〇
	公盛元	第八街	民國二十年	合資	一八〇	七	一四	仝上	五七〇	仝上	一、三五〇	一、一九〇
	增盛奎	第六街	民國十九年	合資	二五〇	一二	二五	仝上	九九五	仝上	二、四〇〇	二、〇八〇
	通記	第五街	民國二十三年	獨資	三〇〇	七	一三・五〇	品色硫化青	二三五	仝上	五四〇	五〇八
	恒義隆	第五街	民國八年	合資	四〇〇	一〇	二〇・二〇	靛水硫化青	八九五	仝上	二、一〇〇	一、七八〇
	慶源永	第四街	民國十四年	獨資	二六四	一〇	三六	品色硫化青	四八〇	仝上	一、二〇〇	一、〇四〇
	晉盛湧	第四街	民國二十一年	獨資	一〇〇	六	一二	仝上	三八〇	仝上	八七五	七九五
	廣泉盛	第三街	民國十八年	合資	四八〇	八	一四	仝上	四二五	仝上	八七五	八九五
	協成泉	第一街	民國十六年	獨資	五〇〇	九	一六・五〇	仝上	八一五	仝上	二、〇〇〇	一、六八〇
祁縣	三晉魁	新道街	民國二十二年	獨資	三〇〇	一三	二八	煑青靛水	六五〇	色布	九二〇	一、〇二二
	萬泉盛	新道街	光緒二十九年	獨資	一五〇	一二	二七・五〇	仝上	六〇五	仝上	八五〇	九三五
	當興隆	新道街	光緒十七年	獨資	二五〇	一四	三六	仝上	七四〇	仝上	一、〇六〇	一、一六六
	晉泉義	北關街	民國二十三年	獨資	一〇〇	七	二一・九〇	仝上	二二五	仝上	三五〇	三八五
	義生泉	義井街	民國九年	獨資	二〇〇	一三	三六	仝上	六九五	仝上	九九〇	一、〇八九
太谷	復盛奎	安禪寺巷	民國三年	合資	四、〇〇〇	一五	八〇	靛青雜色	五五〇	色布	一、〇〇〇	一、〇〇〇
	永興德	南馬道	民國十九年	合資	二、五〇〇	二三	六一	仝上	一、四〇〇	仝上	二、五〇〇	二、五〇〇
	萬盛元	東寺院	民國二十年	合資	一、二〇〇	一三	七〇	仝上	一、〇七〇	仝上	二、三〇〇	二、三〇〇

	億盛魁德記	東寺園	民國二十四年	合資	一,〇〇〇	三	六〇	仝上	五〇〇	仝上	一,〇〇〇	一,〇〇〇
	麗泉湧	東寺院	民國三年	獨資	九,六六〇	一四	七二	仝上	九五〇	仝上	一,五〇〇	一,五〇〇
	源泉湧	北寺十	民國二十一年	獨資	一,一〇〇	八	三三	仝上	四〇〇	仝上	九〇〇	九〇〇
	三義順源記	北街柳巷	民國二十年	獨資	一,〇〇〇	一〇	二四	仝上	一,〇〇〇	仝上	二,五〇〇	二,五〇〇
	四盛成	北大街	民國十七年	合資	一,七〇〇	一三	九八	仝上	九〇〇	仝上	二,四〇〇	二,四〇〇
	義慶永興記	北街狐公廟巷	民國二十四年	合資	一,〇〇〇	六	三〇	仝上	三五〇	仝上	七〇〇	七〇〇
清源	萬慶成	南門外	民國二年	合資	一,二五〇	一五	二四	靛青貢青靛水	六九〇	斜紋布洋布粗布小布	六,〇〇〇	三,〇〇〇
	萬隆泉	小南門內	同治三年	獨資	五〇〇	二	二二	仝上	五三〇	仝上	四,五〇〇	一,六〇〇
	永茂泉	羅家巷	民國九年	合資	一,一〇〇	七	一六	靛水快靛貢青靛青貢藍	三三六	仝上	三,〇〇〇	三,三五〇
太原	雙合泉	城內西街	民國四年	合資	一,〇〇〇	六	一三	藍靛貢青品青	二五〇	藍布貢青布	二,〇〇〇	三〇〇
	德和泉	城內東街	民國二十四年	獨資	一〇〇	三	一〇	藍靛貢青品青	一三四	仝上	一,五〇〇	三〇〇
徐溝	玉盛厚	南街	民國二十四年	合資	三〇〇	五	六・六〇	藍靛貢青	一七〇	色布	五〇〇	六〇〇
	德濟成	糧市街	民國十四年	合資	六〇〇	七	一〇	仝上	三四〇	色布	一,〇〇〇	一,二〇〇
	義盛隆	西街	民國二十四年	合資	一五〇	四	七	仝上	一五三	色布	五〇〇	六〇〇
文水	德義厚	城內北街	民國二十年	合資	一〇〇	七	二五	顏料	三六〇	色布	六〇〇	六〇〇
交城	億盛湧	沙河街	民國二十一年	合資	七六〇	一三	二四	貢青藍靛	一,一五〇	色布	一,八五〇	一,八七五
	永泉恆	沙河街	光緒三十二年	合資	一,三二〇	一三	二八	仝上	一,四〇〇	仝上	二,二〇〇	二,二六〇

離石	德盛永	下關街	民國二十四年	合資	一〇〇	四	一〇	仝上	四五〇	仝上	七五〇	七四五
	德成	城內	光緒十六年	合資	二〇〇	五	六・四〇	藍靛洋靛	四八	藍靛	五四〇	九九
	榮盛德	城內	民國五年	獨資	二〇	二	三〇	仝上	三六	仝上	三六〇	六三
	倫盛	田鎮	民國十九年	合資	六〇	二	二・八〇	仝上	二四	仝上	三二〇	六〇
	萬成	城內	民國二十一年	獨資	四八	二	二・五〇	仝上	二四	仝上	二九〇	五四
	劉樹池	南關	民國十五年	獨資	二四	二	二・五〇	仝上	二四	仝上	二五〇	四五
	天成	吳城鎮	民國十六年	合資	三〇	三	二・五〇	仝上	三〇	仝上	一、〇〇〇	六六
	三成	大武鎮	民國十六年	合資	三〇	三	一・五〇	仝上	三六	仝上	五七〇	八七
臨縣	永隆	城內	光緒十八年	獨資	四〇〇	八	一七	藍靛	四〇〇	洋布市布黑村布	八、七〇〇	六九〇
	德源	城內	民國十八年	合資	三八〇	九	二〇	仝上	三〇〇	仝上	六、三〇〇	四五〇
	萬源	城內	光緒三十二年	合資	一、〇〇〇	八	二四	仝上	二六〇	仝上	五、二〇〇	三六〇
	德盛	城內	民國二十四年	獨資	三五〇	六	二〇	仝上	三〇〇	仝上	五、八〇〇	四二〇
榆次	聚慶湧	大乘寺街	民國二十一年	獨資	七〇〇	一五	五〇	化青、漂粉、養灰、靛水、青蓮、靛藍	一、八五〇	養青布灰色布頭藍布漂白布毛月布	三、七二六	四、三三九
	永泉生	城隍廟街	民國二十年	合資	一、五〇〇	一四	五〇	仝上	二、〇〇五	仝上	三、二二四	三、六五〇
	義慶永福記	南關路家巷	民國二十四年	合資	未定	二	三	仝上	未詳	仝上	未詳	未詳
	湧億長	俞家牌樓街	民國二十三年	合資	九〇〇	三	二八	仝上	一、五九三	仝上	二、九八六	三、五六五

	晉源	小北門街	民國二十二年	合資	四〇〇	三	五〇	仝上	一、六三七	仝上	二、九四二	三五〇四
	源泉湧茂記	北寺街	民國二十四年	合資	未定	二	三五	仝上	未詳	仝上	未詳	未詳
	同義成	大寺乘街	民國二十四年	合資	未定	二	三六	仝上	未詳	仝上	未詳	未詳
遼縣	聚泉湧	東關	民國元年	獨資	五〇〇	四	一五	靛賽青	四五〇	色布	六、三〇〇	一、三五〇
	彩興蔚	西街	民國二十四年	獨資	二〇〇	三	三	仝上	二六〇	仝上	二、〇八〇	四二〇
	義和湧	南街	民國二十三年	獨資	三〇〇	三	三	仝上	三八〇	仝上	四、一〇〇	七五〇
和順	萬生永	中和街	民國二十二年	獨資	五〇	三	三	靛青	一〇〇	色布	二、〇〇〇	二〇〇
	金生豔	中和街	民國四年	合資	五〇	三	三・六〇	仝上	一〇〇	仝上	二、〇〇〇	二〇〇
	永慶元	中和街	民國十四年	合資	二四	二	一・五〇	仝上	一〇〇	仝上	二、〇〇〇	二〇〇
	永泰恒	南關街	民國六年	獨資	二〇	三	四	仝上	一〇〇	仝上	二、〇〇〇	二〇〇
	永義恒	南關街	民國二十二年	獨資	二〇	二	一	仝上	一〇〇	仝上	二、〇〇〇	二〇〇
	德順永	南關街	民國十年	獨資	二四	二	二	仝上	八〇	仝上	一、五〇〇	一五〇
	新春號	東關街	民國二十四年	獨資	七〇	四	四	仝上	八〇	仝上	一、五〇〇	一五〇
昔陽	新勝昌	大街	光緒二十九年	獨資	四〇〇	五	二八	靛水	六〇〇	藍布	八、〇〇〇	一、二〇〇
	德益昌	北關	民國十五年	獨資	二〇〇、	三	一七	仝上	三六〇	仝上	四、八〇〇	七二〇
	德義盛	南關	民國二十三年	獨資	一〇〇	二	一二	仝上	二四〇	仝上	三、二〇〇	四八〇
	萬億湧	南關	民國二十一年	獨資	八〇	二	一二	仝上	二四〇	仝上	三、二〇〇	四八〇

	合盛湧	東冶頭鎮	民國五年	獨資	三〇〇	四	二三	仝上	四八〇 仝上	六,四〇〇	九六〇
	天德慶	沾尙鎮	民國十二年	獨資	三二〇	四	一七	仝上	三六〇 仝上	四,八〇〇	七二〇
平定	自義成	西關街	民國十年	獨資	五〇〇	三	九	藍靛	二四〇 藍布	四,〇〇〇	八〇〇
	天毓成	城內	民國元年	獨資	三〇〇	六	八	仝上	一五〇 仝上	三,〇〇〇	六〇〇
盂縣	萬盛永	城內	民國二十二年	獨資	二五〇	五	二七	靛青	未祥 布	三,九五〇	六二七·五〇
忻縣	和記	主事巷	民國二十三年	合資	五〇〇	九	二四	靛青	五五〇 色布		二,四〇〇
	廣成源	欄墻底	民國二十三年	獨資	九〇〇	一五	二九	仝上	二五〇 色布		一,五〇〇
	韓翔廟	文廟街	民國二十四年	合資	二〇〇	五	九	賚青	一五〇 線		三〇〇
定襄	東盛泉	西門街	民國元年	獨資	一五〇	四	一六	藍靛賚青快靛	一〇三 粗土布	二,〇〇〇	六七〇
	西盛泉	小南關	民國二十二年	獨資	一〇〇	五	一六	藍靛賚青	一二〇 粗土布	一,七六〇	八三五
五台	復順泉	城內	光緒二十七年	獨資	一五〇	四	一一	賚青藍靛	一七〇 藍布青布	一,四〇〇	三三三
	萬福泉	城內	光緒三十年	獨資	七五	二	六	賚青藍靛	九五 仝上	九五〇	一五三
代縣	新盛	城內	民國十三年	合資	五〇〇	九	六〇	藍靛	未祥 藍布青布		八三〇
	玉和	城內	光緒三十二年	合資	四五〇	八	四五	仝上	未祥 仝上		七二〇
	新德	城內	民國十七年	合資	三八〇	一〇	三五	仝上	未祥 仝上		九一〇
	湧茂	聶營鎮	民國元年	合資	二九〇	七	四二	仝上	未祥 仝上		七五〇
繁峙	復恆源	城內	光緒三十二年	合資	五〇〇	四	二〇	快靛	五四〇 色布	四,二〇〇	八四〇

	聚盛隆	砂河鎮	民國十七年	合資	三五〇	四	一〇	仝上	六三二	仝上	四、七〇〇	九四〇
	三和泰	大營鎮	民國二十四年	合資	三〇〇	五	二四	仝上	五六七	仝上	三、九〇〇	八八〇
渾源	福義元	東街	民國二年	獨資	三〇〇	四	一七	藍靛	一八〇	色布		二、〇〇〇
	德勝泉	東街	民國元年	獨資	三四〇	三	一三	仝上	二四六	仝上		一、三〇〇
	義合永	東街	民國四年	獨資	三九〇	五	一二	仝上	二〇四	仝上		二、四〇〇
	復元成	東街	民國元年	獨資	四四〇	三	一三	仝上	一八六	仝上		一、〇〇〇
	興勝泉	南頭	民國七年	獨資	三五〇	三	一三	仝上	二五八	仝上		八〇〇
	廣勝泉	南頭	民國十一年	獨資	四七〇	五	一二	仝上	二六四	仝上		二、三〇〇
靈邱	薛玉藩	上寨村	民國二十年	獨資	一〇〇	二	六	靛	一八〇	色布	三、〇〇〇	三四〇
	協聚成	下關鎮	民國二十二年	獨資	一四〇	二	六	靛	二四〇	仝上	四、〇〇〇	四二〇
	韓染坊	東河南鎮	民國二十一年	合資	二〇〇	三	一五	藍靛	一八〇	藍布	一、五〇〇	三〇〇
	劉染坊	東河南鎮	民國二十一年	獨資	一五〇	二	九・五〇	仝上	一五〇	仝上	一、一〇〇	二二〇
	孫染坊	趙壁鎮	民國二十二年	獨資	一五〇	二	九・五〇	仝上	一八〇	仝上	一、四〇〇	二八〇
	鄧染坊	蔡家峪	民國二十二年	獨資	一三〇	二	一〇	仝上	一八〇	仝上	一、三〇〇	二六〇
天鎮	益生源	城內	民國二十年	合資	二五〇	五	二五	快靛	八二〇	三水藍布老藍布一水藍布	九、六〇〇	一、四四〇
	楊世染坊	城內	民國十三年	獨資	二五〇	二	一〇	仝上	六七五	仝上	八、〇〇〇	一、三〇〇
	永泉興	城內	民國十三年	獨資	二五〇	二	九	仝上	八二〇	仝上	九、六〇〇	一、四四〇

楊煥染坊	城內	民國十九年	獨資	二五〇	一	五	仝上	六七五	仝上	八、〇〇〇	一、二〇〇
福和興	城內	民國二十一年	獨資	五〇〇	六	三一	仝上	一、三五〇	仝上	一六、〇〇〇	二、四〇〇
王染坊	城內	光緒三年	獨資	一八〇	一	五	仝上	五四〇	仝上	六、四〇〇	九六〇
德城昌	城內	光緒二年	獨資	一八〇	一	五	仝上	五四〇	仝上	六、四〇〇	九六〇
陽高 瑞生泉	南街	民國二十三年	獨資	一〇〇	五	一七	洋靛	二四五	藍土布	六、八〇〇	八一六
德盛泉	北街	民國二十年	合資	一五〇	五	一八	靛青	六五〇	青土布	五、二〇〇	一、〇四〇
福德泉	南街	民國十八年	獨資	二〇〇	五	二〇	洋靛	三一七	藍土布	六、三〇〇	七五六
德義泉	南街	民國十六年	獨資	一〇〇	四	一八	洋靛	一九四	藍土布	五、四〇〇	六四八
大同 復瑞泉	大同	光緒三十年	獨資	三〇〇	一三	四〇	藍靛洋靛	一、九八〇	藍布土布		六、〇〇〇
三合泉	大同		獨資	五〇〇	一〇	三五	仝上	二、二八〇	仝上		六、〇〇〇
萬德成	大同		獨資	六〇〇	一四	四一	仝上	二、二八〇	仝上		六、〇〇〇
文盛泉	大同		獨資	二〇〇	六	二六	仝上	一、〇二〇	仝上		四、〇〇〇
仁義泉	大同		獨資	六〇〇	一四	四一	仝上	二、二九二	仝上		六、五〇〇
德厚泉	大同	民國二十四年	獨資	五〇〇	四	二二	仝上	二七〇	仝上		未詳
三盛興	大同		獨資	五〇〇	七	三〇	青靛草黃品紅眞紅	二、一六〇	青布花色布紅色布紫色布		五、〇〇〇
德義	大同		獨資	三〇〇	八	三三	仝上	二、一六〇	仝上		五、五〇〇
天盛泉	大同		獨資	五〇〇	六	二九	仝上	二、一六〇	仝上		五、〇〇〇

	萬隆泉	大同	光緒三十年	獨資	五五〇	二	三五	藍靛青靛	二、三二〇	青布藍布		六、五〇〇
	精美號	大同			五〇〇	五	二七	靛青	四五〇	青色綢緞		一、五〇〇
	天盛成	大同			八〇〇	一三	三三	仝上	七五〇	仝上		二、〇〇〇
	天德成	大同			五〇〇	一三	三三	仝上	七五〇	仝上		二、〇〇〇
右玉	玉泉湧	城內	民國五年	獨資	五〇	二	二	靛青	三〇	土布	一、九〇〇	二八〇
	義厚泉	城內	民國十三年	獨資	三〇	二	無	靛青	二四	仝上	一、五〇〇	三三〇
	福成泉	城內	民國二十三年	合資	二〇	二	無	靛青	四〇	土布	一、五〇〇	三三〇
崞縣	久蔚盛	縣城	隆統元年	獨資	一〇	二	七	快靛乾靛煮藍煮青	九九	藍布黑布	二、七〇〇	二五一
	蔚慶泉	縣城	民國六年	合資	二〇	五	三	仝上	八九	仝上	二、三八〇	三〇九・四〇
	天錦元	縣城	民國二十二年	合資	二三	五	一四	仝上	九〇	仝上	二、四〇〇	三一二
	聚和泉	縣城	民國三年	合資	一〇〇	五	一三	仝上	一〇三	仝上	二、七〇〇	三五一
	德厚泉	縣城	民國三年	獨資	三〇	五	二〇	仝上	九〇	仝上	二、四〇〇	三一二
	天盛泉	縣城	宣統二年	獨資	五〇	七	二六	仝上	一〇八	仝上	二、八二〇	三六六・六〇
	復和泉	縣城	民國四年	合資	三〇	五	一六	仝上	八四	仝上	二、三八〇	三〇九・四〇
	德元永	原平鎮	民國十一年	獨資	三〇	五	一五	仝上	九〇	仝上	二、四八〇	三二二・四〇
	德盛樓	原平鎮	光緒二十二年	獨資	二五	六	一七	仝上	九六	仝上	二、六二〇	三四〇・六〇
	同興泉	原平鎮	民國七年	合資	四〇	六	一六	仝上	一〇九	仝上	二、七八〇	三六一・四〇

朔縣	萬盛泉	縣城內	光緒二十七年	獨資	三〇〇	八	三	青藍靛	一八〇	色布	三,〇〇〇	一,二〇〇
	得泰和	縣城內	民國十九年	獨資	二〇〇	九	三二	仝上	二四〇	色布	一五,〇〇〇	一,五〇〇
甯武	公合長	城內南門街	民國十七年	合資	四五〇	六	二四	藍靛	三〇	色土布	五,〇〇〇	六〇〇
	新春源	城內南門街	民國二十三年	合資	三一〇	五	一〇·五〇	藍靛	二〇	色土布	二,〇〇〇	二四〇
五寨	寶源信	縣城	民國二年	合資	六〇〇	四	三	快靛耆青	六〇〇	藍土布青土布	八,〇〇〇	一,二〇〇
	德盛成	縣城	民國十八年	合資	三〇〇	三	九	快靛耆青	五四〇	藍土布青土布	七,二〇〇	一,〇八〇
	王毓賢	三岔鎮	民國十八年	合資	三五〇	三	九	仝上	五四〇	仝上	六,八〇〇	一,〇二〇
靜樂	區盛	南關街	民國五年	獨資	四〇〇	五	二九	藍油	二二〇	藍布	一,八〇〇	五四〇
岢嵐	三盛永	縣城內	民國十八年	獨資	二三〇	四	八	黃藍靛青	二三〇	藍布青布	三,九〇〇	三八六
	玉和成	縣城內	民國元年	獨資	二四〇	四	一〇·五〇	仝上	三二〇	仝上	一,九五〇	六二二
	復和玉	縣城內	民國二年	獨資	一,七〇	四	一一	仝上	三三〇	仝上	四,二〇〇	五〇四
偏關	新民	縣城	民國十九年	獨資	五〇〇	四	八	藍靛	六〇	藍布	五,〇〇〇	五〇〇
	劉全	縣城	民國二十二年	獨資	五〇〇	四	八	藍靛	六〇	藍布	五,〇〇〇	五〇〇
河曲	趙倉	南關街	民國元年	獨資	二〇〇	三	一五	黃青藍靛	二五四	色布	五,〇〇〇	五〇〇
	太和泉	西關社街	民國十六年	合資	一,〇〇〇	二〇	一〇〇	黃青藍靛黃紅黃藍	五七九	仝上	二〇,〇〇〇	二,〇〇〇
	錦太泉	沙梁街	光緒三十二年	獨資	一〇〇	二	一〇	黃青藍靛	一六九	仝上	二,〇〇〇	二〇〇
	鴻順湧	瓦窯圪坨	民國二十三年	合資	三〇〇	五	二五	仝上	二五五	仝上	四,〇〇〇	四〇〇

瑞生泉	巡鎮	民國十四年	合資	九〇	二	一〇	仝上	一二八	仝上	二、二〇〇	一三〇
瑞生永	巡鎮	民國十九年	合資	一三〇	三	一五	仝上	一九二	仝上	三、〇〇〇	三〇〇
復成源	巡鎮	民國十四年	獨資	八〇	二	一〇	仝上	二三六	仝上	二、〇〇〇	二〇〇
興縣萬生泉	縣城南關	民國十年	獨資	三〇〇	六	三	靛青色業	二六五	〇布黑布	一、六五〇	三三〇
泉新湧	縣城南關	民國八年	獨資	二〇〇	七	二七	靛青色業	四二五	灰布黑布	二、三五〇	四七〇
保德義記	縣城東關	民國十九年	合資	三三五	六	三	藍靛煮青	四〇〇	藍布黑布	五、〇〇〇	六五〇
長聚泉	縣城東關	民國八年	合資	三五〇	五	一九	仝上	三五〇	仝上	五、二七〇	六八五・一〇
晉發泉	縣城東關	民國二十一年	獨資	一二〇	三	一一	仝上	一五〇	仝上	二、四七〇	三二一・五〇
總計四三六				一四五、二九五	二、二三七	六、八七三・三八		一四九、八五二		八〇六、三三二	四一八六一三・三〇

三 原料

晉省染坊，專染青、藍、黑紫布疋，布疋均係土產，顏料靛青則來自外洋，在昔洋靛未進口以前，新絳、夏縣、垣曲、解縣、曲沃、陽城、洪洞、霍縣、平遙、汾陽、潞城、武鄉、離石、太谷、平定、代縣等縣，各有土靛出產，供給省內消費，價格每百斤不過十元，自人造靛輸入後，晉省染坊爭相採用，土靛漸歸淘汰，目下間用土靛者，僅絳縣、夏縣、垣曲、稷山、霍縣、沁源、永和、中陽、武鄉、靜樂、興縣諸邑，其餘各縣所用者，厥爲洋靛、快靛、水靛、靛青粉、煑黑、硫化靑及各色顏料，由德商謙信洋行、愛禮司洋行、英商卜內門洋行、美商恆信洋行等經售；晉省經營染料商人，向由駐天津與上海之洋行採辦，分銷於各縣染坊，現據本屆調查，全省染業年用染料總值為十四萬九千八百五十二元。

四　生產

染坊染布，其用人造染料者，手續至屬簡便，先將顏色配好，同時置入爐鍋中用火稍稍溫熱，待其均勻後乃轉注於染缸，一面將白布用水泡在甕內，經二十四小時，撈出用桿打擊四五十下，始入染缸中進行染色，經相當時間取出晒乾，乾後再噴以粉面水漿少許，經十餘小時，乃用元寶踩石壓光踩平，陰乾疊齊便成。

染色價格，以成本及地域之不同，定價殊不齊一，如晉南之垣曲縣中，染布以丈計，黑布每丈三角，深藍二角，淺藍一角，淡藍五分，壺關縣中，則黑布每丈一角二分，藍布八分，灰布四分，青布印花布每丈一角三分，沁縣則藍布六分，黑布青布一角，灰布三分，至於太谷染坊所定漂染毛標斜紋布之價目，以每疋計算，布長十丈，則頭藍為二元七角五分，毛藍一元四角，深藍一元二角，月藍七角，煮頭藍二元，京灰七角五分，靛油灰一元，煮灰七角六分，德國青一元四角，眞伏青三元，油綠一元二角，毛月一元二角，靠白六角，米黃七角，桂紅一元，粉紅九角，眞紅一元二角，品綠一元二角，青蓮色一元二角，鼻烟色一元二角五分。此外各縣染價，皆有出入。據晉省四百三十六家報告，除忻縣代縣渾源大同所染布疋未詳外，計染布八十萬六千三百三十二疋，每年染價總額為四十一萬八千六百十三元三角。

五　交易

晉省染坊之染布顧客，一為就地居民，一為本縣土布商店，皆由主顧將布自行送至染坊，說明所染色彩及取貨日期，染坊將布疋點收後，卽行給主顧以染布票據，屆取貨時，由主顧再行到坊，憑票取布，同時交付染資，惟土布商店與染坊有往來者，則行約期交付染資，或行三節結賬。

十一　酒精及製酸業

一　概說

硝酸、硫酸、酒精、依脫、為工業上及國防上之重要材料，晉省近來積極從事於各項建設，對於是種工業，甚為注意，故於民國二十三年九月一日，由壬申化學工廠，改組為西北實業公司西北化學工廠，充實資本，添加機器，精製硝酸、硫酸、酒精、依脫四種出品，是年春季，晉北大同，亦鑒於酒精在社會上有重大需要，謀設興農化學工業社股份有限公司，遂募招股本，建築廠房，購辦機器，至民國二